Kohlhammer

Albert Adam
Monique Breithaupt-Peters

Persönlichkeitsentwicklungs-störungen bei Kindern und Jugendlichen

Ein integrativer Ansatz für die psychotherapeutische und sozialpädagogische Praxis

2., überarbeitete Auflage

Verlag W. Kohlhammer

Korrespondenzanschrift der Autoren:

Dipl.-Psych. Albert Adam
Dipl.-Psych. Monique Breithaupt-Peters
Senator-Burda-Str. 45
77654 Offenburg

E-Mail:
kontakt@fichtenhalde.de

2., überarbeitete Auflage 2010

Gesamtherstellung:
W. Kohlhammer Druckerei GmbH + Co. KG Stuttgart
Printed in Germany

ISBN 978-3-17-021242-8

Vorwort

Wir schulden zahlreichen Personen Dank, die uns bei der Erstellung diese Buches auf vielfältige Weise unterstützt haben. Sie standen uns für die fachliche Diskussion zur Verfügung, steuerten eigene Beiträge, Materialien zu den Fallgeschichten, Praxisbeispiele und Literaturauswertungen bei. Andere haben über Jahre Konzepte engagiert mitentwickelt und uns ihre Erfahrungen damit zur Verfügung gestellt. Wir waren über das Korrekturlesen und die kritischen Rückmeldungen sehr froh wie auch über die Unterstützung bei der technischen Manuskripterstellung und die vielfältigen praktischen Anregungen. Zudem hat man uns geduldig den Rücken freigehalten, damit wir neben der beruflichen Alltagsarbeit die nötigen zeitlichen Spielräume finden konnten.

Unser Dank geht u.a. an: Gertrud Adam, Martin Adam, Erdmuthe Bauer, Dr. Reiner Baumann, Gitta Braun, Alice Falk, Stefanie Falk, Peter Fleig, Alexander Frohn, Birgit Gass, Marlene Gerriets, Maria Grupp, Christian Hansert, Claudia Ihling, Carola Stiefvater, Peter Kaufeisen, Esther Kempf, Wolfram König, Klaus Leppert, Hanne Münz-Baumann, Dr. Gabriele Schafheutle, Eberhard Schön, Dieter Stöckle, Dr. Martin Teichert, Hagen Winter u.v.m.

Ein besonderer Dank geht an Dr. Ruprecht Poensgen vom Kohlhammer-Verlag, der uns zu diesem Buchprojekt ermutigte und uns dann sehr freundlich, kooperativ und geduldig dabei begleitet hat.

Albert Adam, Monique Breithaupt-Peters — Offenburg, im Juni 2003

Vorwort zur 2. Auflage

In den letzten Jahren haben sich – so unser Eindruck – die Entwicklungs- und Erziehungsbedingungen für unser Klientel bzw. die von uns beschriebenen benachteiligten Kinder und Jugendlichen eher verschlechtert. So haben Einflüsse, die z.B. von Versuchungs- und Verführungsgefahren ausgehen, weiter zugenommen, zumal die jungen Menschen, die wir beschreiben, geradezu magisch von Versuchungs- und Verführungssituationen angezogen werden. Da wirksame Gegenmaßnahmen auf sich warten lassen, könnten sich die Risiken und Gefährdungen für diese Kinder und Jugendlichen eher noch weiter verschärfen.

Pädagogische Desorientierung, aber auch finanzielle Belastungen schwächen die erzieherischen Rahmenbedingungen vieler Familien. Eltern können sich immer schwerer darüber klar werden, welche Erziehung für ihr „Problemkind" die richtige ist. Sie sind unsicher, welche Werte die richtigen sind bzw. im Leben ihres Kindes die Hauptrolle spielen sollten oder welche pädagogischen Prinzipien für dessen Erziehung entscheidend sind. Das Mehr an Informationen zu pädagogischen und therapeutischen Themen, die über die Medien transportiert werden, passt selten zu den spezifischen Problemen, mit denen die Eltern persönlich konfrontiert sind, oder lässt zu viele Interpretationen zu. Neues Wissen auf der einen Seite und Verunsicherung oder pädagogische Orientierungsprobleme auf der anderen Seite – so scheint es – halten sich die Waage. Zunehmend haben wir es auch mit Eltern zu tun, die in ihrer eigenen Entwicklung bereits mit Strukturierungsproblemen, Verunsicherung und Risikobelastungen auf Seiten ihrer überforderten Erziehungspersonen konfrontiert waren. Kinder und Jugendliche mit Beziehungsproblemen und komplexen Problembelastungen entwickeln andererseits einen immer sichereren Instinkt dafür, wie sie die Unsicherheit ihrer Eltern oder Erzieher verstärken und zu ihren Gunsten manipulieren können. Diese Entwicklungen wirken sich auch auf das Erscheinungsbild und die Folgen vieler persönlicher Probleme und auf den pädagogischen Umgang mit diesen verschärfend aus. Das hat zur Folge, dass die fachliche Arbeit mit den jungen Menschen noch konfliktreicher, stresserzeugender und kräftezehrender wurde und entsprechende Verschleißerscheinungen auch bei den Professionellen, die mit der Erziehung und Betreuung dieser Kinder betraut sind, früher und heftiger aufzutreten beginnen.

Aus den Rückmeldungen, die wir zu der ersten Auflage bekommen haben, gewannen wir den Eindruck, dass unsere Anliegen verstanden wurden und viele Kollegen und Kolleginnen mit einer gewissen Erleichterung festgestellt haben, dass die von uns dargestellten Problemfälle zumindest auch einen Teil ihrer eigenen belastenden Praxiserfahrungen widerspiegeln. Auch der Begriff Persönlichkeitsentwicklungsstörung scheint inzwischen den Weg in die Praxis und zum Teil auch in die wissenschaftliche Literatur gefunden zu haben. Die zunächst schwer angehbar und langwierig erscheinenden Probleme lassen sich dadurch zwar immer noch nicht in jedem Fall schnell und „glatt“ lösen. Unser Ansatz vermittelt jedoch die Hoffnung, dass eine differenziertere Betrachtungsweise und ein entsprechend differenzierter Umgang damit vielfältige pädagogische und therapeutische Einflussnahmen und Veränderungen ermöglichen können (auch wenn dies oft mühsam ist) und dass diese (was nicht unterschätzt werden darf) die Zugänglichkeit und Aufgeschlossenheit für weitere nötige Beratungshilfen im späteren Leben herbeizuführen vermögen. Meist wird dies jedoch erst Jahre später deutlich sichtbar. Gleichzeitig ist bei den Verantwortlichen in der Jugendhilfe die Einsicht deutlich gewachsen, dass gerade die Prävention bei den Kindern und Jugendlichen, um die es hier geht, von enormer Wichtigkeit ist. Im eigenen Landkreis können wir miterleben, wie viel Bemühen aufgewandt wird, um ein soziales Frühwarnsystem systematisch aufzubauen und dabei die Kooperation vieler Beteiligten (Soziale Dienste, Ärzte und Kinderklinik, Kinder- und Jugendlichentherapeuten, Kindergärten und Horte, Schulen usw.) zu organisieren. Dies lässt uns hoffen und mit Zuversicht in die Zukunft blicken.

Albert Adam, Monique Breithaupt-Peters — Offenburg, im September 2009

Inhalt

Einleitung

Unser Anliegen

Ihren Ursprung nimmt diese Arbeit in den langjährigen Erfahrungen, die MitarbeiterInnen und Leiter im Haus Fichtenhalde mit Kindern und Jugendlichen mit besonders komplexen Problemkonstellationen gemacht haben. Immer wieder haben uns eine Reihe von Kindern und Jugendlichen bei unserem Auftrag, sie in ihrer Entwicklung bestmöglichst zu unterstützen und zu fördern, Rätsel aufgegeben. Denn ihre Problemkonstellationen erweisen sich für alle Beteiligten oft als nur schwer verständlich und meist nicht ganz fassbar. Zwangsläufig geraten wir so auch beim Planen und Umsetzen passender Hilfekonzepte immer wieder an unsere Grenzen. Das Problemverhalten dieser jungen Menschen erscheint in vielfältigen, teils widersprüchlich erscheinenden Symptomen, steigert sich phasenweise bis zur kritischen Zuspitzung und Grenze der Erträglichkeit und zeigt sich dann wieder so gemäßigt, dass man sich schon dem Ziel des Hilfeprozesses nahe sieht. Auch der Hilfebedarf ist anfangs schwer zu bestimmen. Er scheint über verschiedene Lebensbereiche hinweg unermesslich groß und fast nicht leistbar. Im Gegensatz dazu vermögen diese jungen Menschen oft nur eine geringe Problemeinsicht aufzubringen und lassen dann über lange Strecken nur wenig Bereitschaft erkennen, angebotene Hilfen anzunehmen. Die Herstellung von Kooperationsbereitschaft muss so zwangsläufig immer wieder zum Schwerpunkt der Arbeit gemacht werden. Dort, wo die Kooperationsbereitschaft im Verhältnis zur Problemlage nicht ausreichend zu entwickeln ist, bleiben auch die Erfolge unbefriedigend. Entsprechend zerbrechen sich dann Erzieher, Therapeuten, Lehrer und die Leitung schon zwischendurch oder am Ende des Aufenthalts den Kopf, ob ihr Engagement nicht groß genug war oder ob das Fallverstehen der Komplexität der Problematik nicht Rechnung zu tragen vermochte. Haben wir trotz des Versuchs, unsere fachlichen Kompetenzen gebündelt einzusetzen, versagt?

Natürlich haben wir uns mit vorhandenen Erklärungsmodellen, therapeutischen Ansätzen und Sichtweisen auseinander gesetzt. Bei so komplexen Problemkonstellationen beschreiben sie aber meistens nur jeweils eine Perspektive, die manchmal wichtig und nötig ist, aber doch auch unvollständig bleibt. Hier reichen auch einzelne Hilfeansätze nicht aus, sie müssen vielmehr zu einem umfassenden Hilfekonzept zusammengefügt werden. Nach einer langen Phase praktischer Arbeit mit diesen besonders problembelasteten Kindern und Jugendlichen – darunter sind wohl auch die »besonders Schwierigen« in der Jugendhilfe (Schrapper, 2001) – verstärkte sich das Bedürfnis, auf die Suche nach einem Erklärungsansatz zu gehen, der den Problemlagen dieser jungen Menschen besser gerecht werden könnte, als die uns bis zu diesem Zeitpunkt bekannten Modelle. Außerdem sollten sich daraus natürlich auch neue therapeutische und pädagogische Ansatzpunkte ergeben und begründen lassen. Unser Anspruch war dementsprechend nicht, gesammelte Praxiserfahrungen nur additiv zusammenzutragen, sie sollten auch mit den in den letzten Jahren entstandenen oder erweiterten Theoriemodellen verglichen werden und dann gemeinsam mit diesen ihre Tauglichkeit oder Leistungsfähigkeit für das Verständnis besonders problembelasteter junger Menschen, über die wir hier im Weiteren sprechen wollen, beweisen. Es geht dabei nicht nur um die Aufklärung von Verstehensdefiziten oder die Gründe für nicht befriedigte Erfolgserwartungen. Damit verbindet sich auch das Anliegen, die MitarbeiterInnen, die jahrelang ihre Motivation und ihre Kräfte in diese anstrengende Arbeit miteingebracht haben, an dieser Aufklärung – sofern sie gelingt – teilhaben zu lassen. Denn die »besonders Schwierigen« machen alle, die mit ihnen – in welcher Rolle auch immer – befasst sind, immer wieder ratlos, lassen die eigenen Grenzen spüren und lösen die meisten Selbstzweifel aus.

Auf der Suche nach Erklärungen und Handlungsmodellen traf es sich gut, dass vor einigen Jahren eine Kollegin unser Team ergänzte, die schon über Jahre durch vielerlei Kontakte mit der Praxis unserer Einrichtung verbunden war und die, durch ihr fachliches Interesse und ihren lebendigen und unverbauten Bezug zur Wissenschaft, in vielfältiger Weise Ideen und Unterstützung für dieses Projekt einbrachte.

Arbeitsfeld, Erfahrungsbasis

Haus Fichtenhalde ist eine pädagogisch-therapeutische Jugendhilfeeinrichtung mit angegliederter Schule für Erziehungshilfe in privater Trägerschaft. Sie betreut Kinder und Jugendliche aus allen Bevölkerungsschichten mit zumeist gravierenden psychosozialen Problembelastungen sowohl stationär als auch teilstationär oder ambulant. Eine solche therapeutisch orientierte Einrichtung, deren personelle Ausstattung mit pädagogischen, sozial- und heilpädagogischen sowie psychotherapeutischen Fachkräften den Jugendhilfeträgern bekannt ist, wird heute ganz überwiegend für junge Menschen angefragt, bei denen eine sehr verfahrene und mit gewöhnlichen pädagogischen und therapeutischen Mitteln kaum mehr »handhabbare« Situation vorliegt und ambulante Angebote in der Regel schon lange nicht mehr greifen. Wir sind auch bekannt für die differenzierte Kooperation mit Eltern, die zur fachlichen Betreuung ihres Kindes in einer Einrichtung viele kritische Fragen haben und die Gestaltung des Hilfeprozesses sehr aufmerksam verfolgen.

Eine pädagogisch-therapeutische Einrichtung dieser Art gibt die Möglichkeit, Kinder und Jugendliche mit komplexen Problembelastungen über längere Zeiträume umfassend kennen zu lernen und in vielen Situationen beobachten zu können. D. h. es gibt viele Gelegenheiten, diese jungen Menschen in verschiedenen Lebensfeldern bzw. in der Auseinandersetzung mit deren Anforderungen zu erleben. Auch die Akzeptanz und Wirksamkeit kombinierter und unterschiedlich intensiver pädagogisch-therapeutischer Ansätze und Konzepte lassen sich wahrscheinlich besser als anderswo beobachten. Und insbesondere im Alltag ist viel über die Bewältigung oder Abwehr von Alltagsanforderungen und die Fähigkeit, mit zwischenmenschlichen Konflikten umzugehen, zu erfahren.

Unsere zur Thematik *Störungen der Persönlichkeitsentwicklung* gewonnenen Erkenntnisse resultieren deshalb zu einem großen Teil aus den jahrelangen eigenen Beobachtungen und Erfahrungen in dieser Einrichtung. Die eigene Erfahrungsbasis wird ergänzt durch die differenzierte Auswertung einschlägiger, z.T. auch ganz aktueller Fachliteratur und durch die Fachdiskussion mit anderen Praktikern und in der Forschung engagierten Wissenschaftlern. Wir haben gleichzeitig auch immer wieder die Gelegenheit genutzt, neue Erkenntnisse und daraus entstandene Handlungsansätze in der Praxis zu überprüfen und bei positivem Ergebnis immer mehr in unsere pädagogisch-therapeutische Konzeption zu integrieren.

Mehrperspektivische Betrachtungsweise erweitert Verständnisrahmen

Seit längerem bemühen wir uns, gerade für chronifizierte und komplexe Störungsbilder einen eigenen bzw. erweiterten Verständnisrahmen zu finden und so für die betroffenen jungen Menschen wie auch deren Familien noch angemessenere und nach Möglichkeit aussichtsreichere, d.h. insbesondere rascher und zuverlässiger wirksame Hilfekonzepte zu finden. Aus den eigenen Praxiserfahrungen heraus und gestützt auf Ergebnisse der wissenschaftlichen Forschung haben wir nicht nur die Notwendigkeit einer mehrperspektivischen Betrachtungsweise der Entstehung psychischer Störungen bzw. psychosozialer Belastungen erkannt, sondern sind auch zu einer teilweisen Neugewichtung ursächlicher Faktoren gelangt. Auch die Erforschung und Bewertung von Risiko- und Schutzfaktoren für den Verlauf der Persönlichkeitsentwicklung hat uns besonders interessiert. Wir gewannen Erkenntnisse und stießen auf Zusammenhänge, von denen wir glauben, dass sie vor allem für unsere weitere Arbeit auf diesem Tätigkeitsfeld hilfreich sein werden. Sie dürften allen Beteiligten, den jungen Menschen, ihren Eltern wie auch den MitarbeiterInnen der Einrichtung und den Jugendhilfeträgern, mit denen wir kooperieren, nützlich sein.

Was hat sich verändert und zwingt zu neuen fachlichen Sichtweisen?

Wenn wir allein auf die letzten Jahre zurückblicken, ist eine erhebliche Erweiterung unseres fachlichen Wissens zu den vielfältigen Erscheinungsbildern und Verflechtungen psychischer Störungen und den sich unter bestimmten lebensweltlichen und gesellschaftlichen Rahmenbedingungen entwickelnden psychosozialen Problemstellungen zu erkennen. Eine erweiterte Sicht der Entstehungsbedingungen und der Entwicklungsverläufe zahlreicher Störungsbilder hat sich gebildet. Zur früheren Ursachenforschung und den dazugehörigen Erklärungsmodellen aus zahlreichen unterschiedlichen therapeutischen und pädagogischen Perspektiven ist in den letzten Jahren verstärkt die neurowissenschaftliche Forschung hinzugekommen. Insbesondere die Hirnforschung hat mit neuen technischen Mitteln zu wichtigen neuen Erkenntnissen auch für unsere Arbeit geführt und wird dies sicher auch noch weiterhin tun. Da zeigt sich manches Phänomen noch einmal in einem anderen Licht, es werden neue Zusammenhänge sichtbar und manche frühere Vermutung, die sich lange nicht beweisen ließ, wurde bestätigt oder aber widerlegt. Ebenfalls scheint man wieder zu einer unbefangeneren Sicht der Bedeutung genetischer Faktoren zu kommen, die man nach Jahren der Verdrängung wieder neu wahrzunehmen wagt.

Über die so genannte **Resilienzforschung** (Opp & Fingerle, 2007) ließ sich mehr Klarheit darüber gewinnen, was z.B. jungen Menschen hilft, trotz widriger Lebensumstände vor Schaden bewahrt zu werden und eine gute Entwicklung zu nehmen. Hieraus lassen sich auch Schlussfolgerungen darüber ableiten, welche psychischen Voraussetzungen oder Fähigkeiten vorhanden sein müssen und welche erzieherischen Gegebenheiten ausschlaggebend sind, damit die Lebensbewährung gelingen kann. Die weiteren Entwicklungsverläufe von ehemals in unserer Einrichtung Betreuten vermögen wir unter diesen Aspekten teilweise neu zu bewerten.

Der aktuelle Wissensstand zwingt auch die Jugendhilfe dazu, im Interesse der von ihr betreuten Kinder und Jugendlichen, deren Eltern und auch ihrer eigenen MitarbeiterInnen, Problemstellungen unter anderen Blickwinkeln als unter den lange Zeit üblichen zu betrachten. Zumal wenn sie immer öfter im Grenzbereich zwischen Jugendhilfe und Psychiatrie tätig werden muss und dabei auch an ihre Grenzen stößt. Wir wissen heute nicht nur mehr darüber, unter welchen Umständen psychische Störungen entstehen, wir wissen auch mehr darüber, unter welchen Voraussetzungen Therapie und Erziehung gelingen können. Und wir können mehr Gesichertes zu dem sagen, was ihr Gelingen stört oder verhindert. Solches Wissen ist zu nutzen und entsprechend sind vorhandene Konzepte weiterzuentwickeln.

Psychische Störungen im Kindes- und Jugendalter nach ICD-10 und DSM-IV

Wissenschaftliche Erkenntnisse und Praxiserfahrungen verschiedenster therapeutischer Schulrichtungen haben sich auch in den international eingeführten Klassifizierungsschemata für psychische Störungen ICD-10 (Dilling, Mombour, Schmidt & Schulte-Markwort, 1994) und DSM-IV (Saß, Wittchen & Zaudig, 1996)[1] niedergeschlagen. Darin und in vielen Publikationen, die sich seither mit den sozusagen international zur Diskussion gestellten fachlichen Sichtweisen und Merkmalskriterien befassen, taucht eine Gruppe von psychischen Störungsbildern auf, für die typisch ist, dass sie als lang anhaltend, tief greifend und ausgesprochen dysfunktional sowie auch – wie es heißt – nicht nur auf eine bestimmte Entwicklungsphase oder nur auf bestimmte Situationen begrenzt sind. Charakteristisch ist für diese Störungsbilder auch, dass sie von ihrem Verlauf und ihrer speziellen Ausprägung her viel Leid erzeugen können. Sozialpädagogische Fachkräfte, Lehrkräfte und Psychologen bzw. Psychotherapeuten, die in unserem Arbeitsfeld tätig sind, haben oft mit jungen Menschen zu tun, auf die diese Beschreibung zutrifft.

Risikokonstellationen früh erkennen

Mit lang anhaltenden, tief greifenden, dysfunktionalen und oft auch schwer zugänglichen und nicht zuletzt deshalb Leid verursachenden Problemlagen sind wir täglich konfrontiert. Wir wollen deshalb schon an dieser Stelle die wichtigste Arbeitshypothese, um die es in dieser Publikation geht, vorstellen. Wir gehen davon aus, dass die vorgenannten Adjektive Störungsbilder charakterisieren, die man bei Erwachsenen entsprechend den Kategorisierungen von ICD-10 und DSM-IV wie auch des MAS (Remschmidt, Schmidt & Poustka, 2001)[2] als *Persönlichkeitsstörungen* bezeichnet. Von diesen sagt man zwar, dass sie meistens in der Kindheit entstehen, aber – von Ausnahmen abgesehen (!) – erst im Erwachsenenalter diagnostiziert werden sollten. Die späte Diagnostizierung soll verhindern,

---

1 Der Einfachheit halber und auf Grund des großen Bekanntheitsgrades wollen wir im Folgenden bei ICD-10 und DSM-IV auf einen Literaturverweis verzichten.

2 Auch beim MAS wollen wir im folgenden der Einfachheit halber und auf Grund des großen Bekanntheitsgrades auf einen Literaturverweis verzichten.

dass Kinder oder Jugendliche zu früh mit einem Etikett versehen werden, das früher einem Stempel »Prognose schlecht« entsprach. Mittlerweile hat sich die Forschung weiterentwickelt und – verkürzt gesagt – zu der Erkenntnis geführt, dass dieser Stempel eigentlich heißen müsste: *»Prognose schlecht, wenn nicht früh und problemspezifisch therapeutisch und pädagogisch gehandelt wird.«*

Wir gehen also davon aus, dass die Entwicklung oder Entstehung einer Persönlichkeitsstörung des Erwachsenenalters nicht etwa 18 Jahre völlig verborgen bleibt, wie dies durch die Empfehlung, sie erst im Erwachsenenalter zu diagnostizieren, vermutet werden könnte. Ein solches Störungsbild kommt nicht plötzlich und ohne Vorankündigung im Erwachsenenalter zum Vorschein. Es tritt vielmehr in seinen typischen Konturen, Problemverhaltensmustern und Auswirkungen schon bei Kindern und Jugendlichen deutlich in Erscheinung. Dass sich beim einen oder anderen jungen Menschen eine frühe Vermutung dieser Art als Fehlalarm herausstellen könnte, weil sich sein Problemverhalten glücklicherweise nicht bis ins Erwachsenenalter als durchgängig erweist und verfestigt, widerlegt unsere Auffassung nicht. Denn der Anteil der jungen Menschen, deren Entwicklungsstörung sich zur Persönlichkeitsstörung hin verfestigt (Für eine Übersicht siehe Schmid, Schmeck & Petermann, 2008 und Arbeitsgemeinschaften der Wissenschaftlichen Medizinischen Fachgesellschaften AWMF, 2008), ist jedenfalls nicht unerheblich und sollte deshalb rechtzeitig und d.h. frühzeitig zur Kenntnis genommen werden. Denn hier handelt es sich nicht etwa um marginale zu vernachlässigende Probleme, die man mal einige Jahre in der Hoffnung, dass »sich das mit dem Älterwerden schon wieder gibt«, ignorieren kann. Es geht vielmehr um schwerwiegende und folgenschwere Risikokonstellationen und um deren leidvolle Auswirkungen, die sich mit ihrer Ausdehnung in mehrere Lebensbereiche hinein und mit ihrer Verfestigung nicht vereinfachen, sondern zu zahlreichen Funktionsbeeinträchtigungen führen und schließlich die *soziale Integration* erheblich gefährden. Solchen Problemen gilt es so früh und so umfassend und intensiv wie möglich mit wirksamen pädagogisch-therapeutischen Konzepten entgegenzuwirken. Denn je länger die Problemkonstellationen dauern und sich verfestigen können, je komplexer und schwerer angehbar werden sie in der Regel.

Rechtzeitige bedarfsspezifische Hilfen erhalten und verbessern die Entwicklungschancen

Es besteht die Gefahr, dass es aus Scheu vor einer relativ frühen psychopathologischen Zuordnung auch zu keiner rechtzeitigen und bedarfsspezifischen Hilfe kommt. Das ist für uns der entscheidende Aspekt, der uns veranlasst hat, uns als Praktiker zu Wort zu melden und für Schlussfolgerungen aus der in Umrissen skizzierten Sichtweise zu plädieren. Wir sagen keineswegs, dass zur Beurteilung eines komplexen Störungsbildes unser Blickwinkel der einzig richtige ist. Man sollte lediglich den Blickwinkel, den wir hier beschreiben wollen, nicht von vorneherein ausklammern bzw. aus Etikettierungsängsten darüber hinwegschauen. Denn wenn man durch bestimmte Merkmalskonstellationen und Entwicklungsverläufe, durch die lange Dauer und eine erschwerte Zugänglichkeit der Störungen, in vielen Fällen auch noch durch Anhaltspunkte in der Familienanamnese begründeten Verdacht in Richtung einer Risikokonstellation schöpft, ist rasches und bedarfsspezifisches Handeln notwendig.

Unsere Darstellungsweise

Wir wollen uns mit unserer Darstellungsweise und Sprache (es wird zum Teil auch die Sprache der erzieherischen Praxis sein) bewusst offen halten für eine breitere Leserschaft und uns deshalb in unseren Ausführungen nicht überall auf dem Abstraktionsniveau wissenschaftlicher Veröffentlichungen bewegen. Es geht uns dabei auch besonders um die Praktiker wie die sozialpädagogischen und sozialarbeiterischen Fachkräfte, aber auch die Lehrer und Therapeuten, die mit uns zu den Beteiligten gehören und uns deshalb besonders am Herzen liegen. Die Thematik erscheint uns für diesen Personenkreis, der insbesondere auch den Alltag der Betroffenen kennt und mit ihnen teilt, bei einer eher wissenschaftlichen Diktion zu nüchtern und emotionslos. Dabei zeichnet sich diese Thematik ja gerade dadurch aus, dass sie für die Beteiligten, d.h. die Fachkräfte in der Praxis und die Eltern, eine enorme emotionale Dimension und Dynamik besitzt.

Auch soll hier, wenn von dem Erzieher, dem Therapeuten, dem Lehrer o.ä. die Rede ist, immer auch die weibliche Perspektive (also die Erzieherin, die Therapeutin und die Lehrerin o.ä.) miteingeschlossen sein. Leider macht die deutsche Sprache es nicht immer einfach, beides gleichzeitig zu berücksichtigen. Wir haben uns deswegen auf diese, wenn auch nicht ganz befriedigende Lösung geeinigt.

Im Anhang befinden sich außerdem eine Reihe von Fallbeispielen. In den Kapiteln wird auf die entsprechenden Praxisfälle daher mit (Symbol für Fallbeispiele) verwiesen.

Teil 1 Einführung

1 Von welchen Kindern und Jugendlichen und von welchen Problemkonstellationen sprechen wir?

Die meisten Kinder und Jugendlichen, die wir im Alter zwischen ca. 8 und 15 Jahren in unsere pädagogisch-therapeutische Einrichtung aufnehmen, bringen eine sehr komplexe und chronifizierte Problemkonstellation mit. Ihre Auffälligkeiten und Problembelastungen stammen nicht erst aus den letzten ein bis zwei Jahren der Eskalation. In dieser der Aufnahme in eine stationäre oder teilstationäre Betreuung oft vorausgehenden Phase haben sie sich lediglich so zugespitzt und verfestigt, dass die Erziehungssituation in der Familie und meist auch in der Schule als kaum mehr erträglich und letztlich pädagogisch auch nicht mehr handhabbar erlebt wurde. Die Angehörigen sind dann nicht selten ratlos und zermürbt und auch die professionellen Helfer, die die Eltern und den jungen Menschen ambulant zu unterstützen versucht haben, sind ebenfalls häufig an ihren Grenzen angelangt. Aus dieser Situation heraus kann es dann zu der Entscheidung kommen, das Kind oder den Jugendlichen zumindest im Rahmen einer Krisenintervention einer kinder- und jugendpsychiatrischen Klinik oder über einen längeren, aber doch auch begrenzten Zeitraum einer therapeutisch orientierten Jugendhilfeeinrichtung anzuvertrauen. Nicht selten gelangen in der kinder- und jugendpsychiatrischen Klinik untersuchte und behandelte Kinder und Jugendliche ein Viertel- oder halbes Jahr später in unsere Jugendhilfeeinrichtung, weil es eine Reihe von Gründen gibt, den jungen Menschen und seine Angehörigen über den relativ kurzen Klinikaufenthalt hinaus fachlich und umfassend weiter zu betreuen.

Verfolgt man die Probleme dieser Kinder und Jugendlichen zurück, wird zumeist erkennbar, dass sich schon im frühen Kindesalter Auffälligkeiten zeigten. Häufig gehörte das Kind zu den sog. Schreikindern und/oder zeigte auch schon früh andere problematische Verhaltensweisen, indem es als reizüberempfindlich, leicht irritierbar oder unruhig erlebt wurde und sich schwer neuen Situationen anpassen konnte. Meistens ließen sich auch schon im Kindergarten- und im Grundschulalter sehr ausgeprägte Störungen der psychosozialen Entwicklung erkennen. Diese weiteten sich dann über die Jahre hin aus, verschärften sich im Verlaufe der schulischen Entwicklung immer mehr und verfestigten sich trotz verschiedenster ambulanter Interventionsversuche.

Kommen diese Kinder dann mit 9, 11, 13 oder 14 Jahren aus einer verfahrenen und verzweifelten Lage in eine Jugendhilfeeinrichtung, so kommt es meist schnell zu einer Entschärfung der Gesamtsituation. Kinder wie Eltern schöpfen neue

Hoffnung. Es stellt sich dann aber auch nicht selten heraus, dass die weitere therapeutische und pädagogische Arbeit mit diesen jungen Menschen unter z.T. sehr erschwerten Bedingungen verläuft und der Hilfeprozess auf ganz charakteristische Schwierigkeiten stößt. Wie langjährige Verlaufserfahrungen zeigen, ist neben oft nur zögerlichen Entwicklungsfortschritten häufig auch zu befürchten, dass trotz allem persönlichen Einsatz und vielfältigen methodischen Anstrengungen in der verfügbaren Zeit nicht der gewünschte dauerhafte Erfolg erreicht wird.

Oft zeigen sich schon in der ersten Phase der pädagogisch-therapeutischen Betreuung bei diesen jungen Menschen Problemkonstellationen, die in Anlehnung an die internationalen Klassifikationssysteme für psychische Störungen ICD-10 und DSM-IV als

- lang anhaltend
- tief greifend
- unflexibel
- lebensbereichs- und situationsübergreifend
- unangepasst bis extrem dysfunktional
- funktionelle Einschränkungen und Leid bewirkend

bezeichnet werden können. Wie oft schon aus der Vorgeschichte klar wird, sind die dazugehörigen Probleme nicht auf eine bestimmte Entwicklungsphase begrenzt. Außerdem lassen sie sich hinsichtlich Entstehung, Verlauf und therapeutischem Ergebnis ohne eine Erweiterung der bekannten Erklärungsmodelle für psychische Störungen meist nicht ausreichend verstehen.

Gleichwohl stellen diese Problemkonstellationen aber in der Regel große Anforderungen an therapeutische und pädagogische Mitarbeiter wie auch an die betroffenen Familien bzw. an andere Beteiligte. Es sind hier sehr viel Flexibilität und Kreativität zur Schaffung von immer wieder neuen pädagogisch-therapeutischen Handlungsspielräumen gefragt. Oft muss dabei von verbreiteten und in diesen Fällen zu lange aufrechterhaltenen Standardbetrachtungs- und Vorgehensweisen abgewichen werden. Und für die praktische Umsetzung ihrer jeweiligen Aufgaben benötigen Mitarbeiter jeder Profession eine enorme Überzeugungskraft, pädagogische Standfestigkeit, wie auch große Belastbarkeit und Ausdauer.

1.1 Komplexe, diagnostisch schwer fassbare Problemkonstellationen – Komorbide[1] Störungen sind häufig

Die Problemkonstellationen, die sich bei diesen Kindern und Jugendlichen finden lassen, erscheinen deshalb so komplex, weil eine große Vielfalt an Symptomen und Symptomverflechtungen in mehreren Lebensbereichen vorhanden ist, die zu gravierenden Funktionseinschränkungen geführt hat. Dies führt dazu, dass im Vorfeld fast nie eine einzige alles-umschreibende Diagnose gestellt werden konnte, sondern

1 Gleichzeitig auftretend

meist mehrere Symptom- oder Störungsbilder benannt werden. Es kann vorkommen, dass bei einem Kind oder Jugendlichen beispielsweise fünf komorbide Störungen gleichzeitig diagnostiziert oder bei Nachuntersuchungen zu einem späteren Zeitpunkt andere Diagnosen gestellt werden. Darunter findet man typischerweise Diagnosen wie Störungen des Sozialverhaltens (ICD-Klassifikation F 91), Störungen des Sozialverhaltens und der Emotionen (F 92), Hyperkinetische Störung des Sozialverhaltens (F 90.1), Impulskontrollstörung (F 63.8) oder Reaktive Bindungsstörung (F 94.1), allesamt Diagnosen mit nicht sehr günstiger Langzeitprognose und relativ geringer Aussagekraft für therapeutische Implikationen. Häufig finden sich bei diesen Kindern und Jugendlichen zusätzlich *Teilleistungsstörungen* oder ein *Aufmerksamkeitsdefizit-/Hyperaktivitätssyndrom (AD(H)S)*. Diese moderieren die Problemverhaltensweisen entscheidend mit, können jedoch die beim betroffenen jungen Menschen feststellbaren Problemkonstellationen allein nicht ausreichend erklären (siehe hierzu Kapitel 5.5).

1.2 Unangepasstes bzw. dysfunktionales und manchmal nur schwer nachvollziehbares Problemverhalten

Charakteristisch für diese Problemkonstellationen sind u.a. Problemverhaltensweisen, die nicht der in der Gesellschaft allgemein üblichen Verhaltensnorm entsprechen und häufig sogar so unüblich, unlogisch und den eigenen Interessen so abträglich erscheinen, dass sie für die Mitmenschen, selbst wenn man die manchmal besonderen Lebensumstände dieser Kinder/Jugendlichen berücksichtigt, häufig nur schwer verständlich und auch kaum nachvollziehbar sind. Wutausbrüche aus relativ nichtigem Anlass, aber auch das Zerstören von eigenem oder fremdem Eigentum oder wüstes, nicht zu bremsendes Beschimpfen von Erwachsenen und Kindern/Jugendlichen in einer von anderen bzw. Außenstehenden eher harmlos erlebten Situation, sowie auch immer wieder Selbstverletzungen oder andere ungewöhnliche Formen der Erregungsabfuhr (z.B. Kleidungzerbeißen) sind dafür nur einige Beispiele. Diese zeigen sich nicht immer, aber insbesondere in zugespitzten Krisensituationen, in denen sie sehr häufig beobachtet werden können. Solche Problemverhalten treten nie allein auf, sondern immer gleichzeitig mit anderen ungewöhnlichen oder unüblichen Verhaltensweisen und auch leidvollen Auswirkungen. Daneben sind aber auch relativ problem- oder konfliktarme Phasen und Situationen festzustellen.

Die folgenden Fallbeispiele veranschaulichen solches unübliches und schwer nachvollziehbares Problemverhalten. Alle hier beschriebenen Jugendlichen sind durchschnittlich intelligent, wobei bei einigen Teilleistungsstörungen festgestellt wurden.

Dennis, 14 Jahre alt, hatte sich am Schulvormittag zu einem starken Fehlverhalten hinreißen lassen und sollte eine Wiedergutmachung leisten. Es handelte sich um einen Freitag, an dem er sonst bereits um ca. 13 Uhr mit dem Zug nach Hause fahren konnte. Dass er nun durch die geforderte Wiedergutmachungsleistung erst eine Stunde später fahren konnte, entwickelte sich für ihn zu einem riesigen Problem. Die von ihm erwartete Verschiebung der Heimfahrt um eine Stunde versetzte ihn in eine solch heftige und »blind« anmutende Erregung, dass mit Tätlichkeiten gerechnet werden musste. Dennis konnte keinen Grund dafür anführen, warum er nicht später fahren konnte. Aber der Gedanke, nicht zur für ihn üblichen Zeit fahren zu können, schränkte seine kognitiven Fähigkeiten soweit ein und brachten ihn emotional in solchen Aufruhr, dass er mit keinem Argument zu einem Umdenken veranlasst werden konnte. Er sagte nur stereotyp und mit Drohgebärden: »Ich will aber jetzt (also um 13 Uhr) fahren.«

Achim, 16 Jahre alt, fuhr mit dem Fahrrad in der Fußgängerzone gegen einen Laternenmast. Er wurde mit dem Rettungswagen in die Klinik gebracht, dort geröntgt und wegen eines diagnostizierten Schulteranbruchs mit einem Spezialverband versorgt. Am späten Abend wurde er wieder in die Einrichtung gebracht und sollte am nächsten Tag zur Kontrolle zum Hausarzt gebracht werden. Am Nachmittag des nächsten Tages riss er sich aber den Verband ab und schimpfte auf die Klinik: »Ich habe jetzt die Nase voll. Der Arzt hat mich angelogen. Mir tut nichts weh, also kann auch nichts gebrochen sein.« Was folgte, war seine Forderung, dass er sofort die Röntgenbilder sehen wollte und ohne diese auf keinen Fall mehr den Verband anlegen würde. Achim wollte sofort mit einem Fahrrad ins Krankenhaus fahren und sich beim Arzt beschweren.

Tobias, ein 13-jähriger intelligenter, gefühlsmäßig aber spröder, kontaktarmer und zu etwas abstrusen Fantasien neigender Junge, fand im nahe gelegenen Wald einen halbverwesten Rehkopf und nahm ihn mit auf sein Zimmer, das er mit noch zwei anderen Jungen teilte. Es waren mehrere Diskussionen nötig, um Tobias dazu zu bringen, den übel riechenden Rehkopf wieder aus dem Zimmer zu entfernen und zu entsorgen.

1.3 Auffälligkeiten treten meistens »bündelweise« auf

Manche Problemverhaltensweisen dieser Kinder/Jugendlichen würden für sich allein betrachtet und nur gelegentlich vorkommend natürlich keine so hohe fachliche Aufmerksamkeit erfordern. Aber typischerweise geht es bei den jungen Menschen, von denen hier berichtet wird, meistens um ein ganzes Bündel von weiteren Auffälligkeiten, mit denen oder mit deren Auswirkungen man im Alltag zu rechnen und umzugehen hat und die dann als sehr aufreibend erlebt werden können.

Hierzu können z.B. neben einer chronischen Langeweile eine geringe Spiel- und Beschäftigungsfähigkeit, andauernder Interessenmangel oder eine sonderbare Interesseneinschränkung gehören. Oft werden regelmäßige Pflichten oder Alltagsanforderungen verweigert oder immer und immer wieder hinterfragt. Aufgabenerledigung wird versprochen, aber nicht eingehalten. Die Gültigkeit gemeinsam ausreichend diskutierter Regeln wird angezweifelt bzw. jeden Tag neu in Frage gestellt. Vereinbarungen werden getroffen und dann anders ausgelegt, unzulässig eingeschränkt oder gebrochen.

Diese Kinder/Jugendlichen klagen oft darüber, dass sie von vielem »genervt« würden. Die Schwelle, ab der Genervtsein erfolgt, liegt sehr niedrig. Oft muss das Genervtsein auch als Grund für eine Tätlichkeit gegenüber einem anderen Kind/Jugendlichen herhalten. Auch die Bitte um Mithilfe oder Unterstützung bei einer unerwarteten oder nicht vorher angekündigten Aufgabe kann als nervend erlebt werden und einen heftigen Konflikt auslösen. Die emotionale Verfassung ist oft durch die Neigung zu Verstimmungen oder durch schnelle Stimmungswechsel, aber auch sehr leichte Kränkbarkeit gekennzeichnet. Die Fähigkeit, Konflikte durchzustehen, ist vermindert. Impulsive Handlungen oder Wutausbrüche, die außer Kontrolle geraten, gefährden die sozialen Beziehungen und kosten Sympathien.

Es kann auch sein, dass das Kind keinen Zugang zu Gleichaltrigen findet oder es mit diesen fortwährend Ärger gibt, weil die soziale Integration nicht gelingt. Bei manchen Jugendlichen können sich Kontaktprobleme so zeigen, dass sie sich nur mit ebenfalls problembelasteten Jugendlichen zusammentun (weil dies auf niedrigem Niveau am leichtesten gelingt), wo sie dann auf typische Gefährdungen stoßen. Oft können diese Kinder/Jugendlichen soziale Risiken nur schwer einschätzen, beispielsweise, wenn sie sich in die Abhängigkeit von anderen begeben oder zum Mitläufer werden. Manchmal fehlt z.B. auch das Gespür dafür, dass man Ältere nicht ungestraft herausfordern oder mit fortwährenden Beleidigungen gegen sich aufbringen kann.

In der Schule beeinträchtigen nicht nur Aufmerksamkeits- und Teilleistungsstörungen die Lern- und Leistungsfähigkeit. Selbst wenn solche Störungen nicht nachgewiesen werden können und das Begabungsniveau im Bereich der durchschnittlichen, wenn nicht sogar überdurchschnittlichen Intelligenz liegt, können die Ausschläge ihrer emotionalen Reaktionsweisen oder tolerierbare Grenzen weit überschreitende Störungen des Sozialverhaltens dafür sorgen, dass die Leistungen weit unter dem eigentlich Möglichen bleiben oder dass es zu Schulausschlüssen kommt. Aber auch Schulverweigerung in Folge von Leistungsversagen, befürchteten Kränkungserlebnissen oder von sozialer Ablehnung gehört zum Spektrum der Auffälligkeiten.

Man darf sich bei diesen jungen Menschen aber auch nicht wundern, wenn dazu noch weitere Probleme, wie z.B. Schlafstörungen, Essensverweigerung, nächtliches Einnässen, ein völlig überzogenes Autonomieverhalten oder Ordnungsprobleme in Form einer unüberbietbaren Schlampigkeit dazukommen, begleitet von entsprechend konflikthaften Auseinandersetzungen. Nicht selten werden Speisereste an Plätzen versteckt, wo sie in jedem Fall verderben müssen, zugleich aber auch nicht entdeckt werden, bevor dies geschehen ist.

Wie dann letztlich diese Problemkonstellationen im Einzelnen in Erscheinung treten, hängt stark von der individuellen Situation ab. Das bündelweise Auftreten solcher Probleme ist aber charakteristisch. Aus ihnen resultieren dann die strapaziösen erzieherischen Erfahrungen und Erlebnisse, mit denen die Eltern, aber auch die Erzieher einer Einrichtung oder die Lehrer in der Schule konfrontiert sein können.

Johannes, 14-jährig, der nach eskalierten Problemen Zuhause und in der Schule und einem mehrwöchigen Klinikaufenthalt zu uns gekommen war, besuchte ein Gymnasium. Während er in den ersten vier bis sechs Wochen nach den Schulferien leistungsmäßig zufrieden stellend mithalten und sich auch einigermaßen in die Klasse integrieren konnte, traten nach diesem Zeitraum mehrmals und fast schon vorhersehbar Krisen auf. Immer nach einigen Wochen sackte sein Leistungsvermögen und auch seine Einsichts- und Aktivierungsbereitschaft hinsichtlich der zu leistenden häuslichen Vorbereitung auf ein niedriges Niveau ab. Alles wurde dann zum Problem. Johannes suchte unergiebige Diskussionen und weigerte sich, das Nötige für die Schule zu tun bzw. regelmäßig dort hinzugehen. Ging er zur Schule, so oft nur in merkwürdiger »Verkleidung«, z.B. indem bei warmer Außentemperatur mit einer tief ins Gesicht gezogenen Wollmütze in die Klasse kam. Dazu kamen Ordnungsprobleme, große Unstimmigkeiten bezüglich hygienischer Grundforderungen, ein ganz eingeengtes Interessenspektrum und Schlafstörungen wie auch Überempfindlichkeit gegenüber Regeln und Bestimmungen.

1.4 Die Probleme betreffen mehrere Persönlichkeits- und Lebensbereiche

Die bisher beschriebenen Problemverhaltensweisen betreffen meist verschiedene Persönlichkeitsbereiche. D.h. sie beeinträchtigen

- die Wahrnehmung und Interpretation von Ereignissen und Menschen
- den Gefühls- und Stimmungsbereich
- die Impulskontrolle
- die Bedürfnisbefriedigung und vor allem
- die zwischenmenschlichen Beziehungen

Hierdurch unterscheiden sich diese Problemkonstellationen deutlich von anderen weniger komplexen Störungsbildern, wie z.B. einer Schulphobie, bei der ein Kind zwar Schwierigkeiten hat, in die Schule zu gehen, aber andere Anforderungen bewältigen oder normale Beziehungen zu Gleichaltrigen haben kann.

Es sind auch meistens mehrere Lebensbereiche und unterschiedliche Situationen betroffen und das Auftreten der Probleme ist nicht nur auf eine spezifische Entwicklungsphase, wie z.B. die Pubertät, begrenzt. Die Problemkonstellationen ziehen sich gewissermaßen wie ein roter Faden durch das Leben dieser Kinder/Jugendlichen, selbst wenn sich einige wenige Nischenbereiche finden lassen, in denen sie sich verhältnismäßig gut zurechtfinden. Einige dieser Schwierigkeiten finden sich oft bereits von früher Kindheit an und fast nichts und niemand bleibt davon verschont. D.h. die Probleme zeigen sich in den Familien in Form von Widersetzlichkeiten, endlosen Auseinandersetzungen und in einem nur noch mühsam zu bewältigenden und kräftezehrenden Alltag, der die Eltern immer wieder an ihre Grenzen geraten lässt.

In der Schule werden manche der aufgeführten Problemverhaltensweisen noch deutlicher bzw. erzeugen noch eher den Handlungsdruck, sich der auftauchenden Schwierigkeiten anzunehmen. Denn die Schule ist häufig – vor allem wenn sich Probleme in der Klassengemeinschaft oder gegenüber den Lehrkräften zuspitzen – die erste Stelle, die mit aller Deutlichkeit darauf besteht, dass es »so nicht mehr weitergehen« kann.

Aber auch die Wohnungsnachbarn können sich gestört fühlen durch rücksichtslosen Lärm wie z.B. Türenschlagen oder eine schon mehrfach angemahnte, aber dennoch immer noch zu laut eingestellte Musikanlage. Wenn Problemverhaltensweisen auftauchen, bei denen Sachwerte oder Menschen zu Schaden kommen können, ist die Problematik oft schon sehr eskaliert. Und auch der Freundeskreis setzt sich dann häufig nur noch aus ebenfalls problembelasteten Jugendlichen zusammen. Damit potenzieren sich oft die Auswirkungen der Problemverhaltensweisen eher, als dass es zu einer gegenseitigen Kontrolle käme.

1.5 Wechselnde und vielgesichtige Symptome geben nicht selten Rätsel auf oder können Verwirrung stiften

Das Erscheinungsbild der Problemkonstellationen ist natürlich auch abhängig von Alter, Lebensgeschichte, Entwicklungsbedingungen bzw. vom persönlichen Umfeld, vom Bildungsgrad und dem Strukturniveau der Persönlichkeit des jungen Menschen. Im Entwicklungsverlauf und über verschiedene Situationen und Lebensbereiche hinweg können die Symptome und Probleme auch in ihrem Ausprägungsgrad wechseln, sodass diese oft auch als schillernd oder widersprüchlich erscheinen.

Neben den geschilderten Auffälligkeiten zeigen sich die Kinder/Jugendlichen jedoch zeitweise und in bestimmten Situationen – d.h. insbesondere wenn kein Konfliktstoff gegeben ist – sogar sozial angepasst, d.h. umgänglich und einsichtig, auch freundlich und hilfsbereit, sodass ein Außenstehender nie vermuten würde, welche Veränderungen sich im Konfliktfall z.T. urplötzlich einstellen können. Manchmal bleibt ein Lebensbereich ganz verschont, d.h. es lassen sich dort zu keinem Zeitpunkt Auffälligkeiten finden. Das Kind oder der Jugendliche wird daher von verschiedenen Personen, die mit ihm zu tun haben, oft sehr unterschiedlich wahrgenommen bzw. man könnte meinen, man hätte es mit zwei unterschiedlichen Personen zu tun.

Auch im zeitlichen Verlauf treten immer wieder Phasen auf, in denen der junge Mensch in mehreren vorher betroffenen Lebensbereichen scheinbar nahezu symptomfrei ist. Deren Dauer kann individuell völlig unterschiedlich, z.B. im Krisenfall von einigen Minuten bis zu mehreren Stunden, sein, in anderen Fällen von Tag zu Tag wechseln. Solche Phasen können aber auch über Wochen, ja sogar bis zu mehreren Monaten variieren. Dieses Phänomen kann in Anlehnung an Diepold (1994) als *fluktuierendes oder wechselndes Funktionsniveau* bezeichnet werden, weil immer wieder Phasen auftreten (oder Lebensbereiche sichtbar werden), in denen – vereinfacht gesagt – fast nichts »funktioniert«, während in anderen ein überraschend gutes »Funktionieren« erkennbar ist (Zum Begriff des Funktionsniveaus siehe auch die Achse V im DSM-IV, und ebenso **Tab. 1.1**). Diepold (1994) hatte den Begriff ursprünglich für Kinder und Jugendliche mit Borderline-Persönlichkeitsentwicklungsstörungen geprägt. Unsere Erfahrungen lassen aber eher darauf schließen, dass sich diese Eigenheit bei vielen dieser Kinder und Jugendlichen mit komplexen Problemkonstellationen, wie sie hier dargestellt werden, finden lässt.

Tabelle 1.1 Typische Verhaltensweise in Abhängigkeit des Funktionsniveaus

Ich-Funktionen in der Situation einer (erwarteten) Wunsch-Versagung	
Bei normalem psychischen Funktions- und Strukturniveau	**Bei niedrigem psychischen Funktions- und Strukturniveau**
Kind/Jugendlicher ist »gut drauf«	**Kind/Jugendlicher ist »schlecht drauf«**
Kann zuhören, abwarten, vertraut auf Wohlwollen und Gerechtigkeit der Erziehungsperson	Kann nicht zuhören, nicht abwarten, hegt Zweifel und misstraut der Erziehungsperson Dranghafte Ungeduld
Ist gespannt darauf, wie sich die Erziehungsperson verhält	Negative Erwartungen »Die Erziehungsperson wird bestimmt gegen mich oder meine Wünsche sein«
Aufgeschlossenheit und Zugänglichkeit für Gespräch und Argumente »Irgendwie wird es schon klappen«	Unaufgeschlossen bis unzugänglich. Argumente werden nicht akzeptiert, sie sind schon Teil der Ablehnung Verstocktheit, Blockade
Geäußerte Gedanken und Bedenken können nachvollzogen werden Vorhaben und Wunscherfüllung können situationsabhängig betrachtet werden	Geäußerte Gedanken und Bedenken können nicht differenziert aufgenommen und überdacht werden und werden als bedrohlich erlebt, z.B. als Versuch von der Bedürfnis- oder Wunscherfüllung abzubringen
Alternativ- und Kompromiss-Vorschläge sind diskutierbar	Es gibt keine Alternativen oder Kompromisse
Widerstand und konstruktives Autonomieverlangen kommen auf, Positionen werden ausgetauscht »Ist es denn wirklich nicht so möglich, wie ich es will?«	Nichtkonstruktiver Autonomieanspruch »Ich will das aber und zwar sofort, ich bestimme selber, was ich will, sonst können Sie mich mal!«
Abwägung der Wichtigkeit und der Bedenken »Kann ich es verkraften, wenn es nicht ganz so läuft, wie ich dachte?«	Hochspannung, Gefahr des Überranntwerdens durch affektbestimmte Reaktion oder impulsiv ungestümes Verlangen
Zugriff auf Regelbewusstsein und Verhaltensnormen ist intakt und gelingt	Kein oder nur noch teilweiser Zugriff auf Regelbewusstsein und Verhaltensnormen
Regeln und Normen sind gültig, aber nicht starr, sondern auch flexibel anpassbar »Suchen wir einen Kompromiss!«	Regeln werden als starr und einengend erlebt. Flexibilität ist nicht vorstellbar »Die Erziehungsperson will ja nur ihren Willen durchsetzen!«
Es fällt zwar nicht leicht, den Kompromiss zu akzeptieren, aber es gelingt	Kompromiss kann nicht akzeptiert werden »Ich halt das nicht mehr aus – lecken Sie mich doch!«
Vernunftbestimmtes, realitätskonformes, Folgen bedenkendes Handeln	Unlogisches, irrational dominiertes bis unberechenbares und Folgen nicht beachtendes Handeln
Übereinkommen wie und wann Bedürfnis/Wunsch erfüllt wird. Beide Seiten können mit gefundenem Kompromiss leben	Kind/Jugendlicher erfüllt sich selbst (irgend ein) Bedürfnis oder Wunsch in unerlaubter Weise und ohne Rücksicht auf Gefahren

Stefan, ein 15-jähriger Junge, der sehr höflich und angenehm sein konnte, wenn er in guter Verfassung war, war seit einiger Zeit übellaunig, leicht reizbar und geriet immer wieder in Phasen sehr gefährlicher bzw. explosiver emotionaler Geladenheit. Diese machten sich oft schon morgens nach dem Aufstehen bemerkbar und hatten u.a. immer wieder zu heftigen körperlichen Auseinandersetzungen mit anderen Jugendlichen und auch Drohgebärden gegenüber Erwachsenen geführt. Eine Behandlung in einer jugendpsychiatrischen Klinik wurde mangels Motivation abgebrochen. Im Technikunterricht wurde Stefan von seinem Lehrer aufgrund einiger Vorfälle gebeten, den Werkraum zu verlassen. Beim Gehen schlug er die Türe hinter sich zu. Als der Lehrer ihm nachging und mit ihm vor der Tür das Gespräch suchte, ging der Jugendliche auf ihn los und drückte ihn gegen die Wand, sodass er in Atemnot geriet. Als ein Kollege zu Hilfe kam und Stefan wegzog, schlug dieser dem Lehrer noch mit der Faust ins Gesicht. Stefan beschrieb in einem später stattfindenden klärenden Gespräch, dass er sehr darüber erschrocken gewesen sei, dass der Lehrer ihm nachgegangen war. Seine heftige Reaktion sei eine Schreckreaktion gewesen, um ihn sich »vom Leib zu halten». Bei der Diskussion zu seinem Verhalten geriet er (sobald er nicht mehr weiter wusste) auch in eine depressiv-drohende Rückzugshaltung: »Ach, machen Sie doch mit mir, was Sie wollen«. Selbst Mitarbeiter der Jugendhilfe-Einrichtung, die mit Stefan weniger zu tun hatten, konnten diesen Vorfall kaum fassen. Sie hatten dem Jungen dieses Verhalten nicht zugetraut. Zur gleichen Zeit arbeitete Stefan aber auch drei Tage in der Woche in einem Ein-Mann-Handwerksbetrieb, wo er als Helfer tätig und von seinem Chef auch geschätzt war. Explosive Ausbrüche waren dort über einen Zeitraum von mehreren Monaten nie vorgekommen und es machten sich hier auch keinerlei Auswirkungen aus dem anderen Lebensfeld bemerkbar. Schließlich entwickelte sich längerfristig eine berufliche Perspektive im handwerklich-praktischen Bereich, wo Stefan – allerdings ohne jugendliche Kollegen – seine Stärke fand.

Diese Wechsel des Problembildes, die zwischenzeitlich geringe Symptombelastung und dann wieder die relativ plötzlichen und heftigen Manifestationen des gesamten Symptomspektrums wirken in vieler Hinsicht verwirrend. Sie zerschlagen beispielsweise auch immer wieder die Hoffnung der beteiligten Therapeuten und Pädagogen, der Durchbruch sei schon geschafft, wenn über einige Monate alles recht gut lief. Oft stellt sich schon mit der Aufnahme in der Einrichtung eine solche ruhige und entspannte Situation ein. Beteiligte Mitarbeiter können dann fragen, warum die Aufnahme dieses Jugendlichen überhaupt nötig war. Man darf aber, wie die lange Erfahrung zeigt, sicher sein, dass es nur eine Frage der Zeit ist, bis der Umschwung eintritt und damit die andere Seite des jungen Menschen wieder sichtbar ist.

Wechselnde und sich phasenweise verändernde Symptome oder Symptomausprägungen und unterschiedliche Erscheinungsweisen in verschiedenen Lebensbereichen begleiten unter Umständen den gesamten Aufenthalt in der Einrichtung. Obwohl alle wissen, dass dies so sein kann, führt dies doch immer wieder zu einem enormen Diskussionsbedarf bei allen Beteiligten in der Einrichtung und den Eltern. Man ist viel damit beschäftigt, sich sein Bild vom Jugendlichen immer wieder zu aktualisieren und zu vervollständigen. Aus solchen Situationen oder Diskussionen heraus ergeben sich aber auch neue Ressourcen und zwar dann, wenn man in den guten und störungsarmen Phasen Fähigkeiten, Begabungen oder Neigungen entdeckt, die in schwierigeren Zeiten gar nicht zum Vorschein kommen.

Marvin, zehn Jahre alt, verfiel bis zu dreimal am Tag in heftigste Wutanfälle, die er oft selbst durch Provokationen anderer Kinder heraufbeschwor. Dies war zuvor auch in der heimatlichen Grundschule so, weshalb es schließlich auch zur Aufnahme in unsere Einrichtung kam. Zuhause waren diese heftigen Entladungen jedoch nicht aufgetreten und es kam immer wieder zu Meinungsverschiedenheiten zwischen der Mutter und der Schule. Um seine Wutanfälle zu dokumentieren, wurde Marvin während eines solchen Wutanfalles von uns auf Video aufgenommen. Als wir das Video in einem Gespräch der alleinerziehenden Mutter zeigten, konnte sie kaum die Tränen zurückhalten. Sie hatte, wie sie versicherte, ihren Sohn noch nie in einer so schlimmen Verfassung erlebt, obwohl von ihr auch ein zustimmendes »Ja, genau so ist er: mal Engelchen, mal Teufel« zu hören war. Die Kleinkindzeit mit Marvin war auch in der Familie keinesfalls einfach gewesen. So tat die Mutter auch kund, dass sie erzieherisch hätte kapitulieren müssen, wenn sie nicht zuvor schon eine wesentlich pflegeleichtere Tochter gehabt hätte.

1.6 Die Verantwortung für die eigenen Problemverhaltensweisen wird meist anderen zugeschoben

Eines der auffälligsten Merkmale und Eigenheiten dieser Kinder und Jugendlichen ist, dass sie die Verantwortung für eigene Problemverhaltensweisen und Schwierigkeiten über das altersübliche Maß hinaus fast immer anderen zuordnen. Bei jüngeren Kindern finden sich dann ständig Aussprüche wie »Das war ich nicht«, während Ältere z.B. darauf bestehen: »Ich hab' kein Problem. Sie haben eines!«. Fragt man sie: »Was denkst du, warum du eigentlich hier bist?«, kann man ein Achselzucken ernten oder ein »Weiß nicht!«. Immer wieder verstehen es solche Jugendliche, durch ihre subjektiven, z.T. sehr geschickten Darstellungen jegliche Verantwortung von sich zu schieben und damit Eltern oder erfahrene Pädagogen zu verunsichern, indem sie sie dazu bringen, an ihren Wahrnehmungsfunktionen oder ihrem logischen Denkvermögen zu zweifeln. Dabei ist es den Jugendlichen, natürlich in Abhängigkeit von ihrem intellektuellen Niveau, oft ein leichtes, irgendwo gehörte Argumente oder gesellschaftliche Klischees zu ihrer Verteidigung einzusetzen. Und selbst wenn ihnen die Argumente ausgehen, bestechen sie oft durch eine trotzige Uneinsichtigkeit.

Je schwerwiegender die Probleme dieser Kinder/Jugendlichen hervortreten, desto hartnäckiger bestehen sie oft darauf, dass alle Probleme von den anderen ausgingen und mit ihnen alles in Ordnung sei, selbst wenn dies für Außenstehende überhaupt nicht nachvollziehbar ist und sich an allen Ecken und Enden die Auswirkungen ihrer Probleme nachteilig bemerkbar machen. Man erlebt nicht selten, dass gerade die Kinder/Jugendlichen, die sich in einer schwerwiegenden Krise befinden und die in einer entsprechend schlechten Verfassung sind, mit Vehemenz behaupten und zwischendurch auch ihre Eltern darüber aufzuklären versuchen: »Hier spinnen doch alle. Die gehören alle in die Psychiatrie. Außer mir – ich bin der einzig Normale hier!«

Der 14jährige **Peter**, der sich gerade in einer ernsten Krisenphase befand, ließ sich auf ein Gespräch mit seiner Mutter und deren Lebensgefährten über seine Zukunft ein. Insbesondere der Lebensgefährte bemühte sich in dem Gespräch sehr (und auch mit Einfühlungsvermögen und Verständnis), Peter davon zu überzeugen, dass ein Schulabschluss für seinen weiteren Lebensweg wichtig wäre. Peter zeigte sich extrem uneinsichtig und für logische Argumente und Erfahrungswerte völlig unzugänglich. Als er im Gespräch auch noch provozierend frech wurde, eskalierte die Situation. Der Lebensgefährte erkannte resignierend, dass er den Jugendlichen nicht erreichen konnte und war nachhaltig irritiert. Als Peter nach einer Woche noch einmal mit seiner Bezugsperson in der Einrichtung dieses Gespräch reflektierte, zeigte er sich völlig fassungslos: »Ich versteh gar nicht, wieso der sich so aufregt. Wenn ein Gespräch vorbei ist, dann ist es vorbei. Danach ist es wieder so wie vorher. Der ist doch nicht normal!«

1.7 Starre und unangepasste Wahrnehmungs-, Denk- und Handlungsschemata

Auffälligkeiten beim Wahrnehmen, Denken und Handeln zeigen sich bei diesen Kindern und Jugendlichen ebenfalls sehr häufig und lassen sie oft extrem unflexibel erscheinen. Kleinste Änderungen in ihrem Tagesplan können sie beispielsweise sehr in Unruhe versetzen und in gereizte Anspannung geraten lassen. Selbst wenn z.B. die eigentlich unbeliebte Mathematik-Stunde ausfällt, kann ein solches Kind u.U. damit nur sehr schwer zurechtkommen und gerät deshalb in Aufregung und Ärger. Auch gut gemeinte Hilfeangebote können oft nicht angenommen werden, weil die dafür erforderliche kleine Änderung des Tagesplanes eine spannungsgeladene Irritierung auslöst oder eine zu große Unsicherheit darstellt. Starrheit im Wahrnehmen und Denken wirkt sich zum Nachteil der Betroffenen aus, d.h. sie führt zu zumindest diffusem persönlichem Leid und/oder hat einen nachteiligen Einfluss auf die soziale Umwelt, wo sie ebenfalls sehr leidvolle Erfahrungen bei Eltern oder Geschwistern verursacht und Mitschüler oder Kinder in der Nachbarschaft zum Rückzug veranlasst.

Thomas, 13 Jahre alt, wurde von uns nach der Entlassung aus der vollstationären Betreuung durch eine spezifische Nachbetreuung begleitet. Aufgrund von Schwierigkeiten in der Schule, bedingt durch Teilleistungsschwächen, insbesondere im Fach Mathematik, war klar, dass für ihn zügig ein außerhäusliches Nachhilfeangebot eingerichtet werden müsste (Spielen sich solche Aktivitäten zu Hause ab, stehen sie meist unter einem schlechten Stern). Als die zuständige, sehr erfahrene Mitarbeiterin des Sozialen Dienstes ein solches Angebot auf den Tisch bekam, beschloss sie spontan, bei Thomas vorbeizuschauen. Allerdings hätte er sich sofort bzw. spätestens am nächsten Tag entscheiden müssen, ob er dieses Angebot in Anspruch nehmen wollte. Für den (unflexiblen) Jungen war dies alles viel zu plötzlich und spontan und allein dieser Entscheidungsdruck schien eine enorme Stressbelastung für ihn darzustellen. Er stellte sich stur, weigerte sich, das Angebot anzunehmen, und verabschiedete sich von der Mitarbeiterin des Sozialen Dienstes mit den Worten: »Ich will Sie nie wieder sehen.«

Starre Denk-, Wahrnehmungs- und Handlungsschemata beeinträchtigen auch die Bewältigung von kritischeren, aber auch ganz gewöhnlichen Alltagssituationen.

Beispielsweise können Probleme durch ein extremes Essverhalten entstehen. Da wird z.B. eine einseitige und unausgewogene Essensauswahl getroffen: die Mehrzahl von Gerichten wird völlig abgelehnt, ohne dies begründen zu können und die Angehörigen werden u.U. unter Druck gesetzt, um sich einige wenige Lieblingsgerichte oder »Spezialzubereitungen« oder auch das Geld für »McDonalds-Kost« zu ertrotzen. Festgefahrenheit taucht auch in der Form auf, dass bei einer Erkrankung kein Arzt gerufen werden darf oder dass nach einer Einwilligung zum Arztbesuch bei der Untersuchung das Kleiderablegen oder eine andere notwendige Einwilligung verweigert wird. Auch die Einnahme von Medikamenten kann kategorisch abgelehnt werden. Die Anschaffung von Kleidung oder Schuhwerk wird u.U. auf ein ganz enges Spektrum eingeschränkt. D.h. aus dem, was bei Jugendlichen bekanntermaßen im Trend liegt, wird noch einmal eine ganz enge Auswahl getroffen und ohne Rücksicht auf das finanzielle Familienbudget eingefordert. Ähnliches kann auch für Statussymbole wie Handy, Musikanlage, Tischtennisschläger, Mountainbike usw. gelten, wo es jeweils nur ein ganz bestimmtes Hightech-Modell sein darf. Angehörige sehen oft keinen anderen Ausweg aus dem entstandenen Konflikt und um der Zermürbung zu entgehen, als solche Wünsche zu erfüllen.

Ähnlich hartnäckig werden umgekehrt z.B. auch Angebote oder Erwartungen abgewiesen. Da haben sich vielleicht Onkel und Tante extra die Zeit genommen, mit ihrem Patenkind einen Ausflug zu machen. Unterwegs stellen sie fest, dass es ihrem Patenkind überhaupt nicht einfällt, sich für etwas Bestimmtes zu interessieren, was andere Kinder als »sehens-« oder »erlebenswert« empfänden. So stehen sie dann u.U. vor einem berühmten Schloss und können den Neffen nicht veranlassen, dieses nach der längeren Anfahrt nun gemeinsam auch von innen anzuschauen. Sie erfahren kategorisch: »Ich mag keine Schlösser. Schlösser interessieren mich nicht.« Aus solcher Engstirnigkeit werden aber auch andere Bildungsangebote häufig abgelehnt oder abrupt und unverständlich zurückgewiesen.

Auch Gefahrenfehleinschätzungen finden sich nicht selten unter den Auffälligkeiten, die aus einer solchen Denkstarrheit resultieren können. Ein solches Kind kann u.U. keiner davon abhalten, mit dem (nicht verkehrstüchtigen) Fahrrad in einem gefährlichen Tempo über eine unübersichtliche Steigung hinunterzurasen und evtl. am Ende auch noch ein Halteschild ohne nach links oder rechts zu schauen zu überfahren. Es bestreitet hartnäckig, dass man am Fahrrad in der Nacht eine intakte Beleuchtung oder zur Hinterbremse auch noch eine intakte Vorderbremse benötige.

Denkstarrheit kann auch Entscheidungen betreffen, die von größerer Wichtigkeit sind, z.B. wenn es um die berufliche Orientierung und die weitere Lebensplanung geht oder aber wenn größere finanzielle Dimensionen eine Rolle spielen. Diskussionen, die sich als Folge dieser Unflexibilität ergeben, mangelt es dann meist auch nicht an emotionaler Aufladung von Seiten des betroffenen Kindes/Jugendlichen oder aber auch der erwachsenen Gesprächsteilnehmer. Schon nach wenigen Sätzen kann sich in einem angesetzten Gespräch eine enorme Spannung aufbauen, weil z.B. bereits zu Beginn ein starres und in der Familie schon allzu bekanntes Denkmuster offenbar wird, das schon viele Male in eine Sackgasse geführt hat. In der Folge kommt es nicht selten zu aus Hilflosigkeit resultierenden Gesprächsabbrüchen durch den Jugendlichen oder durch die (zunächst durchaus wohlgesonnenen und auch Kompromissbereitschaft signalisierenden) Erwachsenen, oft begleitet durch ratloses Achselzucken und Aussprüche wie »das hält man ja im Kopf nicht aus«, »der will das einfach nicht kapieren« oder gar »so ein Dickschädel, der ist doch nicht ganz normal«. Zum wiederholten Male kann in solchen Situationen auch das resignative Gefühl auftauchen, dass nichts dazugelernt wurde.

Knut, ein 16-jähriger Jugendlicher gab an, er wolle den Schreinerberuf erlernen. Die Aussichten auf eine Ausbildungsstelle waren vom Zeugnis her und von den bereits über ein Betriebspraktikum bekannten, nicht sonderlich ausgeprägten Fähigkeiten im Bereich »Holz« eigentlich schlecht. Davon wollte Knut aber nichts hören, Gespräche oder Gesprächsversuche in dieser Hinsicht erwiesen sich als erfolglos. Die Zeit, über Alternativen nachzudenken, drängte. Immer wieder bestand er, jegliche Umstimmungsversuche oder Argumente zurückweisend, darauf, diesen Beruf ergreifen zu wollen, auch wenn diese Perspektive nach wie vor sehr unrealistisch war. Es dauerte fast ein halbes Jahr, bis er bereit war, mit seiner pädagogischen Bezugsperson über eine Alternative zu reden.

Paul, ein 14jähriger Junge, war in vielen Dingen (Kleidung, Schuhwerk, Essen usw.) außerordentlich »eigen« und wählerisch. In gewissen Abständen tauchten im Verhältnis zur Einkommenslage völlig überhöhte Wünsche auf. Diese wurden mit einer solchen Penetranz und Unerschütterlichkeit verteidigt, dass es dadurch zu wochenlangen, eskalierenden und sehr leidvollen Konfliktlagen mit jeweils sehr ungewissem Ausgang kam. Hier waren sowohl die Wünsche wie auch die Wege, mit denen Paul zu ihrer Erfüllung zu kommen glaubte, unveränderlich starr. Aus der bei ihm sichtbaren narzisstischen Problem-Komponente heraus, entstand eine mächtige und sehr lautstark ausgelebte Wut, wenn es jemand wagte, der geforderten Wunscherfüllung zu widersprechen oder sie nur vorsichtig zu hinterfragen. Lief es nicht nach seiner Vorstellung, so machte der Mutter, die ihm die Unterstützung (aus vernünftig dargelegten Gründen) versagte, vehemente und abwertende Vorwürfe: »Sag mal, bist du blöd? Warum verstehst du das nicht? Das versteht doch normalerweise jeder!« Oder »Du hast mir gezeigt, dass dich meine Wünsche überhaupt nicht interessieren, ich bin für dich ja nichts wert, ich bin grenzenlos enttäuscht von dir, immer bringst du mich um alle meine Chancen, das war ja schon immer so ...«

1.8 Zu wenig Bewältigungs- und Problemlösefähigkeiten – Flucht in Abwehrmechanismen

An die Stelle von funktionierenden Problemlösefähigkeiten und Fähigkeiten zur Aufgabenbewältigung werden von diesen jungen Menschen oft unreife und starre (rigide) *Abwehrmechanismen* eingesetzt, um mit den altersentsprechenden Anforderungen und den Belastungen des Alltags »fertig« zu werden, was natürlich nicht gelingen kann. *Abwehrmechanismen*, die sich hierbei besonders häufig finden lassen, sind

- *Verleugnung*
- *Spaltung*
- *Projektion*
- *Abwertung*
- *Ausagieren*

Schwer zu verkraften für Angehörige oder andere Betroffene (z.B. Erzieher, Lehrer, etc.) ist es beispielsweise, dass – mehr als dies bekanntermaßen für Kinder und Jugendliche üblich ist – die Schuld oder Verantwortung für Problemverhalten oder

Verfehlungen und auch jegliche eigene Beteiligung verleugnet wird. Daraus folgt automatisch, dass das eigene Verhalten eigentlich nicht als veränderungsbedürftig angesehen wird. Hier sind häufig die Abwehrmechanismen der *Verleugnung* bzw. auch der *Projektion* wirksam. So wird z.B. behauptet »das macht mir überhaupt nichts aus«, oder (überaus beliebt) »damit hab' ich überhaupt nichts zu tun«, oder »ich hab' kein Problem, die andern haben Probleme«, »ich brauche keine Vokabeln lernen, ich kann sie auch so« u.v.a. Oder es wird dem Erzieher oder Lehrer während eines Konflikts unterstellt: »Sie wollen mich fertig machen« oder »Sie können mich ja nicht leiden«. Einem Jugendlichen fällt es u.U. auch nicht schwer, z.B. den Konflikt mit einem Lehrer so darzustellen, dass sein Fehlverhalten mehr oder weniger zwangsläufig zustande gekommen sei, weil der Lehrer ihn sehr »unverschämt angeschnauzt« und ihn »in unmöglicher Weise« aus dem Klassenzimmer »hinausgestoßen« habe. Befragt man Lehrer und Mitschüler, stellt sich der Vorfall erheblich anders dar. Verleugnen, verdrehen, ins Gegenteil verkehren und Teile der Realität ausblenden sind dabei häufig gemeinsam eingesetzte unbewusste oder nur facettenhaft bewusste Strategien mit Abwehrcharakter. Es kann aber auch sein, ein Erzieher hat zwei Kontrahenten getrennt und will einen von beiden in sein Zimmer begleiten, um ihn aus dem »Schussfeld« zu bringen. Dabei bekommt er vom begleiteten Jugendlichen im Sinne der *Projektion* sämtliche Beschimpfungen, Vorwürfe und ein ganzes Bündel unterstellter aggressiver Absichten so entgegengeschleudert, als wäre er der Kontrahent, der ihm Übles antun wolle.

Sebastian, ein 13-Jähriger, attackierte einen kleineren Jungen körperlich. Der kleinere Junge schrie. Ein Erwachsener war in der Nähe und vermochte den gesamten Vorfall wahrzunehmen. Er fragte Sebastian: »Was hast du da gemacht?« Sebastian antwortete: »Das war ich nicht.« Der Erwachsene fragte erneut: »Warum hast du den Kleinen geschlagen?« Sebastian antwortet: »Weil er so geschrieen hat.«

Ebenso können diese Kinder und Jugendlichen über den Abwehrmechanismus der *Spaltung* sich selbst, aber auch ihre Mitmenschen oder die Erziehungspersonen und Teile ihrer Umwelt oft als entweder nur »gut« oder nur »böse« wahrnehmen. In einem Moment idealisieren sie sich selbst oder eine andere Person in ihrem Umfeld und machen sie zur »Allerbesten«. Auch eine Stadt, in der man sich alles erhoffen zu können glaubt, kann glorifiziert werden, während die Stadt, in der man gerade wohnt, durch eine Atombombe vernichtet werden sollte. Diese Einstufungen können jedoch ganz plötzlich aus geringen Anlässen heraus in das Gegenteil umschlagen. Dann erleben sich die Jugendlichen selbst als wertlosen Versager, die allerbeste Erzieherin wird, weil sie Kritik üben musste oder einen Wunsch nicht erfüllt hat, zur gemeinen, bornierten oder verachtenswertesten Person. Auch getrennt lebende Elternteile können zu Opfern der Spaltung werden. Aber auch für Lehrer, Erzieher oder Therapeuten stellen solche Wechselbäder und die damit oft verbundenen Affektentladungen eine enorme Belastung dar.

Dino, ein 15-jähriger Jugendlicher, versandte nach einer erlebnisreichen Ferienunternehmung E-Mails an seinen Erzieher, der mit ihm auf der gemeinsamen Ferienunternehmung war, und an den Einrichtungsleiter. Die E-Mails wurden am gleichen Tag im zeitlichen Abstand von elf Minuten verschickt. Sie dokumentieren die Aufspaltung in eine »gute« Person und drei »böse« Personen und zeigen zugleich auch von der sprachlichen Ausdrucksweise her ein unterschiedliches Funktionsniveau.

12:36 Uhr – E-Mail an seinen Erzieher:

Hallo Herr K. ich bin gut zu hause angekommen ich geh am Dienstag in den Urlaub 14 Tage lang , rufen sie uns doch mal an 0170... ich schick ihnen eine Postkarte vom Urlaub, schöne Ferien noch tschüss.

mit freundlichen grüßen Dino

12:47 Uhr – E-Mail an den Einrichtungsleiter:

Du fetter sack ich mach dich alle nach den ferien zünde ich dein auto an selber schuld du hast es verdient ich bring dich um und deine fette frau auch und deinen sohn auch ich mach es 100 pro keine polizei sonst passiert was schon früher bis bald

Vor den Ferien und auch auf der zu Beginn der Ferien stattgefundenen Ferienaktivität hatte es keine besonderen Vorkommnisse gegeben. Dino war in dieser Zeit eher in guter Verfassung. Mit dem Einrichtungsleiter und den anderen genannten Personen waren keine Konflikte vorausgegangen.

Die Abwehrmechanismen des *Ausagierens* und der *Abwertung* lassen sich bei Kindern und Jugendlichen mit komplexen Problemkonstellationen ebenfalls häufig beobachten. Im *Agieren* wird statt einem reflektierten Sprechen für die Kommunikation eine Art Handlungssprache benutzt. Kinder und Jugendliche mit frühen Störungen, mit Schwächen in der Ich-Bildung, brüchigem Selbstwerterleben und noch nicht ausdifferenzierter und stabiler Beziehungsfähigkeit neigen häufig dazu, ihre inneren Spannungen auszuagieren bzw. impulsiv im Umfeld abzureagieren. Bei Erwachsenen mit Borderline-Störungen und narzisstischen Störungen tritt das Agieren ebenfalls gehäuft auf. Vielen Kindern und Jugendlichen mit Persönlichkeitsentwicklungsstörungen stehen, mitbedingt auch durch die oft gleichzeitig vorhandenen Teilleistungsstörungen im sprachlichen Bereich, nicht sehr viele differenzierte Möglichkeiten zur Verfügung, sich – vor allem unter emotionaler Anspannung – sprachlich adäquat auszudrücken. Es fehlen ihnen auch Begriffe und adäquate Ausdrucksweisen, um ihre Gefühlszustände in Worte zu fassen. Als einziger Ausweg bleibt dann für sie, sich nonverbal verständlich zu machen.

Geschieht dies über einen Wutanfall, können sie sich mithilfe einer völlig ungefilterten Vulgärsprache, die in der Wut offenbar noch am ehesten und schnellsten zur Verfügung steht, artikulieren oder sich mit Zerstören von Gegenständen abzureagieren versuchen. Man ist immer wieder erstaunt, welches Repertoire an Schimpfwörtern und Drohungen ihnen in solchen Situationen zur Verfügung steht. Man hat den Eindruck, als hätten diese Kinder/Jugendlichen irgendwo eine »unterste Schublade« voller Beschimpfungen aufgezogen, die sich dann nicht mehr schließen lässt, bis der Erregungsgipfel abgeklungen ist. Diese Schimpfkanonaden und Beleidigungssalven kommen schnellfeuerartig und sind für andere Jugendliche und die betroffenen Erwachsenen oft sehr schwer zu ertragen weil sie als massivste Formen von *Abwertung* erlebt werden. Leichtere Formen der Abwertung kommen in Äußerungen zum Ausdruck wie »Sie blicken's ja nicht« oder »Sie sind ja dumm«.

Andrea, 13 Jahre alt, hatte immer wieder Gefühle von Leere und Langeweile und konnte nicht allein sein. Sie ging im Zuge eines Konflikts für kurze Zeit in ihr Zimmer und von dort nach einer Weile ins Bad. Hier schaffte sie es in »Null Komma Nix« eine Überschwemmung auszulösen. Ihrer Barbiepuppe hatte sie die Haare abgeschnitten und schmierte dann Zahncreme auf den Fliesen herum. Als eine Erzieherin ihr Einhalt gebot, beschimpfte Andrea sie auf das Übelste und wollte in Rage eigene Sachen und die Dinge anderer Kinder beschädigen. Sie musste von zwei Personen festgehalten werden. Erst nach über einer Stunde war die Erregung soweit abgeklungen, dass man wieder zur Tagesordnung übergehen konnte.

1.9 Häufig zu beobachten: eine erhöhte Stressempfindlichkeit

Überdurchschnittlich häufig zeigt sich bei dieser Gruppe junger Menschen eine enorme Stressempfindlichkeit. Stress ist bei ihnen aber nicht so wie im Allgemeinen zu verstehen, nämlich als ein hohes Maß an kräfteverschleißendem Zeit- oder Leistungsdruck in Schule und Beruf oder auch infolge ständiger handfester Auseinandersetzungen mit anderen Jugendlichen. Diese Kinder/Jugendlichen reagieren häufig enorm empfindlich auf soziale Reize oder aber Situationen, bei denen erst auf den zweiten Blick erkennbar ist, was hier als Stressor anzusehen ist. Ihre Toleranzgrenze liegt diesbezüglich meist auch weit niedriger als bei anderen jungen Menschen in vergleichbarem Alter. So kann z.B. schon die Anwesenheit von nur sechs anderen Kindern in einem Klassenzimmer oder die Tatsache, dass beim Betreten des Klassenzimmers nach der Pause ein anderes Kind auf dem eigenen Stuhl sitzend angetroffen wird, für so ein Kind derart aufregend oder zornauslösend sein, dass aus dem kleinen Anlass heraus ein Wutanfall provoziert wird. Nicht immer lässt sich daher für Wutanfälle ein konkreter Auslöser definieren, d.h. manche können von der Umgebung gar nicht als solche wahrgenommen werden. Hier ein paar weitere Beispiele für solche stressauslösenden Momente (Faktoren) bei diesen Kindern/Jugendlichen, die heftige und z.T. völlig unverhältnismäßige Reaktionen zur Folge haben können:

- Laute Geräusche, z.B. wenn mehrere Kinder oder Jugendliche zusammen sind
- Kleine Sticheleien oder aber kurze Bemerkungen, die überbewertet werden
- Die Anwesenheit eines bestimmten Kindes/Jugendlichen: der Betreffende ist sozusagen »ein rotes Tuch«, verhält sich aber in der momentanen Situation gar nicht provozierend
- Die Bitte, ein Fahrrad ausgeliehen zu bekommen, wird abgeschlagen
- Das Vorfinden einer verschlossenen, sonst aber offenen Tür, hinter der man vielleicht rasch verschwinden wollte
- Hörbare Konflikte in der näheren Umgebung (z.B. im Nebenraum) als Folge einer überempfindlichen Wahrnehmung von konflikthaften Ereignissen und Stimmungen
- Unbekannte Situationen, die aber für jemand anderen eigentlich keine gravierenden Ungewissheiten bergen
- Eine Feierlichkeit in einer größeren Kindergruppe
- Eine Feierlichkeit, bei der vier bestimmte Stühle, auf die man spekuliert hatte, schon besetzt sind
- Die Lehrerin sagt beim Unterrichtsbeginn am Morgen ruhig und sachlich: »Du kommst fünf Minuten zu spät.«

Sebastian, 14 Jahre alt, wurde im Rahmen einer individuellen Nachbetreuung noch weiterbegleitet. Er war nur für bestimmte Tage bei uns in der Einrichtung und in der sonstigen Zeit zu Hause. Bei einem Gespräch zusammen mit den Eltern und uns in einem unserer Gesprächszimmer wurde es vor der Tür kurzfristig etwas laut, weil gerade im nebenliegenden kleinen Computerraum offenbar ein Besucherwechsel stattfand. Sebastian, von der Gesprächsthematik her schon etwas angespannt, sprang auf, rannte sichtlich erregt in Richtung Tür und rief »sehen Sie, sowas halt' ich jetzt nicht aus.«

Die *Sozialstressempfindlichkeit*, wie wir sie inzwischen auch nennen, weil sie sich am meisten im Bereich sozialer Interaktionen zeigt und hier auch starke Stressoren am Wirken sind, besteht zudem oft schon über Jahre und ist nicht selten auch bei anderen Familienmitgliedern beobachtbar.

Über den neun Jahre alten Jungen, **Michael**, berichtete seine Mutter beispielsweise, dass er bereits als Säugling immer dann zu weinen begonnen hatte, wenn andere Menschen im Raum waren. In unserer Schule hielt Michael auch in der Kleinklasse zunächst kaum eine Unterrichtsstunde durch und war merklich schon durch die Anwesenheit anderer Kinder gestresst, d.h. gereizt und angespannt.

Patrick S. 298.

1.10 Der lange Weg bis zur stationären oder teilstationären Hilfe

Kinder und Jugendlichen mit Persönlichkeitsentwicklungsstörungen haben wegen ihrer psychischen Störungen und ihrer erzieherischen Schwierigkeiten meistens bereits mehrere Institutionen durchlaufen (z.B. Frühberatungsstelle, psychologische Beratungsstellen und Praxen von Kinderärzten und Ergotherapeuten, Kinder- und Jugendpsychotherapeuten, kinder- und jugendpsychiatrische Fachärzte und Kliniken), ohne dass sich jedoch ein nachhaltiger Beratungs- oder Behandlungserfolg eingestellt hätte. Das Risiko, dass diese komplexen und chronifizierten Fälle und Störungsbilder irgendwann aus dem Ruder laufen, ist groß. Hinsichtlich ambulanter Beratungen und Therapien oder mehrwöchiger oder mehrmonatiger stationärer Behandlungen in einer kinder- und jugendpsychiatrischen Klinik erweisen sie sich als oft nicht ausreichend zugänglich und eher therapieresistent. Bekannte und viel praktizierte pädagogische und therapeutische Konzepte greifen vielfach nicht genug, was nicht selten Zermürbung und Hilflosigkeit bei Angehörigen und Lehrern, aber auch zum Teil bei Mitarbeitern einer Klinik oder der Sozialen Dienste und ebenso Erziehern in Jugendhilfeeinrichtungen zur Folge hat.

In der Tendenz ist es in der Jugendhilfe vielerorts immer noch so, dass für die Wahl der passenden Hilfeform die Diagnose des Störungsbildes nur ein Aspekt ist. Eine Gewichtung der Verlaufsgeschichte und eine Identifizierung besonderer Risiken wäre ein wichtiger weiterer Aspekt. Dieser findet aber wahrscheinlich in den wenigsten Fällen Beachtung. Deshalb wird man zunächst eher mit niederschwelligen Maßnahmen beginnen und abwarten, was diese bewirken.

Dieses Vorgehen kann man – zumal wenn man Kostengesichtspunkte mit berücksichtigt sehen möchte – nicht als grundsätzlich falsch ansehen. Aber es wird auf diese Weise viel Zeit vergehen, bis klar wird, dass z.B. eingesetzte niederschwellige Hilfen letztlich eine immer mehr fortschreitende und sich verfestigende Störungskonstellation nicht verhindern konnten. Hinzu kommt, dass Eltern durch Wechsel der Berater oder infolge veränderter Zuständigkeiten wie auch durch ihre Empfänglichkeit für wenig qualifizierte Informationen zwischendurch immer wieder in Sackgassen geraten. Ohne das Wissen um die schwerwiegenden Risiken werden sich viele Eltern kaum bewegen lassen, eine Entscheidung für eine intensivere Behandlungs- und Betreuungsform zu treffen. Alles in allem ziehen sich die Probleme oft über mehrere Jahre hin, in denen sie sich, nur wenig gehindert, verfestigen können. In vielen Fällen wird erst das eskalierte Zustandsbild und die dabei offenbar werdende Hilflosigkeit und die immer mehr fortschreitende Zermürbung die Entscheidung ermöglichen.

Zur Komplexität solcher Problementwicklungen und den oft langen Weg über viele Stationen siehe Jürgen S. 299.

1.11 Auswirkungen auf das soziale Umfeld – Genetische Hinweise aus der Familiengeschichte

Die Auswirkungen, die diese Problemkonstellationen auf das Leben der jungen Menschen, aber auch auf das Leben ihrer Familien (oft sind es unvollständige bzw. meist unvollständig gewordene Patchwork-Familien) haben, sind enorm. Diese Problemkonstellationen führen zu viel Leid und vielen Leidtragenden.

Oft wird den ohnehin mit Unzulänglichkeitsgefühlen geplagten Eltern vorgeworfen, sie hätten in der Erziehung ihrer Kinder versagt und deshalb für diese Problematik allein die Verantwortung zu tragen. Es finden sich jedoch in den Familien auch immer wieder unauffällige Geschwisterkinder, sodass der Vorwurf der Erziehungsinkompetenz häufig nur bedingt gerechtfertigt ist. Hinzu kommt, dass sich im verwandtschaftlichen Umfeld der Familie häufig Personen finden lassen, die ähnlich auffällige Verhaltensweisen zeigen oder unter anderen psychischen Störungen leiden, sodass es auch nahe liegt – zumal es dazu entsprechende Untersuchungsergebnisse (siehe Schmid et al., 2008) gibt – neben anderen Ursachen auch an eine genetisch-biologische Ursachenkomponente zu denken (Kap. 6). Darauf lässt auch das häufig gleichzeitige Auftreten von Störungen wie Aufmerksamkeits-, Hyperaktivitäts- und Teilleistungsstörungen schließen, bei denen ebenfalls oft eine biologische Beteiligung nahe liegt.

Kapitel 1 im Überblick

Von welchen Kindern und Jugendlichen sprechen wir?

- Altersspanne der betreuten Kinder und Jugendlichen: 8–17 Jahre
- Auffälligkeiten sind von sehr langer Dauer (mindestens 5–12 Jahre), d.h. sie waren oft ab den ersten Lebensjahren, im Kindergarten und in der Grundschule beobachtbar
- Kommen oft mit verschiedenen Diagnosestellungen aus kinder- und jugendpsychiatrischen Kliniken oder aus Praxen und teilstationären Einrichtungen
- Komplexe Problemkonstellationen (d.h. vielfältige Symptome, mehrere Lebensbereiche sind betroffen, Problemverkettungen)
- Vielfältige, schwerwiegende Auswirkungen d.h. viele Beeinträchtigungen, viel Leid, viele Leidtragende
- Meistens gab es bereits mehrere wenig erfolgreiche Behandlungsversuche und Hilfearrangements
- Bekannte (sozial)pädagogische und therapeutische Konzepte greifen nicht genug bzw. stoßen mangels fehlender Kooperationsbereitschaft auf Abwehr
- Erfolge sind auch nach gelungenen längerfristigen Betreuungszeiten oft nicht ausreichend tragfähig
- Hilflosigkeit und Zermürbung bei Angehörigen und Lehrern, aber auch teilweise bei Mitarbeitern der Sozialen Dienste und den Erziehern und Therapeuten, die sich mit dem jungen Menschen befasst haben oder befassen
- Teilweise unauffällige Geschwisterkinder
- In der Verwandtschaft häufig Person(en) mit ähnlichen Auffälligkeiten oder anderen psychischen Störungen (z.B. Suchtproblematik)

Merkmale, die besonders ins Auge fallen:

- Häufig wechselnde Symptome mit einer Unmenge von Schwierigkeiten in verschiedenen Lebensbereichen ergeben ein uneinheitliches bis widersprüchliches Bild und erschweren die Beurteilung und die Ermittlung der therapeutisch und pädagogisch nutzbaren Ressourcen
- Extreme, nicht nachvollziehbare, sinnlos erscheinende Argumentationen und Problemverhaltensweisen – Außerkraftsetzen der Logik
- Extreme (Sozial-)Stressempfindlichkeit
- Starre, unangepasste Reaktions-, Wahrnehmungs-, Denk- und Handlungsschemata
- Ausschalten von Angst vor äußeren Gefahren
- Schwierigkeiten, aus Erfahrungen lernen zu können
- Ursachen und Gründe für Problemverhalten werden fast immer hartnäckig anderen zugeschrieben
- Unreife und rigide Abwehrmechanismen (z.B. Verleugnung, Spaltung, Abwertung Projektion, Ausagieren) stehen zu geringen Bewältigungsfähigkeiten gegenüber
- Phasenweise wechselndes Funktionsniveau (mal funktioniert – sehr vereinfacht gesagt – der Klient gut und es klappt alles, mal funktioniert fast nichts und es geht alles schief). Diese Phasen können von Tag zu Tag oder von Woche zu Woche wechseln oder auch Monate dauern.
- Die Probleme treten häufig kombiniert mit Teilleistungsstörungen und/oder Aufmerksamkeitsdefizitsyndrom (ADS) und Hyperaktivität (ADHS) auf

2 Exkurs: Persönlichkeitsstörungen bei Erwachsenen – Wie sehen diese Störungsbilder aus?

Die Beobachtungen, dass es Problemverhaltensmuster gibt, die sich wie ein roter Faden durch das Leben der jungen Menschen ziehen, und unsere Erkenntnisse aus praktischen Erfahrungen mit diesen jungen Menschen nach der Aufnahme in die Einrichtung haben uns dazu bewogen, nachzuforschen, ob und wo sich bessere diagnostische Einordnungsmöglichkeiten für diese Problemlagen und dann auch problemspezifischere Hilfeansätze finden lassen. In der Arbeit mit diesen Kindern und Jugendlichen haben wir inzwischen eine Reihe von *Arbeitshypothesen* entwickelt, die das Verständnis für diese besondere Klientel deutlich verbessert haben und die uns auch in unserem Anliegen unterstützen, trotz der Schwere der vorliegenden Problemkonstellation, immer wieder pädagogisch-therapeutische Ansatzpunkte zu finden. Beim Versuch, diese Problemkonstellationen besser zu verstehen, hat sich insbesondere das Konzept der *Persönlichkeitsstörungen* oder, wie wir sie nennen wollen, *Persönlichkeitsentwicklungsstörungen* bewährt. Wir gehen davon aus, dass es sich bei diesen Problemkonstellationen im Kindes- und Jugendalter um Vorformen oder Risikokonstellationen für die spätere Ausprägung einer Persönlichkeitsstörung handeln kann und dass sie eine maßgebliche Beeinträchtigung der sozialen Integration schon im Kindes- und Jugendalter und noch mehr im Erwachsenenalter zur Folge haben können.

2.1 Erscheinungsbild von Persönlichkeitsstörungen bei Erwachsenen

Betrachtet man das Konzept der Persönlichkeitsstörungen bei Erwachsenen wird schnell deutlich, dass sich große Ähnlichkeiten zu den beschriebenen komplexen Problemkonstellationen bei Kindern und Jugendlichen finden lassen. Im Unterschied zu zeitlich begrenzten Episoden psychischer Störungen, wie z.B. Depressionen oder Angststörungen, geht das Konzept der Persönlichkeitsstörung bei Erwachsenen ebenfalls davon aus, dass es sich hierbei um längerfristige Persönlichkeitseigenarten handelt, die die betroffenen Personen sehr beeinträchtigen, ihnen Leid verschaffen und häufig auch vom Umfeld als leidvoll und entsprechend belastend erlebt werden. Die internationalen Klassifikationssysteme für psychische Störungen (z.B. das DSM-IV) sprechen daher auch von »Persönlichkeitszügen mit überdauernden Mustern« von innerem Erleben und Verhalten, die sich »in einem weiten Bereich sozialer und persönlicher Situationen« (DSM-IV, S. 716) zeigen und die »erheblich von den Erwartungen der soziokulturellen Umgebung« abweichen (DSM-IV, S. 716). Eine ganze Reihe weiterer Übereinstimmungen lassen sich in den allgemeinen Klassifikationskriterien für Persönlichkeitsstörungen (siehe Tab. 2.1) finden.

Tabelle 2.1 Allgemeine Klassifikationskriterien für Persönlichkeitsstörungen bei Erwachsenen (F60) nach ICD-10 (Dilling, Mombour, Schmidt & Schulte-Markwort, 1994a, S. 151f)

G1:	**Die charakteristischen und dauerhaften inneren Erfahrungs- und Verhaltensmuster** der Betroffenen weichen insgesamt deutlich von kulturell erwarteten und akzeptierten Vorgaben (»Normen«) ab. Diese Abweichungen äußern sich in mehr als einem der folgenden Bereiche: 1. **Kognition** (d.h. Wahrnehmung und Interpretation von Dingen, Menschen und Ereignissen, Einstellungen und Vorstellungen von sich und anderen) 2. **Affektivität** (Variationsbreite, Intensität und Angemessenheit der emotionalen Ansprechbarkeit und Reaktion) 3. **Impulskontrolle und Bedürfnisbefriedigung** 4. **Zwischenmenschliche Beziehungen** und die Art des Umgangs mit ihnen.
G2:	**Die Abweichung ist so ausgeprägt**, dass das daraus resultierende Verhalten in vielen persönlichen und sozialen Situationen unflexibel, unangepasst oder auch auf andere Weise unzweckmäßig ist (nicht begrenzt auf einen speziellen auslösenden Stimulus oder eine bestimmte Situation).
G3:	**Persönlicher Leidensdruck, nachteiliger Einfluss auf die soziale Umwelt** oder beides und deutlich dem unter G2 beschriebenen Verhalten zuzuschreiben.
G4:	**Nachweis, dass die Abweichung stabil, von langer Dauer ist** und im späten Kindesalter oder der Adoleszenz begonnen hat.
G5:	Die Abweichung kann **nicht durch das Vorliegen oder die Folge einer anderen psychischen Störung des Erwachsenenalters** erklärt werden. Es können aber episodische oder chronische Zustandsbilder der Kapitel F0 bis F5 und F7 neben dieser Störung existieren oder sie überlagern.
G6:	Eine **organische Erkrankung, Verletzung oder deutliche Funktionsstörung des Gehirns müssen als mögliche Ursache für die Abweichung ausgeschlossen** werden (falls eine solche Verursachung nachweisbar ist, soll die Kategorie F07 verwendet werden).

Wichtig erscheint hier vor allem auch die Forderung, dass Persönlichkeitsstörungen ihren Beginn im Kindes- und Jugendalter haben müssen, was bedeutet, dass sie auch bereits schon vor Eintritt ins Erwachsenenalter offensichtlich geworden sein müssen. Zudem werden auch Persönlichkeitsstörungen im Erwachsenenalter als Langzeitproblemkonstellationen beschrieben, die in Art und Ausprägung von der betroffenen Person sehr oft nicht als »ihr Problem« anerkannt oder als nicht therapiebedürftig angesehen werden. Vielmehr werden Auswirkungen und Folgen der persönlichen

Tabelle 2.2 Überblick der spezifischen Persönlichkeitsstörungstypen bei Erwachsenen aus Sicht der kognitiven Verhaltenstherapie modifiziert nach Beck & Freeman (1995, S. 48f) und DSM IV (Saß et al., 1996, S. 711)

1. Selbstunsicher:	**»Ich könnte verletzt werden«** – *Vermeidung*
Bei der **Vermeidend-Selbstunsicheren Persönlichkeitsstörung** findet sich ein Muster von sozialer Hemmung, Unzulänglichkeitsgefühlen und Überempfindlichkeit gegenüber negativer Bewertung.	
2. Dependent/abhängig:	**»Ich bin hilflos«, »Ich hänge mich am besten an jemand dran«** – *Anhänglichkeit*
Bei der **Dependenten Persönlichkeitsstörung** findet sich ein Muster von unterwürfigem und anklammerndem Verhalten, das in Beziehung zu einem übermäßigen Bedürfnis nach Umsorgtwerden steht.	
3. Narzisstisch:	**»Ich bin etwas Besonderes«, »Ich stehe über den Regeln«** – *Selbstverherrlichung*
Bei der **Narzisstischen Persönlichkeitsstörung** findet sich ein Muster von Großartigkeitsgefühlen, einem Bedürfnis nach Bewundertwerden sowie mangelnder Empathie.	
4. Histrionisch:	**»Ich muss imponieren«** – *Theatralisches Verhalten*
Bei der **Histrionischen Persönlichkeitsstörung** findet sich ein Muster von übermäßiger Emotionalität und von Heischen nach Aufmerksamkeit.	
5. Passiv-aggressiv:	**»Man könnte auf mir herumtrampeln«** – *Widerstand*
Bei der **Passiv-aggressiven Persönlichkeitsstörung** findet sich ein Muster negativistischer Einstellungen und passiven Widerstands gegenüber Forderungen nach angemessener Leistung.	
6. Antisozial:	**»Menschen sind dazu da, um ausgenutzt zu werden«** – *Angriff*
Bei der **Antisozialen Persönlichkeitsstörung** findet sich ein Muster von Missachtung und Verletzung der Rechte anderer.	
7. Paranoid:	**»Menschen sind potenzielle Gegner«** – *Vorsicht*
Bei der **Paranoiden Persönlichkeitsstörung** findet sich ein Muster von Misstrauen und Argwohn und zwar in dem Sinne, dass die Motive anderer als böswillig ausgelegt werden.	
8. Schizoid:	**»Ich brauche viel (Frei)Raum«** – *Isolation*
Bei der **Schizoiden Persönlichkeitsstörung** findet sich ein Muster von Distanziertheit in sozialen Beziehungen und von eingeschränkter Bandbreite emotionaler Ausdrucksmöglichkeiten.	
9. Schizotypische:	**»Ich fühle mich wie ein Fremder in einer beängstigenden Umgebung«** – *Bizarre Realitätsvorstellung*
Bei der **Schizotypischen Persönlichkeitsstörung** findet sich ein Muster von starkem Unbehagen in nahen Beziehungen, von Verzerrungen des Denkens und der Wahrnehmung und von Eigentümlichkeiten des Verhaltens.	
10. Zwanghaft:	**»Fehler sind schlecht. Ich darf keine Fehler machen.«** – *Perfektionismus*
Bei der **Zwanghaften Persönlichkeitsstörung** findet sich ein Muster von ständiger Beschäftigung mit Ordnung, Perfektionismus und Kontrolle.	
11. Borderline:	**»Es gibt entweder Gut oder Böse«** – *Emotionale Instabilität*
Bei der **Borderline Persönlichkeitsstörung** findet sich ein Muster von Instabilität in zwischenmenschlichen Beziehungen, im Selbstbild und in den Affekten sowie von deutlicher Impulsivität.	

Probleme häufig in die Verantwortung anderer Personen bzw. der Mitmenschen verlagert. Die daraus resultierenden Folgen (wie z.B. die eingeschränkte therapeutische Zugänglichkeit, die u.a. auch erheblich von der vorhandenen oder erst herzustellenden Einsicht und Veränderungsmotivation des Patienten abhängig ist, oder die Hilflosigkeit, die dies bei Angehörigen und professionellen Helfern auslösen kann, etc.) unterscheiden sich dabei kaum von denen, die bei Kindern und Jugendlichen mit komplexen Problemkonstellationen zu beobachten sind.

Diese allgemeinen Merkmale einer Persönlichkeitsstörung bei Erwachsenen beschreiben vor allem die Schwere und Dauerhaftigkeit der vorliegenden Störungen. Wichtig ist aber auch, hinsichtlich der verschiedenen Persönlichkeitsstörungstypen zu unterscheiden. Es genügt nicht alleine, die oben beschriebenen Merkmale zu erfüllen. Dazu muss beim Erwachsenen außerdem noch eine bestimmte Kombination dysfunktionaler Verhaltensweisen vorliegen, um eine Persönlichkeitsstörung diagnostizieren zu können. In den beiden Klassifikationssystemen ICD-10 und DSM-IV werden jeweils ca. zehn unterschiedliche Typen von Persönlichkeitsstörungen näher beschrieben, einige weitere werden im Moment noch in der Fachöffentlichkeit diskutiert (**Tab. 2.2** gibt einen Überblick über verschiedene Persönlichkeitsstörungstypen und typische Denk- und Handlungsstrategien. Für eine ausführliche Darstellung siehe z.B. Beck & Freeman, 1995). Aber auch bei Kindern und Jugendlichen lassen sich oft ganz ähnliche Merkmalskonstellationen finden, die diesen Subtypen zugeordnet werden können (siehe Kap. 5).

DSM-IV unterscheidet außerdem zwischen sog. Persönlichkeitsstörungsclustern, d.h. Störungshauptgruppen, deren Störungen in einigen Merkmalen Ähnlichkeiten aufweisen und welche häufig auch gleichzeitig (also komorbid) auftreten. Folgende Persönlichkeitsstörungstypen und -cluster werden in den Klassifikationssystemen erwähnt:

Tabelle 2.3 Klassifikationscluster bei Persönlichkeitsstörungen nach DSM-IV

DSM-IV				**ICD-10**
Cluster A	**Cluster B**	**Cluster C**	**Weitere Störungsbilder,** die zur Forschung vorgeschlagen sind	**Wesentliche Unterschiede** zum DSM-IV
Sonderbar und exzentrisch erscheinende Personen	Dramatisch, emotional oder launisch erscheinende Personen	Ängstlich oder furchtsam erscheinende Personen		
Paranoide PS Schizoide PS Schizotypische PS	Antisoziale PS Borderline PS Histrionische PS Narzisstische PS	Vermeidend-selbstunsichere PS Dependente PS Zwanghafte PS	Depressive PS Passiv-aggressive PS (Negativistische PS)	Emotional-instabile PS: Impulsiver Typus vs. Borderline-Typus

PS = Persönlichkeitsstörung

2.2 Auffällige bzw. problematische Persönlichkeitszüge im Volksmund

Persönlichkeitsstörungstypen sind immer als auf extreme oder überspitzte Weise in Erscheinung tretende Persönlichkeitszüge anzusehen, die jeder bei sich selbst oder bei anderen vorfinden kann. Bei der Betrachtung der verschiedenen Persönlichkeitsstörungstypen und deren charakteristischen Merkmalen fallen einem deshalb leicht Personen ein, die diesbezüglich auf die eine oder andere Art als etwas eigenartig oder merkwürdig zu betrachten sind. Hier bewegen sie sich meist noch in einem tolerierbaren Rahmen und die Menschen, die davon betroffen sind, kommen im Allgemeinen mit ihrem Leben bzw. auch mit ihren Mitmenschen zurecht. Treten diese Persönlichkeitszüge aber sehr gehäuft, sehr intensiv und in allen möglichen Situationen, bei relativ geringen Anlässen, leiderzeugend und zu erheblichen Funktionseinschränkungen führend auf (z.B. ständiger Wechsel des Arbeitsplatzes, weil der Betreffende nirgendwo lange ausgehalten wird), ist davon auszugehen, dass sich die Betroffenen mit diesen Persönlichkeitszügen im fließenden Übergangsbereich zu den Persönlichkeitsstörungen befinden.

Menschen mit auffälligen oder ungewöhnlichen Persönlichkeitszügen sind ganz offensichtlich so gut wie jedermann bekannt. Dem Volksmund entstammen denn auch zahlreiche Redewendungen mit zum Teil sehr anschaulichen Bildern, die sich mit solchen problematischen Persönlichkeitszügen bzw. den diesen entstammenden Verhaltensauffälligkeiten oder -auswirkungen befassen. Die meisten dieser Redewendungen befassen sich typischerweise mit den Phänomenen *starre Denkmuster bzw. Unflexibilität*, *gesteigerte* und *unkontrollierte Impulsivität* und *misslingende Affektregulation* sowie *Stressempfindlichkeit*. Doch auch zu histrionischen, narzisstischen und ängstlich-selbstunsicheren Persönlichkeitszügen fehlt es nicht an charakteristischen Aussagen (siehe **Tab. 2.4**).

Tabelle 2.4 Redewendungen, die typische Phänomene von Persönlichkeitsstörungen widerspiegeln

Starre Denkmuster
• »*Stur wie ein Panzer*« sein • »*Immer mit dem Kopf durch die Wand*« wollen • »*Wenn's nicht gleich nach seinem Kopf geht, ist er beleidigt.*« • »*Sie müssen wissen, wenn ich was in meinem Kopf habe, kriegt das keiner mehr raus.*« • »*Da hilft alles Reden nichts, gegen seinen Dickschädel kommt keiner an!*« Jemand ist ein »*fürchterlicher Dickschädel*«, wenn er nicht nur einen Dickschädel hat, sondern diesen auch mit Vehemenz und notfalls auch mit Rücksichtslosigkeit durchzusetzen versucht. • Wenn sich starre Denkmuster mit oppositionellem Verhalten und leicht auszulösender Verstimmung vermischen: »*Der hat doch immer was zu stänkern, dem kann man nichts Recht machen.*« • Fehlendes vorausschauendes Denken wird mit einer Aussage quittiert wie: »*Der denkt nichts von jetzt auf nachher.*«

Gesteigerte oder unkontrollierte Impulsivität und misslingende Affektregulation

Das sind Persönlichkeitszüge, die Menschen am meisten zu bewegen scheinen und vielfältige Kommentare anregen.

- *»Der/Die geht sofort hoch wie eine Rakete.«*
- *»Der/Die geht gleich an die Decke« oder »in die Luft«.*
- *»Der/Die hat gemacht wie übergeschnappt.«*
- *»Sag' am besten heute nichts mehr zu ihr/ihm, sonst rastet sie/er wieder aus.«*
- *»Egal was ist, der/die regt sich tierisch auf.«*
- *»Man lässt sie/ihn am besten in Ruhe, in 10 Minuten ist sie/er wieder normal.«*
- *»Pass auf, das ist ein fürchterlicher Hitzkopf.«*
- *»Viel darf jetzt nicht mehr passieren, sonst platzt mir der Kragen.«*
- *»Ich habe schon einen ganz dicken Hals.«*

Emotionale Instabilität und Borderline-Züge

- *»Die/Der pendelt ständig zwischen himmelhoch jauchzend und zu Tode betrübt.«*
- *»Auf den/die lohnt sich nicht zu hören: der/die sagt heute dieses und morgen was ganz anderes.«*
- *»Bei der/dem wird alles gleich zum Drama.«*
- *»Man hat noch nicht ganz ausgesprochen, da bekommt man schon eine Abfuhr.«*
- *»Frau/Herr A ist (immer wieder) so verstimmt, dass man sie/ihn am besten in Ruhe lässt.«*
- *»Zu der/dem darf man nichts Kritisches sagen, die/der schnappt sofort ein oder explodiert.«*
- Wenn man gemeinsam ein Ereignis oder eine Situation wahrgenommen hat und hinterher (nicht nur einmal) feststellt, dass sich die eigene Wahrnehmung und Interpretation und die der anderen Person völlig widersprechen, kann man sich schon mal selbst verzweifelt fragen: *»spinne jetzt ich oder der/die?«*
- Über einen »schwierigen« (wahrscheinlich weil emotional instabilen, unbeherrschten und sturen) Menschen wird mit Erleichterung gesagt: *»Bin ich froh, dass ich mit dem nicht verheiratet bin!«* oder *»sei froh, dass du mit dem nicht zusammenleben musst!«*

Zeichen von Stressempfindlichkeit

- *»Frau/Herr B ist so empfindlich, dass sie/ihn die Fliege an der Wand stört«*
- *»Der/Dem ist gerade eine Laus über die Leber gekrochen.«*
- *»Warum verkraftet denn Frau/Herr C überhaupt nichts mehr?«*
- Man kann *»so genug haben, dass man alles hinschmeißt«* oder *»alles stehen und liegen lässt.«*
- *»Oh, der Chef ist heute wieder ›geladen‹, dem geht man am besten aus dem Weg.«*
- Jemand ist so eingespannt, dass man den Eindruck hat: *»Bei der/dem liegen zur Zeit die Nerven blank.«*

- *»Reg dich aber nicht so auf, sonst verlierst du wieder den Kopf.«*
- *»Er/Sie regt sich über alles so auf, dass er/sie hinterher total fertig ist.«*
- *»Wenn Frau D zu viel Druck kriegt, ist sie nicht mehr zu genießen.«*
- *»Herr K wirft schnell das Handtuch.«*
- *»Er/sie schießt gleich aus allen Rohren.«*
- Man hat das Gefühl, *»jetzt reicht's mir aber«* oder *»jetzt geht's mir langsam an die Nieren«.*

Narzisstische Züge

- *»Da kannst du sagen und argumentieren, was und wie du willst, der weiß immer alles besser und hat immer recht.«*
- *»Die/Der muss immer das letzte Wort haben.«*
- *»Man meint, die/der habe die Weisheit mit Löffeln gefressen.«*
- *»Wenn der Frau/Herr E kommt, dann muss sogar die Deutsche Bahn warten.«*
- *»Bei einem geringerem als dem Chef findet die/der keinen Ansprechpartner.«*
- *»Ein größeres Großmaul wie die/der findet sich nicht.«*

Antisoziale Züge oder zumindest ein gestörtes Sozialverhalten

- *»Der hat kein Gefühl, der geht über Leichen.«*
- *»Man kann ihn/sie mit nichts beeindrucken.«*
- Jemandem ist *»alles Wurst«* oder *»scheißegal«.*

Ängstlich-selbstunsichere Züge

- *»Die/Der hat so viele Wenn und Aber, dass man mit ihr/ihm zu nichts (keiner Entscheidung u.ä.) kommt.«*
- *»Die/Der hört das Gras wachsen.«*
- *»Wenn wir auf ihre/seine Entscheidung warten wollen, sitzen wir im nächsten Jahr noch hier.«*
- *»Der sieht nicht mehr über den Berg.«*
- *»Wenn es ernst wird, macht der immer in die Hose.«* Jemand kann aber auch angesichts seiner (von anderen nicht so schwerwiegend gesehenen) Sorgen selbst die Hoffnung aussprechen: *»Bin ich froh, wenn ich mit alldem nichts mehr zu tun habe.«*

Teil 2 Persönlichkeitsentwicklungsstörungen bei Kindern und Jugendlichen

3 Persönlichkeitsentwicklungsstörung – Eine neue Definition

Persönlichkeitsstörungen im Erwachsenenalter bezeichnen also verfestigte in einer bestimmten Konstellation auftretende Persönlichkeitszüge, die sich schon über viele Jahre einschleifen konnten. Bei Kindern und Jugendlichen kann jedoch noch nicht davon ausgegangen werden, dass Persönlichkeitszüge bereits voll entwickelt und stabil bzw. überdauernd auftreten müssen. Während im Erwachsenenalter vermutet werden kann, dass sich Persönlichkeit nicht mehr in einem großen Ausmaß ändern wird, treten bis zum Ende des Jugendalters noch gravierende Persönlichkeitsänderungen auf. Dies stellt aber auch eine Chance von Pädagogik und Therapie dar, eine weitere Verfestigung unangepasster Persönlichkeitszüge rechtzeitig zu verhindern und angepasstere Verhaltensmuster aufzubauen. Aufgrund dieser Möglichkeiten und um dem Entwicklungsaspekt von Persönlichkeit besser Rechnung zu tragen, sollte bei Kindern und Jugendlichen noch nicht von Persönlichkeitsstörungen gesprochen werden, zumal diese Diagnosestellung vor dem Erwachsenenalter in der Fachöffentlichkeit umstritten ist (siehe Kap. 4). Statt dessen sprechen wir bei diesen jungen Menschen von einer Störung der Persönlichkeitsentwicklung bzw. von einer *Persönlichkeitsentwicklungsstörung*.

Der Begriff der Persönlichkeitsentwicklungsstörung wurde ursprünglich von Spiel & Spiel (1987) geprägt. Die Autoren betonen, es gehe psychodynamisch darum, »dass während des Prozesses der Entfaltung und der Differenzierung der Persönlichkeit in ihrem Werdensprozess lang dauernde Umstände einwirken, die zu voraussehbaren Veränderungen in der Ausformung und Ausgestaltung bestimmter Wesens- und Charakterzüge führen« (Spiel & Spiel, 1987, S. 236). Sie heben also ebenfalls den Aspekt der Persönlichkeitsentwicklung und deren Beeinträchtigung hervor. Um uns jedoch von dem von Spiel & Spiel (1987) zugrunde gelegten theoretischen Konzept zu lösen, haben wir uns entschieden, den Begriff der Persönlichkeitsentwicklungsstörung inhaltlich neu zu fassen und eine Neudefinition vorzuschlagen.

Eine *Persönlichkeitsentwicklungsstörung* besteht dann,

- Wenn sich beim Kind oder Jugendlichen Merkmalskonstellationen finden lassen, die starke Ähnlichkeiten zu Persönlichkeitsstörungen haben, wie sie in DSM-IV, ICD-10 oder im Multiaxialen Klassifikationsschema diagnostiziert werden[1]
- Wenn sich Problemverhaltensweisen bereits über einen längeren Zeitraum (mindestens ein Jahr) verfestigt und eingeschliffen haben, diese nicht auf eine Entwicklungsphase begrenzt sind und sich eine Chronifizierung deutlich abzeichnet
- Wenn diese Problemverhaltensweisen zu erheblichen Beeinträchtigungen in mehreren Lebensbereichen führen oder schon geführt haben
- Wenn diese nur sehr schwer sowohl therapeutisch wie pädagogisch beeinflussbar sind
- Wenn beim Kind/Jugendlichen ein eher geringes Problembewusstsein und/oder Leidensgefühl zu erkennen ist, dafür aber das Umfeld gravierend unter den Fehlverhaltensweisen leidet
- Wenn sich dysfunktionale[2] Interaktionsstile ausgebildet und die Oberhand gewonnen haben und zu ständigen sozialen Kollisionen führen
- Wenn durch die Problemverhaltensmuster die Entwicklung der Persönlichkeit des jungen Menschen in dem Sinne bedroht ist, dass ihm zunächst die soziale Integration in Familie und Schule und dann voraussichtlich im Erwachsenenalter in Beruf und Gesellschaft misslingt und damit auch die Gefahr der seelischen Behinderung (gem. §§ 39, 40, § 3 VO zu § 47 BSHG, § 35a SGB VIII und SGB IX) offensichtlich wird.

1 Die Erscheinungsweise dieser Kriterien im Kindes- und Jugendalter werden in Kapitel 1 und 5 beschrieben.

2 Dysfunktional = unangepasst und unzweckmäßig, manchmal auch das Gegenteil von dem bewirkend, was man (sehnlichst) erwartet und erhofft hat

4 Die Diagnose von Persönlichkeitsentwicklungsstörungen bedarf großer Sorgfalt und kritischer Abwägung

Die Diagnose Persönlichkeitsstörung für Erwachsene und noch mehr die Diagnose Persönlichkeitsentwicklungsstörung für Kinder und Jugendliche wird bisher als problematisch angesehen (ausführlich siehe Schmid et al., 2008). Deshalb wird häufig zu besonderer Vorsicht bei der Diagnosestellung gemahnt. Kritiker vertreten die Ansicht, dass eine große Gefahr bestehe, Menschen, die unter Persönlichkeits (-entwicklungs)störungen[1] leiden, schnell mit dem Etikett einer quasi unabänderlichen charakterlichen Prägung zu versehen, die wenig Hoffnung für Veränderung und insbesondere auch für Entwicklungsaussichten und soziale Integration aufkommen lässt. Diese Gefahr besteht zwar, dennoch sollte eine differenziertere Auffassung vertreten werden: Beim Konzept der Persönlichkeitsentwicklungsstörung geht es nicht darum, zu etikettieren, dazu besteht kein Anlass! Trotzdem ist eine rechtzeitige und störungsangemessene bzw. erweiterte Diagnosestellung bei komplexen Problemkonstellationen dringend notwendig. Sie dient u.a. als Voraussetzung für eine frühzeitige, individuell angepasste und problemspezifische Hilfemaßnahme. Zunächst soll in diesem Kapitel der Kritik am Konstrukt der Persönlichkeitsstörung Rechnung getragen werden, bevor die Gesichtspunkte aufgezeigt werden, die bei einem vorsichtigen und verantwortungsvollen Diagnoseprozess zu berücksichtigen sind. Denn gewissenhafte Diagnostik bedeutet auch, sich der Schwierigkeiten einer Diagnose bewusst zu sein und die daraus resultierenden Gefahren im Diagnoseprozess zu berücksichtigen.

4.1 Kritik am Konstrukt Persönlichkeitsstörung

Kritik an den Klassifizierungsschemata und deren Konstrukt »Persönlichkeitsstörung« wurde von einer Reihe von Autoren geübt. Schmitz (1999), der hier stellvertretend für die kritische Gruppe der Fachautoren zitiert wird, glaubt beispielsweise, dass die Bezeichnung Persönlichkeitsstörung in ihrer bisherigen Bedeutung letztlich eine veraltete und verengte psychopathologische Sichtweise des Menschen symbolisiere und diese den Patienten wegen der bestehenden Stigmatisierungsgefahr eher schade. Er plädiert deshalb für eine andere, sich auch sprachlich von der

1 Der Begriff Persönlichkeits(entwicklungs)störungen wird im Folgenden immer dann mit einer Klammer versehen sein, wenn er sich sowohl auf Erwachsene als auch auf Kinder und Jugendliche bezieht.

Defizitorientierung abkehrende Betrachtungsweise und schlägt vor, dass einem dimensionalen Modell entsprechend von »Personen mit dysfunktionalen Persönlichkeitsstilen« gesprochen werden sollte. Diese dysfunktionalen (also unangepassten) Persönlichkeitsstile beschreibt Schmitz (1999, S. 38) so: »Ausgehend von den normalen, anpassungsfähigen Persönlichkeitsstilen mit großer Variationsbreite, werden dysfunktionale Persönlichkeitsstile und Persönlichkeitsstörungen als deren Extreme aufgefasst, als Übertreibungen der jeweiligen Persönlichkeitsstile (des Guten zu viel), die in unterschiedlichen Anteilen in jedem Menschen als unverzichtbare Qualitäten vorhanden sind.«

Dieses dimensionale Konzept der Persönlichkeitsstile ermögliche, so Schmitz (1999), sowohl einen ressourcenorientierten wie auch einen problemorientierten therapeutischen Zugang. Jeder Persönlichkeitsstil werde in seinen Stärken und in seinen Risiken erarbeitet und das oftmals seltsam und befremdlich wirkende Verhalten des Patienten könne als subjektiv sinnhafte Anpassungs- und Überlebensstrategie in spezifischen Sozialisationskontexten verstanden werden. Vereinfachend könnte man die Ansichten von Schmitz (1999) so formulieren: eine Person mit einer sog. Persönlichkeitsstörung übertreibt beständig allgemein übliche und erst in der Übertreibung dysfunktional werdende Verhaltensweisen – sie hat sich dies gewissermaßen als (Überlebens-)Strategie angewöhnt. Eine Person mit einer ängstlich-vermeidenden Persönlichkeitsstörung wäre also auf eine dauerhafte und übertriebene Art und Weise ängstlich; Ängstlichkeit und Vermeidung angsteinflößender Situationen an sich stellen jedoch allgemein übliche Lebenserfahrungen dar. Verhält sich eine Person mit dysfunktionalen Persönlichkeitsstilen nicht normentsprechend, so können diese Übertreibungen häufig unter Berücksichtigung der Lebenssituation als nachvollziehbare und unter Umständen auch sinnvolle Handlungsstrategie verstanden werden. Schmitz' Theorie (1999) betont so auch, dass Persönlichkeitsveränderungen zum Beispiel durch neue Lernerfahrungen möglich sind bzw. dass alte Handlungsstrategien durch neue ersetzt werden können. Die Probleme, auf die man bei Persönlichkeitsstörungen oder Persönlichkeitsentwicklungsstörungen trifft, kann man also, so Schmitz (1999), keineswegs nur bei einem bestimmten, besonders problembelasteten Personenkreis, sondern grundsätzlich bei allen Menschen antreffen. Nur ihr Auftreten in einer ganz bestimmten Konstellation und ihre Intensität, ihr starker Auswirkungsgrad und ihre Dauer stellen das Besondere dar und rechtfertigen die Diagnose Persönlichkeits(entwicklungs)störung. Auch in den Klassifikationsschemata wird deshalb immer wieder darauf hingewiesen, dass nur dann an das Vorhandensein einer Persönlichkeitsstörung (oder Persönlichkeitsentwicklungsstörung) gedacht werden kann, wenn gewisse Persönlichkeitszüge unflexibel, unangepasst und überdauernd sind und in bedeutsamer Weise funktionelle Beeinträchtigungen oder subjektives Leiden verursachen.

Andere Kritiker (z.B. Kunert, Herpertz & Saß, 2000) stellen die Kategorisierung des Konzeptes Persönlichkeitsstörungen in den Klassifikationssystemen generell in Frage und fordern, ähnlich wie Schmitz (1999), einen dimensionalen Ansatz. Kunert et al. (2000) gehen davon aus, dass die in den Klassifikationssystemen aufgeführten Kategorien nicht trennscharf genug sind oder dass verschiedene im Erscheinungsbild ähnliche aber ursächlich verschiedene Störungskonstellationen fälschlicherweise in einer Klassifikationskategorie zusammengefasst werden. Diese Kritik wird vor allem durch neuere Erkenntnisse der Neurologie und Neuropsychologie bestätigt und auch in der Praxis kommt es häufig bei der Diagnosestellung zu so enormen Überschneidungen, dass bei einer Person oft mehrere Diagnosen, z.B. mehrere Persönlichkeitsstörungstypen, gestellt werden müssen. Versteht man die verschiedenen Störungsbilder aber auf der Basis von neuro(psycho)logischen Zusammenhängen (z.B. im Hinblick auf Einschränkungen oder Funktionsabweichungen verschiedener Hirnareale wie dem Präfrontalkortex oder der Amygdala, z.B. Kunert, Herpertz & Saß, 2000), so sind solche Überschneidungen häufig wenig verwunderlich. Denn die hirnorganisch zugrunde liegenden Prozesse sind vielfach für verschiedenartige Verhaltensweisen verantwortlich und können daher auch in verschiedenen Diagnosenkategorien sichtbar werden. Eine Betrachtung der zugrunde liegenden Prozesse – auf dimensionale Weise – müsste demnach Störungsbilder wesentlich besser beschreiben können und zu angemesseneren Hilfeansätzen führen. Aus der unzureichenden Trennschärfe der Klassifikationskategorien ergibt sich deswegen auch eine wichtige Handlungsleitlinie: Für die Annahme sowohl einer entstehenden Persönlichkeitsentwicklungsstörung als auch einer Persönlichkeitsstörung dürfen nicht nur einige Merkmale herangezogen und interpretiert werden, sondern es ist immer das Gesamtbild, die gesamte Problemkonstellation einschließlich ihrer Ursachen und Auswirkungen in einem entsprechenden zeitlichen Kontinuum zu bewerten und zu gewichten. All zu groß wäre die Gefahr, beispielsweise vorschnell die Diagnose Aufmerksamkeitsdefizitsyndrom in eine Persönlichkeitsentwicklungsstörung umzuwandeln, weil sich damit die schwierig verlaufenden Hilfeprozesse besser rechtfertigen lassen. Umgekehrt wäre es aber auch ebenso verhängnisvoll, eine Störung der Persönlichkeitsentwicklung jahrelang zu übersehen und allein auf eine Aufmerksamkeitsstörung zurückzuführen. Im Übrigen wird der in Klassifikationssystemen verlangte Ausschluss einer organischen Störung mit zunehmenden neurotechnischen Möglichkeiten und einer verbesserten Diagnostik immer mehr in Frage zu stellen sein (Kunert et al., 2000).

4.2 Mit welcher Berechtigung dürfen bei Kindern und Jugendlichen Persönlichkeitsentwicklungsstörungen diagnostiziert werden?

Die Diagnose Persönlichkeitsstörung wurde ursprünglich für Erwachsene entwickelt. Um eine zu frühzeitige Etikettierung zu vermeiden, wird in den Klassifikationssystemen (ICD-10, DSM-IV) gefordert, dass die Diagnose Persönlichkeitsstörung erst mit dem 18. Lebensjahr vergeben werden soll. Inzwischen werden aber unter den Fachautoren immer mehr Stimmen laut, die davon ausgehen, dass eine solche Diagnose auch bereits früher gestellt werden kann (z.B. AWMF, 2008; Schmid et al., 2008), zumal ja eine Voraussetzung für die Diagnosestellung ist, dass erste Auffälligkeiten bereits im Kindes- und Jugendalter aufgetreten sein müssen. Es gibt sicher nach wie vor Autoren bzw. Fachleute, die meinen, dass man bei der Persönlichkeitsentwicklung von Kindern und Jugendlichen von anderen »qualitativen« Gegebenheiten ausgehen müsse. Bei Kindern und Jugendlichen gibt es schon wegen dem stärker ins Gewicht fallenden und zu beachtenden Entwicklungsaspekt auch therapeutisch immer Unterschiede zur Therapie bei Erwachsenen.

Trotzdem sollte man sich bewusst machen, dass komplexe Problemkonstellationen bei Kindern und Jugendlichen nun mal da sind und sich in vielerlei Weise auf Therapie und Pädagogik auswirken. Man sollte sich hinsichtlich ihrer Bedeutung verständigen und sich auch klar darüber werden, welche Konsequenzen bezüglich der notwendigen Betreuungsintensität, der erforderlichen Vielfalt der Handlungsansätze und des erforderlichen Betreuungszeitraums abzuleiten sind. Die Augen zu verschließen und davon auszugehen, dass diese Störungen erst im Alter von 18 Jahren therapeutische Relevanz erlangen, hilft vor allem den Betroffenen und ihren Familien wenig. Um sich jedoch klarer von einer sinnlosen Etikettierung abzugrenzen, sollte man bei jungen Menschen eher den Begriff Persönlichkeitsentwicklungsstörung verwenden, der den Entwicklungsaspekt von Persönlichkeitsmerkmalen viel besser berücksichtigt (siehe Kap. 3). Diese Diagnose sollte als Arbeitshypothese gesehen werden, die jeder Zeit revidiert werden kann bzw. muss, wenn sie sich im Verlauf als nicht mehr sinnvoll herausstellt. Aus Erfahrung lässt sich sagen, dass diese Arbeitshypothese sowohl für das Verständnis dieser Problemkonstellation als auch für die pädagogisch-therapeutische Arbeit mit diesen Kindern und Jugendlichen und deren Familien einen großen Nutzen bringt.

Es wird gelegentlich generell in Frage gestellt, ob es solcher Kategorisierungen bzw. Diagnosestellungen überhaupt bedarf bzw. ob diese evtl. eher den Blick für die individuelle Person verstellen. Resch (1999) vertritt dazu die Ansicht, dass bei komplexen und chronifizierten Störungsbildern mit multiplen Ursachen eine ganzheitliche Diagnostik und Behandlungsplanung (oder Hilfeplanung nach dem Sprachgebrauch des KJHG) auf der Basis von psychopathologischen Konzepten erstellt werden sollten. Eine Suche nach komplexen pathogenetischen Bedingungskonstellationen wäre, seiner Ansicht nach, ohne psychopathologische Fundierung und Präzisierung unmöglich und eine Vergleichbarkeit von Einzelfällen erschwert. »Deutungen ohne psychopathologischen Ausgangspunkt bleiben gleichsam im luftleeren Raum für den Patienten und die Kollegen unüberprüfbar», so Resch (1999, S. 45). Schon die Definition eines Menschen als Patienten oder beispielsweise des Schweregrads seiner seelischen Beeinträchtigung wären, so meint er, ohne Psychopathologie reiner Willkür des Einzelnen überlassen. Auch die Definition eines Therapieziels (oder aber eines Hilfeplanes) – und nur Psychotherapie mit einem diagnostischen Ausgangspunkt und einem definierten Therapieziel verdient die Bezeichnung Therapie – kann auf die beschreibbaren Phänomene der Leidenszustände und Anpassungsschwierigkeiten – insbesondere bei Kindern und Jugendlichen – nicht verzichten (Resch, 1999).

Analog bestätigt dies die Jugendhilfe-Effekte-Studie (Schmidt, 2000), in der über 200 Hilfeverläufe (im Rahmen der Hilfen zur Erziehung nach dem KJHG) untersucht wurden, indirekt auch für Kinder und Jugendliche. Erfolgreiche Hilfemaßnahmen gelangen insbesondere den Einrichtungen, die eine Kooperation mit den Kindern und Jugendlichen bzw. ihren Familien herzustellen vermochten. Interessanterweise galt dies besonders für die Einrichtungen, die neben der in der Jugendhilfe üblichen Ressourcenorientierung auch eine klinische Orientierung (also Symptomorientierung) aufwiesen. »Letzteres ist vermutlich deswegen bedeutsam, weil vor dem Kompetenzerwerb meist eine Symptomreduzierung stehen muss«, so Schmidt (2000, S. 36). Dies scheint wenig erstaunlich, denn nur Einrichtungen, die die Schwierigkeiten verstehen, mit welchen ihre Klientel zu kämpfen hat, und die ein Verständnis dafür entwickelt haben, welche Ansatzpunkte für diese Schwierigkeiten hilfreich sein können, können natürlich auch individuell passende Hilfemöglichkeiten finden und so den Bedürfnissen von Kindern/Jugendlichen und ihren Eltern eher gerecht werden. Entsprechend fordert Schmidt (2000) dann auch: »Um treffsichere Prognosen zu stellen, sollten die in der Jugendhilfe Tätigen ihre Scheu vor kindbezogenen diagnostischen Aussagen überdenken. Solche Aussagen gehören zur psychosozialen Diagnose ebenso wie die Beurteilung von Vorgeschichte, Umfeld und Ressourcen« (Schmidt, 2000, S. 38).

Bei der Ermittlungsarbeit und Bewertung der Auffälligkeiten in der Praxis verschafft uns das Betreuungssetting einer pädagogisch-therapeutischen Einrichtung mit entsprechender Fachkräfteausstattung besondere Möglichkeiten. Die Situation einer stationären bzw. teilstationären Betreuung von Kindern und Jugendlichen über einen längerfristigen Zeitraum und in verschiedenen Lebensbereichen eröffnet die Chance, genauere und umfassendere diagnostische Hinweise zu sammeln und – wenn auch mit Vorsicht – zu einer Verdachtsdiagnose entsprechend der Klassifikation von ICD-10 bzw. DSM-IV zu kommen. Systematische Verhaltensbeobachtung, psychodiagnostische Untersuchungen, die Auswertung lebensgeschichtlicher Daten von Kindern und Eltern wie auch die Analyse und Bewertung therapeutischer und pädagogischer Prozesse über längere Zeiträume haben uns bewogen, die These der altersmäßigen Einschränkung der Diagnose Persönlichkeitsstörung auf das Erwachsenenalter gründlicher zu überprüfen bzw. der Entstehung und Entwicklung von Persönlichkeitsstörungen im Kindes- und Jugendalter nachzugehen.

Bei einer nicht unbeträchtlichen Gruppe von Kindern und Jugendlichen gibt es klare Hinweise auf Parallelen (z.B. Ähnlichkeiten im Erscheinungsbild und in den Auswirkungen im Alltag wie auch beim therapeutischen Umgang) mit einigen für Erwachsene beschriebenen Persönlichkeitsstörungen. Man darf wohl davon ausgehen, dass selbst wenn eine Persönlichkeitsstruktur im Kindes- und Jugendalter noch nicht vollständig entwickelt ist, sich doch schon Problemverhaltensmuster zeigen, die in ausgeprägten, komplexen und lang dauernden Auffälligkeiten oder Störungen in vielfältiger Form in Erscheinung treten können und damit den Lebensverlauf eines jungen Menschen massiv beeinflussen bzw. beeinträchtigen.

Wenn die Problemlage schon bei der Aufnahme oder – was wahrscheinlicher ist – nach einigen Monaten, vielleicht auch erst nach einem Jahr intensiver pädagogisch-therapeutischer Betreuung eine entsprechende Einschätzung des Störungsbildes im Sinne einer Persönlichkeitsentwicklungsstörung nahe legt, so sind therapeutische und pädagogische Konsequenzen unumgänglich. Wird ein solches Störungsbild nicht ausreichend verstanden und erfolgt eine Anpassung bzw. eine Ausweitung des pädagogisch-therapeutischen Konzeptes nicht, so wird u.U. am Kern des Problems »vorbeibehandelt« und »vorbeierzogen« und es kommt im Extremfall zu einer für die Betroffenen frustrierenden, weil wieder einmal erfolglos bleibenden Behandlung. Vor allem aber kommt es nicht zur Abklärung der für eine gelingende Hilfegestaltung notwendigen Ansatzpunkte bzw. der zu berücksichtigenden Risikofaktoren und der zu aktivierenden spezifischen Schutzfaktoren.

4.3 Bleiben Persönlichkeitszüge überhaupt vom Kindes- bis zum Erwachsenenalter stabil?

Mit der Diagnostizierung einer Persönlichkeitsentwicklungsstörung wird davon ausgegangen, dass hochproblematische Persönlichkeitszüge des Kindes- und Jugendalters bis ins Erwachsenenalter stabil bleiben und dann später als Persönlichkeitsstörung oder andere psychische Störung erkennbar werden können. Bisher gibt es jedoch nicht sonderlich viele Forschungsbefunde, die dies belegen könnten (zur Übersicht siehe Schmid et al., 2008). Es gibt aber zumindest Hinweise darauf, dass problematische Persönlichkeitsmerkmale stabil bleiben können bzw. dass die bei Persönlichkeitsstörungen des Erwachsenenalters ermittelten Ursachenkonstellationen und vielschichtigen Wechselwirkungen mit der Umwelt nicht bis ins Erwachsenenalter ohne Auswirkungen bleiben, sondern bereits im Verlauf von Kindheit und Jugendzeit in mannigfaltigen Störungen in Erscheinung treten können. Es finden sich in den ICD-10 und im DSM-IV an mehreren Stellen entsprechende Hinweise auf diese Erkenntnis. So gilt z.B. inzwischen als allgemein anerkannt, dass frühe Störungen des Sozialverhaltens, die gemeinsam mit einem Aufmerksamkeitsdefizitsyndrom oder Hyperaktivitätssyndrom auftreten, ein erhöhtes Risiko für die Entwicklung einer Antisozialen Persönlichkeitsstörung im Erwachsenenalter darstellen (DSM-IV). Auch verlangen beide Klassifikationssysteme bei einer zu diagnostizierenden Persönlichkeitsstörung im Erwachsenenalter immer als Kriterium den Beginn der Auffälligkeiten im Kindes- und Jugendalter. Man fragt sich da automatisch: In welcher Weise, wann und wo zeigen sich dann die Vorboten oder Vorläufer dieser Störungsbilder des Erwachsenenalters?

Die meisten bedeutsamen psychologischen oder psychotherapeutischen Schulrichtungen haben über ihre Theoriemodelle, ihre Grundannahmen und therapeutischen Ansätze zur Thematik Persönlichkeitsstörungen Stellung bezogen. Die auf diesem Weg entstandenen Ursachenmodelle gehen ebenfalls davon aus, dass diese Störungsbilder in der frühen Kindheit ihren Anfang genommen haben. In der Wechselwirkung mit den Entwicklungsaufgaben, die der junge Mensch in seiner Familie und in seinem erweiterten sozialen Umfeld zu bewältigen hat, und den Interaktionen in seiner Familie wie auch mit anderen Kindern im Umfeld haben sie sich weiter ausgeprägt (siehe auch Kap. 6). Es wäre ja auch völlig unlogisch anzunehmen, dass die Folgen von schwerwiegenden Belastungen in der frühen Kindheit nicht auch schon in der späteren Kindheit und Jugendzeit, in der sich jeder junge Mensch vielfältigen Anforderungen und Konflikten zu stellen hat, erkennbar oder wirksam würden, sondern erst im Erwachsenenalter damit gerechnet werden müsste.

Einige Forschungsstudien belegen inzwischen die Stabilität bestimmter Persönlichkeitsmerkmale (siehe auch Kap. 9). Hier ist insbesondere die Temperamentsforschung zu erwähnen, die davon ausgeht, dass bestimmte Temperamentsfaktoren, wie z.B. die Impulsivität, schon von Geburt an festgelegt sind und dann fortlaufend durch andere Faktoren modifiziert werden (z.B. Cloninger, 1987). In einem Aufsatz von Schmidt (2000a) zur geschlossenen Unterbringung gibt dieser ebenfalls Belege dafür. Er beschreibt eine sog. Kerngruppe dissozialer männlicher Jugendlicher, deren Auffälligkeiten bereits im Alter von acht Jahren auftraten und die stabil bis ins 25. Lebensjahr auffällig blieben. Für Schmidt ist deswegen der günstigste Diagnosezeitpunkt zur Identifikation interventionsbedürftiger Kinder bei möglichst niedriger Rate von Falschidentifizierungen die zweite Grundschulklasse. »Kinder mit kritischen dissozialen Verhaltensweisen sind zu diesem Zeitpunkt kaum noch übersehbar. Unter ihnen, d.h. unter den Diagnostizierten sind 50 Prozent mit schlechter Langzeitprognose« (Schmidt, 2000, S. 40).

Inzwischen wird die Auffassung, dass die Vorformen von Persönlichkeitsstörungen bereits im Kindes- und Jugendalter zu beobachten sind, auch von anderen Wissenschaftlern (u.a. Diepold, 1994; Bürgin & Meng, 2000; Streeck-Fischer, 2000; Kernberg, Weiner & Bardenstein, 2001; Fiedler, 2001) geteilt. Somit wird die Zurückhaltung bei der Diagnosestellung immer mehr abnehmen, sicherlich auch deswegen, weil die daraus resultierende Klarheit in Bezug auf das Störungsbild sich auch und vor allem hinsichtlich der Handlungsmöglichkeiten auszahlen. Neben den internationalen Klassifikationsschemata ICD-10 und DSM-IV haben in Deutschland Remschmidt, Schmidt & Poustka (2001) ein mehrfach überarbeitetes Multiaxiales Klassifikationsschema für psychische Störungen des Kindes- und Jugendalters (MAS) auf der Basis der ICD-10 entwickelt und die Persönlichkeitsstörungen der Achse I (Klinisch-psychiatrisches Syndrom) zugeordnet. Andere deutsche Autoren wie z.B. Scheithauer & Petermann (2000) haben z.B. über Untersuchungen der Kriterien für Erfolg oder Misserfolg therapeutischer Maßnahmen bei Kindern und Jugendlichen bzw. der Ursachen für Therapieabbrüche bei Kindern und Jugendlichen immer wieder zumindest indirekt auf Faktoren oder Merkmalskombinationen hingewiesen, die sich häufig auch im Bereich der Persönlichkeitsstörungen finden, ohne jedoch den Begriff selbst zu benutzen. In den Klassifikationssystemen gibt es außerdem Persönlichkeitsstörungstypen, bei denen Symptome im Kindes- und Jugendalter sogar explizit erwähnt werden, z.B. bei der schizotypischen Persönlichkeitsstörung im DSM-IV: »bei Kindern und Heranwachsenden bizarre Fantasien und Beschäftigungen« (S. 729).

Die Forschungsgruppe um Paulina Kernberg hat im Jahr 2001 erstmals ein Buch herausgegeben, das sich umfassend mit der Thematik Persönlichkeitsstörungen im Kindes- und Jugendalter befasst (Kernberg, Weiner & Bardenstein, 2001) – zu einer Zeit, zu der wir uns ebenfalls bereits seit mehreren Jahren mit dieser Thematik befasst haben. Ein großer Teil der Erkenntnisse, die diese Forschungsgruppe in ihrer Publikation darstellt, deckt sich mit unseren eigenen Beobachtungen, obwohl es sich um eine amerikanische Forschungsgruppe handelt und Befunde international nicht immer übertragbar sind. Es scheint, als wäre die Zeit für eine Verschiebung des Diagnosezeitpunktes reif. Auch gibt es eine Gruppe von Wissenschaftlern, die verschiedene Persönlichkeitsstörungen im Kindes- und Jugendalter, insbesondere die Borderline-Persönlichkeitsstörung untersucht haben. Hierzu zählt sicherlich Barbara Diepold, die schon 1994 erste Forschungsergebnisse veröffentlicht hat (Diepold, 1994; 1994a), aber auch bekannte Praktiker wie Bürgin & Meng (2000) in Basel oder Anette Streek-Fischer (2000), die sich nicht scheuen, bereits bei Kindern und Jugendlichen offen oder beschreibend von Persönlichkeitsstörungen zu sprechen.

4.4 Wie sollte diagnostiziert werden?

Bei Kindern und Jugendlichen mit Persönlichkeitsentwicklungsstörungen wurden oft in der Vergangenheit schon andere Störungsbilder diagnostiziert wie z.B. Störungen des Sozialverhaltens und der Emotionen mit und ohne oppositionelles Verhalten, hyperkinetische Störung bzw. hyperkinetische Störung des Sozialverhaltens, reaktive Bindungsstörung oder aber auch schizoide Störung des Kindesalters (was der Diagnose Asperger-Autismus nahe kommt). Hinzu kommen häufig noch komorbid auftretende Teilleistungsstörungen. Kaum ein behandelnder Arzt oder Psychologe wagte es, von einer Störung der Persönlichkeitsentwicklung zu sprechen. Die Diagnosen dieser Kinder und Jugendlichen mit komplexen Problemkonstellationen sind zwar nicht falsch, können aber dennoch diese Störungsbilder meist nicht ausreichend erklären und erfassen nur einen Teil der gesamten Problemfacetten. Diagnosen, wie Störungen des Sozialverhaltens oder verwandte Störungen, sind meist Sammeltöpfe für verschiedene Problemkonstellationen, die zwar das gleiche Erscheinungsbild zeigen, sich aber ursächlich durchaus unterscheiden können. Für gezielte pädagogisch-therapeutische Handlungsansätze sind sie meist zu unspezifisch. Stattdessen sollte, wo sich dies aus sorgfältigen Beobachtungen ergibt, die Diagnose Persönlichkeitsentwicklungsstörung gestellt werden, auch weil sich dadurch bessere Handlungsmöglichkeiten ableiten lassen.

4.4.1 Wann ist die Diagnose Persönlichkeitsentwicklungsstörung berechtigt? – Was sollte der Diagnostiker beachten?

Davon ausgehend, dass Kinder und Jugendliche sich noch in einer in der Entwicklung befindlichen Lebensphase befinden, sollten für das Kindes- und Jugendalter entsprechend der ICD-10 und dem DSM-IV bisher nur nach einer längerfristigen Beobachtungsphase Persönlichkeitsentwicklungsstörungen diagnostiziert werden. Dafür sind laut DSM-IV solche Kinder und Heranwachsende in Betracht zu ziehen, deren unangepasste Persönlichkeitszüge tief greifend und andauernd und u.a. wahrscheinlich nicht auf eine bestimmte Entwicklungsphase begrenzt sind. DSM-IV fordert auch, dass die Persönlichkeitszüge mindest ein Jahr lang andauern müssen, bevor bei Personen unter 18 Jahren eine Persönlichkeitsstörung diagnostiziert werden sollte.

Manchmal ist das Erkennen einer Persönlichkeitsentwicklungsstörung erst nach Behandlungs- bzw. Betreuungsbeginn möglich, d.h. selbst bei fachkundig gestellter Diagnose kann es vorkommen, dass eine Diagnosefortschreibung nötig ist. Immerhin ist Diagnostik ja auch immer ein Prozess bzw. nach Resch (1999, S. 60) »ein prozessuales Geschen, das durch wiederholtes Hypothesengenerieren und Hypothesenprüfen gekennzeichnet ist.« Diagnosen sind also als Arbeitshypothesen zu betrachten, für deren ständige Überprüfung möglichst genaue Informationen gesammelt und herangezogen werden müssen. Es sollten außerdem immer möglichst viele Informationsquellen berücksichtigt werden, um ein ganzheitlicheres Bild der Situation des jungen Menschen, seiner Familie und seines Umfelds, aber auch vom Entwicklungsverlauf seiner Störungskonstellation zu bekommen. Eine diagnostische Einschätzung wird so erleichtert.

Es fällt nicht immer leicht, alle diagnostisch wichtigen Informationen im Rahmen einer Anamnese zu erfragen, weil aufgrund der Komplexität der Störungsbilder leicht Einzelheiten übersehen werden. Es muss sehr sorgfältig vorgegangen werden und Einzelheiten müssen bis ins Detail erfragt bzw. ins frühe Kindesalter zurückverfolgt werden, um Informationen zu einem umfassenden Bild zu integrieren und regelmäßige Muster erkennen zu können.

Da bei Kindern und Jugendlichen noch wenig gesicherte Befunde vorliegen, lässt sich nur sagen, dass bei ihnen ähnliche Regeln gelten sollten wie sie die Klassifikationssysteme bei Erwachsenen fordern. Bei der Diagnose Persönlichkeitsstörung wird im Erwachsenenalter immer die Erfüllung allgemeiner Diagnosekriterien *und* die Identifikation spezifischer Typen von Persönlichkeitsstörungen empfohlen. Gerade um dem Anspruch nach einer sorgfältigen und vorsichtigen Diagnostizierung Rechnung zu tragen und nicht zu vorschneller Diagnosenstellung zu greifen, sollten auch bei Kindern/Jugendlichen bestimmte Typen von Persönlichkeitsentwicklungsstörungen identifiziert werden können, selbst wenn immer auch die Möglichkeit besteht, die Diagnose »Nicht näher bezeichnete Persönlichkeitsentwicklungsstörung« (entsprechend der ICD-10, F. 60.9) zu stellen, bei der dann nicht alle Kriterien eines bestimmten Typus erfüllt sein müssen. Solche unspezifischen Diagnosen werden jedoch oft aus Verlegenheit gestellt, sind einer konkreten Hilfe- und Therapieplanung wenig zuträglich. Insbesondere bei jungen Menschen sollte besonders intensiv versucht werden, eine passende Diagnose zu finden. Eine Palette allgemeiner Kriterien haben wir übrigens bereits im Kap. 1 dargestellt, während die Beschreibung einiger spezifischer Typen von Persönlichkeitsentwicklungsstörungen im Kap. 5 folgt. Auch die Zuordnung zu bestimmten Persönlichkeitsstörungsclustern (siehe Kap. 2) kann insbesondere dann von Vorteil sein, wenn eine genaue Identifikation eines bestimmten Typus erschwert ist.

Persönlichkeitsstörungen im DSM-IV werden außerdem zusammen mit geistiger Behinderung auf der Achse 2 diagnostiziert, was vor allem deswegen gemacht wurde, damit diese beim Vorliegen einer anderen psychischen Störung nicht übersehen werden. Auch werden andere psychische Störungen häufig von Persönlichkeitsstörungen überschattet und somit auch in ihrem Erscheinungsbild verändert. Dies sollte auch bei Kindern und Jugendlichen bedacht werden, denn in der Praxis erlebt man immer wieder, dass das Erscheinungsbild einer Aufmerksamkeitsstörung deutlich durch eine gleichzeitig auftretende Persönlichkeitsentwicklungsstörungen mitgeprägt wird (siehe auch Kap. 5.5).

Beim Benennen von spezifischen Subtypen stößt man zudem oft – nicht nur bei Kindern und Jugendlichen – auf die Schwierigkeit, dass reine Störungsformen fast nie vorkommen. Denn Überschneidungen der Persönlichkeitsstörungstypen sind häufig und manche Übergänge zwischen Störungsbildern sind fließend (siehe auch Kap. 5.5). Auch handelt es sich bei den Klassifikationssystemen ja um Typologien, d.h. um Beschreibungen, die eben nur ein typisches Bild eines Störungsmusters skizzieren. Da immer nur ein Teil der Klassifikationskriterien erfüllt sein muss, entspricht eine Persönlichkeitsentwicklungsstörung nicht immer genau der Beschreibung (siehe auch Fiedler, 2002). Versteift man sich auf die Suche nach reinen Formen, so verstellt dies oft den Blick auf das zugrunde liegende Störungsmuster und dessen gefährliche Auswirkungen und die Erarbeitung passender Hilfekonzepte wird dadurch langfristig eher behindert als gefördert. Es gilt also, das Wesentliche herauszufiltern und auf der Basis dieser Information eine diagnostische Entscheidung zu treffen.

4.4.2 Diagnostische Möglichkeiten bei Kindern und Jugendlichen

Leider gibt es momentan noch wenig speziell für Kinder und Jugendliche entwickelte Diagnosekriterien. Die Deutsche Gesellschaft für Kinder- und Jugendpsychiatrie und -psychotherapie (2000) und auch die AWMF (2008) haben inzwischen in ihren Leitlinien zur Diagnostik und Therapie psychischer Störungen im Säuglings-, Kindes- und Jugendalter erste kinder- und jugendspezifische Klassifikationsmerkmale veröffentlicht. Paulina Kernberg und ihre Forschungsgruppe (Kernberg et al., 2001) beziehen sich bei der Beschreibung der Persönlichkeitsentwicklungsstörungen bei Kindern und Jugendlichen auf Kriterien des Klassifikationssystem DSM-IV. Das vorwiegend in Europa verwendete Klassifikationssystem ICD-10 bzw. das speziell für Kinder und Jugendliche weiterentwickelte Multiaxiale Klassifikationssystem (Remschmidt et al., 2001) bieten dazu ergänzend noch weitere Kriterien an. Insbesondere trennen die vorwiegend in Europa verwendeten Klassifikationssysteme bei der emotional instabilen Persönlichkeitsstörung zwischen impulsivem Typus und Borderline-Typus – eine Unterscheidung, die in der Praxis gerade bei Kindern und Jugendlichen hilfreich ist.

Gute und geprüfte instrumentelle Einschätzungen spezifischer Persönlichkeitsentwicklungsstörungen anhand von Testinventaren o.ä. finden sich für Kinder und Jugendliche ebenfalls kaum bzw. sind oft zu eng an den Klassifikationskriterien für Erwachsene orientiert und damit für die Praxis oft unzweckmäßig (z.B. das Inventar zur Erfassung von Persönlichkeitsmerkmalen und -Störungen (IPMS) von Berner, Benninghoven, Genau & Lehmkuhl, 1998). Außerdem liegt der altersgemäße Anwendungsbereich dieser Inventare oft bei 16 Jahren und älter. Übersichten über Erhebungsinstrumente finden sich u.a. bei Krischer, Sevecke, Döpfner & Lehmkuhl (2006) und auch in den Leitlinien des AWMF (2008). Hier werden u.a. auch die IPDE (International Personality Disorder Examination Instrument, Loranger et al., 1994) und der SKID II (Salbach-Andrae et al., 2008) erwähnt. Persönlichkeitsfragebögen, wie z.B. der sehr aufwändig auszuwertende Persönlichkeitsfragebogen für Kinder zwischen 9 und 14 Jahren (PFK 9-14, Seitz & Rausche, 2002), geben zwar Auskunft über verschiedene Persönlichkeitsdimensionen, können aber nicht genug zur Einschätzung, ob es sich tatsächlich um eine Persönlichkeitsentwicklungsstörung handelt, beitragen.

Anerkannte und veröffentlichte Diagnostikinstrumente, die sich als hilfreich erwiesen haben, lassen sich überwiegend nur für einzelne Störungsdimensionen finden und dienen daher eher zur Abklärung von Teilaspekten von Persönlichkeitsentwicklungsstörungen. Der Stressverarbeitungsfragebogen (SVF-KJ, Hampel, Petermann & Dickow, 2001) gibt z.B. Auskunft darüber, wie Kinder und Jugendliche mit Stresssituationen umgehen. Das State-Trait-Ärgerausdrucks-Inventar (STAXI, Schwenkmetzger, Hodapp & Spielberger, 1992) prüft hingegen sowohl situationsbezogenen Ärger und dispositionelle Ärgerdimensionen ab, kann allerdings auch erst ab 14 Jahren angewendet werden. Andere Diagnostikinstrumente dienen der Einschätzung der häufig auftretenden Begleitstörungen, wie z.B. des Hyperkinetischen Syndroms oder von Teilleistungsstörungen und können daher ebenfalls nur ergänzend hilfreich sein. Hier lassen sich insbesondere Testverfahren aus der Leistungsdiagnostik – z.B. der Hamburg-Wechsler-Intelligenztest für Kinder und Jugendliche (HAWIK IV, Petermann & Petermann, 2008) – und neuropsychologische Verfahren – wie z.B. die Tübinger Luria-Christensen

Neuropsychologische Untersuchungsreihe für Kinder (TÜKI, Deegener et al., 1997) oder der Aufmerksamkeits-Belastungs-Test (d2, Brickenkamp, 2002) – einsetzen, um nur einige zu nennen. Diese leisten aber zur Einschätzung der Persönlichkeitsproblematik oft nur einen ganz geringen Anteil.

Ein für die therapeutische Arbeit nutzenbringendes Vorgehen stellt sicherlich die Operationalisierte Psychodynamische Diagnostik für Kinder und Jugendliche (OPD-KJ) dar, die gerade erschienen ist (Bürgin, Resch & Schulte-Markwort, 2003). Sie versucht, verschiedene psychodynamische Dimensionen, wie z.B. psychodynamische Konflikte oder das Strukturniveau, systematisch zu erfassen. Allerdings eignet sich die OPD-KJ ebenfalls nur bedingt zur Einschätzung, ob tatsächlich eine Persönlichkeitsentwicklungsstörung vorliegt.

Zur Diagnostizierung einer Persönlichkeitsentwicklungsstörung und zur Entwicklung eines geeigneten mehrdimensionalen Hilfekonzeptes bleiben zum momentanen Zeitpunkt am ehesten noch systematische Verhaltensbeobachtungen und die Auswertung lebensgeschichtlicher Daten von Kindern und Eltern über längere Zeiträume unter Berücksichtigung der diagnostischen Kriterien der Klassifikationssysteme. Weil sich das Erscheinungsbild von Persönlichkeitsstörungen bei Kindern und Jugendlichen aber häufig anders zeigt als bei Erwachsenen, haben wir versucht, Übersetzungsarbeit zu leisten und die in den Klassifikationssystemen beschriebenen Kriterien für einige der häufiger im Kindes- und Jugendalter auftretenden Störungsbilder noch einmal spezifisch darzustellen (siehe auch Kap. 1 und Kap. 5). Aus der Not heraus, keine kinder- und jugendspezifischen Diagnostikinstrumente zur Verfügung zu haben, haben wir uns inzwischen an die Entwicklung einer eigenen Diagnostikcheckliste gemacht, die sich derzeit noch im Evaluationsstadium befindet (Eilers, 2002).

Diagnostik muss jedoch speziell bei diesen Störungsbildern immer auch ganz am Einzelfall orientiert sein, insbesondere dann, wenn sie für pädagogisch-therapeutische Handlungsansätze Relevanz haben soll. In der pädagogisch-therapeutischen Arbeit bieten sich ebenfalls Diagnostikverfahren an, die ganz gezielt neben den Problemverhaltensweisen auch die Ressourcen, also die Stärken, eines Kindes oder Jugendlichen erfassen. Von uns wurde hierzu ein auf der aktuellen Resilienzforschung basierendes Verfahren entwickelt (siehe Kap. 12), bei dem 16 *Schutzfaktoren* systematisch und in regelmäßigen Abständen eingeschätzt werden, von denen die wissenschaftliche Fachwelt aufgrund katamnestischer Untersuchungen davon ausgeht, dass sie für die Lebensbewältigung von entscheidender Bedeutung sind (u.a. Opp, Fingerle & Freytag, 1999). Einerseits kann so erfasst werden, über welche Stärken das Kind oder der Jugendliche verfügt. Sie stellen in der Arbeit mit jungen Menschen mit diesen komplexen Problemkonstellationen einen entscheidenden Ansatzpunkt dar. Andererseits wird so auch schnell deutlich, in welchen Bereichen ein junger Mensch noch besonders gefördert werden muss. Hier lassen sich gezielt Förderaktivitäten entwickeln und durch weitere Einschätzungen zu festgelegten Überprüfungszeitpunkten eine Verlaufsdiagnostik durchführen. Die Erfahrung zeigt, dass so Fortschritte, die sonst aufgrund der Komplexität der Störungsbilder leicht übersehen werden, besser im Blick zu halten sind. Insbesondere den pädagogisch-therapeutischen Mitarbeitern, den Familien, aber auch den Kindern und Jugendlichen selbst, bringt dies oft schon eine spürbare Entlastung.

5 Verschiedene Persönlichkeitsentwicklungsstörungen

Im Folgenden sollen vier verschiedene Persönlichkeitsentwicklungsstörungen näher vorgestellt und auch auf den Zusammenhang von Persönlichkeitsentwicklungsstörungen mit anderen psychischen Störungen eingegangen werden. Sicherlich lassen sich, wenn man es mit Kindern und Jugendlichen mit komplexeren Problemkonstellationen zu tun hat, noch andere Typen von Persönlichkeitsentwicklungsstörungen finden. Die hier beschriebenen Erscheinungsformen sind jedoch die, die uns in unserer Arbeit am häufigsten begegnen. Sie treten selten in reiner Form auf. Stattdessen finden sich häufig Mischformen oder es treten mehrere Typen gleichzeitig (komorbid) auf.

5.1 Emotional-instabile und Borderline-Persönlichkeitsentwicklungsstörungen

5.1.1 Die Emotional-instabile Persönlichkeitsstörung und Borderline-Persönlichkeitsstörung bei Erwachsenen

Bei Erwachsenen wurde der Begriff Borderline-Störung zunächst von Vertretern der Psychoanalyse als Bezeichnung für einen psychopathologischen Übergangsbereich zwischen Neurose und Psychose benutzt (Kind, 2000). Über einen längeren Zeitraum wurde nach Ansicht vieler Kritiker die Diagnose Borderline-Störung als eine Verlegenheitsdiagnose charakterisiert für die Fälle, die u.a. auch wegen ihrer schillernden Symptomatik diagnostisch schwer zu fassen waren. Der Borderline-Begriff bezeichnet heute weder einen Grenzbereich zur Schizophrenie, noch einen zu den affektiven Erkrankungen. Die Situation hat sich in den letzten Jahren sehr verändert, nachdem ein starkes wissenschaftliches Interesse die Erforschung des Störungsbildes erheblich vorangebracht hat und die Zahl der Publikationen deutlich zugenommen hat (Rohde-Dachser, 1997). Zur Beschreibung dieses Störungsbildes für Kinder und Jugendliche gibt es bisher jedoch noch verhältnismäßig wenig Forschungsergebnisse und Veröffentlichungen, wenn auch deutlich mehr als bei anderen Persönlichkeitsentwicklungsstörungen.

Die Darstellungsweisen der Borderline-Persönlichkeitsstörungen bei Erwachsenen unterscheiden sich je nach Klassifikationssystem, das der Diagnose zugrunde gelegt wird. Das DSM-IV beschreibt die Borderline-Persönlichkeitsstörung beispielsweise als eigenständiges Störungsbild, das dem Persönlichkeitsstörungscluster C zugeordnet wird. Zu diesem gehören auch drei andere Persönlichkeitsstörungstypen: die antisoziale, die histrionische und die narzisstische Persönlichkeitsstörung. Personen dieser Gruppe gelten nach dem DSM-IV (S. 712) als »dramatisch, emotional oder launisch«.

In der ICD-10 wird die Borderline-Persönlichkeitsstörung bei Erwachsenen dagegen als Untergruppierung der Emotional-instabilen Persönlichkeitsstörung beschrieben. Dort wird zwischen dem sog. Impulsiven Typus und dem schwerwiegenderen Borderline-Typus unterschieden.

- Der *Impulsive Typus* zeichnet sich insbesondere aus durch emotionale Instabilität (z.B. in Form von wechselhaften Stimmungen, Wutausbrüchen, Konflikten und Streitereien, wenn impulsive Handlungen unterbunden oder getadelt werden) und durch mangelnde Impulskontrolle (z.B. in Form von unerwarteten Handlungen oder solchen, bei denen die Konsequenzen nicht berücksichtigt werden, sowie in Form von Schwierigkeiten, Handlungen weiterzuführen, die nicht unmittelbar belohnt werden).
- Der *Borderline-Typus* setzt die Klassifikation eines Impulsiven Typus voraus. Eine Verschärfung erfährt er jedoch durch schwerwiegende Unsicherheiten im Selbstbild, anhaltende Gefühle der Leere, unbeständige zwischenmenschliche Beziehungen (z.B. Wechsel zwischen Nähe und Distanz oder übertriebene Bemühungen, das Verlassenwerden zu vermeiden) und wiederholte emotionale Krisen, bei denen u.a. Selbstschädigungen angedroht oder auch durchgeführt werden.

Sicherlich kann argumentiert werden, dass diese Unterteilung nur unterschiedliche Schweregrade beschreibt und somit rein quantitativer Natur ist. Sie beinhaltet jedoch auch qualitative Unterschiede (z.B. hinsichtlich der Beziehungsgestaltung) und ist insbesondere dann sinnvoll, wenn es darum geht, passende therapeutische Handlungsansätze zu finden. Die beiden Störungsbild-Typen lassen sich im Übrigen auch bei Kindern und Jugendlichen mit komplexen Problemkonstellationen beobachten.

5.1.2 Forschung zur Emotional-instabilen Persönlichkeitsentwicklungsstörung im Kindes- und Jugendalter

Im Unterschied zu den meisten anderen Persönlichkeitsstörungstypen ist die Borderline-Persönlichkeitsstörung eine der wenigen Problemkonstellationen, für die bereits eine Reihe von Erkenntnissen im Kindes- und Jugendalter vorliegen. Zu den anderen Persönlichkeitsstörungen bzw. zu deren Erscheinungsbild im Kindes- und Jugendalter finden sich mit Ausnahme der im Jahr 2001 erschienenen Publikation von Paulina F. Kernberg und ihren Kollegen (Kernberg, Weiner & Bardenstein, 2001; in der USA bereits 2000) noch kaum Publikationen. Vor allem Diepold (1994a) hat zur Borderline-Persönlichkeitsentwicklungsstörung Forschungsergebnisse veröffentlicht, die sich auch mit unseren praktischen Erfahrungen und mit neueren, in den letzten Jahren hinzugekommenen Erkenntnissen und Publikationen z.B. von Bürgin & Meng (2000) decken. Streeck-Fischer (2000a) schildert ähnlich komplexe Problemlagen bei Kindern und Jugendlichen mit chronischen Traumatisierungen und bezeichnet diese Auffälligkeiten als »Grenzenstörungen«, um auf verschiedene Gewichtungen, Unterscheidungsmerkmale und therapeutische Konsequenzen hinzuweisen. Hofmann (2000, 2000a, 2002), der auch in dem

Bereich der Jugendhilfe arbeitet, sieht Borderline-Störungen als einen Spezialfall einer Bindungsstörung an. Er bezeichnet die betroffenen Kinder/Jugendlichen auch als »Pendeltür-Kinder«, da sie, seiner Ansicht nach, im Grenzbereich zwischen stationärer Kinder- und Jugendpsychiatrie, -psychotherapie und der Jugendhilfe anzusiedeln sind (Hofmann, 1999). Insgesamt ist die wissenschaftliche Fachwelt jedoch mit Diagnosestellungen dieser Art noch sehr zurückhaltend, selbst wenn inzwischen ganz klare Befunde vorliegen, dass die Häufigkeitsverteilung bei Borderline-Persönlichkeitsstörungen im Alter von bereits 14 Jahren einen ersten Häufigkeitsgipfel aufweist (Bohus, 2002). Eine Ausdifferenzierung der Emotional-instabilen Persönlichkeitsentwicklungsstörung hinsichtlich des Impulsiven und Borderline-Typus lässt sich übrigens in den bisherigen Forschungsarbeiten noch nicht finden.

Ähnlich wie dies bei der Klassifikation von Persönlichkeitsstörungen bei Erwachsenen praktiziert wird (siehe ICD-10, DSM-IV), ergänzen auch die im Folgenden beschriebenen Kennzeichen einer spezifischen Persönlichkeitsentwicklungsstörung die bereits vorher aufgeführten allgemeinen Merkmale für Persönlichkeitsentwicklungsstörungen (siehe Kap. 1 und 3) und sollten von diesen nicht abgetrennt betrachtet werden.

5.1.3 Wie sehen Emotional-instabile Persönlichkeitsentwicklungsstörungen bei Kindern und Jugendlichen aus?

Bei Kindern/Jugendlichen mit einer Emotional-instabilen Persönlichkeitsentwicklungsstörung lassen sich so gut wie alle bei Erwachsenen beschriebenen Merkmale finden, selbst wenn diese altersentsprechend übersetzt und angepasst werden müssen.

Impulsiver Typus

David S. 275

Kinder/Jugendliche mit Emotional-instabiler Persönlichkeitsentwicklungsstörung vom Impulsiven Typus neigen zu impulsiven Handlungen. Sie haben beispielsweise Schwierigkeiten, Handlungen beizubehalten, die nicht unmittelbar belohnt werden. Kinder und Jugendliche, die von einer solchen Störung betroffen sind, können zudem oft ihre eigenen Körpergefühle nicht angemessen wahrnehmen. U.a. auch deswegen fällt es ihnen oft schwer, gefährliche Situationen (z.B. durch ein zu hohes Tempo beim Fahrradfahren oder durch nächtliches Herumstreunen in zwielichtigem Milieu) angemessen einzuschätzen und sich vor ihnen zu schützen.
Bei jungen Menschen mit Emotional-instabilen Persönlichkeitsentwicklungsstörungen zeigen sich die Wechsel im Funktionsniveau (siehe Kap. 1) ganz besonders ausgeprägt. Sie geraten leicht in extreme innere Anspannung, die oft keinem konkreten Gefühlszustand zugeordnet werden kann. Am ehesten lässt sich dieser Zustand als eine Art innerer Alarmzustand beschreiben, dem der Betroffene jedoch keine klare Qualität und auch keine eindeutige Ursache zuschreiben kann (was ihn aber nicht daran hindert, diese einem Erwachsenen bzw. Erzieher zuzuschreiben). Es gibt Kinder und Jugendliche, die bereits morgens in einem solchen Anspannungszustand aufwachen. Andererseits reicht bei anderen ein für Außenstehende häufig nur bedingt nachvollziehbarer Stressor aus, um sie in einen solchen Zustand zu versetzen. Immer wieder kann ein Zusammenhang zu individuell empfundenem

Stress gefunden werden (siehe auch Kap. 1). Häufig leiden sie unter einer Übererregbarkeit gegenüber inneren und äußeren Reizen, die sich z.B. so bemerkbar macht, dass ein Kind schon seit frühester Kindheit die Anwesenheit anderer Menschen nur schwer ertragen kann. Als Konsequenz ist z.B. die Bewältigung des Schulalltags innerhalb des Klassenverbandes für solche Kinder/Jugendliche eine enorme Belastung und kaum zu bewältigen.

Die Dauer und Qualität solcher Anspannungszustände variiert. Manche Kinder und Jugendliche laufen über Tage oder Wochen mit einem vergrämten Gesicht herum, sind extrem reizbar und lassen auch Außenstehende spüren, dass die Situation jederzeit eskalieren kann. Sie sind dann vergleichbar mit einem Dampfkessel, der kurz vor dem Explodieren steht. Eine kleine »Temperaturerhöhung« reicht, um zur Explosion zu führen. Andere befinden sich scheinbar in relativ guter Verfassung und geraten dann innerhalb von Sekunden in einen solchen Anspannungszustand. Die Stimmung kann sehr rasch wechseln, was für andere häufig nur schwer nachvollziehbar ist. Bei all diesen Kindern und Jugendlichen gibt es zudem Phasen, in denen sie in guter Verfassung sind, von den Spannungszuständen fast nichts zu bemerken ist und auch die Ich-Funktionen offensichtlich ihren Aufgaben voll gerecht werden. Weiß man von diesen Wechseln der Stimmung und Anspannung sowie auch des Funktionsniveaus nichts, erlebt man die Kinder/Jugendlichen im Umgang freundlich, aufgeschlossen, interessiert, kontrolliert und fähig zum Denken und Planen und kann sich kaum vorstellen, dass sie auch ganz anders sein können.

Ist andererseits der bei Anspannungszuständen kritische Punkt überschritten, so kommt es zu Impulshandlungen z.B. in Form von Wutausbrüchen, aber auch Fressanfällen oder unüberlegtem »Abhauen«. Während dieser Impulshandlungen scheint realistisches Wahrnehmen, klares und vorausschauendes Denken wie abgeschaltet – ganz ähnlich wie bei Erwachsenen in Phasen der Dissoziation[1]. Man hat das Gefühl, sie sind mit Worten nicht mehr erreichbar. Im Extremfall sind im Familienalltag oder im Schul- und Gruppenalltag die Ausbrüche so heftig, dass Festhalten bis zur Beruhigung erforderlich werden kann, weil eine Selbst- oder Fremdgefährdung kaum noch anders zu verhindern ist. Bei solchen Jugendlichen kommen auch häufig Selbstverletzungen vor, die sich auf unterschiedlichste Weise zeigen, z.B. in Form von auch bei Erwachsenen beobachtbarem Ritzen oder Schneiden der Unterarme oder anderer Körperteile. Andere neigen zu Zerstörungen von Dingen, die ihnen oder anderen wichtig sind (ein selbstgemaltes Bild, eigene neu erworbene Kleidung oder das Lieblingsspielzeug eines anderen Kindes). Werden impulsive Handlungen von einer anderen Person unterbunden, so kommt es vielfach zu Streitereien und Konflikten mit dem Betreffenden.

Borderline-Typus

Patrizia S. 277

Zusätzlich zu den beim Impulsiven Typus beschriebenen Merkmalen scheinen Kinder/Jugendliche mit diesen Problemkonstellationen nur schwer fähig, eine dauerhafte oder tragfähige Beziehung einzugehen. Oft scheint es, als würden

---

1 Dissoziation wird im DSM-IV als »Unterbrechung der normalerweise integrativen Funktionen des Bewusstseins, des Gedächtnisses, der Identität oder der Wahrnehmung der Umwelt« (DSM-IV, S. 543) definiert.

Beziehungen nur aufrecht erhalten, solange dabei ihre Bedürfnisse befriedigt werden. Die Nähe anderer Menschen ertragen sie nur ganz schwer, was für Erziehungspersonen eine enorme Belastung darstellt. Einerseits wünschen sich diese Kinder/Jugendlichen nichts mehr, als dass ihnen jemand nahe steht. Andererseits reagieren sie aber extrem abwehrend, wenn sie das Gefühl haben, es komme ihnen jemand emotional zu nahe, was unter anderem auch als Angst vor Verlassenwerden interpretiert werden kann. Diese jungen Menschen hängen Eltern und Erziehern in einem Augenblick am Rockzipfel und idealisieren diese. In einem anderen Moment kann die Situation jedoch plötzlich ins Gegenteil umschlagen. Der betroffene Erwachsene wird dann abgewertet und beschimpft. Man hat den Eindruck, als täten diese Jugendlichen immer genau das Gegenteil von dem, was man sich als Erziehungsperson wünscht. Geht man auf sie zu, so distanzieren sie sich. Distanziert man sich bzw. zieht man sich zurück, so haben sie Annäherungswünsche oder monieren, nicht genug beachtet zu werden. Dabei kommt es auch vor, dass sie in paranoide Fantasien abgleiten. Dies resultiert u.a. auch aus der bei diesen Kindern/Jugendlichen häufig zu beobachtenden gravierenden Selbst- bzw. Identitätsstörung und Identitätsdiffusion (Kernberg, 1978), was bedeutet, dass sie nicht über ein sicheres Identitätsgefühl und eine integrierte Vorstellung von sich und anderen verfügen. »Gute« und »böse« Aspekte von sich oder anderen können nicht gleichzeitig nebeneinander stehen, sondern es kann immer nur eine Kehrseite der Medaille betrachtet werden. Die Abwehrmechanismen der Spaltung, Verleugnung und der Idealisierung bzw. Abwertung spielen daher bei diesen jungen Menschen eine besondere Rolle. Ihre Wahrnehmung und ihr Denken werden außerdem oft durch Realitätsverzerrungen behindert und auch bizarres Denken und eine ausgeprägte Fantasietätigkeit erschweren die Zuverlässigkeit ihrer Denkfunktionen.
Bezeichnend für Kinder/Jugendliche mit Emotional-instabiler Persönlichkeitsentwicklungsstörung vom Borderline-Typus ist außerdem, dass sie positive emotionale Erfahrungen (sog. korrigierende Erfahrungen) nur schwer zu einer Veränderung ihrer Handlungen und Beziehungsmuster nutzen können. Selbst wenn solche Kinder/Jugendlichen jahrelang positive Beziehungserfahrungen gemacht haben, sind diese nicht tragfähig genug und werden von ihnen immer noch hinterfragt.

Oft fehlt zudem der differenzierte Kontakt zu Gleichaltrigen über gemeinsame Interessen, o.ä. Einerseits machen sich auch hier die Schwierigkeiten im zwischenmenschlichen Bereich bemerkbar, andererseits fällt es diesen jungen Menschen oft schwer Interessen zu entwickeln, die mit anderen zu teilen wären. Diese Kinder und Jugendlichen wissen nämlich oft auch dann nichts mit sich anzufangen, wenn alles Mögliche für den Zeitvertreib zur Verfügung steht. Innerlich sind sie durch ein chronisches Gefühl der Leere oder Langeweile bestimmt. Kontakte auf niedrigem Niveau hingegen finden statt, d.h. auf der »Kumpelebene«, auf der man sich, wie es scheint, fast instinkthaft und blitzschnell mit Gleichgesinnten zusammenfindet, um gemeinsam »Scheiß« zu machen bzw. groben Unfug anzustellen.

Schmid et al. (2008) führen übrigens noch eine andere Übersicht über fünf typische Symptome der Borderlinepersönlichkeitsstörung im Kindesalter auf: Wechsel zwischen neurotischem und psychotischem Strukturniveau in Abhängigkeit der emotionalen Belastung; Schwierigkeiten beim Umgang mit Angst; geringe Frustrationstoleranz und kaum Fähigkeiten zum Belohnungsaufschub sowie Ärgerkontrollprobleme; Schwierigkeiten, Beziehungen einzugehen und sich auf andere Personen zu verlassen, bzw. Beziehungen werden benutzt, um eigene Bedürfnisse zu befriedigen, sowie eine geringe Fähigkeit, zwischen Fantasie und Realität zu differenzieren.

Kapitel 5.1 im Überblick

Emotional-instabile Persönlichkeitsentwicklungsstörung

Impulsiver Typus – Typisches Erscheinungsbild

Kinder und Jugendliche, die leicht in extreme innere Anspannung geraten, dann schnell reizbar sind und schon bei geringen Anlässen zu Wutausbrüchen neigen

- Impulsives Verhalten, Handlungen ohne Berücksichtigung der Konsequenz
- Schwierigkeiten, Handlungen beizubehalten, die nicht unmittelbar belohnt werden
- Nicht-Abschätzen-Können von Gefährdungen
- Besonders ausgeprägte plötzliche Wechsel des Funktionsniveaus
- Häufige Verstimmungen, unerträgliche Spannungen, die keinem Gefühl mehr zugeordnet werden können
- Gefühlsstürme = Plötzliche und heftige Gefühlsreaktionen mit Angst, Verzweiflung oder Zorn
- Häufige unangemessene Wut bei scheinbar kleinen Anlässen, manchmal gefolgt von Scham und Schuldgefühlen
- Mildere Formen von impulsivem selbstschädigendem Verhalten (z.B. auch Fressanfälle, aber auch unüberlegtes Weglaufen)
- In Phasen extremer Emotionen: Normales Denken erscheint wie abgeschaltet und man hat das Gefühl, der Betreffende steht neben sich
- Häufige Streitereien und Konflikte mit anderen, vor allem dann, wenn impulsive Handlungen unterbunden oder getadelt werden

Borderline Typus – Typisches Erscheinungsbild

Kinder und Jugendliche, die die Merkmale des Impulsiven Typus aufweisen, die aber zusätzlich im zwischenmenschlichen Bereich zwischen Nähe und Distanz schwanken und sich in Beziehungen sehr wechselhaft verhalten

Zu den Merkmalen des Impulsiven Typus kommen noch folgende Merkmale hinzu:

- Brüchiges, instabiles Selbstbild, diffuses Identitätsgefühl
- Instabile, aber heftige Beziehungen, die zwischen extremer Idealisierung und Entwertung, zwischen sehnsüchtiger Bindung und harscher Zurückweisung schwanken
- Verzweifeltes Bemühen, tatsächliches oder vermutetes Verlassenwerden zu vermeiden
- Extreme Formen von impulsivem selbstschädigenden Verhalten (Selbstverletzungen, z.B. durch Aufritzen der Arme, oder Selbstmorddrohungen)
- Chronisches Gefühl von Leere oder Langeweile, wo alles mögliche für Zeitvertreib und Beschäftigung bereit steht
- Verstärktes Schwarz-Weiß-Denken, Spaltung der Welt in nur Gut oder nur Böse = Entweder-oder statt Sowohl-als-auch
- Von paranoidem Misstrauen geprägte Fantasieaktivität
- Schwierigkeiten, aus positiven emotionalen Erfahrungen zu lernen und daraus veränderte Handlungs- und Interaktionsstrategien abzuleiten

5.2 Störungen des Sozialverhaltens als Risikokonstellationen für Antisoziale Persönlichkeitsstörungen

Bei Kindern und Jugendlichen mit komplexen Problemkonstellationen sind im Vorfeld häufig Störungen des Sozialverhaltens (in sämtlichen in den Klassifikationssystemen aufgeführten Variationen) diagnostiziert worden. Schon bei der Beschreibung der Klassifikationskriterien wird deutlich, dass die Merkmale einer Störung des Sozialverhaltens viel Ähnlichkeiten mit denen einer Antisozialen Persönlichkeitsstörung aufweisen. Letztere Diagnose darf aber nach DSM-IV bei Kindern und Jugendlichen nicht diagnostiziert werden, denn es wird (auch aus ethischen Gründen) gefordert, dass Personen, bei denen eine solche Diagnose gestellt wird, mindestens 18 Jahre alt sein müssen. Deswegen wird bei Kindern/ Jugendlichen eher von Störungen des Sozialverhaltens gesprochen. Der interessierte Leser mag sich aber dennoch die Mühe machen, die beschriebenen Merkmale der Antisozialen Persönlichkeitsstörung mit denen der Störung des Sozialverhaltens zu vergleichen.

5.2.1 Kennzeichen einer Antisozialen/Dissozialen Persönlichkeitsstörung im Erwachsenenalter

Während das DSM-IV von einer Antisozialen Persönlichkeitsstörung im Erwachsenenalter spricht, nennt die ICD-10 diese Problemkonstellationen Dissoziale Persönlichkeitsstörungen, beschreibt sie aber letztlich ähnlich. Unter einer Antisozialen Persönlichkeitsstörung versteht das DSM-IV ein tief greifendes Muster von Missachtung und Verletzung der Rechte anderer, das mindestens seit dem 15. Lebensjahr auftritt. Diese Personen versagen, sich in Bezug auf gesetzmäßiges Verhalten den gesellschaftlichen Normen anzupassen, und missachten die Wünsche, Rechte oder Gefühle ihrer Mitmenschen. Sie zeigen Falschheit, die sich in wiederholtem Lügen, dem Gebrauch von Decknamen oder dem Betrügen anderer zum persönlichen Vorteil oder Vergnügen äußert. Sie täuschen, simulieren und manipulieren wiederholt und mit der Absicht, einen persönlichen Vorteil oder persönliches Vergnügen zu erlangen. Sie sind zudem häufig extrem reizbar und aggressiv, was sich z.B. in wiederholten Schlägereien oder auch Überfällen äußert.

Menschen mit Antisozialen Persönlichkeitsstörungen sind häufig impulsiv und es fällt ihnen schwer, vorausschauend zu planen. Entscheidungen erfolgen aus dem Augenblick heraus und ohne Berücksichtigung der Folgen für sich selbst und für andere. Außerdem wird bei ihnen oft durchgängige Verantwortungslosigkeit beobachtet. Diese zeigt sich u.a. im wiederholten Versagen, eine dauerhafte Tätigkeit auszuüben oder finanziellen Verpflichtungen nachzukommen. Trotz vorhandener Arbeitsangebote kommt es z.B. zu längerfristigen Zeiten der Arbeitslosigkeit. Mehrfach werden Arbeitsverhältnisse aufgegeben, ohne dass eine realistische Aussicht auf einen neuen Arbeitsplatz besteht. Es kommt zu wiederholtem Fernbleiben von der Arbeitsstelle, ohne dass dies begründet wäre, oder zu finanzieller Verantwortungslosigkeit, z.B. zu Versäumnissen bei Schuldenrückzahlungen.

Hinzu kommt die oft auftretende rücksichtslose Missachtung der eigenen Sicherheit bzw. der Sicherheit anderer und die fehlende Reue dieser Menschen. Sie haben häufig wenig Gewissensbisse in Bezug auf die Folgen ihrer Handlungen, zeigen Gleichgültigkeit oder bieten Rationalisierungen an, wenn sie jemanden verletzt oder bestohlen haben (z.B. »Das Leben ist eben unfair«, »Verlierer verdienen zu verlieren« oder »Das wäre ihm sowieso passiert«). Sie geben gerne ihren Opfern die Schuld (z.B. dass diese dumm oder hilflos seien bzw. kein besseres Schicksal verdient haben) oder bagatellisieren die schädlichen Auswirkungen ihrer Handlungen. Für ihr Verhalten leisten sie üblicherweise weder Schadensersatz noch Wiedergutmachung oder glauben, dass alle anderen nur dazu da sind, die eigene Person zu unterstützen, und dass man vor nichts Halt machen sollte, um nicht selbst »herumgeschubst« zu werden.

5.2.2 Erscheinungsbilder der Störungen des Sozialverhaltens

Andreas S. 284, Peggy S. 287

Zunächst sollen die Klassifikationskriterien für Störungen des Sozialverhaltens nach DSM-IV (ähnlich auch die ICD-10) beschrieben werden. Unter den Kindern/Jugendlichen, bei denen eine Störung des Sozialverhaltens diagnostiziert wurde, findet sich aber eine Untergruppe, deren Problemkonstellation eher dem antisozialen Bereich zugerechnet werden muss und auf die hier insbesondere in den Beispielen näher eingegangen werden soll. Ihre Störungsbilder unterscheiden sich deutlich von anderen Untergruppen (z.B. der, der eher emotional-instabilen Persönlichkeitsentwicklungsstörungen zuzuschreiben sind).

Bei Menschen mit Störungen des Sozialverhaltens ist ein wiederholt auftretendes und (mindestens 12 Monate) anhaltendes Verhaltensmuster beobachtbar, durch das die »grundlegenden Rechte anderer und wichtige altersentsprechende gesellschaftliche Normen oder Regeln verletzt werden« (DSM-IV, S. 123). Dieses führt zu bedeutenden Beeinträchtigungen in sozialen, schulischen und beruflichen Funktionsbereichen.

Die Verhaltensauffälligkeiten, die dieser Problematik zuzurechnen sind, gehören im Erziehungsalltag und in der Schule zu den ausgeprägtesten und aufreibendsten überhaupt. Sie werden im DSM-IV in vier übergeordnete Bereiche gegliedert:

1. *Aggressives Verhalten gegenüber Menschen oder (bei entsprechender Gelegenheit) Tieren:*
   Bei den eher antisozial anmutenden Problemkonstellationen tritt aggressives Verhalten auf vielerlei Weisen offen oder heimlich auf: ärgern, sticheln, wüstes Beschimpfen, drohen, einschüchtern oder erpressen, körperliche Attacken schon bei geringen Streitanlässen oder heimlich im Vorbeigehen. Auch Tierquälereien kommen vor (z.B. ein Jugendlicher, der einen Molch aus einem Weiher fischt, diesen in einen Becher setzt, den Becher dann mit heißem Wasser auffüllt und das halbtote Tier hinterher lieblos zum Fenster hinauswirft).
2. *Zerstörung von Eigentum*
   Die Schadensquote bei Sachgegenständen ist auffällig hoch. Es gehen auch Dinge kaputt, die eigentlich keiner besonderen Beanspruchung ausgesetzt sind. Manchmal ist Schusseligkeit, Ungestümheit oder impulsives Agieren die Ur-

sache. Aber auch vorsätzliche Handlungen gehören dazu (z.B. Zerschneiden von Vorhängen, Aufschlitzen von Postern, vorsätzliches Zerkratzen von Autos, vandalismusartiges Austoben, unvorsichtiges Zündeln und Experimentieren mit Treibgasen u.ä.). Das eigene wie auch fremde Fahrräder werden oft so übermäßig und unsachgemäß strapaziert, dass die Freude daran vielfach nur sehr kurz ist. Der Besitz anderer wird oft ungefragt benutzt oder auch Ziel völlig undosierter Racheakte (z.B. neue Schuhe mit Wasser füllen, eine neu erworbene orthopädische Schuheinlage zerschneiden, o.ä.).

3. *Unehrlichkeiten, Betrug oder Diebstahl*
   Dazu gehören Entwendungen bei anderen Kindern, z.T. mit Aufbrechen von Schränken, oder Diebstähle auch in der Öffentlichkeit, die manchmal geradezu unsinnig erscheinen können (z.B. Stehlen von Billiardqueues, Diebstahl von mehreren größeren Radiogeräten, ohne daran zu denken, dass dies dem Verkaufspersonal auffallen muss). Verdrehen der Wahrheit oder Lügen geschehen auch dann, wenn es Zeugen gibt, die die Situation genau beobachten konnten. Falschdarstellungen erfolgen manchmal wie aus der Pistole geschossen und ohne die geringsten Zeichen von Verunsicherung oder eine entsprechenden Gemütsbewegung (z.B. wird nach einem Diebstahl behauptet, dass das ja »nur« CDs waren und »rein zufällig« zu den eigenen Sachen geraten sind). Um sich Vorteile zu verschaffen, werden Versprechen gemacht und dann nicht eingehalten.
4. *Schwere Regelverletzungen*
   Diese beginnen häufig schon vor dem 13. Lebensjahr und betreffen sowohl schulische als auch elterliche Regelungen. Sie zeigen sich verantwortungslos gegenüber anderen, aber auch hinsichtlich der eigenen Pflichten und Ziele. Beispielsweise gehören Wegbleiben des Kindes trotz elterlicher Verbote bis spät in die Nacht, Schuleschwänzen oder -verweigern zur großen Palette solcher Regelverletzungen. Um anderen oder auch sich selbst zu imponieren werden aber auch lebensgefährliche Regelverletzungen begangen (z.B. stahl ein 13-jähriger Junge ein 750ccm-Motorrad, fuhr damit ohne Schutzkleidung und ohne Helm in einen ca. 10 km weit entfernten Ort, stellte die Maschine leicht beschädigt dort ab und tat so, als hätte ihn jemand anderer dorthin gebracht. Dabei fehlte ihm offenbar jegliche Angst und er zeigte bei der Entdeckung weder Verunsicherung noch Scham). Es fällt ihnen aber auch oft schwer, tatsächliche Gefahren als solche einzuschätzen, und sie neigen dazu, sich in gefährliche Situationen zu begeben und die eigene Sicherheit oder die anderer zu gefährden.

Im DSM-IV werden noch weitere Charakteristika der Störung des Sozialverhaltens beschrieben, die für diejenigen Kinder/Jugendlichen, die mit einer solchen Diagnose zu uns kommen, und insbesondere auch für solche mit antisozialen Tendenzen als typisch anzusehen sind: Sie wirken emotional unberührbar und gleichgültig und zeigen wenig Empathie bzw. nehmen wenig Rücksicht auf die Gefühle, Wünsche und das Wohlergehen anderer (z.B. Aussprüche wie »Pech«, »Na und?«). Diese jungen Menschen nehmen die Absichten anderer häufig als feindseliger und bedrohlicher wahr, als sie es sind, und reagieren dementsprechend früher und heftiger aggressiv. Sie sehen ihre Aggressionen deswegen auch vielfach als begründet und gerechtfertigt an oder sie geben über »an den Haaren herbeigezogene Beweise« dem Opfer die Schuld für ihr eigenes Fehlverhalten. Auch zeigen sie wenig Reue und scheinen keine Schuldgefühle oder Gewissensbisse zu kennen. Sie werden auch deswegen von anderen oft als gefühllos erlebt. Andererseits geben sie aber auch Reue vor, die keine echte Reue ist, da sie gelernt haben, dass sie dadurch die Strafe mindern oder verhindern können. Sie vermitteln gern nach außen ein Bild der Härte, obwohl sie oft ein nur geringes Selbstwertgefühl haben. Verbunden ist dies häufig auch mit geringer Frustrationstoleranz, Reizbarkeit oder anhaltender aggressiv-gereizter Stimmung, depressiver Stimmungslage und Inaktivität, Wutausbrüchen, Lernstörungen und Aufmerksamkeits- und Hyperaktivitätsstörungen.

Genau wie bei Persönlichkeitsstörungen zeigen sich die Auffälligkeiten auch bei Störungen des Sozialverhaltens gewöhnlich in vielen Lebensbereichen (z.B. zuhause, in der Schule oder in der Öffentlichkeit), wobei die Auffälligkeiten oder Fehlverhaltensweisen von den Betroffenen normalerweise heruntergespielt werden. Um eine Diagnose erstellen zu können, müssen deswegen ebenfalls verschiedene Informationsquellen berücksichtigt werden.

5.2.3 Untertypen von Störungen des Sozialverhaltens

Das DSM-IV definiert noch verschiedene Untertypen, die vor allem prognostische Relevanz haben. So wird z.B. die Bestimmung eines *Typus in Abhängigkeit des Störungsbeginns* gefordert:

- *Typus mit Beginn in der Kindheit*: Der Beginn mindestens eines der für die Störung des Sozialverhaltens charakteristischen Kriterien muss vor dem 10. Lebensjahr liegen.
- *Typus mit Beginn in der Adoleszenz*: Keines der für die Störung des Sozialverhaltens charakteristischen Kriterien tritt vor dem 10. Lebensjahr auf.

Störungen des Sozialverhaltens treten teilweise schon im Alter von fünf bis sechs Jahren auf und können schon in der zweiten Grundschulklasse recht zuverlässig diagnostiziert werden (Schmidt, 2000a).

Weiterhin unterscheidet das DSM-IV noch nach dem *Schweregrad*. Als schwer gilt eine Störung z.B. dann, wenn zusätzlich zu den für die Diagnose erforderlichen Symptomen noch viele weitere Probleme des Sozialverhaltens auftreten oder die Probleme des Sozialverhaltens anderen beträchtlichen Schaden zufügen.

Die ICD-10 definiert hingegen noch andere Untertypen:

- Auf den familiären Rahmen beschränkte Störungen des Sozialverhaltens
- Störungen des Sozialverhaltens bei fehlenden sozialen Bindungen
- Störungen des Sozialverhaltens bei vorhandenen sozialen Bindungen
- Störungen des Sozialverhaltens mit oppositionellem, aufsässigem Verhalten

Zusätzlich gibt es in der ICD-10 die Möglichkeit, eine Kombinierte Störung des Sozialverhaltens und der Emotionen zu klassifizieren. Hierbei sind sowohl die Kriterien einer Störung des Sozialverhaltens wie auch die für eine andere emotionale Störung (affektive, neurotische, Belastungs- oder somatoforme Störungen oder emotionale Störungen mit Beginn in der Kindheit) erfüllt.

5.2.4 Zusammenhänge zwischen Störungen des Sozialverhaltens im Kindes- und Jugendalter und Antisozialen Persönlichkeitsstörungen im Erwachsenenalter

Schon bei einer oberflächlichen Betrachtung der Merkmalskriterien der beiden Störungsbilder wird deutlich, dass es Überschneidungen gibt. Bei der Vergabe der Diagnose Störung des Sozialverhaltens bei Erwachsenen fordern die Klassifikationssysteme deswegen auch klar den differentialdiagnostischen Ausschluss von Antisozialen bzw. Dissozialen Persönlichkeitsstörungen. Bei Kindern und Jugendlichen wird jedoch, aufgrund der vermutlich eher ethisch motivierten Altersbegrenzung, alles unter der Diagnose Störung des Sozialverhaltens subsummiert. Dazu gehören auch Störungsbilder, die beispielsweise eher im Bereich der Emotional-instabilen Persönlichkeitsentwicklungsstörung anzusiedeln sind und sich von eher antisozial anmutenden Störungskonstellationen klar unterscheiden (z.B. können Kinder/Jugendliche mit Emotional-instabiler Persönlichkeitsentwicklungsstörung ehrliche Reue empfinden). Dieses Vorgehen erscheint fragwürdig, denn je nach Störungsbild ergibt sich ein anderer Behandlungsschwerpunkt. Außerdem müssten die Unterschiede zumindest ansatzweise bereits vor dem Erreichen des 18. Lebensjahres beobachtbar sein. Durch entsprechend zugeschnittene pädagogisch-therapeutische Handlungsansätze dürften die Problemkonstellationen dann möglicherweise auch besser beeinflussbar sein.

Inzwischen lassen sich die Zusammenhänge zwischen Störungen des Sozialverhaltens und Antisozialen/Dissozialen Persönlichkeitsstörungen außerdem anhand von Forschungsergebnissen belegen, die auch Eingang in die Klassifikationssysteme gefunden haben. Zum Beispiel haben die im DSM-IV definierten Untergruppierungen der Störung des Sozialverhaltens auch prognostische Bedeutung:

> »Viele Personen mit einer Störung des Sozialverhaltens, besonders solche des Typus mit Beginn in der Adoleszenz und Personen mit wenigen oder leichteren Symptomen, können sich als Erwachsene sozial und beruflich genügend anpassen. Ein früher Störungsbeginn ergibt eine schlechtere Prognose und es besteht ein erhöhtes Risiko für eine Antisoziale Persönlichkeitsstörung oder eine Störung im Zusammenhang mit Psychotropen Substanzen im Erwachsenenalter.« (DSM-IV, S. 127 f.)

Im Kapitel, in dem die Antisozialen Persönlichkeitsstörungen beschrieben werden, wird dieser Zusammenhang noch einmal deutlicher geschildert:

> »Die Wahrscheinlichkeit, im Erwachsenenalter eine Antisoziale Persönlichkeitsstörung zu entwickeln, ist erhöht, wenn das Kind schon frühzeitig (vor dem 10. Lebensjahr) eine Störung des Sozialverhaltens und begleitend eine Aufmerksamkeitsdefizit-/Hyperaktivitätsstörung aufwies. Kindesmissbrauch oder –vernachlässigung, unsichere oder unregelmäßige elterliche Präsenz bzw. ein inkonsequenter Erziehungsstil können die Wahrscheinlichkeit vergrößern, das sich eine Störung des Sozialverhaltens zu einer Antisozialen Persönlichkeitsstörung ausweitet.« (Saß et al., 1996, S. 731 f.)

Eine Voraussetzung, die bei der Klassifikation einer Problemkonstellation als Antisoziale Persönlichkeitsstörung erfüllt werden muss, ist nach DSM-IV daher auch das Bestehen einer Störung des Sozialverhaltens vor dem 15. Lebensjahr, wobei hier von einer notwendigen, nicht jedoch hinreichenden Bedingung ausgegangen werden muss. Ein Kind/Jugendlicher, bei dem die hier beschriebenen Bedingungen vorliegen, kann eine Antisoziale Persönlichkeitsstörung entwickeln (bzw. ist hinsichtlich einer solchen Entwicklung enorm gefährdet), muss aber nicht.

Die im DSM-IV beschriebenen Bedingungen, die das Risiko einer antisozialen Entwicklung bergen, finden sich bei Kindern und Jugendlichen mit komplexen Problemkonstellationen häufig, d.h. ihre Schwierigkeiten haben meist vor dem 10. Lebensjahr begonnen und es kann hier auch nicht mehr von einer leichten oder mittelschweren Problemkonstellation gesprochen werden. Deswegen muss sicherlich angenommen werden, dass sich gerade unter diesen jungen Menschen auch solche finden lassen, bei denen diese Prognosen zutreffen und bei denen somit ein erhöhtes Risiko für die Entwicklung einer Antisozialen Persönlichkeitsstörung bis zum Erwachsenenalter gegeben ist.

All diese Überlegungen geben Grund, bei den Betrachtungen auch die Antisoziale Persönlichkeitsstörung mit im Auge zu behalten und das Vorliegen von zumindest antisozialen Persönlichkeitszügen bei Kindern/Jugendlichen nicht gänzlich auszuschließen, selbst wenn die Klassifikationssysteme fordern, dass sie erst ab dem 16. oder gar 18. Lebensjahr diagnostiziert werden sollte. Auch unsere praktischen Erfahrungen bestätigen dies. Dabei geht es hier, wie schon im Kap. 4 näher dargestellt, nicht um eine vorschnelle Etikettierung, sondern eher um das frühzeitige Erkennen der Gefahren für die weitere Persönlichkeitsentwicklung und um ein rechtzeitiges und wohl überlegtes pädagogisch-therapeutisches Handeln. Gerade Menschen mit Antisozialen Persönlichkeitsstörungen verursachen, wenn das Störungsbild voll ausgeprägt ist, vielfach in ihrer Umgebung großes Leid und außerdem gesamtgesellschaftlich meist viel Schaden und auch hohe Kosten, insbesondere wenn sie aufgrund vorgefallener Straftaten inhaftiert werden müssen. Gelingt es, das erhöhte Risiko für eine solche Entwicklung rechtzeitig festzustellen, so kann diese vielleicht noch zumindest in ihrem Verlauf abgemildert und auf einen gesellschaftsverträglicheren Weg gebracht werden. Die Wissenschaft, aber auch die Praktiker, die mit diesen jungen Menschen zu tun haben, tragen diesbezüglich eine gesamtgesellschaftliche Verantwortung, vor der sie nicht aus Angst vor Stigmatisierung die Augen verschließen sollten.

5.2.5 Auch zwischen Störungen des Sozialverhaltens, Antisozialen und Emotional-instabilen Persönlichkeitsstörungen gibt es Überschneidungen

Nur am Rande sei hier in dem Zusammenhang noch kurz ein weiterer Aspekt erwähnt. Gerade wenn bei der Störung des Sozialverhaltens von Merkmalen wie einer geringen Frustrationstoleranz, Reizbarkeit bzw. anhaltender aggressiv-gereizter Stimmung, depressiven Stimmungslage, Inaktivität oder Wutausbrüchen die Rede ist, liegt es nahe, auch an eine Emotional-instabile Persönlichkeitsentwicklungsstörung zu denken. Offensichtlich sind psychopathologische Konzepte und Klassifikationen nicht immer trennscharf genug (siehe auch Kunert, Herpertz & Saß, 2000), d.h. gewisse Merkmale einer Emotional-instabilen Persönlichkeitsentwicklungsstörung (wie eben z.B. die Reizbarkeit oder Wutausbrüche) sind auch im Rahmen von anderen Störungsbildern, hier z.B. bei Störungen des Sozialverhaltens oder Antisozialen Persönlichkeitsstörungen, zu beobachten. Immerhin wäre es möglich, dass die Diagnose Störungen des Sozialverhaltens eine Art Sammeltopf für verschiedene mit auffälligem Sozialverhalten einhergehende Problemkonstellationen darstellt und insgesamt zu unspezifisch ist. Bei Kindern/Jugendlichen mit einer eher antisozial anmutenden Problemkonstellation unterscheidet sich beispielsweise die Qualität der Reizbarkeit von der bei Kindern/Jugendlichen mit Emotional-instabilen Persönlichkeitsentwicklungsstörungen. Die erste Gruppe scheint, trotz ihrer leichten Reizbarkeit, weniger emotional von Situationen berührbar zu sein. Sie agiert ihre schlechten Stimmungen meist ungehemmt aus, ohne über ausreichend emotionale Regulationsmechanismen zu verfügen. Menschen mit Emotional-instabiler Persönlichkeitsentwicklungsstörungen verfügen dagegen zwar über emotionale Regulationsmechanismen, diese reichen aber aufgrund der großen Intensität ihrer Gefühle nicht mehr zur Regulierung aus. Dies wird auch von Kunert et al. (2000) bei Erwachsenen so beschrieben und durch neuropsychologische Befunde belegt. Die bei der Störung des Sozialverhaltens beschriebene Reizbarkeit kann also einmal ein Merkmal für eine eher antisozial geprägte Problemkonstellation sein, andererseits aber auch einen Hinweis auf das Vorliegen einer Emotional-instabilen Persönlichkeitsentwicklungsstörung geben. Wird Reizbarkeit aber im Rahmen einer Störung des Sozialverhaltens erwähnt, so wird diesbezüglich überhaupt nicht differenziert und pägagogisch-therapeutische Ansätze, die auf dieser Grundlage entwickelt werden, können diesen Unterschied dann auch kaum berücksichtigen.

Kapitel 5.2 im Überblick

Schwere Störung des Sozialverhaltens

mit Beginn vor dem 10. Lebensjahr als Risikokonstellation für eine Antisoziale Persönlichkeitsstörung im Erwachsenenalter

Kinder und Jugendliche, die häufig Rechte anderer missachten und verletzen, denen es an sozialem Einfühlungsvermögen fehlt und die nichts emotional zu berühren scheint

Typisches Erscheinungsbild

- Schwierigkeiten, sich den allgemeinen gesellschaftlichen Normen und Regeln anzupassen
- Wiederholtes Verletzen von Normen und Rechten anderer Menschen und Rücksichtslosigkeiten
- Verbale und tätliche Aggressionen gegenüber Menschen: z.B. Beschimpfungen, Bedrohungen, Erpressung, Schlägereien, Gebrauch von Waffen
- Tierquälerei
- Zerstörung von eigenem Eigentum und dem anderer, Brandstiftung
- Falschheit, Lügen und Unehrlichkeiten, Betrug, u.a. um sich Vorteile zu verschaffen
- Diebstahl und Einbrüche
- Schwere Regelverletzungen: u.a. Wegbleiben von zu Hause trotz elterlichen Verbots, Schule-Schwänzen
- Schwierigkeiten auf Fehlern zu lernen: Negative Folgen eines Verhaltens können nicht vorhergesehen werden oder werden als nicht schlimm abgetan
- Schwierigkeiten, tatsächliche Gefahren als solche einzuschätzen, und Neigung, sich in gefährliche Situationen zu begeben und die eigene Sicherheit oder die anderer zu gefährden
- Neigung, die Absichten anderer als feindselig und bedrohlich wahrzunehmen
- Wenig Einfühlungsvermögen für die Bedürfnisse anderer Menschen
- Wenig Rücksichtnahme auf die Gefühle, Wünsche und das Wohlergehen anderer
- Wenig Reue- oder Schuldgefühle oder keine echte Reue
- Einschätzung der eigenen Problemverhaltensweisen als gerechtfertigt, »an den Haaren herbeigezogene« Beweise sollen die Schuld des Opfers für das eigene Fehlverhalten belegen
- Verantwortungslosigkeit, auch hinsichtlich eigener Pflichten und Ziele
- Emotionale Unberührbarkeit und Gleichgültigkeit
- Nach außen Vermittlung von Härte bei gleichzeitig oft nur geringem Selbstwertgefühl
- Häufig in Verbindung mit geringer Frustrationstoleranz, Reizbarkeit, Wutausbrüchen, depressiver Stimmungslage und Inaktivität oder Aufmerksamkeits- und Hyperaktivitätsstörungen

5.3 Narzisstische Persönlichkeitsentwicklungsstörungen

5.3.1 Narzisstische Persönlichkeitsstörungen bei Erwachsenen

Bei Erwachsenen gibt es die Diagnose der Narzisstischen Persönlichkeitsstörung erst seit 1980 und sie wird bisher nur im DSM-IV aufgeführt, obwohl einige theoretische Konzepte die Narzisstische Persönlichkeitsstörung als ursächlichen oder moderierenden Faktor z.B. für Antisoziale Persönlichkeitsstörungen diskutieren (Kernberg, 2001; Baumeister, 2001; Rauchfleisch, 1996). Dementsprechend gibt es bisher noch wenige wissenschaftliche Befunde zur Narzisstischen Persönlichkeitsstörung bei Erwachsenen, geschweige denn im Kindes- und Jugendalter. Belegt ist aber beispielsweise, dass häufiger Männer als Frauen betroffen sind (bis zu 75 % Männer, DSM-IV) und dass bei Erwachsenen vielfach noch weitere komorbide Störungen auftreten, u.a. andere Persönlichkeitsstörungen (insbesondere histrionische, Borderline-, Antisoziale oder paranoide Persönlichkeitsstörungen) oder aber impulsives und rücksichtsloses Verhalten oder Substanzmissbrauch (DSM-IV).

Narzisstische Persönlichkeitsstörungen im Erwachsenenalter zeichnen sich nach DSM-IV durch folgende Merkmale aus:

- Grandioses Gefühl der eigenen Wichtigkeit: Neigung zu übertreiben, Erwartung, ohne Leistungen anerkannt zu werden
- Fantasien von grenzenlosem Erfolg, Macht, Glanz, Schönheit und idealer Liebe
- Glaube an die eigene Einzigartigkeit und Besonderheit
- Glaube, nur von besonderen Menschen verstanden zu werden bzw. nur mit diesen verkehren zu können
- Verlangen nach übermäßiger Bewunderung
- Übersteigertes Anspruchsdenken und übertriebene Erwartungen an eine bevorzugte Behandlung
- Ausbeuterische zwischenmenschliche Beziehungen
- Mangel an Empathie
- Neid auf andere oder Glaube an den Neid der anderen auf die eigenen Leistungen
- Arrogante, überhebliche Verhaltensweisen oder Haltungen

5.3.2 Narzisstische Persönlichkeitsentwicklungsstörungen

Sven S. 290, Patrick S. 294

Bei Kindern und Jugendlichen, die Merkmale einer Narzisstischen Persönlichkeitsentwicklungsstörung aufweisen, steht ebenfalls ein überzogenes Bedürfnis nach Aufmerksamkeit und Bewunderung und der Glaube, etwas Besonderes zu sein, im Vordergrund. Narzisstische Persönlichkeitsentwicklungsstörungen treten jedoch selten allein ohne das Vorliegen weiterer gleichzeitig auftretender Problemkonstellationen auf. Vielmehr können bei Kindern und Jugendlichen häufig unangepasste narzisstische Persönlichkeitszüge beobachtet werden, die andere parallel auftretende Schwierigkeiten entscheidend mitmoderieren. Nicht selten ist z.B. das

Verhalten von jungen Menschen mit einer schweren Störung des Sozialverhaltens bzw. einer Antisozialen Störung der Persönlichkeitsentwicklung durch Narzissmus mitgeprägt. Obwohl bei Heranwachsenden narzisstische Züge durchaus nicht ungewöhnlich sind und auch bei jungen Menschen auftreten, die später keine Persönlichkeitsstörung entwickeln (DSM-IV), handelt es sich bei den betroffenen Kindern/Jugendlichen um wesentlich schwerwiegendere narzisstische Tendenzen als dies altersentsprechend üblich ist. Selbst wenn es sich also nicht um ein vollständiges Bild einer Narzisstischen Persönlichkeitsentwicklungsstörung handelt, so steigern sich bei diesen Kindern/Jugendlichen diese Persönlichkeitszüge doch weit über ein allgemein übliches und für ihr Umfeld erträgliches Maß hinaus. Sie nehmen zudem oft einen gravierenden Einfluss auf die weitere Entwicklung, indem sie z.B. die Bewältigung anstehender Entwicklungsaufgaben wesentlich erschweren. Schon allein deswegen besteht die Notwendigkeit, narzisstische Persönlichkeitszüge bei Kindern und Jugendlichen näher zu beleuchten und u.U. entsprechend in der Hilfeplanung mitzuberücksichtigen.

Zur Einschätzung der Problemkonstellation muss deswegen zunächst einmal zwischen altersgemäßem und unangepasstem Narzissmus unterschieden werden, auch um nicht vorschnell eine Diagnose zu stellen. Kinder, deren Leben unproblematisch verläuft, neigen je nach Alter mehr oder weniger zu narzisstischen Tendenzen. Jedes Kind erlebt sich irgendwann als großartig, träumt davon, ein Held zu sein, oder will im Mittelpunkt stehen. Auch bei einem Spiel gewinnen zu wollen, Niederlagen nicht leicht zu ertragen oder auf andere neidisch zu sein bedeutet noch nicht, dass sich bei dem Kind eine Narzisstische Persönlichkeitsentwicklungsstörung anbahnt.

Unangepasste und problematische Formen von Narzissmus treten hingegen um ein Vielfaches zugespitzter in Erscheinung. Die Bedürfnisse nach Aufmerksamkeit und Bewunderung erscheinen übermäßig und extrem und sind vom Umfeld kaum abzudecken. Immer wieder braucht das Kind oder der Jugendliche Bestätigung oder die volle Aufmerksamkeit aller Beteiligten. Steht er oder sie einmal nicht im Mittelpunkt, so reagiert der junge Mensch höchst gekränkt und überempfindlich. Der kleinste auch nur zu erwartende Misserfolg oder vermeintliches Infragestellen der eigenen Person reichen aus, um einen sekundenschnellen Stimmungswechsel von einer durch Allmachtsfantasien geprägten Euphorie zu Reizbarkeit und Aggressivität zu bewirken. Im Extremfall reicht dies bis hin zu depressiven Phasen oder gar Suizidgedanken, selbst wenn vollzogene Suizide eher selten sind (Vaknin, 2001).

Junge Menschen, die von einer solchen Störung betroffen sind, glauben auf extreme Art und Weise etwas Besonderes zu sein. Sie geben an und erfinden häufig mühelos Geschichten über großartige Fähigkeiten und Leistungen. Dies geschieht oft so überzeugend, dass Außenstehende (die um die Fakten wissen, die Situationen aber nicht miterlebt haben) sich fragen, ob sie vielleicht etwas falsch verstanden haben oder es sich vielleicht um eine ganz andere Situation handeln könnte. Ähnlich leicht werden auch Misserfolge – und damit auch das Infragestellen ihres ohnehin instabilen Selbstwertgefühls – verheimlicht und durch konstruierte Erklärungen und Lügen vertuscht. Oft sind diese Kinder und Jugendlichen zwischendurch ganz in ihrem eigenen Gebäude von Allmachtsfantasien und in der Faszination ihrer eigenen Großartigkeit gefangen und haben den Kontakt zu einer realistischen Einschätzung ihrer Fähigkeiten verloren.

Kinder und Jugendliche mit einer Narzisstischen Persönlichkeitsentwicklungsstörung legen anderen gegenüber arrogante und überhebliche Verhaltensweisen an den Tag und haben übertriebene Ansprüche. Immer wieder fordern sie, dass auf ihre eigenen Anschauungen und Wahrnehmungsversionen, so unlogisch sie auch sind, unbedingt und akzeptierend eingegangen werden soll. Sie verlangen eine bevorzugte Behandlung und das automatische Eingehen auf die eigenen Erwartungen, ungeachtet dessen, was dies für andere bedeutet. Dies geht soweit, dass sie z.B. erwarten, auch ohne Leistungen als überlegen anerkannt zu werden, oder dass sie sich nur von besonderen Personen (z.B. vom Leiter der Einrichtung) verstanden fühlen und nur diese für würdig halten, ihr Ansprechpartner zu sein. Leistungen anderer werden dabei häufig schon vorsorglich abgewertet, damit ihre eigenen Kompetenzen nicht in Gefahr geraten. Werden die Ansprüche dieser Kinder und Jugendlichen nicht erfüllt oder ihre Ansichten nicht übernommen, so können sie dies kaum fassen, geraten dann schnell in Rage und neigen dazu, andere abzuwerten oder als verachtenswert darzustellen. Eltern, Erzieher und Lehrer müssen sich dann häufig üble Beschimpfungen und Aussprüche (z.B. »Sie haben mir überhaupt nichts zu sagen.« o.ä.) anhören.

Diesen Kindern und Jugendlichen mangelt es außerdem meistens an Einfühlungsvermögen und sie haben Schwierigkeiten, die Bedürfnisse, Wünsche oder Gefühle anderer zu erkennen. Es ist davon auszugehen, dass sie sich hier nicht nur so anstellen, weil sie dadurch Vorteile erreichen können, sondern dass ihnen hierzu Voraussetzungen fehlen. Unter anderem zeigt sich das mangelnde Einfühlungsvermögen darin, dass sie wenig Geduld für die Probleme und Angelegenheiten anderer aufbringen. Gehen sie Beziehungen mit anderen Menschen ein, so sind diese häufig nutzenorientiert und dienen dazu, eigene Absichten zu erfüllen oder das eigene Selbstwertgefühl zu stärken. Zwischenmenschliche Beziehungen haben die Unterstreichung der eigenen Großartigkeit zum Ziel und dauern nur so lange, wie der andere ihnen uneingeschränkte Beachtung und Bewunderung entgegen bringt. Auch hier haben diese jungen Menschen keine Schwierigkeiten, zu lügen oder Geschichten zu erfinden, wenn dies dazu dient, weiterhin vom anderen als »großartig« angesehen zu werden. Immer wieder besteht die Gefahr, von ihnen ausgenützt zu werden, wovor sich insbesondere Eltern dieser Kinder und Jugendlichen immer wieder schützen müssen.

Werden diese Kindern und Jugendlichen nicht bewundert, so wollen sie wenigstens gefürchtet werden und damit ebenfalls eine Sonderrolle einnehmen. Geschwisterkinder und Gleichaltrige erleben und fürchten z.B. häufig ihren großen Neid und manchmal auch Sadismus, der von ihnen oftmals als traumatisierend erlebt wird. Inzwischen gibt es wissenschaftliche Bestrebungen und erste Forschungsergebnisse, die z.B. einen Zusammenhang zwischen dem sog. Bullying-Verhalten, d.h. dem Quälen und Terrorisieren von meist körperlich schwächeren Mitschülern, und Narzisstischen Persönlichkeitszügen sehen (UK National Workplace Bullying Advice Line, 2002). Dies unterstreicht auch den offensichtlichen Zusammenhang zwischen narzisstischen und antisozialen Persönlichkeitszügen.

Kapitel 5.3 im Überblick

Narzisstische Persönlichkeitsentwicklungsstörung

Kinder und Jugendliche, die ein großes Bedürfnis nach Aufmerksamkeit und Bewunderung haben, die glauben, etwas Besonderes zu sein, und die manchmal extrem überempfindlich und verletzlich auf selbst kleine Misserfolge, Misserfolgserwartungen oder Infragestellen durch andere Personen reagieren

Typisches Erscheinungsbild

- Großes Verlangen nach ständiger Aufmerksamkeit und Bewunderung
- Glaube, etwas Besonderes oder Einzigartiges zu sein (Grandioses Selbst)
- Angeben und Erfinden von Geschichten großartiger Fähigkeiten und Leistungen
- Arrogante, überhebliche und anmaßende Verhaltensweisen oder Haltungen
- Wiederholtes Überwältigtwerden von Fantasien der eigenen Großartigkeit und Verlust des Kontakts zur Realität bzw. zu den tatsächlichen, eigenen Fähigkeiten
- Instabiles Selbstwertgefühl, gestörtes Selbstwerterleben
- Erhalt der eigenen Grandiosität und des aufgeblähten Selbstwertgefühls durch Abwehrstrategien (insb. Spaltung, Verleugnung, omnipotente Kontrolle, Abwertung: z.B. »Nicht ich habe Schwierigkeiten mit dem Schulfach, sondern dieses Fach ist doch schwachsinnig und der Lehrer taugt nichts«)
- Keine Freude am Lernen, Probleme mit neuen Fächern, funktionale Lernstörungen
- Übermäßige Verletzlichkeit bei selbst kleinen Misserfolgen, Misserfolgserwartungen und Infragestellung durch andere, Angst vor Verlieren beim strukturierten Spiel
- Ausschalten/Abschalten verbaler Interventionen, auch gegenüber Eltern oder Therapeuten
- Verstimmung und Depression nach Zusammenbruch der Größenvorstellung
- Vertuschen von Misserfolgen durch konstruierte Erklärungen und Lügen
- Erwartung, auch ohne Leistungen als überlegen anerkannt zu werden
- Unangemessene Forderungen, übertriebene Ansprüche an eine bevorzugte Behandlung oder automatisches Eingehen auf die eigenen Erwartungen, ungeachtet dessen, was dies für andere bedeutet
- Forderung, dass auf die eigenen Anschauungen und Wahrnehmungsversionen, so unlogisch sie auch sind, unbedingt und akzeptierend eingegangen wird
- Nicht-Fassen-Können oder Wutausbrüche, Abwertung, Scham, wenn Erwartungen nicht erfüllt oder Ansichten nicht übernommen werden
- Sich nur von besonderen Personen verstanden fühlen, sich auf diese berufen und nur sie für würdig halten, Ansprechpartner zu sein
- Abwertung der Leistungen anderer
- Ausbeuterisch in zwischenmenschlichen Beziehungen (auch der Eltern oder eines Elternteils)
- Eingehen von Beziehungen nur, wenn die andere Person ihren Absichten dient oder aber ihr Selbstwertgefühl stärkt
- Mangel an Einfühlungsvermögen, Schwierigkeiten, die Bedürfnisse, Wünsche oder Gefühle anderer zu erkennen
- Wenig Geduld für die Probleme und Angelegenheiten anderer

5.4 Schizoide Persönlichkeitsentwicklungsstörungen

Jürgen S. 299, Jakob S. 303

Bei der Betrachtung der Schizoiden Persönlichkeitsentwicklungsstörung ergibt sich in der Fachliteratur ein etwas verwirrendes Bild. Häufig wird das Asperger-Syndrom wie z.B. im ICD-10 oder im Multiaxialen Klassifikationssystem (Remschmidt et al., 2001) als Schizoide Störung des Kindesalters bezeichnet. Umgekehrt wird jedoch gefordert, dass bei der Diagnosestellung für eine Schizoide Persönlichkeits(entwicklungs)störung das Asperger-Syndrom (bzw. die Schizoide Störung des Kindesalters) auszuschließen sei. Betrachtet man dann die klinischen Bilder, so sind zwischen Asperger-Syndrom und Schizoider Persönlichkeitsstörung viele Ähnlichkeiten beobachtbar, sodass man sich die Frage stellen kann, ob eine Unterscheidung klinisch überhaupt sinnvoll ist.

Kinder und Jugendliche mit Schizoiden Persönlichkeitsentwicklungsstörungen fallen besonders durch ihr einzelgängerisches Verhalten auf. Sie sind lieber allein als in Gesellschaft anderer, haben wenig Interesse an gemeinsamen Unternehmungen und fühlen sich häufig sogar unwohl, wenn andere Menschen um sie herum sind. Die Zugehörigkeit zur Familie oder einer Gruppe Gleichaltriger, wie dies gerade im Laufe der Pubertät bzw. in der Adoleszenz üblich ist, bereitet ihnen wenig Freude und es fällt ihnen häufig auch schwer, einen engeren Kontakt zu anderen, insbesondere zu Gleichaltrigen, zu halten. Dementsprechend haben diese jungen Menschen auch eher keine oder nur selten engere Freunde und Vertraute außerhalb der Familie. Sie finden jedoch manchmal Gleichgesinnte auf niedrigem oder wenig kultiviertem Niveau oder aber im Kreis anderer »Sonderlinge«.

Sie lehnen es häufig regelrecht ab, Teil der Familie zu sein und familiären Bindungen oder Bedürfnissen verpflichtet zu sein, ein Verhalten, das Eltern ganz besonders schmerzlich trifft. Sie führen häufig eher ein Leben in Zurückgezogenheit oder in sozialer Isolation und geraten damit auch in die Vereinsamung. Allerdings scheint ihnen dies (im Unterschied zu Menschen mit Asperger-Syndrom) eher recht zu sein. Versuche, sie in eine Gruppe zu integrieren, erleben sie oft als anmaßende Einmischung in ihre Privatsphäre und dementsprechend setzen sie sich zur Wehr. Überraschend ist manchmal festzustellen, dass ein Jugendlicher mit dieser Eigenart freundlich auf ein Kleinkind zugehen kann oder dass er zu älteren Jugendlichen z.B. über ein Hobby oder bestimmte Sonderinteressen Zugang findet. Hierbei bzw. auf dieser gemeinsamen Plattform klappt dann u.U. die Kommunikation, die sonst nicht sichtbar wird. Kommunikation oder Kommunikationsbedürfnisse kommen aber oftmals auch in sehr ungewöhnlicher Weise zum Ausdruck. So pflegte ein 16-Jähriger beim Vorbeigehen an bestimmten Personen nicht etwa zu sagen, »ich mag Sie« oder »ich möchte ihre Aufmerksamkeit«, sondern »Sie stinken« oder »ich bring Sie um«.

Diese Kinder und Jugendlichen finden, wenn überhaupt, nur an wenigen Tätigkeiten Gefallen oder können dabei nur selten Freude empfinden. Aktivitäten in Schule und Freizeit, die sie am ehesten ansprechen, zeichnen sich dadurch aus, dass sie allein und nicht zusammen mit anderen ausgeübt werden können oder brauchen. Dazu gehören vielfach auch technische oder abstrakte Aufgaben wie Computerspiele oder Mathematik. Hier können sie – auch in der Schule – ganz beachtliche Leistungen erbringen. Hingegen brechen ihre Leistungen häufig dann ein, wenn die Zusammenarbeit mit anderen erforderlich ist. Auch wenn sie dem sozialen Kontext, wie z.B. bei einem Schullandheimaufenthalt, nicht zu »entkommen« vermögen, können sie regelrecht in Panik geraten. Hierin liegt eine maßgebliche Beeinträchtigung für die schulische und später für die berufliche Entwicklung. Bei der Berufswahl muss mit dem Jugendlichen mit schizoider Persönlichkeitsentwicklungsstörung darauf hingearbeitet werden, diese Eigenarten zu akzeptieren und bei der Berufswahl zu berücksichtigen.

Auch im Bereich der Gefühle haben diese Kinder und Jugendlichen oft unter großen Einschränkungen zu leiden. Nach außen wirken sie vielfach gefühlsarm oder gar gefühlskalt und oberflächlich, vor allem deswegen, weil sie Gefühle kaum empfinden, zeigen und noch weniger ausdrücken können. Dabei ist es unerheblich, ob es sich um positive oder negative Gefühle handelt – sie erleben diese nur begrenzt. Deswegen sind sie auch nur selten in der Lage zuzugeben, dass sie selbst unter ihrer Situation leiden. Im Gegenteil, oft bestehen sie darauf, dass ihre Art zu leben und Regeln oder soziale Konventionen zu missachten, von den Mitmenschen zu respektieren sei. Sie vermögen sich nicht vorzustellen, was dies für andere (z.B. Angehörige oder Mitschüler) bedeutet. Entsprechend haben sie große Schwierigkeiten, auf Situationen passend zu reagieren. Sowohl die Art der Gefühle bzw. die Art ihrer Reaktionen als auch die Intensität ihrer Gefühlsreaktionen werden häufig als situationsunangemessen erlebt. Ähnlich können auch Lob und Kritik an ihnen abprallen. Häufig wirken sie in sozialen Situationen unbeholfen und tölpelhaft.

Kinder und Jugendliche mit Schizoiden Persönlichkeitsentwicklungsstörungen leiden besonders unter der Schwierigkeit, dass sie soziale Signale übersehen oder nur schwer adäquat auf diese reagieren können. So erwidern sie beispielsweise selten Gesten oder Gesichtsausdrücke und lächeln z.B. selten zurück. Die Feinheiten des gesellschaftlichen Zusammenlebens und Umgangs nehmen sie vielfach gar nicht voll wahr. So haben sie wenig Gespür für Normen, soziale Regeln und Konventionen. Man hat das Gefühl, dass sie diese eher aus Versehen befolgen. Ihnen ist zumindest teilweise egal, was andere von ihnen denken und dementsprechend schwer fällt es ihnen, durch Lob oder Kritik von Eltern, Lehrern oder Erziehern zu lernen. Auch scheinen sie sich ebenso wenig dafür zu interessieren, wie man mit anderen besser auskommen könnte.

Es ist zu vermuten, dass diesen Kindern und Jugendlichen im zwischenmenschlichen Bereich – auch hirnorganisch – Voraussetzungen fehlen, die ihnen den Umgang mit anderen Menschen dementsprechend erschweren. Kein Wunder, dass sie oft in der Schule anecken und von anderen aufgrund ihrer Andersartigkeit gehänselt werden. Die Überforderung in solchen Situationen erzeugt bei diesen Kindern und Jugendlichen auch Angst, der sie mit sozialem Rückzug, Misstrauen gegenüber der Umwelt und mit Meiden von ungewohnten Situationen und fremden Menschen begegnen. Schon durch die Einforderung zwischenmenschlicher Kontakte (z.B. in Form gemeinsamen Essens im Familienkreis) oder die Bitte um gefühlsmäßige Rückmeldung fühlen sie sich oft erheblich »genervt«.

Die Rückzugstendenzen können sich bei Kindern und Jugendlichen mit Schizoider Persönlichkeitsentwicklungsstörung in einer übermäßigen Vorliebe für Fantasie zeigen und damit auch für Lesestoffe oder Filme, die ihrer Fantasie Nahrung geben. Missachten sie dabei auch soziale Konventionen, so kann dies bedeuten, dass sie bis spät in die Nacht hinein mit ihrem Lesestoff oder bestimmten Computerspielen vehement ein Eigenleben fordern, ohne an die Anforderungen des nächsten Tages erinnert werden zu wollen. Unter Umständen kann dies soweit führen, dass ein junger Mensch den Weg gar nicht mehr aus seinem Zimmer findet bzw. sich dort verbarrikadiert. Solche Tendenzen eskalieren insbesondere in Krisenzeiten. Fiedler (2003) spricht bei Erwachsenen sogar von »selbstauferlegter Isolationsfolter«, bei der das Internet häufig als einziger und für den Betreffenden auch ausreichender sozialer Kontakt zur Außenwelt dient. Auch gewünschte oder notwendige Rücksichtnahmen wie z.B. das Vermeiden von Lärm (z.B. Duschen, Türenklappern, vom Computer ausgelöste Geräusche etc.) zu einer Zeit, wo Mitbewohner sich gestört fühlen, stoßen u.U. auf Entrüstung. Oft sind diese Jugendlichen auch abergläubisch und neigen zu magischen Überzeugungen. Entsprechend drückt sich dies auch in eigentümlichen Behauptungen und Verhaltensweisen aus. Unter großen Stressbelastungen können sie sogar in kurze psychotische Episoden geraten.

Kapitel 5.4 im Überblick

Schizoide Persönlichkeitsentwicklungsstörung

Kinder und Jugendliche, die nur wenig Interesse an anderen Menschen haben, sich als Außenseiter wohlfühlen und nur schwer Gefühle ausdrücken können

Typisches Erscheinungsbild

- Wenig Interesse an anderen Menschen, Einzelgängertum, soziale Angst (Gefahr, gehänselt zu werden)
- Schwierigkeiten, soziale Signale zu entschlüsseln und zwischenmenschliche Nuancen wahrzunehmen
- Eingeschränkte Fähigkeit zur Empathie, Rollen- und Perspektivenübernahme
- Beeinträchtigung der Beziehungsfähigkeit, oft seltsame stereotyp wiederholte Verhaltensweisen
- Nur wenig Tätigkeiten bereiten Freude. Verfolgt nur besondere bzw. enggefasste Interessen oder auch Fixierung auf einen Interessenbereich
- Tut sich schwer, sich an einem interaktiven Spiel zu beteiligen
- Bevorzugung von Aktivitäten, die alleine durchzuführen sind (spielt z.B. lieber alleine oder beschäftigt sich gerne allein mit dem Computer)
- Schwierigkeiten, die eigenen Gefühle zu zeigen; eingeschränkte Bandbreite beim Gefühlsausdruck, emotional kühl und distanziert
- Wenig Interesse an Lob und Kritik und Schwierigkeiten, diese annehmen zu können
- Nur spärliche Beziehungen zu Gleichaltrigen (besucht selten andere Kinder/Jugendliche und kriegt auch selten Besuch), verlässt sich lieber auf sich selbst
- Eher keine oder nur selten engere Freunde und Vertraute außerhalb der Familie, dafür aber Zusammenschluss mit Gleichgesinnten auf niedrigem oder wenig kultiviertem Niveau oder im Kreis anderer »Sonderlinge«
- Seltsame oder ungewöhnliche Kommunikationsstile
- Denken ist durch Fantasie und Introvertiertheit geprägt
- Wenig Gespür für geltende soziale Normen und Regeln. Wenn sie nicht befolgt werden, so geschieht das eher unabsichtlich oder aufgrund einer privaten nicht der Allgemeinheit entsprechenden Logik. Tendenz zu unangemessenem Handeln
- Identitätsprobleme und Einsatz primitiver Abwehrmechanismen (ähnlich der Emotional-instabilen Persönlichkeitsentwicklungsstörung)
- Gesteigerte Empfindlichkeit, manchmal von paranoiden Ideen begleitet

5.5 Störungen der Persönlichkeitsentwicklung als Folge anderer (schwerer) psychischer Störungen? – Am Beispiel des Aufmerksamkeitsdefizit-/Hyperaktivitäts-Syndroms

Es soll hier noch ein weiterer Aspekt dargestellt werden, der für die praktische Arbeit von wesentlicher Bedeutung ist. Wie bereits beschrieben treten Persönlichkeitsentwicklungsstörungen meistens im Zusammenhang mit anderen Störungsbildern auf, sodass oft kaum zu differenzieren ist, welche Störung im Vordergrund steht bzw. welche eher als komorbide Störung angesehen werden kann. Wir wollen uns deswegen hier, anhand eines der gängigsten Störungsbilder – des Aufmerksamkeitsdefizit-/Hyperaktivitäts-Syndroms (AD(H)S)[2], mit der Frage beschäftigen, wie die Zusammenhänge zwischen den verschiedenen Störungsbildern aussehen könnten. Sind etwa Störungen der Persönlichkeitsentwicklung Folge einer gescheiterten Hilfemaßnahme bei einem anderen Störungsbild, also z.B. einer schweren Aufmerksamkeitsstörung? Oder ist ein schweres AD(H)S nur eine Facette eines vielgesichtigen, schillernden Erscheinungsbildes einer Persönlichkeitsentwicklungsstörung?

5.5.1 Erscheinungsbild des Aufmerksamkeitsdefizit-/Hyperaktivitäts-Syndrom

Bevor wir auf diese Fragen eingehen, wollen wir einen kurzen Blick auf die Erscheinungsweise von AD(H)S im Kindes- und Jugendalter werfen. Diese Darstellung erfolgt hier nur skizzenhaft, da dieses Störungsbild den meisten Lesern bekannt sein dürfte und andere Autoren und Experten es in vielen Publikationen bereits sehr intensiv geschildert haben (siehe z.B. Amft, Gerspach & Mattner, 2002; Wender, 2002; Döpfner, Schürmann & Frölich, 1997 bzw. für Eltern: Neuhaus & Scheible, 2002; Neuhaus, 2001; Lauth, Schlottke & Naumann, 2001; Döpfner, Schürmann & Frölich, 2000).

Sicherlich beschäftigen sich nahezu alle Erziehungsberatungsstellen, Kinder- und Jugendlichentherapeuten, kinderärztliche und kinder- und jugendpsychiatrische Praxen und Kliniken, aber natürlich auch zahlreiche Eltern und Eltern-Selbsthilfegruppen wie auch Lehrer intensiv mit dem Störungsbild AD(H)S. Denn diese Problemkonstellation gehört zu den sog. externalisierenden Störungen, d.h. zu den Problembildern, die sich am lautstärksten bemerkbar machen und allen Beteiligten meist vielfältige Sorgen bereiten. Wie leidvoll sich diese Problematik auf Eltern und Lehrer und auch für das Kind selbst auswirken kann, ist ebenfalls bekannt.

Von AD(H)S sind deutlich mehr Jungen als Mädchen betroffen (DSM-IV). Als Leitsymptome gelten Aufmerksamkeitsmangel, Hyperaktivität, und Impulsivität

2 Im Folgenden der Einfachheit halber AD(H)S genannt. Dabei umfasst die Abkürzung sowohl reine Aufmerksamkeitsstörungen ohne Hyperaktivität (ADS) als auch solche mit Hyperaktivität (ADHS).

zusammen mit emotionaler Instabilität, Störungen des Sozialverhaltens wie oppositionelles oder aggressives Verhalten (DSM-IV, ICD-10).

- *Unaufmerksamkeit*
  Kinder und Jugendliche mit AD(H)S haben beispielsweise Schwierigkeiten, bei Aufgaben oder beim Spielen bei der Sache zu bleiben, Tätigkeiten zu organisieren, Erklärungen zu folgen und ihre Pflichten (z.B. Schularbeiten) zu erfüllen. Sie sind leicht ablenkbar und übersehen oft Details, sind oft vergesslich, hören (zumindest scheinbar) nicht, wenn man ihnen etwas sagt und vermeiden für sie unangenehme Tätigkeiten.
- *Hyperaktivität*
  Viele Kinder/Jugendliche mit AD(H)S sind zudem außerordentlich unruhig und werden von anderen als »Zappelphilipp« erlebt. Sie können nicht still sitzen, laufen oder klettern bei unpassender Gelegenheit herum, reden viel und sind laut. Oder sie spielen nervös an Gegenständen herum, trommeln mit den Fingern auf den Tisch oder wackeln mit Füßen und Beinen.
- *Impulsivität*
  Oft lässt sich zudem beobachten, dass diese Kinder/Jugendlichen mit Antworten herausplatzen, andere unterbrechen und stören und nur schwer warten können, z.B. bis sie an der Reihe sind. Ihr Verhalten zeichnet sich durch Ungeduld aus und durch die Schwierigkeit, Reaktionen zurückzuhalten. Dazu gehört auch, dass Handlungen ausgeführt werden, ohne auf die Folgen zu achten (also z.B. wildes Fahrradfahren, ohne sich der Gefahr eines Sturzes bewusst zu sein). Dies führt häufig zu Unfällen.

Nicht alle Kinder/Jugendlichen zeigen Auffälligkeiten in allen drei Bereichen. Deswegen gibt es in den Klassifikationssystemen ICD-10 und DSM-IV die Möglichkeit, verschiedene Untertypen zu spezifizieren, also z.B. eine einfache Aktivitäts- und Aufmerksamkeitsstörung (mit eher geringfügiger Hyperaktivität) (ICD-10), eine Aufmerksamkeitsdefizit/Hyperaktivitätsstörung: Vorwiegend Hyperaktiv-impulsiver Typus (DSM-IV) oder eine Mischform.

Zur typischen AD(H)S-Symptomatik kommen dann häufig begleitend noch Störungen des Sozialverhaltens, Stimmungsschwankungen, Wutausbrüche, Herrschsucht und meist auch große Probleme, sich in Gruppen Gleichaltriger zu integrieren (DSM-IV).

5.5.2 Ähnlichkeiten und Zusammenhänge zwischen AD(H)S und Persönlichkeitsentwicklungsstörungen in der Praxis

An anderer Stelle wurde bereits ausgeführt, dass Persönlichkeitsstörungen und Persönlichkeitsentwicklungsstörungen in der Regel nicht einzeln bzw. in reiner Form, sondern häufig in Überschneidungsformen mit anderen Persönlichkeitsentwicklungsstörungen auftreten und dass sie ebenso häufig auch zusammen mit anderen Störungsformen wie z.B. mit Teilleistungsstörungen oder AD(H)S auftreten. Umgekehrt fordern z.B. die Leitlinien der Deutschen Gesellschaft für Kinder- und Jugendpsychiatrie und -psychotherapie zur Diagnostik und Therapie von psychischen Störungen im Säuglings-, Kindes- und Jugendalter (Deutsche Gesellschaft für Kinder- und Jugendpsychiatrie und -psychotherapie, 2000), dass eine Borderline-Störung ausgeschlossen werden sollte, bevor eine hyperkinetische Störung diagnostiziert wird. Dies legt nahe, dass AD(H)S im Zusammenhang mit einer Borderline-Störung zumindest bei Jugendlichen offenbar nicht selten ist. Verschiedene Studien konnten zudem bei (manchen) erwachsenen Patienten mit Borderline-Persönlichkeitsstörung ebenfalls AD(H)S-Symptome nachweisen (Andrulonis, Glueck & Stroebel, 1980; Sponsel, 2002). Außerdem beschreibt das DSM-IV den Zusammenhang zwischen schweren Aufmerksamkeitsstörungen und späteren antisozialen Persönlichkeitsstörungen.

Ferner finden sich zwischen AD(H)S und Persönlichkeitsentwicklungsstörungen eine Vielzahl von Ähnlichkeiten (zum Vergleich siehe Neuhaus, 2001, Neuhaus & Scheible, 2002). Zum Erscheinungsbild von chronifiziertem AD(H)S zusammen mit impulsivem, oppositionellem/widersetzlichem oder aggressivem Problemverhalten gehören eine Reihe von Merkmalen, auf die wir auch bei Persönlichkeitsentwicklungsstörungen stoßen. Dazu gehören die lange Dauer der Störungen mit Auswirkungen in mehreren Lebensbereichen (insbesondere in Familie und Schule), die Dysfunktionalität des Problemverhaltens, die teilweise schwer nachvollziehbaren, von der gesellschaftlichen Norm abweichende Verhaltens- und Handlungsmuster, die Unflexibilität gegenüber neuen Situationen und Anforderungen, die Verleugnung der eigenen Probleme und die Zurückweisung von therapeutischen Hilfen (oft auch z.B. medikamentöser Unterstützung). Die begleitende starke Impulsivität oder Aggressivität beeinträchtigt das Sozialverhalten erheblich und birgt außerordentliche Risiken für die soziale Integration und auch die Persönlichkeitsentwicklung. Das Spektrum der AD(H)S-Diagnosen ist ähnlich weitläufig wie bei Persönlichkeitsentwicklungsstörungen und analog muss jeder AD(H)S-Einzelfall deswegen sehr differenziert betrachtet werden.

Auch was die Entstehungsbedingungen, den Entwicklungsverlauf oder aber auch die Therapieerschwernisse angeht, finden sich eine Reihe von Überschneidungen zwischen AD(H)S und Persönlichkeitsentwicklungsstörungen. Auch bei AD(H)S gibt es beispielsweise eine Gruppe von Störungen, die sich auch bei multimodaler Behandlung bzw. bei kombinierten Behandlungsstrategien als äußerst hartnäckig erweisen und die starke Tendenz haben, sich im Vorschulter beginnend über das Grundschulter bis zur Adoleszenz bzw. bis ins Erwachsenenalter fortzusetzen und sich in diesem Zeitraum natürlich auch immer mehr zu verfestigen. Es handelt sich dabei um die Kinder und Jugendlichen, bei denen Störungen der Impulsivität, des Sozialverhaltens bzw. oppositioneller und aggressiver Art das Erscheinungsbild des AD(H)S maßgeblich mitbestimmen. Vor allem bei schweren Ausprägungen wird die Symptomatik ähnlich wie bei Persönlichkeitsentwicklungsstörungen als vielfältig und in ihren Problemverflechtungen schwer nachvollziehbar und durchschaubar erlebt. Auch hier geraten Angehörige und professionell Beteiligte an ihre Grenzen und erleben sich hilflos, weil sich auch bei diesen Störungsbildern viele Hoffnungen auf therapeutische Erfolge offensichtlich nicht in ausreichendem Maße erfüllen.

Es ergibt sich noch eine weitere Parallele. Die AD(H)S-Experten (Miller, Kuschel & Hahlweg, 2002) setzen bei dieser Gruppe von Kindern/Jugendlichen vor allem auf die Prävention und plädieren dafür, dass diese bereits im Vorschulalter einsetzt, weil man in diesem Entwicklungsstadium die größten Erfolgschancen sieht. Und selbst für diese frühe Entwicklungsphase sind Therapieerfolge am ehesten bei multimodaler Vorgehensweise zu erwarten (Miller et al., 2002; Döpfner & Lehmkuhl, 2002a). Das heißt, es wird dringend empfohlen verhaltenstherapeutische Interventionen (u.E. auch andere spezifisch angepasste psychotherapeutische Methoden), Eltern- oder Erziehertraining und evtl. medikamentöse Unterstützung zu kombinieren. Letztlich läuft dies im späteren Kindes- und erst recht im Jugendalter auch auf ein mehrdimensionales Hilfekonzept hinaus, das wir auch für Persönlichkeitsentwicklungsstörungen vorschlagen und später in seinen Umrissen beschreiben werden.

5.5.3 AD(H)S und Persönlichkeitsentwicklungsstörungen – Mögliche ursächliche Zusammenhänge

Wenn sich also gerade bei komplexeren Problemkonstellationen immer wieder Ähnlichkeiten und Zusammenhänge zwischen AD(H)S und Persönlichkeitsentwicklungsstörungen feststellen lassen, stellt sich allerdings die Frage, in welcher Form diese Störungsbilder zusammenhängen könnten. Denkbar wären hier verschiedene Möglichkeiten (Sponsel, 2002a):

1. Die bei den Kindern und Jugendlichen beobachtete Problemkonstellation hat sich aus einem *AD(H)S* ***und*** *Persönlichkeitsentwicklungsstörungen* entwickelt.
2. Die Problemkonstellation hat sich aus einem schweren AD(H)S entwickelt und die *Störung der Persönlichkeitsentwicklung ist Begleiterscheinung oder Folge des AD(H)S*
3. Die Problemkonstellation hat sich aus einer Persönlichkeitsentwicklungsstörung entwickelt und das *AD(H)S ist ein Aspekt des komplexen Störungsbildes (also der Persönlichkeitsentwicklungsstörung)*
4. Die Problemkonstellation hat sich aus einer *gemeinsamen Grundstörung* entwickelt (z.B. eine neurologische Beeinträchtigung), die sich sowohl als AD(H)S als auch als Persönlichkeitsentwicklungsstörung zeigt.

Bei leichteren Formen von AD(H)S stellt sich diese Frage meist nicht, weil sich schwerwiegende Beeinträchtigungen der Persönlichkeitsentwicklung (noch) nicht eingestellt haben. Dass diese Frage aber bei komplexen Problemkonstellationen nicht unwichtig und im Einzelfall ganz individuell zu klären ist, wird spätestens dann deutlich, wenn therapeutisch-pädagogische Handlungsansätze geplant werden sollen. Je nach Arbeitshypothese empfehlen sich unterschiedliche Vorgehensweisen, selbst wenn bei allen Störungskonstellationen eine multimodale Therapie angezeigt ist (Deutsche Gesellschaft für Kinder- und Jugendpsychiatrie und – psychotherapie, 2000).

Dies lässt sich an einem Beispiel verdeutlichen: Bei Kindern und Jugendlichen mit AD(H)S wird davon ausgegangen, dass Selbststeuerungsfähigkeiten nicht ausreichend entwickelt sind und dass ihnen diese – meist neben einer medikamentösen Behandlung z.B. mit Methylphenidat[3] – beispielsweise durch ein Selbstinstruktionstraining erst einmal vermittelt werden sollten (Deutsche Gesellschaft für Kinder- und Jugendpsychiatrie und -psychotherapie, 2000). Bei Kindern und Jugendlichen mit Emotional-instabiler Persönlichkeitsentwicklungsstörungen kann hingegen davon ausgegangen werden, dass sie durchaus über soziale Kompetenzen und Selbststeuerungsfähigkeiten verfügen. Sie können diese aber aufgrund

3 Gängiger Handelsname: Ritalin oder neuerdings auch Medikinet, Equasym oder Concerta

ihrer emotionalen Verfassung häufig nicht mehr einsetzen. Dementsprechend gilt es bei diesen Kindern/Jugendlichen, dafür zu sorgen, dass sie gar nicht erst in emotionale Ausnahmezustände geraten, beispielsweise in dem man versucht, Stressoren und damit Stress zu reduzieren. Hier kann eine medikamentöse Unterstützung ebenfalls sinnvoll sein – eine Vermittlung von Selbststeuerungsfähigkeiten wäre jedoch kaum erfolgversprechend.

Im Übrigen haben wir bei Kindern/Jugendlichen mit eher milder AD(H)S-Symptomatik aber deutlich ausgeprägter Persönlichkeitsentwicklungsstörung in Einzelfällen die Erfahrung gemacht, dass diese nicht nur gut auf eine Behandlung mit Methylphenidat ansprechen, sondern dass sich auch ihre sozialen Schwierigkeiten deutlich verbessern ließen.

5.5.4 Exkurs: Das Spektrum psychischer Gesundheit bei Kindern und Jugendlichen

Zum besseren Verständnis und zur Veranschaulichung wollen wir noch kurz den Fokus auf das Häufigkeitsspektrum psychischer Gesundheit bei Kindern und Jugendlichen legen. Stellt man sich das Häufigkeitsspektrum psychischer Gesundheit bei Kindern und Jugendlichen als Gaußsche Normalverteilung vor (wovon wir ausgehen), so lassen sich folgende Unterteilungen vornehmen[4] (siehe Abb. 5.5.1):

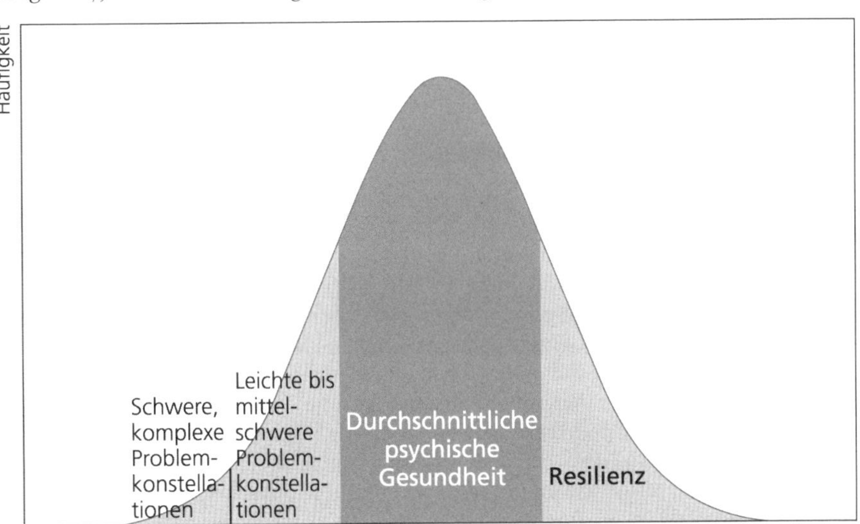

Abbildung 5.5.1 Häufigkeitsspektrum der psychischen Gesundheit bei Kindern und Jugendlichen

4 Dies dient lediglich als Verständnisgrundlage, um die oben aufgeworfenen Fragen besser beantworten zu können, ohne jedoch strengen wissenschaftlichen Ansprüchen zu genügen. Die tatsächlichen Prozentverteilungen sind dafür letztlich unerheblich.

1. *Resiliente Kinder/Jugendliche*: Diese Kinder/Jugendlichen gelten hinsichtlich psychischer Störungen als überdurchschnittlich widerstandsfähig. Ihr Risiko, eine psychische Störung zu entwickeln, liegt deutlich unter dem Durchschnitt.
2. *Psychisch gesunde Kinder/Jugendliche*: Der prozentual größte Anteil aller Kinder/Jugendlichen liegt hinsichtlich der psychischen Gesundheit im durchschnittlichen Bereich.
3. *Kinder/Jugendliche mit leichten bis mittelschweren Problemkonstellationen*: Ihre psychische Gesundheit ist gefährdet oder sogar schon beeinträchtigt. Zu ihnen gehören beispielsweise Kinder und Jugendliche mit leichten depressiven Störungen, Angststörungen, Bindungsstörungen oder auch AD(H)S und Störungen des Sozialverhaltens, die häufig noch ambulant behandelt werden können.
4. *Kinder/Jugendliche mit komplexen Problemkonstellationen*: Dabei handelt es sich nur um einen kleinen Prozentsatz aller Kinder/Jugendlichen. Sie finden sich jedoch insbesondere in Einrichtungen der Jugendhilfe. Zu dieser Gruppe zählen sicherlich Kinder/Jugendliche mit autistischen Störungen, schweren Störungen des Sozialverhaltens, schwerem AD(H)S und Persönlichkeitsentwicklungsstörungen. Immer wieder finden sich hier Überschneidungen verschiedener Störungsbilder und oft ist kaum noch zu unterscheiden, mit welchem Störungsbild man es eigentlich bzw. tatsächlich zu tun hat.

5.5.5 Zusammenhänge zwischen AD(H)S und Persönlichkeitsentwicklungsstörungen – Ein Erklärungsversuch

Kinder und Jugendliche mit komplexen und chronifizierten AD(H)S

Zuerst wollen wir uns aus der Gruppe von Kindern/Jugendlichen mit komplexen Problemkonstellationen diejenigen Kinder/Jugendlichen mit schwerem, chronifizierten AD(H)S näher anschauen. Diese besonders schwierigen Problemkonstellationen werden vielfach von Anfang an fälschlich als (reines) AD(H)S eingestuft, obwohl die Diagnosestellung einer Persönlichkeitsentwicklungsstörung dagegen für die Hilfeplanung meist wesentlich spezifischere Handlungsleitlinien bietet (Beispielsweise unterscheiden sich natürlich auch die Hilfemaßnahmen für ein AD(H)S mit Emotional-instabiler Persönlichkeitsentwicklungsstörung ganz wesentlich von denen eines AD(H)S mit antisozialen Tendenzen).

Berücksichtigt man, dass die nicht-AD(H)S-spezifischen Problemverhalten oft schon ganz früh (d.h. schon im oder vor dem Kindergartenalter) beobachtet wurden, liegt es nahe, anzunehmen, dass *beide Störungsbilder bereits von Anfang an vorhanden* sind oder dass es sich bei diesen Problemkonstellationen eher um *Persönlichkeitsentwicklungsstörungen mit begleitender AD(H)S-Symptomatik* oder aber um *Folgeerscheinungen einer gemeinsamen Basisstörung* (z.B. neurologische Fehlregulationen oder Auswirkungen des Temperamentsfaktors Impulsivität) handelt. Beispielsweise konnte Sponsel (2002) für Jugendliche und Erwachsene mit Borderline-Persönlichkeits(entwicklungs)störungen und AD(H)S zwar keinen direkten Zusammenhang, jedoch eine gemeinsame Anlage nachweisen, die – seiner Ansicht nach – in Abhängigkeit von weiteren Faktoren (z.B. Erziehungsbedingungen, Traumatisierungen etc.) in Form von unterschiedlichen Störungsbildern in Erscheinung tritt.

Aus mehrperspektivischer Sicht kann davon ausgegangen werden, dass hier multiple Interaktionen verschiedener Wirkfaktoren vorliegen, die meist nur schwer auseinander zu sortieren sind. Dadurch lassen sich auch die Forderungen nach einem multimodalen Vorgehen begründen, die bei schweren AD(H)S von Experten (z.B. Döpfner & Lehmkuhl, 2002) gestellt werden. Deutlich wird außerdem, wieso auch bei komplexen AD(H)S die Erfolge nur selten ausreichend tragfähig sind. Es dürfte selbst bei multimodalen Vorgehensweisen schwer fallen, alle Wirkfaktoren und ihre Interaktionen angemessen zu berücksichtigen.

AD(H)S als Ursache für eine beeinträchtigte Persönlichkeitsentwicklung

Aber auch eine andere Möglichkeit des Zusammenhangs wäre denkbar. Sicherlich gibt es auch einen Prozentsatz psychischer Störungen, dessen Problemkonstellationen nicht von Anfang an als Persönlichkeitsentwicklungsstörungen gelten können, sich aber im Laufe der Entwicklung eines Kindes/Jugendlichen zu einer Persönlichkeitsentwicklungsstörung ausweiten können (z.B. wenn nicht richtig diagnostiziert, nicht behandelt oder nicht erfolgreich behandelt wurde). *In Folge von psychischen Störungen* lassen sich unter diesen Umständen bei den betroffenen Kindern/Jugendlichen – gewissermaßen *sekundär – Beeinträchtigungen in der Persönlichkeitsentwicklung* beobachten, die nicht minder schwer wiegen als die Folgen der hier dargestellten komplexen Problemkonstellationen. Dies trifft z.B. für mittelschwere oder sich verschlechternde AD(H)S zu und gilt vor allem dann, wenn beispielsweise Entwicklungsaufgaben nicht ausreichend bewältigt werden können oder aber Eltern oder die Schule zunehmend zu Erziehungsfehlern neigen, weil sie durch die zunehmenden störungsbedingten (Stress-)Belastungen an ihre Grenzen geraten. Denn liegen bereits psychische Störungen vor, so kann sich die Persönlichkeitsentwicklung meist nur erschwert vollziehen und es besteht ein hohes Risiko für Fehlentwicklungen (und damit auch für Persönlichkeitsentwicklungsstörungen).

Belege für diese Annahme finden sich u.a. in Untersuchungen mit Langzeitperspektive. Dass das Risiko für die Entwicklung einer Antisozialen Persönlichkeitsstörung im Erwachsenalter hoch ist, wenn AD(H)S im Kindesalter von einigen weiteren Faktoren begleitet wird, haben wir bereits an anderer Stelle dargestellt (siehe Kap. 4). Verschiedene Studien (Rey, Morris-Yates, Sing, Andrews & Stewart, 1995; Zoccolillo, Pickles, Quinton & Rutter, 1995) konnten aber nachweisen, dass auch das Risiko zur Entwicklung anderer Persönlichkeitsstörungen, insbesondere des Cluster B, ebenfalls deutlich erhöht ist. Die Annahme einer beeinträchtigten Persönlichkeitsentwicklung aufgrund einer vorliegenden anderen Störung ist also nicht ganz unbegründet.

Dass Störungsbilder, die nicht zu den Persönlichkeitsentwicklungsstörungen zählen, große Auswirkungen auf die Entwicklung einer gesunden Persönlichkeit haben können, muss daher immer auch bei der Entwicklung von Hilfekonzepten berücksichtigt werden. Bei einer frühzeitigen und individuell geplanten Hilfemaßnahme müssen neben der ursprünglichen Störungskonstellation auch noch die Störungen der Persönlichkeitsentwicklung fokussiert werden und es muss Sorge getragen werden, dass dieser Entwicklungsprozess nicht noch weitere Beeinträchtigungen erfährt. Gelingt dies nicht, so ist es durchaus vorstellbar, dass sich aus einer mittelschweren Störung eine komplexe Problemkonstellation entwickelt und das Kind oder der Jugendliche auf dem Spektrum psychischer Gesundheit (**Abb. 5.5.1**) hin zu einer Verschärfung der Problematik tendiert.

5.5.6 Fazit

Alle vier oben aufgeführten Zusammenhänge zwischen AD(H)S und Persönlichkeitsentwicklungsstörungen sind also denkbar. Zu den Störungsbildern, die eine beeinträchtigte Persönlichkeitsentwicklung nach sich ziehen, gehören gewiss aber auch Störungen wie die Autismus-Spektrum-Störungen, schwere depressive Störungen oder auch schwere Trennungsängste. Deswegen sind solche Beziehungen auch für andere Störungsbilder in Betracht zu ziehen und müssen im Einzelfall diskutiert werden. Dazu bedarf es einer spezifischen Anamneseerhebung sowie einer großen Wachsamkeit und detaillierten Beobachtung und Dokumentation. Betrachtet man Diagnosen als Arbeitshypothesen, so muss bei den beteiligten Fachkräften die Bereitschaft bestehen, sie auch zu hinterfragen und ggf. zu revidieren.

6 Störungsursachen und Risikofaktoren bei Persönlichkeitsentwicklungsstörungen

Insgesamt lässt sich feststellen, dass sich die wissenschaftliche Erforschung der Risikofaktoren und Ursachen der beschriebenen Problemkonstellationen mit Ausnahme einiger weniger Persönlichkeitsstörungen allenfalls in den Kinderschuhen befindet. Die wissenschaftlichen Bemühungen beschränken sich meist auf Antisoziale und Borderline-Persönlichkeitsstörungen, bei denen inzwischen eine große Zahl von Erklärungsmodellen vorliegen. Bei Narzisstischen und Schizoiden Persönlichkeitsstörungen finden sich jedoch kaum umfassende Erklärungsmodelle. Um ein Vielfaches schwieriger ist es, Forschungsarbeiten für das Kindes- und Jugendalter zu finden, selbst wenn einige Erklärungsmodelle des Erwachsenenalters diese Entwicklungsphase näher beleuchtet haben. Zum jetzigen Zeitpunkt können deswegen allenfalls eigene Beobachtungen mit denen der Literatur verglichen und daraus schlüssige Erklärungsmodelle und Arbeitshypothesen abgeleitet werden.

6.1 Mehrperspektivisches, interaktionistisches Entwicklungsmodell psychischer Störungen bzw. komplexer erzieherischer Probleme

Um die beschriebenen Problemkonstellationen und ihre Komplexität erfassen und verstehen zu können, ist es hilfreich, sich erst einmal über das komplexe Zusammenspiel verschiedener Faktoren bei der Persönlichkeitsentwicklung klar zu werden. Beim Versuch, diese oftmals schwer zu erfassenden Zusammenhänge zu beschreiben, hat die wissenschaftliche Forschung über die Jahre eine Vielzahl verschiedener Ansätze geformt, die sich Schritt für Schritt der Vielschichtigkeit der Persönlichkeitsentwicklung angenähert haben (z.B. Resch, 1999), ohne diese wahrscheinlich je als Ganzes erfassen zu können. Es handelt sich also allenfalls um Modelle mit heuristischem Wert, die aber für das Verständnis dieser Störungskonstellationen von nicht zu unterschätzender Bedeutung sind.

Aus der praktischen Arbeit heraus und nach Sichtung einer Vielzahl an Forschungsarbeiten haben wir über Jahre hinweg ein eigenes mehrperspektivisches Entwicklungsmodell psychischer Störung entwickelt, das die vielfältigen Facetten bei der Entwicklung psychischer Störungen bzw. schwerwiegender erzieherischer Probleme zu beschreiben versucht und daraus auch Einflussmöglichkeiten und Bedingungen für den Erfolg pädagogisch-therapeutischer Hilfen ableitet (**Abb. 6.1**). Nach Resch (1999) kann es zu den sog. interaktionistischen

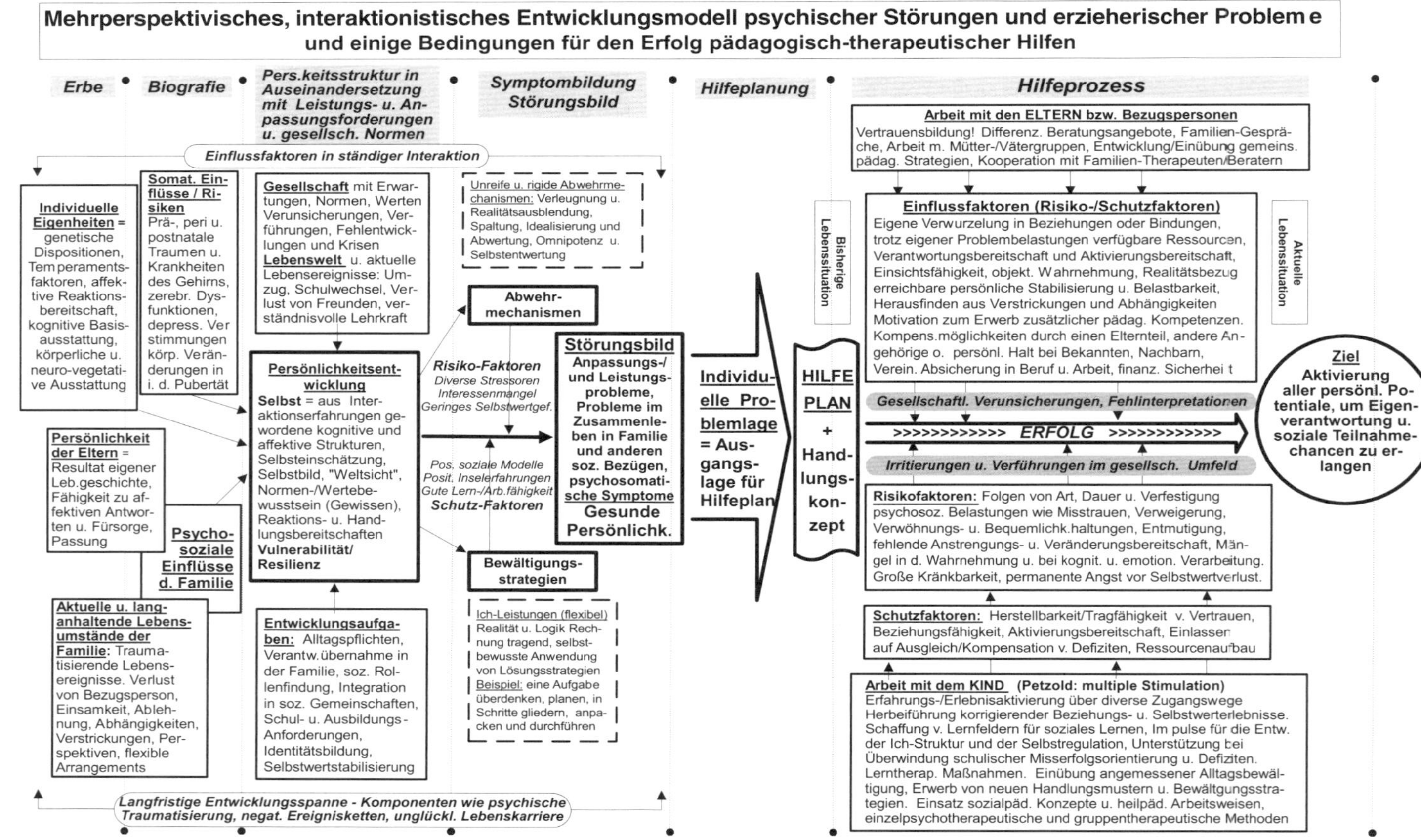
Mehrperspektivisches, interaktionistisches Entwicklungsmodell psychischer Störungen und erzieherischer Probleme
und einige Bedingungen für den Erfolg pädagogisch-therapeutischer Hilfen
Erbe
Biografie
Pers.keitsstruktur in Auseinandersetzung mit Leistungs- u. Anpassungsforderungen u. gesellsch. Normen
Symptombildung Störungsbild
Hilfeplanung
Hilfeprozess
Einflussfaktoren in ständiger Interaktion
Individuelle Eigenheiten = genetische Dispositionen, Temperamentsfaktoren, affektive Reaktionsbereitschaft, kognitive Basisausstattung, körperliche u. neuro-vegetative Ausstattung
Somat. Einflüsse / Risiken Prä-, peri u. postnatale Traumen u. Krankheiten des Gehirns, zerebr. Dysfunktionen, depress. Verstimmungen körp. Veränderungen in i. d. Pubertät
Gesellschaft mit Erwartungen, Normen, Werten Verunsicherungen, Verführungen, Fehlentwicklungen und Krisen Lebenswelt u. aktuelle Lebensereignisse: Umzug, Schulwechsel, Verlust von Freunden, verständnisvolle Lehrkraft
Unreife u. rigide Abwehrmechanismen: Verleugnung u. Realitätsausblendung, Spaltung, Idealisierung und Abwertung, Omnipotenz u. Selbstentwertung
Abwehrmechanismen
Persönlichkeit der Eltern = Resultat eigener Leb.geschichte, Fähigkeit zu affektiven Antworten u. Fürsorge, Passung
Psychosoziale Einflüsse d. Familie
Persönlichkeitsentwicklung
Selbst = aus Interaktionserfahrungen gewordene kognitive und affektive Strukturen, Selbsteinschätzung, Selbstbild, "Weltsicht", Normen-/Wertebewusstsein (Gewissen), Reaktions- u. Handlungsbereitschaften
Vulnerabilität/ Resilienz
Risiko-Faktoren
Diverse Stressoren
Interessenmangel
Geringes Selbstwertgef.
Pos. soziale Modelle
Posit. Inselerfahrungen
Gute Lern-/Arb.fähigkeit
Schutz-Faktoren
Störungsbild
Anpassungs-/ und Leistungsprobleme, Probleme im Zusammenleben in Familie und anderen soz. Bezügen, psychosomatische Symptome
Gesunde Persönlichk.
Bewältigungsstrategien
Aktuelle u. langanhaltende Lebensumstände der Familie: Traumatisierende Lebensereignisse. Verlust von Bezugsperson, Einsamkeit, Ablehnung, Abhängigkeiten, Verstrickungen, Perspektiven, flexible Arrangements
Entwicklungsaufgaben: Alltagspflichten, Verantw.übernahme in der Familie, soz. Rollenfindung, Integration in soz. Gemeinschaften, Schul- u. Ausbildungs-Anforderungen, Identitätsbildung, Selbstwertstabilisierung
Ich-Leistungen (flexibel) Realität u. Logik Rechnung tragend, selbstbewusste Anwendung von Lösungsstrategien Beispiel: eine Aufgabe überdenken, planen, in Schritte gliedern, anpacken und durchführen
Langfristige Entwicklungsspanne - Komponenten wie psychische Traumatisierung, negat. Ereignisketten, unglückl. Lebenskarriere
Individuelle Problemlage = Ausgangslage für Hilfeplan
Bisherige Lebenssituation
HILFE PLAN + Handlungskonzept
Aktuelle Lebenssituation
Arbeit mit den ELTERN bzw. Bezugspersonen
Vertrauensbildung! Differenz. Beratungsangebote, Familien-Gespräche, Arbeit m. Mütter-/Vätergruppen, Entwicklung/Einübung gemeins. pädag. Strategien, Kooperation mit Familien-Therapeuten/Beratern
Einflussfaktoren (Risiko-/Schutzfaktoren)
Eigene Verwurzelung in Beziehungen oder Bindungen, trotz eigener Problembelastungen verfügbare Ressourcen, Verantwortungsbereitschaft und Aktivierungsbereitschaft, Einsichtsfähigkeit, objekt. Wahrnehmung, Realitätsbezug erreichbare persönliche Stabilisierung u. Belastbarkeit, Herausfinden aus Verstrickungen und Abhängigkeiten Motivation zum Erwerb zusätzlicher pädag. Kompetenzen. Kompens.möglichkeiten durch einen Elternteil, andere Angehörige o. persönl. Halt bei Bekannten, Nachbarn, Verein. Absicherung in Beruf u. Arbeit, finanz. Sicherheit
Gesellschaftl. Verunsicherungen, Fehlinterpretationen
>>>>>>>>>>>> ERFOLG >>>>>>>>>>>>
Irritierungen u. Verführungen im gesellsch. Umfeld
Ziel
Aktivierung aller persönl. Potentiale, um Eigenverantwortung u. soziale Teilnahmechancen zu erlangen
Risikofaktoren: Folgen von Art, Dauer u. Verfestigung psychosoz. Belastungen wie Misstrauen, Verweigerung, Verwöhnungs- u. Bequemlichk.haltungen, Entmutigung, fehlende Anstrengungs- u. Veränderungsbereitschaft, Mängel in d. Wahrnehmung u. bei kognit. u. emotion. Verarbeitung. Große Kränkbarkeit, permanente Angst vor Selbstwertverlust.
Schutzfaktoren: Herstellbarkeit/Tragfähigkeit v. Vertrauen, Beziehungsfähigkeit, Aktivierungsbereitschaft, Einlassen auf Ausgleich/Kompensation v. Defiziten, Ressourcenaufbau
Arbeit mit dem KIND (Petzold: multiple Stimulation)
Erfahrungs-/Erlebnisaktivierung über diverse Zugangswege Herbeiführung korrigierender Beziehungs- u. Selbstwerterlebnisse. Schaffung v. Lernfeldern für soziales Lernen, Im pulse für die Entw. der Ich-Struktur und der Selbstregulation, Unterstützung bei Überwindung schulischer Misserfolgsorientierung u. Defiziten. Lerntherap. Maßnahmen. Einübung angemessener Alltagsbewältigung, Erwerb von neuen Handlungsmustern u. Bewältigungsstrategien. Einsatz sozialpäd. Konzepte u. heilpäd. Arbeitsweisen, einzelpsychotherapeutische und gruppentherapeutische Methoden

Abbildung 6.1 Mehrperspektivisches Entwicklungsmodell psychischer Störungen

In der Spalte Symptombildung/Störungsbild-Entstehung soll aufgezeigt werden, wie die Persönlichkeitsentwicklung bei ihrer weiteren Auseinandersetzung mit ihren *Entwicklungsaufgaben* entweder auf ihre inzwischen entstandenen *Bewältigungs- oder Problemlösefähigkeiten* zurückgreifen kann oder aber eher auf *Abwehrmechanismen* angewiesen ist. Beide Auseinandersetzungsmethoden vollziehen sich aber auch noch in einem Umfeld von *Risiko- und Schutzfaktoren,* die mitentscheiden über den Erfolg dieser Auseinandersetzung bzw. dabei mitentscheiden, wieweit ein gesundes Persönlichkeitsbild den jungen Menschen prägt oder wieweit sich inzwischen ein Störungsbild mit Strukturschwächen und Funktionseinschränkungen verschiedenster Art eingestellt hat. Ist Letzteres der Fall, gilt es, ein Hilfekonzept zu entwickeln und sich dazu ein genaues Bild von der individuellen Problemlage, den Schutz- und Risikofaktoren, den Besonderheiten der bisherigen Verlaufsgeschichte und den Ressourcen beim jungen Menschen oder seinem familiären Umfeld zu machen. Hieraus wird der Hilfeplan entstehen, der dann die Grundlage für die Entwicklung und Gestaltung des Hilfeprozesses darstellt.

Beim *Hilfeprozess* (Spalte 6) werden als Hauptkomponenten die Arbeit mit dem Kind/Jugendlichen und die Arbeit mit den Eltern oder Angehörigen betrachtet. Was jedoch die in die Arbeit mit dem jungen Menschen und seinen Eltern investierten Aktivitäten in Richtung Erfolg zu leisten vermögen, hängt in starkem Maße ab von den weiteren Einflussfaktoren, den Risiko- und Schutzfaktoren nämlich, die in und außerhalb von Eltern und jungem Menschen angesiedelt sind. Die pädagogischen und therapeutischen Aktivitäten (Arbeit mit den Eltern und dem Kind) sind bei ihrer Zielerreichung neben dem positiv/negativen Einfluss von Schutz- und Risikofaktoren auch noch von dem Filter »*Gesellschaftliches Umfeld*« mit seinen Verunsicherungen, Irritierungen und Verführungen abhängig. D.h. ob diese Aktivitäten ihr Ziel erreichen, hängt davon ab, wie weit sie diesen Filter zu durchdringen vermögen. Die Grafik macht über die Zahl der Pfeile, die von der Arbeit mit dem Kind und der Arbeit mit den Eltern ausgehen, deutlich, dass von den eingesetzten Aktivitäten nicht alle ihr Ziel ERFOLG erreichen. Der Erfolg des Hilfeprozesses entscheidet aber letztlich über die Aktivierung der persönlichen Potentiale und das Erreichen der Ziele *Eigenverantwortung und Verantwortung* für bzw. Teilhabe an der Gesellschaft.

Entwicklungsmodellen gerechnet werden. Hier ist der Mensch einerseits selbst Akteur, d.h. er spielt selbst eine aktive Rolle bei seiner eigenen Entwicklung, z.B. indem er passende Umweltbedingungen aufsucht bzw. diese mitgestaltet. Andererseits erzeugen aber auch die Umweltgegebenheiten Persönlichkeitsentwicklung, z.B. indem sie diese in Form von Entwicklungsanreizen oder Herausforderungen günstig oder ungünstig beeinflussen. Ebenso kann das mehrperspektivische Entwicklungsmodell als bio-psycho-soziales Entwicklungsmodell verstanden werden, weil sowohl biologische, als auch psychologische und soziale Faktoren mitberücksichtigt werden.

Schon auf den ersten Blick wird deutlich, dass Störungskonstellationen – zumal komplexere – nie durch eine Ursache allein entstehen können, sondern dass immer ein Wechselspiel zwischen verschiedenen entwicklungsungünstigen Bedingungen zusammenkommen muss. Ganz grob beschrieben stehen hier u.a. genetisch-biologische Faktoren (wie z.B. genetische Dispositionen in Form von Temperamentsfaktoren), biografische Faktoren (wie z.B. prä-, peri- und postnatale Bedingungen, aber auch die Persönlichkeit der Eltern und deren Erziehungsstile oder lang anhaltende Lebensumstände der Familie) sowie gesellschaftliche Faktoren (z.B. gültige Normen, Rollenerwartungen wie auch Verunsicherungen) und die außerfamiliäre Lebenswelt des Kindes (z.B. aktuelle Lebensereignisse, Schule und Gleichaltrige) in ständiger Interaktion und bestimmen mit, wie sich die Persönlichkeit des Kindes entwickeln kann oder ob ein Kind seine anstehenden Entwicklungsaufgaben bewältigen kann.

Aus der Interaktion der verschiedenen Faktoren entwickelt sich auch das Selbst des Kindes, also u.a. auch das Selbstbild eines jungen Menschen, das z.B. darüber bestimmt, welche Selbstwirksamkeitserwartungen in bestimmten Situationen zum Tragen kommen. Hier verdeutlicht sich noch einmal der Begriff interaktionistisches Entwicklungsmodell (Resch, 1999). Um davon überzeugt zu sein, eine Situation bewältigen zu können, ist es hilfreich, vorher bereits ähnliche Situationen erlebt und gemeistert zu haben. Solche Situationen stellen sich selbst einerseits aus der Notwendigkeit der Alltagsbewältigung heraus, können aber auch aktiv aufgesucht werden.

Auch bei der Bewältigung einer Konfliktsituation, wenn z.B. zwei Jugendliche aneinander geraten, weil der eine dem anderen im Technikunterricht ein Werkzeug weggenommen hat, wird deutlich, mit welcher Komplexität beim Erwerb von situationsentsprechenden Verhaltensstrategien zu rechnen ist. Denn um diese Situation erfolgreich meistern zu können, wirken aus mehrperspektivischer Sicht eine Vielzahl an Faktoren, die hier nur annäherungsweise dargestellt werden können. Stellen wir uns also vor, das Ziel sei, den Konflikt so zu lösen, dass kein Streit entsteht und statt dessen eine konstruktive Lösung gefunden werden kann. Beispielsweise ist es hilfreich, wenn der Betroffene von Natur aus eher ein gelassenes Gemüt mitbringt und sich nur sehr schwer durch eine Situation in Aufregung versetzen lässt. Dies kann einerseits von Natur aus (d.h. biologisch-genetisch) so angelegt sein (z.B. erlebt man öfter Eltern, die von ihren Kindern sagen, sie seien genauso wie Opa oder Oma oder Onkel oder eine Tante), anderseits kann sich der junge Mensch seine Strategie im Laufe der Entwicklung als hilfreiches und erfolgreiches Vorgehen bei Vater, Mutter oder anderen Familienmitgliedern abgeschaut haben. Aber auch Lebensumstände (also biografische Ereignisse) können hier eine Rolle spielen, beispielsweise wenn der Jugendliche in der Vergangenheit schon öfter Situationen erlebt hat, in denen ihm etwas weggenommen wurde (z.B. von einem älteren und wenig einfühlsamen Bruder). Dann reagiert er deswegen – als für ihn bisher erfolgreiche Lebensstrategie – vielleicht schneller empfindlich, da er die Erfahrung gemacht hat, dass diese schnelle und heftige Reaktion seinen Bruder eingeschüchtert hat. Zusätzlich hat er sich vermutlich angewöhnt, eher misstrauisch zu sein, wenn ihm jemand etwas wegnimmt, und geht schon vorsorglich davon aus, dass ihm der andere »etwas Böses« will. Gerät er erneut in ähnliche Situationen, so wird er, wenn er bisher mit seiner Strategie erfolgreich war, erwarten, diese Situation so für sich erfolgreich lösen zu können. Gesellschaftlich wird aber eher erwartet, den Konflikt friedlich zu beenden, z.B. indem eine Zeitregelung gefunden wird und jeder für eine gewisse Zeit das Werkzeug benutzen darf. Unter Umständen ist dies für den Jugendlichen jedoch keine befriedigende Lösung, da er sich aufgrund bisher erworbener Denkmuster als Verlierer fühlen würde. Obwohl hier nur einige Faktoren berücksichtigt werden, wird schnell deutlich, wie komplex das Gefüge der verschiedenen Wirkfaktoren ist und wie schwer sich einzelne Ursachenfaktoren bei der Betrachtung von Störungsbildern herauslösen lassen.

6.1.1 Vulnerabilität und Resilienz – Risiko- und Schutzfaktoren

Es wird in diesem Zusammenhang in der wissenschaftlichen Fachwelt oft von *Risiko- und Schutzfaktoren* bzw. von *Vulnerabilität und Resilienz* gesprochen. In den letzten Jahren hat sich die Forschung und insbesondere auch die Jugendhilfe intensiv damit beschäftigt herauszufinden, wieso manche Menschen für psychische Störungen anfälliger sind, während andere, die ähnliche Schicksale durchlebt haben, diese ohne wesentliche Beeinträchtigungen verarbeiten können (Opp, Fingerle & Freytag, 1999). Nach Resch (1999) versteht man unter Vulnerabilität die individuelle Bereitschaft, unter Risikobedingungen einen negativen Entwicklungsverlauf zu nehmen. Umgekehrt meint der Begriff Resilienz (oder wie Resch auch sagt: Resistenz) eine erfolgreiche Lebensbewältigung unter Entwicklungsbedingungen, die durch Risikofaktoren überschattet sind. Schutzfaktoren schützen dementsprechend das Individuum vor einem negativen Entwicklungsverlauf, während Risikofaktoren sich gefährdend auf den weiteren Lebensweg des Menschen auswirken. Gerade bei den Kindern und Jugendlichen mit komplexen Problemkonstellationen stellt man oft eine Vielzahl von Risikofaktoren fest, die nicht nur die Entwicklung im Kindes- und Jugendalter stark negativ beeinflussen, sondern auch ein großes Risiko für den weiteren Lebensweg bis weit ins Erwachsenalter hinein bergen.

Haben sich aus einer Vielzahl von ungünstigen Bedingungen beim Kind oder Jugendlichen Störungskonstellationen ergeben, so stellt sich oft ein Teufelskreis ein, aus dem nur sehr schwer herauszufinden ist. Erworbene Verhaltens- und Verarbeitungsstrategien, die zum Lernzeitpunkt oftmals eine sinnvolle Strategie dargestellt haben (wie z.B. sich gegen seinen Bruder zu schützen), werden oft unangemessen über längere Zeiträume beibehalten und wirken sich, wie das gerade beschriebene Beispiel deutlich macht, zu späteren Zeitpunkten oft nachteilig aus. Außerdem hinterlassen Risikobelastungen bereits im Kindes- und Jugendalter erste ungünstige Spuren, z.B. indem sich verschiedene unreife Abwehrmechanismen einschleifen oder aber wichtige Entwicklungsaufgaben nicht bewältigt werden können. Diese wiederum stellen aber an sich bereits weitere ungünstige Entwicklungsfaktoren, also Risikofaktoren, dar. Diese komplexen Problemkonstellationen haben daher meistens die Tendenz, zu eskalieren und damit immer unberechenbarer und vor allem pädagogisch unhandhabbarer werden. Ziel pädagogisch-therapeutischer Hilfekonzepte muss es daher sein, diesen Teufelskreis so früh als möglich zu unterbrechen, damit es erst gar nicht zu solch kritisch zugespitzten bzw. eskalierten Situationen kommt.

Entsprechend des mehrperspektivischen Entwicklungsmodells, das sowohl Risiko- als auch Schutzfaktoren berücksichtigt, müssen pädagogisch-therapeutische Hilfen auch auf mehreren Ebenen ansetzen, welche im Einzelnen ganz individuell für jedes Kind oder Jugendlichen und auch für dessen Lebenssituation bzw. familiäres Umfeld eruiert werden müssen. Hier muss immer wieder sowohl die Risikofaktoren- als auch die Schutzfaktorenseite reflektiert werden.

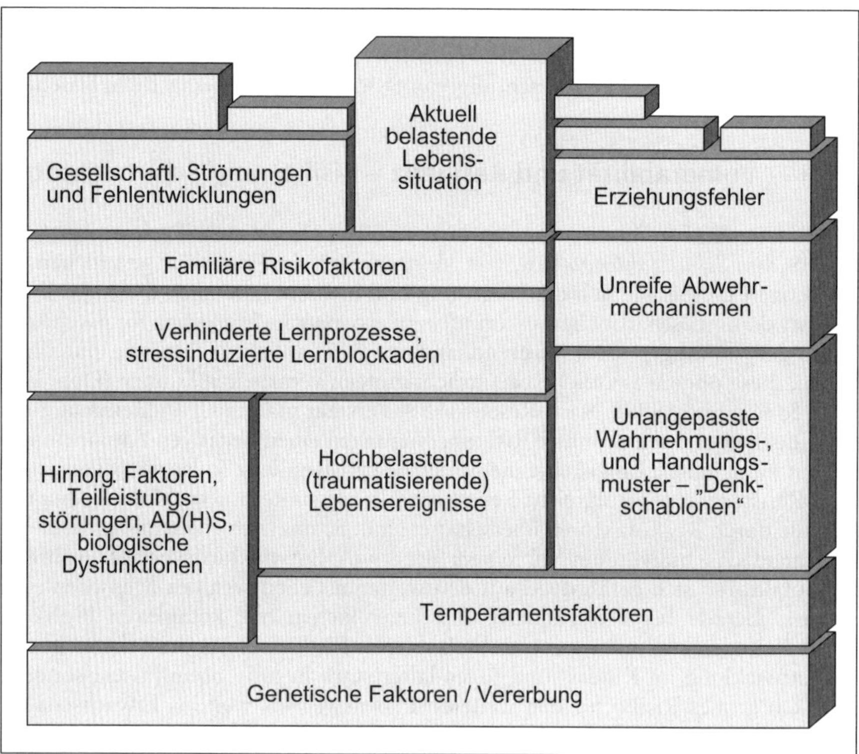

Abbildung 6.2 Risikofaktoren für Persönlichkeitsentwicklungsstörungen

6.2 Risikofaktoren bei Kindern und Jugendlichen mit Persönlichkeitsentwicklungsstörungen

Aus Platzgründen sollen hier nur diejenigen Risikofaktoren dargestellt werden, die nach unseren Erfahrungen gehäuft zu beobachten sind und gleichzeitig auch maßgeblich für die Planung einer Hilfemaßnahme von Bedeutung sind (siehe auch **Abb. 6.2**). Eine ausführliche Darstellung der gesellschaftlichen Einflüsse erfolgt in Kap. 7. Auch sei an dieser Stelle noch einmal darauf hingewiesen, dass Risikofaktoren immer individuell betrachtet werden müssen. Selbst wenn zwei Menschen unter einer ähnlichen Störungskonstellation zu leiden haben, kann ihr individuelles Risikoprofil jedoch ganz entscheidende Unterschiede aufweisen. Dies muss sich in jedem Fall auch in den pädagogisch-therapeutischen Handlungsansätzen widerspiegeln.

6.2.1 Genetische Dispositionen/Vererbung

Befragt man Eltern nach Familienangehörigen mit ähnlichen Persönlichkeitszügen und daraus entstanden Problemen wie die ihres Kindes, so fällt ihnen häufig jemand aus der Verwandtschaft ein, der analog reagiert oder reagiert hat, selbst wenn derjenige sich nicht in ständigem Kontakt zum Kind befunden hat. So geben Eltern z.B. an, die bereits verstorbene Oma/Opa sei entsprechend, oder alleinerziehende Mütter berichten, der getrennt lebende Vater des Kindes habe früher oft genau gleich reagiert. Oder aber Mütter oder Väter berichten, ihr Sohn habe sehr viel Ähnlichkeit mit ihnen selbst während ihrer eigenen Jugendzeit. Dabei kann jedoch auch immer wieder festgestellt werden, dass einer großen Zahl der beschriebenen Verwandten eine erfolgreiche Lebensbewältigung mehr oder minder gelungen ist. Sind solche belasteten Familienmitglieder aktuell an der Elternarbeit während einer Betreuung beteiligt, so muss man sich dementsprechend vermehrt auf Erschwernisse wie z.B. Wahrnehmungsverzerrungen, Missverständnisse, große Ungeduld oder affektiv-aufbrausende Reaktionsweisen einstellen.

Auch Studien bestätigen eine genetische Komponente. Schepank (1996) fand in einer langfristig angelegten Zwillingsstudie, dass erwachsene zweieiige Zwillinge in Bezug auf das Vorliegen einer Persönlichkeitsstörung eine Übereinstimmungs (=Konkordanz-)rate von ca. 14 % aufweisen, während eineiige Zwillinge eine Übereinstimmungsrate von ca. 55 % aufweisen. Bei 55 % aller untersuchten Zwillingspaare konnte also bei beiden Zwillingen eine Persönlichkeitsstörung diagnostiziert werden, während dies bei zweieiigen Zwillingen nur bei 14 % der Fall war. Würden sich Persönlichkeitsstörungen eher aus dem Erziehungsverhalten der Eltern erklären lassen, so sollte das Risiko für ein- und zweieiige Zwillinge, wenn sie jeweils in der gleichen Familie aufwachsen, annähernd gleich sein. Ähnliche Befunde ergaben sich auch für Borderline-Persönlichkeitsstörungen des Erwachsenenalters (Bohus, 2002).

6.2.2 Temperamentsfaktoren

Eltern berichten häufig, bestimmte Verhaltensweisen habe ihr Kind schon in frühester Kindheit gezeigt, sodass davon ausgegangen werden kann, dass sie mit großer Wahrscheinlichkeit nicht anerzogen wurden oder auf andere Art allein durch Sozialisation entstanden sein können. Dies lässt sich insbesondere für die bei Persönlichkeitsentwicklungsstörungen sehr häufige Stressempfindlichkeit, aber auch für das Ausmaß der individuellen Erregbarkeit und die Impulsivität beobachten, um hier nur einige zu nennen. Man spricht hier von Temperamenten, worunter in der aktuellen Fachwelt biologisch fundierte Verhaltensstile verstanden werden, die bereits in frühester Kindheit beobachtbar sind (Schmeck, 2001).

Subjektiver Stress ist oft für das Auftreten von Krisen mitverantwortlich, bei denen in der Eskalationsphase häufig eine Vielzahl von Faktoren zusammenkommen, die dann gewissermaßen das Fass zum Überlaufen bringen. Es lohnt sich deswegen, die individuellen Stressauslöser intensiv zu ergründen. Dabei muss berücksichtigt werden, dass die Stressempfindlichkeit dieser jungen Menschen (wie bereits in Kap. 1 beschrieben) oft anders aussieht als allgemein üblich.

In Bezug auf Persönlichkeitsstörungen bei Erwachsenen wird insbesondere von der Aachener Forschungsgruppe um Saß und Herpertz (Herpertz, 2001; Kunert et al., 2000) immer wieder auch ein Zusammenhang zwischen dem Temperamentsfaktor Impulsivität und Borderline-Persönlichkeitsstörungen diskutiert. Dies ist insofern auch für Kinder und Jugendliche mit Persönlichkeitsentwicklungsstörungen von Bedeutung, da bei ihnen vielfach auch Aufmerksamkeitsdefizit- und Hyperaktivitätssyndrome diagnostiziert worden sind und diese ja bekanntlich häufig mit einer gesteigerten Impulsivität einhergehen.

6.2.3 Hirnorganische Auffälligkeiten bzw. biochemische Dysregulation im Gehirn

Anlass zu Hoffnung auf ein besseres Verständnis dieser Problemkonstellationen bieten u.a. die Weiterentwicklungen neuropsychologischer Erklärungsmodelle, welche sich vielfach gerade für die praktische Arbeit als sehr hilfreich erweisen. Oft lassen sich andere Erklärungsmodelle besser verstehen, wenn sie durch neuropsychologische Sichtweisen ergänzt werden, ohne jedoch das ursprüngliche Erklärungsmodell selbst in Frage stellen zu müssen.

Die häufig bei diesen Kindern und Jugendlichen beobachtbaren Aufmerksamkeitsstörungen bzw. die Anzeichen für ein hyperkinetisches Syndrom, genauso wie die oft damit einhergehenden Teilleistungsstörungen (z.B. auch in Form von neuropsychologisch diagnostizierbaren Arbeitsgedächtnisbeeinträchtigungen oder sprachlichen Defiziten) lassen bereits eine hirnorganische Beteiligung vermuten. Vergleicht man das Erscheinungsbild von Persönlichkeits(entwicklungs)störungen mit Berichten von erwachsenen Patienten, die im frühen Kindesalter Frontalhirnschädigungen erlitten haben (Price, Daffner, Stowe & Mesulam, 1990), so fallen zahlreiche Übereinstimmungen auf. Kunert et al. (2000) haben auf eine frontale Beteiligung insbesondere auch für die Antisoziale Persönlichkeitsstörung und die Borderline-Persönlichkeitsstörung hingewiesen.

Solche hirnorganischen Auffälligkeiten oder Dysregulationen im Gehirn können u.a. durch schädigende externe Einflüsse verursacht sein (z.B. durch Unfälle, Sauerstoffmangel oder toxische Schädigungen des Gehirns). Allerdings ist inzwischen auch klar geworden, dass auch psychosoziale Ereignisse neurobiologische Reifungsprozesse beeinträchtigen und zu kognitiven und emotionalen Störungen führen können, wie im Folgenden dargestellt wird.

6.2.4 Hochbelastende Lebensereignisse in der Lebensgeschichte

Gerade im Zusammenhang mit Borderline-Persönlichkeitsstörungen wird häufig von frühen Traumatisierungen als mögliche Ursache gesprochen. Hier wird insbesondere oft sexueller Missbrauch diskutiert (siehe auch Dulz & Jensen, 2000). Für Borderline-Persönlichkeitsentwicklungsstörungen wurden aber von Diepold (1994) noch andere im Verhältnis harmlosere Traumatisierungen und lebensgeschichtliche Belastungserlebnisse nachgewiesen. So wurden bei Kindern und Jugendlichen mit diagnostizierten Borderline-Störungen gehäuft frühe Trennungserlebnisse und Krankenhausaufenthalte beobachtet (Diepold, 1994). Auch bei den von uns betreuten Kindern und Jugendlichen mit komplexen Problemkonstellationen wird in anamnestischen Gesprächen immer wieder von ähnlichen Ereignissen berichtet. Auch kleinere belastende Erlebnisse addieren sich (im Sinne von Mikrotraumatisierungen) auf, insbesondere dann, wenn die dem Kind/Jugendlichen zur Verfügung stehenden Ressourcen nicht zur Verarbeitung oder Bewältigung der Erlebnisse ausreichen. Diese Ressourcen sind natürlich immer auch alters- bzw. entwicklungsabhängig.

Dass traumatisierende Erfahrungen Einfluss auf den Entwicklungsverlauf nehmen können (z.B. auch schwer zu verkraftende Trennungserlebnisse, die u.U. beispielsweise die Bindungsqualität zwischen Eltern und Kind verändern) ist aus mehrperspektivischer Sicht leicht nachvollziehbar. Interessant ist in diesem Zusammenhang allerdings, dass psychische Traumata auch irreversible hirnorganische Schädigungen insbesondere im Bereich des Gedächtnisses zur Folge haben können (Perry, Pollard, Blakley, Baker & Vigilante, 1995; Rothenberger & Hüther, 1997). In der Folge sind auch erste Erklärungsversuche entstanden, die zu beschreiben versuchen, warum traumatisierende Erlebnisse oft so schlecht erinnert bzw. sprachlich benannt werden können (Kapfhammer, 2001).

6.2.5 Lernprozesse und stressinduzierte Lernblockaden

Ein eher verhaltenstherapeutischer und auch entwicklungspsychologisch orientierter Ansatz stammt von Möhlenkamp (1999), der davon ausgeht, dass sich Persönlichkeitsstörungen u.a. deswegen entwickeln, weil grundlegende orientierende Denkschemata, die für die eindeutige Bewertung von Informationen in selbstwertrelevanten Situationen zuständig sind, bereits von früher Kindheit an nicht gelernt worden sind. Möhlenkamp (1999) nimmt an, dass unter Stress nur selbstwert- und bindungsschwächende Informationen erlernt werden können. Das Kind ist sozusagen physiologisch auf negative Erfahrungen fokussiert. Daraus ergibt sich ein Teufelskreis. In der Folge erhöht sich der Stress und damit auch die physiologische Anspannung noch mehr, was wiederum diesen Fokus noch enger stellt und damit noch mehr Verunsicherung und auch innere Anspannung zur Folge hat. »Der Arbeitsspeicher ist überlastet mit Daten, für die es auf der Festplatte keine Ordner gibt«, so der Vergleich von Möhlenkamp (1999, S. 419). Dem Kind wird so das Erlernen von Selbstwirksamkeit und Bindungssicherheit deutlich erschwert, wenn nicht gar fast unmöglich gemacht. In der Folge strebt das Kind häufig nach verlässlichen Strukturen und Orientierungssicherheit. Jede kleinste Veränderung, auch wenn sie z.B. im Rahmen pädagogisch-therapeutischer Hilfemaßnahmen gefordert sind, kann für das Kind eine Überforderung bedeuten, gegen die es sich massiv zu wehren versucht.

6.2.6 Eingeschliffene unangepasste Wahrnehmungs-, Denk- und Handlungsschemata

In der Vergangenheit erlernte und inzwischen fest eingeschliffene Wahrnehmungs-, Denk- und Handlungsstrategien spielen gerade im Alltag von jungen Menschen mit Persönlichkeitsentwicklungsstörungen eine nicht zu unterschätzende Rolle, wie ja auch das oben beschriebene Beispiel der beiden Brüder schon deutlich machte. Sie zeigen sich immer wieder auch in ganz unspektakulären und manchmal auch für Außenstehende kaum nachvollziehbaren Situationen.

Thomas, ein 14-jähriger Junge, hatte die Mathematikstunde immer gehasst (u.a. weil er sich gerade durch seine Inflexibilität in diesem Fach sehr schwer tat). Als an einem Tag der Mathematikunterricht ausfiel, versetzte in dies in solch eine Missstimmung, dass er ganz verärgert und schlecht gelaunt aus der Schule kam. Für Thomas bedeutete die feste Struktur des Stundenplans Orientierungshilfe und Klarheit. Veränderungen jeglicher Art, auch in seinem Sinne, kamen für ihn so unvorbereitet, dass er damit kaum zurechtkommen konnte.

Entscheidend ist hier, dass diese Strategien in der Vergangenheit oder in anderen Situationen oft hilfreich und sinnvoll waren oder sind (d.h. für Thomas bedeutete eine klar strukturierter Tagesablauf ja Orientierungshilfe). Oft wurden oder werden sie aber im Entwicklungsverlauf oder in einer anderen Situation nicht an die veränderten Gegebenheiten angepasst – also in Thomas Fall der Abwägung, dass eine ausgefallene Mathematikstunde eigentlich einer stattfindenden vorzuziehen ist und für ihn eher eine Erleichterung darstellen sollte. Thomas Einstellung ist in dieser Situation also unangebracht. Man kann sich unschwer vorstellen, wie hier Beeinträchtigungen des Denkprozesses z.B. durch Teilleistungsstörungen ebenfalls maßgeblich Einfluss nehmen. Schrapper (2001) beschreibt übrigens in seinem Aufsatz über die so genannten »besonders schwierigen» Kinder und Jugendlichen in der Jugendhilfe z.B. auch schwieriges, grenzüberschreitendes Verhalten als gelernte und notwendige Überlebensstrategien aus der Vergangenheit.

6.2.7 Unreife Abwehrmechanismen

Unreife, also nicht dem Entwicklungsalter entsprechende Abwehrmechanismen beeinträchtigen das Leben des Kindes oder Jugendlichen, belasten aber auch oft alle, die mit ihnen umzugehen haben, und können deswegen ebenfalls als Risikofaktoren aufgefasst werden. Insbesondere der Abwehrmechanismus der Spaltung spielt in verschiedenen Theoriemodellen eine zentrale Rolle (Kernberg, 2000) und Rohde-Dachser (1997) beschreibt sogar die Borderline-Struktur als eigenständige Abwehrstrategie. Es spielen jedoch noch eine Reihe anderer Abwehrmechanismen eine Rolle, wie diese auch von Rohde-Dachser (1997) näher ausgeführt wird. Auch hier wird davon ausgegangen, dass ein Festhalten an unreifen Abwehrmechanismen Schutzfunktion besitzt, in dem es das Kind oder den Jugendlichen vor emotionalen Bedrohungen schützt. Beim Abwehrmechanismus der Spaltung z.B. begegnet die Person emotionalen Konflikten oder inneren oder äußeren Belastungsfaktoren, indem sie sie in gegensätzliche Gefühlszustände aufsplittet, wobei sie daran scheitert, die positiven und negativen Eigenschaften der eigenen Person und anderer Personen in ein zusammenhängendes Bild zu integrieren. Durch die Spaltung der Vorstellung bleiben widersprüchliche Sichtweisen und Gefühle, die man einem Menschen (oder sich selbst) gegenüber hat, getrennt und so kann die aus einem Zulassen der Gefühle entstehende Bedrohung abgemildert werden. Es wird angenommen, dass sich diese Fixierung auf unreife Abwehrmechanismen meist durch Erlebnisse in der Entwicklungsgeschichte ergeben haben, z.B. weil primäre Bedürfnisse nicht ausreichend von Bezugspersonen befriedigt wurden (Rohde-Dachser, 1997). Gleichzeitig werden durch unreife Abwehrmechanismen notwendige Entwicklungsschritte, beispielsweise hin zu einer gesunden Verdrängung, verhindert. Erlebnisse können so nur unzureichend verarbeitet werden und beeinflussen zugleich die Verarbeitung folgender Ereignisse.

Insbesondere der Abwehrmechanismus der Spaltung kann in Familien und in einem professionellen Team ein großes Durcheinander anrichten, da die Spaltung sich oft auch in die sich um den jungen Menschen gruppierenden sozialen Systeme fortsetzt, wenn diese sich der Gefahr nicht bewusst sind und sich nicht dagegen schützen. Die aus der Spaltung resultierenden oft so überzeugenden Schilderungen dieser Kinder und Jugendlichen, die eben immer nur einen Aspekt (also z.B. »Frau ... mag mich nicht, weil ...«) gelten lassen und eine integrierte Sichtweise nicht zulassen, bergen die Gefahr gegenseitiger Schuldzuweisungen zwischen Personen, die mit ihnen zu tun haben. Wird sich das soziale System dessen nicht bewusst, so liegt der Fokus unter Umständen auf dem verständlichen Versuch, die Ursachen im vermeintlich richtigen Umfeld zu suchen, während dadurch rechzeitige und richtige Hilfen eher verzögert werden, wenn sie überhaupt zum Einsatz kommen.

6.2.8 Risikofaktoren des familiären Umfeldes und Beeinträchtigungen der Familiendynamik

In der Literatur werden verschiedene Familientypologien beschrieben, die bei von Persönlichkeitsstörungen betroffenen Familien gehäuft zu beobachten sind (Ruiz-Sancho & Gunderson, 2000; Cierpka & Reich, 2000). Unklar bleibt jedoch, ob die Verhaltensweisen und Eigenschaften von Familien als ursächlich für Persönlichkeitsstörung zu sehen sind, oder ob sie zumindest teilweise auch als Folgeerscheinungen, z.B. als Reaktion auf die ungewöhnlichen Verhaltensweisen dieser Kinder und Jugendlichen, auftreten oder aber ein Milieu darstellen, das die Entwicklung einer Persönlichkeitsstörung begünstigt. Cierpka & Reich (2000) beschreiben als Typologien beispielsweise überengagierte Familien und unterengagierte Familien, wobei sich diese noch in vernachlässigende und emotional missbrauchende und chaotisch-instabile Familien unterteilen lassen. Zudem lassen sich in von Persönlichkeitsstörungen betroffenen Familien häufig bestimmte Interaktionsmuster und Familiendynamiken feststellen. Beispielsweise sind diese häufig durch Kommunikationsdefizite und geringe emotionale Ausdrucksfähigkeit geprägt. Generationsgrenzen sind häufig verwischt und Rollen nur schlecht definiert (Cierpka & Reich, 2000).

Auch können aktuell einsetzende Stressoren in Familien ganz unmittelbar zum Risikofaktor für den Entwicklungsverlauf des Kindes oder Jugendlichen werden. Eine drohende Arbeitslosigkeit des Vaters oder der Mutter z.B. hat vielfach einen nicht unwesentlichen Einfluss auf das Familienklima, beispielsweise weil sich die finanzielle Situation in der Familie ändert oder aber die Eltern schneller an ihre Belastungsgrenzen kommen.

6.2.9 Erziehungsfehler

Häufig wurde und wird Eltern vorgeworfen, in der Erziehung versagt oder zumindest eine Vielzahl an Fehlern gemacht zu haben. Grundsätzlich lässt sich dazu sagen, dass ein komplexer Prozess, wie der der Erziehung auch eines weniger gefährdeten Kindes bis ins Erwachsenenalter, wohl kaum fehlerlos ablaufen kann. Eltern von Kindern und Jugendlichen mit Persönlichkeitsentwicklungsstörungen sind aber mit einer vielfach schwereren Aufgabe konfrontiert und es ist für sie meist sehr mühsam und auch kräftezehrend, den Erziehungsprozess und die täglichen Auseinandersetzungen mit einem solchen Kind durchzustehen.

Umgekehrt ist aber auch offensichtlich, dass ungünstige erzieherische Strategien, die zum Teil auch von Generation zu Generation weitergegeben werden, für das Kind oder den Jugendlichen andauernde Mikrotraumatisierungen darstellen können, die Spuren im Entwicklungsverlauf hinterlassen. Erzieherische Interaktionen müssen außerdem, wie alle Interaktionen, immer auch in ihrer Wechselseitigkeit gesehen werden. Unter Umständen liegt auch einfach eine schlechte Passung zwischen kindlichen Bedürfnissen und bevorzugtem Erziehungsstil der Eltern vor (zum Begriff *Passung* siehe Petzold, van Beek & van der Hoek, 1995). Beispielsweise scheut sich ein Vater möglicherweise, seinem Sohn klare Grenzen aufzuzeigen, weil er selbst in einem strengen Elternhaus aufwuchs und dies seinem Sohn nicht zumuten möchte. Dieser bräuchte aber gerade, z.B. aufgrund einer kognitiven Inflexibilität, klare Strukturen, die ihm Sicherheit und Orientierungshilfe vermitteln. Es lässt sich in diesem Zusammenhang beobachten, dass Eltern auch aufgrund vieler Medienberichte zunehmend verunsicherter werden und oft selbst kaum noch zu entscheiden wissen, welche erzieherischen Grenzen angebracht und wichtig sind.

6.2.10 Akute belastende Lebenssituationen

Akute Belastungssituationen im Leben eines Kindes oder Jugendlichen sind oft entscheidende Faktoren, die ihre akute Verfassung mitbestimmen. Im Normalfall handelt es sich hier um anstehende Schulprüfungen, eine elterliche Ehescheidung, Krankheit, berufliche Entscheidungen aber auch vergleichsweise harmlosere Faktoren wie z.B. Großwetterlagen (z.B. große Hitze und Schwüle, lange Regenphasen oder sich ankündigende Wetterwechsel) oder Wochenenden, an denen stationär betreute Kinder/Jugendlichen in ihre Familien zurückkehren. Denn für diese Kinder/Jugendlichen können auch positive Erlebnisse Stress bedeuten. Es können vielfältige, subjektive Stressoren eine Rolle spielen, die manchmal für Außenstehende nur teilweise nachvollziehbar sind.

Bernd, ein 15-jähriger Junge, konnte nach den Attentaten in New York und Washington am 11.9.2001 kaum die durch die Bevölkerung gehende Anspannung und Unruhe ertragen. Er selbst erlebte sie in weit größerem Ausmaß als der Rest der Bevölkerung. Der sehr sensible Junge geriet für einige Tage in eine ganz schlechte Verfassung, durchlitt regelrecht eine Krise, die man bei ihm schon allein am äußeren Erscheinungsbild, z.B. an seinem verstörten Blick, erkennen konnte. Immer wieder fragte er die Pädagogen, wieso so etwas passieren konnte. Eine depressive Zuspitzung erfuhr die Situation dann, als Bernd auch davon sprach, wieso er nicht selbst im World Trade Center gewesen sei. Er wäre lieber (in Solidarität mit den Opfern) ebenfalls dort ums Leben gekommen.

6.2.11 Eine Vielzahl von Faktoren wirken zusammen

In der Praxis lässt sich oft nur unzureichend unterscheiden, ob komplexe Problemkonstellationen mehr biologischer, genetischer oder sozialisierter Natur sind, da fast immer eine Vielzahl von Faktoren zusammenkommen. Bei diesen Kindern und Jugendlichen lässt sich meist mindestens eine andere Person in der Verwandtschaft finden, die ähnliche Auffälligkeiten zeigt oder unter einer anderen psychischen Störung leidet. Dies bedeutet, dass auch an eine genetische Komponente gedacht werden muss. Andererseits handelt es sich bei dieser Person sehr häufig um eine dem Kind nahe stehende Person, z.B. um ein Elternteil des Kindes, von dem sich der andere Elternteil aber oft schon früh, manchmal sogar kurz nach der Geburt getrennt hat. Man kann sich vorstellen, wie hoch die Belastungen für die verbleibende Bezugsperson und auch für das Kind zu diesem Zeitpunkt gewesen sein kann. Das Kind durchlebt frühe Trennungserlebnisse und es kommt zu enormen Belastungen innerhalb der Familie. Daraus resultiert eine chronische Stressbelastung insbesondere für das Kind, die u.U. hirnorganische Veränderungen zur Folge haben können. Obendrein steht der verbleibende Elternteil auch selbst unter einer enormen Belastung. Er ist einerseits damit beschäftigt, mit dem Scherbenhaufen der Partnerschaft fertig zu werden und muss andererseits auch mit dem konkreten Alltag, z.B. mit der Versorgung eines Kindes fertig werden, sich um die Finanzierung des Lebensunterhalts kümmern, usw. In so einer Situation werden Erziehungsfehler (verständlicherweise) wahrscheinlicher, die wiederum das Risiko für die Entwicklung einer tief greifenden Störung beim Kind erhöhen. Andererseits zeigt das Kind oft schon sehr früh gravierende Fehlverhaltensmuster und wird so schwierig erlebt, dass auch so Erziehungsfehler sehr wahrscheinlich werden. Einer solchen Vielzahl von Risikofaktoren kann nur ein mehrdimensionales Vorgehen entgegen gesetzt werden, das u.a. (auch ganz im Sinne der Kinder- und Jugendhilfe) versucht, auf den Auf- und Ausbau von Schutzfaktoren zu setzen. Die von uns recherchierten Schutzfaktoren und das damit in Zusammenhang stehende Verfahren zur Entwicklung gezielter Fördermaßnahmen soll an anderer Stelle (Kap. 12) erläutert werden.

6.3 Persönlichkeitsstörung als Interaktionsstörung

Noch ganz andere Aspekte, die ebenfalls bedeutsam sind, berücksichtigt Fiedler (1999), der davon ausgeht, dass Persönlichkeitsstörungen immer auch in Bezug auf das Umfeld gesehen und als solche definiert werden müssen. Eine ähnliche Forderung stellt übrigens Schrapper (2001) für die Problemkonstellationen der sog. »schwierigen« Kinder und Jugendlichen im Bereich der Jugendhilfe.

Fiedler (1999) geht davon aus, dass es sechs verschiedene, grundlegende Bedürfnisaspekte gibt, wobei sich jeweils zwei immer auf einer Dimension entgegen stehen:

1. Bedürfnis nach sozialer Gebundenheit vs. Bedürfnis nach sozialer Unabhängigkeit
2. Primärbedürfnisse/Selbstaktualisierung vs. Bedürfnis nach Sinnstabilität/Selbstsicherheit
3. Aktivität vs. Passivität

Eine psychisch gesunde Person mit normaler Persönlichkeitsentwicklung, so Fiedler (1999), müsse sich, je nach Lebenskontext und Lebensanforderung, aller sechs Bedürfnisaspekte situationsspezifisch und funktional bedienen können. Fiedler (1999) definiert psychische Gesundheit also als Anpassungsleistung und stellt sie damit in einen Zusammenhang zur Lebenssituation bzw. zu den aktuellen Lebensanforderungen. Dies bedeutet, dass eine Person, die normabweichendes Verhalten zeigt, durchaus einen Lebenskontext finden kann, in dem auch so eine Anpassung an die Lebensanforderungen gelingen kann. Z.B. kann ein narzisstisch auffälliger Mensch diese Eigenschaften in einer beruflichen Führungsposition möglicherweise zu seinen Gunsten ausnützen, z.B. wenn es darum geht, sich selbst und seine Firma zu repräsentieren. Für die hier beschriebenen Kinder und Jugendlichen bedeutet dies etwas ganz ähnliches: mit Unterstützung können sie möglicherweise auch eine Lebensnische finden, in der sie mit bzw. trotz ihrer Verhaltensbesonderheiten den Anforderungen des Lebens nachkommen können.

Schrapper (2001) dehnt diese Aspekte noch weiter auf die Strukturen der Kinder- und Jugendhilfe aus. Er hat sich insbesondere mit der Frage beschäftigt, welche Erklärungsmodelle und Handlungsansätze sich für die »besonders schwierigen» Kinder in Kinder und Jugendhilfe, die »Grenzgänger zwischen Jugendhilfe und Psychiatrie« wie er sie nennt, finden lassen. Schrapper (2001) nennt dabei keine Diagnosen, spricht aber genau die Klientel an, die hier beschrieben wird. Seiner Ansicht nach spielt auch das Jugendhilfesystem eine entscheidende Rolle, wenn Lebenssituationen von Kindern und Jugendlichen und deren Familien schwierig werden bzw. eskalieren. Schrapper (2001) wirft den Jugendhilfesystemen z.B. vor, dass Kooperation gerade dann nicht gelingt, wenn sie besonders gebraucht würde. Stattdessen kooperieren die verschiedenen Träger ihre Leistungen nicht ausreichend tragfähig, arbeiten eher nebeneinander als miteinander und würden unter Umständen sogar Phänomene wie beispielsweise Spaltung und Übertragung stellvertretend für die Familien ausagieren. »Sich anbahnende Eskalationen führen dazu, dass sich die beteiligten Systeme zunehmend auf die eigenen Grenzen und Zuständigkeiten zurückziehen, eine Negativbewertung der Kooperationspartner vornehmen und weniger ›lösungsorientiert‹ denken und kooperieren«, so Schrapper (2001, S. 33). Im Umkehrschluss verlangt er deswegen u.a., dass insbesondere bei diesen Kindern und Jugendlichen in besonderem Maße und institutionalisiert ein angemessenes Fallverstehen notwendig ist, das verschiedene Sichtweisen integriert und gleichzeitig auch die Rolle des Jugendhilfesystems nicht außer Acht lässt. Laut Schrapper (2001) muss sich die Jugendhilfe auch bewusst sein, dass die Suche nach schnellen und kompakten Lösungen hier eher hinderlich ist und dass Jugendhilfe oftmals auch, trotz guter Absichten, erfolglos interveniert.

Im Folgenden sollen nun noch exemplarisch für die Borderline- und die Antisoziale Persönlichkeitsentwicklungsstörung spezifisch einige Risikofaktoren und Erklärungsmodelle beschrieben werden. Aufgrund der Fülle von Erklärungsmodellen soll hier keinerlei Anspruch auf Vollständigkeit erhoben werden.

6.4 Ursachen der Emotional-instabilen Persönlichkeits(entwicklungs)störung

Bei der Entstehung dieses Störungsbildes stößt man ebenfalls auf multiple (vielfältige) Faktoren. Es kann davon ausgegangen werden, dass bei diesen Kindern und Jugendlichen sowohl eine biologisch bedingte als auch eine kognitive Vulnerabilität vorliegen kann, die Fehlverhaltenszyklen hervorrufen oder maßgeblich beeinflussen. Besonders hilfreich bei der Ursachenbetrachtung von Borderline-Persönlichkeitsentwicklungsstörungen ist das eher neurobiologisch orientierte Erklärungsmodell von Herpertz (2001, 1999), das bei erwachsenen Borderline-Patienten von einer physiologischen Übererregtheit ausgeht. Unter Einfluss von individuellem Stress erhöht sich die Grundanspannung und es treten dann Reaktionsmuster auf, die Ähnlichkeiten mit biologisch angelegten Fight-and-Flight-Reaktionen haben und sich bei diesen jungen Menschen z.B. in Form von Wutausbrüchen, impulsivem Weglaufen, aber manchmal auch Erstarrung zeigen und im Dienste der Spannungsreduktion stehen (siehe die nach Herpertz (1999) von uns modifizierte **Abb. 6.3**). Insbesondere Frauen mit Borderline-Persönlichkeitsstörungen bauen solche Anspannungen vielfach auch durch Selbstverletzungen (z.B. durch Aufritzen der Arme) ab, obwohl sich solches Verhalten auch bei männlichen Jugendlichen beobachten lässt. Impulsive Verhaltensreaktionen laufen als Reaktionsautomatismen ab, bei denen weder eine kognitive noch eine emotionale Kontrolle über das Verhalten mehr möglich ist – d.h. Denken ist in dem Moment wie abgeschaltet. In der Folge solcher impulsiver Handlungen kommt es meist zu einer Entspannung und manchmal auch zu einer Entlastung bzw. Stimmungshebung und später dann auch zu Gefühlen von Schuld und Scham. Schuld und Scham allein können aber wieder Anlass für ein weiteres Durchlaufen dieses Kreislaufes sein, weil sie die meist noch nicht vollständig abgeklungenen Restemotionen wieder auf ein kritisches Maß anheben können.

Andrea, 13 Jahre alt, war bereits den ganzen Nachmittag und Abend aggressiv gereizt. Alle Anforderungen, die an sie gestellt wurden, wurden von ihr nicht erfüllt. Stattdessen ließ sie ihren Frust an anderen aus, provozierte und drangsalierte andere. Dies steigerte sich so sehr, dass sie am späteren Abend von den anderen Kindern und Jugendlichen getrennt werden musste. Daraufhin fing Andrea an zu toben. Sie (be)schimpfte und schrie: »Ich mach das nicht.«, »Ich hau ab«, etc. Zu dem Zeitpunkt war Andrea nicht mehr ansprechbar und stand völlig neben sich. Es war klar, dass sie die Nacht in dieser Verfassung nicht in ihrem Zimmer, in dem auch noch ein anderes Mädchen schläft, verbringen kann. Als sie von einer Erzieherin gesagt bekommt, dass sie sich gerade unmöglich benimmt und dass sie die Nacht an einem separierten ruhigen Einzelplatz verbringen wird, bringt sie dies noch weiter aus der Verfassung. Unterdessen alleine, verbringt Andrea über eine Stunde damit, weiter zu toben und zu schimpfen. Inzwischen ist es bereits nach 23 Uhr. Erst langsam nach etwa zwei weiteren Stunden und sicherlich auch aufgrund der zunehmenden Müdigkeit wird sie ruhiger und findet zu sich. In Selbstgesprächen äußert sich jetzt auch Verzweiflung: »Warum bin ich so?«, »Wieso behalten die mich noch?«, etc. Andrea wusste nicht, dass die Erzieherin alles mitgehört hatte.

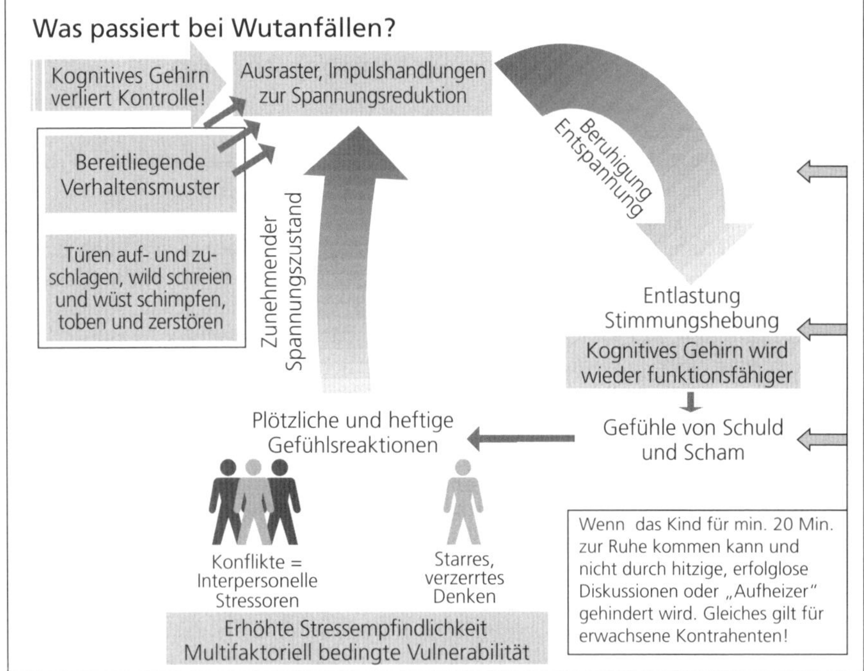

Abbildung 6.3 Erklärungsmodell für Wutanfälle und Ausraster

Die Hirnforschung der letzten Jahre hat große Fortschritte hinsichtlich der Ermittlung neurobiologischer Ursachenkomplexe bei psychischen Erkrankungen gemacht, die auch bei Erklärungsmodellen von Herpertz (1999) Eingang finden. Aufgrund der technischen Entwicklungen in den Neurowissenschaften können mittlerweile selbst geringe strukturelle oder funktionelle Normabweichungen, die Auswirkungen auf unterschiedliche psychische Funktionen haben, erkannt werden. Bei vielen psychischen Störungen spielen immer wieder Hirnareale, wie der Frontalkortex oder das sog. limbische System (insbesondere die Amygdala) eine Rolle. Gerade der Frontalkortex ist in komplizierter Weise mit verschiedenen

Hirnarealen verschaltet. Inzwischen kann davon ausgegangen werden, dass es sich bei Emotional-instabilen Persönlichkeits(entwicklungs)störungen um eine komplizierte emotionale Regulationsstörung handelt, die mit verschiedenartigen hirnorganischen Störungen, Schädigungen und Dysregulationen in Zusammenhang steht. Es konnte z.B. nachgewiesen werden, dass Patienten mit Frontallappenschädigungen große Schwierigkeiten haben, Informationen aus der Umwelt zur Kontrolle und Steuerung des Verhaltens zu verwenden. Sie reagieren rigide, wo Flexibilität angezeigt wäre. Auch Fähigkeiten wie Problemidentifikation, Auswahl von Lösungsschritten zur Problembewältigung, die Initiierung von Handlungsschritten, die Handlungsplanung können in Mitleidenschaft gezogen sein. Die Steuerung des Sozialverhaltens, planerische Komponenten und die Urteilsbildung können zudem erheblich beeinträchtigt werden. Dies sind alles Merkmale, die auch bei Personen mit Emotional-instabilen Persönlichkeits(entwicklungs)störung beobachtet werden. Inzwischen wurde eine Beteiligung des Frontalkortexes und des limbischen Systems bei einer Gruppe von erwachsenen Borderline-Patienten auch nachgewiesen (Kunert et al., 2000). Der Frontalkortex ist aber auch mit einer Vielzahl anderer Hirnareale in komplexester Weise verschaltet. Es überrascht daher nicht, dass sich hirnorganische Fehlfunktionen im Frontalhirn und den mit ihm in Verbindung stehenden Hirnarealen, durch Verhaltensauffälligkeiten deutlich werden, die auf verschiedenste Weise in Erscheinung treten und deswegen für Betroffene und ihre Angehörige, aber immer noch auch für die Forschung, schwer verständlich sind.

6.5 Ursachen der Antisozialen Persönlichkeitsstörung

6.5.1 Eine psychodynamisch orientierte Entwicklungstheorie nach Rauchfleisch

Rauchfleisch (1996, 1981) hat nach seinen langjährigen Erfahrungen mit jugendlichen und erwachsenen Delinquenten in mehreren Veröffentlichungen das Persönlichkeitsbild der Dissozialen (ICD-10) oder Antisozialen (DSM-IV) Persönlichkeitsstörung beschrieben, die sich nach seiner Erfahrung oft mit starken Anteilen der Narzisstischen Persönlichkeitsstörung insbesondere bei der Prägung des Beziehungsverhaltens und auch zusammen mit einer Borderline-Persönlichkeits-Organisation (Kernberg, 2000) zeigen kann. Rauchfleisch (1996) achtet in seiner Betrachtungsweise insbesondere auf die Merkmale des Störungsbildes, die aus der Interaktion mit der Umwelt wie auch der Interaktion zwischen Patient und Therapeut entspringen.

Nach Rauchfleisch (1996) hat man es bei Personen mit Antisozialer Persönlichkeitsstörungen vielfach mit Personen zu tun, die bereits in frühester Kindheit schwere reale Mangel- und Verlusterfahrungen erlebt haben. In der Folge sind dann schwerwiegende Beziehungsstörungen und ein erhebliches Aggressionspotenzial entstanden. Verschiedene Ich-Funktionen sind beeinträchtigt und der Aufbau von Über-Ich-Instanzen (Maßstäbe, Norm- und Wertvorstellungen, Gewissen) konnte nicht störungsfrei erfolgen. Hinzu kommt eine zentrale Selbstwertstörung, die sich einerseits in Insuffizienz- und Ohnmachtgefühlen, andererseits in einem grandiosen Gebaren und starken manipulativen Tendenzen äußert. Rauchfleisch (1996) spricht deshalb von einer Borderline-Organisation der Persönlichkeit im Sinne Kernbergs (Kernberg, 2000). Zudem haben diese Menschen gravierende soziale Schwierigkeiten, die für die Entwicklung und die aktuelle Situation dieser Menschen charakteristisch und für das therapeutische Vorgehen von ausschlaggebender Bedeutung sind.

Dem impulsiven Verhalten, das zu diesem Störungsbild gehört, sieht Rauchfleisch (1996) häufig eine oder mehrere der folgenden Ursachen zugrunde liegen:

- Das Auftauchen unerträglicher Ohnmachtgefühle, die mithilfe des Mechanismus der Verkehrung ins Gegenteil (z.B. Passivität in Aktivität) abgewehrt wird
- Mangelnde Angst- und Spannungstoleranz, die zu Impulsdurchbrüchen führen
- Externalisierung von Über-Ich-Konflikten (d.h. Kampf gegen Über-Ich-Träger bzw. dessen Repräsentanten in der Außenwelt)

Erst wenn die Ursachen des impulsiven Handelns diagnostisch geklärt seien, könne man, nach Ansicht von Rauchfleisch (1996), darüber entscheiden, wie man sinnvoll darauf reagieren kann (z.B. in Form von Grenzsetzung, Gewähren und Versagen von Seiten des Therapeuten, Flexibilität des Behandlungssettings).

6.5.2 Ursachen der Antisozialen Persönlichkeitsstörung aus neurowissenschaftlicher Sicht

Auch für die Personen mit Antisozialer Persönlichkeitsstörung kann ein Zusammenhang zu Regionen des Frontalkortex gefunden werden, allerdings z.T. zu anderen Bereichen als bei der Borderline-Persönlichkeitsstörung (Kunert et al., 2001). Außerdem gibt es Hinweise auf neurobiologische Reifungsstörungen des psychophysiologischen und neuroendokrinologischen Systems bei Kindern und Jugendlichen, in deren Folge oft eine Antisoziale Persönlichkeitsstörung oder andere expansive Verhaltensstörungen diagnostiziert werden (Spitzer, 2001; Rothenberger & Hüther, 1997). Es überrascht angesichts der oben beschriebenen Zusammenhänge zwischen Störungen des Sozialverhaltens, Hyperkinetischer Störung und Antisozialer Persönlichkeitsstörung wenig, dass diese Systeme vor allem mit der Regulierung des Wachheitsniveaus und der Aufmerksamkeitsfokussierung in Zusammenhang stehen.

Personen mit Antisozialer Persönlichkeitsstörung haben Schwierigkeiten, Informationen aus der Umwelt zur Kontrolle, flexiblen Veränderung und Regelung eigenen Verhaltens zu verwenden und auf Umweltinformationen ein adäquates Erregungsniveau zu mobilisieren und aufrechtzuerhalten, wie dies z.B. für eine Aufmerksamkeitsfokussierung notwendig ist. Mittlerweile gibt es Erkenntnisse, nach denen man bei erwachsenen Straftätern, vor allem bei solchen mit Antisozialen Persönlichkeitsstörungen, nachweisen kann, dass sie weniger Angst haben als andere Personen (Spitzer, 2001). Folgen, die aus ihren Verhalten entstehen, haben daher für sie weniger handlungsleitende Relevanz. Die Forschungsgruppe von Herpertz (Persönliche Mitteilung, 2001) konnte inzwischen nachweisen, dass Kinder mit einer Hyperkinetischen Störung des Sozialverhaltens physiologisch ähnliche Reaktionen zeigen wie Erwachsene mit Antisozialer Persönlichkeitsstörung. Kinder, die unter einem reinen Hyperkinetischen Syndrom (also ohne begleitende Störung des Sozialverhaltens) leiden, zeigen diese physiologischen Muster nicht.

7 Gesellschaftliche Umstände verschärfen die Risiken stark problembelasteter junger Menschen

Gesellschaftliche Umstände verschärfen die Risiken bei Kindern/Jugendlichen mit Persönlichkeitsentwicklungsstörungen in mancherlei Weise. Diese Problematik lässt sich aus verschiedenen Blickwinkeln betrachten. Einige Aspekte, die wir als besonders bedeutsam erleben, sollen hier aufgegriffen werden. Es muss wohl davon ausgegangen werden, dass es bei allem Positiven, was eine freiheitlich-pluralistische Gesellschaft für die Mehrheit der Menschen zur Verfügung hält, auch gesellschaftliche Umstände gibt, die die Ausprägung von komplexen Problemkonstellationen begünstigen, indem sie z.B. die pädagogisch-therapeutische Auseinandersetzung mit ihnen erschweren und einige damit verbundene Probleme möglicherweise auch folgenschwerer machen.

7.1 Warum sind junge Menschen mit besonderen psychischen Verletzlichkeiten besonders durch gesellschaftliche Einflüsse gefährdet?

Man könnte auch fragen: Warum haben es die Eltern mit diesen Kindern so schwer, sie von Gefährdungen fernzuhalten?

Einige der aktuellen gesellschaftlichen Umstände einer demokratischen und pluralistischen Gesellschaftsordnung stellen gerade für die hier beschriebenen jungen Menschen ein besonderes Risiko dar. Sie haben Orientierungsprobleme, leiden unter Werteverlust bzw. finden noch weniger als andere junge Menschen Ersatz für verloren gegangene oder nicht mehr ausreichend wahrnehmbare Normen und Maßstäbe.

Kinder/Jugendliche mit hohen Risikobelastungen und den damit verbundenen erzieherischen Besonderheiten, könnte man zudem auch als Kinder/Jugendliche bezeichnen, bei denen die als demokratiegemäß geltenden Erziehungsgrundsätze oft nur (noch) teilweise funktionieren bzw. nicht ohne weiteres zum erzieherischen Erfolg führen. Sie sind noch viel mehr als andere Kinder/Jugendliche versucht, die Toleranzspielräume immer weiter auszudehnen oder auch Freiräume zu missbrauchen und bei den Erwachsenen alle möglichen Schwachpunkte zu finden und zu nutzen, um z.B. auf selbstdefinierten Rechten beharren oder Pflichten verringern oder verweigern zu können. Manche Jugendliche mit Persönlichkeitsentwicklungsstörungen sind Meister im Ertrotzen von Freiheiten. Ständig wird ein »Zuwenig« eingeklagt und den Eltern autoritäres oder borniertes Verhalten zum Vorwurf gemacht. Die eigenen Rechte zu kennen und gleichzeitig die Unsicherheit der Erwachsenen bei der demokratiegemäßen Wahrnehmung und Begründung ihrer Rechte zu erleben, ist für manche problembelastete junge Menschen bereits eine verführerische Aussicht. Dies fordert sie heraus, es darauf ankommen zu lassen, zumal sie immer in Versuchung stehen, auf vielerlei Weise Grenzen zu überschreiten. Man muss die Stolperfallen demokratiegemäßer Erziehung gut kennen, um anhaltende Situationen dieser Art mit Flexibilität und Festigkeit und zugleich mit einem auch in anderer Hinsicht einwandfreien pädagogischen Verhalten durchzustehen. Es ist keine Frage, dass die Auseinandersetzung mit sich ständig wiederholenden Konfliktsituationen auch einen wesentlichen Zermürbungsfaktor darstellen.

Die meisten Eltern und Pädagogen wollen demokratiegemäß erziehen. Kinder/Jugendliche mit starken Problembelastungen bzw. hohem Konfliktpotenzial wie z.B. einer Persönlichkeitsentwicklungsstörung tragen ihren Teil dazu bei, dass Erziehungspersonen ständig fürchten müssen, sich unweigerlich von ihren erzieherischen Idealvorstellungen zu entfernen. »Vertrauen ist gut, Kontrolle ist besser« ist z.B. ein Grundsatz, der bei Jugendlichen mit bestimmten Problemen wie unzuverlässigen Ich-Funktionen bzw. geschwächten Ich-Strukturen zumindest über einen bestimmten Zeitraum hinweg praktiziert werden muss und im Kontext von Persönlichkeitsentwicklungsstörungen auch durchaus gerechtfertigt ist. Erziehern oder Eltern widerstrebt dies aber u.U. sehr, weil sie Misstrauen generell als schlechte Basis für das Verhältnis zwischen Erwachsenen und Kindern ansehen. Kinder/Jugendliche spüren auch dies sehr schnell und kennen damit eine Schwäche mehr, die sich zum geeigneten Zeitpunkt ausnutzen lässt. Hinzu kommt, dass Demokratie ja auch immer auf Auseinandersetzungen mit Worten angewiesen ist. Dies stellt aber vielfach – auch durch die Abhängigkeit vom Sprachvermögen – eine Überforderung für manche jungen Menschen und auch für ihre Eltern dar. Letzteres gilt insbesondere dann, wenn ihnen in der mündlichen Auseinandersetzung mit ihren Sprösslingen die Argumente ausgehen, weil diese es inzwischen so geschickt verstehen, (auch gehörte oder psychologische) sprachliche Begründungen in ihrem Sinne einzusetzen.

Kinder/Jugendliche mit Persönlichkeitsentwicklungsstörungen haben teilweise eine so hohe Stressempfindlichkeit und auch hohe narzisstische Kränkbarkeit, dass sie manchmal schon die Aufforderung zum Zuhören, um ihnen etwas in Ruhe sagen zu können, als eine Zumutung erleben können. Sie fühlen sich bei notwendigen Verzichtleistungen vorschnell gekränkt oder ungerecht behandelt, neigen leichter zu gesprächslähmenden Verstimmungen, können sich oft sprachlich gar nicht ausreichend ausdrücken (ihre Eltern können diesen Mangel auch haben), erleben Regeln oft von vorneherein als Zwang, gegen den man sich wehren muss. Und sie klammern sich häufig an völlig unzweckmäßigen Denkschemata fest und zeigen sich so unflexibel, dass der Alltag zur Mühsal werden kann. Viele wollen Anstrengungen nicht auf sich nehmen und laufen vor ihnen weg. Zusammenhänge zu sehen oder für morgen oder übermorgen zu planen fällt ihnen schwer. Weil sie so viele Alltagssituationen nervig und kräftezehrend werden lassen und dazu auch noch aus vielen gleichartigen Erfahrungen kein rechter Lernzuwachs entsteht, können sie deshalb auch durchaus kompetente Erzieher schnell an ihre Grenzen bringen. Setzt man all diese ohnehin schon schwierigen Besonderheiten von Kindern/Jugendlichen mit Persönlichkeitsentwicklungsstörungen in Relation zu einer Gesellschaft mit zunehmenden Anforderungen, Ansprüchen und Erwartungen wird schnell deutlich, dass es diesen jungen Menschen schwer fallen muss, sich heute zurechtzufinden.

Hinzu kommt nun, dass junge Menschen mit solchen Risikobelastungen über kurz oder lang mit den meisten brisanten Versuchungen und Konfliktfeldern einer freiheitlich-toleranten Gesellschaftsordnung in Berührung kommen. Sie werden von ihnen geradezu gesucht oder angezogen. Ihre Selbst-Kontrollmechanismen halten z.B. den durch die Werbung entfachten Konsumwünschen, dem geschürten Verlangen nach Statussymbolen, dem Bedürfnis, in einer Clique etwas zu gelten, dem Abgrenzungsbedarf gegenüber dem Fehlverhalten zweifelhafter Kumpels usw. häufig nicht stand. Werbeslogans einer Großbank: »Leben Sie, wir kümmern uns um den Rest« oder aber aus der Handywerbung: »Sie sparen bis zu 149 Euro, was gibt's da zu überlegen?« entsprechen nur allzu oft ihrer Denkstruktur und tragen zur Rechtfertigung ihrer Anspruchshaltungen bei.

Es kann außerdem leicht passieren, dass junge Menschen mit Persönlichkeitsentwicklungsstörungen den Verlockungen falscher Freunde bzw. auch den Botschaften neuer – auch rechtsradikaler – Heilslehrer geradezu in die Arme laufen. Diese versprechen ihnen die ersehnte Anerkennung in einer Gemeinschaft, die Bedeutung, die sie noch nicht zu haben glauben, zeigen ihnen einen – leider falschen – Lebenssinn und lenken ihren jugendlichen Bewährungs-, Erlebnis- und Tätigkeitsdrang auf falsche Ziele. Die Versuchung, fanatische Parolen unkritisch mitzuschreien oder radikalen Weisungen zu folgen, ist auch deshalb groß, weil in jeder Außenseitergruppierung das individuelle Gewissen durch das anderen Wertmaßstäben verpflichtete Gruppengewissen ersetzt werden kann.

Viele der Verhaltensabweichungen und die daraus resultierenden komplexen Auswirkungen sind also nicht nur die Probleme einzelner junger Menschen oder ihrer Familien. Sie spiegeln häufig typische gesellschaftliche Entwicklungen, insbesondere aber eher erziehungsunfreundliche gesellschaftliche Fehlentwicklungen wider.

7.2 Eltern, Erzieher und Lehrer im Spannungsfeld zwischen Problemkonstellation, demokratiegemäßer Erziehung und Gesellschaft

Insbesondere die jungen Menschen mit geschwächten Ich-Strukturen, den beschriebenen dysfunktionalen Persönlichkeitszügen und den damit in Zusammenhang stehenden Risiken und Gefährdungen benötigen strukturgebende pädagogische Prinzipien und Rahmenbedingungen. Diese sind derzeit aber immer schwerer aufrecht zu erhalten bzw. immer schwerer unter den gegenwärtigen Lebensumständen durchzusetzen. Ohne auf eisernen Widerstand zu stoßen oder durch unvernünftiges Verhalten selbst großen Schaden zu nehmen, können z.B. Unflexibilität und starre Denkmuster, unumstößliches Beharren auf mächtig überzogenen Wünschen (z.B. Statussymbole wie ein Handy mit neuester Technik, der teuerste Tischtennisschläger, teure Designermode usw.), Verantwortungsverlagerung auf »die andern« (»Nicht ich, Sie brauchen eine Therapie« und: »Daran sind meine Eltern schuld, das weiß doch heute jeder«) praktiziert werden. Manche Eltern und auch andere Mitmenschen, die damit ständig konfrontiert werden, fühlen sich oft nicht stark genug, sich mit Festigkeit dagegen zu stemmen, sondern sie geben – um des lieben Friedens willen, um Schlimmeres zu verhüten (»Dann klau ich mir das eben«) und um nicht Opfer von Zermürbung zu werden – lieber nach. D.h. viele dysfunktionale Problemverhaltensweisen verursachen zwar viel Leid, bleiben aber u.U. eben ohne ernsthafte Folgen für den Verursacher. Aber auch die Vermeidung oder Verschleppung von Problemlösungen (»Ich rede nicht über andere berufliche Möglichkeiten, ich will Schreiner werden«) kommen vor, da opferbereite Angehörige oft unendlich lang Problemverhalten mitfinanzieren. Einige Teile der sozialen Sicherungssysteme scheinen dabei Haltungsänderungen oder Eile zudem nicht unbedingt nötig zu machen, sondern liefern eher Argumente, wieso es z.B. nicht nötig ist, eine Ausbildung zu machen (»Dann leb ich eben von Hartz IV«). Wohl aber stoßen wir andererseits mit der Finanzierung langfristigerer und intensiverer Behandlungsmaßnahmen immer mehr an Grenzen.

Pädagogik muss sich aber auch noch in einem anderen Spannungsfeld bewähren. Heute wird in Familien, Kindergärten und Schulen (zu Recht) versucht, demokratiegemäße Erziehungsformen zu praktizieren, zumindest so wie das – ohne diese je richtig erlernt oder eingeübt zu haben – eben möglich ist. Eine andere Erziehungsform akzeptieren Kinder und Jugendliche in allen Bevölkerungsschichten heute gar nicht mehr! Dies gilt in besonderem Maße für Kinder und Jugendliche mit Persönlichkeitsentwicklungsstörungen. Denn vielfach sind sie überzeugt, ihre Freiheitsrechte genau zu kennen, und sind den Erwachsenen in deren Auslegung und Durchsetzung meistens überlegen.

Gerade das führt aber bei Eltern, Erziehern und auch Lehrern vielfach zu erzieherischen Unsicherheiten, die dann in der Folge Kinder/Jugendlichen mit Persönlichkeitsentwicklungsstörungen schnell lernen lassen, dass sich ihre Eigenheiten auszahlen und dass sie sich mit ihnen häufig erfolgreich und manchmal auch bequemer ein Stück weit durch das Leben mogeln können. Zu Verunsicherungen bei Erziehenden kommt es u.a. aufgrund eines immer weniger werteklaren und Orientierung vorgebenden gesellschaftlichen Umfeldes mit vielen Infragestellungen und unvermeidlichen Versuchungen und Verführungen. Eltern, Lehrer und Erzieher sind einerseits verunsichert oder überfordert, müssen aber heute andererseits in der freiheitlich-demokratischen und pluralistischen Gesellschaft eine Menge mehr und auch allein entscheiden.

Selbst der vielpraktizierte Rückgriff auf Erziehungsliteratur bietet Eltern, Erziehern und Lehrern oft wenig Unterstützung. Vielfach ist von autoritativem (also nicht autoritäres!) Verhalten die Rede, also Erziehungsverhalten, bei dem Festigkeit und Kontrolle mit Wertschätzung und Ermutigung kombiniert werden, Eltern ein gutes Beispiel geben und der junge Mensch zum sozial angemessenen Handeln ermutigt und angehalten wird. Unter psychologischen und pädagogischen Fachleuten (z.B. Uhl, 1993, 1994; Weidner, 2001) herrscht zwar weitgehende Übereinstimmung, dass dieses Erziehungsverhalten bei stärker problembelasteten jungen Menschen anderen Erziehungsformen deutlich überlegen ist. Trotzdem tragen solche leider wenig weiterbeförderten Erkenntnisse wenig zur Auflösung der erzieherischen Verunsicherung bei. Denn insbesondere Eltern sind, wenn sie ihre Aufgabe antreten, dazu oft noch selbst Leidtragende familiärer Belastungen, d.h. sie sind also selbst mit Risiken belastet und konnten als Kinder selbst keine demokratieangemessenen Erziehungserfahrungen verinnerlichen. Zumal viele Hilfekonzepte, die bei Kindern/Jugendlichen mit weniger komplexen Problemkonstellationen funktionieren, sich bei jungen

Menschen mit Persönlichkeitsentwicklungsstörungen oft nur schwer umsetzen lassen. Dies hat zur Folge, dass Eltern, aber auch professionell geschulte Fachkräfte wie Erzieher und Lehrer u.U. anfangen, ihre Erziehungskompetenz in Frage zu stellen, vor allem dann, wenn ihnen Medien und Gesellschaft vorgaukeln, dass diese Aufgabe zu bewältigen sein müsste.

Junge Menschen mit komplexen Problemkonstellationen benötigen aber enorm belastbare und pädagogisch auf sicheren Füßen stehende Erzieher und Lehrer und erst recht starke Eltern. Letztere bräuchten eigentlich Coachs, die ihnen helfen, in der pädagogischen Bedrängnis die richtigen Einsichten zu gewinnen, erzieherische Handlungsmodelle zu finden, und schließlich auch, um erzieherisch standhalten zu können. So könnten sie in Diskussionen mit verunsichernden Argumentationen (»Du bist die autoritärste Mutter und verdirbst mir alle Chancen») Veränderungen herbeiführen und krisenhafte Zuspitzungen oder ein Entgleiten der Handlungsfähigkeit verhindern.

Eltern mit einem psychosozial risikobelasteten Kind/Jugendlichen sollten daher auch nicht vorschnell wegen ihrer Erziehungsfehler von Verwandten, Bekannten und Nachbarn oder womöglich auch noch – durch die Blume – von professionellen Helfern pauschal als Versager eingestuft werden. Eher bräuchten sie – auch wenn sie Fehler gemacht haben – für ihre unzweifelhaft schwere Erziehungsaufgabe aus dem Kreis ihrer Angehörigen, Bekannten oder Nachbarn ganz konkrete Unterstützung (z.B. indem man ihnen das Problemkind in den Ferien für eine Woche abnimmt, um der Familie Entlastung zu schaffen.) Solange Eltern sich allerdings als Versager abgestempelt fühlen, sind sie für Unterstützung von außen nicht voll zugänglich und bleiben oft auch den Elternabenden in Schulen fern, wo sie Unerfreuliches zu hören bekommen könnten.

7.3 Was heißt demokratiegemäße Erziehung? Welche Probleme haben Eltern und Jugendliche damit?

Demokratiegemäße Erziehung heißt, dem jungen Menschen als einer gleichwertigen Person Achtung entgegen zu bringen, ihn Wertschätzung spüren zu lassen, ihm schon früh, aber doch auch altersgerecht Selbstbestimmung und eine eigene Meinung zuzugestehen und ihn in Entscheidungsprozesse einzubeziehen, statt ihm den Erwachsenenwillen aufzuzwingen. In dieser Erziehungsform gilt es aber auch, Verantwortung und Pflichten zu verteilen bzw. zu übernehmen und mitzuhelfen (auch wenn man keine Lust hat), eigene Wünsche an die realen finanziellen Möglichkeiten anzupassen und an Prioritäten zu orientieren. Das führt unter anderem dazu, dass in Familie und Schule immer wieder mittels Diskussionen, also mit verbalen Mitteln, über die Ausgewogenheit von Rechten und Pflichten zu sprechen, zu ringen und notfalls auch zu streiten ist. Es müssen immer wieder Missverständnisse und Fehlinterpretationen z.B. hinsichtlich uneingeschränktem Freiheits- und Selbstentscheidungsverlangen geklärt werden. Zwang ist verpönt. Eltern und Erzieher sollten mit den Jugendlichen Meinungsverschiedenheiten mittels Gesprächen unter Gleichwertigen oder auch über kultivierte Streitgespräche klären (zu diese Diskussion siehe auch Bueb, 2006 und Winterhoff, 2008). Auf diese Weise gilt es auch, die Interessen zwischen Erwachsenen und Kindern/Jugendlichen immer wieder aufeinander abzustimmen. Dabei muss der Erwachsene oft sehr klar und überzeugend argumentieren und Standpunkte, die ihm wichtig sind, mit Festigkeit vertreten können. Und natürlich muss auch eine klare Meinung über wichtige Wertüberzeugungen, Normen und Maßstäbe vorhanden sein. Indem man diese selbst lebt, werden sie glaubwürdig. Ein unsicheres Hin- und Herschwanken in seinen Anschauungen und Grundsätzen würde von Kindern/Jugendlichen leicht wahrgenommen und dann leider auch genutzt, indem sie Standpunkte, Regeln und Grenzen ständig neu auszutesten versuchen.

Eine solche Erziehungsform – das dürfte nach dieser kurzen Skizzierung schon klar sein – fällt absolut nicht leicht, sondern stellt Eltern wie Erzieher oder Lehrer vor manche Herausforderungen und Prüfungen, durch die sie ins Straucheln kommen können. Genauer gesagt, eine demokratiegemäße Erziehung verlangt schon von Eltern, deren Kinder sich ungestört entwickeln konnten, ein hohes Maß an pädagogischen Fähigkeiten, an persönlichem Standvermögen, an Wertüberzeugungen und dazu noch an Entscheidungssicherheit vielen neuen Entwicklungen, aber auch sehr vielen Wahlmöglichkeiten gegenüber. Diese Wahlmöglichkeiten hat es früher – wo jahrhundertealte Traditionen Vieles regelten – bei weitem nicht in diesem Ausmaß gegeben. Nur wenn die Grundfähigkeiten für diese natürlichen Auseinandersetzungsprozesse, die man dazu braucht, bei Erwachsenen und Kindern da sind (also Sprachargumente, Beziehung, Zuhören, Durchsetzungsfähigkeit, Konfliktfähigkeit), kann die pädagogisch außerordentlich anspruchsvolle demokratieangemessene Erziehung gelingen.

Es wird niemand auf den Gedanken kommen, unsere Gesellschaftsordnung wegen ihrer problematischen Nebenwirkungen und Versuchungen aus den Angeln zu heben. Aber diejenigen, die mit diesen heutigen Lebensumständen am schwersten klarkommen – nämlich insbesondere die Kinder, Jugendlichen und ihre Eltern, von denen wir hier berichten – brauchen, sobald sich die Risiken bzw. der besondere Erziehungsbedarf deutlich erkennen lässt, die Unterstützung und Begleitung der Gesellschaft, d.h. konkret auch der Jugendhilfe.

Deshalb gilt zumindest für die Arbeit mit Persönlichkeitsentwicklungsstörungen: Vor allem bei den jungen Menschen mit starken Risikobelastungen ist das Hauptziel, das Gewicht der Risikofaktoren durch den Auf- und Ausbau entsprechender Schutzfaktoren zu verringern. Und zur Aufgabenstellung der Eltern ist festzustellen: Eltern mit einem risikobelasteten Kind oder Jugendlichen haben in einer freiheitlich-toleranten, aber auch die Wertorientierung erschwerenden Gesellschaft mit ihren zum Teil erziehungsunfreundlichen Begleiterscheinungen eine außerordentlich schwere Aufgabe zu bewältigen, die manchmal einem Mehrfrontenkrieg gleicht. Sie tun sich dabei mindestens genauso schwer, wie Staat und Gesellschaft mit ihren Risikogruppen.

Risikobelastete Kinder, Jugendliche und ihre Familien brauchen unter den heutigen Lebensumständen besondere Entwicklungschancen, um die berufliche und gesellschaftliche Integration zu erreichen. Dafür muss es weiterhin im Rahmen der Jugendhilfe ein differenziertes Angebot an sozialpädagogischen, psychologischen und therapeutischen Hilfen und auch stationäre und teilstationäre Einrichtungen geben, die die fachlichen Voraussetzungen für die komplexeren Problemlagen vorhalten. Diese Hilfen sind gerechtfertigt und notwendig und stellen offensichtlich den Preis dar, den wir anderen für die Annehmlichkeiten einer freiheitlich demokratischen und pluralistischen Gesellschaftsordnung zu zahlen haben.

8 Wie häufig kommen Persönlichkeitsentwicklungsstörungen vor?

Für Kinder und Jugendliche gibt es bisher wenig Befunde über die Häufigkeit von Persönlichkeitsentwicklungsstörungen sowohl in der Allgemeinbevölkerung als auch in klinischen Stichproben. Aber auch bei Erwachsenen wurden bisher nicht für alle Persönlichkeitsstörungstypen umfassende epidemiologische Untersuchungen durchgeführt. Die bisher veröffentlichten Zahlen geben daher allenfalls Anhaltspunkte über die tatsächlichen Begebenheiten.

In der Allgemeinbevölkerung ist international bei etwa 10 % aller Erwachsenen eine auffällige Persönlichkeit zu beobachten (Saß & Jünemann, 2000). In international angelegten klinischen Studien (d.h. bei Patienten, die sich in psychiatrischer Behandlung befinden) liegt der Prozentsatz weit höher. Loranger, Sartorius, Andreoli, Berger & Buchheim et al. (1994) fanden z.B. bei 39,5 % aller Personen mindestens eine Persönlichkeitsstörung (nach ICD-10), darunter 1,8 % Schizoide Persönlichkeitsstörungen und 14,9 % Emotional-instabile Persönlichkeitsstörungen vom Borderline-Typus. Das DSM-IV gibt ebenfalls verschiedene Häufigkeitsangaben zu den unterschiedlichen Persönlichkeitsstörungstypen. Demnach leiden ca. 2 % aller Erwachsenen unter einer Borderline-Persönlichkeitsstörung, während bei psychiatrischen Patienten in ambulanter Behandlung bei etwa 10 % und in stationärer Behandlung bei sogar ca. 20 % mit Borderline-Persönlichkeitsstörungen gerechnet werden muss. Untersucht man nur Patienten, bei denen bereits Persönlichkeitsstörungen diagnostiziert wurden und die sich in Behandlung befinden, so sind sogar bei 30–60 % der Untersuchten die Kriterien der Borderline-Persönlichkeitsstörung erfüllt (DSM-IV). Der Prozentsatz bei Erwachsenen ist also nicht unerheblich. Berücksichtigt man zusätzlich, dass sich die Behandlung oft kompliziert und langwierig darstellt und ein großer Teil der Menschen mit Persönlichkeitsstörungen auch straffällig wird und in der Folge häufig in Justizvollzugsanstalten untergebracht werden muss, so kann davon ausgegangen werden, dass Persönlichkeitsstörungen zumindest bei Erwachsenen neben Leid auch gesamtgesellschaftlich enorme Kosten verursachen.

In klinischen Erwachsenen-Stichproben sind weit mehr Frauen betroffen (ca. 70 %, Bohus, 2002). Wenn man aber berücksichtigt, dass sich in forensisch-psychiatrischen Stichproben bei ca. 80 % aller Untersuchten Persönlichkeitsstörungen finden lassen (Saß & Jünemann, 2000) und dass es sich hierbei zu einem größeren Teil um Männer handelt, so lässt sich diese ungleiche geschlechtsspezifische Verteilung erklären. Es ist zu vermuten, dass bei Frauen Borderline-Persönlichkeitsstörungen weniger mit aggressiv-kriminellen Handlungen in Zusammenhang stehen und stattdessen vermutlich eher selbstverletzendes Verhalten eine Rolle spielt. Deswegen finden sich Frauen vermutlich eher in psychiatrisch-psychologischer Behandlung. Männer mit Borderline-Persönlichkeitsstörungen neigen hingegen eher zu nicht-gesetzeskonformen Handlungen und lassen sich daher verstärkt in forensischen Kliniken oder in Justizvollzugsanstalten finden (zum Zusammenhang zwischen Antisozialen und Borderline-Persönlichkeitsstörungen und Gewaltkriminalität siehe auch Saß, 2001).

Bei 3 % aller erwachsenen Männer in der Allgemeinbevölkerung können nach DSM-IV Antisoziale Persönlichkeitsstörungen beobachtet werden, während nur etwa 1 % aller Frauen von ihnen betroffen sind. In Kliniken ist sogar mit Zahlen zwischen 3 und 30 % zu rechnen (DSM-IV). Hingegen sind nur weniger als 1 % der erwachsenen Bevölkerung von Narzisstischen Persönlichkeitsstörungen betroffen. Auch in klinischen Stichproben liegt ihre Häufigkeit unter der von Antisozialen und Borderline-Persönlichkeitsstörungen, nämlich bei 2–16 % (DSM-IV).

In den wenigen Studien, die es zu Persönlichkeitsstörungen im Kindes- und Jugendalter gibt, zeichnet sich ein eher unklares Bild über die Häufigkeit ab. Golombek, Marton, Stein & Korenblum (1986) fanden in einer Studie, in der sie 13-jährige nach DSM-III-Kriterien untersuchten, dass 46 % der Jugendlichen die Kriterien für eine Persönlichkeitsstörung erfüllten. Bernstein, Cohen, Velez, Schwab-Stone, Siever & Shinsato (1993) fanden hingegen bei 31,2 % der untersuchten Kinder und Jugendlichen Hinweise auf leichte Persönlichkeitsstörungen und nur bei 17,2 % Hinweise auf eine schwere Persönlichkeitsstörung. Allerdings wurde hier eine Altersspanne von 9–19 Jahren untersucht, der Altersdurchschnitt lag bei 11,3 Jahren und es wurde nach DSM-III-R Kriterien untersucht.

In einer bei uns in der Einrichtung durchgeführten Diplomarbeit (Eilers, 2002) wurden 37 Kinder und Jugendliche im Alter von 8 bis 17 Jahren nach einer eigens von uns entwickelten Checkliste und nach Kriterien von Diepold (1994) und DSM-IV im Hinblick auf allgemeine Kriterien für Persönlichkeitsstörungen und spezifisch auf Borderline-Persönlichkeitsentwicklungsstörungen untersucht. Es kann hier durchaus davon ausgegangen werden, dass es sich um eine klinische Stichprobe handelt, da sich alle Kinder und Jugendlichen zum Zeitpunkt der Untersuchung im Rahmen der Hilfen zur Erziehung nach dem Kinder- und Jugendhilfegesetz (§ 27 KJHG) in teilstationärer oder stationärer Betreuung befanden. Von den 37 untersuchten jungen Menschen wiesen 29 die allgemeinen Kriterien einer Persönlichkeitsstörung nach DSM-IV auf, was 78,4 % der Gesamtstichprobe entspricht. 48,7 % der Gesamtstichprobe bzw. 18 Kinder und Jugendliche erfüllten die Kriterien einer Borderline-Persönlichkeitsstörung nach DSM-IV. Dies bedeutet, dass 62 % der Kinder und Jugendlichen, die Kriterien einer Persönlichkeitsstörung nach DSM-IV erfüllten, auch die Merkmale einer Borderline-Persönlichkeitsstörung aufwiesen. Selbst wenn man davon ausgeht, dass es sich hier um keine optimale Untersuchungsstichprobe handelt, überrascht trotzdem, wie groß die Ähnlichkeit zu den Befunden im Erwachsenenalter ist (DSM-IV; Saß & Jünemann, 2000, siehe oben).

In verschiedenen Studien konnte außerdem belegt werden, dass zwischen 12 und 14 Jahren ein erster Häufigkeitsgipfel für Persönlichkeitsstörungen zu existieren scheint. Bernstein et al. (1993) fanden einen Häufigkeitsgipfel zwischen 12 und 13 Jahren und eine Studie von Jerschke, Meixner, Richter & Bohus (1998) konnte bei Mädchen einen ersten Häufigkeitsgipfel im Alter von 14 Jahren für Borderline-Persönlichkeitsstörungen nachweisen. Ein zweiter Häufigkeitsschwerpunkt scheint bei Frauen in Bezug auf Borderline-Persönlichkeitsstörungen im Alter von 24 Jahren zu liegen (Jerschke et al., 1998).

9 Der weitere Lebensweg junger Menschen mit Persönlichkeitsentwicklungsstörung

Auch in diesem Bereich gibt es wenig gesicherte Befunde. Insgesamt ist jedoch die Prognose für Kinder und Jugendliche mit solchen komplexen Störungskonstellationen eher ungünstig, wenn – wie bisher – keine diagnostische Einschätzung und problemspezifische frühzeitige Behandlung erfolgt.

Es muss davon ausgegangen werden, dass Persönlichkeitsmerkmale langfristig eher stabil bleiben, wenn therapeutisch-pädagogisch nichts unternommen wird. Diese Problemkonstellationen sind nicht nur auf die kritischen Entwicklungsphasen, wie z.B. die Pubertät, begrenzt und wachsen sich selten aus, wie landläufig häufig angenommen wird. Dies bestätigen auch verschiedene Studien. Eine langfristig angelegte Studie, in der 1037 Kinder der neuseeländischen Stadt Dunedin vom dritten bis zum 26. Lebensjahr untersucht worden waren, zeigte, dass Persönlichkeitsmerkmale, die im Alter von drei Jahren bereits deutlich ausgeprägt sind, maßgeblich zur Vorhersage der Persönlichkeit im Alter von 21 Jahren beitragen können (Caspi, 2000). So teilte Caspi (2000) die untersuchten Kinder im Alter von drei Jahren in Gruppen ein. Die sog. »Unkontrollierten« zeichneten sich z.B. dadurch aus, dass sie impulsiv, leichtsinnig und rücksichtslos waren, Spaß an aufregenden und gefährlichen Situationen hatten, gerne für andere unbequem waren und sich oft schlecht behandelt und getäuscht fühlten. Im Alter von 21 Jahren fielen sie u.a. dadurch auf, dass sie die Schule früher verlassen hatten, ihnen häufiger gekündigt worden war, sie öfter und länger arbeitslos waren und häufiger Sozialhilfe oder Arbeitslosengeld bezogen als ihre Altersgenossen. Viel gravierender ist jedoch, dass sie im Alter von 21 Jahren außerdem häufiger bereits kriminellen Aktivitäten nachgegangen waren und diese auch von ihrem Umfeld, d.h. insbesondere Familie und Freunden, eher toleriert wurden. Dass das Risiko zur Entwicklung einer Antisozialen Persönlichkeitsstörung unter bestimmten Voraussetzungen hoch ist, wenn das Kind oder der Jugendliche bereits eine Störung des Sozialverhaltens hat, wurde ja bereits an anderer Stelle (siehe Kap. 5.2) dargestellt. Auch Schizoide Persönlichkeitsstörungen sind eher stabil. Wolff & Chick (1981) untersuchten 22 Jungen, bei denen die Merkmale einer Schizoiden Persönlichkeitsstörung erfüllt waren. 18 dieser Jungen bekamen auch noch zehn Jahre später die gleiche Diagnose.

Andere Studien befassen sich insbesondere mit Risikoentwicklungen von Kindern/Jugendlichen mit Borderline-Persönlichkeitsentwicklungsstörungen. Wenning (1990) fand z.B., dass Kinder, die früh mit Borderline-ähnlichen Merkmalen auffällig waren, später ein erhöhtes Risiko für Borderline-Persönlichkeitsstörungen, Antisoziale und Schizotypische Persönlichkeitsstörungen aufwiesen. Ähnliches wird auch von Lofgren, Bemporad, King, Lindem & O'Driscoll (1991) und von Kestenbaum (1983) berichtet. In Einzelfallstudien traten bei sieben von acht

Kindern mit Borderline-Diagnosen langfristig keine wesentlichen Symptomverbesserungen auf (Kestenbaum, 1983). Lofgren et al. (1991) fanden bei 16 von 19 Kindern später sogar ein ganzes Spektrum verschiedener Persönlichkeitsstörungen. Bei den ehemals mit 6 bis 10 Jahren mit Borderline-Symptomatik auffälligen Kindern wurden im Alter von 16 bis 30 Jahren Antisoziale, Paranoide, Schizoide, Ängstlich-vermeidende, Schizotypische, Narzisstische und Borderline-Persönlichkeitsstörungen diagnostiziert. Andere Studien konnten nachweisen, dass sich durch die Komorbidität[1] mehrerer Achse-I-Störungen[2] des DSM im Kindes- und Jugendalter das Risiko für eine Persönlichkeitsstörung im Erwachsenenalter deutlich erhöht (Lewinsohn, Rohde, Seeley & Klein, 1997). Dies geschieht unter Umständen auch deswegen, weil die Klassifikationskategorien, die im Kindes- und Jugendalter zur Verfügung stehen, nicht ausreichen, diese komplexen Störungskonstellationen richtig einzuschätzen und zu diagnostizieren. All diese Befunde decken sich auch mit unseren eigenen Erfahrungen.

Patrizia S. 277.

Bei Erwachsenen, die eine Persönlichkeitsstörung entwickelt haben, lässt sich eine ähnliche Stabilität beobachten, selbst wenn die Befunde noch ungesichert sind bzw. sich auch hierzu in der Fachliteratur nur wenig Genaueres finden lässt. Antisoziale Persönlichkeitsstörungen nehmen beispielsweise meist einen deutlich chronischen Verlauf, auch wenn sie im vierten Lebensjahrzehnt insbesondere im Hinblick auf kriminelle Aktivitäten und Substanzmissbrauch häufig nachlassen (DSM-IV; Abrams, 2000). Eine mit dem Alter zunehmende Störungsmilderung scheint für Persönlichkeitsstörungen generell zu gelten (Abrams, 2000), auch wenn sicherlich nicht davon ausgegangen werden kann, dass diese ganz und bei jedem Betroffenen verschwinden. Zudem scheint mit höherem Alter ein Übergang zu Depressionen stattzufinden (Abrams, 2000).

Bei Borderline-Persönlichkeitsstörungen im Erwachsenenalter finden sich hinsichtlich des Verlaufs inzwischen einige gesicherte Befunde. Krisenhafte Zuspitzungen und Phasen der Eskalation sind für Menschen mit Borderline-Persönlichkeitsstörung durchaus nicht ungewöhnlich. Diese Phasen sind dann vielfach auch verbunden mit Suizidversuchen, Selbstverletzungen und Aufenthalten in Kliniken oder anderen Einrichtungen (DSM-IV). Sie nehmen aber im Laufe der Jahre ab und ab dem 30. oder 40. Lebensjahr nimmt die Stabilität in Bezug auf Beziehungen und Berufsleben deutlich zu (DSM-IV). Die soziale Integration gelingt Menschen mit Borderline-Persönlichkeitsstörungen langfristig trotzdem nur schwer (Bohus, 2002), obgleich die Diagnose ab dem 40. Lebensjahr seltener vergeben wird (Fiedler, 2001). Insgesamt muss Behandlungserfolg bei diesen Menschen ganz anders bewertet werden. Bohus & Schmahl (2001) sprechen beispielsweise inzwischen auch dann von Erfolg, wenn z.B. die Zahl der Behandlungstage im Jahr reduziert werden kann.

Bei Menschen mit Persönlichkeitsstörungen ist das Risiko für Selbstverletzungen und versuchten oder vollendeten Suizide deutlich erhöht. In der Literatur finden sich hierzu unterschiedliche Zahlen. Bohus (2002) spricht z.B. von einer Suizidrate bei Borderline-Patienten zwischen 7 und 10 %, während Götze (2000) sogar soweit geht, von einer Lebenszeitprävalenz von 100 % auszugehen. Laut Götze (2000) unternimmt also nahezu jeder Borderline-Patient mindestens einmal

---

1 Gleichzeitiges Auftreten

2 Klinische Störungen, die nicht zu den Persönlichkeitsstörungen gerechnet werden

in seinem Leben einen Suizidversuch, bei 69–80 % träte zumindest selbstverletzendes Verhalten auf (2000).

Gerade für Antisoziale Persönlichkeitsstörungen, aber auch für Borderline-Persönlichkeitsstörungen, muss auch, insbesondere bei Männern, zusätzlich von einem hohen Risiko ausgegangen werden, mit dem Gesetz in Konflikt zu geraten (Saß, 2001). Die Begutachtung unter forensisch-psychiatrischen Gesichtspunkten ist deswegen in der Fachliteratur zu Persönlichkeitsstörungen immer wieder Thema (Böhme, 2000; Saß, 2001). Böhme (2000) weist aber auch darauf hin, dass eine ungünstige Krankheitsprognose nicht mit einer ungünstigen Legalprognose gleich zu setzen ist.

All diese Befunde lassen erneut für eine frühzeitige Diagnosestellung und Behandlung plädieren. Trotzdem mag man sich angesichts der dargestellten Forschungsergebnisse fragen, wie aussichtsreich eine solche Behandlung überhaupt sein kann. Auch hierzu sind bisher wenig Studien durchgeführt worden. Soweit uns dies bekannt ist, hat lediglich Diepold (1995) untersucht, wie gut sich der Behandlungserfolg bei Kindern mit Borderline-Persönlichkeitsentwicklungsstörung darstellt. Sie hat 190 Kinder, die von Kinderpsychotherapeuten und Kinderpsychiatern als Borderline-Patienten eingestuft worden sind, daraufhin untersucht. Die Ergebnisse sind in **Abb. 9.1** aufgeführt[3]. »Nur bei der Hälfte der Fälle kam es zu Strukturveränderungen. Das könnte entmutigen. Ich meine jedoch, dass die Tatsache, dass es bei der Hälfte dieser schwer gestörten Kinder zu Strukturveränderungen kommt, Ermutigung genug ist, um sie zu behandeln«, so Diepold (1995, S. 278).

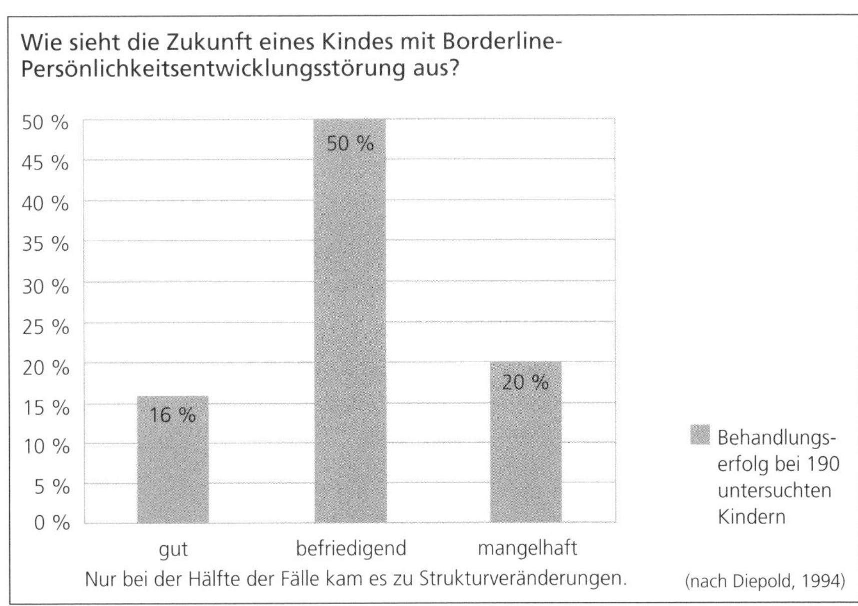

Abbildung 9.1 Entwicklungsverlauf bei Kindern/Jugendlichen mit Borderline-Persönlichkeitsentwicklungsstörungen

3 Die Befunde von Diepold (1994) wurden von uns als Schaubild aufgearbeitet.

10 Leiderfahrungen im Umfeld des jungen Menschen

Persönlichkeitsentwicklungsstörungen beeinträchtigen nicht nur das Leben der betroffenen Kinder/Jugendlichen, sondern hinterlassen auch in ihrem Umfeld massive Spuren und erzeugen dort oft großes Leid. Dies betrifft sowohl die Familien (Eltern, Geschwister, aber auch Großeltern etc.) als auch die professionellen Helfer (Erzieher, Lehrer, Psychotherapeuten, Mitarbeiter der Sozialen Dienste etc.), die mit diesen Kindern/Jugendlichen zu tun haben. Nicht selten erlebt man bei allen Beteiligten, dass ihre Kräfte bis weit über die Grenzen hinaus strapaziert sind und dass auch großes pädagogisches Engagement irgendwann einer verzweifelten Rat- und Hilflosigkeit Platz macht.

Gerade Menschen, die es mit dem Kind/Jugendlichen gut meinen und die das Beste wollen (und dazu gehören, unseren Erfahrungen nach, auch die Mehrzahl aller Eltern), sehen sich insbesondere in der Interaktion und im Gespräch mit ihnen häufig mit Besonderheiten konfrontiert, die alle guten Vorsätze sehr schnell platzen lassen und zu großen Enttäuschungen führen. Gerade in der Anfangszeit einer Hilfemaßnahme (der sog. Honeymoon- oder Flitterwochenphase) – aber auch sonst – sind ausgesprochen gute Beziehungserlebnisse mit diesen Kindern/Jugendlichen durchaus nicht ungewöhnlich bzw. sogar sehr wahrscheinlich, sodass sich auch erfahrene Praktiker wundern, wo eigentlich die bisher geschilderten Probleme geblieben sind. Gerade dann, wenn man aber meint, die bereits erarbeitete Beziehung sei tragfähig genug, auch unbequemere Forderungen stellen zu können, gerät diese ins Wanken und die positiven Erlebnisse können innerhalb kürzester Zeit durch extrem kritische Situationen bis hin zur Eskalation abgelöst werden. Ist die Situation zu einer Krisensituation eskaliert und die Kinder/Jugendlichen auf ein länger anhaltendes niedriges Funktionsniveau abgesunken, so kommen auch die Unterstützungsangebote, Argumente und Warnungen nicht mehr an, für die sie sonst zugänglich sind. Besonders Menschen, die sich vorher sehr für die Kinder/Jugendlichen engagiert haben, fällt es schwer, hilflos zusehen zu müssen, wie Fehlentscheidungen und Problemverhaltensweisen fast zwangsläufige negative Folgen nach sich ziehen, und man fragt sich, wo die andere Seite dieses jungen Menschen geblieben ist. Gerade bei Eltern lösen solche Phasen zudem oft große Ängste und Befürchtungen aus.

10.1 Typische belastende oder wenig nachvollziehbare Merkmale

Viele der Leiderfahrungen, die Familien und Professionelle mit den von Persönlichkeitsentwicklungsstörungen betroffenen Kindern/Jugendlichen machen, haben ihren Ursprung in den störungsspezifischen Verhaltensweisen und Charakteristika. Deren Auswirkungen zeigen sich insbesondere in der Interaktion und im Gespräch mit ihnen.

Kasten 10.1 Typische Gesprächsmerkmale

In Gesprächen mit Kindern/Jugendlichen mit Persönlichkeitsentwicklungsstörungen lassen sich typische Besonderheiten finden. Diese Merkmale sind so charakteristisch, dass sie schon fast von diagnostischer Bedeutung sind, d.h. dass beim Auftreten der folgenden Merkmale zumindest über das Vorliegen einer Persönlichkeitsentwicklungsstörung nachgedacht werden sollte.

- ***Fehlerhafte Wahrnehmung von Geschehnissen, Vorgängen und Sachverhalten:*** sie erscheinen verkürzt, entstellt, auf den Kopf gestellt, Zusammenhänge werden abgestritten (Der Gesprächspartner fragt sich: »Spinne ich jetzt oder der?«)
- ***Festgefahrene, schablonenhafte Denk- und Handlungsschemata verhindern Einsichten,*** das Erkennen von Zusammenhängen, Flexibilität, Anpassung oder Konsens
- ***Allgemeine logische Prinzipien und Grundannahmen werden außer Kraft gesetzt***, wenn auf Denkschablonen, veränderte Wahrnehmungsweisen und »verrückten« Annahmen beharrt wird (»Ich denke nicht nach, ich denke nie nach.«)
- ***Inflexibilität infolge Schwarz-Weiß-, Gut-Böse- und Entweder-oder-Denken*** und ***Unzugänglichkeit gegenüber allen Argumenten*** (»Sich nichts sagen lassen«) erzeugen das Gefühl, dass man »mit dem/der nicht reden kann«
- ***Verleugnung von Anforderungen und Problemen*** und von eigener Verantwortung und Schuld
- ***Ungerechtfertigte und nicht nachvollziehbare Verlagerung der Verantwortung für die eigenen Problemverhalten auf andere*** bis hin zur Aufforderung, auch das Nachdenken für einen zu übernehmen. (»Das weiß ich doch nicht«, »Er hat mich dumm angeschaut«, »Das hat er verdient«, »Sie müssen sich doch um mich kümmern.« Andererseits aber auch »Das geht sie nichts an.«)
- ***»Ich bin o.k. – nicht ich, sondern die anderen müssen sich ändern!«*** Menschen im sozialen Umfeld zerbrechen sich oft mehr den Kopf über die entstandenen oder herbeigeführten Probleme als die Kinder/Jugendlichen und leiden auch mehr als diese (»Alle wollen ein Gespräch mit mir. Ich will mit niemandem reden!«)
- ***Heftigster Widerstand selbst gegen behutsamstes Hinterfragen*** irrealer Vorstellungen, Illusionen, Omnipotenzgefühlen, Fehlwahrnehmungen und Fehlinterpretationen

- ***Extreme und verletzende Anklagen, Vorwürfe und Schuldzuweisungen*** ohne wirkliche Anhaltspunkte oder die tatsächlichen Absichten ins Gegenteil verkehrend (z.B. werden den Eltern/Erziehern/Lehrern gemeinste Absichten unterstellt). Das Gesagte lässt den Beschuldigten in denkbar schlechtestem Licht erscheinen (»Ich bin so, weil mich meine Mutter ins Heim gesteckt hat.«)
- ***Abwertung/Entwertung der Mitmenschen auf sehr niedrigem Niveau*** durch Herabsetzung, Beschimpfung, verletzende Äußerungen, Respektlosigkeit, Entwertung von gut gemeintem Entgegenkommen und Versöhnungsversuchen, Vertrauensentzug
- ***Drohen und erpresserische Forderungen*** erzeugen Angst, lassen aber auch Zweifel aufkommen, ob diese tatsächlich ehrlich gemeint sind (»Ihr werdet schon sehen!«, »Ich bring mich um!«, »Ich stelle mein Handy ab, damit mich niemand mehr erreichen kann«, »Dann klaue ich halt, was ich nicht von euch bekomme.«)
- ***Klagen über Stress – Stress-Überempfindlichkeit:*** Es wird ständig über für Außenstehende manchmal wenig nachvollziehbare Stressauslöser geklagt (»Schon wieder dieser Stress, heute ist doch Sonntag, was sollen wir jetzt über die Gestaltung der Ferien sprechen!«)

Neben den in **Kasten 10.1.** aufgeführten Gesprächsmerkmalen werden typischerweise u.a. folgende Merkmale als besonders belastend oder kaum (mehr) nachvollziehbar erlebt:

- Zermürbende tage- oder wochenlange Phasen von scheinbar durch nichts zu überwindende Unzugänglichkeit, Gereiztheit und Verstimmtheit
- Wechsel von Phasen hohen Funktionsniveaus (Vieles klappt gut, Einsicht und Verständnis ist da, man kann endlich über einiges miteinander reden) mit Phasen niedrigen Funktionsniveaus (Es geht fast alles schief, es gibt unaufhörlich überall Probleme, man kann nichts recht machen), ohne dass feststellbar wäre, warum
- Wiederholt auftretende schwerwiegende Krisenphasen, deren Anlässe als viel zu gering erlebt werden und gegen deren Eskalation man nicht ankommt
- Nicht nachvollziehbare Fehlplanungen und -handlungen, denen jede Logik fehlt und deren Scheitern oder negative Folgen voraussehbar waren
- Schwierigkeiten, aus einer Vielzahl gleicher negativer Erlebnisse oder Erfahrungen zu lernen
- Magische Anziehungskraft von Versuchungen und Verführungen trotz aller Warnungen und Überzeugungsversuche
- Spaltung von Mitmenschen in »nur gute« oder »nur böse« bzw. die Idealisierung von Personen und bald darauf ihre völlige Entwertung
- Häufiger Wechsel zwischen der Suche nach Nähe und dem Nicht-Aushalten-Können von Nähe oder die Angst vor Vereinnahmung, der sehr irritierend erlebt wird
- Eindruck, dass die betroffene Person mit ihrem Verhalten genau das Gegenteil von dem erreicht, was sie eigentlich sehnlichst will

10.2 Die Besonderheiten von Persönlichkeitsentwicklungsstörungen haben weit reichende Auswirkungen für alle Beteiligten

Gewöhnlich hinterlassen die oben beschriebenen Merkmale die gravierendsten Folgen vor allem bei denjenigen Beteiligten, die in engem Kontakt zu diesen Kindern und Jugendlichen stehen – also bei Eltern, Erziehern, Lehrern, Therapeuten, Mitarbeitern der sozialen Dienste, beruflichen Anleitern, Jugendgruppenleitern etc. Die überzogenen Anschuldigungen und aus fehlinterpretierten Wahrnehmungen oder Misstrauen resultierenden Unterstellungen, man wolle den betroffenen jungen Menschen niedermachen, ihm nachspionieren oder hintergehen, sind so überzeugend, dass sie schnell Schuld- und Versagensgefühle erzeugen, ohne dass man zu erkennen vermag, was man denn »verbrochen« haben soll. Dabei belasten sich die Mitmenschen oft viel stärker mit Schuldgefühlen als die Kinder/Jugendlichen selbst – eine Erkenntnis, die für das Umfeld erst recht schmerzlich ist. Situationen, in denen der Umgang miteinander misslingt, häufen sich. Es kommt zu aufreibenden Diskussionen, die aneinander vorbei führen und nicht enden wollen. Man versteht sich nicht, weil man sich auf verschiedenen Ebenen bewegt und nicht zusammenfindet. Das ständige Nichtverstehen und Sich-Nicht-Verstanden-Fühlen ist oft kaum noch zu ertragen. Irgendwann entstehen Unsicherheiten und Zweifel, ob die eingetretene oder zu sehende Not des jungen Menschen echt oder gespielt ist, ob das, was diese Kinder/Jugendlichen tun, eine Form von Krankheit oder letztlich (schiere) Bosheit ist und ob er aus seiner schwierigen Situation überhaupt herauskommen will.

Persönlichkeitsentwicklungsstörungen stellen höchste Anforderungen an alle, die sich zusammen mit den Kindern/Jugendlichen ihren Herausforderungen stellen. Nicht zuletzt wird im alltäglichen Umgang mit Persönlichkeitsentwicklungsstörungen leicht auch das eigene pädagogische oder therapeutische Selbstwertgefühl angekratzt oder die persönliche Erziehungskompetenz in Frage gestellt. Die verletzenden Vorwürfe, überdimensionierten Anklagen und das Verächtlich-Gemacht-Werden lassen sich irgendwann nur noch schwer aushalten. Auch Erfahrene geraten in mündlichen Auseinandersetzungen schnell in Unterlegenheit, wenn diese vom Kind/Jugendlichen schnellfeuerartig (scheinbar ohne nur eine Sekunde nachdenken zu müssen) mit Beschimpfungen und Vokabular aus »unterster Schublade« bestritten werden oder sie nur noch ihre eigene private Logik gelten lassen. Häufig entsteht auch die Befürchtung, in zugespitzten Problem- oder Krisensituationen bzw. bei ausgesprochenen Unverschämtheiten die Beherrschung zu verlieren, selbst aggressiv-tätlich zu werden und sich damit zu Erziehungspraktiken hinreißen zu lassen, die dem eigenen Erziehungsideal widersprechen. Solche und ähnliche Erlebnisse erzeugen Verwirrung und erzieherische Unsicherheit, die die Kinder/Jugendlichen obendrein noch sehr schnell für sich auszunutzen wissen.

Die Festgefahrenheit und die Problemverhalten erzeugen aber nicht nur in der näheren Umgebung (z.B. in der Familie), sondern auch im weiteren Umfeld (z.B. der Nachbarschaft, im Bekanntenkreis etc.) ständige Irritierungen, Spannungen, Verletztheiten und jede Menge Missverständnisse (z.B. wenn sich der betroffene Jugendliche beim Nachbarn zum Essen einlädt, weil er zuhause angeblich »nie was zu Essen bekommt«). Nicht selten müssen Eltern wie auch Lehrer und andere

Professionelle ihre pädagogische Kompetenz anderen gegenüber rechtfertigen, auch weil die betroffenen jungen Menschen in unterschiedlichen Situationen so vielfältige Verhaltensweisen zeigen und weil sie in anderer Umgebung, solang keine Forderung erhoben und kein Frust zugemutet wird, so nett und freundlich sein können. Menschen, die mit diesen Kindern und Jugendlichen nicht so viel zu tun haben, sparen meist nicht mit gut gemeinten Ratschlägen und manchmal sogar mit vorschnellen bzw. klischeehaften Beurteilungen, Vorwürfen oder Schuldzuweisungen nach dem Motto »Wenn das mein Sohn/meine Tochter/mein Bezugskind/mein Schüler etc. wäre,...« Dass komplexe Problemkonstellationen hilflos machen (müssen), wird von Außenstehenden selten verstanden, denn man kann einem professionellen Helfer, aber auch einem Bekannten, höchstens einen Bruchteil der Symptome und leidvollen Erfahrungen berichten und es erfolgt dann häufig eine Kommentierung, von der man spürt, dass sie viel zu kurz greift. Um die schwierige Situation nur annähernd zufrieden stellend zu beschreiben, müssen meist stundenlang erklärende Gespräche geführt werden.

Auch gut ausgebildete und erfahrene Helfer geraten bei Persönlichkeitsentwicklungsstörungen an ihre Grenzen und erleben sich häufig ohnmächtig. Selbst wenn man glaubt, die Problemkonstellation ausreichend verstanden zu haben, und meint, fachlich fundiert mit Anregungen zur Situation beitragen zu können, erlebt man oft, dass die Beteiligten schon fast alles erfolglos ausprobiert haben. Viele langjährig erprobte pädagogische und therapeutische Strategien funktionieren meist nicht oder nur vorübergehend. Die sich wiederholenden negativen Ereignisketten und eskalierenden Krisenphasen kann man zwar häufig klar vorhersehen, sie können jedoch meist nicht verhindert werden und bleiben selbst durch verschiedenste Interventionsversuche unbeeinflusst. Man erlebt immer wieder, dass man kaum etwas recht, aber vieles falsch machen kann, und hat ständig das Gefühl dem Störungsbild immer einen Schritt hinterher zu hinken. Gerade Berufsanfänger leiden darunter sehr (siehe **Kasten 10.2**).

Persönlichkeitsentwicklungsstörungen geben so viele Rätsel auf, dass alle Beteiligten meist ein großes Bedürfnis haben, sich auszutauschen. Ob sie wollen oder nicht, alle sind permanent damit beschäftigt, die Problemverhaltensweisen und Argumentationen des jungen Menschen nachzuvollziehen oder zu deuten, ohne zu einer wirklichen Klärung zu kommen. Auch in professionellen Fallbesprechungen (z.B. in einer Einrichtung) kann es sein, dass sich alle vergeblich den Kopf auf der Suche nach Auslösern und Sinn oder Logik des Problemverhaltens zerbrechen. Möglicherweise werden dadurch sogar Folgeprobleme im Team ausgelöst, z.B. wenn (unbeabsichtigtes) Infragestellen der professionellen Kompetenz zu einer Spaltung des Teams führt (»Bei mir macht er das nicht!«). Solche Diskussionen verzögern zudem den Hilfeprozess, denn die vergebliche Suche nach Nachvollziehbarkeit und optimalen Lösungen stellt sich den dringend erforderlichen Entscheidungen für spezifische Handlungsstrategien eher in den Weg.

Kasten 10.2 Vorbereitung von Berufsanfängern auf komplexe Problemkonstellationen

Erzieher und Lehrer, die neu in dieses Arbeitsfeld kommen, müssen auf Kinder und Jugendliche mit komplexen Problemkonstellationen vorbereitet werden. Unter anderem kann man ihnen raten: »Wundern Sie sich nicht, ...«

- Dass die ständige Suche nach der Logik von Problemverhalten wenig erfolgreich ist, sie findet sich meistens nicht
- Dass private Logik die Dinge auf den Kopf stellt, Ursache-Wirkungs-Zusammenhänge vertauscht oder Zusammenhänge herstellt, von denen man noch nie gehört hat
- Dass es Jugendliche gibt, die häufig über Langeweile klagen, aber dann Beschäftigungsangebote, die Sie machen, der Lustlosigkeit zum Opfer fallen lassen
- Dass gerade diese jungen Menschen sehr viel Autonomie beanspruchen, obwohl bei ihnen die inneren Voraussetzungen hierfür noch unzureichend sind
- Dass Gespräche mit Jugendlichen, gutes Zureden, kompromisshaftes Entgegenkommen notwendig sind, aber dass man nicht zu sehr enttäuscht sein darf, wenn die Wirkung gering ist oder nur kurz anhält
- Dass Sie in Konfliktsituationen mit manchen Jugendlichen leicht lauter werden als Sie möchten, und schnell mit Worten übers Ziel hinausschießen und dann unweigerlich mit Ihrem Erziehungsideal in Konflikt kommen
- Dass in Konfliktstimmung von den Jugendlichen ständig Gefühle erzeugt werden, dass die Erziehungspersonen inkompetent und autoritär seien, massive Fehler bzw. alles total falsch machen würden (»Sie wollen Erzieher/Lehrer sein?«)
- Dass im Umgang miteinander Idealisierung und totale Abwertung bis zum Verächtlichmachen einander ablösen können
- Dass gängige Erziehungsgrundsätze (wie z.B. konsequent sein) nicht immer greifen, weil der dafür erforderliche ich-strukturelle Unterbau fehlt. Versucht man sie trotzdem durchzusetzen, stellt sich dadurch oft der nächste Konflikt ein und die Auseinandersetzung beginnt von vorn
- Dass pädagogische oder organisatorische Strukturvorgaben sehr viel Einfallsreichtum und dann auch noch konsequente Einhaltung erfordern (was leicht gesagt ist), damit sie angenommen werden und ihre Funktion erfüllen können
- Dass unbedingt nötige, weil Struktur gebende Grenzsetzungen oft gegen heftige Gegenwehr verteidigt werden müssen. Sie werden jedoch dann zumeist angenommen
- Dass Sie blitzschnell in den Verdacht geraten, demokratische Grundrechte zu verletzen (z.B. weil Sie angeblich mit Erpressung und gefängnisartigen Freiheitseinschränkungen arbeiten würden, »Ich bin ein freier Bürger in einem freien Land, ich kann machen, was ich will!«)

- Dass der weise Rat vom »Wurf ins kalte Wasser« selten zu einem positiven Ergebnis führt. Er kann ebenso leicht auch ins unvorstellbare Chaos führen (z.B. Betreutes Wohnen)
- Dass Sie ganz genau wissen, was bei dem Jugendlichen, der Ihnen sehr am Herzen liegt, alles zu tun wäre und getan werden könnte, damit er aus seiner Misere herauskommt, aber genau dieser Jugendliche der einzige ist, der Ihnen das nicht glaubt
- Dass nirgendwo die Diskrepanz zwischen dem, was man in der Theorie gelernt hat, und dem, was die Praxis davon zulässt, härter erlebt wird als hier

Teil 3 Das Mehrdimensionale Hilfskonzept

11 Persönlichkeitsentwicklungsstörungen brauchen Mehrdimensionale Hilfekonzepte – Eine Einführung

11.1 Die Ausgangslage

Zunächst sollte man sich bewusst machen, mit welcher Ausgangslage für therapeutische und pädagogische Ansätze man zu rechnen hat. Persönlichkeitsentwicklungsstörungen begegnen einem ja meist dann, wenn sie bereits über Jahre bestehen und ein erhebliches Ausmaß angenommen und sich kritisch zugespitzt haben. D.h. sie haben sich in der Regel über viele Jahre tief einschleifen und verfestigen können. Um einen Eindruck zu vermitteln, wie das aussehen kann bzw. was sich dahinter verbirgt, wollen wir einmal einen 13-Jährigen, nennen wir ihn **Tino**, durch einen schwierigen Tag in der Einrichtung begleiten. Tino gibt es in der Wirklichkeit nicht. Er ist ein virtueller 13-Jähriger, der sich zur Verfügung gestellt hat, um seine Erlebnis- und Reaktionsweisen in einer eskalierenden Risikokonstellation für eine Persönlichkeitsentwicklungsstörung im Alltag abzubilden.

Tino kannte vor der Aufnahme die Einrichtung bereits von vorbereitenden Gesprächen und einem zweitägigen Gastbesuch und hatte sich danach selbst für die Aufnahme entschieden. Er weiß inzwischen, nach ca. sechs Wochen, wer seine AnsprechpartnerInnen für diverse Anliegen sind, ist mit den wichtigsten Regeln und Abläufen vertraut und kennt die meisten Kinder wie auch manche ihrer Eigenheiten. Bei Tino war nach der Aufnahme von den Problemzuspitzungen, die wir von Zuhause berichtet bekommen hatten, zunächst nicht sehr viel zu sehen. Er war gerne gekommen und machte zunächst einen eher angepassten und relativ kooperativen Eindruck. Nach dem Heimischwerden – das kann mal nur ein paar Tage oder auch mal ein paar Wochen dauern – zeigen sich aber nun doch zunehmend seine Handicaps, während er uns auf seine Fähigkeiten und Ressourcen noch keinen Blick werfen lassen will.

Tino zeigt einige typische Probleme einer Persönlichkeitsentwicklungsstörung zusammen mit deutlichen ADHS-Merkmalen: Verstimmtheit, Unflexibilität bis Festgefahrenheit im Denken und Handeln, Misstrauen, negative Erwartungen, Unschlüssigkeit, Langeweile, geringes Selbstwertgefühl, beeinträchtigte soziale Wahrnehmung, Abwehrformen wie Spaltung, Verleugnung, Idealisierung und Abwertung wie auch geringe Verbalisierungsbereitschaft, Verniedlichung oder Verleugnung eigener Probleme, Teilleistungsstörungen, Stressüberempfindlichkeit in verschiedensten Situationen, Impulsivität, Mangel an Selbstkontrolle und an Handlungsalternativen, Ausrasten, Verweigerungstendenzen und noch einiges andere. Im Allgemeinen und besonders unter massiv erhöhter Anspannung kann Tino kaum reflektieren. Seine hier aufgeführten reflektierenden Äußerungen sind ihm in den Mund gelegt. Dass es heute ein schwieriger Tag für Tino ist, kündigt sich schon im Zusammenhang mit dem Aufstehen an. Denn er ist kaum wach zu kriegen. Und man kann auch schon an seinem Gesicht erkennen, dass er sich richtig mies und verstimmt fühlt. Jetzt lassen wir ihn aber selbst berichten.

Tinos Perspektive

Mit diesem beschissenen Gefühl aufstehen? Aber das interessiert Frau G. sicher wieder einmal nicht. Die ist jetzt schon zum dritten Mal da, um mich zum Aufstehen zu bewegen. Warum soll ich überhaupt aufstehen? Warum duschen? Eine saubere Hose soll ich auch noch anziehen! Warum soll ich nach dem Aufstehen mein Bett machen und vorher noch mein in der Nacht nassgewordenes Laken in den Wäscheraum bringen? Hoffentlich begegne ich dabei Denis nicht, wenn der das sieht, was hält der dann von mir? Es bleibt mir aber wohl nichts anderes übrig, als aufzustehen. Aber Duschen – nein! Zähne putzen – vergiss es! Die saubere Hose o.k., die liegt ja schon da. Endlich ist das Nötigste gemacht.

Auf der Treppe steht Frau G. mit Martina und Andreas. Statt sie zu bitten, mich auf der Treppe durchzulassen, hangle ich mich gleich über die Galeriebrüstung und versuche, von da aus abzuspringen. Aber die Frau G. hat es gesehen und es mir natürlich verboten. Das regt mich auf: »Was wollen Sie denn, hier darf man ja überhaupt nichts!«

Denis sitzt schon beim Frühstück. Aber neben ihm sitzt Tom! Schade, wahrscheinlich mag er jetzt Tom sowieso mehr als mich! Schon wieder diese Cornflakes! Ich schöpfe mir jedenfalls trotzdem so viel wie möglich auf meinen Teller. Ich habe aber nur die Hälfte gegessen. Warum? Ich weiß es nicht, der Appetit dahin. Ein bis zwei Löffel Cornflakes liegen um den Teller herum. Den Rest lass' ich stehen. Soll essen und abräumen wer will!

Jetzt kommt Frau G. und sagt mir, ich solle noch in meinem Zimmer aufräumen... – diese blöde Kuh! Jetzt reicht's mir aber bald! Wenn sie jetzt noch meinen halbvollen Teller sieht... – ich greife an: »Sie können mich mal!«. Sie hatte zwar gemeint, vor allem der Zimmerboden müsse frei sein, damit gesaugt werden kann. Ich hab das jedenfalls zu Hause auch noch nie gemacht. Ich renne jetzt wütend in die Richtung meines Zimmers, aber nur um die Flurtür mal richtig zuzuschlagen, dass es kracht. Ins Zimmer geh ich gleich gar nicht, ich gehe nur kurz noch mal ins Bad und schaue in den Spiegel: seh' ich beschissen aus! Dann geht's gleich wieder zurück. Fr. G. sagt, ich hätte in der kurzen Zeit mein Zimmer noch gar nicht aufräumen können. Verdammt! Da kommt jetzt auch noch Felix vorbei und nennt mich im Vorbeigehen »Fettsack«. Jetzt reicht's! Der hat das schon vor drei Tagen kurz nach dem Abendessen zu mir gesagt (als ich mir am Tisch den Teller vollgeschaufelt und ihm nichts mehr übrig gelassen hatte). Also ist das heute das zweite Mal. Auf den geh' ich jetzt los, ich bin stark, auf den schlage ich jetzt mit beiden Fäusten ein (er ist zwar älter, größer und stärker als ich, aber das ist mir jetzt völlig egal). Was sollte ich denn sonst machen? Ich stürze mich auf ihn. Frau G. hält mich gerade noch zurück. Was Schlimmeres als das hätte jetzt nicht passieren können. Wieso hält die mich zurück? Meine Wut ist berechtigt! Ich raste aus, ich schreie jetzt so laut ich kann auf sie ein und schieße mit Schimpfwörtern um mich, die mir – ich weiß gar nicht woher – gerade so über die Lippen gehen. Frau G. will ich jetzt besonders treffen. Die hat mich gehindert, mich berechtigt (!) an Felix zu rächen. Ich reiße die Decke vom Tisch, ein paar Taschen fliegen mit herunter, werfe Stühle durcheinander. Das Bild da an der Wand, das schlage ich auch zusammen. Diese Frau G., diese verdammte ..., was will die denn von mir? Die hat was gegen mich, immer bin ich's! »Sie sind die schlechteste Erzieherin in diesem Haus. Alle andern sind besser als Sie!« – Jetzt versucht sie mich auch noch festzuhalten. »Das dürfen Sie gar nicht, lassen Sie Ihre Pfoten von mir, sonst zeig ich Sie an wegen Körperverletzung!« (... Aber vielleicht ist es jetzt doch besser, dass sie mich festhält und mir den Weg versperrt, wer weiß, was sonst noch passieren würde).

Herr L. kommt dazu, ich zeige mich bockig: »Ich lass mir hier von niemanden mehr in diesem Sch...-haus was sagen!« Aber er führt mich ins leere Wohnzimmer. Er versucht, mit mir ruhig zu sprechen, aber ich bin wütend. Ich sage nichts! Ich halte mir die Ohren zu. Kein Wort werde ich sagen! Herr L. bleibt aber da, setzt sich und wartet. »Ein Sch... laden ist das hier. Eigentlich habe ich ja gar nicht hierher gewollt«. Herr L. sagt ruhig: »Du bist jetzt wütend und aufgeregt und kannst im Moment nichts Gutes an unserem Haus und unserer Schule sehen. Wir haben hier aber eine Menge Dinge und Möglichkeiten, wo Du uns sicher bald alle Deine Fähigkeiten zeigen könntest.« »Ich hab' keine Fähigkeiten und ich hatte ja selber auch gar keine Probleme zu Hause. Eigentlich bin ich nur in der Schule in Mathe nicht klargekommen und wenn der blöde Lehrer nicht gewesen wäre – diese schwule Sau – wäre ich jetzt daheim!«. Herr L. sagt nur noch: »Darüber sprechen wir heute Nachmittag noch mal!« Dann sitzen wir schweigend noch fünf Minuten, das tat eigentlich gut. Mittlerweile muss ich daran denken, dass das mit dem Ausraster vorhin und das Drumherum nicht so gut war. Warum muss mir das immer wieder passieren? Werde ich das noch schaffen?

Jetzt hab ich mich wieder soweit beruhigt, dass ich mich doch noch in die Schule aufmachen möchte. Es ist gerade noch Zeit. Herr L. sagt: »Komm, wir machen zusammen noch kurz Ordnung um dein Bett herum«. Es dauert kaum eine Minute, dann sind wir fertig. Herr L. blickt freundlich und sagt: »o.k., mach's gut« und meint damit wohl die Zeit in der Schule. Im Raum, wo meine Schuhe sind – da ist von mir ja nur einer! Der andere ist bestimmt geklaut! Jetzt kriegt aber die Schranktür einen Tritt – bei sowas kann man sich doch aufregen! Ach so, der andere Schuh war nur durch die Schranktür verdeckt.

Auf dem Weg zur Schule begegnet mir Herr M. Warum schaut der mich so komisch an? Ich glaube, der hat was gegen mich! Also, noch einmal durchatmen und dann rein in die Schule. Ich bin wohl doch ein bisschen zu spät dran. Frau H. zieht die Augenbraue etwas hoch und blickt mich fragend an. Muss die alles so genau nehmen, kann die mich nicht in Ruhe lassen? Ich sage jedenfalls nichts. Jetzt hab ich schon fast die Lust wieder verloren. Warum denn auch jetzt gleich Mathe? Und wie befürchtet, ich kann heute keine drei Zahlen zusammen im Kopf behalten. Gestern war noch alles o.k. Joachim, der neben mir sitzt, nervt schon wieder, warum weiß ich eigentlich selber nicht. Und lauter als sonst ist es auch. Aus Mathe wird bei mir heute eh nichts mehr. Jetzt soll ich für Unterstreichungen das Lineal benutzen. Mir gefällt es auch so. Die Lehrerin gibt mir ihr Lineal, aber ich mache es trotzdem nicht. Sie sagt: »Schade Tino.« Jetzt klappe ich das Heft zu und klatsche es auf meinen Tisch. Einige lachen. Andere machen Bemerkungen, bestimmt über mich! Hoffentlich ist die Stunde bald rum. In der zweiten Stunde haben wir Deutsch.

Aber da kommt die Schulleiterin und sagt uns: »Herr N. ist noch nicht da. Auf der Autobahn war ein schwerer Unfall und Herr N. steckt deswegen in einem Stau, er kann erst in der nächsten Stunde da sein, wie er mir über sein Handy gerade mitgeteilt hat. Wir tauschen die Stunden und machen jetzt Englisch und dann, wenn Hr. N da ist, Deutsch«. So! Das fehlt mir gerade noch. Wir haben jetzt Deutsch und sonst nichts! So steht es im Stundenplan und so ist es in meinem Kopf. Der blöde Herr N.! Warum kann der nicht da sein? Ich gehe jetzt in den Hof und komme erst wieder, wenn wir Deutsch haben.

Herr L. begegnet mir auf dem Hof und spricht mich an. Er merkt, dass was nicht stimmt, und überredet mich umzukehren. Außerdem wolle er heute nach der Schule bzw. nach der Stunde mit Herrn S. selbst etwas mit mir besprechen. Was soll das schon wieder? Bestimmt haben dann alle Erzieher über mich gesprochen und wollen mir jetzt eine

»reinwürgen« wegen heute morgen und so. Ich bin zwar immer noch sauer, aber ich gehe jetzt doch wieder zurück in meine Klasse.

Heute am Dienstag habe ich zwei Stunden früher die Schule aus. Deshalb hat Herr S., einer der Psychotherapeuten, mich wieder zu einem Gespräch einbestellt. Er ist zwar ganz nett, aber ich habe was dagegen, ausgefragt zu werden. So arg schlimm war es ja bisher nicht, aber so was ähnliches hat doch auch schon, bevor ich hierher kam, die Frau M.-B. in der Beratungsstelle stundenlang mit mir gemacht. Und was ist dabei rausgekommen? Nichts. Immer wird da von meinen Problemen oder von meinen Verstimmungen gesprochen. Wenn ich Probleme habe, gehen die meisten niemanden was an. Und wenn ich verstimmt bin, dann nur, weil die mich hier alle nerven. Mal von Denis abgesehen. Über Probleme habe ich mit noch niemand sprechen können. Ich gehe heute mal zu Herrn S. hin, aber sonst läuft da nichts.

Als ich vom Therapeuten zurückkomme, wartet Herr L. schon auf mich. Was wird jetzt kommen? Ich ahne nichts Gutes. Herr L. fragt mich, ob ich heute Nachmittag in seine Fußballgruppe kommen möchte. Heute Nachmittag? Nein (das geht mir zu schnell). »Hast Du schon was anderes vor?« »Nein« (das geht mir zu schnell!) »Du könntest jeden Dienstag in die Fußballgruppe kommen, ich bräuchte noch einen Spieler. Ich weiß, dass Du früher gerne Fußball gespielt hast.« »Ich habe keine Fußballschuhe.« »Das macht nichts, es geht wie bei einigen anderen auch mit anderen Sportschuhen.« »Bei mir nicht! Ich spiele nur mit richtigen Fußballschuhen!« Herr L.: »Dann schaue ich mal, ob ich noch ein paar gebrauchte Ersatzfußballschuhe habe.« »Nein, ich spiele nur mit den eigenen Fußballschuhen.« Herr L. sagt, er rechne fest mit mir, notfalls erst in der nächsten Woche.

Und was mache ich jetzt heute Nachmittag? Ich weiß auch nicht, aber langweilig ist mir jetzt schon. Ich könnte vielleicht mal meine Inline-Skates benutzen und im Hof einige Runden drehen. Frau K. hat kürzlich, als sie mich damit gesehen hat, gesagt, ich könne das aber schon sehr gut. Aber sicher hat sie das nur so dahergelabert, um mich zu loben, in Wirklichkeit fahre ich gar nicht gut. Also lass' ich die Inline-Skates lieber in der Kiste.

In der Hausaufgabenzeit soll ich noch »Freiarbeit« machen, mit der man angeblich seine 1x1-Kenntnisse gut auffrischen könne. Außerdem kann ich meine Rechtschreibung verbessern. Mach ich aber heute nicht, und wenn die mich noch 'ne Stunde volllabern und mich überreden wollen. Ich mache meine Aufgaben und sonst nichts.

Nach dem Abendessen könnte ich in das »Werken für Alle«. Aber da ist Felix sicher dabei. Und der braucht nicht zu sehen, was ich nicht kann oder wozu ich Hilfe brauche. Und außerdem ruft in dieser Zeit vielleicht meine Mutter an. Da mach' ich lieber nichts und setze mich in die Nähe des Telefons.

Ach so, einige Ältere gehen meistens nach dem Abendessen »eine rauchen«. Ich mag die eigentlich sonst nicht so und das Rauchen schmeckt mir eigentlich auch nicht besonders. Aber ich schließ mich da trotzdem mal an. Dabei sein ist alles. Und wenn es rauskommt? Das ist mir jetzt egal.

An der Stelle möchte ich jetzt eigentlich Schluss machen. Ich kann nämlich nicht gut abschalten, weil meine Gedanken nicht rechtzeitig zur Ruhe kommen. In diesem Sinne – bis morgen!

Tino hat einen Einblick gegeben, welche Defizite und Einschränkungen in mehreren Lebensbereichen und auf verschiedenen Ebenen gegeben sein können und wie schwer er damit zu kämpfen hat. Er hat aber auch vermittelt, dass dies nicht bedeutet, dass zugleich und von Anfang an auch eine Bereitschaft vorhanden ist, sich für neue korrigierende Erfahrungen, für Veränderungen und den Ausbau neuer Fähigkeiten aktivieren zu lassen. Man könnte sogar sagen, dass ein Kind/Jugendlicher mit seiner z.T. ganz eigenen Weltsicht, seiner Angst vor sichtbar werdenden Schwächen, Verunsicherungen oder vor (evtl. durch Verhaltensänderung) verloren gehenden Überlebensstrategien eigentlich kaum für innovative und anstrengende Veränderungsprozesse prädestiniert ist. Dies skizziert eine typische Ausgangssituation, wie sie sich zunächst nach außen darstellt. Was sich alles dahinter verbirgt, haben wir aus Tinos Bericht schon mitbekommen. Dementsprechend sind sowohl Ressourcenfindung wie auch die konkrete Umsetzbarkeit therapeutischer und pädagogischer Handlungsansätze zuerst einmal noch erschwert und werden wohl erst allmählich im Zuge des eher schwer wahrnehmbaren Vertrauens- und Beziehungsaufbaus in Gang kommen können. Dies erfordert viel Ermutigung und das Freiwerden von neuen Energien, die bisher eher im Dienste der Abwehr standen.

11.2 Welches ist das richtige Therapiekonzept für Persönlichkeitsentwicklungsstörungen?

Für die Arbeit mit Kindern und Jugendlichen mit Persönlichkeitsentwicklungsstörungen steht noch ein spezielles, wissenschaftlich erforschtes Therapiekonzept aus, das den praktischen Gegebenheiten gerecht werden würde. Momentan können allenfalls Anregungen und Erfahrungen mit erwachsenen Patienten mit Persönlichkeitsstörungen übernommen werden. Diese müssen aber an die Entwicklungsanforderungen und Besonderheiten des jeweiligen Kindes/Jugendlichen angepasst werden, damit etwas therapeutisch Neues oder Eigenes entsteht. Schließlich sind Kinder/Jugendliche keine «kleinen Erwachsenen«. Darüber hinaus kann auf psycho-therapeutische oder pädagogisch-therapeutische Vorgehensweisen zurückgegriffen werden, die für andere Störungsbilder entwickelt wurden und sich entsprechend modifizieren lassen. Für die praktische Arbeit ist dies jedoch kaum zufrieden stellend.

Zudem ist davon auszugehen, dass es kein pädagogisch-therapeutisches Konzept gibt, das zugleich allen Bedürfnissen dieser Störungsbilder Rechnung tragen könnte. Gleichfalls gibt es auch nicht die optimale Kombination therapeutischer und pädagogischer Handlungskonzepte. Sie muss für jeden Einzelfall mit seinen jeweiligen individuellen Besonderheiten ermittelt werden und wird dennoch selbst dann nicht immer als befriedigend angesehen werden können. Dies ist typisch für den therapeutischen und pädagogischen Umgang mit diesen Problemstellungen.

11.3 Orientierungsleitlinien des Mehrdimensionalen Hilfekonzepts

Komplexe Problemstellungen benötigen eine mehrperspektivische Problemsicht und Mehrdimensionale Hilfekonzepte. Andere sprechen auch von multimodalem Vorgehen (z.B. Döpfner & Lehmkuhl, 2002, 2002 a; Keat, 1990). D.h. Hilfen sollten aus unterschiedlichen Blickwinkeln betrachtet werden, auf mehreren Ebenen und über verschiedene Zugangswege ansetzen und sowohl den jungen Menschen als auch sein familiäres Umfeld, aber auch Erzieher, Lehrkräfte, Therapeuten und evtl. andere noch zu beteiligende Personen kooperativ miteinbeziehen. Der anzustoßende Hilfeprozess muss sich auf eine individuelle Psychodiagnostik wie auch vielfältige, flexibel einsetzbare und modifizierbare Handlungsansätze stützen können und so der tief greifenden und sich in verschiedene Lebensbereiche hinein erstreckenden Problematik Rechnung tragen. Denn nur ein solches Vorgehen ist langfristig Erfolg versprechend und tragfähig.

11.3.1 Probleme in verschiedenen Lebensbereichen erfordern einen hohen therapeutischen und pädagogischen Handlungsbedarf und ein flexibles kreatives Vorgehen

Über die Erfahrungen, die man bei der gemeinsamen Wahrnehmung von Alltagsaufgaben und Pflichten in der Freizeit oder in der Schule miteinander macht, ist häufig deutlich zu erkennen, dass es einen hohen psychosozialen und schulischen Aufarbeitungsbedarf gibt. In den betroffenen Lebensbereichen werden für die erforderlichen Veränderungen einige »Baustellen« notwendig werden, an denen gearbeitet werden muss. Da können durchaus Befürchtungen aufkommen, dass das Hilfesystem nicht ausreichend ausgerüstet oder der junge Mensch nicht konstant genug motivierbar sein könnte.

Um den komplexen Anforderungen gerecht werden zu können, müssen Mehrdimensionale Hilfekonzepte deswegen aus *Bausteinen* bestehen, die auf der Basis einer genauen individuellen Diagnostik beruhen und sich an fachlich begründeten Handlungsleitlinien orientieren. Diese werden benötigt, um jeden möglichen Zugang auszuloten und ihn dann für schwierige Problemkonstellationen nutzen zu können. Dabei erweisen sich handlungsorientierte und nicht auf den ersten Blick als »typisch therapeutisch« erlebbare Konzepte als vorteilhaft. Was in den folgenden Kapiteln an Bausteinen vorgestellt wird, ist nicht so zu verstehen, dass diese etwa alle bei einem Kind oder Jugendlichen und vielleicht gar noch rund um die Uhr zum Einsatz kommen. Dies wäre weder möglich noch nötig. Die Darstellung soll lediglich Richtungen und Möglichkeiten aufzeigen. Gerade die Notwendigkeit zur individuellen Anpassung macht eine große Auswahl an Ansatzmöglichkeiten, aber auch immer wieder an neuen Ideen erforderlich.

Bei einem Mehrdimensionalen Hilfekonzept müssen außerdem *pädagogische Zugangsweisen* (z.B. pädagogische Einzelbetreuung) *und therapeutische Ansätze* (z.B. Einzel- und Gruppenpsychotherapie) gleichermaßen ihren Platz haben. Die Auseinandersetzung mit unrealistischen Einstellungen oder Illusionen, Fehlwahrnehmungen und Fehlinterpretationen von sozialen Konflikten lassen sich beispielsweise im gruppentherapeutischen Kontext oftmals besser aufgreifen als im einzeltherapeutischen Setting. Im weiteren Verlauf kann sich eine Kombination beider Methoden als besonders wirksam erweisen. Sowohl im pädagogischen wie im therapeutischen Bereich sind außerdem speziell strukturierte und Halt gebende Rahmenbedingungen erforderlich, auf die im nächsten Kapitel eingegangen wird.

11.3.2 Mehrdimensionales Arbeiten bedeutet auch, sich auf Gratwanderungen einzulassen

Angesichts der an vielen Orten in Erscheinung tretenden Probleme gilt es andererseits, Prioritäten zu setzen und z.B. in einer bereichsübergreifenden Fallkonferenz einen der aktuellen Situation anzupassenden Strategieplan aufzustellen. Das kann bedeuten, dass man für einen definierten Zeitraum Problemfelder schließt (z.B. Aussetzen des Gruppen-Schulunterrichts in einem besonders kritischen Fach) oder Anforderungen zurückfährt, um Entlastung und Stress-Absenkung zu erreichen. Das soll (nicht nur) dem Jugendlichen das Gefühl geben: »Wir brauchen oder müssen nicht alles auf einmal bewältigen«. Zu hoher Zeit- und Anforderungsdruck könnte hier eher wieder zu krisenhaften Zuspitzungen mit den typischen negativen Auswirkungen führen. Man begibt sich dabei allerdings auf eine der vielen Gratwanderungen, die man in dieser Arbeit wagen muss: es müssen die Entlastung und Schonung einerseits und die notwendige Herausforderung und Aktivierung zur Bewältigung von Entwicklungsaufgaben andererseits immer wieder neu austariert werden. Dies muss auch deshalb beachtet werden, weil eine latente Regressionsgefahr (maligne Regression) besteht und weil sich ohne eigene Aktivierungsbereitschaft Erfolgserlebnisse auf dem Weg zur Gewinnung eines positiveren Selbstbildes und neuen Selbstvertrauens kaum finden lassen.

11.3.3 Stabilisierung durch rasche Verminderung von Problemverhaltensweisen und Erhaltung der Kooperationsbereitschaft stehen an erster Stelle

Entwicklungsfortschritte können nur in einer »Koproduktion« erfolgen. Lässt sich ein »Koproduzent« nicht oder mit zu wenig Ausdauer ein, wird die »Produktion« zunächst spärlich ausfallen. Für ein Hilfekonzept bedeutet dies, dass möglichst alle Beteiligten als Kooperationspartner zu gewinnen und zu bewahren sind.

Schmidt (2000) beschreibt als Resultat der Jugendhilfe-Effekte-Studie besonders diejenigen Hilfeverläufe als besonders erfolgreich, bei denen von Seiten der Einrichtung die folgenden Aspekte praktiziert bzw. hoch gewichtet wurden:

- *Ressourcenorientierte Vorgehensweise*
- *Klinische Orientierung* (am Störungsbild und seinen Symptomen orientiert)
- *Förderung der Kooperationsbereitschaft*
- *Rasche Verminderung der Problemverhaltensweisen*

Eine Entzerrung und Beruhigung des Alltags und eine Stabilisierung der Gesamtsituation werden als eine der wichtigsten Voraussetzungen für den Aufbau von Fähigkeiten und Ressourcen angesehen. Dies sind auch die Vorbedingungen dafür, dass das Kind oder der Jugendliche erreichbar genug wird, um mit ihm an einer Kompetenz- und Ressourcenerweiterung arbeiten zu können. Neben konkreten Überlegungen für das Kind/den Jugendlichen trägt zweifellos auch die Arbeit mit dem Umfeld und insbesondere die Entlastung der Familie zur Stabilisierung der Situation bei.

Ähnliches gilt auch für Krisenphasen, wenn die Probleme dieser jungen Menschen Hilfemaßnahmen oft kaum zugänglich sind. Diese Phasen müssen von allen

Beteiligten ausgehalten werden, ohne entmutigt aufzugeben und ihre Kooperation zu kündigen. In diesen Zeiten gilt es, durchzuhalten, die Kooperationsbereitschaft aller Beteiligten zu erhalten und auf eine Beruhigung und Stabilisierung der Gesamtsituation zu warten. Erst dann können neue Zugangsmöglichkeiten eröffnet und Hilfen wieder möglich gemacht werden.

11.3.4 Ermutigung zur Hinwendung auf neue Erlebnis- und Lernfelder

Neben einer Stabilisierung der Situation und der Reduzierung von Problemverhaltensweisen muss der Auf- und Ausbau von Fähigkeiten und der Zugang zu Ressourcen unterstützt werden. Hilfekonzepte sollten daher unbedingt an vorhandenen Ressourcen anknüpfen und Helfer sollten bereit sein, bei Bedarf immer wieder neue Wege einzuschlagen, um zu den Ressourcen des jungen Menschen vorzudringen. Zentral ist dabei auch die Ermutigung, Fähigkeiten neu zu entdecken und sich neuen Erfahrungs- und Lernfeldern zuzuwenden. Durch individuelle Aufmerksamkeit wie auch vielfältige gruppenpädagogische und freizeitstrukturierende Aktivitäten lassen sich solche positiven Selbstwerterfahrungen und neuen sozialen Erfahrungen anstoßen.

Über den persönlichen Bezug, der natürlich erst einmal entstehen und dann gepflegt werden muss, wird die Motivation für die Anstrengungen gefördert, die nötig sind, um Ziele zu verfolgen, Probleme anzupacken und Schwächen zu kompensieren. Das Erleben sozialer Anerkennung und das neu gewonnene Selbstvertrauen stellen eine wichtige Basis für weiteres soziales Lernen und die Einübung angemessener Verhaltensmuster in Belastungs- und Konfliktsituationen dar. Entscheidend ist dabei auch, Freiräume und Anlässe zu schaffen, in denen neues Verhalten zunächst einmal erprobt werden kann.

11.3.5 Es gibt keine Patentlösungen – und meist auch keine optimalen Lösungen

Immer wieder muss vielmehr zwischen als nicht-optimal erlebten Handlungsansätzen ausgewählt werden und es gilt, eine Balance zwischen Aushalten und Nicht-Aufgeben zu finden. Hinzu kommt das Risiko, dass ein zunächst wirksam erscheinendes Konzept über kurz oder lang nicht mehr anwendbar ist. Lösungen, die heute funktionieren, werden u.U. morgen vom Kind/Jugendlichen nicht mehr mitgetragen. Es kann aber auch sein, dass die Durchführung so sabotiert wird, dass sie aufgegeben werden muss. Bei einem Mehrdimensionalen Hilfekonzept müssen deswegen – ähnlich wie auch bei medikamentösen Unterstützungsmöglichkeiten – kontinuierliche Risiko-Nutzen-Überlegungen stattfinden und manchmal müssen pädagogisch-therapeutische »Nebenwirkungen« vorübergehend in Kauf genommen werden. Alle Hilfeansätze müssen außerdem einer genauen Beobachtung und Kontrolle unterliegen, damit schnell und flexibel auf die sich ständig verändernde Bedarfslage reagiert werden kann.

11.3.6 Einstellung der Mitarbeiter auf die besondere Problematik und Vorgehensweise

Die bei diesen jungen Menschen und in deren Familie und Umfeld zu leistende therapeutische und pädagogische Arbeit erweist sich häufig als mühsam, langwierig, konfliktbelastet und viel Geduld erfordernd. Es gibt reichlich Quellen für Unsicherheit und eventuell auch Unzufriedenheit allen beteiligten Helfern. Befindet man sich auf dem richtigen Weg? Hätte man anders vorgehen, andere Prioritäten mit dem Jugendlichen aushandeln oder setzen müssen? Das sind Fragen, die immer wieder aktuell bewegen. Andererseits brauchen diese jungen Menschen von Anfang an pädagogisch erfahrene, sicher und klar auftretende und authentisch erlebbare Erziehungs- bzw. Bezugspersonen, um sich in psychischer Balance zu halten und den Alltag im Miteinander zu bewältigen.

Mehrdimensionale Hilfekonzepte stellen – auch angesichts der Leiderfahrungen, die solche Störungsbilder nach sich ziehen – hohe Anforderungen an alle beteiligten Mitarbeiter. Um sie erfüllen zu können und sich der Belastungen und Gefahren im Umgang mit Persönlichkeitsentwicklungsstörungen und ihren oft verwirrenden Mechanismen und Auswirkungen im Alltag bewusst zu sein, benötigen sie einerseits spezifisches Störungswissen. Dies reicht aber nicht. Mehrdimensionale Hilfekonzepte müssen immer auf mehreren Schultern getragen werden und die mit diesen Störungen und ihrer besonderen Dynamik befassten Personen brauchen persönliche und gegenseitige Entlastung und zusätzlich angeleitete Reflexion. Dabei gilt es, die Zermürbung zu verhindern, die sich einstellt, wenn sich auf Dauer zu viele Enttäuschungserlebnisse ansammeln. Alle Bereiche müssen zudem fachübergreifend zusammenwirken, um der pädagogisch-therapeutischen Herausforderung und den damit verbundenen Klippen in Form von immer wieder auftauchenden Verunsicherungen, Missverständnissen, Täuschungen und Fehlinterpretationen gewachsen zu sein, die die Arbeit mit diesen Problemkonstellationen zwangsläufig mit sich bringt. Grundvoraussetzungen dafür sind u.a. eine gelingende Kommunikation unter den Beteiligten und eine vertrauensvolle Kooperation.

12 Stationäre und teilstationäre Hilfen

Ein wichtiger Baustein des Mehrdimensionalen Hilfekonzeptes kann der stationäre bzw. teilstationäre Aufenthalt in einer auf Persönlichkeitsentwicklungsstörungen vorbereiteten Jugendhilfeeinrichtung (oder zunächst in einer kinder- und jugendpsychiatrischen Klinik) sein. Wo die Ansatzpunkte im Rahmen eines solchen Aufenthalts liegen können und wie dieser hilfreich werden kann, soll in diesem Kapitel erörtert werden. Viele der hier angesprochenen Hilfeansätze beinhalten nichts grundlegend Neues, erhalten jedoch im Rahmen eines Mehrdimensionalen Hilfekonzeptes ein anderes Gewicht und z.T. auch einen neuen Begründungsrahmen. Vorgestellt werden sollen hier vor allem die Ansatzpunkte und Strategien, die wir innerhalb unserer Einrichtung in der richtigen Bündelung als erfolgsversprechend ansehen bzw. zu denen wir beim Umgang mit diesen oft schwer veränderbar wirkenden Problemkonstellationen eigene Erfahrungen sammeln konnten. Da ein Mehrdimensionales Hilfekonzept nicht *den einen*, sondern immer mehrere Ansätze ermöglichen soll, wird hier ein Spektrum denkbarer Ansätze aufgezeigt und dazu ermutigt, aus den beschriebenen Ansätzen für den individuellen Fall die entsprechende Gewichtung und Auswahl vorzunehmen und an die jeweils eigenen Bedingungen anzupassen.

12.1 Wann und warum kann ein stationärer oder teilstationärer Aufenthalt hilfreich sein?

Allgemein werden stationäre und teilstationäre Hilfen meist dann angedacht, wenn bei einem Kind oder Jugendlichen eine am Wohl des Kindes ausgerichtete Erziehung nicht (mehr) gewährleistet ist (§ 27, SGB VIII) oder eine seelische Behinderung droht oder schon gegeben ist (§ 35a, SGB VIII). Dies ist z.B. der Fall, wenn

- lang anhaltende oder bereits verfestigte erzieherische oder schulische Schwierigkeiten bestehen
- komplexe Problembelastungen im kognitiven, emotionalen und sozialen Bereich, im Lern- und Arbeitsverhalten oder in einer körperlichen Symptomatik zu einer Gefahr für die persönliche Entwicklung werden, weil bereits vielfältige Funktionseinschränkungen feststellbar sind und/oder sich (weitere) ankündigen

- ambulante sozialpädagogische, psychologische oder psychotherapeutische Maßnahmen keine nachhaltige Veränderung bewirken oder unter den gegebenen Umständen keine ausreichende Wirksamkeit versprechen

Was die Familien angeht, so

- liegen meist Störungen im Familiensystem vor, die Probleme mit aufrecht erhalten oder die deren Überwindung erschweren
- ziehen die bestehenden Probleme die ganze Familie in Mitleidenschaft und lassen die Gefühle in einem Dauerkonflikt verstrickt erscheinen
- sind oft Einsichten und seelische Kräfte blockiert und damit ist auch der Spielraum für neues pädagogisches Handeln oder neue Erfahrungen miteinander verloren gegangen
- haben sich im Laufe der Zeit dysfunktionale Rollen und Interaktionen eingeschliffen, aus denen oft kaum mehr ein Ausweg möglich ist
- haben sich bei Eltern und beim Kind/Jugendlichen negative Erwartungen so verfestigt, dass bestimmte Situationen sich so konfliktreich und schwierig gestalten, dass daraus gar nichts mehr Gutes oder Vernünftiges entstehen kann
- übersteigt die Bewältigung der Erziehungsaufgabe(n) die Kräfte der Familie aus unterschiedlichen Gründen (bei Krisen, schwerwiegenderen Konflikten, außergewöhnlichen Belastungen oder bei einem Problemkind mit besonders hohem Erziehungsbedarf)
- kann angemessenes oder neues pädagogisches Handeln nicht mehr eingesetzt oder entwickelt werden

Die meisten dieser Punkte sind bei Kindern und Jugendlichen mit Persönlichkeitsentwicklungsstörungen gegeben. Diese Kinder und Jugendlichen kommen, vereinfacht gesagt, meistens dann zu uns, wenn die Probleme und die Auswirkungen von Persönlichkeitsentwicklungsstörungen einen Höhepunkt erreicht haben und Eltern und Lehrer nahezu erschöpft sind und nicht mehr weiter wissen. Oft sind die Probleme inzwischen so eskaliert, dass mit anderen Mitteln kaum noch eine Veränderung möglich ist.

Ein stationärer oder teilstationärer Aufenthalt kann schon allein durch die damit geschaffene Möglichkeit, eine vorübergehende Distanz zueinander zu finden, hilfreich sein und zu einem pädagogischen Neuanfang beitragen. Zunächst werden dabei folgende Ziele verfolgt:

1. *Entschärfung der familiären und schulischen Krisensituation*
   In erster Linie schafft ein stationärer oder teilstationärer Aufenthalt Entlastung für alle Beteiligten. Eine freiwillig gewählte und vorübergehende Distanz zueinander, wie sie vor allem der stationäre Aufenthalt ermöglicht, dient dem Kind/Jugendlichen wie auch den Eltern und Geschwistern als Voraussetzung, um wieder »durchatmen« zu können und wieder für eine neue Betrachtungsweise ihrer Problemlage zugänglich zu werden.
2. *Ermöglichung einer mehrperspektivischen Betrachtungsweise, die neue Hoffnung entstehen lässt und neue Chancen eröffnet*
   Einblicke in verschiedene Lebensbereiche (z.B. in den pädagogischen Alltag in der Kindergruppe, in die Situation von Kleinklasse oder Einzelunterricht, in den Freizeitbereich mit zahlreichen Spiel- und Beschäftigungsmöglichkeiten) und die Auswertung einer psychotherapeutischen Probephase wie auch spezifische diagnostische Untersuchungen ermöglichen differenzierte Erkenntnisse

zur weiteren Klärung und Gewichtung der an der individuellen und der familiären Problemlage beteiligten Komponenten. Sie erweitern das Blickfeld und weisen auf mögliche Handlungsansätze hin.

3. *Schnelle Bündelung und Vernetzung von Hilfeansätzen und Schaffung eines Rahmens, der Ressourcen zu Tage fördern hilft und das Verhältnis von Risiko- und Schutzfaktoren bestimmbarer macht*
   Durch eine Bündelung pädagogischer und therapeutischer Betreuungsmethoden können die Entwicklungsreserven vom Kind/Jugendlichen und in ähnlicher Weise auch von der Familie mobilisiert und neue Fähigkeiten und Verhaltensweisen zur Problembewältigung und Entwicklung sozialer Fähigkeiten aktiviert und eingeübt werden. Leitziel ist hierbei, dem jungen Menschen unter Einbeziehung seiner Familie neue persönliche Entwicklungschancen zu eröffnen. Eine solche Bündelung und Vernetzung wäre durch ambulante Maßnahmen kaum zu erreichen. Meistens ist die Krisensituation auch bereits so eskaliert, dass die Zeit dafür nicht mehr zur Verfügung steht.

12.2 Aufnahmevorbereitung und Anfangsphase in der Einrichtung

Kindern und Jugendlichen, gerade mit Persönlichkeitsentwicklungsstörungen, fällt es im Vorfeld zunächst nicht leicht, sich ein Hilfeangebot im Rahmen eines stationären oder teilstationären Aufenthalts vorstellen zu können. Aufgrund ihrer vielen negativen Erfahrungen, ihrer Wahrnehmungsverzerrungen und ihres geringen Selbstwertgefühls sind sie misstrauisch. Sie sind dazu unflexibel, haben oft Angst vor neuen Situationen und sind sich unsicher bezüglich ihrer Bewältigungs- und Problemlösefähigkeiten. Und häufig sind sie ohnehin der Überzeugung, dass eigentlich doch alle anderen an den Problemen, mit denen sie zu kämpfen haben, »schuld« sind. Trotzdem haben viele dieser jungen Menschen doch auch Leidensdruck, allerdings ist der – je nach Alter – vielleicht diffus, z.B. in dem sie zumindest die ständigen Turbulenzen zu Hause und in der Schule leid haben und sich nach normaleren Verhältnissen sehnen.

Um sich entscheiden zu können und sich schließlich auch zurechtzufinden, gilt es, von Seiten der Einrichtung Informationen und Hilfestellungen bereit zu halten. Denn letztlich geht es um den Einstieg in einen neuen Lebensabschnitt. Vorbereitet wird dies in der Regel neben *Gesprächsbesuchen* über einen der Aufnahme vorausgehenden zweitägigen *Gastbesuch*. Dieser ermöglicht den Kindern und Jugendlichen, bevor auch ihre Eltern eine Entscheidung zu treffen brauchen, die Einrichtung mit allen ihren Möglichkeiten, mit allen Kindern oder Jugendlichen und den Erwachsenen wie natürlich auch dem pädagogischen Klima, das hier herrscht, persönlich kennen zu lernen. 90% der Kinder und Jugendlichen entscheiden sich danach für die Aufnahme. Manche Eltern sind darüber zunächst betroffen, dass ihrem Kind diese Entscheidung so leicht fällt. Dass dies nicht negativ zu sehen ist, lässt sich aber meistens gut erklären. Eine weitere Beunruhigung tritt bei Eltern nicht selten ein, wenn das Kind stationär in unserer Einrichtung aufgenommen ist und sich trotz Vorbereitung »Abnabelungsprobleme« einstellen. Sie machen den

Eltern in der Regel mehr zu schaffen als dem Kind, weil Versagenserlebnisse, Schuldgefühle und Verlustängste neu aktiviert werden. Deshalb brauchen Eltern vor und nach der Aufnahme Antworten auf viele Fragen sowie Begleitung und Stützung.

12.2.1 Die Verbindung zu Familie und Lebenswelt bleibt erhalten

Ist der junge Mensch stationär aufgenommen, soll er sich dennoch weiterhin der Familie zugehörig fühlen können. Er wird aber evtl. auf bisherigen, über seine Probleme entstandenen »Krankheitsgewinn« und auch auf die möglicherweise zu Hause erzwungene Machtrolle verzichten müssen. Aber auch Geschwister und Eltern(teile) müssen sich, wenn das Kind mit seinen viel Aufmerksamkeit und Kraft bindenden Problemen aus dem Haus ist, neu miteinander arrangieren. Wenn Freundschaften in der bisherigen Lebenswelt vorhanden sind, sollten auch deren Erhalt und die Art der weiteren Pflege schon vor oder bei der Aufnahme geklärt werden. Dies bedeutet gerade Jugendlichen oft sehr viel und dient deshalb nicht selten als maßgeblicher Entscheidungspunkt, an dem eine Aufnahme auch scheitern könnte. Oft ist es aber auch so, dass gerade keine Freunde (mehr) da sind oder dass es diese (leider) noch gar nie gegeben hat. Es kann auch sein, dass ein Jugendlicher einer Aufnahme nur dann zustimmen kann, wenn gewährleistet ist, dass er zu bestimmten Familienanlässen nach Hause beurlaubt werden kann. Gibt es im heimatlichen Umfeld traditionelle Ereignisse, die dem jungen Menschen vertraut bleiben sollen, ist dies ebenfalls ein Grund für Sonderbeurlaubungen. Für die Kinder und Jugendlichen, die teilstationär aufgenommen sind, stellen sich solche Probleme anders dar. Bei ihnen würde man sich beispielsweise wünschen, dass sie mehr Distanz zu »Kumpels« fänden oder ihre bisherige Rolle zu Hause leichter ablegen könnten.

12.3 Der pädagogisch-therapeutische Alltag

12.3.1 Der pädagogische Alltag als soziales und emotionales Lernfeld

Ein Schwerpunkt der Entwicklungsförderung in einer Jugendhilfeeinrichtung wird von der Sozialpädagogik in der gelingenden Gestaltung und Bewältigung des pädagogischen Alltags gesehen. Als pädagogischer Alltag fasst man alle das zusammen, was das Leben in einer sozialen Gemeinschaft – sei es eine Kindergruppe oder eine Hausgemeinschaft – über den Tag wesentlich ausmacht. Zum Alltag gehört neben der persönlichen Aufmerksamkeit und Anerkennung, die das Kind/der Jugendliche erfährt, auch alles, was an nicht aussuchbaren Anforderungen und dafür notwendigen Abstimmungsproblemen zu bewältigen ist. Für jedes Zusammenleben wichtige elementare Erfahrungen sollen hier gemacht werden können (aufeinander zugehen, aufeinander Rücksicht nehmen, einander ertragen, Eigenaktivität entwickeln, eigene und gemeinsame Interessen finden, die Interessen anderer respektieren, handwerkliche Fähigkeiten ausprobieren, in gemeinsamen Spielen und erlebnisorientierten Unternehmungen Freude erleben und Durchhaltevermögen üben), ohne dass es ständig zu neuen Kränkungs- und Versagenserlebnissen oder wieder zu einer negativen Rollenzementierung kommen darf.

Der pädagogische Alltag dient als eines der wichtigsten Lernfelder für soziale und emotionale Erfahrungen. Man darf davon ausgehen, dass ein junger Mensch während seines Aufenthalts nirgendwo mehr als im Alltag von Heim, Tagesgruppe oder Schule Gefühle des Angenommen-, Abgelehnt- oder Ausgestoßenseins, der Verlässlichkeit und Sicherheit oder auch der Einsamkeit oder Isolierung zu erfahren vermag. Es kann viele und z.T. heftige Konflikte geben, aus denen Kinder/Jugendliche – zuerst mit Hilfestellung, später allein – herausfinden müssen oder sie werden von anderen ausgelacht oder (z.B. aus Rachegefühlen heraus) geschädigt. In solchen Situationen sollten die Kinder/Jugendlichen lernen, Kompromisse zu schließen, aber auch Regeln zu respektieren und weiterzuentwickeln. Auch die Bereitschaft zur Wiedergutmachung von Problemverhalten sollte in diesem Umfeld erprobt werden können. Die Kinder/Jugendlichen können aber im pädagogischen Alltag auch Anerkennung als Spielpartner oder als Spezialist für knifflige technische Probleme oder andere Rollen erlangen, wenn sie entsprechende Fähigkeiten entwickelt und sich getraut haben, diese auch im Miteinander einzubringen bzw. für andere einzusetzen. Außerdem kann die Überwindung des Lustprinzips und die Anerkennung von unabänderlichen Realitäten geübt werden. Hier wird ein junger Mensch auch am ehesten spüren können, ob er die Fähigkeit hat oder entwickelt, ein Leben mit anderen und zwar mit seinen Höhen und Tiefen und vielfältigen sozialen und lebenspraktischen Anforderungen bewältigen zu können oder nicht. Über erlebnisaktivierende Unternehmungen und auf unterschiedlichen Gebieten organisierte Projekte kann das Lerninteresse angeregt und die Erweiterung des Erfahrungshorizonts gefördert werden. Auch Stärken, Begabungen und Neigungen, die bislang unentdeckt oder verschüttet waren, sollen so zum Vorschein kommen können bzw. herausgefordert werden.

12.3.2 Pädagogisch gestaltete Umgebung – Therapeutisches Milieu

Damit Bewältigungserfahrungen gemacht werden oder Problemlösungen gelingen, bedarf es eines förderlichen Erziehungsklimas. In der Einrichtung soll das Kind/der Jugendliche deswegen eine pädagogisch gestaltete Umgebung vorfinden, d.h. die pädagogisch-therapeutische Arbeit bedarf der Einbettung in einen atmosphärisch ansprechenden und pädagogisch gestalteten Bezugsrahmen. Er muss Vertrauen wecken helfen, entwicklungsanregend sein sowie Orientierung und Kontinuität bieten. Dann kann sich auch ein therapeutisches Milieu entfalten, in dem u.a. die Zugänglichkeit für psychotherapeutische oder verhaltensmodifikatorische Hilfen gefördert wird. In einer solchen Atmosphäre soll auch die Bereitschaft und Motivation wachsen, sich an neue Herausforderungen heranzuwagen, neue Fähigkeiten zu erproben und Gehemmtheit oder Versagensängste zu überwinden. Im pädagogischen Alltag gibt es außerdem zahlreiche Gelegenheiten, aus therapeutischen Prozessen freiwerdende Kräfte in neues Verhalten, in Erlebnisse eigenen Könnens bzw. in sinnvolle Eigenaktivitäten umzusetzen.

Um dies zu gewährleisten und ein therapeutisches Milieu entstehen zu lassen, müssen viele Komponenten gegeben sein. Vor allem müssen sich atmosphärische Gegebenheiten (auch z.B. die räumliche Gestaltung) und bestimmte pädagogische Umgangsformen miteinander verbinden. Gemeint sind die Grundeinstellungen den jungen Menschen gegenüber wie z.B. Ernst nehmen, Achtung und Wertschätzung, Ermutigung, etc. Diese Haltungen müssen in unterschiedlichen Situationen und in vielfältiger Weise in allen Bereichen der Einrichtung erlebbar sein und zwar unabhängig von den Schwierigkeiten und Schwächen, die die Kinder/Jugendlichen mitbringen. Von den Bezugs- bzw. Erziehungspersonen wird ein unvoreingenommenes, besonnenes, flexibles und unter Berücksichtigung der jeweiligen individuellen Situation des Kindes/Jugendlichen auch ein konsequentes Handeln erwartet. Natürlich fällt dies nicht immer leicht, vor allem dann, wenn bei einem Kind/ Jugendlichen z.B. eine hartnäckige oppositionelle Grundeinstellung besteht oder wenn gerade ein Wutausbruch mit Beleidigungskanonaden stattgefunden hat.

12.4 Pädagogisch-therapeutische Zielsetzungen

Komplexe Problemkonstellationen, deren Auswirkungen verschiedene Lebensbereiche betreffen, bedingen natürlich auch multiple Zielsetzungen für das pädagogisch-therapeutische Arbeiten. Diese sind je nach Kind/Jugendlichem und dessen Entwicklungsphase immer wieder sorgsam abzuwägen. Einerseits muss auf mehreren Ebenen gleichzeitig unterstützt werden. Andererseits muss auch darauf geachtet werden, das Kind oder den Jugendlichen nicht mit Förderangeboten zu überfrachten und damit zu überfordern. Wie so oft, bedarf es hier einer einfühlsamen und flexiblen Vorgehensweise und einer kontinuierlichen Beobachtung, um gegebenenfalls die aktuellen Zielsetzungen anzupassen. Sinnvoll ist es auch, mit Zielhierarchien zu arbeiten, d.h. sich zu überlegen, welches Ziel jetzt gerade in diesem Moment oberste Priorität hat und welche Ziele lieber zu einem späteren Zeitpunkt angegangen werden sollten.

Hier sollen nur einige Zielsetzungen beispielhaft dargestellt werden, die jedoch bei Kindern/Jugendlichen mit Persönlichkeitsentwicklungsstörungen eine besondere Rolle spielen. Im Weiteren wollen wir sie etwas ausführlicher erläutern und einige Beispiele geben, wie diese in der praktischen Arbeit umgesetzt werden können. Diese Zielsetzungen sind in der Praxis immer wieder miteinander verwoben und die beschriebenen Beispiele lassen sich deswegen nicht immer eindeutig zuordnen, sondern setzen – was ja wünschenswert ist – auf mehreren Ebenen an.

Zu den Zielen gehören auch die Verbesserung der Lern- und Arbeitsfähigkeit und die Kompensation von Teilleistungsstörungen, um zu mehr schulischem Erfolg bzw. zur Stabilisierung des Selbstbildes zu gelangen (siehe Kap. 14). Außerdem müssen Angehörige und weitere Beteiligte auf den konfliktfreieren und problemspezifischen pädagogischen Umgang mit der Problematik vorbereitet und durch unterstützende Maßnahmen gestärkt werden (siehe Kap. 17) und es sollten rechtzeitig Kriseninterventionsmöglichkeiten konzipiert werden, um sie bei Bedarf auch rasch einsetzen zu können (siehe Kap. 19).

Einige pädagogisch-therapeutische Zielsetzungen

1. Beruhigung und Stabilisierung der Situation – Vermeidung von Zuspitzungen und Eskalationen, die Verzweiflung und unberechenbares Fehlverhalten bewirken können
2. Beziehungskonstanz und Vertrauensbildung
3. Strukturierung des pädagogischen Alltags u.a. durch Klarheit hinsichtlich von Freiräumen, Aufgaben und Pflichten, durch Grenzsetzungen und Realitätsbezug im Hier und Jetzt
4. Integration neuer innerer Bilder (von positiv erlebten Personen und Ereignissen) ermöglichen und fördern
5. Ressourcen aufspüren oder freilegen und weiterentwickeln, um sie als Schutzfaktoren einsetzen und (z.B. für die bedarfsspezifische Nachbetreuung) nutzbar machen zu können
6. Interessen fördern und verankern, u.a. als Hilfe zur Tages- und Freizeitstrukturierung und zur Erleichterung von sozialen Kontakten
7. Sichere Orte finden – Erfolgserlebnisse vermitteln und deren positive Bewertung und innere Zuordnung bzw. Integration erleichtern
8. Verbesserung der kommunikativen Fähigkeiten und Milderung der Störungen im Sozialverhalten zur Vermeidung immer wieder neuer sozialer Kollisionen und deren schädlichen Folgen (Zurückweisung, Ablehnung usw.)
9. Stressoren kennen, meiden und aushalten lernen und eigene Fähigkeiten oder Techniken entwickeln, um Anspannungen auch selbst rechtzeitig wahrzunehmen und aktiv reduzieren zu können
10. Unangepasste (dysfunktionale) und verhärtete Wahrnehmungs-, Denk- und Handlungsschemata auflösen bzw. durch funktionale Schemata ersetzen oder ergänzen
11. Nachträgliches Aufarbeiten von nicht bewältigten Entwicklungsaufgaben
12. Fachärztliche bzw. medikamentöse Unterstützung als Begleitung der pädagogischen und psychotherapeutischen Aktivitäten

12.4.1 Beruhigung und Stabilisierung der Situation – Vermeidung von neuen Eskalationen

Die Beruhigung der Situation in Form der Begrenzung und Verminderung oder Milderung der Problemverhaltensweisen gilt als eine der wichtigsten Voraussetzungen dafür, dass es beim jungen Menschen zum Aufbau von Bewältigungsfähigkeiten und sozialen Kompetenzen überhaupt kommen kann (Schmidt, 2000). Eine solche Stabilisierung macht den jungen Menschen überhaupt erst soweit erreichbar, dass mit ihm an einer Kompetenz- und Ressourcenerweiterung gearbeitet werden kann. Um dies zu bewerkstelligen, ist es sinnvoll, vor allem auf eine breitgefächerte Entspannung der Situation hinzuarbeiten. Diese steht in engem Zusammenhang zu einer Reduktion der Stressfaktoren im Umfeld des Kindes/Jugendlichen.

Schon eine Veränderung der Situation (Wechsel von Zuhause in die stationäre oder teilstationäre Betreuung) kann meist eine Beruhigung der Problemlage einleiten, vor allem dann, wenn durch die Aufnahme ein stressreicher Dauerkonflikt in der Familie oder in der Schule beendet werden konnte. *Stabilisierung* und *Deeskalation* sind jedoch Ziele, die gerade in der Anfangsphase und auch während des Aufenthaltes durchgängig eine Rolle spielen. Soll diese Zielsetzung anvisiert werden, so müssen pädagogisch-therapeutische Maßnahmen sowohl beim Individuum als auch beim Umfeld ansetzen.

Eine Stabilisierung kann u.a. durch eine vorübergehende Anforderungsbegrenzung gelingen, z.B. durch einen reduzierten Stundenplan oder durch Einzelunterricht in einem besonders kritischen Fach. Schule ist für diese Kinder und Jugendlichen oft subjektiv (!) ein Hauptstressfaktor. Auch ein Einzelzimmer oder andere Abschirmungsmöglichkeiten können für ein solches Kind von Vorteil sein. Andere Handlungsstrategien betreffen die gesamte Familie, indem überlegt werden kann, wie z.B. Wochenenden und Ferien am sinnvollsten zu gestalten sind (z.B. durch eine planvolle Tagesstrukturierung). Unterstützt wird dieses Vorhaben durch eine differentialdiagnostische, neuropsychologische Verfahren einbeziehende Abklärung der Faktoren, die vom Kind/Jugendlichen offensichtlich als Stressoren erlebt werden. Dabei muss jedoch im Auge behalten werden, den jungen Menschen vor seiner eigenen Überempfindlichkeit zu schützen, ohne jedoch zu versäumen, ihn dennoch z.B. zur Bewältigung neuer Situationen zu ermutigen und ihm Leistbares abzufordern. Hier muss eine der bereits erwähnten Gratwanderungen gelingen. Es muss gerade genug Schonraum geboten werden, um eine Stabilisierung zu ermöglichen, andererseits aber noch genügend Anforderungen gestellt und belassen werden, um Entwicklungsschritte nicht zu verhindern, sondern zu gewährleisten. Häufig sind aber Eskalationen auch trotz vorbeugender Maßnahmen kaum zu vermeiden. Wichtig ist, dass allen Mitarbeitern Handlungsstrategien zur Verfügung stehen, um beim Auftreten von Konflikten und pädagogisch schwer handhabbaren Problemverhalten nicht hilflos der Situation ausgeliefert zu sein.

Die *Arbeit mit dem familiären Umfeld* ist ebenfalls ein wichtiger Faktor zur Stabilisierung der Situation (siehe auch Kap. 17). Dies ist ganz besonders wichtig für Kinder und Jugendliche, die teilstationär betreut werden und somit Teile des Tages und auch die Wochenenden zu Hause verbringen. Entscheidend ist, eine Vertrauensbasis mit den Familienangehörigen herzustellen und ihnen dann die pädagogische und/oder psychologische bzw. evtl. familientherapeutische Unterstützung zukommen zu lassen, die sie für die Stabilisierung der häuslichen Situation brauchen und annehmen können. Was hierbei von Seiten der Einrichtung nicht leistbar ist, muss u.U. vorort über die Sozialen Dienste des Jugendhilfeträgers organisiert werden (Familienberatung, Partnerberatung, Schuldnerberatung usw.). Zudem gilt es, die Schwierigkeiten des Kindes zu erklären. Eltern sollen lernen, sich vor den Problemverhaltensweisen des Kindes/Jugendlichen zumindest innerlich zu schützen. Eine der Möglichkeiten ist, dass Eltern lernen, davon auszugehen, dass sich ihr Kind in einem krankheitsähnlichen Zustand befindet. Gleichzeitig sollten sie aber auch die Wertschätzung für ihr Kind wieder finden oder vertiefen können, auch wenn ihnen die Auswirkungen von Persönlichkeitsentwicklungsstörungen und dabei insbesondere die Stressempfindlichkeit (mit der sie u.U. auch selbst zu kämpfen haben) sehr zu schaffen machen. Den Eltern kann auch vermittelt werden, durch welche emotionalen und verhaltensmäßigen Wechselwirkungen zwischen ihnen und ihrem Kind sich die Problematik teufelskreisartig verschärft hat und erhält.

Aber auch einrichtungsweite Maßnahmen können ihren Teil zur Deeskalation und Stabilisierung beitragen, z.B. indem sie zu einer Schaffung eines neuen sozialen Klimas führen. Dies wurde bei uns beispielsweise durch das Projekt mit dem Titel »Kursbestimmung« erreicht.

Das Projekt »Kursbestimmung«

zur Verminderung von Eskalationen und Retraumatisierungen und zur Reduzierung dysfunktionalen Kommunikationsverhaltens und fehlender bzw. unzureichender Aktivierungsbereitschaft

Das Projekt wurde entwickelt, als über einen längeren Zeitraum die Kommunikation zwischen Kindern und Jugendlichen zunehmend auf niedrigeres Niveau abfiel (Gegenseitige Abwertung, Beschimpfungen in unflätigster Art aus kleinsten Anlässen, Drohungen und ein sehr impulsives Gebaren auch bei kleinen Konflikten dominierten). Es kam dadurch ständig zu sozialen Kollisionen, emotionalen Verletzungen und somit zu dauerhaften Mikrotraumatisierungen, denen durch das Projekt Einhalt geboten werden sollte. Durch das Projekt sollte zudem verhindert werden, dass solch eingeschliffene Problemverhalten den Kindern in anderen sozialen Gruppierungen Chancen zerstört und außerdem den Stresspegel vieler Kinder und Jugendlicher (und ihrer Erzieher, Lehrer und Therapeuten) nach oben treibt. Nebenbei sollte den Kindern und Jugendlichen und nicht zuletzt auch den Eltern deutlich gemacht werden, dass der Aufenthalt in der Einrichtung für jeden Chancen enthält, die genutzt werden müssen und nicht durch Inaktivität oder Gleichgültigkeit vertan werden dürfen.

Durch einen Brief an Kinder, Jugendliche und Eltern, in dem einerseits ausdrückliche Regeln für das konkrete Miteinander formuliert waren und andererseits die Chancen eines Aufenthaltes in der Einrichtung deutlich aufgezeigt wurden, sollte ein Schulterschluss – ein pädagogischer Pakt – zur Durchsetzung unserer Anliegen erreicht werden. Die Inhalte wurden sowohl den Kindern/Jugendlichen als auch den Eltern nachdrücklich und mit individuellen Begründungen vermittelt und auch die Sozialen Dienste erhielten Kenntnis von der Aktion.

Zum *Projektteil Umgangsformen* erhielten alle beteiligten Mitarbeiter detaillierte Umsetzungsempfehlungen, die zuvor in mehreren Zusammenkünften gemeinsam erarbeitet wurden. Dazu gehörten folgende grundlegende Abmachungen:

- Die Erwachsenen, die Zeugen einer entsprechenden Konflikt-Situation werden, erklären sich solidarisch und demonstrieren dies durch ihr Auftreten und entsprechende klare und überzeugende Missfallensaussagen.
- Jedes im Brief an Kinder und Eltern genannte Problemverhalten wird wahrgenommen und bewusst gemacht. Jede dieser Problemverhaltensweisen kann und soll durch eine Wiedergutmachung ausgeglichen werden. Die Erwachsenen machen dazu Vorschläge, wenn das Kind dafür keine eigene Idee hat. Eine Sanktionen-Spirale soll dadurch vermieden werden.
- Wiedergutmachungen können sein: entschuldigende verbale Äußerungen gegenüber dem Opfer, kleine oder größere Dienste, Aufgabenübernahmen für die Gemeinschaft usw.
- Problemverhalten und *Wiedergutmachung* werden im computergestützten Tagebuch des Kindes/Jugendlichen dokumentiert. Die Kinder können Einsicht nehmen und feststellen, wie es um den Ausgleich zwischen Fehlverhalten und Wiedergutmachungen steht.

Darüber hinaus erhielten alle Mitarbeiter in Form eines Leitfadens eine Reihe von Anregungen und Empfehlungen zum Konfliktmanagement (siehe Anhang). Es wurden mögliche Konsequenzen, milde und abgestufte Sanktionen und vor allem auch mögliche *Wiedergutmachungsvorschläge* gesammelt.

Die Auswertungen haben gezeigt, dass der Umgangston und das soziale Klima innerhalb der Einrichtung wesentlich ruhiger geworden sind und dass sich dies auch bei den von uns betreuten Kindern und Jugendlichen positiv auswirkte.

Der Projektteil *Aktivierungsbereitschaft* **und** *Chancennutzung* hat diese Thematik verstärkt ins Bewusstsein der Kinder/Jugendlichen gerückt. Die Voraussetzungen für die Auseinandersetzung mit dieser Thematik wurden dadurch positiv beeinflusst und erheblich erweitert.

12.4.2 Beziehungskonstanz und Vertrauensbildung

Wir arbeiten in unserer Einrichtung mit einem Bezugspersonensystem. Das bedeutet, dass immer ein pädagogischer Mitarbeiter für ca. vier Kinder oder Jugendliche als Bezugsperson zuständig ist. Diese Bezugsperson hat gerade bei Kindern und Jugendlichen mit Persönlichkeitsentwicklungsstörungen eine außerordentlich wichtige Funktion. Sie trägt die Verantwortung für die alltäglichen Belange des jungen Menschen, ist Ansprechpartner für seine persönlichen Anliegen, Interessen und Probleme, aber auch für positive Erlebnisse und Erfolge bzw. für deren Entstehen. Die Bezugsperson pflegt den ständigen Kontakt mit den Eltern und wacht darüber, dass der jeweilige Hilfeplan mit seinen vereinbarten Vorgehensweisen und Zielen umgesetzt wird.

Durch das Bezugspersonensystem soll *Beziehungskonstanz* gewährleistet werden und es sollen zuverlässige Beziehungen entstehen, auch wenn sich der Beziehungsaufbau zu diesen jungen Menschen oft besonders schwierig gestaltet und immer wieder neuen Belastungsproben ausgesetzt sein kann. Beziehungsabbrüche, Zurückweisungen, resignative Abwendungen, wie sie in vielen Biografien enthalten sind, sollen sich in der Einrichtung nicht wiederholen. Die Erfahrung, dass es jemanden gibt, der nicht aufgibt und die Schwierigkeiten mit durchsteht, ist eine wichtige Komponente des Mehrdimensionalen Hilfekonzeptes und wird auch von den Kindern/Jugendlichen als solche erlebt. So gaben 75 % Ehemalige unserer Einrichtung in einer von uns durchgeführte Befragung (Adam, Henn, König & Stöckle, 1995) an, dass ihre Bezugsperson einen hohen Stellenwert für sie hatte.

Wenn überhaupt, dann können tragfähige Beziehungen erst entstehen, wenn sich zwischen der Bezugsperson und seinem Bezugskind Vertrauen entwickelt hat. Zur *Vertrauensbildung* eignen sich beispielsweise die folgenden vertrauensfördernden Verhaltensweisen, die Petermann (1985) empfiehlt:

- Für das Kind/den Jugendlichen durchschaubares und strukturiertes Handeln praktizieren
- Interesse am Kind/Jugendlichen zeigen, es/ihn akzeptieren und seine Vorschläge aufgreifen
- Keine falschen oder ungenauen Informationen geben
- Verantwortung an den jungen Menschen übertragen und ihn dadurch Kompetenzen erfahren lassen
- Das Kind/den Jugendlichen direkt ansprechen und fragen (z.B. bei Problemen)
- Freude zeigen und berechtigten Ärger ausdrücken
- Dem jungen Menschen gegenüber optimistische Erwartungen äußern

Auch körperorientierte Zuwendungsformen vom freundlich wohlwollenden Blick bis zum »Huckepacknehmen« sollten je nach Alter des Kindes als Möglichkeiten genutzt werden, um Gefühle des Angenommenseins und der Wertschätzung zu vermitteln und die Vertrauensbildung zu unterstützen. Nicht alle Kinder können körperliche Nähe bereits ertragen. Manche können zunächst nur verbale Zuwendung annehmen, andere sind eher auf nonverbale Art für Gefühlszuwendung zu erreichen. Die Erwachsenen müssen es deshalb verstehen, die Beziehungsaufnahme zu den Kindern/Jugendlichen individuell zu gestalten und jedem auch die hierfür erforderlichen Signale zukommen zu lassen. In der Alltagspädagogik ist diese Aufgabe fest zu verankern.

Vertrauens- und Beziehungsaufbau bedürfen bei Kindern/Jugendlichen mit Persönlichkeitsentwicklungsstörungen ganz bewusst herbeigeführter Erlebnis- und Erfahrungsmöglichkeiten. Diese müssen einen starken Aufforderungscharakter haben, den Bedürfnissen unterschiedlicher Altersstufen Rechnung tragen, Chancen beinhalten, sich mit eigenen Fähigkeiten bewähren zu können und Impulsen zu Selbstwirksamkeitserfahrungen Raum geben. Die Bezugsperson muss außerdem daran mitarbeiten, dass sich verfestigte Einstellungen lockern und mehr Flexibilität für notwendige Anpassungsleistungen entsteht. Sie muss zu Bewältigungsanstrengungen ermutigen und zu neuen Erfahrungen begleiten. Damit soll auch die große Bedeutung des handelnden Umgangs von Erziehern oder Lehrern mit den jungen Menschen zum Ausdruck gebracht werden. Am ehesten wird das dort erreicht, wo pädagogische Bezugspersonen in authentischer Weise auf das Kind oder den Jugendlichen zugehen und ihm Mut machen, sich mit ihnen einzulassen und im gemeinsamen Tun, neue Erfahrungen miteinander entstehen zu lassen.

Bei der Bewältigung von Alltagsanforderungen wirken die Bezugspersonen oft selbst aktiv mit, um über das gemeinsame Tun bei den Kindern/Jugendlichen positive persönliche Erfahrungen entstehen zu lassen, die die Bewältigung der Anforderungen und Pflichten mit persönlicher Bedeutung ausstatten helfen. Erst dann bestehen bessere Aussichten, dass sie künftig auch freiwillig übernommen werden. Trotzdem sind ständig neue Einfälle nötig, um Ablehnungsautomatismen zu durchbrechen und Kinder/Jugendliche im eigenen Tun und der Überwindung ihrer Unlustgefühle Erfolgserlebnisse erfahren zu lassen.

Bei manchen Kindern/Jugendlichen kann es sehr lange dauern, bis Beziehungsangebote ausreichend angenommen werden können und über Belastungs- und Konfliktsituationen hinweg tragfähig werden. Manchmal kann man den Eindruck bekommen, dies gelingt nur in kleinsten Schrittchen und vermag emotionsgeladenen Konfliktsituationen lange Zeit nicht standzuhalten. In manchen Fällen kann es sogar sein, dass die Bestätigung für das Ankommen von Vertrauensbeweisen erst nach Jahren, wenn der Betreffende z.B. im Ehemaligenstatus zurückkehrt, erkennbar wird. Bis die Erfahrung zu machen ist, dass eine entstandene Beziehungsgrundlage auch feste Basis für das Üben konstruktiven Bewältigungsverhaltens geworden ist, ist u.U. noch länger Geduld zu üben.

Die Bezugspersonen benötigen viel Geduld und ein professionelles Selbstvertrauen, das nicht auf Erfolg bzw. Bestätigungserlebnisse angewiesen ist. Sie müssen trotz unvermeidlicher Enttäuschungs- und emotionaler Verletzungserlebnisse daran glauben, dass sich diese persönlichen Energieinvestitionen lohnen und Früchte tragen. Das wird nicht immer schon während des Aufenthalts erkennbar. Mitarbeiter, die die Motivation und Kraft haben, diese berufliche Aufgabe längere Zeit durchzuhalten, erleben über die Kontakte mit Ehemaligen oft ganz überraschende, weil eigentlich gar nicht (mehr) erwartete Bestätigungen ihrer früher aufgebrachten Arbeit und Mühe. Pädagogen, die sich bei den jungen Menschen durch Klarheit, strukturiertes Handeln, Orientierung an pädagogischen Grundprinzipien und an Wertüberzeugungen auszeichneten, aber auch Lebensfreude ausstrahlten und gesunden Menschenverstand zu praktizieren vermochten, sind bei den Ehemaligen noch nach Jahrzehnten als »positive Objekte« in starker Erinnerung

12.4.3 Strukturierung des pädagogischen Alltags – Realitätsbezug im Hier und Jetzt

Für Kinder und Jugendliche, die mit Persönlichkeitsentwicklungsstörungen in eine Einrichtung kommen, bedeutet die Auseinandersetzung mit den Alltagsanforderungen z.T. eine schwierige Aufgabe, der sie sich über eine lange Zeit teilweise entzogen bzw. sich ihr widersetzt oder nur nach langen Kämpfen gestellt haben. Die Abwehr gegen alles, was nach Anforderung, Pflicht oder Arbeit riecht, hat sich in vielen Kindern/Jugendlichen unglaublich tief festgesetzt. Starre Denkmuster, Mangel an Einsicht und vorausschauendem Denken, überzogenes Autonomiestreben, Egotaktiken, Mangel an Empathie und sozialer Anpassungsbereitschaft, Misserfolgsorientierung, unzureichende Impuls-Kontrolle oder tiefsitzende, blitzschnell aktivierte alte Problemverhaltensmuster stehen vielem im Wege, sodass sich Widerstand, trotzige und nahezu unüberwindbare Verweigerung und unterschiedlichste Konflikte als Hemmnisse auftürmen können. Insbesondere diejenigen Kinder/Jugendlichen mit zusätzlichen Teilleistungsstörungen und AD(H)S sind zudem allein oft überfordert und auf organisatorische Hilfen angewiesen.

Die Bezugspersonen sind gemeinsam dafür zuständig, durch eine *Strukturierung des pädagogischen Alltags* einen Orientierungsrahmen und Klarheit hinsichtlich von Freiräumen und Grenzen zu schaffen. Dies sorgt für Vorhersehbarkeit und Verlässlichkeit und dafür, dass sich die Kinder/Jugendlichen besser im Alltag zurecht finden können. Die Bezugspersonen vertreten außerdem die Realität des Alltags mit seinen Anforderungen und Pflichten und sind dazu da, Regeln standhaft einzufordern, ohne auf die notwendige Flexibilität zu verzichten. Sie müssen einen großen Teil ihrer verfügbaren Energie für das Respektieren von Regeln und Grenzen, die Einhaltung von Abmachungen und Abläufen, das Aushandeln von Kompromissen, das Mildern oder Begrenzen von Impulsdurchbrüchen, das Aushalten von raschen Stimmungswechseln, das Herausholen aus verzweifelter Resignation oder Versacktsein in Denkblockaden aufwenden. Auch die Überwindung von Langeweile und heftig verteidigter bzw. mit haarsträubender Argumentation begründeter Inaktivität, die Begrenzung von Streitigkeiten wegen Lappalien kosten enorm viel Kraft. Ähnliches gilt für die Abwehr von selbst- oder fremdschädigendem Problemverhalten oder aber für die Wiedergutmachung des letzteren.

Für Kinder und Jugendliche mit Persönlichkeitsentwicklungsstörungen ist es außerdem erforderlich, den *Realitätsbezug im Hier und Jetzt* herzustellen oder sicherzustellen. Sie erleben die Realität häufig verzerrt, ziehen falsche Schlussfolgerungen oder legen sich die Dinge so zurecht, dass sie in ihren Augen und für ihre Kompetenzmängel stimmig erscheinen. Wenn es an Bewältigungsfähigkeiten und den aus diesen normalerweise resultierenden Erfolgserlebnissen mangelt und stattdessen der Rückgriff auf Abwehrmechanismen sich fast schon automatisiert hat, ist die Versuchung groß, sich immer wieder mit unrealistischen Vorstellungen auszuhelfen und dann auch entsprechend fragwürdige Entscheidungen zu treffen oder seinem Selbstbild mit überzogenen Wünschen oder Illusionen aufhelfen zu wollen. Auch hier muss die Bezugsperson vielfach dem Jugendlichen wieder zu mehr »Bodenhaftung« verhelfen, indem sie ihn immer wieder vorsichtig mit den tatsächlichen Begebenheiten oder Vorgängen konfrontiert und unermüdlich unrealistische Vorstellungen und Pläne relativiert. Für diese Aufgabe muss die Bezugsperson jeweils die passende Situation finden, sonst gerät sie in die Gefahr, auf massives »Gegenfeuer« zu stoßen. Diese Aufgabe lässt sich leichter bewältigen, wenn solche Konfrontationen nicht auf der abstrakten Ebene stattfinden, sondern die aktuelle Lebenssituation des Kindes/Jugendlichen und ganz konkrete Beispiele ins Auge fassen.

12.4.4 Integration neuer innerer Bilder (von positiv erlebten Personen und Ereignissen) ermöglichen und fördern

Positiverlebnisse mit (neuen) Personen oder Situationen (z.B. bei einer bisher noch nicht ausprobierten Beschäftigung oder Sportart oder einer erlebnispädagogisch orientierten Unternehmung) erleben Kinder/Jugendliche mit Persönlichkeitsentwicklungsstörungen oft gar nicht mehr oder diese Erlebnisse können nicht mehr als positiv registriert werden. Es muss deswegen versucht werden, ihnen solche Erfahrungen wieder möglich zu machen und sie in ihre Erfahrungs- und Erlebniswelt einzugliedern, damit langsam ein neues Lebensgefühl und in der Folge auch mehr Selbstvertrauen entstehen können. Unsere Ehemaligenbefragung (Adam et al., 1995) hat dies z.B. deutlich gemacht. Denn gerade positive Erlebnisse mit den jeweiligen pädagogischen Bezugspersonen, so gab ein Großteil der befragten Ehemaligen an, haben offensichtlich bei der teilstationären und stationären Betreuung ein hohes Gewicht. Dabei spielen insbesondere die in der Erinnerung verankerten »denkwürdigen« Erlebnisse eine Rolle, die oft mit bestimmten Personen verknüpft sind, und auch sog. *Inselerfahrungen* (Petzold, Goffin & Oudhof, 1997) gehören dazu. D.h. für einen jungen Menschen können auch solche Erfahrungen bedeutsam sein, die er nur einmal oder nur einige Male machen konnte, die aber besondere Eindrücklichkeit und Nachhaltigkeit aufwiesen. Es ist immer wieder erstaunlich, von Ehemaligen zu hören, welche Ereignisse und Erlebnisse, welche Personen im Zusammenhang mit bestimmten Erfahrungen und Erlebnissen für sie, ohne dass wir diese selbst in ihrer Bedeutung so hoch angesetzt hatten, von besonderer Bedeutung waren. Da kann es sein, dass ein nur an zwei Abenden in der Woche anwesender Handwerker mit Hausmeisterfunktion für einen Jungen, der bei ihm zeitweilig als Helfer eingesetzt war, zum »wichtigsten Menschen« wurde, oder ein Hüttenaufenthalt in einer kleinen Gruppe für ein Mädchen später »in schönster Erinnerung« war, obwohl wir seinerzeit gerade ihre Anwesenheit als eher misslungen eingestuft hatten. Ein 30-Jähriger berichtete uns, er würde immer noch Probleme in einer bestimmten Weise angehen bzw. so lösen, wie er es früher einige Male mehrfach in einer Therapiestunde mit seiner Therapeutin geübt habe.

Andererseits geht es aber auch darum, Erlebnisse mit bisherigen Bezugspersonen (z.B. mit den Eltern oder Elternteilen, früheren Lehrkräften) oder mit bekannten Situationen (z.B. in der Schule) neu entstehen zu lassen und damit Raum zu schaffen, in dem sich wieder »gute Gefühle« ansammeln lassen. In den vorausgegangenen eskalierten Problemsituationen und Verstrickungen ist dies oft nicht mehr möglich gewesen. Eine (teil-)stationäre Betreuung schafft schon durch die Entlastung und Stabilisierung der Situation neue Möglichkeiten dieser Art. Eltern und Kinder können aber auch z.B. unter Anleitung der Bezugspersonen der Einrichtung und durch gezieltes Herbeiführen von positiven Erlebnissen ihre Beziehung zueinander wieder neu beleben. Ähnlich verhält es sich auch mit der Schule. Ein veränderter Gestaltungsrahmen, der durch die Möglichkeiten der individuelleren Förderung und Anerkennung mehr Möglichkeiten für Erfolgserlebnisse schafft und die sonst in diesem Lebensfeld gewohnte Anspannung reduziert, kann auch bei einem Jugendlichen, der vorher monatelang nicht mehr zur Schule gegangen ist, wieder eine schrittweise Annäherung an normale schulische Verhältnisse ermöglichen.

Der Umgang zwischen Kindern/Jugendlichen und Erwachsenen, aber auch der Erwachsenen untereinander, unterstützt zudem die Entwicklung eigener Verhaltensmodelle und die Orientierung an Vorbildern, deren Verinnerlichung man sich erhoffen kann. Allerdings ist hier auch zu erwähnen, dass die Begegnung mit solchen positiven Bildern und Ereignissen allein nicht ausreicht, um die vorliegenden Probleme zu mildern. Es handelt sich hier also auch, wie so oft, um einen längerfristigen Prozess, der von allen Beteiligten ein längeres Durchhaltevermögen erfordert. Genauer gesagt, können neue Erlebnisse in der Regel erst dann wirklich verinnerlicht werden, wenn sie sich in einer gewissen Häufigkeit und auch längerfristig ansammeln konnten.

12.4.5 Ressourcen aufspüren/freilegen und weiterentwickeln und sie als Schutzfaktoren wirksam werden lassen

Das Wieder- oder Neuentdecken von Ressourcen bei Kindern/Jugendlichen trägt ebenfalls einen wesentlichen Teil zur Stabilisierung der Situation bei und ist ganz besonders wertvoll, wenn es darum geht, neue Lebensperspektiven zu entwickeln. Ressourcen dienen aber auch als Schutzfaktoren, die einer negativen Entwicklung entgegenwirken. Diese Erkenntnis basiert auf der *Resilienzforschung* (z.B. Lösel & Bender, 1996; Opp & Fingerle, 2007 oder Resch et al., 1999), also der Forschung, die sich mit Schutz- und Risikofaktoren bei der Persönlichkeitsentwicklung befasst. Die *Resilienzforschung* beschäftigt sich mit Fragen wie: Unter welchen Bedingungen oder Umständen führen pädagogische Entwicklungsförderung oder therapeutische Interventionen zum Erfolg? Was behindert oder vermindert den Erfolg oder was macht ihn später womöglich wieder zunichte? Warum haben manche Menschen schwere psychosoziale Belastungen ohne nennenswerten Schaden überstanden und sind trotzdem lebenstüchtig geworden? Warum sind andere aber an den gleich großen oder gar an geringeren psychosozialen Belastungen gescheitert oder warum zeigen sie eine chronische Anfälligkeit für Problembelastungen? Sie dreht sich um Phänomene wie *Verletzlichkeit* oder Störanfälligkeit (*Vulnerabilität*) und auf *Widerstandskraft* (*Resistenz oder Resilienz*) gegenüber ungünstigen Lebensbedingungen und um *Risiko- und Schutzfaktoren.* Letztere erweisen sich auch als mitentscheidend dafür, ob ein junger Mensch pädagogische oder therapeutische Hilfe wirklich verwerten und für seine Entwicklung und Stabilisierung annehmen und nutzen kann und ob er sich nach Beendigung dieser Hilfestellungen im Leben bewähren und sozial integrieren kann und z.B. vor Dissozialität bewahrt bleibt.

CURAS – Computer-unterstütztes Ressourcen-Aktivierungs-System

Auf der Suche nach mehr Zielorientierung und größerer Wirksamkeit unseres pädagogisch-therapeutischen Vorgehens und Handelns haben wir ein Handlungsmodell – unser *Computer-unterstütztes Ressourcen-Aktivierungs-System (CURAS)* – entwickelt, das auf Erkenntnissen der Resilienzforschung basiert. Dabei steht im Mittelpunkt, dafür zu sorgen, dass die *Risikofaktoren* bei einem Kind/Jugendlichen – man könnte auch sagen die »Schwachpunkte« – keine Risikofaktoren bleiben. Sie sollen vielmehr an Bedeutung verlieren oder sich so weit möglich in Richtung Schutzfaktoren oder Stärken entwickeln. Die schon vorhandenen Stärken oder Schutzfaktoren sollen sich weiter entwickeln können, um noch mehr Schutz zu gewähren oder aber anhaltend kompensatorische Funktionen übernehmen zu können. Ziel ist aber auch, pädagogisch-therapeutische Förderung »greifbar« bzw. konkret einsetzbar zu machen, d.h. anhand der zu fördernden Schutzfaktorenbereiche möglichst alltagsnahe *Förderaktivitäten* zu entwickeln, deren Erfolg auch für alle überprüfbar sein soll.

Risiko- und Schutzfaktoren

Auf Basis der aktuellen Forschung wurden 16 Risiko- und Schutzfaktorenbereiche definiert, wobei diese keinerlei Anspruch auf Trennschärfe und Vollständigkeit erheben, sondern vielmehr als Handlungsmodell zu verstehen sind. Das Stärken-/Schwächenprofil jedes jungen Menschen (**Tab. 12.1**) in der Einrichtung wird anhand einer Einschätzung ermittelt, die gemeinsam von mehreren Mitarbeitern und teilweise auch dem Kind/Jugendlichen selbst und den Eltern durchgeführt wird. Wird ein Bereich niedrig eingeschätzt, so gilt er als Risikobereich, bei guter Ausprägung als *Schutzfaktor.* Für jeden Bereich wurden außerdem beispielhaft entsprechende *Förderaktivitäten* (**Tab. 12.2**) gesammelt, die dann dem Kind/Jugendlichen angeboten werden können oder aus denen individuell passende Förderaktivitäten entwickelt werden können. Diese sollen dabei unterstützen, bisher fehlende oder zu schwach ausgeprägte Fähigkeiten neu zu entwickeln oder auszubauen. Wer also die jeweiligen Förderaktivitäten aufgreift, begibt sich auf den Weg, *Risikofaktoren* abzuschwächen oder aber diese durch weitere Stärkung oder weiteren Ausbau seiner *Schutzfaktoren* zu kompensieren. Bereiche, die bereits gut entwickelt sind, können dabei ebenfalls im Fokus liegen und zur Stärkung des Selbstwertgefühls und zur Kompensation von Schwächen dienen. So werden nicht nur Problembereiche im Blick behalten, sondern die Förderperspektive wird erweitert.

Tabelle 12.1 Risiko-/Schutzfaktoren-Profil

	Schutzfaktoren/Zielbereiche *Name:* ___________________ *Datum1/Datum2:* _______/_______	**D1** Eings- Einsch.	**D2** akt. Einsch.
	! Besprechung der Faktoren immer in kind- oder jugendl.-gemäßer Sprache !		
1	Intellektuelle Fähigkeiten, kompensatorische Fördermöglichkeiten (z.B. bei Teilleistungsschwächen)		
2	Umsetzbarkeit intellektueller Fähigkeiten mittels emotionaler Stützfaktoren wie Aktivierungsbereitschaft, Motivierbarkeit, Anstrengungsbereitschaft, Ausdauer, »von anderen etwas annehmen können«. Empfänglichkeit für Wissen und Bildung		
3	Gefühlsdifferenzierung und Möglichkeiten der Gefühlskommunikation: Gefühle bei sich und anderen erkennen und kommunizieren können, angemessen z.B. Unmut/Ärger/Wut aber auch Freude äußern können. Bezug zu Liebe, Partnerschaft		
4	Kommunikative Fähigkeiten und soziale Kompetenz: sich für andere interessieren, auf andere zugehen, sich mitteilen und zuhören können, soziale Signale erkennen, Perspektivenübernahme, über die Grundlagen sozialer Interaktion verfügen, sich in andere hineinversetzen können, Kooperationsbereitschaft, Anpassungsfähigkeit		
5	Sich-Akzeptiert-Fühlen, positives Selbstbild, Bewusstsein eigener Fähigkeiten, Selbstvertrauen, Selbstwirksamkeitserfahrung, Erfolgserlebnisse registrieren		
6	Gelingende Affekt-Regulation, Impuls- bzw. Selbstkontrolle (insbes. bzgl. Aggression, Destruktion, Unlustgefühlen, Verstimmungen), Gefühle angemessen »handhaben« und sich wieder »abregen« können, »Desaktualisierung« bzw. Distanz gewinnen (statt agieren oder »ausflippen«!), emotionale Ausgeglichenheit		
7	Bewältigungsfähigkeiten, problemlösendes Handlungsvermögen, Bemühen, es anders oder besser zu machen, sich auf angebotene Lernfelder und Üben einlassen, aus Fehlern lernen, Folgen eigenen Tuns abschätzen können		
8	Abgrenzungsfähigkeit, Meidung problembelasteter, dissozialer oder »scheißmachender« Kinder/Jugendlicher, Widerstandsfähigkeit gegen Ansteckung und Verführung. Prosoziale Interessen: z.B. sich zusammentun für gemeinsame Interessen		
9	Kontinuierliche Bewältigung von Anforderungen, Aufgaben und Pflichten		

	Schutzfaktoren/Zielbereiche *Name:* ____________________ *Datum1/Datum2:* ______/______	**D1** Eings- Einsch.	**D2** akt. Einsch.
	! Besprechung der Faktoren immer in kind- oder jugendl.-gemäßer Sprache !		
10	Verinnerlichte Prinzipien von Ordnung, Hygiene, Gebundenheit an »geordnete Häuslichkeit« (z.B. im Hinblick auf BJW), zeitliche Regelungen achten und einhalten		
11	Selbstbeschäftigungsfähigkeit, sich entwickelnde oder bereits entwickelte Interessen, Möglichkeiten zu strukturierter Freizeitgestaltung (über Hobby, Verein o.ä.)		
12	Voraussetzungen für relativ dauerhafte positive soziale Beziehungen außerhalb der Familie (z.B. Mitschüler, FreundIn, PartnerIn, Nachbarn, Verwandte, Verein usw.)		
13	Wirklichkeitsgerechte Ansprüche, Verhältnis zu Geld und Eigentum, Wissen, dass Geld und Besitz eigene Anstrengung und Ausdauer nötig machen, auf etwas warten können		
14	Positive Beziehung zu mindestens einem Elternteil oder einer (Ersatz-)Person, die z.B. Orientierungsfunktion oder/und Auffang- bzw. Haltefunktion haben kann		
15	Verinnerlichte Normen, Werte, handlungsleitende Wertvorstellungen, wissen, was sich gehört, z.B. Umgang mit Älteren/Schwächeren, Grenzen respektieren		
16	Bewusstsein für Zeitabläufe, Zukunftsgedanken (bei jüngeren Kindern), sich entwickelnde realistische Lebensplanung (ab ca. 12 J.), Eigeninitiative (z.B. für Praktika, Vorstellungsbesuche, Bewerbungen usw.), Liebe und Partnerschaft		

Tabelle 12.2 Beispiele für Förderaktivitäten in den Zielbereichen 4 bis 6

4	Kommunikative Fähigkeiten und soziale Kompetenz, Anpassungsfähigkeit	Zuhören können/etwas, was einem nicht passt, in Worte fassen können/um Rat fragen können/auch andere Meinungen gelten lassen/sich etwas anhören oder erklären lassen, warum jemand anders denkt und fühlt/genau zuhören, was andere sagen/sich an die Regeln von (Gruppen)Gesprächen halten/sich gegenseitig ausreden lassen/ein Versprechen einhalten, auch wenn's mal schwer fällt/sich für etwas entschuldigen, wenn man jemand Unrecht getan hat/eigene Bedürfnisse richtig vorbringen/Kritik in richtige Worte fassen können/aufhören können mit Klagen und zu einem andern Verhalten oder andern Thema wechseln können/sich an Gemeinschaftsspielen beteiligen und evtl. über Beobachtetes mit sich reden lassen.
5	Sich-Akzeptiert-Fühlen, positives Selbstbild, Selbstvertrauen, Selbstwirksamkeitserfahrung	Einen eigenen Beitrag für Planung oder Durchführung einer Unternehmung liefern/eine Aufgabe übernehmen, die Anleitung braucht und diese Anleitung auch annehmen können und so immer wieder zu Erfolgen kommen/sich gewinnen lassen zu Erfolg ermöglichenden Aktivitäten/eigene Fähigkeiten ausbauen wollen und mit entsprechenden Übungsaktivitäten beginnen/einen Konflikt mit einem anderen Kind, einem Erzieher oder Elternteil – zunächst mit Anleitung – zufrieden stellend lösen können/eine Aufgabe selbstständig oder mittels eingeholtem Rat lösen/sich anhören können oder sagen lassen, wie man etwas macht und so zu Erfolg kommen/anderen zeigen, wie man etwas macht u. sich dann über deren Erfolg oder Können freuen können (Skater, Computervorbereitung, usw.)/sich auf sein Können aufmerksam machen lassen und die Anerkennung annehmen/Abwerten anderer (immer öfter) sein lassen können/einer Schwäche eine Stärke gegenüberstellen lassen können oder sich um die Weiterentwicklung einer Stärke bemühen
6	Gelingende Affekt-Regulation, Impuls- bzw. Selbstkontrolle, emotionale Ausgeglichenheit	Sich zu Selbstbeherrschungs-Übungen bereit finden (nicht immer dagegen reden, mal still sein können, Abwertungen oder Beschimpfungen unterdrücken können und dafür etwas weniger »Schlimmes« sagen)/sich auf spielerischen Kampf umpolen lassen/10 Min. am Tisch ruhig sitzen bleiben/sich helfen lassen beim in Worte fassen von ärgerlichen Gefühlen/jemanden eine Zeit lang nicht provozieren/ein weniger schlimmes (gemäßigteres) Schimpfwort verwenden/sich nach Frust oder Niederlage einen körperlichen, sportlichen, physiotherapeutischen Weg zur Entspannung zeigen lassen können/sich auf eine Auseinandersetzung vorbereiten lassen, um gelassener bleiben zu können/gutes Zureden und Trost anhören oder annehmen/ein abgesprochenes Verhalten beibehalten können/mit Selbstinstruktionen umgehen lernen

Umsetzung im pädagogisch-therapeutischen Alltag

Kind/Jugendliche müssen von ihren Bezugspersonen zunächst dafür gewonnen werden, um überhaupt Schwächen benennen zu dürfen, sich an der Einschätzung seiner Schwächen und Stärken zu beteiligen, sich auf Zielsetzungen einzulassen und Förderaktivitäten, Aufgaben und Übungen anzunehmen. Die Bezugspersonen, die dazu zunächst das Vertrauen des jungen Menschen erlangen müssen, begleiten ihn dann auf diesem Weg und sorgen dafür, dass er immer wieder die richtigen Förderaktivitäten bereitgestellt oder angeboten bekommt. Das kann im Alltag sein, in Interessengruppen oder bei einer erlebnispädagogischen Wochenendunternehmung, aber auch bei vielen anderen Gelegenheiten. Aber auch die Eltern können mitwirken, wenn das Kind zu Hause ist. Meistens wird dabei jeweils nur ein Teil der Zielbereiche intensiver verfolgt und zwar besonders die, die gerade am wichtigsten oder vorrangig zu sein scheinen. So entsteht eine Art Zielsetzungshierarchie.

Unterstützt wird diese Art der Förderung durch ein computer- und datenbankgestütztes Organisations-, Dokumentations- und Kommunikationssystem, das speziell in Ausrichtung auf die Bedürfnisse und Arbeitsmodelle der Einrichtung entwickelt und an diese angepasst wurde und bereichsübergreifend eingesetzt wird. Es enthält neben einem Kalender für jeden Mitarbeiter außerdem alle persönlichen Daten der Kinder/Jugendlichen, eine Gesamtdokumentation (Berichte, Vorgeschichte etc.) und – als Hauptbestandteil – ein *Tagebuch* für jedes Kind/Jugendlichen. Alle Personen (Erzieher, Lehrer, Therapeuten), die mit dem Kind befasst sind, haben jederzeit Zugang zu dem vernetzten Rechnersystem, sodass sie sowohl eigene Tagebucheinträge machen können als auch sich einen Überblick über die aktuell vorhandenen Einträge verschaffen können, die von Kollegen eingegeben wurden. Wert wird darauf gelegt, dass in den Tagebüchern nicht etwa nur Probleme oder negative Erlebnisse mit den Kindern und Jugendlichen dokumentiert werden, sondern insbesondere auch die positiven Erlebnisse und Erfahrungen, die aus Stärken/Ressourcen bzw. Förderaktivitäten entstanden sind. Die *positiven Tagebucheinträge* für jedes einzelne Kind können in einem eigenen Report selektiert angezeigt und vom Kind/Jugendlichen eingesehen werden.

Erleichtert wird das Entwickeln und der Einsatz von Förderaktivitäten auch noch durch einen eigens entwickelten *Zielplanungsbildschirm*, auf dem Zielbereiche ausgewählt werden können und dann Fern- und Nahziele und zugehörige Förderaktivitäten erdacht und gleichzeitig dokumentiert werden können. Diese Förderaktivitäten können dann auch in Projekte und Unternehmungen mit eingebunden werden. Es soll so für die Kinder und Jugendlichen auch eine Ermutigung entstehen, mitgebrachte oder bislang unentdeckte Fähigkeiten in erlebnisaktivierende Unternehmungen und Beschäftigungen einzubringen und sich an regelmäßig stattfindenden Interessengruppen und Projekten zu beteiligen. Deswegen werden die Kinder/Jugendlichen bei der Planung von Förderaktivitäten auch meist, wenn auch – aus Zeitgründen – nicht immer, mit einbezogen.

Die hausinterne Computervernetzung bietet dabei die Möglichkeit, dass alle Mitarbeiter überall Förderaktivitäten anbieten und dokumentieren können, da sie sich jederzeit auch über die beim Kind/Jugendlichen ausgewählten Zielbereiche und bewährte Förderaktivitäten informieren können. Ohne diese ständige computerunterstützte Zugänglichkeit und die schnellen Zugriffsmöglichkeiten auf die Ziel- und Förderbereiche und die Liste der postiven Tagebucheinträge wäre dieses Handlungsmodell nur schwer anwendbar.

Werden angebotene und zielorientierte *Förderaktivitäten* von den Kindern/Jugendlichen angenommen und ausgeführt, erhalten sie – als Verstärker oder Belohnung – *positive Tagebucheinträge*. Sowohl jedes Bemühen auf ein gesetztes Ziel hin als auch positives Verhalten überhaupt kann so belohnt werden. Auch die weiter oben im Projekt »Kursbestimmung« beschriebenen *Problemverhaltensweisen* und insbesondere die *Wiedergutmachungen* können über das Tagebuch dokumentiert und vom Kind/Jugendlichen eingesehen werden. Während früher eher Auffälligkeiten oder beobachtete Probleme des Kindes dokumentiert wurden, hat jetzt eher die Dokumentation positiven Verhaltens Vorrang und die Pädagogen müssen täglich mit dafür sorgen, dass das Kind zu *positiven Tagebucheinträgen* kommt. Diese positiven Einträge darf dann nicht nur das Kind sehen, sondern – mit Einverständnis des Kindes/Jugendlichen – dürfen dies auch die Eltern oder die Mitarbeiter des Allgemeinen Sozialen Dienstes, die zum Hilfeplangespräch kommen. Aus der Häufigkeit *positiver Tagebucheinträge* ist natürlich auch auf die *Aktivierungs- und Kooperationsbereitschaft* des Jugendlichen zu schließen.

In dieses Handlungsmodell können, wie oben schon angedeutet, nicht nur die Kinder, sondern auch die Eltern einbezogen werden. Denn die Förderaktivitäten können z.T. so einfach gestaltet werden, dass sie auch von (kooperativen) Eltern zu Hause eingesetzt werden können. Jeden Tag etwas in der Zeitung lesen, einen empfohlenen Fernsehfilm evtl. gemeinsam anzuschauen und darüber sprechen, sind zwei Beispiele.

Jedes halbe Jahr erfolgt innerhalb einer Fallkonferenz eine Neueinschätzung der Risiko-/Schutzfaktoren, die dann in einem farbigen Säulendiagramm wiederum auch für den Jugendlichen sichtbar dokumentiert werden. Sind Säulen in ihrem Punktwert angestiegen, dann ist »Wachstum« zu verzeichnen. Es soll nicht verschwiegen werden, dass die Nutzung des Systems maßgeblich davon abhängt, welche personellen und zeitlichen Ressourcen zur Verfügung stehen und was die pädagogischen MitarbeiterInnen an Ideen für Förderaktivitäten einzubringen verstehen.

12.4.6 Interessen fördern und verankern – auch als Hilfe zur Tages- und Freizeitstrukturierung und zur Erleichterung von sozialen Kontakten

Jungen Menschen mit komplexen Problemkonstellationen sind mit einer Freizeit ohne strukturierendes Angebot meistens überfordert oder sie kommen mit der heute bestehenden Medienkonkurrenz und Entscheidungsvielfalt oft nur sehr schwer zurecht. In Zeiten, in denen ihr Tag unstrukturiert ist, geraten sie häufig völlig außer Tritt. Dies kann z.B. während des Teils der Schulferien passieren, den sie zu Hause bei den Eltern verbringen. In der falschen Annahme, Ferien seien nur dazu da, es sich bequem zu machen und sich völlig entpflichtet zu fühlen, liegen viele zu lange im Bett, verlieren die Tagesfixpunkte und die Möglichkeiten, aktiven Tätigseins aus dem Auge. Dabei entsteht eine regressiv getönte, durch Unzufriedenheit, Unausgefülltheit und Ansprüchlichkeit geprägte Stimmungslage, die den Boden für zahlreiche Konflikte und letztlich Ferienstress bereitet.

Interessen dienen bei jungen Menschen mit komplexen Problemkonstellationen dazu, sich aus Unlustgefühlen zu befreien, sich aktivieren zu lassen und auf diesem Weg längerfristig zu mehr Lebensmut und Selbstvertrauen zu kommen. Sie helfen auch, den Tag zu strukturieren, nicht in zu langen Phasen des Nichtstuns zu verharren, aus denen gerade diese Kinder und Jugendlichen meist nur schwer etwas selbst zu machen verstehen und in denen sie dann entweder leicht verführbar werden oder aber häufig auch in Missstimmung geraten. Eine im voraus überlegt gestaltete oder vorbereitete Ferien-, Tages- oder Wochenplanung kann deswegen einen wichtigen Beitrag leisten, Problemeskalationen zu verhindern. Dies gilt sowohl für die Einrichtung als auch zu Hause.

Eine Tages- oder Wochenstrukturierung berücksichtigt die bereits vorhandenen Vorlieben, Interessen und Stärken der Kinder/Jugendlichen, strebt ein ausgeglichenes Programm an und stellt Bereiche für die Aktivierung und für Beschäftigungsangebote mit starkem Aufforderungscharakter zur Verfügung. So lässt sich das organisieren, was Petzold (Petzold, 1988; Petzold & Schuch, 1991) als *multiple Stimulation* bezeichnet. Die Jugendlichen brauchen demnach eine Vielzahl von Anstößen über mehrere Lebensbereiche hinweg, um ausreichend zu positiven, d.h. z.B. auch Anerkennung zulassenden und selbstwertstärkenden emotionalen, sozialen oder kognitiven Erfahrungen zu finden. Außerdem sollte in einer pädagogisch-therapeutischen Einrichtung für die Freizeitgestaltung unter der Woche ein breites Angebotsspektrum vorhanden sein.

Kinder und Jugendliche, die auf einem Interessengebiet in der Einrichtung Erfolg und Selbstvertrauen gefunden haben, werden ermutigt, auch externe Angebote zu nutzen. Der Besuch eines Sportvereines, der Jugendfeuerwehr oder einer Rettungsschwimmergruppe sind solche Möglichkeiten, die wichtige zusätzliche Ankerpunkte im Wochenverlauf darstellen und nach der Entlassung weitergeführt werden können. Interessenpflege dieser Art kann außerdem Kontakte zu nichtproblembelasteten Kindern/Jugendlichen schaffen. Gelingt dies in Bereichen, wo Stärken zum Tragen kommen können, so können diese jungen Menschen auch leichter Akzeptanz erfahren werden, denn gerade damit tun sie sich häufig außerordentlich schwer. Werden solche Möglichkeiten nicht aufgegriffen, besteht die Gefahr, dass nur der Zusammenschluss mit jungen Menschen mit ähnlichen Problemstellungen bleibt.

12.4.7 Sichere Orte – Erfolgserlebnisse vermitteln und deren positive Bewertung und innere Zuordnung bzw. Integration erleichtern

Streeck-Fischer (2000a) fordert bei Kindern/Jugendlichen mit ähnlichen Problemkonstellationen die Schaffung sog. *sicherer innerer und äußerer Orte*. Streeck-Fischer (2000a) versteht darunter z.B. einen besonderen Teppich, das Bett oder die Erinnerung an etwas Vertrautes, also Orte, die äußerlich oder innerlich als schützende Rückzugsmöglichkeit dienen können, in denen sich ein Kind oder Jugendlicher zeitweilig aufgehoben fühlt. Diese können dann, z.B. wenn ein Jugendlicher merkt, dass er in Anspannung gerät, als Fluchtmöglichkeit dienen, die er selbst aufsucht (oder bei inneren sicheren Orten in der Fantasie aufsucht). Ein Neunjähriger in unserer Einrichtung, der enorm sozialstressempfindlich war und manchmal die Anwesenheit anderer Menschen kaum ertragen konnte, zog sich zeitweilig immer wieder in einen Kleiderschrank zurück, wenn er mit der aktuellen Situation nicht mehr fertig wurde. Unter herkömmlicher pädagogischer Sichtweise und ohne ein tiefergehendes Verständnis für die bei ihm vorliegende Problemkonstellation wäre man wohl leicht geneigt gewesen, dieses Verhalten als eigenartig abzutun oder zu unterbinden. Ganz instinktiv hat er sich jedoch in dem Moment eine wichtige und wohl auch notwendige Rückzugsmöglichkeit selbst geschaffen.

Auch Tiere haben große Bedeutung, vor allem wenn sie – wie bei uns – zur Einrichtung gehören. Ein Pferd streicheln zu können oder mit einem Hund auf der Couch zu kuscheln ist allein schon eine sehr positive und Wohlgefühl vermittelnde Erfahrung. Wenn ihnen eine Situation – z.B. im Schulunterricht – zu viel wird, tut manchen Kindern/Jugendlichen eine Auszeit in Form des Ausführens eines unserer

Hunde (drei sind in den Klassen dabei) recht gut. In 10 oder 15 Minuten löst sich dabei ihre Anspannung auf und die Gefahr eines Affektausbruchs ist beseitigt. Klar ist, dass hier immer auch mit Vorsicht abzuwägen ist, ob hiermit eine Arbeitsverweigerungshaltung noch gefördert wird und wann deswegen solche »Ausflüge« unterbleiben müssen.

Schaffung sicherer Orte heißt für uns auch, Möglichkeiten zu suchen, langfristig innerlich ein sichereres Gefühl und ein stabileres Selbstvertrauen aufzubauen. D.h. sichere Orte sind für diese jungen Menschen auch Lebensbereiche, in denen sie Kompetenzen haben oder erwerben können und in denen sie am wenigsten anecken oder konfliktgefährdet sind. Über die Förderung von Stärken und Interessen können solche sicheren Orte beispielsweise entstehen. Wichtig ist dabei auch, dass die Kinder/Jugendlichen ihre Stärken auch als solche begreifen und annehmen können, denn oft können sie diese gar nicht mehr in ihr Selbstbild integrieren. Dazu brauchen sie die Unterstützung ihrer Bezugspersonen.

12.4.8 Verbesserung der kommunikativen Fähigkeiten und Milderung der Störungen im Sozialverhalten

Soziale Kollisionen ziehen schädliche Folgen wie Zurückweisung, Ablehnung oder Gewalt nach sich und sollten deswegen so weit wie möglich eingedämmt werden. Außerdem sollte in allen Lebensbereichen angepassteres und friedfertigeres sozial-kommunikatives Verhalten geübt werden und eine Förderung der sozialen Kompetenz erfolgen. Dies kann auf verschiedene Weise geschehen, denn Lernsituationen für die Erweiterung der sozialen Kompetenz gibt es fast überall, selbst wenn sie sich nicht immer im wünschenswerten Umfang nutzen lassen. Soziale Situationen können spontan im Einzelgespräch reflektiert und besprochen werden, z.B. wenn ein Konflikt ausreichend abgeklungen ist. Andererseits können beispielsweise über das oben beschriebene Handlungsmodell CURAS oder über gruppentherapeutischen Ansätze (Kap. 12.5) sozial-kommunikative Förderaktivitäten und Lernsituationen planvoll eingesetzt werden.

12.4.8.1 Erlernen von Problemlösungs- und Bewältigungsstrategien

Ein Förderschwerpunkt sollte auf jeden Fall im Erlernen von Problemlösungs- und Bewältigungsstrategien liegen. Sie sind in aller Regel zu wenig entwickelt und geübt, sodass typische *Entwicklungsaufgaben* (z.B. jeweils altersgemäße schulische Anforderungen, soziale Anerkennung unter Gleichaltrigen, altersentsprechende Autonomieentwicklung und Identitätsfindung etc.) nicht bewältigt werden konnten und können, aber auch die Bewältigung der Alltagsanforderungen erheblich leidet. Die infantilen Abwehrmechanismen werden dafür – manchmal fast reflexartig – eingesetzt und führen zu typischen Problemen wie ständigen Misserfolgserlebnissen, Zurückweisungen und zu immer neuen Enttäuschungen und Kränkungen, aber auch zu gefährlichen Illusionen.

Training von Problemlösungs- und Bewältigungsstrategien kann im Alltag und bei verschiedensten Gruppenaktivitäten stattfinden. Immer wieder gilt es, mit neuen Situationen fertig zu werden oder kritische Situationen mit Abwägung und unter Rückgriff auf vorhandene Erfahrungen zu meistern. Wenn beispielsweise eine Einkaufsfahrt zu planen oder im Zusammenhang mit einer Wochenendplanung verschiedene Entscheidungsmöglichkeiten zu prüfen sind, ist Gelegenheit gegeben, sich in der konkreten Situation und im Hier und Jetzt in neuen Fähigkeiten zu üben. Außerdem können ganz individuell angepasste Förderaktivitäten entwickelt werden, um individuelle Defizite auszugleichen. Die Schule eröffnet ebenfalls zahlreiche Möglichkeiten, um Problemlösungen und Praxiserfahrungen vor allem auf der konkreten Handlungsebene (z.B. über das Projekt Praktisches Lernen, Kap. 14) möglich zu machen.

Es finden sich aber auch für die therapeutische Arbeit entwickelte Materialien, die hier in unterstützender oder auf spielerische Weise wirken können. Kuhlmann & Dürrwächter (Die Ideenolympiade, 1997) haben zum Beispiel ein Spiel zur sozialen Kompetenz entwickelt, bei dem für konkrete soziale Situationen Lösungsstrategien zusammen mit einem Erwachsenen entwickelt und bewertet werden müssen.

12.4.8.2 Verinnerlichung von Wertvorstellungen und Sinn-Erfahrungen

Viele der jungen Menschen, von denen hier berichtet wird, sind von früher Kindheit an durch Bedrohungserlebnisse, Lernblockaden, Stressüberempfindlichkeit, Interaktionsprobleme, Mangel an Flexibilität, Schwächen in der Affektregulation, Ängste und Selbstunsicherheit, mangelhafte Bewältigungsfähigkeiten, einseitige »Überlebensstrategien« und »Ego-Taktiken« benachteiligt. Ihre Wertvorstellungen, ethischen Grundüberzeugungen und ihr Gewissen entwickeln sich daher oft nur unter ungünstigen Voraussetzungen und wahrscheinlich vielfach nur fragmentarisch. Mal zeigt sich das Gewissen unerbittlich und gnadenlos, mal lückenhaft und zu großzügig. Ihr Schwarz-Weiß-Denken, die Unübersichtlichkeit heutiger Wirklichkeiten und Lebenszusammenhänge, ihre Desorientierung durch widersprüchliche Botschaften, einseitige oder verzerrte Wahrnehmungen und Erfahrungen, das Angezogenwerden durch Extreme und Verführbarkeit für einfache Weltbilder und Heilslehren sind Gefahrenquellen, die eines Gegengewichts bedürfen.

Es ist daher notwendig, die sich anbietenden Möglichkeiten intensiv zu nutzen und Gelegenheiten wahrzunehmen, um in Mitmenschen Vorbilder zu erleben und positive Verhaltensmodelle kennen zu lernen. Religiöse Themen, ausgewählte Lesestoffe und Videofilme, Gruppengespräche und Feste und Feiern mit Themenschwerpunkten können einbezogen werden. Es gibt z.B. zahlreiche Materialien von Hilfswerken, mit denen sich Notlagen veranschaulichen und Hilfemöglichkeiten aufzeigen lassen. Mitgefühl und Mitverantwortung können damit angesprochen und herausgefordert werden. Daran lassen sich Solidaritätsaktionen anbinden (z.B. wöchentlich einmal statt einem normalen Mittagessen eine einfache Reismahlzeit. Die Preisdifferenz wird angesammelt und dann einem Hilfswerk für ein ganz konkretes Projekt überwiesen).

Einige Kinder/Jugendlichen mit Persönlichkeitsentwicklungsstörungen haben in ihrem gesellschaftlichen Umfeld z.B. in sozialen Brennpunkten ganz eigene Wertsysteme und sozial-kulturelle Gewohnheiten entwickelt, die mit herkömmlichen gesellschaftlichen Vorstellungen kaum in Einklang zu bringen sind. Diese sind innerhalb ihrer Subkultur unter anderem auch als gerechtfertigte Anpassungsstrategien zu sehen, stehen jedoch vielfach einer Anpassung an andere gesellschaftliche Gruppierungen und damit auch oft der weiteren schulischen, beruflichen und persönlichen Entwicklung im Wege, zumal diese eigenen Wertvorstellungen oft in sich logische Denksysteme darstellen, die meist durch einen enormen Ausschließlichkeitsanspruch und eine große Unflexibilität geprägt sind. Es muss zumindest vermittelt werden, dass gesellschaftlich im Allgemeinen andere Wertvorstellungen vorherrschen, und es muss versucht werden, auf eine größere Flexibilität hinzuwirken.

Kohlberg (1998) nennt vier weitere geeignete Förderstrategien zur Entwicklung von Wertvorstellungen:

- *Regelmäßige moralische Gespräche über soziale Konfliktsituationen*
  Solche Gespräche werden im Allgemeinen nicht ausreichend geführt.
- *Systematische Diskussionen von sog. sozialen Dilemmata*
  Darunter versteht man Situationen, in denen konfligierende Positionen aufeinander treffen, die nur auf höherer Moralitätsstufe, d.h. nur unter Einbeziehung erweiterter Perspektiven aufgelöst werden können. Es liegen eine Reihe erprobter Dilemmata vor (z.B. das sog. Heinz-Dilemma). Bei der Dilemmadiskussion kommt es für die Pädagogen darauf an, eine sog. +1-Argumentation zu praktizieren, d.h. auf jeweils einer Moralitätsstufe höher zu argumentieren, als es die Kinder/Jugendlichen tun. (Eine Ausbildung für Lehrer bietet z.B. die Uni Konstanz mit ihrer Konstanzer Methode zur Dilemmadiskussion; http://www.uni-konstanz.de/ag-moral.)
- *Rollenspiele, in denen soziale Konflikte nachgespielt werden*
  Rollenspiele fördern die Entwicklung der Fähigkeit zur Perspektivenübernahme und zu Empathie. Eine große und nachhaltige Wirkung wird erzielt, wenn tatsächlich ein Rollentausch vorgenommen wird und die Kinder/Jugendlichen den Konflikt tatsächlich aus verschiedenen Perspektiven erleben.
- *Mitbestimmung und gleichberechtigte Übernahme von Rechten und Pflichten im Alltag*
  Für dieses Konzept hat Kohlberg (1998) den Begriff »Gerechte Gemeinschaften« geprägt.

Werte können aber auch über *Geschichten mit pädagogisch-therapeutischen Botschaften* vermittelt werden, weil sich Probleme so leichter wahrnehmen lassen und die Kinder/Jugendlichen dazu einen besseren Zugang finden und eher zu deren Überwindung ermutigt werden. Solche Geschichten können erzählt, über Handpuppen, Stofftiere übermittelt oder von ihnen selbst gelesen werden. Auch neuere Medien (geeignete Hörspiel-Kassetten, CDs oder Videofilme oder auch zweckentsprechende Computer-Spiele) eignen sich hervorragend.

12.4.8.3 Trainingsverfahren zur sozialen Kompetenz

Bei der Überwindung kommunikativer Störungsmuster und dysfunktionaler Interaktionsstile kann aber auch auf bereits für andere Störungsbereiche entwickelte Trainingsverfahren für die soziale Interaktion und Kompetenz wie z.B. das Faustlos-Programm (Cierpka, 2001), Fit for Life (Jugert, Reher, Notz & Petermann, 2001) oder aber das Antiaggressionstraining von Weidner (2001a) zurückgegriffen werden, selbst wenn diese meist noch auf die individuellen Besonderheiten dieser Kinder und Jugendlichen angepasst werden müssen. Dabei handelt es sich um Fertigkeitstrainings, die z.B. die soziale Wahrnehmung schulen und soziale Fähigkeiten meist über Rollenspiele üben. Diese Programme sollen im Folgenden beispielhaft kurz vorgestellt werden. Aber auch Trainingsprogramme, die ursprünglich für andere Störungsbilder entwickelt wurden, können einen fördernden

Einfluss hinsichtlich der sozialen Kompetenz ausüben. So werden z.B. im THOP – Therapieprogramm für Kinder mit hyperkinetischem und oppositionellem Problemverhalten (Döpfner, Schürmann & Frölich, 2007) auch Bereiche wie Impulsivität, Selbstmanagement oder Verstärkung von nicht störendem Verhalten behandelt. Auch hier kommt es darauf an, ganz individuell zu prüfen, was für den einzelnen jungen Menschen der Schwerpunkt eines Trainings sein muss.

FAUSTLOS – ein Curriculum zur Prävention von aggressivem und gewaltbereitem Verhalten (Cierpka, 2001)

FAUSTLOS ist ein für den schulischen Rahmen (Grundschule: 1. – 3. Klasse) entwickeltes Programm, das einmal impulsives und aggressives Verhalten zu vermindern versucht und gleichzeitig den Schwerpunkt in den Aufbau sozialer Fähigkeiten in den Bereichen Empathie, Impulskontrolle und Umgang mit Ärger und Wut legt. Das Curriculum dient eigentlich der Prävention aggressiven Verhaltens, bietet sich bei Kindern mit in der Entstehung begriffenen Persönlichkeitsentwicklungsstörungen jedoch auch an, wenn in diesen Bereichen Fähigkeiten noch nicht ausreichend entwickelt sind. Dies wird über unterschiedlichste Ansätze erreicht. So geht es zum Beispiel darum, die Gefühle anderer wahrzunehmen, zu verstehen und zu beantworten, Problemlösestrategien zu vermitteln, Auslöser von Ärger und Wut wahrnehmen zu lernen sowie Techniken wie positive Selbstverstärkung und Beruhigung richtig einsetzen zu können. Dabei werden anhand von Fotofolien, die über einen Tageslichtprojektor projiziert werden können, Situationen durchgesprochen, mögliche Lösungen diskutiert und diese dann durch Rollenspiele vertieft. Durchgeführt wird FAUSTLOS von LehrerInnen im Rahmen einer wöchentlich stattfindenden Schulstunde im Klassenverband. Neben der Vermittlung von sozialer Wahrnehmung und sozialer Kompetenz bietet das Programm den LehrerInnen die Gelegenheit, auch in anderen Schulsituationen immer wieder an das Gelernte zu erinnern und dadurch auch zu seinem Transfer in die alltägliche Lebenswelt des jungen Menschen beizutragen. Gerade diese Transferleistung gestaltet sich – insbesondere bei Kindern/Jugendlichen mit komplexen Problemkonstellationen – meist ganz besonders schwierig. Bei Kindern mit Persönlichkeitsentwicklungsstörungen ist FAUSTLOS aber insbesondere auch dann vorteilhaft, wenn z.B. die soziale Wahrnehmung nicht ausreichend entwickelt ist oder aber zu wenig sozial verträgliche Handlungsstrategien gelernt wurden.

FIT FOR LIFE – Training sozialer Kompetenz für Jugendliche (Jugert, Rehder, Notz & Petermann, 2007)

FIT FOR LIFE fördert auf dem Hintergrund der sozialen Lerntheorie und einem sozialkognitiven Modell der Informationsbearbeitung soziale Kompetenzen bei sozial benachteiligten Jugendlichen und jungen Erwachsenen (Jugert et al., 2007). Dabei setzt FIT FOR LIFE auf mehreren Ebenen an und hat als übergeordnetes Ziel die berufliche und gesellschaftliche Integration durch Vermittlung von Fähigkeiten im Bereich der sozialen Kompetenz und von beruflichen Schlüsselqualifikationen. Das Kleingruppenprogramm legt deswegen auch eher den Schwerpunkt auf den Aufbau von Fähigkeiten, weniger auf die Reduzierung von Problemverhaltensweisen. Insgesamt bietet es eine Vielzahl von Bausteinen, Übungen und Materialien (z.B. auch Kopiervorlagen) zu vielfältigen Themenbereichen an, bei denen immer auch die Zielsetzung klar definiert wird:
Aufbau einer **Motivation für das Training und für das Erlernen sozialer Kompetenzen:** z.B. Lebensplanung, Vermittlung, dass bestimmte Fähigkeiten für das Erreichen bestimmter Ziele notwendig sind, Ermittlung eigener Stärken und Schwächen, welche Verhaltensweisen und Sprüche sind wann angemessen?

- **Gesundheit:** z.B. Ernährung, Sport, Rauchen, Alkohol und Drogen, Schlaf werden diskutiert

- **Selbstsicherheit:** z.B. Erlernen des Unterschieds zwischen selbstsicherem und selbstunsicherem Verhalten durch Rollenspiele
- **Körpersprache:** z.B. anhand von Körpersprache Gefühle erkennen lernen
- **Kommunikation:** z.B. Abläufe von Kommunikation verstehen lernen, sich richtig ausdrücken lernen, gutes vs. schlechtes Zuhören
- **Konflikte:** z.B. Konflikte verstehen und angemessen mit ihnen umgehen können, Ich-Botschaften vermitteln können
- **Freizeit:** z.B. Ermittlung von sinnvollen Freizeitmöglichkeiten, sinnvolle Zeiteinteilung
- **Lebensplanung:** z.B. Entwicklung von Lebensperspektiven, rationales Abwägen von Entscheidungen
- **Beruf und Zukunft:** z.B. Auseinandersetzung mit verschiedenen Berufen, Abwägen von Vor- und Nachteilen verschiedener Berufe, Üben von Bewerbungsgesprächen im Rollenspiel
- **Gefühle:** z.B. Gefühle darstellen, angemessen vermitteln und bei anderen erkennen können, videogestützte Rollenspiele
- **Einfühlung:** z.B. die Perspektive anderer Menschen einnehmen können, sich in Bedürfnisse und Gefühle anderer Menschen einfühlen und auf diese angemessen reagieren lernen
- **Lob und Kritik:** z.B. Frustrationstoleranz gegenüber Kritik verbessern, Umgang mit Kritik im Beruf, berechtigte vs. unberechtigte Kritik, Lob annehmen können

Auch FIT FOR LIFE wurde ursprünglich als Präventivprogramm entwickelt, enthält aber wertvolle Ansätze, die auch gegebenenfalls im therapeutischen Rahmen eingesetzt werden können. Anhand der verschiedenen Themenbereiche wird auch deutlich, dass dieses Programm viele Verknüpfungspunkte zu unserem CURAS-Handlungsmodell bietet.

Anti-Aggressionstraining nach Weidner (AAT, Weidner, 2001a)

Für diese Methode spielt insbesondere die Frage der Indikation eine Rolle. Deshalb sind hier, wie natürlich auch bei anderen Methoden, genaue diagnostische Beobachtungen erforderlich. Nicht jedem, der bei anderen aneckt, fehlen kommunikative Fähigkeiten. Gerade Kinder/Jugendliche mit Persönlichkeitsentwicklungsstörungen sind schnell dabei, wenn es darum geht, bei anderen soziale Problemverhaltensweisen aufzudecken und ihre eigenen wissen sie oft genauso rasch zu rechtfertigen. Dies gilt insbesondere für diejenigen, die eher antisozial-narzisstische Züge zeigen und emotional unberührbar erscheinen. Bei diesen jungen Menschen kann ein herkömmliches Fertigkeitstraining unter Umständen eher ungünstig sein, weil z.B. das Erlernen eines besseren sozialen Verständnisses weitere Argumente für die eigenen Rechtfertigungen liefert. Der Schwerpunkt eines Mehrdimensionalen Hilfekonzepts sollte deswegen in anderen Bereichen liegen. Sonst besteht nämlich zudem die Gefahr, sich pädagogisch-therapeutisch zu sehr auf Nebenschauplätzen zu bewegen und an den Bedürfnissen des jungen Menschen vorbei zu behandeln, beispielsweise weil die Vermittlung von Werten eine recht greifbare und damit einfacher installierbare Maßnahme darstellt. Denn bei diesen jungen Menschen geht es ja vielmehr darum, zu erreichen, dass sie Situationen wieder emotional berühren. Vorstellbar sind hier z.B. Ansätze, wie sie eher im Bereich des Jugendstrafvollzugs angewandt werden, z.B. Programme, die Methoden wie den sog. »Heißen Stuhl« beinhalten, wo der Jugendliche oder junge Erwachsene von den Gruppenteilnehmern mit seinen Problemverhalten konfrontiert wird. Zu denen gehört z.B. das Anti-Aggressivitätstraining (AAT, Weidner, 2001a), das bevorzugt in verschiedenen Jugendvollzugsanstalten eingesetzt wird. Dieses Programm ist insbesondere für Jugendliche und Heranwachsende entwickelt worden, die mehrfach wegen Gewaltdelikten auffällig wurden und Gewalt als erfolgreiche Form der Konfliktlösung sehen und auch Spass daran haben. Ausgenommen werden explizit junge Menschen, die im Affekt Gewalttaten begehen. Schwerpunkte des Trainings liegen z.B. darin, Rechtfertigungen zu entlarven und eigene Schuld deutlich zu machen, die Verantwortung für eigene Handlungen zu übernehmen, Mitgefühl für andere entwickeln zu können, vorausschauendes Handeln zu trainieren oder aber ein angemesseneres Verhaltensrepertoire aufzubauen.

Im Rahmen der Jugendhilfe sind Trainingsprogramme in dieser Art eingeschränkt umsetzbar, da eine Einrichtung hier ganz schnell an ethische und vor allem auch rechtliche Grenzen stößt. Allerdings soll hier zumindest die Überlegung in den Raum gestellt werden, den Einsatz solcher Möglichkeiten auch im Rahmen der Jugendhilfe zu überprüfen.

12.4.9 Stressoren kennen, meiden und aushalten lernen und eigene Stressmanagementtechniken entwickeln und nutzen lernen

Da Stressbelastung ganz entscheidend zur aktuellen psychischen Verfassung beiträgt, ist es gerade bei den Kindern und Jugendlichen mit Sozialstressempfindlichkeit unbedingt notwendig, typische individuelle Stressverursacher zu identifizieren (z.B. Störungen im kommunikativen Umgang, die ständig Zurückweisungen oder aggressive Reaktionen auslösen, oder fehlende Bewältigungsfähigkeiten und Problemlösefähigkeiten, die ständig neue Enttäuschungen verursachen, unvernünftige Gewohnheiten usw.) und zu überlegen, wie diese reduziert werden können, ohne dabei aber nur noch Schonraum zu gewähren. Hier muss sehr individuell vorgegangen werden, denn die Stressoren sind nicht immer auf den ersten Blick offensichtlich und bei jedem Kind/Jugendlichen verschieden bzw. verschieden gewichtig. Vielfach sind es – in den Augen der Mitmenschen – Kleinigkeiten, die für stressempfindliche Kinder/Jugendliche nervenaufreibend sind (Beispiele: Der Tischnachbar in der Schule sitzt zu nahe daneben oder bei der Rückkehr aus der Pause sitzt gerade ein anderer auf dem eigenen Stuhl. Das Kind/der Jugendliche wird gebeten, den Fensterplatz im Bus für ein anderes Kind frei zu machen, das im Auto mit Übelkeit zu kämpfen hat. Ein anderer hält nur Bestleistungen für anerkennenswert, setzt sich Notenziele zu hoch an und erlebt jede Unterschreitung seiner Notengrenze als Niederlage. Bei einer kleinen Feier der Hausgemeinschaft ist ein Sessel, auf den man spekuliert hatte, schon besetzt. Eine 14-Jährige fühlt sich in der Öffentlichkeit »von allen« Menschen angestarrt.)

Man kann sich vorstellen, dass für Kinder/Jugendliche aus den Tagesgruppen, die mit solchen Empfindlichkeiten zu kämpfen haben, schon die morgendliche Fahrt zur Einrichtung in einem Schülerbus oder das Warten an Um- oder Zusteigeorten zusammen mit anderen Kindern und Jugendlichen zahlreiche Stresssituationen mit sich bringen. Auch ein ganz gewöhnlicher Schulmorgen oder auch nur die große Pause kann den individuellen Stresspegel nach oben treiben. Hier deutet sich schon an, wie vielfältig die Interventionen zur Stressreduzierung sein können, die individuell überlegt werden müssen. Es wird aber auch erkennbar, dass diesem Bemühen Grenzen gesetzt sind. Es gilt hier, einen optimalen Mittelweg zwischen Anforderungsreduktion bzw. Abschirmung und Entwicklungsförderung auch in Richtung größerer Stresstoleranz zu finden.

Mit jungen Menschen, die so stressempfindlich sind, muss gemeinsam überlegt werden, welche Mittel ihnen zur Anspannungsreduktion zur Verfügung stehen. Es bieten sich z.B. körperorientierte Entspannungsmaßnahmen an. Diese reichen von erlernbaren Entspannungsverfahren bis zu sportlichen Aktivitäten, die allerdings keinen Wettkampfcharakter haben und leicht durchführbar sein sollten (Inline-

Skaten, Tischtennisspiel, Cityroller fahren im Hof, Fahrrad- und Mountainbikefahren). Reiten oder auch Ausreiten, die Hunde ausführen helfen relativ vielen Kindern/Jugendlichen ihre innere Anspannung zu reduzieren. In den Schulklassen können angeleitete gemeinsame Übungen zur Entspannung, Körperwahrnehmung und Sensibilisierung zwischen den Unterrichtseinheiten eingebaut werden.

Manchmal ergeben sich aber auch ganz unkonventionelle Vorgehensweisen. Bei einem sozialstressempfindlichen Jugendlichen, der nur mühsam einen Schulmorgen durchstehen konnte und häufig dementsprechend genervt von der Schule nach Hause kam, stellte sich beispielsweise während der Nachbetreuungsphase heraus, dass für ihn eine Stunde Fernsehzeit noch vor dem Mittagessen (zwischen 13.00 und 14.00 Uhr) eine gute Möglichkeit der Auszeit und Entspannung bot. Fiel diese Stunde aus, so war er für alle Familienmitglieder beim Mittagstisch von seiner Verstimmung her »ungenießbar«. Mathematikhausaufgaben scheiterten dann beispielsweise daran, dass er beim kleinsten Misserfolg das Handtuch warf. Wurde ihm diese Auszeit vorher gewährt, so konnte er danach in Ruhe am Mittagessen teilnehmen und sich danach seinen Hausaufgaben widmen. Problematisch war nur, seiner kleineren Schwester zu erklären, warum diese nicht auch eine Stunde fernsehen durfte. Letzteres macht das Spannungsfeld deutlich, in dem solche Handlungsmöglichkeiten immer wieder stehen.

Zur Unterbrechung des in Kap. 6 beschriebenen Erregungskreislaufes und zur Vermeidung von damit zusammenhängenden impulsiven Handlungen (Wutausbrüche, Selbstverletzungen, etc.) können außerdem Techniken eingesetzt werden, wie sie bei der Behandlung von Erwachsenen Borderline-Patienten verwendet werden (Bohus, 2000; Linehan, 1996 und 1996a, sowie im englischsprachigen Raum auch im Rahmen der DBT für Jugendliche siehe Miller, Rathus & Linehan, 2007, bzw. in Deutschland unveröffentlicht im Rahmen der DBT-a). Dort wird versucht, mit starken sensorischen Reizen rechtzeitig vor Ausführung der impulsiven Handlung den physiologischen Regelkreis zu durchbrechen. Dazu eignen sich z.B. starke Duftstoffe, Eiswürfel, Meerrettich, Chilipulver oder auch Gummis, die das Kind/der Jugendliche selbst beispielsweise am Arm schnalzen lassen kann. Auch Konzepte wie das von Winkler und Drischel entwickelte Trainingsprogramm Emoflex (www.emoflex.de) oder Elemente aus TEK (Training Emotionaler Kompetenzen, Berking, 2008) bieten sich an.

Inzwischen wird auch ein von uns speziell für diese Kinder und Jugendlichen entwickeltes und auf ihre Bedürfnisse zugeschnittenes Stresspräventionstraining eingesetzt.

Stresspräventionstraining

Herkömmliche, in der Literatur beschriebene Stresspräventions- und Entspannungsverfahren sind bei jungen Menschen mit komplexen Problemkonstellationen meist nur selten anwendbar. Deswegen haben wir in Anlehnung an verschiedene in der Literatur beschriebene Konzepte ein eigenes Trainingsprogramm erarbeitet, erprobt und mithilfe von systematischen Auswertungsverfahren auch an die spezifischen Bedürfnisse der Kinder und Jugendlichen angepasst.

In Anlehnung an theoretische Konzepte wie das von Herpertz (1999, 2001) und Trainingskonzepte wie das von Klein-Heßling & Lohaus (2000) wurde ein verhaltenstherapeutisch orientiertes Training mit Lehrgangscharakter entwickelt. Die Inhalte sind so konzipiert, dass sie im Alltag umsetzbar sind und dort auch Erfolg bringen. Eine der wichtigsten Grundüberlegungen der Konzeption ist, dass Stresssituationen unvermeidbar sind. Dies gilt insbesondere für Kinder und Jugendliche mit Emotional-instabilen Persönlichkeitsentwicklungsstörungen. Sie können einzelnen Stresssituationen aber nur dann erfolgreich aus dem Weg gehen, wenn ihnen bewusst ist, welche Faktoren als für sie individuell stressauslösend angesehen werden müssen und sie dies zum richtigen Zeitpunkt auch wahrnehmen können. Andererseits können nicht alle diese Situationen erfolgreich umschifft werden. Es muss deswegen gleichzeitig auch gelernt werden, mit individuellem Stress auf sozial verträgliche Weise umzugehen.

Beim Stresspräventionstraining handelt es sich um ein *Gruppentraining mit bis zu sechs Jugendlichen und zwei Erwachsenen*, das in einer schulähnlichen Atmosphäre stattfindet und einer festgelegten Struktur mit Eingangs-, Inhalts- und Abschlussphase folgt. Die Teilnahme am Training ist verpflichtend. Dennoch wird darauf geachtet, dass das Training auch Spass macht, u.a. dadurch, dass auch Spiele mit Bezug zum Thema Stress gespielt werden. Den Kindern und Jugendlichen wird allgemeines Wissen über Stress, Stressursachen und alternative Verhaltensmöglichkeiten vermittelt und dieses auch mehrfach abgefragt. Es wird außerdem Wert darauf gelegt, dass das Gelernte mit Bezug zu den spezifischen Eigenheiten und zum Alltag des Kindes/Jugendlichen individuell übersetzt wird. Ziel ist dabei auch, die Wahrnehmung für eigene Stresssituationen zu verfeinern, zu verstehen, was z.B. bei einem Ausraster passiert, und wann der günstigste Zeitpunkt ist, sinnvolle Handlungsstrategien zur Stressverminderung anzuwenden. Dazu werden auch physiologische Messverfahren wie z.B. Puls- und Blutdruckmessgerät verwendet, um deutlich zu machen, dass Stress auch körperlich ablesbar ist. Alternative Verhaltensmöglichkeiten werden im Rollenspiel und mit Videofeedback eingeübt und die Teilnehmer werden dazu motiviert, diese im Alltag auszuprobieren.

Das Training ist zudem in ein *verhaltenstherapeutisch orientiertes Punktesystem* eingebettet mit der Zielsetzung, über eine externe Motivation (d.h. die Erreichung möglichst vieler Punkte) eine interne Motivation für eine bessere Bewältigung von Stresssituationen zu erreichen. Beispielsweise können sich die Kinder und Jugendlichen von Erwachsenen der Einrichtung bescheinigen lassen, wenn sie eine Stresssituation erfolgreich bewältigt haben. Damit können sie einerseits Punkte verdienen, andererseits erfahren sie durch die Möglichkeit der Bescheinigung häufig auch Anerkennung in ihrem sozialen Umfeld und entwickeln zudem im Laufe des Trainings Gefühle von Stolz, wenn sie bewusst merken, dass sie Situationen auch anders bewältigen können. So sollen die Teilnehmer lernen, dass nicht-aggressive Stressbewältigung für sie auch vorteilhaft sein kann. Dies wird auch durch eine hohe Wertschätzung des Trainings durch die gesamte Einrichtung und z.B. auch durch Ausstellen eines *Anti-Stress-Diploms* unterstützt.

Die Erfahrung mit dem Training zeigt, dass die teilnehmenden Kinder/Jugendlichen nach einer gewissen Aufenthaltszeit meist sehr gut in der Lage sind, ihre individuellen Reaktionsmuster wahrzunehmen und zu beschreiben. Zum Beispiel entwarf ein Junge ein eigenes Schaubild am Computer, das seinen individuellen Ablauf in Stresssituationen darstellte. Als bei ihm über eine ergänzende Medikation nachgedacht wurde, brachte er zum nächsten Training stolz ein verändertes Schaubild mit, in dem er die stressreduzierende Wirkung des Medikamentes symbolisch ergänzt hatte. Ähnliches ergab auch die ergänzend durchgeführte Evaluation mit dem Stressverarbeitungsfragebogen für Kinder und Jugendliche (Hampel, Petermann & Dickow, 2001) und Mitarbeiterbefragungen. Hier zeigten sich Hinweise, dass sich die Teilnehmer ihrer tatsächlichen Stressverarbeitungsstrategien nach dem Training eher bewusst waren als vorher und zumindest theoretisch (d.h. im Fragebogen) angaben, diese auch in der Praxis zu benutzen. Allerdings konnte dies durch die Mitarbeiterbefragungen so nicht ganz bestätigt werden, denn die größeren Schwierigkeiten liegen in der rechtzeitigen und richtigen Umsetzung alternativer Handlungsstrategien. Dies gelingt insbesondere den jüngeren Teilnehmern oft nur schwer oder fast gar nicht, selbst wenn sie wissen, was eine sinnvolle Stressverarbeitungsstrategie in dieser Situation wäre. Dies deckt sich auch mit dem von uns modifizierten Modell von

Herpertz (1999, 2001), bei dem ab einem gewissen Erregungsgrad kaum noch kognitiv reflektiertes Handeln möglich ist, sondern stattdessen eher impulsgesteuerte Handlungen stattfinden. Erfahrungen und Aussagen von Ehemaligen unserer Einrichtung lassen darauf schließen, dass hier mit einem sog. Sleeper-Effekt (Dorsch, Häcker & Stapf, 1992) zu rechnen ist, was bedeutet, dass die Lerninhalte nicht verloren sind, wenn sie nicht sofort umgesetzt werden können. Vielmehr darf damit gerechnet werden, dass sie verinnerlicht wurden und mit zunehmendem Alter mehr Eingang in den Alltag finden.

12.4.10 Unangepasste (dysfunktionale) und verhärtete Wahrnehmungs-, Denk- und Handlungsschemata auflösen und durch funktionale Schemata ersetzen oder ergänzen

Immer wieder müssen unangepasste Denkschemata – zunächst behutsam – in Frage gestellt und relativiert werden. Dies ist ein immer währender Prozess, der sich durch alle Bereiche (Alltag in der Einrichtung, Schule, familiäres Umfeld, therapeutische Arbeit) durchziehen muss, um erfolgreich zu sein. Dabei ist viel Sachlichkeit, Flexibilität *und* Standfestigkeit von Seiten aller beteiligten Erwachsenen erforderlich, umso damit umgehen zu können, dass nicht jedes Mal emotionale »Scherben« oder aber noch mehr Verhärtungen entstehen.

Ziel ist es, den Kindern/Jugendlichen zu mehr Denkflexibilität zu verhelfen, neue funktionalere Wahrnehmungs-, Denk- und Handlungsschemata aufzubauen und ihnen damit zu mehr Handlungsspielraum zu verhelfen. Ganz wichtig ist dabei der Bezug zum Alltag und zum Hier und Jetzt. Solches Infragestellen sollte möglichst zeitnah anhand konkret erlebter Ereignisse stattfinden. Anhand von Beobachtungen im Alltag können die Bezugspersonen gemeinsam mit den Kindern/Jugendlichen überprüfen, welche Denk- und Handlungsschemata sinnvoll sind und welche nicht.

Starre Denk- und Handlungsschemata erfüllen bei manchen Kindern/Jugendlichen aber auch vorübergehend einen Zweck, z.B. weil sie Angst reduzieren. Ein Kind, das z.B. unter einer Arbeitsgedächtnisschwäche leidet, braucht unter Umständen einen ganz geregelten Tagesablauf, um nicht ständig in jeder Situation neu über eine passende Handlungsstrategie entscheiden zu müssen. Wenn es diese geregelte Alltagsstruktur in überzogener Weise bzw. mit Vehemenz einfordert, so geschieht dies häufig deswegen, weil es die drohende Überforderung zumindest ansatzweise spürt und vor ihr Angst hat. Bei solchen Kindern/Jugendlichen gestaltet sich eine Auflösung dysfunktionaler Denk- und Handlungsschemata oft sehr schwierig bzw. kann nur sehr sehr behutsam erfolgen und ist z.B. bei dadurch ausgelösten massiven Ängsten eher kontraindiziert. Gegebenenfalls muss hier versucht werden, die Alltagsstrukturen so übersichtlich und verlässlich wie möglich zu gestalten.

12.4.11 Nachträgliches Aufarbeiten von nicht bewältigten Entwicklungsaufgaben

Da wichtige Entwicklungsaufgaben häufig nicht bewältigt werden konnten, ihre Bewältigung aber einen maßgeblichen Faktor für die weitere Entwicklung und das Selbstwerterleben darstellt, gilt es, in einem Mehrdimensionalen Hilfekonzept auch ein Augenmerk auf die Aufarbeitung von noch nicht bewältigten Entwicklungsaufgaben zu legen. Dabei geht es hier unter Umständen um ganz unterschiedliche Dimensionen. Beim einen kann es darum gehen, in der Schule durch eine individuelle schulische Förderung wieder den Anschluss zu finden. Ein anderer sollte vom Alter her den Entwicklungsschritt zur Auseinandersetzung mit der Autonomiethematik schaffen. Dies kann beispielsweise im Rahmen der integrierten Gruppentherapie (siehe Kap. 12.5) fokussiert werden. Im Extremfall kann dies aber auch heißen, im psychotherapeutischen Rahmen Entwicklungsaufgaben in einem innerpsychischen Sinne aufzuarbeiten – also z.B. statt symbiotisch geprägte Beziehungen andere reifere Beziehungsformen eingehen zu können. Deswegen sehen die erforderlichen Prozesse auch individuell ganz unterschiedliche Schritte und Handlungsschwerpunkte vor. Dies gelingt nur mittels einer differenzierten Diagnostik und einer methodisch hochvariablen und auf den jungen Menschen abgestimmten Therapie.

12.4.12 Fachärztliche und medikamentöse Behandlung

Medikamente können, wenn sie indiziert sind und richtig und mit wohlabgestimmter Dosierung eingesetzt werden, Probleme mildern und Entwicklungsrisiken verringern. Die Begleitung des Aufenthalts durch einen Facharzt für Kinder- und Jugendpsychiatrie und eine eventuelle medikamentöse Unterstützung pädagogischer und psychotherapeutischer Leistungen gehören deswegen ebenso wie andere Maßnahmen zum Mehrdimensionalen Hilfekonzept.

Eine medikamentöse Unterstützung kann insbesondere dann erforderlich sein, wenn deutliche Hinweise für dysfunktionale biologische Komponenten wie z.B. Störungen im Neurotransmittersystem, ADS, ADHS bzw. Hyperaktivität mit oppositionellem oder impulsiv-aggressivem Verhalten vorliegen. Auch deutliche Anzeichen für einen depressiven oder psychotischen Anteil am Störungsbild, ständige Gereiztheit und aggressive Durchbrüche, die heftige Kollisionen verursachen, können sie nötig machen. Lässt sich dies nicht durch psychotherapeutische, verhaltensmodifikatorische oder pädagogische Maßnahmen wesentlich mildern und sind somit die wünschenswerten Behandlungserfolge überhaupt in Frage gestellt, kann eine medikamentöse Unterstützung sinnvoll sein. Die medikamentöse Unterstützung beeinflusst in der Regel einzelne Zielsymptome (z.B. Aufmerksamkeit, Impulsivität, chronische Aggressivität), jedoch nicht die komplette Problemkonstellation.

Mögliche Ziele einer unterstützenden medikamentösen Behandlung können sein:

- Verringerung affektiver Spannungszustände und der Neigung zu Impuls-/Affektausbrüchen
- Milderung von Überreagibilität (Übersensibilität) und von Stressüberempfindlichkeit
- Erleichterung der Reizfilterung, der Reizverarbeitung und der Aufmerksamkeit
- Ungestörterer Aufbau der Selbst-Kontrollmechanismen
- Förderung positiver Interaktionen (d.h. positiven Miteinander-Umgehens)
- Erweiterung der Zugänglichkeit für neue, positive Beziehungs-, Erlebnis- und Handlungs-Erfahrungen.
- Milderung oder Verhinderung immer wieder neuer seelischer Erschütterungen (Retraumatisierungen)

Eine medikamentöse Behandlung löst in der Regel die Probleme nicht oder nicht allein und sie ist auch nicht als Konkurrenz zu den pädagogischen Fähigkeiten von Erziehern, Lehrern oder den Eltern anzusehen. Pädagogisch-therapeutische Interventionen haben deswegen immer Vorrang. Wenn ein Kind ohne vorausgehende medikamentöse Verordnung in die Einrichtung aufgenommen wird, dann wird zunächst die Wirkung der pädagogischen und therapeutischen Arbeit ohne medikamentöse Unterstützung abgewartet. Wenn das Störungsbild darauf nicht in der erhofften Weise anspricht oder wenn die Zugänglichkeit des jungen Menschen für therapeutische und pädagogische Einflussnahmen erheblich begrenzt oder gar blockiert erscheint, kann oder sollte eine medikamentöse Behandlungsunterstützung erwogen werden. Ob sie sinnvoll oder aussichtsreich ist und welches (evtl. auch homöopathische) Medikament in Betracht kommt, wird dann mit dem Facharzt und den Eltern besprochen und muss unter Umständen der praktische Einsatz zeigen.

Leider wurden die meisten Psychopharmaka für erwachsene Patienten und nicht speziell für Kinder entwickelt. Es sollten deshalb in aller Regel nur Medikamente eingesetzt werden, die sich bei Kindern bereits über Jahre bewährt haben oder die sich in einer wissenschaftlich kontrollierten und bereits aussichtsreichen Erprobungsphase befinden. Ihrem Einsatz geht immer eine genaue Beobachtung und Klärung der bestehenden Probleme und eine sorgfältige Risiko-Nutzen-Abwägung zusammen mit dem Facharzt und den Eltern voraus.

Eine medikamentöse Behandlung wird sich oft zunächst schulmedizinischer Erfahrungen und Präparate bedienen. Manche Eltern legen jedoch Wert darauf, dass auch homöopatische Behandlungsmethoden in Erwägung gezogen werden. Im Bereich der Naturheilverfahren sind beispielsweise Ansätze wie der Orthomolekularen Medizin interessant, die nach entsprechender Labordiagnostik unterstützend oder alternativ auch Mikronährstoffpräparate einsetzt, um z.B. den Neurotransmitter-Stoffwechsel oder die Vitalstoffzufuhr günstig zu beeinflussen.

Eine wichtige Voraussetzung für eine medikamentöse Mitbehandlung ist die enge und gute Kooperation mit den Eltern und mit einem Facharzt für Kinder- und Jugendpsychiatrie oder Kinder- und Jugendmedizin. Eltern müssen meist für eine medikamentöse Unterstützung erst gewonnen werden. Dazu müssen sie über die oben genannten Anliegen und Ziele und auch über Wirkungen und Nebenwirkungen des Medikaments informiert werden.

Ohne sehr differenzierte pädagogische Beobachtungen und Rückmeldungen aus den verschiedenen Lebensbereichen der jugendlichen Patienten ist weder zu Hause noch in einer pädagogisch-therapeutischen Einrichtung eine sinnvolle medikamentöse Behandlungsunterstützung bzw. ein Erfolg zu erwarten. Eine genaue Beobachtung, Überwachung (u.a. auch regelmäßige Blutbildkontrolle) und Dokumentation des Medikamenteneinsatzes, der Dosierung und eventueller Komplikationen oder Nebenwirkungen ist zur Kontrolle des Behandlungsverlaufs, zur raschen Feststellung von Unverträglichkeiten oder anderen unerwünschten Auswirkungen und vor allem des Behandlungserfolges unbedingt erforderlich.

12.5 Spezielle pädagogisch-therapeutische Handlungsstrategien

Um den Besonderheiten von Kindern und Jugendlichen mit Persönlichkeitsentwicklungsstörungen gerecht werden zu können, wurden in der praktischen Arbeit mit ihnen eigene spezifische Konzepte entwickelt, die im Folgenden vorstellt werden sollen. Diese Konzepte benutzen mehrere Methoden und verschiedene Zugangswege, sind handlungsorientiert und auf den ersten Blick nicht als typisch therapeutisch erkennbar. Sie bedienen sich sowohl eines Gruppenkontexts als auch eines Einzelsettings und auch ihre Integration in den Alltag bzw. Wochenplan erweist sich meist als sehr vorteilhaft. Entstanden sind sie deshalb, weil manches Herkömmliche nicht funktioniert hat oder zumindest eine Anpassung erforderlich gemacht hat.

12.5.1 Kinderkonferenzen und Gruppengespräche

Was von Kindern und Jugendlichen gemeinsam (also in der Gruppe) entgegen genommen oder gar von ihnen – auch unter Anleitung – gemeinsam diskutiert und beschlossen wird, reizt weniger zum Widerspruch und mobilisiert weniger Abwehr, als wenn von Erwachsenen versucht wird, ihnen das Gleiche einzeln oder in Form von Unterricht oder Belehrungen zu vermitteln. Denn so gilt es für alle bzw. »für uns alle« und bleibt aus dem konfliktträchtigeren Einzelbezugsrahmen Jugendlicher/Erwachsener herausgenommen. Sonst leicht auslösbare schablonenhafte und verfestigte Einzelansichten bleiben so ebenfalls eher außen vor. Auch Strukturen, die sich auf diese Weise einführen oder absichern lassen, stoßen auf weniger Widerstand und haben mehr Aussicht auf Anerkennung. Auch Wertbezüge und Normen lassen sich im konkreten Umgang miteinander in diesem Rahmen – ein gutes (Gruppen-)Klima vorausgesetzt – besser »veröffentlichen«. Gruppensettings, in denen Kinder/Jugendliche möglichst viele Themen selbst einbringen und an deren Regulierung sie beteiligt sind, können dafür gezielt genutzt werden. Es werden hier Modelle für Sachlichkeit in Auseinandersetzungen und unterschiedliche und differenzierte Umgangsweisen mit Meinungsverschiedenheiten und Konflikten sichtbar und erlebbar. Zusätzlich wird auch immer wieder versucht, die Kinder/Jugendlichen zu animieren, Verantwortung zu übernehmen und sich gegenseitig zu helfen und zu unterstützen. Nicht immer, aber immer wieder lassen sich dabei auch bei Kindern/Jugendlichen mit komplexen Problemkonstellationen erstaunlich gute Erfahrungen machen.

Kinderkonferenzen oder Gruppengespräche sind fester Bestandteil des Wochenprogramms. D.h. in jeder Gruppe findet mindestens einmal in der Woche ein Gruppengespräch statt, in dem Themen besprochen und auch Entscheidungen von den Kindern/Jugendlichen mit getroffen werden. Im stationären Bereich gibt es beispielsweise einen zentralen Begegnungsraum, in dem meistens zweimal in der Woche eine Hauskonferenz stattfindet, an der alle Kinder und Jugendliche zusammen mit den Erwachsenen teilnehmen. Die Teilnahme ist für alle verpflichtend, je nachdem findet eine altersentsprechende Aufteilung in zwei Gruppen statt. Die Gesprächsthemen reichen von der Planung des Wochenendes oder die Organisation der wöchentlich zu übernehmenden Aufgaben über besondere Anliegen von

Kindern und Erwachsenen, die kritische Auseinandersetzung mit Vorkommnissen und Konflikten bis zu konfrontativen Interventionen oder aber die Diskussion von Maßstäben und Normen bzw. Wertvorstellungen, die in diesen zum Vorschein kommen oder aber fehlen. Auch psychoedukative Ansätze und Themen lassen sich hier einbauen. Wird Problemverhalten thematisiert, ist meistens auch Unterstützung für das Verstehen schwer verständlicher Reaktionen erforderlich. Das erfordert Fingerspitzengefühl des Moderators. Er wacht auch darüber, dass kein Kind oder Jugendlicher in einer solchen Runde bloßgestellt, abgewertet oder lächerlich gemacht wird und dass vereinbarte Fairnessregeln eingehalten werden. In den Gruppengesprächen und Kinder-/Jugendlichen-Konferenzen wird auch geworben und Mut gemacht für Unternehmungen oder die Mitwirkung bei Projekten. Solche Anstöße sind für erlebnispädagogische Aktivitäten mit in dieser Hinsicht oft völlig unerfahrenen Kindern wie auch zur Aktivierung für ausgedehntere Wochenendbeschäftigungen oder für die Strukturierung zuhause verbrachter Beurlaubungstage nötig.

Im stationären Bereich wird in den Kinderkonferenzen auch das Ausgangsrecht jedes einzelnen besprochen, das entsprechend dem Vertrauen vergeben wird, das jedem Einzelnen beim Verlassen des Einrichtungsgeländes entgegengebracht werden kann. Darüber wird von der Hausgemeinschaft diskutiert und verhaltensabhängig und in Abstufungen entschieden. Die Kinder/Jugendlichen ziehen dabei Schlussfolgerungen aus ihren eigenen Beobachtungen oder aus konkreten Erlebnissen und Erfahrungen, üben sich darin, diese sachlich einzubringen und abzuwägen. Im Laufe der Zeit vermögen sie meist ganz gut einzuschätzen, wie viel Vertrauen jemand verdient oder welche Risiken bei einzelnen Kindern und Jugendlichen noch gesehen werden müssen. Sie können sich aber auch zur Verfügung stellen, einen andern z.B. beim Stadtbesuch zu begleiten und somit dessen Bewegungsradius zu erweitern helfen.

Eine Art Reflexionsrunde schließt die Kinderkonferenz und auch andere Gruppenaktivitäten ab. Wichtige (neue) Erfahrungen, insbesondere natürlich positive und selbstwertstützende, können so nochmals im Bewusstsein verankert werden. Nicht alle Kinder können sich dabei bereits sprachlich adäquat ausdrücken. Deshalb liegen z.B. bei Jüngeren in der Mitte eines Sitzkreises Symbolkärtchen bereit, mit deren Hilfe solche Kinder ihr Befinden oder ihre Meinung anzeigen können. Reflexionen dieser Art können auch sehr zur Beruhigung beitragen, Erregungen abklingen lassen, konflikthafte Auseinandersetzungen zum Abschluss bringen und die Umstellung auf neue Situationen erleichtern.

12.5.2 Methodisch strukturierte sozialpädagogische Kleingruppenarbeit

Grundsätzliche Aspekte

Die *methodisch strukturierte sozialpädagogische Kleingruppenarbeit* ist ein eigenes, zeitlich eingegrenztes pädagogisches Lernfeld, das sich in der Arbeit mit Kindern und Jugendlichen mit komplexen Problemkonstellationen bewährt hat. Einige der beschriebenen dysfunktionalen Persönlichkeitszüge machen es notwendig, diesen Kindern/Jugendlichen Lernen unter besonders günstigen Bedingungen zu ermöglichen. Ergänzend zu dem, was im Erziehungsalltag an Aktivitäten, sozialen Interaktionen und an Freizeitunternehmungen nicht nur organisiert, sondern auch spontan stattfindet, sollten die Möglichkeiten pädagogischer Gruppenarbeit und die dafür geeigneten und bewährten Medien genutzt werden, um unter »kontrollierten Bedingungen« und in einem geschützten Rahmen auf bestimmte pädagogisch-therapeutische Ziele hinzuarbeiten. Hier wird eine Verdichtung der Lerninhalte und der Wirkfaktoren angestrebt. Dabei werden pädagogische Möglichkeiten genutzt, die nichts grundsätzlich Neues darstellen, sie werden lediglich konsequenter in den Dienst einer zielorientierteren und planvoll durchgeführten Entwicklungsförderung gestellt. Eine methodische Strukturierung des Gruppenangebots entsteht durch bewusst angewandte, auf die Aufgabenstellung und auf die Gruppenmitglieder angepasste Vorgehens- und Arbeitsweisen unter klar beschreibbaren Rahmenbedingungen wie Zeit, Ort, Raum, Materialien und Hilfsmittel. Dazu muss Klarheit bestehen in Bezug auf die geltenden (Spiel-)Regeln und natürlich auch (insbesondere für die Gruppenleiter) auf die verfolgten Zielsetzungen.

Für die Kinder und Jugendlichen steht jeweils das sie motivierende pädagogische Medium (das vermittelnde Element wie z.B. Kochen und Backen, Sport, Reiten, Klettern, kreatives Gestalten etc.) im Vordergrund, während die Gruppenleiter bestimmte pädagogisch-therapeutische Zielsetzungen im Auge haben, auf die mithilfe des jeweiligen Mediums hingearbeitet wird. Die Kinder und Jugendlichen gehen beispielsweise in die *Kochgruppe*, *Spiel-Sport-Gruppe*, *Reitgruppe*, *Mädchengruppe* oder *Abenteuergruppe*, ohne dass ihnen jeweils klar bewusst zu sein braucht, was neben den in diesen Gruppen ablaufenden Aktivitäten noch an besonderen Zielen mitverfolgt wird. Dabei kann es u.a. um die Vermittlung kommunikativer und sozialer Erfahrungen gehen, um das Erleben und Verhalten in komplexeren Situationen und das Verändern des Verhaltens, manchmal auch unterstützt durch Video-Feedback. Kindern und Jugendlichen mit Persönlichkeitsentwicklungsstörungen fehlen aufgrund ihrer schwierigen Entwicklungsverläufe oft wertvolle Sozialisationserfahrungen, die hier auf die beschriebene Weise nochmals ermöglicht oder auch korrigiert werden sollen. Auch ihre Störanfälligkeit in sozialen Gruppen (bedingt z.B. durch unkooperatives Handeln, Überempfindlichkeit oder zu leichte Kränkbarkeit) kann und sollte in diesem Rahmen verringert werden.

Einige methodische Aspekte

Das methodische Vorgehen unterscheidet sich, je nach eingesetztem pädagogischen Medium, erheblich. Dennoch lassen sich einige grundsätzliche Leitlinien darstellen, bevor das Vorgehen anhand eines Beispiels näher erläutert werden soll.

In der Regel besteht die Gruppengröße aus vier bis sechs Kindern und Jugendlichen, methodisch strukturierte sozialpädagogische Kleingruppenarbeit ist aber auch in größeren Gruppen möglich. Die Gruppentreffen werden methodisch und inhaltlich jeweils auf den Stand der Gruppe und den beabsichtigten pädagogischen Fokus angepasst, vorbereitet und anschließend in einer Reflexionsrunde ausgewertet und dokumentiert. Zwar werden die besonderen Ziele, um die es in der Gruppe geht, nicht für alle offen gelegt, dennoch können der ganzen Gruppe oder nur einzelnen Gruppenmitgliedern bewusst gemacht werden, um welche persönlichen Ziele es gehen soll (z.B. »Mal schauen, ob du es heute schaffst, ...«).

Der Einsatz von zwei Gruppenleitern ermöglicht eine Rollenverteilung. Beispielsweise kann eine Person die Verantwortung für die Umsetzung der vorgesehenen Programminhalte übernehmen, während die zweite Person sich auf die persönliche Situation der Kinder und die gruppendynamischen Prozesse konzentriert, Kooperation zustande bringt, Konflikte schlichten hilft oder Überlegungen unterstützt, wie man einen Kompromiss herstellen könnte. Einzelne Kinder müssen ermutigt werden, anderen sind Grenzen verständlich zu machen und deren Einhaltung ist einzufordern.

Die Teilnahme an methodisch strukturierter Kleingruppenarbeit gehört – nach einer Orientierungsphase – zum verpflichtenden Bestandteil des Wochenprogramms. Die Gruppe bleibt über einen längeren Zeitraum (z.B. ¼ oder ½ Jahr) beisammen.

Die Spiel-Sport-Gruppe (entwickelt nach Flosdorf & Rieder, 1967 bzw. Müller, 2003)

Dieses Beispiel für ein wünschenswertes methodisch strukturiertes und planvolles Vorgehen hat sich für die Zielgruppe männlicher Jugendlicher zwischen 12 und 16 Jahren bewährt. Eine Spiel-Sport-Gruppe umfasst ca. 8 Jugendliche mit zwei Gruppenleitern. Die Gruppe wird überlegt zusammengestellt, denn bestimmte Störungsbilder dürfen sich nicht häufen, da sie sich gegenseitig verstärken.

Das Thema Sport ist für viele Jugendliche zum Aufnahmezeitpunkt negativ besetzt (z.B. wegen vorausgegangenen Misserfolgen oder Blamagen und auch aufgrund von Überforderungen infolge von Selbstüberschätzung). Ein Teil der Jugendlichen ist außerdem Opfer ihrer Passivität (z.B. überzogener Fernsehkonsum oder Bequemlichkeit) oder ihrer sozialen Anpassungsschwierigkeiten geworden. Sie brauchen deshalb eine individuelle, auf ihre Unsicherheiten, Ängste und Verhaltensauffälligkeiten bezogene Motivierung, Anleitung und Unterstützung, um diesen Tendenzen entgegen zu wirken.

Ziel der Spiel-Sport-Gruppe ist deswegen, neue Erfahrungen mit Sport, Spiel und der eigenen Körperlichkeit zu vermitteln. Dabei geht es um Erhöhung der Anstrengungsbereitschaft und das Spüren der eigenen körperlichen Belastungsgrenzen. Außerdem soll das Mannschaftsgefühl, z.B. durch eine verbesserte Konfliktfähigkeit und Frustrationstoleranz, gestärkt werden. Die Spiel-Sport-Gruppe soll zudem auf die Teilnahme in öffentlichen Sportvereinen vorbereiten, z.B. in dem sie das Erlernen von dafür wichtigen Fähigkeiten (Fairnessgrundsätze, Richten der Sporttasche, Duschen, etc.) möglich macht.

Etwa zwei Drittel der zur Verfügung stehenden Zeit werden inhaltlich von den Gruppenleitern gestaltet. Das Programm des restlichen Drittels wird von den Jugendlichen geplant bzw. untereinander ausgehandelt. Die Gruppenleiter arbeiten zusammen in verteilten Rollen. Ein Gruppenleiter ist überwiegend für die inhaltliche Gestaltung des Sportprogramms verantwortlich, der andere mehr für die individualisierende Unterstützung und Konfliktbearbeitung, indem er einzelnen Mut macht, Anerkennung gibt, Konflikte in Grenzen hält usw. In Konflikt- oder Spannungssituationen, bei drohender Resignation oder Gefühlsausbrüchen geht einer der Gruppenleiter auf den betroffenen Jugendlichen zu und spricht den affektiven Zustand ohne moralische Bewertung, aber unter Berücksichtigung des situativen Kontextes an, um eine direkte Verarbeitungshilfe anzubieten.

Der Jugendliche muss Vertrauen zu den Leiterpersonen fassen können, ihre Kompetenz und Verlässlichkeit erfahren, um sich genügend abgesichert zu fühlen. Der Gruppenleiter ist am Beginn dieses Prozesses oft der hauptsächliche innere Halt für den einzelnen Jugendlichen, der den Anpassungsanforderungen der Gruppe noch nicht gewachsen ist. Wächst das Vertrauen zu den Erwachsenen, ist auch die Bereitschaft zur Beteiligung größer. Die Gruppenleiter garantieren durch ihre Person aber auch die Belange der Gruppe, verhelfen dem Einzelnen zur aktiven Anpassung an die Gruppe und unterstützen auch deren Gesamtintegration.

Die Schwierigkeiten der Jugendlichen werden im Medium des Spiel-Sportes auch gezielt herausgefordert und dann angemessen bearbeitet. Über den heilpädagogischindividualisierenden Ansatz wird dem einzelnen Jugendlichen ein genügend angstfreier Raum gesichert, um sich in seinen Schwierigkeiten darstellen und sich trotzdem aktiv einbringen zu können. Die Jugendlichen sollen sich nach ihren eigenen Möglichkeiten einbringen können und sollen lernen, dass sich jeder mit seinen Stärken und Schwächen in eine Gruppe eingliedern kann.

Am Ende des Spiel-Sport-Angebots findet eine gemeinsame Nachbesprechung statt, bei der die Jugendlichen aufgefordert werden, sich dazu zu äußern, wie es ihnen ergangen ist, welche Erfahrungen sie gemacht haben etc. Auch die Gruppenleiter sprechen bestimmte Eindrücke oder Situationen an. Der Ablauf der Stunde wird nach Abschluss auch von den Gruppenleitern ausgewertet. Dabei werden die Fortschritte bei den einzelnen Jugendlichen festgehalten sowie die Eigenart und Richtung der Interventionen auf ihre Effizienz hin überprüft.

12.5.2 Integrative Spiel- und Bewegungstherapie

Als Integrative Spiel- und Bewegungstherapie wird eine Kombination von psychomotorischer Entwicklungsförderung, Mototherapie, Rhythmik, Tanz sowie Sport und Spiel bezeichnet, die sich aus der Arbeit mit Kindern mit komplexen Problemkonstellationen entwickelt hat, nicht zuletzt, weil über das Medium der Bewegung bei Kindern zwischen 6 und 12 Jahren ein relativ guter und kindgemäßer bzw. handlungsorientierter Zugang zum Psychischen gewonnen werden kann. Dieser therapeutische Ansatz (siehe auch Petzold, 1996) ist deshalb insbesondere für die jüngeren Kinder zumindest bis zum Alter von zwölf Jahren geeignet. Die Integrative Spiel- und Bewegungstherapie verwendet vielfältige Methoden aus Rhythmik, Rollenspiel, Interaktionsspielen u.ä., die in der Gruppe eingesetzt werden. Dabei ist die Gruppe mit ihrer sozialen Wechselwirkung wesentlich für den Erfolg.

Zielsetzungen der Integrativen Spiel- und Bewegungstherapie bei jungen Menschen mit Persönlichkeitsentwicklungsstörungen

Kinder mit Persönlichkeitsentwicklungsstörungen zeigen eine Vielzahl an Merkmalen, auf die die Integrative Spiel- und Bewegungstherapie Einfluss zu nehmen versucht. Die Hauptmerkmale dieser jungen Menschen sind u.a. die Selbstwertproblematik und – z.B. wegen ihrer Egozentrik und Impulsivität – die soziale Isolation. Neben ausgesprochenen Teilleistungsstörungen in den Bereichen der Wahrnehmung und der Bewegung zeigen sich vor allem Störungen im emotional-sozialen Bereich. D.h. die Kinder haben mit sich selbst und ihren Emotionen Schwierigkeiten, denn es mangelt ihnen meistens an Gefühlssteuerung und Selbstbeherrschung. Der Einfluss von Gefühlen und Stimmungen ist bei ihnen so stark, dass man bei vielen von einer emotionalen Bestimmtheit sprechen muss. Zudem haben diese Kinder daraus resultierend meistens Schwierigkeiten im Umgang mit anderen, wobei sie sich störend aggressiv oder, weniger häufig, gehemmt und regressiv verhalten.

In dieser Gruppentherapieform geht es daher nicht allein um sportliche Leistungsziele (sie sind Nebenprodukte). Sie verwendet Bewegung, Sport und Spiele, um pädagogisch-therapeutische Ziele zu erreichen, die mehr im Selbsterleben und Fremderleben, in der Eigen- und Fremdwahrnehmung und im sozialen Miteinander liegen als im Können von Handstand, Rolle vorwärts usw. Dabei können eine Vielzahl an Zielen verfolgt werden:

- Wiederherstellung des Vertrauens in das eigene Können und Stärkung des Selbstwertgefühls, Erfolgserlebnisse durch erlangtes körperliches und dann auch taktisch-strategisches Geschick
- Angemessenere Selbsteinschätzung (d.h. Über- oder Unterschätzung des eigenen Könnens)
- Sich (und den anderen) einfühlend in der individuellen Art, d.h. auch mit Stärken und Schwächen, erleben und akzeptieren lernen, Mutmachen zu Fehlern, die oft erst die nächsten Lernschritte möglich machen
- Zunahme der Fähigkeit zur adäquateren Selbstdarstellung, zur Selbstbehauptung und wenn bzw. wo notwendig zur Selbstbegrenzung
- Zunahme sozialer Kompetenz und Erweiterung des Verhaltensrepertoires (z.B. Einhalten von (Spiel-)Regeln, Miteinander-spielen-können ohne Streit)
- Reduzierung der übergroßen Reizoffenheit und Außengesteuertheit, Aufbau einer angemessenen Selbststeuerung
- Zuhören-Können, Verbesserung der Informationsaufnahme und der Merkfähigkeit
- Übungen, um mehrere Handlungsabläufe bzw. eine Handlungsabfolge nebeneinander oder hintereinander zu befolgen (z.B. laufen und zielen und werfen oder klatschen mit den Händen und gleichzeitig rhythmisch mit dem Fuß stampfen)
- Erlernen von Flexibilität und Überwindung des übergroßen bis zur Sturheit gehenden Eigenwillens (Aufweichen der starren Denkmuster, z.B. statt der eigenen Wünsche, können auch die in der Gruppe abgesprochenen Ideen durchgeführt werden, Milderung des übertriebenen und unflexiblen Gleichbehandlungs- und Gerechtigkeitssinn)
- Aufbau von Körpergefühl und Ausbau des eigenen Körperschema (z.B. auch dosierterer Einsatz oder Steuerung der eigenen Kräfte, angemessene Schmerzwahrnehmung)
- Erkennen natürlicher Grenzen (z.B. auch, nicht gegen die Wand zu rennen)
- Angemessene Einschätzung von Gefahren
- Angemessenes Umgehen mit (körperlicher) Nähe (z.B. Annehmen-Können von Hilfestellungen oder Spielen, die Körpernähe erfordern)
- Überwindung der Angst vor allem Neuem (z.B. nicht immer wieder die gleichen Spiele machen wollen)
- Besserer Umgang mit den eigenen Gefühlen, gegensätzliche Gefühle (Angst–Wut, Trauer–Freude, sanft–wild) fühlen und akzeptieren lernen
- Erhöhung der Sensibilität und Einfühlungsfähigkeit, anderen gegenüber
- Überwindung des Drangs nach Beachtung und Im-Mittelpunkt-Stehen (z.B. nicht mehr kleinkindhaft der Erste sein, zuerst anfangen, den größten Ball haben wollen)
- Erweiterung der Wahrnehmung von einer übergroßen Ich-Befangenheit hin zu Gruppendenken (z.B. kontinuierliche Erinnerung an Spielziele, die vergessen werden)
- Aufholen von motorischen Entwicklungsverzögerungen und Defizite, Nachholen und Erlernen von elementaren Bewegungserfahrungen
- Weckung schöpferischer Fantasie

Was leistet Integrative Spiel- und Bewegungstherapie?

Integrative Spiel- und Bewegungstherapie unterstützt den gesamten Entwicklungsprozess des Kindes über die Förderung der Motorik, die als Gesamt aus Bewegen, Wahrnehmen, Erleben und Handeln verstanden wird. Wahrnehmung und Bewegung sind untrennbar miteinander verbunden. Schwächen in einzelnen Bereichen der Wahrnehmung wirken sich auf Differenzierung und Generalisierung von Bewegungsmustern aus, wie auch umgekehrt. Soziale Umgebung, psychische Situation bzw. Struktur, unterschiedliche Temperamente und die motorische Entwicklung bedingen und beeinflussen sich gegenseitig. Die Entwicklung des kindlichen Identitätsgefühls wird stark vom Erleben der eigenen psychomotorischen Verhaltens- und Leistungsbereiche geprägt und umgekehrt. Es wird davon ausgegangen, dass die Entwicklung sensorischer, motorischer und psychosozialer Funktionen fundamentale Bedeutung für die gesamte Persönlichkeitsentwicklung im Kindesalter hat.

Eine entspannte Lernumgebung und die Beziehung zum Gruppenleiter sind von großer Bedeutung. Konkurrenz- und leistungsdruckfreie Situationen, wie auch motivierende Spiel- und Übungsangebote, tragen dazu bei, dass die Kinder sich angenommen und motiviert fühlen. Auf dieser Grundlage ist es dann möglich, Schwierigkeiten anzugehen und möglicherweise aus dem Weg zu räumen. In handlungsorientierten Situationen erfüllen die Geräte dabei verschiedene Funktionen: Sie sind Sport und Spielgerät und können sogar auch soziale Funktionen haben.

Der Gruppenleiter ist zugleich Organisator, Strukturgeber, Spielpartner, Sicherheit gebende Person und teilnehmender Beobachter (vgl. auch Franke, 1990). Die Therapiestunden sind dabei auch ein ständiger förderdiagnostischer Prozess. In den Stunden werden auftauchende Schwierigkeiten aufgegriffen (z.B. aggressive oder destruktive Verhaltensweisen werden eingeschränkt u.U. durch Festhalten). Alternativen sollen gefunden werden. Dies kann verbal, aktional in der ganzen Gruppe, oder auch in konstruktiver Umstrukturierung des Spielinhalts erfolgen. Ruhiges konsequentes Gruppenleiterverhalten wird zum Modell bzw. die Leiter spielen Lösungen oder Interventionen für ähnliche Problemsituationen vor. D.h. zum Beispiel, ein Gruppenleiter begibt sich in die Rolle des aggressiven oder destruktiven Kindes, spielt aber Wut oder Aggression auf annehmbare Weise und sagt auch noch, warum er wütend ist (z.B. »weil ich Angst habe«). Der zweite Gruppenleiter zeigt spielerisch, wie er auf so eine Form von Wut oder Aggression kindorientiert eingehen kann.

Methodisches Vorgehen

Im methodischen Vorgehen werden meist komplexe Spielübungen oder Bewegungsaufgaben gestellt, die jeweils individuelle Lösungsmöglichkeiten zulassen und in unterschiedlicher Akzentuierung die einzelnen Lernbereiche Wahrnehmung, Motorik, Emotionalität und Sozialisation betreffen. Dazu gehören:

1. *Sinnesübungen* im visuellen, akustischen und taktil/kinästhetischen Bereich
2. *Übungen zur Behutsamkeit und Selbstbeherrschung* (z.B. Gleichgewichtsübungen auf hohem Holmen oder frei Balancieren über Seile)
3. *Übungen zur Anspannung und Entspannung, zur willentlichen Hemmung und Steuerung und zur Selbstkontrolle* (z.B. »Sei laut – und jetzt ganz leise, laufe rasend schnell – und erstarre auf mein Zeichen zum Eiszapfen«)

4. *Rhythmische Übungen*, in denen sich die Bewegung nach vorgegebenen Zeitabläufen richtet
5. *Übungen zum Erfinden und Darstellen* (z.B. Sprung vom Trampolin auf die Weichbodenmatte als »der stärkste Mann der Welt«, als »Muskelschwächling«, als »feine Dame«, als »Angsthase«)
6. *Begriffsbildende Übungen* zum Erleben, Erkennen und Benennen von Gegenständen, Begriffen und Zusammenhängen (z.B. Teilaufträge auszuführen: »Du gehst jetzt an das große Fenster, klopfst dort dreimal an, gehst dann quer durch den Raum an die grüne Kiste und bringst mir den roten Ball.«)
7. *Grundübungen zur Förderung des Sozialverhaltens* (z.B. Führen und sich führen lassen, Mannschaftsspiele)

Mit jedem Kind werden dabei vor der Stunde individuelle Ziele ausgehandelt.

12.5.4 Integrative pädagogisch-therapeutische Gruppentherapie

Entstehung der integrativen pädagogisch-therapeutischen Gruppentherapie

Das Konzept der integrativen pädagogisch-therapeutischen Gruppentherapie wurde Ende der 1980er/Anfang der 1990er Jahre in unserer Einrichtung entwickelt (vgl. auch Lude, Adam & Adam, 1990 bzw. Lude, Adam & Stöckle, 1994). Auf die Notwendigkeit der Integration von Pädagogik und Therapie war zum Entstehungszeitpunkt gerade im Bereich der stationären Erziehungshilfe mehrfach hingewiesen worden (z.B. Günder, 1989; Thiersch, 1987; Lambach, 1988). Berichte über praktische Beispiele dafür, wie sie konkret praktizierbar sei und welche Chancen daraus erwachsen, fanden sich dagegen wenige. Ziel des daraufhin initiierten pädagogisch-therapeutischen Projektes war es, einen speziell für Jugendliche mit komplexen Problemkonstellationen angemessenen gruppentherapeutischen Ansatz zu erproben und diesen in das pädagogisch-therapeutische Instrumentarium der Einrichtung planmäßig einzubeziehen. Aufgrund der Art der Probleme dieser Jugendlichen, bei denen Störungen der Ich-Funktionen und ich-strukturelle Störungen ein besonderes Gewicht haben, zeigte sich eine klassisch-therapeutische Vorgehensweise meist wenig erfolgversprechend, stattdessen schien eher eine integrative pädagogisch-therapeutische Vorgehensweise angezeigt.

Die meisten Jugendlichen gehen im Zuge des pubertären Umbruchs auf Distanz zu Erwachsenen. Bei allen, aber insbesondere bei Jugendlichen mit Persönlichkeitsentwicklungsstörungen, ist dies eine Zeit verschärfter Konflikte. Diese Konflikte sind in dieser Entwicklungsphase oft besonders schwer zu ertragen. Die Bezugs- und Erziehungspersonen haben also immer wieder das (berechtigte!) Anliegen, mit ihren Jugendlichen, mit denen sie täglich zu tun haben, eine einigermaßen tragfähige Beziehung aufzubauen, über diesen Weg dann in Bezug auf die zahlreichen augenfälligen Defizite etwas in Bewegung zu bringen und gemeinsam den Alltag mit den wichtigsten Aufgaben und Pflichten einigermaßen angemessen zu bewältigen. Dem stehen die häufig real erlebten Begegnungserfahrungen gegenüber, die stark gekennzeichnet sind durch Initiativlosigkeit und Rückzug der Jugendlichen, durch Zurückweisung von Hilfeangeboten, Selbstentpflichtung, Ablehnung von Eigenverantwortung, Bagatellisierung der Probleme, Verzerrungen in der Selbst-

und Fremdwahrnehmung und/oder durch provokatives und aggressives Verhalten gegenüber anderen. Erzieher und Psychologen/Therapeuten machen gerade mit beziehungsgestörten und ich-schwachen Jugendlichen häufig die frustrierende Erfahrung, dass die sonst üblichen Begegnungsformen und Hilfeangebote abgewiesen werden und Unbedürftigkeit signalisiert wird, die Probleme aber andererseits im Alltag auf allen Ebenen zum Vorschein kommen, z.T. nur mit Mühe ausgehalten werden können und die Zeit (zumindest scheinbar) nutzlos verstreicht. Im Mittelpunkt der Entwicklung der integrativen pädagogisch-therapeutischen Gruppentherapie stand genau dieser Widerspruch.

Die integrative pädagogisch-therapeutische Gruppentherapie versucht, einen Zugang zu den Jugendlichen zu finden, der es erlaubt, trotz der typischen Abwehr an den sich dahinter verbergenden Grundproblemen der einzelnen Jugendlichen und insbesondere an den Problemen im zwischenmenschlichen Bereich zu arbeiten. Es soll dort therapeutisch gearbeitet werden, wo sich die Schwierigkeiten der Jugendlichen sowieso am prägnantesten konstellieren – in einer Gruppe Gleichaltriger bzw. in einem gruppentherapeutischen Rahmen. Hier sollte ein Forum geschaffen werden, wo ein gezieltes Ansetzen und korrigierende Erfahrungen in der Realitätsprüfung, der Wahrnehmung anderer Personen und im eigenen Erleben regelmäßig ermöglicht werden kann.

Was verstehen wir unter pädagogisch-therapeutischer Integration?

Pädagogisch-therapeutische Integration steht einerseits für eine Integration von pädagogischen und therapeutischen Handlungsansätzen und -methoden. Sie bedeutet andererseits auch, dass die Gruppentherapie in das Gesamtkonzept der Einrichtung eingebettet und durch alle Mitarbeiter vertreten bzw. mitgetragen werden muss. Dies ist ein zentraler Punkt des Ansatzes und insofern wichtig, weil die Jugendlichen Unklarheiten, widersprüchliche Informationen und Abstimmungsprobleme zielsicher ausnutzen, um sich damit dem Angebot zu entziehen oder versuchen, den Entstehungsprozess der Gruppe zu sabotieren. Um ein solches Angebot in einer Institution zu beginnen und zu etablieren, ist schon aus diesem Grund zuvor ein Diskussionsprozess über Ziele, Vorgehen und Gestaltung der Gruppenarbeit im gesamten Mitarbeiterteam erforderlich und ratsam.

Ziele

Die Gruppe dient als Entwicklungsraum für den einzelnen Teilnehmer, als Mittel, den Einzelnen in seiner persönlichen Entwicklung, vor allem wenn sie stillzustehen scheint, zu unterstützen. Besonders im Blick liegen dabei der Abbau von aggressivem und initiativlosem Verhalten, die Stärkung des Durchhaltevermögens des Einzelnen in einer Gruppensituation, die Erweiterung der Selbst- und Fremdwahrnehmung und die Stärkung der interpersonalen Konfliktfähigkeit. Folgende weitere Ziele hat die integrative pädagogisch-therapeutische Gruppentherapie dabei im Blick:

- Gruppenerfahrungen, die nicht in der Schule oder in eher losen Zusammenhängen im Alltag anzusiedeln sind
- Angebot eines neuen Ort für ernsthafte Kommunikation untereinander
- Schaffung von Möglichkeiten, miteinander zu reden, sich zuzuhören und miteinander zu spielen

- Förderung des Durchhaltevermögens in einer Gruppensituation
- Entwicklung einer größeren Standfestigkeit und Sicherheit im sozialen Miteinander
- Verbesserungen und Änderungen des Sozialverhaltens, Abbau von sozialen Ängsten, Aufbau eines besseren Selbstbezuges, Übernahme von mehr Eigenverantwortlichkeit
- Vorbereitung auf bevorstehende Entwicklungsaufgaben (Schulabschluss, Ausbildung, berufliche Arbeit, Partnerschaft, Ablösung von der Familie, eigenständiges Wohnen etc.)
- Möglichkeit, bestimmte lebensgeschichtliche Themen und Konflikte (Stellung als Jugendliche mit Jugendhilfebiografie, Konflikte in der Familie, Schulversagen, Unfälle etc.) in einer wertschätzenden Atmosphäre ansprechen zu können und evtl. neu sehen und integrieren zu lernen

Rahmenbedingungen

Eine integrative pädagogisch-therapeutische Gruppe besteht aus vier bis maximal sieben Jugendlichen im Alter von 13 bis 17 Jahren. Sie wird jeweils von zwei Gruppenleitern, meistens einer pädagogischen und einer psychologischen oder psychotherapeutischen Fachkraft geleitet. Die Jugendlichengruppe trifft sich regelmäßig mindestens einmal wöchentlich zu dem unter den Jugendlichen »Gruppenstunde« genannten festen Termin von 60 Minuten Länge und läuft über einen Zeitraum von einem Jahr.

Die Gruppentherapie ist innerhalb der Einrichtung ein festes Angebot mit verpflichtendem Charakter. Das Prinzip der freiwilligen Teilnahme an dieser Gruppentherapie wird nicht uneingeschränkt zugestanden, da sich die Jugendlichen – und insbesondere die mit Persönlichkeitsentwicklungsstörungen – häufig mit Entschlüssen und Entscheidungen sehr schwer tun und sich vielfach im Alltag oder auch in der Freizeit kaum mehr auf bindende und stetige Gruppenerfahrungen einlassen wollen. Dahinter stehen oft sehr ungünstige und verletzende Erfahrungen in Gruppen oder gar das Scheitern im sozialen Miteinander. Widerstände aus Misstrauen, Angst, Verunsicherung manifestieren sich daher in der Anfangsphase bei Einzelnen deutlich und äußern sich auch in entwertenden Äußerungen, in Provokationen, in Drohungen, wegzubleiben oder die Gruppe zu sprengen. Für eine Anwesenheitspflicht sprechen aber auch die drängenden Probleme u.a. im Zusammenhang mit Schulabschluss, Berufsvorbereitung oder beruflicher Eingliederung und vor dem Hintergrund der zu Ende gehenden Aufenthaltszeit in der Einrichtung. Der Zeitfaktor spielt insofern eine nicht unerhebliche Rolle, als es gilt, die bestehenden Beziehungen und Bindungen zu den Jugendlichen noch zu nutzen, bevor sie die Einrichtung verlassen und evtl. ein Scheitern außerhalb drohen könnte. Auf der Basis der bereits bestehenden Beziehungen werden deswegen diejenigen zur Teilnahme verpflichtet, die sich aus Unsicherheit, Bequemlichkeit und anderen Gründen zurückhalten.

Der institutionelle Kontext sorgt mit für den nötigen Halt und Strukturierungsgrad, um den Jugendlichen den von ihnen geforderten äußeren Entwicklungsschritt bewältigen zu helfen, sich mit denselben Personen kontinuierlich einmal wöchentlich zu einer gemeinsamen Sitzung über einen bestimmten Zeitraum zu treffen. Die pädagogischen Mitarbeiter (Erzieher, Sozialpädagogen), die vor den Gruppensitzungen mit den Jugendlichen zusammen sind, sorgen in der Anfangsphase mit den

Gruppenleitern dafür, dass die Jugendlichen in die Gruppenstunden kommen und sich nicht innerhalb der Einrichtung abzusetzen versuchen. Die Grundforderung an die Jugendlichen lautet, dass sie zumindest zu Beginn einer Gruppensitzung anwesend sein und im Gruppenraum bleiben sollen. Im Raum besteht die Möglichkeit, sich zurückzuziehen, aber es wird untersagt, von außerhalb des Gruppengeschehens zu stören, ohne sich beteiligen zu wollen oder zu können. Jugendliche, die im Verlauf der Gruppe auf Schwierigkeiten treffen oder in der Gruppe immer wieder solche hervorrufen (z.B. durch ständiges Provozieren eines anderen), werden in Vorgesprächen auf die Gruppensitzung bzw. auf inzwischen klar erkennbar problematische Gruppensituationen vorbereitet. Deshalb ist es auch günstig, entweder nur Jugendliche in die Gruppe zu nehmen, die im Alltag noch eng an die Institution gebunden sind und in ihr leben und höchstens ein oder zwei Jugendliche einzubeziehen, die bereits außerhalb der Institution leben, z.B. im Betreuten Einzelwohnen, und sich in der Ablösungsphase von der Einrichtung befinden.

Die pädagogisch-therapeutische Gruppentherapie weist typische Merkmale bzw. Phasen eines gemeinsamen Entwicklungsprozesses auf. Diese Verlaufs- bzw. Entwicklungsphasen sind zeitlich und inhaltlich nicht klar voneinander zu trennen. Sie bauen aufeinander auf, überschneiden sich teilweise und beim Auftreten neuer Konflikte werden diese Phasen unter Umständen wieder neu durchlaufen. Gerade auch aufgrund dieses Prozesscharakters ist die Gruppe längerfristig (also für einen Zeitraum von ca. einem Jahr) angelegt.

Methodischer Zugang

Die integrative pädagogisch-therapeutische Gruppenarbeit nutzt eine Vielzahl von inhaltlichen Elementen auf mehreren Ebenen. Der Versuch, über verschiedene methodische Möglichkeiten einen therapeutischen Zugang zu den Jugendlichen herzustellen, fördert eine Entwicklung der Gruppenprozesse und des Einzelnen und hat sich daher als sinnvoll erwiesen. Die innere Beteiligung der Gruppenleiter, ihre Fähigkeit, ein Programm in die Stunde mitzubringen, an dem sie selbst auch Freude und Interesse haben, ist dabei sehr wichtig für das Gelingen des Gruppenprozesses. Auch die Regeleinführung und -bekräftigung durch die Gruppenleiter ist von großer Bedeutung, da u.a. durch die Gruppenregeln eine verlässliche und zugleich durchschaubare Strukturierung für die Gruppenteilnehmer ermöglicht wird.

- *Kontakt-, Kommunikations- und Interaktionsspiele* zur Kontaktaufnahme und Vertrauensbildung in der Gruppe
  Einfache Spiele, Beschäftigungen und gemeinsame Aktivitäten (z.B. leichte, spontane Spiele: pantomimische Wortdarstellungen, Detektivspiele, Erzählpantomime), bei denen keiner verlieren kann oder sich vor anderen exponieren muss, sind zum Einstieg oft wichtig, um einen therapeutischen Zugang herzustellen. Interaktionsspiele machen zudem Spass, bauen Angst ab und thematisieren Grundelemente von Kommunikation und Beziehung.
- *Themenzentrierte Arbeit unter Anwendung von Arbeitsmaterialien, Gesprächen und Rollenspielen* zur Erweiterung der Selbst- und Fremdwahrnehmung
  Themenbereiche (z.B. Stars, Freundschaft und Partnerschaft, Sexualität, Familie, eigene Lebensgeschichte, was macht mir Stress etc.) werden von den Gruppenleitern methodisch vorbereitet und in der Gruppe über verschiedene methodische Zugangswege (u.a. Rollenspiel) bearbeitet.

- *Freies Spielen und Gestalten* zur Erweiterung der Eigeninitiative der Gruppenteilnehmer
  Zur Anwendung kommen freie Rollenspiele zu von den Jugendlichen vorgeschlagenen Themen, Collagen und Malen, Kochen, Kegelabend, Kneipen, Kino- oder Konzertbesuche etc. Themen können z.B. sein »Wie und wo ich leben möchte«, »Männer und Frauen«, »Träume«, »Mode und Outfit«, um nur einige zu nennen. Die Erfahrung des aktiven Gestaltenkönnens, ohne sich permanent nur anzugreifen, also das alte, starre Interaktionsmuster im Gruppenkontext durchbrochen zu haben, ermöglicht es den Jugendlichen, ihre kreativen Kräfte und ihre Fantasie zu gebrauchen und umzusetzen.

In der Gruppe hat es sich als günstig erwiesen, auffällige Verhaltensweisen der Jugendlichen (z.B. Aufschneiderei, Imponiergehabe, Übertreibungen, Ablenkungsmanöver, Missgunst, Hochmut) direkt ins Gespräch zu bringen. Diese Verhaltensweisen werden als Schwäche benannt. Mit dem explizit geäußerten Begriff der Schwäche können Jugendliche zum Teil relativ gut umgehen, da der Begriff oft zugleich den Blick öffnet für die Stärken, die günstigen oder besonderen Fähigkeiten eines Jugendlichen.

Integrative pädagogisch-therapeutische Gruppenarbeit bedeutet, Entwicklungsräume zu geben und zu lassen. Raum geben kann zunächst durchaus heißen, Verpflichtung, Regeln und Begrenzungen vorzugeben, um eine gemeinsame Entwicklung in der Gruppe überhaupt zu ermöglichen und in Gang zu setzen. Raum lassen bedeutet, sich immer wieder bewusst zu machen, dass Entwicklungsprozesse zwar angeregt und begleitet werden können, aber gleichzeitig auch die Selbsttätigkeit der Jugendlichen geachtet werden muss. Das heißt auch, dass die Jugendlichen selbst lernen können und sollen, sich aus Abhängigkeiten zu lösen und Eigenverantwortung zu übernehmen.

Selbstverständnis der Gruppenleiter

Die Gruppenleiter nehmen Anteil an der gesamten Entwicklung der Jugendlichen in allen Lebensbereichen, zu denen sie in ihrer Arbeit Zugang finden. Die Arbeit beschränkt sich also nicht auf die Gruppensitzungen allein und greift auch die Themen auf, die die Jugendlichen aktuell beschäftigen.

Die Haltung und Einstellung der Gruppenleiter im gruppentherapeutischen Prozess lässt sich mit den Begriffen reale Präsenz (die auch über die Gruppenstunden hinaus gilt) Authentizität bzw. Echtheit am ehesten umschreiben. Präsent sein heißt, dass sich die Gruppenleiter aktiv, zeitweise steuernd und als ganze Person, d.h. mit ihrer Freundlichkeit, ihrem Ärger, ihren Bedenken und auch mit ihrem Menschenbild, ihren Wert- und Normvorstellungen in den Gruppenprozess einbringen. Sie sind sich, besonders in der Arbeit mit Jugendlichen, ihrer Vorbild- und Modellfunktion bewusst. Sie wissen, dass sie es mit jungen Menschen zu tun haben, die ihre persönliche Identität mit einer differenzierteren Wahrnehmung der eigenen Person in ihren sozialen Bezügen erst ausbilden müssen[1] .

1 Eine Darstellung, welche Schritte dabei gemacht werden müssen, findet sich bei Oerter (1987, S. 279)

Die beiden Gruppenleiter sollten sich wechselseitig und ergänzend in den Gruppenprozess einbringen: Der eine bringt sich aufgrund seines persönlichen Angesprochen-Fühlens in den Gruppenprozess ein, der andere versucht, die Jugendlichen auf einen gefundenen oder vereinbarten thematischen Schwerpunkt hin zu orientieren, der sich im Verlauf der Gruppensitzung auch mehrmals ändern kann. Der eine hat die Gestaltung und den Ablauf der Gruppenstunde im Auge, der andere beobachtet mehr das individuelle Erleben und die Interaktionen der Teilnehmer, thematisiert, interpretiert, ermutigt und stützt. Die Gruppenleiter können die Rollen wechseln, mitunter auch z.B. dem dynamischen Ablauf entsprechend während einer Gruppenstunde. Die Rollenübernahme oder -ausgestaltung hängt sehr von den jeweiligen individuellen Interessen, Fähigkeiten und Neigungen sowie vom Bezug zur jeweiligen Thematik ab und von der Bereitschaft des Gruppenleiters zu einer sehr flexiblen Vorgehensweise.

Erfahrungen

Die integrative pädagogisch-therapeutische Gruppentherapie als Angebot in der stationären und teilstationären Jugendhilfe ist sinnvoll, durchführbar und erfolgversprechend, selbst dann, wenn die beteiligten Kinder und Jugendlichen zunächst lediglich ein Mindestmaß an Gruppenfähigkeit mitbringen und einem solchen Angebot verhalten oder gar ablehnend gegenüber stehen und wenig Bereitschaft zur konstruktiven Mitarbeit erkennen lassen. Nur wenige Jugendlichen bleiben diesem Angebot gegenüber unzugänglich oder lassen im Verlauf der Gruppenarbeit bei den Gruppenleitern Zweifel an der Eignung des Teilnehmers für diese Methode aufkommen.

Die Integration von Pädagogik und Therapie erweist sich für die Arbeit mit Jugendlichen mit Beziehungs- und Ich-Störungen oder Ich-Schwächen als ein erfolgversprechender Ansatz, um an Probleme heranzukommen, die sich in dieser Altersphase sonst als sehr schwer zugänglich zeigen. Die Tatsache, dass die Jugendlichen die Bearbeitung heikler Probleme in der Gruppe mit Gleichaltrigen eher zulassen als z.B. in der Einzeltherapie, ist dabei sehr vorteilhaft.

Trotzdem ist es notwendig, sich besonders heftige Abwehr- und Störaktivitäten, besonders in der Anfangsphase einer Gruppe, einzustellen. Das Handling solcher Abwehrmechanismen in der konkreten Gruppensituation fordert die Fähigkeiten der Gruppenleiter und ihre Belastungsfähigkeit oft bis an eine kritische Grenze heraus. Auch können nicht immer alle Jugendlichen in der Gruppe gehalten werden. Oft kann aber durch zusätzliche stützende Einzelgespräche parallel zum Gruppenprozess noch einiges erreicht werden. Gelingt es mit ihnen diese Phase zu überstehen, so können gerade diese Jugendlichen oft in besonderem Maße profitieren.

13 Hilfreiche und notwendige psychotherapeutische Strategien

13.1 Psychotherapeutisches Arbeiten mit Kindern und Jugendlichen mit Persönlichkeitsentwicklungsstörungen stellt hohe Anforderungen an die Therapeuten

Patrizia S. 283

Die psychotherapeutische Arbeit mit Kindern und Jugendlichen mit Persönlichkeitsentwicklungsstörungen gestaltet sich vielschichtig und anstrengend. Immer wieder muss bei diesen Kindern und Jugendlichen auch auf unkonventionelle Art und Weise therapeutisch vorgegangen werden. Die angewendeten Therapiekonzepte müssen auf das jeweils vorliegende Entwicklungsniveau Rücksicht nehmen. Meistens verläuft z.B. schon die Herstellung eines therapienotwendigen Arbeitsbündnisses mit Schwierigkeiten, sodass ein erster Schwerpunkt der Psychotherapie immer wieder und teilweise wochen- bzw. auch monatelang auf ganz grundlegenden Aspekten, wie z.B. dem therapeutischen Beziehungsaufbau, dem Einhalten der therapeutischen Regeln, o.ä. liegen muss. Hier ist viel Kreativität, Fingerspitzengefühl, Einfühlung und flexibles Vorgehen gefragt.

Die psychotherapeutische Arbeit mit diesen Kindern und Jugendlichen stellt auch deshalb hohe Anforderungen an die Psychotherapeuten, weil neben den besonderen therapeutischen Bedürfnissen dieser Klientel eine Vielzahl von Aspekten gleichzeitig im Blick behalten werden sollten. Psychotherapeuten bewegen sich bei den hier beschriebenen jungen Menschen viel mehr als bei anderen Klienten immer im Spannungsfeld zwischen der psychotherapeutischen Arbeit im intrapsychischen Bereich, also dem Bereich, in dem innere Entwicklung stattfindet, und der Arbeit im interpersonellen, sprich zwischenmenschlichen und damit oft auch alltagsnahen Bereich, ohne dabei jedoch die im Rahmen der Jugendhilfe übliche Ressourcenorientierung aus den Augen verlieren zu wollen. Zusätzlich leisten sie oft ebenfalls einen erheblichen Beitrag zur Stabilisierung und Unterstützung der verzweifelten und zermürbten Familien. Es gilt also, all diesen Bereichen gerecht zu werden und jeden von ihnen zum richtigen Zeitpunkt mit der richtigen Intensität und Art und Weise zu berücksichtigen und zum vorübergehenden Hauptinhalt der psychotherapeutischen Arbeit zu machen.

Der Therapeut nimmt dabei sowohl eine anteilnehmende, als auch zur Reflexion anregende (und manchmal dann auch konfrontative) Position ein, wobei das ständige aktive Bemühen bzw. das zähe Ringen um den Erhalt oder die Vertiefung der erarbeiteten therapeutischen Beziehung einen entscheidenden Faktor darstellt. Dies gehört zu den spezifischen Aufgaben einer Therapie im stationären Rahmen und könnte in einer ambulanten Behandlung, vor allem wenn die Arbeitsbündnisse nicht halten, kaum auf vergleichbare Art und Weise geleistet werden.

13.2 Pädagogik und Therapie arbeiten Hand in Hand

Psychotherapie mit Kindern und Jugendlichen mit Persönlichkeitsentwicklungsstörungen erfordert große Alltagsnähe. Vielfach ist über lange Zeiträume ein Arbeiten im Hier und Jetzt und anhand konkreter Situationen erforderlich, bevor Erfahrungen – oft erst zeitlich später im Therapieverlauf – auf der innerpsychischen Ebene verarbeitet werden können. Gerade hier bieten Einrichtungen, die pädagogisches und therapeutisches Arbeiten integrieren, eine große Chance, denn therapeutische Arbeit kann durch eine Verknüpfung zum Alltag gerade bei diesen jungen Menschen auf eine fundiertere Basis gestellt werden. Eine solche Integration für die Arbeit mit jungen Menschen mit Borderline-Persönlichkeitsentwicklungsstörungen fordert zum Beispiel auch Hofmann (1999).

Im Kontext einer pädagogisch-therapeutischen Institution kann ein Kind/Jugendlicher umfassend beobachtet werden und die Diagnose Persönlichkeitsentwicklungsstörung bzw. die aus dem individuellen Erscheinungsbild abgeleiteten Handlungsstrategien können deshalb differenzierter herausgearbeitet und im Verlauf angepasst werden. Aber auch für die einzelnen Therapiestunden ergeben sich Vorteile. Funktioniert das Zusammenspiel der Bereiche Pädagogik und Therapie gut, so ist der Therapeut immer informiert und muss sich nicht nur auf die ihm vom Kind oder Jugendlichen geschilderten Varianten aktueller Begebenheiten verlassen. Dies ist insofern hilfreich, als ja die Realitätswahrnehmung oft durch die für diese Problemkonstellationen so charakteristischen Abwehrmechanismen verzerrt ist. Ein Abgleich dieser Wahrnehmungen mit den Tatsachen bzw. den Beobachtungen anderer stellt die häufig therapeutisch unverzichtbaren Konfrontationen auf eine ganz andere Grundlage. Alltagserlebnisse können so ganz aktuell reflektiert bzw. therapeutisch bearbeitet werden. Umgekehrt können aber auch aktualisierte Themen der therapeutischen Arbeit in den Alltag des Kindes oder Jugendlichen einfließen.

Aber auch der äußere strukturierende Rahmen, den z.B. eine pädagogisch-therapeutische Einrichtung zur Verfügung stellt, kann zur Unterstützung des therapeutischen Rahmens genutzt werden. Es ist z.B. äußerst hilfreich und eine Erleichterung der therapeutischen Rahmenarbeit, wenn die Mitarbeiter der pädagogischen Bereiche mit dafür sorgen, dass Therapiestunden eingehalten werden.

Hinzu kommt, dass die ebenfalls unentbehrliche Elternarbeit durch eine solche Einrichtung gut mitabgesichert werden kann. Bei den Eltern und auch bei den pädagogischen Bezugspersonen in der Einrichtung kann durch eine beratende therapeutische Hilfestellung das Verständnis für die Situation des jungen Menschen wesentlich verbessert werden. Auch kritische Situationen werden für die Betroffenen dann oft verständlicher und können besser eingeordnet werden.

13.3 Das Wechselspiel zwischen intrapsychischem und interpersonellem Bereich

Psychotherapie, insbesondere bei Kindern/Jugendlichen mit Persönlichkeitsentwicklungsstörungen, berücksichtigt immer intrapsychisches und interpersonelles Erleben. Ob und wann in einer Psychotherapie beim beschriebenen Personenkreis mehr das eine oder mehr das andere gewichtet bzw. fokussiert wird, hängt von der Ausrichtung und Persönlichkeit des Therapeuten sowie von der individuellen Problematik des Kindes oder Jugendlichen und vom Therapieprozess ab. Fragen, wie z.B. »Was hat dieses Verhalten, bzw. was haben diese Symptome für einen psychologischen Sinn bzw. für eine wichtige persönliche Funktion?«, versucht der Therapeut immer wieder (evtl. auch nur für sich in Form einer Arbeitshypothese) zu klären und in einen Verständnisrahmen einzuordnen.

13.3.1 Arbeit an verschiedenen Schauplätzen – Gratwanderung zwischen verschiedenen Zielsetzungen und Handlungsstrategien

Die therapeutische Arbeit mit diesen Kindern und Jugendlichen stellt immer auch eine Gratwanderung zwischen verschiedenen Zielsetzungen und Handlungsstrategien dar. Es bleibt auch für die Therapeuten oft nur eine Wahl zwischen mehreren nicht unbedingt zufrieden stellenden Handlungsalternativen. Zugangsweisen, die zu einem Zeitpunkt sinnvoll und erfolgreich waren, können zu einem anderen Zeitpunkt ungünstig sein, z.B. wenn das Funktionsniveau sich durch aktualisierte innere oder von außen kommende Ereignisse verändert hat, z.B. eingebrochen ist.

Der Therapeut steht oft auch zwischen konfrontierenden und haltgebenden Einwirkungen. Das Einfordern von Regeln oder die Konfrontation mit Alltagsereignissen können zum Beispiel einmal das therapeutische Arbeitsbündnis auf das Massivste gefährden. Zu einem anderen Zeitpunkt kann gerade dieses Vorgehen vom Jugendlichen als eine Art reinigendes Gewitter sogar als hilfreich erlebt werden, weil es die Alltagssituationen vereinfachen und entzerren hilft. Letzteres wird von manchen Kindern und Jugendlichen sogar hin und wieder ganz explizit geäußert.

Häufig ist außerdem unklar, an welchem der vielen Schauplätze des Störungsbildes zuerst gearbeitet werden soll. Auch hier ist oft große Flexibilität gefordert. Dennoch gibt es zum Beispiel aus dem Bereich der therapeutischen Arbeit mit erwachsenen Borderline-Patienten hinsichtlich der thematischen Prioritätensetzung einige Anhaltspunkte, die auch bei Kindern und Jugendlichen mit Persönlichkeitsentwicklungsstörungen hilfreich sein können. Kernberg (1993, S. 57) definiert beispielsweise folgende thematische Prioritätenhierarchie:

- Selbstmord- oder Tötungsdrohungen
- Offenkundige Gefahren für die Fortsetzung der Behandlung
- Unehrlichkeit oder absichtliche Zurückhaltung in den Sitzungen (z.B. den Therapeuten anlügen, Schweigen, etc.)

- Brüche des Therapiekontraktes (z.B. Unterlassung der Medikamenteneinnahme)
- Ausagieren innerhalb der Sitzungen
- Ausagieren zwischen den Stunden
- Nichtaffektive oder triviale Themen
- Übertragungsmanifestationen
- Affektiv bedeutsames Material, das nichts mit der Übertragung zu tun hat

13.4 Schwerpunkte der therapeutischen Arbeit im interpersonellen Bereich – Einbezug des familiären, schulischen und des für das Kind oder den Jugendlichen bedeutsamen Umfeldes

13.4.1 Interpersonelle Schwerpunkte *innerhalb* des therapeutischen Rahmens – Aufbau und Erhalt einer tragfähigen therapeutischen Beziehung

Im therapeutischen Rahmen steht, neben der seelischen Konfliktbearbeitung, der Verbesserung der Ich-Funktionen und der Arbeit an den Abwehrformen und Ängsten, der Aufbau und Erhalt einer tragfähigen therapeutischen Beziehung an erster Stelle. Therapieerschwerend kann hier jedoch eine oft ausgeprägte Abwehrhaltung oder starke zwiespältige bzw. ambivalente Einstellung zu Psychotherapie überhaupt sein.

Yolanda, 13 Jahre alt, reagierte auf das Angebot der Therapie im Rahmen eines stationären Aufenthalts mit heftigem Widerstand, indem sie vehement äußerte, sie habe keine Probleme, sie sei nicht gestört, keiner würde sie richtig einschätzen, man würde sie zur Verrückten erklären etc. Obwohl sie schimpfte, der Therapeutin stampfend den Rücken kehrte und dieser unterstellte, sie wolle sie zwingen, eine Therapie zu machen, blieb sie unaufgefordert bis zum Ende der Stunde und hatte dann Mühe zu gehen.

Hinzu kommt die Neigung vieler Kinder und Jugendlicher Affekte, Verstimmungen, Konflikte auszuagieren, die sich dann oft auch in ganz konkreten Aggressionen und Entwertungen gegenüber dem Psychotherapeuten äußern.

Yolanda reagierte in weiteren Sitzungen fast automatisch mit Widerspruch und/oder Abwertungen der Therapeutin. Sie äußerte massive Vorwürfe in Bezug auf den Heimalltag und die Therapiestunden. Sie dürfe nichts tun und würde wie ein Baby behandelt. Sie brauche keine psychiatrische Stunde – wie in der Psychiatrie. Sie sei nicht »gestört«, sondern die anderen. Der Therapeutin warf sie vor, sie kapiere ja sowieso nichts, würde alles weitererzählen. Jede Nachfrage, jeder Klärungsversuch zum besseren Verständnis lösten Angriff und entwertende Äußerungen aus, z.B. indem die Jugendliche fast systematisch das Gegenteil behauptete, noch bevor die Therapeutin ihre Intervention beendet hatte, und sämtliche Äußerungen der Therapeutin als dumm oder unrichtig bezeichnete.

Nicht selten verspürt dann auch der/die TherapeutIn selbst heftige Gegenübertragungsgefühle wie z.B. Ärger, Hilflosigkeit, sogar Desinteresse oder den Wunsch, eine

Stunde vorzeitig zu beenden. Für die Therapeuten heißt dies, sich dessen bewusst zu sein, sich trotzdem, oder gerade deswegen, immer wieder darum zu kümmern, einen Zugang zum Kind/Jugendlichen zu halten, wenn dieser wegzubrechen droht, und ein Mindestmaß an Verbundenheit zu entwickeln bzw. immer wieder neu aufzubauen. Wie auch in anderen Bereichen heißt hier die Devise: durchhalten und nicht aufgeben, aber sich auch nicht alles gefallen lassen! Damit dies gelingt, müssen die Gegenübertragungsgefühle kontinuierlich reflektiert werden und die gesunden und liebenswerten Anteile und besonderen Fähigkeiten des Kindes oder Jugendlichen müssen ständig neu entdeckt bzw. sich bewusst gemacht werden.

Der Therapeut sollte, ja muss, sich mit Engagement und Festigkeit einsetzen, wenn es darum geht, das Minimum der unabdingbaren Strukturierung des therapeutischen Rahmens (Ort, Zeit, Therapieregeln), das sog. Setting, zu gewährleisten, denn Kinder und Jugendliche mit Persönlichkeitsentwicklungsstörungen greifen dieses nur allzu oft an. Ein strukturierter therapeutischer Rahmen ist für die Gewährleistung des Therapieverlaufes von erheblicher Bedeutung. Schon kleinere terminliche Unregelmäßigkeiten, z.B. das Verschieben einer Therapiestunde aufgrund von Terminschwierigkeiten beim Therapeuten oder gar das Ausfallen einer Stunde aus wichtigem Grund können hohe Irritationen, Versuchungen zu Willkürreaktionen sowie inneres Chaos auslösen. Auch beim wiederholten Weg-Bleiben oder Zu-spät-Kommen des Kindes oder Jugendlichen, weil es/er seiner Ansicht nach z.B. »ja keine Probleme hat«, darf nicht zulange zugeschaut werden.

Besonders kritisch kann es in Situationen werden, in denen Therapeuten vom Kind oder Jugendlichen beschimpft, entwertet oder gar tätlich angegriffen werden. Die dadurch beim Therapeuten ausgelösten Gegenübertragungsgefühle dem jungen Menschen gegenüber können z.B. aggressive Empfindungen oder aus der Situation heraus entstehende Ablehnung auslösen sowie beim Therapeuten ernsthafte Selbstzweifel hervorbringen. Wenn diese Gefühle unreflektiert bleiben, führen sie u.U. zu einem Verlust der Empathie, einer Zurückweisung des jungen Menschen bis hin zu tatsächlichem Erwägen einer Therapieunterbrechung von Seiten des Therapeuten.

Selbst wenn sich der Therapeut der ablaufenden Mechanismen bewusst ist, gestaltet sich der Umgang mit der Abwertung, den Beschimpfungen oder gar körperlichen Attacken aber dennoch nicht einfach. Einerseits muss klar gestellt werden, dass hier eindeutig ein Regelübertritt stattgefunden hat, der vom Therapeuten so nicht akzeptiert werden kann und ggf. auch unterbunden wird. Andererseits muss jedoch auch von Seiten des Therapeuten versucht werden, diese Situation auszuhalten und trotz allem den Dialog und damit auch die Beziehung wiederherzustellen. Letzteres dient auch dazu, den Teufelskreis der immer wiederkehrenden Beziehungsabbrüche, wie er ja in der Vergangenheit von den Kindern und Jugendlichen häufig erlebt wurde, mit neuen Erfahrungen anzureichern, selbst wenn sich einem manchmal das Gefühl aufdrängt, dass diese jungen Menschen (ihrer Pathologie entsprechend) alles tun, um genau diesen Abbruch zu erreichen. Hier ist viel Erfahrung und auch Fingerspitzengefühl von Seiten des Therapeuten erforderlich, um zum richtigen Zeitpunkt die richtigen Worte und Handlungsweisen wieder zu finden.

Sven S. 293

13.4.2 Interpersonelle Schwerpunkte *außerhalb* des therapeutischen Rahmens – Beziehungen zu anderen Menschen

Die therapeutische Arbeit im interpersonellen Bereich schließt noch andere Beziehungen, d.h. die außerhalb des therapeutischen Settings, mit ein. Immer wieder müssen bei diesen Kindern und Jugendlichen ihre Beziehungen zu anderen Menschen besprochen und durchreflektiert werden. Hier geht es oft um ganz konkrete Hilfestellungen im Alltag und die Arbeit unterscheidet sich von der eines Pädagogen u.U. wenig. Im Unterschied zur Pädagogik ist sich der Therapeut immer des Bezugs zur intrapsychischen Ebene bewusst und versucht, zu einem angemessenen Zeitpunkt die Verknüpfung herzustellen und anzusprechen, sowie wenn möglich die spezifischen Übertragungsverstrickungen des Kindes oder Jugendlichen zu reflektieren. Insgesamt beinhaltet jedoch die therapeutische Arbeit mit diesen jungen Menschen immer auch viel Lebenshilfe und Alltagsbewältigung und, wie die Jugendhilfe es nennt, Lebensweltorientierung.

Als Ziele können hier z.B. die Erhöhung der Stressresistenz oder eine Weiterentwicklung der Kommunikationsfähigkeit ins Auge gefasst werden. Es können beispielsweise übende Verfahren, auch im Gruppensetting, angewandt werden (z.B. soziales Kompetenztraining, Stresspräventionstraining, sozialtherapeutisches Rollenspiel oder aber die Vermittlung von Konfliktmanagementtechniken etc. – siehe Anhang). Allerdings dürfen auch hier die Erwartungen nicht zu hoch gehängt werden. Vieles von dem, was in solchen übenden Verfahren vermittelt werden kann, wird zwar von den Kindern und Jugendlichen auf Nachfragen erinnert, braucht aber oft weitere Entwicklungszeit und Erfahrungen bis es im Alltag Anwendung finden kann.

Für den Therapeuten, der im Alltag präsent ist, kann aber auch unter Umständen über Lebenshilfe und Alltagsbewältigung ein Ansatzpunkt für den Beziehungsaufbau gefunden werden. Das Kind oder der Jugendliche merkt dadurch vielleicht, dass er von der Arbeit mit dem Therapeuten profitieren kann und gewinnt so langsam – analog wie zum Pädagogen – Vertrauen. Insbesondere bei Kindern und Jugendlichen mit antisozialen Tendenzen kann dies der entscheidende Zugangsweg sein, da sonst vielleicht ein therapeutisches Setting erst gar nicht zustande kommt. Auch hier wird deutlich, wie eng verschiedene therapeutische Schwerpunkte und Zielbereiche miteinander verwoben sein können.

Arbeit im interpersonellen Bereich heißt auch Arbeit mit den Eltern bzw. den Familien dieser jungen Menschen. Hier geht es ebenfalls oft ganz konkret um Unterstützung bei der Alltagsbewältigung durch den Therapeuten, z.B. um die Schaffung eines Alltagsrahmens, der ein Leben mit den Problemen des Kindes oder Jugendlichen erträglich macht. Auch in den Familien muss immer wieder überlegt werden, in welchen Bereichen noch neue Ressourcen geschaffen werden können. Aber auch Unterstützung bei der Suche nach psychischer Entlastung der Familien ist eine wichtige Aufgabe der Therapeuten, gerade weil die Weitergabe ihres fachlichen Verständnisses dieser Störungsbilder und die daraus erarbeiteten individuell passenden Handlungsformen diese Funktion hervorragend erfüllen können (Zur Elternarbeit siehe auch Kap. 17).

13.5 Therapeutische Arbeit im intrapsychischen Bereich

Ist es dem Therapeuten oder der Therapeutin gelungen, zum Kind oder Jugendlichen behutsam eine Beziehung auszubauen, so kann Schritt für Schritt der Versuch unternommen werden, einen konstruktiven Therapieprozess zu gestalten und dann auch die intrapsychische Entwicklung zum Therapieschwerpunkt zu machen.

13.5.1 Ziele der therapeutischen Arbeit im intrapsychischen Bereich

Die Arbeit im intrapsychischen Bereich hat eine ganze Reihe verschiedener Funktionen bzw. Ziele. Vor allem geht es um die Integration verschiedener diskrepanter Persönlichkeitsanteile und ergänzend um die Nachreifung von Entwicklungsdiskrepanzen einzelner psychisch weniger entwickelter Bereiche.

Bei den betroffenen Kindern und Jugendlichen besteht sowohl entwicklungsbedingt als auch teilweise aufgrund vorangegangener traumatischer Erfahrungen eine Sprachlosigkeit für eigene innere Prozesse. Sprachliches Benennen aktueller Vorgänge und das verbale Übersetzen des aktuell Geschehenen durch den Therapeuten verhelfen dem Kind oder Jugendlichen allmählich zu verbesserten Symbolisierungsmöglichkeiten und damit im späteren Entwicklungsverlauf auch dazu, eigene innere Prozesse selbst besser zu verstehen und damit auch zu steuern. Der vollständige und für alle Beteiligten unübersehbare Entwicklungsschritt erfolgt häufig zu einem späteren Zeitpunkt, zu dem sich die jungen Menschen schon nicht mehr in Betreuung unserer Einrichtung befinden, wie unsere Erfahrungen mit Ehemaligen (Adam et al., 1995), aber auch die anderer Autoren (z.B. die Jugendhilfe-Effekte-Studie (Schmidt, 2000) oder die JULE-Studie (Bundesministerium für Familie, Senioren, Frauen und Jugend, 1998)) zeigen. Vor allem bei Kindern und Jugendlichen, die obendrein noch unter Intelligenzeinbußen und Teilleistungsstörungen zu leiden haben, kann dieser Prozess länger dauern.

Rückmeldungen durch Therapeuten dienen zudem dazu, schrittweise eigene Anteile an einer Situation sehen zu können. Voraussetzung dafür ist jedoch, dass die Kinder und Jugendlichen sich selbst und andere hinreichend realistisch betrachten können, ohne dabei in die Fallen ihrer eigenen Verzerrungen zu tappen, ihre eigenen begleitenden Gefühle zulassen können und schließlich auch reflektieren lernen, was sie beim anderen auslösen. Hier können therapeutische Rückmeldungen bedeutsame Schritte zur Herstellung einer solchen Selbstreflexionsfähigkeit darstellen.

13.5.2 Nutzung aktueller Interaktion für die Arbeit im intrapsychischen Bereich

Auch bei der intrapsychischen Arbeit liegt der Schwerpunkt im Hier und Jetzt bzw. in der Veranschaulichung und Bearbeitung aktueller Interaktionen innerhalb des Therapiesettings oder im Umfeld des Kindes/Jugendlichen. Mit der Verdeutlichung dessen, was in der Interaktion geschieht, können allmählich Verzerrungen vermindert werden und die Realitätsprüfung gefördert werden. Auch dies ist jedoch ein langsamer und u.U. mühsamer Prozess. Es geht darum, innere Konflikte aufzuspüren und bewusst zugänglich zu machen bzw. die Zugänglichkeit zu verbessern. Denn an der Bewältigung einer Konfliktsituation kann beim Kind/Jugendlichen Reifung stattfinden. Wichtige diagnostische und therapeutische Mittel sind dabei immer auch die Wahrnehmung und der Umgang mit Übertragungs- und Gegenübertragungsgefühlen.

Schon der *Beziehungsaufbau* an sich ist von entscheidender Bedeutung, da es für viele dieser Kinder und Jugendlichen bereits einen wichtigen Schritt darstellt, Angst und Misstrauen abzubauen und sich auf eine neue Beziehung einlassen zu können – selbst wenn diese häufig nicht durchgängig tragfähig bleibt, sondern immer wieder auch brüchige Phasen durchlebt (ausführlich siehe Porges Polyvagal-Theorie, 2003 und 2005). Gelingt der Beziehungsaufbau, so stellt er zugleich einen ersten notwendigen intrapsychischen Entwicklungsschritt dar. Die therapeutische Beziehung allein wird zur korrektiven emotionalen Erfahrung, die dem Kind oder Jugendlichen als Ressource dienen kann.

Idealerweise haben Therapeuten, sofern dies möglich ist und vom jungen Menschen so zugelassen wird, *haltende und unterstützende Funktionen* im Sinne Winnicotts (1984). Es geht darum, eine nicht-traumatisierende Umgebung herzustellen, die dem Kind/Jugendlichen Sicherheit vermittelt und dadurch neue Erfahrungen möglich macht (Dulz, Schreyer & Nadolny, 2000). Die Therapiestunde sollte also auch Rückzugsmöglichkeit und sicherer Ort sein können. Dies kann sowohl durch den äußeren Rahmen und die Strukturierung des therapeutischen Geschehens erreicht werden, als auch durch die Art und Weise, wie Beziehung und Interaktion im therapeutischen Setting stattfindet (zur ausführlichen Darstellung der verschiedenen Aspekte eines sicheren Ortes siehe Katz-Bernstein, 1996).

Gerade bei Kindern und Jugendlichen mit Persönlichkeitsentwicklungsstörungen müssen Therapeuten einen Beziehungsraum im Sinne des von Winnicott (1989) geprägten Begriffes des *Potencial Space* (bzw. Möglichkeitsraum oder Übergangsraum) schaffen, der diese Voraussetzungen erfüllt, aber gleichzeitig intrapsychische Entwicklung möglich macht. Als Potencial Space wird eine besondere Form der Interaktion verstanden – ein gefühlsmäßiger Austauschprozess, der in der Therapie immer wieder aktiv hergestellt werden muss. Dabei müssen die Ziele des Therapeuten mit den Bedürfnissen des Kindes/Jugendlichen in Einklang gebracht werden. Bei einem impulsiven Kind/Jugendlichen kann dies z.B. so aussehen, dass der/die TherapeutIn in der Therapiestunde immer wieder dazu anregt, innezuhalten und die aktuelle Situation zu beleuchten, z.B. durch Sätze wie »Komm noch einmal zurück – das war mir zu schnell« oder »Was war das gerade?«, ohne jedoch das Kind/den Jugendlichen dabei zu überfahren. So wird dem jungen Menschen zunehmend mehr Eigenwahrnehmung und damit auch mehr Symbolisierungsfähigkeit ermöglicht.

Hilfreich ist bei diesen Kindern/Jugendlichen auch das sog. *Containing* (Bion, 1990). Selbst wenn es sich um nach außen hin scheinbar bedeutungslose Interaktionen handelt, wird der Therapeut die Verhaltens- und Ausdrucksweisen des Kindes beobachten, bewahren, versuchen, sie zu verstehen bzw. für sich zu interpretieren, und wird sie zu einem geeigneten Zeitpunkt auch rückmelden. Der Therapeut »nimmt im Behandlungsprozess an notwendigen Stellen unerträgliche Gefühle des Patienten in sich auf und gibt sie ihm bei passender Gelegenheit in einer so verarbeiteten Form zurück, dass sie für den Patienten annehmbar sind. Dieser Vorgang lässt sich metaphorisch auch mit einem Verdauungsvorgang vergleichen« (Auchter & Strauss, 1999, S. 49). Durch solche zum passenden Zeitpunkt angebrachte therapeutische Rückmeldungen wird ebenfalls der Symbolisierungsprozess vertieft.

Als therapeutisch nützlich hat sich die Erarbeitung eines *Fokus* nach Lachauer (1986; 1992) und Klüwer (2000) zu Beginn der Behandlung und dann fortschreitend während der Therapiezeit erwiesen. Dieses Vorgehen eignet sich insbesondere auch für Situationen, in denen der Therapeut in eine Krise der Beziehung oder Behandlung geraten ist. Der Therapeut versucht dabei, den gerade aktuellen Stand des inneren Erlebens des Kindes/Jugendlichen zu erfassen. Bei der in einem Lernprozess stattfindenden Erarbeitung eines solchen Fokus geht es insbesondere darum, den Sinn zu erfassen, den die im Alltag und in der Therapie auftretenden Schwierigkeiten des Kindes/Jugendlichen und ihre Abwehr haben. Dies kann für einen Therapeuten z.B. auch heißen, ein zwischenmenschliches Chaos im Leben des Kindes/Jugendlichen oder in der Therapiestunde zu erfühlen und dann für sich zu ordnen, bis sich ein zentrales Thema definieren lässt. Er entwickelt so ein inneres Verständnis für die individuelle intrapsychische Situation des jungen Menschen und schafft sich damit selbst einen inneren Raum, um das Geschehen zu verstehen. Gelingt das, so ist dies der erste Schritt für Veränderungen auch im Alltag des Kindes oder Jugendlichen, selbst wenn es noch lange dauert, bis ihm diese Sichtweisen rückgemeldet werden können. Denn dies geschieht häufig selbst dann, wenn für Rückmeldungen noch viel zu früh wäre, weil der junge Mensch noch extrem sensibel und empfindlich darauf reagieren würde.

Die im Therapieprozess erarbeiteten Fokusse ändern sich meist im Laufe einer langfristig angelegten stationären oder teilstationären Behandlung. Der aktuelle Fokus soll als Hypothese dienen, was von all den denkbaren Möglichkeiten zum gegebenen Zeitpunkt wirklich aktuell oder Thema ist. Dieser Fokus kann sich dann auch in einem vom Therapeuten definierten *Fokalsatz* widerspiegeln, der als Arbeitshypothese für das weitere therapeutische Denken und Handeln zugrunde gelegt wird. Dabei ist nicht so wichtig, dass das Kind/der Jugendliche diesen Satz selbst kennt oder erarbeitet hat, sondern viel mehr darum, dass dem Therapeuten das zentrale Thema bewusst ist. Auch gibt es die Möglichkeit, übergreifende Fokusse zu definieren, die den Schwerpunkt der gesamten Behandlung darstellen, während kurzfristige untergeordnete Fokusse immer wieder auch an die aktuellen Gegebenheiten angepasst werden müssen.

13.5.3 Wie können therapeutische Rückmeldungen erfolgen?

Die Art und Weise, mit der therapeutische Rückmeldungen gegeben werden können, variiert und muss ganz spezifisch auf das Kind oder den Jugendlichen und/oder auf den Entwicklungsstand, das Stadium der therapeutischen Beziehung, oder die Problemkonstellation etc. angepasst werden. Insbesondere zu Beginn der Therapie oder in kritischen Phasen können empathisch-verständnisvolle Rückmeldungen vorteilhaft sein. Hier bieten sich z.B. sog. »Als-ob«-Rückmeldungen (z.B. »Jetzt machst du gerade wie...«) an, die dem Kind oder Jugendlichen zwar spiegeln, wie er vom Gegenüber erlebt wird, aber eine Etikettierung im Sinne eines »Du bist...« vermeiden.

Rückmeldungen über einen gelungenen Entwicklungsverlauf (z.B. »Mir fällt auf, dass dies heute anders ist...«) machen deutlich, wie dünn das Eis sein kann, auf dem sich Therapeuten bewegen müssen. Zum richtigen Zeitpunkt ausgesprochen, freuen sich viele Kinder und Jugendlichen darüber, haben das Gefühl, etwas geschafft zu haben und es kommt zu einer Erhöhung der Selbstwirksamkeit. Wenn dies andererseits zum falschen Zeitpunkt zur Sprache gebracht wird, stößt der Therapeut unter Umständen auf massivste Widerstände und Ablehnung, z.B. wenn kein Lob angenommen werden kann, wie es häufig der Fall ist.

Unter Umständen ist es allerdings auch notwendig, konfrontativ vorzugehen, insbesondere dann, wenn Verzerrungen aufgelöst werden sollen. Nicht selten kommt es vor, dass Kinder und Jugendliche unauffällig in die Therapiestunde kommen und erzählen, wie gut ihr Tag gelaufen sei und dass es überhaupt keine Probleme gebe. Oft ist dem Therapeuten aufgrund der guten und schnellen Kommunikationsmöglichkeiten in der Einrichtung jedoch schon zu Ohren gekommen, dass es z.B. noch am gleichen Vormittag einen heftigen Zwischenfall gegeben hat und von einem guten Tag kaum gesprochen werden kann. Hier wäre ein akzeptierend-verständnisvolles Vorgehen bei manchen Jugendlichen eher kontraproduktiv. Die Diskrepanz zwischen tatsächlicher und wahrgenommener Realität muss dem Jugendlichen rückgemeldet werden (z.B. mit Sätzen wie: »So wie ich dich jetzt gerade erlebe, geht's dir gerade ganz gut, aber ich hab' da noch was anderes gehört...« oder aber »Du, ich bin gerade sehr verwirrt. Du kommst rein, als ob nichts passiert ist.«). Trotzdem kann konfrontatives Vorgehen, bei dem gleichzeitig auch innerpsychische Entwicklung stattfinden soll, oft noch am ehesten im therapeutischen Rahmen stattfinden. Der Therapeut hat eine Art Katalysatorfunktion in dem Sinne, dass er als Unbeteiligter noch viel eher die Chance hat, Diskrepanzen zwischen Realität und Verzerrung zu bearbeiten. Pädagogen sind dagegen häufig viel zu sehr im Geschehen involviert und haben deswegen kaum eine Chance, dass ihre Konfrontationen insbesondere in der konkreten Situation akzeptiert werden.

13.5.4 Therapeutische Arbeit am Trauma

Immer wieder wird vor allem bei Erwachsenen mit Persönlichkeitsstörungen der therapeutische Schwerpunkt auch auf die Aufarbeitung traumatischer Erfahrungen gelegt (z.B. siehe Wöller, 2006). Wie bereits beschrieben, spielen u.a. traumatische Erfahrungen, insbesondere sog. Mikrotraumatisierungen, bei Kindern und Jugendlichen mit Persönlichkeitsentwicklungsstörungen eine erhebliche Rolle. Sexueller Missbrauch wie auch Gewalttätigkeiten gegenüber dem Kind und gegenüber der Mutter im Beisein des Kindes tauchen in den Lebensgeschichten dieser jungen Menschen ebenfalls häufig auf.

Bei der Aufarbeitung im Kindes- und Jugendalter muss allerdings sehr vorsichtig vorgegangen werden (ausführlich zur Therapie siehe Hensel & Landolt, 2007). Gerade hier muss der Therapeut sich dem Entwicklungsstand des Kindes/Jugendlichen ganz besonders anpassen und seine innere emotionale Reife im Blick behalten. Kinder/Jugendliche, die Traumatisierungen erlebt haben, sind oft nur schwer in der Lage, ihre traumatischen Erfahrungen zu versprachlichen. Deswegen sollten Symbolisierungsprozesse oft auch auf nichtsprachlicher Ebene vorangebracht werden. Wichtig ist jedoch, das Kind/den Jugendlichen nicht zu überfordern, sondern sehr behutsam vorzugehen. Die Arbeit der Therapeuten muss zudem immer als Prozessabschnitt im Sinne der Entwicklung des Kindes verstanden werden, an dem ggf. zu einem späteren Zeitpunkt wieder angeknüpft werden kann.

An erster Stelle steht jedoch, das betroffene Kind/den Jugendlichen vor weiteren traumatisierenden Übergriffen zu schützen. Dies ist, auch angesichts der vielen im Alltag lauernden Gelegenheiten für Mikrotraumatisierungen, vielmals keine leichte Aufgabe. Dieser Punkt muss sowohl in den Herkunftsfamilien als auch in der Einrichtung selbst berücksichtigt werden und hat uns beispielsweise bewogen, Überlegungen wie das Projekt Kursbestimmung (siehe Kap. 12) anzustellen, um solche Mikrotraumatisierungen zu reduzieren.

Außerdem geht es beim Aufarbeiten von Traumatisierungen immer auch um Sekundärprävention, d.h. darum, Folgen aufzuarbeiten und einzudämmen und den unterbrochenen kindlichen Entwicklungsprozess wieder in Gang zu bringen (Fischer & Riedesser, 1998). Dies kann z.B. auch heißen, aktuelle möglicherweise traumatisierend wirkende Erlebnisse, wie beispielsweise den Tod der geliebten Großmutter, zu begleiten und mit dem Kind/Jugendlichen gemeinsam durchzustehen (siehe z.B. Eckhardt, 2005 und Karutz & Lasogga, 2008).

Therapeutische Besonderheiten

Die Störungsbilder, um die es hier geht, stellen Therapeuten vor schwierige, komplexe, oftmals bis an die Erträglichkeitsgrenze gehende Aufgabenstellungen. Therapeuten müssen mit Folgendem rechnen:

- Ambivalente Einstellung zu Therapie zwischen Wollen und Nicht-Wollen z.T. auf der Ebene des Agierens oder im Sinne von »Was kann ich profitieren?». In reiferer Form als innerer Konflikt zwischen der Suche nach Nähe und Zuwendung und der Angst vor Vereinnahmung, Ausgeliefertsein oder Autonomieverlust.
- Der Aufbau und die Sicherung des Arbeitsbündnisses und dessen Erneuerung nach Krisen gestaltet sich immer wieder schwierig und nimmt viel Raum in der Therapie ein.
- Verlässlichere Beziehungen sind oft zunächst nur in Teilsituationen möglich.
- Unbedingt nötige, weil Struktur gebende Grenzsetzungen müssen oft gegen heftige Gegenwehr verteidigt werden.
- Die Probleme oder ihre Ursachen werden oft nur bei anderen, nicht aber bei sich wahrgenommen (»Die schicken mich, ich weiß nicht was ich bei Ihnen soll«). Die Entwicklung einer adäquaten Problemeinsicht kann sich als enorm mühsam erweisen und kann nur längerfristig erwartet werden. Sie gehört aber zur Aufgabe des Therapeuten.
- Es gibt automatisierte Muster von Verleugnung und Schuldzuweisung an andere, die sich oft als nahezu unüberwindlich erweisen, aber in Kleinarbeit angegangen und in kleinen Schritten von Realitätskonfrontation überwunden werden sollten.
- Abwertung des Therapeuten: »Geben Sie's zu: das tun Sie nicht für mich, sondern nur wegen dem Geld«. Abwertungen sind immer zu kommentieren und die eigene Gefühlslage ist darzustellen, sonst besteht die Gefahr des Beziehungsbruchs.
- Es können maßlose Wünsche (»Ich möchte, dass Sie mich adoptieren«) abzuwehren und schwere Abwertungen durchzustehen sein. Wichtig hier auch: Was steckt dahinter? Die Hoffnung auf die kleinen Schritte zum Erfolg sind aufrechtzuerhalten.
- Im therapeutischen wie im pädagogischen Bereich gilt es sehr konflikthaften und energieverzehrenden Auseinandersetzungen Stand zu halten.
- Aus problemspezifischem Wissen heraus sind flexible Strategien zu entwickeln und immer wieder situationsspezifisch zu modifizieren.
- Therapeutisches Vorgehen muss individuell angepasst werden, sich an gesicherten problemspezifischen Erfahrungen und an einer thematischen Prioritätenliste orientieren. Und doch gibt es keine Regel, die alle Hindernisse oder Störungsvarianten berücksichtigen könnte.
- Die Arbeit an der sozialen Realität (Rauchfleisch, 2000, 1996, 1981) ist in jedem Fall vordringlich. Hierzu gehören auch kommunikative Muster. Sich ständig wiederholende und sich damit selbst verstärkende soziale Kollisionen sind sonst unvermeidlich. Sie würden die Störungen im Sozialverhalten mit den entsprechenden Folgen vertiefen und verhärten bzw. den jungen Menschen in die Isolation führen.
- Es sind immer wieder neue und oft auch riskante Gratwanderungen erforderlich, um die Fortsetzung einer Therapie zu ermöglichen oder ähnlich wie im pädagogischen Bereich noch Handhabbarkeit zu gewährleisten.
- Phasen höheren Funktionsniveaus sind auszunutzen. Denn dann kann mit mehr Einsicht, Offenheit und Einfühlungsvermögen, mehr Kooperations- und Anstrengungsbereitschaft usw. gerechnet werden.
- Es ist mit sich wiederholenden krisenhaften Entwicklungen mit starken persönlichen Belastungen zu rechnen. Dies erfordert ein hohes Maß an Flexibilität und Durchhaltevermögen.
- Integration von Therapie und Pädagogik ist unverzichtbar – auch in Form einer ständigen bereichsübergreifenden Kooperation der Fachkräfte. Ansonsten besteht die Gefahr, dass (unbewusst) durch Interaktionen der Betroffenen mit ihrem Umfeld, die durch Verleugnung und Spaltung geprägt sind, Verwirrung entsteht oder dass man auf Täuschungsmanöver hereinfällt.

14 Die Schule – Ein wesentlicher Bestandteil des Mehrdimensionalen Hilfekonzepts

Die Schule (und später auch die berufliche Situation) nimmt im Rahmen eines Mehrdimensionalen Hilfekonzepts einen äußerst gewichtigen Platz ein. Die Schule nimmt im Leben von Kindern/Jugendlichen zeitlich viel Raum in Anspruch und hat für das psychosoziale Wohlbefinden einen enormen Stellenwert. Sie ist für ein Kind im schulpflichtigen Alter einer der wichtigsten Lebensbereiche für die Entwicklung von positivem Selbstbild, Selbst- und Leistungsbewusstsein und für die Förderung der Ich-Funktionen. Sie ist zudem der Ort, an dem Wissen, eine altersgemäße Arbeitshaltung und generell eine kognitive Orientierung erworben wird. Wissen, Arbeitshaltung und kognitive Orientierung bilden eine zentrale Voraussetzung dafür, als Erwachsener am gesellschaftlichen Leben teilnehmen zu können und ein Gefühl von Verantwortung gegenüber dem eigenen Leben, der eigenen Familie und der Gesellschaft zu entwickeln. Eine der Jugendhilfeeinrichtung angegliederte bzw. eng kooperierende Schule ist deswegen sehr vorteilhaft.

Kinder und Jugendlichen kommen häufig dann in eine Jugendhilfeeinrichtung, nachdem auch in ihrer Schule die Situation so eskaliert war, dass entweder die Schule die eingetretene Situation als »untragbar« erlebte und dringenden Handlungsbedarf sah oder aber Kind oder Jugendlicher sich weigerte, überhaupt noch in die Schule zu gehen. Wenn alles so verfahren ist, muss davon ausgegangen werden, dass die Schulsituation für den betroffenen jungen Menschen eine subjektive Dauerstressbelastung bzw. auch eine Art fortlaufende Traumatisierung darstellt. Aufmerksamkeitsstörungen, Teilleistungsschwächen, Störungen im Sozialverhalten, emotionale Instabilität, Misserfolgsangst, Verweigerungstendenzen haben in der Regel in eine Sackgasse geführt. Wissensrückstände und zumindest Teilverlust der Arbeitsfähigkeit wirken zusammen. Das Selbstwertgefühl des jungen Menschen kann auf einem Tiefpunkt angekommen sein. Die häusliche Situation ist auch in Richtung Schule oft durch höchste Anspannung und zugleich Hilflosigkeit gekennzeichnet. Es zeichnet sich ab, dass die weitere schulische und auch berufliche Entwicklung bereits sehr durch Risiken gefährdet oder in einigen Bereichen schon schwer beeinträchtigt ist.

Ist die Situation derart eskaliert, so ist dann eine »Entstörung« der Situation ohne schulische Pause oder einen Schulwechsel in der Regel nicht zu erreichen. Sie erzeugt fast automatisch einen Anforderungsdruck, der sich für die geschwächte psychische Belastbarkeit eines Schülers mit Persönlichkeitsentwicklungsstörungen unter den geschilderten Umständen als zu hoch erweist. Ambulante therapeutische Maßnahmen bräuchten in diesen Fällen, bis sie ausreichend wirksam werden könnten, viel zu lange. Die Eskalation der Problematik schreitet, wenn sich eine gesteigerte Dynamik eingestellt hat, viel zu schnell fort, sodass die Situation oft pädagogisch gar nicht mehr handhabbar ist. Schule kann einerseits wichtige Ansatzpunkte und Schalthebel für den Einsatz von differenzierten Hilfemaßnahmen zur Verfügung stellen, aber andererseits auch beachtlich zur unerwünschten Verfestigung oder Eskalation der Problematik beitragen.

14.1 Zusammenhänge zwischen Schule und Persönlichkeitsentwicklung

Göppel (1999) beschreibt den Zusammenhang zwischen Schule und Persönlichkeitsentwicklung als komplexe Interaktion. Schule kann z.B. als ein Erfahrungsfeld angesehen werden, in dem familiär geprägte Tendenzen der Erfolgs- und Misserfolgserwartung, der Kausalattribuierung, der Selbstachtung, der Anstrengungsbereitschaft, der Frustrationstoleranz etc., also bestimmte Coping-Strategien, auf neue Situationen und Anforderungen stoßen. Dabei können sie sowohl eine Verstärkung als auch eine Korrektur erfahren. Einerseits kann die Schule für Kinder aus schwierigen Entwicklungsmilieus deshalb auch ein sehr entwicklungsförderlicher Ort sein, andererseits trägt Schule häufig – bei negativen Vorzeichen – ebenso stark zur Entwicklung einer Versagenskarriere bei.

In der Rostocker Längsschnittstudie (Meyer-Probst & Reis, 1999), in der 294 junge Menschen zwischen Geburt und dem 25. Lebensjahr mehrfach untersucht worden waren, bezeichnen die Autoren die Bewältigung von Lernanforderungen sogar als Hauptentwicklungsaufgabe im Schulalter. »Erstens prägen die Wahrnehmung und Verarbeitung der schulischen Leistungsposition schon im frühen Schulalter Strukturen des Selbstwerterlebens. Zweitens ist eine dominierende Folge des relativen Schulversagens, dass das negativistische und aggressiv gefärbte Reaktionspotenzial zunimmt«, so Meyer-Probst & Reis (1999, S. 64). Schulerfahrungen formen, laut den Autoren, die Überzeugung von der eigenen Effektivität und die entsprechenden Selbstwertgefühle und Verhaltensmuster. Quiton & Rutter (1988) konnten z.B. nachweisen, dass Mädchen, die positive Schulerfahrungen gemacht hatten, im späteren Leben größeres Selbstvertrauen aufwiesen und zu einer überlegteren Lebensplanung neigten. Auch spezielle schulische Fertigkeiten können für die weitere Entwicklung bedeutsam sein. So war in der bekannten Kauai Längsschnittstudie (Werner, 1993) bei den Kindern, deren Entwicklungsbedingungen eine Hoch-Risiko-Konstellation darstellten, die Lesefähigkeit in der vierten Klasse ein guter Vorhersagefaktor für die spätere Lebensbewältigung.

In diesen und vielen anderen ähnlichen Studien handelt es sich jedoch immer nur um statistische Zusammenhänge, d.h. ein Ereignis tritt eben häufig gleichzeitig mit einem anderen auf. Klare Aussagen über den tatsächlichen Beitrag, den Schule für die Persönlichkeitsentwicklung leisten kann, finden sich nur selten in der Literatur. Julius & Götze (1998) haben aber z.B. in einem Modellprojekt an einer Schule für Erziehungshilfe nachweisen können, dass sich das Training sog. Attribuierungsstile – also der Überzeugungen, mehr oder weniger für Ereignisse verantwortlich zu sein – auch positiv auf das Selbstwertgefühl auswirkte. Dieses Training erfolgte als eine Art Lehrgang im schulischen Rahmen und versuchte, den Schülern zu vermitteln, dass sie nicht für die belastenden Ereignisse innerhalb ihrer Familien verantwortlich sind. Hier deutet sich an, dass Schulen für Erziehungshilfe manchmal neue Wege, d.h. außerhalb des sonst üblichen Lehrplans gehen müssen.

Ungünstige Entwicklungskonstellationen können bei jungen Menschen zu Störungen von Selbst und Selbstwert führen. Je häufiger Leistungsmisserfolge durch Einschränkungen des Lernrepertoires (z.B. Teilleistungsschwächen, Aufmerksamkeitsstörungen, Sprachentwicklungsstörungen u.ä.) hinzutreten, umso mehr kommt das Kind zu einem negativen Selbstbild und zu negativen Zukunftserwartungen. Außerdem kommt es häufig zu Problemen in der Gleichaltrigengruppe, manchmal auch mitbedingt durch eine durch Teilleistungsstörungen oder multiple Abwehrmechanismen verzerrte soziale Wahrnehmung. Wenn solche Störungen weiterbestehen, behindern sie auch die Bewältigung der adoleszenten Entwicklungsaufgaben und führen z.B. zum Anschluss an deviante Gruppen. Dadurch steigt das Risiko für delinquente Handlungen und die Fixierung der Störung im Sozialverhalten weiter an.

Die Schule ist also zweifellos ein wichtiger Ort der Selbstachtung und des Erfolgs oder der Demütigung, des Versagens und der Entmutigung. Im günstigsten Fall kann die Schule als Fluchtpunkt, Nische, als Insel der Ordnung und der Struktur in einem sonst eher chaotischen Alltag, als Ort der Zuwendung, der Einbindung in Freundschaftsbeziehungen und der Bestätigung eigener Werthaftigkeit erlebt werden. Die Schule kann jedoch auch Ort des Versagens und der Beschämung, des Zwangs und der Demütigung, der Ausgrenzung und der Entmutigung sein (Göppel, 1999).

14.2 Teilleistungsstörungen – Partielle Funktionsstörungen mit vielfältigem Erscheinungsbild

Lern- und Teilleistungsstörungen sind bei Kindern und Jugendlichen mit Persönlichkeitsentwicklungsstörungen häufig und beeinflussen oft entscheidend das Erscheinungsbild dieser Störungen, ihre Hartnäckigkeit, die pädagogisch-therapeutischen Möglichkeiten und Erfolge sowie langfristig auch die Prognose, selbst wenn sie nur einen Aspekt eines vielfältigen Störungsbildes darstellen. Der Begriff Teilleistungsstörung (oder auch die synonym verwandten Begriffe Teilleistungsschwäche und Integrationsstörung) umfasst verschiedene partielle Funktionsstörungen des Zentralnervensystems, deren Ursachen oft nicht mehr genau auszumachen sind (oft prä- oder perinatale Schädigungen, aber auch frühkindliche Beeinträchtigung von Hirnfunktionen), deren Symptome sich aber umso deutlicher im gesamten schulischen Bereich wie auch im Verhaltensbereich manifestieren können (siehe auch Graichen, 1993).

Auch Lern- und Teilleistungsstörungen zeigen häufig, ebenso wie Persönlichkeitsentwicklungsstörungen, ein vielfältiges Erscheinungsbild. Zum Teil treten sie in Form von umschriebenen Störungsbildern, wie z.B. Lese- und Rechtschreibschwäche, Rechenschwäche, Sprachstörungen o.ä. auf. Andere sind schwerer zu fassen und machen sich beispielsweise in ganz spezifischen, oft schwer beschreibbaren kognitiven Ausfällen oder aber durch eine Reihe von Verhaltensauffälligkeiten vor allem im Bereich der Aufmerksamkeitssteuerung bemerkbar. Was also auf den ersten Blick wie ein einheitliches Symptom aussehen mag, z.B. eine Rechtschreibschwäche oder eine Rechenschwäche, hat bei genauerer diagnostischer Abklärung verschiedene Ursachen, die am ehesten durch neuropsychologische Konzepte beschrieben werden können. Teilleistungsstörungen können zum Beispiel auftreten innerhalb des Bereichs der Gedächtnisfunktionen (eine große Rolle spielt hier vor allem das Arbeitsgedächtnis), bei der Verarbeitung von Reizen aus den verschiedenen Wahrnehmungskanälen, bei der Hirnreifung (Hirnasymmetrie und Lateralität) wie auch innerhalb der Antriebs- und Aktivierungssysteme. Für die Erstellung von Förderkonzepten und pädagogischen Zielen ist ein neuropsychologisches Verständnis deswegen von großer Wichtigkeit (Anregungen und Theorie findet sich z.B. bei Milz, 2006).

14.2.1 Auswirkungen von (Teil-)Leistungsschwächen

Die Auswirkungen dieser z.T. diagnostisch recht gut abgrenzbaren (Teil-)Leistungsschwächen in Form von Lernstörungen hängen stark von der jeweiligen psychischen Verfassung, in der sich das Kind befindet, ab. Problembelastungen verschiedenster Art und persönliche Dispositionen wie z.B. besondere Kränkbarkeit sind hier zu nennen. Mitbestimmt wird die schulische Situation außerdem dadurch, dass es sich bei Teilleistungsstörungen meist um Schwierigkeiten in der Leistungsproduktion und nicht nur ausschließlich, wie oft angenommen, um sog. Wahrnehmungsstörungen handelt. Dies bedeutet, dass die jungen Menschen meist genau wissen, was ihre Aufgabe ist und wie das Endprodukt (z.B. wann eine Aufgabe richtig gelöst ist) auszusehen hat, aber dass die Umsetzung in einen richtigen Lösungsweg für sie kaum zu bewältigen ist. Konkret kann dies z.B. so aussehen, dass ein Schüler sehr wohl weiß, dass ein Wort falsch geschrieben ist, ihm aber keine Strategien zur Verfügung stehen, das Wort richtig zu schreiben. Kinder und Jugendliche, deren Teilleistungsstörungen diese Qualität haben, ärgern sich enorm über sich selbst und geben dann schnell auf oder zeigen Fehlverhaltensweisen, um sich vor weiterer Selbstwertbedrohung und der Kränkung, immer wieder etwas falsch zu machen, zu schützen. Wer sich nichts mehr zutraut, neigt u.U. in kritischen Situationen dazu, den Misserfolg zu vermeiden, in dem er ausagiert oder aufgibt. Hier wird schnell deutlich, wie dabei auch besondere Persönlichkeitszüge mit Teilleistungsstörungen interagieren können. Ein stark narzisstisches Kind oder ein ebensolcher Jugendlicher wird eine solche Kränkung noch viel schlechter verkraften.

14.2.2 Verschärfende Faktoren

Ganz häufig stellen Kinder und Jugendliche mit Teilleistungsstörungen unrealistisch hohe Erwartungen an sich, was die Situation weiter erschwert. Aber auch die Anerkennung von Mitschülern, Lehrern und Eltern hängt zumindest teilweise vom Erfolg in der Schule ab. Kinder und Jugendliche, die aufgegeben haben, also in der Schule auch zu nichts mehr zu gewinnen sind, oder aber als Klassenkasper oder -tyrann unterwegs sind, haben meist wenig Verständnis von ihrem familiären und schulischen Umfeld zu erwarten, es sei denn, es finden sich verständnisvolle Lehrer und Eltern, die die Komplexität der Schwierigkeiten zu durchschauen vermögen. Die Ausprägung der mit Lern- und Leistungsstörungen in Zusammenhang stehenden Schwierigkeiten wird also auch durch das persönliche Verhältnis der Lehrkräfte und Erzieher zum Kind oder Jugendlichen bzw. ihren Umgang mit dem Störungsbild des Kindes stark mitbeeinflusst.

14.3 Welchen besonderen Beitrag kann Schule zur Entwicklungsförderung bei Kindern und Jugendlichen mit Persönlichkeitsentwicklungsstörungen leisten?

Neben dem üblichen Bildungsauftrag bietet der schulische Rahmen sowohl ein besonderes Risiko als auch eine besondere Chance für diese Kinder und Jugendlichen mit den beschriebenen komplexen Störungsbildern. Schule kann, wenn dies gelingt, eine ganze Reihe von Zielen gleichzeitig abdecken.

14.3.1 »Entstörung«, Stabilisierung und Neumotivierung

Bei entsprechender (manchmal erst zu weckender) Bereitschaft des Schülers kann eine individuelle schulische Förderung einen Neuanfang einleiten und die Richtung für die Zukunft weisen. Eine solche Förderung muss in einem überschaubaren pädagogischen Rahmen stattfinden und die Möglichkeit bieten, individuell auf die Stärken und Schwächen einzugehen, individuelle Aufmerksamkeit zu gewähren und ein individuelles, an die persönliche Belastbarkeit angepasstes Lernprogramm zu gestalten. Gelingt es, eine Schulsituation zu schaffen, in der sich der Schüler wohl fühlt und in der er wachsende Erfolge erzielt, die zunehmend seinen Erwartungen und den Erwartungen des Umfeldes genügen, kann dies auch das Selbstwertgefühl neu festigen und fördern und sich in der Folge auf die anderen Lebensbereiche ausweiten. Gerade dies kann häufig auch den Zugang für andere Hilfeangebote schaffen helfen.

14.3.2 Sich wieder zugehörig fühlen und sich im schulischen Umfeld neu zurechtfinden lernen

Viele der hier beschriebenen Kinder und Jugendlichen haben langjährige Misserfolgskarrieren im schulischen Bereich hinter sich gebracht, oft verbunden mit mehreren Schulwechseln und nicht selten auch geprägt durch zahlreiche Zurückweisungserfahrungen, wenn Mitschüler und manchmal auch Lehrer aus Unverständnis oder Ratlosigkeit sich abzuwenden beginnen. Ein Schulwechsel in ein speziell angepasstes Umfeld bietet für diese jungen Menschen häufig die Chance, sich seit langem zum ersten Mal wieder richtig zugehörig zu fühlen und den immer wieder auftretenden Negativbeurteilungen und Zurückweisungen zu entgehen.

Zusätzlich stellt Schule eines der bedeutsamsten Felder dar, in denen soziale Kompetenzen neu gelernt werden können. Hier wird z.B. täglich geübt, zuzuhören, sich zu konzentrieren, zur richtigen Zeit zu sprechen bzw. still zu sein, sich mit anderen in adäquater Form auseinander zu setzen oder sich gemeinsam bzw. kooperativ einer Anforderung zu stellen.

14.3.3 Kognitive Beeinträchtigungen mildern bzw. kompensieren lernen

Aufgrund von langandauernden Lernschwierigkeiten, von oft aus schulischer Entmutigung resultierender schlechter Motivierbarkeit, aber auch aufgrund von Schulverweigerung oder erfolgter Unterrichts- und Schulausschlüsse sind bei diesen jungen Menschen vielfach enorme Wissenslücken entstanden. Eine gezielte Förderung kann hier versuchen, diese kognitiven Defizite zu mildern. In anderen Bereichen, vor allem wenn neuropsychologische Beeinträchtigungen diagnostiziert wurden, kann zumindest versucht werden, die Lernschwierigkeiten durch gezieltes Training zu verbessern oder aber zu umschiffen. Letzteres gelingt, wenn Möglichkeiten zur Verfügung gestellt werden, mit denen Lernziele dennoch (also trotz der Beeinträchtigungen) zu erreichen sind. Für einen Schüler mit einer Schwäche des Arbeitsgedächtnisses kann dies z.B. bedeuten, dass er bei komplexen Rechenaufgaben die Hilfe von externen Speichern in Form von 1x1-Tabellen, Formelsammlungen oder dem Taschenrechner in Anspruch nimmt. Insgesamt steht also auch die Förderung der allgemeinen Intelligenz bzw. ein Bildungsauftrag im herkömmlichen Sinn mit im Vordergrund. Dass das Lernmaterial an die spezifischen Bedürfnisse dieser Kinder und Jugendlichen angepasst werden muss, dürfte selbstverständlich sein.

14.3.4 Ressourcenaufbau und -ausbau auch außerhalb des Lehrplans

Die Schule kann Bedingungen schaffen, um verschüttete Fähigkeiten der jungen Menschen an den Tag zu bringen und diese oder aber auch bereits offensichtliche Begabungen gezielt zu fördern. Dies kann jedoch meist nur in einem kleinen überschaubaren Rahmen, also z.B. in einem Klassenverbund von bis zu acht Schülern, und einem Lernumfeld, das sich nicht scheut, im Rahmen gegebener Gestaltungsfreiheit auch alternative Wege zu gehen, erfolgen. Die Stärken dieser jungen Menschen liegen nämlich nicht immer im Bereich des regulären Lehrplans. Oft lassen sich Kinder/Jugendliche mittels Computereinsatz oder aber über *Praktisches Lernen* in Form von handwerklichem Arbeiten motivieren und auf diesem Weg dazu bewegen, aus Verweigerungshaltungen gegenüber bestimmten Fächern herauszufinden oder auf ein neues, Erfolge zulassendes Lernfeld vorzustoßen.

14.3.5 Aktivierung von Stützfunktionen der Intelligenz wie Aktivierungs- und Anstrengungsbereitschaft, Durchhaltevermögen usw.

Neben der Förderung der intellektuellen Fähigkeiten dürfen auch die sog. Stützfunktionen der Intelligenz nicht außer Acht gelassen werden. Darunter versteht man Eigenschaften wie die *Motivation*, *Anstrengungsbereitschaft* und das *Durchhaltevermögen* eines Schülers. Auch die bei diesen Kindern/Jugendlichen immer wieder zu beobachtende Inflexibilität und Starrheit wie auch ihre unreifen Abwehrmechanismen beeinflussen gerade das schulische Alltagsleben ganz entscheidend mit. Gerade bei Schülern mit Persönlichkeitsentwicklungsstörungen kommt es vor, dass diese zwar im Intelligenztest einen IQ im Durchschnittsbereich oder auch darüber erreichen können, sie diesen jedoch im normalen Alltag und auch in der Schule nur unzureichend nützen können. Es sei nur am Rande bemerkt, dass hier nicht von Schülern die Rede ist, die in den Bereich der Hochbegabung fallen und aufgrund einer länger währenden Unterforderung in Problemhaltungen geraten. Es geht hier vielmehr um junge Menschen, die zwar unter Umständen von Natur aus mit ausreichenden bis guten intellektuellen Fähigkeiten ausgestattet sind, denen aber nicht genügend Fähigkeiten bzw. Ich-Funktionen zur Verfügung stehen, um im richtigen Moment auf die richtige Art und Weise davon Gebrauch zu machen. Auch wer z.B. nicht in der Lage ist, zur richtigen Zeit um Hilfe zu bitten, vielleicht weil die für ihn daraus resultierende Kränkung schwer zu ertragen ist oder weil Abwehrmechanismen die Wahrnehmung der eigenen Fähigkeiten so verzerren, dass Fehler von ihm gar nicht mehr bemerkt werden können, der wird es in seiner schulischen Entwicklung nicht leicht haben bzw. immer wieder auf schwer bezwingbare Hürden stoßen.

14.3.6 Stressüberempfindlichkeit absenken und im Idealfall die Rückkehr an eine öffentliche Schule ermöglichen

Stressüberempfindlichkeit kann auf die Entwicklung eines Kindes/Jugendlichen gravierenden Auswirkungen haben, wie bereits schon an anderer Stelle dargestellt wurde (siehe Kap. 6 und 12). Auch die schulische Entwicklung wird maßgeblich durch sie beeinflusst. Wenn dies angezeigt ist, muss deswegen ein Ziel einer individuellen Förderung sein, der Stressüberempfindlichkeit in der Schule gerecht zu werden bzw. längerfristig zu deren Reduzierung beizutragen. Einerseits müssen die individuellen Stressfaktoren möglichst gering gehalten werden, andererseits kann dies z.B. auch durch den Ausbau des Selbstwertgefühls unterstützt werden. Auf diesem Wege kann am ehesten ein neuer, entsprechend gut vorbereiteter Schulversuch an einer Regelschule erfolgreich werden.

Gerade bei Kindern/Jugendlichen mit Persönlichkeitsentwicklungsstörungen muss aber häufig auch nach anderen schulischen Wegen gesucht werden, um ihnen die Chance auf einen Schulabschluss zu verschaffen. Die Kombination von Betriebspraktikum (bei entsprechenden praktischen Fähigkeiten) am Vormittag und Vorbereitungskurs auf den Hauptschulabschluss im Rahmen einer sog. Schulfremdenprüfung am Abend in der Volkshochschule hat sich schon bei Manchen als erfolgreich erwiesen. Der kleinere Rahmen mit deutlich weniger Unterrichtsstunden, oft zusammen mit mehrheitlich Erwachsenen, die als weniger »stressig« empfunden werden als eine Horde Gleichaltriger, kann im individuellen Fall einen gangbareren Weg eröffnen. Damit ist aber leider der Weg in eine berufliche Eingliederung noch nicht gesichert, sodass u.U. noch weitere unkonventionelle Wege beschritten werden müssen. Die Schule hilft, wenn sie solche individuellen und ggf. unkonventionelle Möglichkeiten eröffnet.

14.3.7 Die eigenen Schwächen akzeptieren lernen

Günstige Auswirkungen auf die Entwicklung hat für junge Menschen mit komplexen Problemkonstellationen sicher auch, wenn sie sich ihrer eigenen Schwächen und Schwierigkeiten bewusst werden und sie annehmen können. Dies ist sicherlich leichter gesagt, als umsetzbar, ist aber dennoch als eine weitere sehr wichtige Aufgabe anzusehen, die die Schule mit übernehmen kann. Schafft es ein Jugendlicher, seine Schwächen auch als solche zu akzeptieren, anstatt sie zu vertuschen, zu bagatellisieren oder zu ignorieren, kann er seine Energie gezielter dafür aufwenden, Lösungsstrategien und Bewältigungsfähigkeiten auf anderen Gebieten zu finden. Dies gilt für alle Lebensbereiche, aber insbesondere bei Teilleistungsstörungen. Gerade bei ihnen haben insbesondere die sekundär aus ihnen resultierenden Folgeerscheinungen schwerwiegendere Auswirkungen als die Teilleistungsstörungen selbst (ausführlich siehe Graichen, 1983, 1992 und Utz, 2006). Dass man auch trotz dieser Schwächen erfolgreich sein kann, belegen berühmte Beispiele aus der Geschichte, wie z.B. der bekannte amerikanische Präsident Abraham Lincoln, der an einer Legasthenie litt. Eine schulische Förderung, die diese Thematik berücksichtigt, ist daher sinnvoll.

14.4 Was muss Schule bei Kindern und Jugendlichen mit Persönlichkeitsentwicklungsstörungen anbieten oder verfügbar machen?

14.4.1 Rahmenbedingungen einer wünschenswerten schulischen Förderung

Kinder/Jugendliche mit Persönlichkeitsentwicklungsstörungen brauchen individuelle der Problemlage angepasste Lern- und Arbeitsbedingungen, wie sie beispielsweise die *Schule für Erziehungshilfe* bietet. Diese Schule kann eine hohe methodische Gestaltungsfreiheit nutzen und neue Wege zum Lernen einschlagen, aber auch zu positiven sozialen Erfahrungen verhelfen. Viel persönliche Aufmerksamkeit und individuelles Eingehenkönnen auf das Kind sind Kennzeichen einer Beschulung in Kleinklassen, die besonderen Lern- und Verhaltensproblemen – speziell auch der des sozialen Verhaltens, individuellen Schwächen und Wissenslücken – am ehesten Rechnung zu tragen vermag. Außerdem müssen entsprechende Personalkapazitäten zur Verfügung stehen, insbesondere bei den Kindern und Jugendlichen, die extrem sozialstressempfindlich sind. Die schulische Förderung braucht zudem die Einbettung in ein flexibel gestaltetes Mehrdimensionales Hilfekonzept. Es müssen Kriseninterventionsmöglichkeiten zur Verfügung stehen, wenn z.B. ein Kind kurzfristig einen Schonraum außerhalb des Unterrichtssettings benötigt, weil die innerpsychische Belastungsgrenze überschritten ist. Auch müssen in der Schule ebenso wie in anderen Bereichen die Hilfeansätze vernetzt werden.

Eine Rückkehr an eine öffentliche Schule ist ein Ziel, das spätestens zum Ende des Aufenthalts in der Einrichtung geschafft sein sollte, aber leider nicht in jedem Fall erreichbar ist. Denn die angestrebte Rückkehr auf eine öffentliche Schule hängt von zahlreichen Faktoren ab, die nicht immer alle in der verfügbaren Zeit erreichbar sind. Für die Rückgliederung in eine begabungsentsprechende öffentliche Schule sind kooperierende öffentliche Schulen mit regulärem Bildungsangebot sehr wichtig. Die Möglichkeit, einen Schulversuch machen zu können, kann dabei insbesondere für solche jungen Menschen eine wichtige Erfahrung sein, deren Selbstwahrnehmung (»Natürlich kann ich auf eine reguläre Schule gehen«) oft nur durch eine Phase der Realitätsprüfung zurechtgerückt werden kann. Manchmal muss aber auch über unkonventionelle individuelle Möglichkeiten nachgedacht werden. Beispielsweise ist bei einem stressempfindlichen Jugendlichen u.U. eine Kombination von Berufspraktikum und Besuch einer Abendschule wesentlich sinnvoller als ein konventioneller Schulbesuch.

14.4.2 Differenzierte und individualisierte Lernangebote

Voraussetzung für eine differenzierte, auf die individuellen Bedürfnisse angepasste Förderung ist eine genaue Diagnostik. Hier sind vor allem die Lehrer gefragt, die oft schon durch genaue Beobachtungen viel über die besonderen Bedürfnisse ihrer Schützlinge herausfinden können. Aber auch Testdiagnostik (z.B. Leistungsdiagnostik und spezielle auf Teilleistungsstörungen fokussierte neuropsychologische Diagnostik) kann einen großen Beitrag leisten, um ein genaues Bild über Stärken und Schwächen des Schülers zu gewinnen. Ist dies geschehen, so kann der Lernstoff anhand dieser Beobachtungen genauer angepasst werden. Dabei orientieren sich die Möglichkeiten zur individuellen Stundenplangestaltung am Durchhaltevermögen und der Konzentrationsspanne des Schülers. Der Lernstoff sollte nach Leistungsstand differenziert vermittelt werden können. Hier gilt es auch möglichst vielfältige und manchmal ungewöhnliche Zugangswege und Lernkanäle auszunützen. Lernen sollte insbesondere bei diesen Kindern/Jugendlichen auch Spass machen und natürliche Interessen ausnützen. Deswegen sind vielfältige Freiarbeitsangebote und z.B. computerunterstützte Lernangebote einzubeziehen. Die Arbeit mit Wochenplänen, bei denen sich die Schüler ihre Aufgaben teilweise selbst einteilen können und das Benennen, Verfolgen und Bewerten eigener Verhaltens- und Leistungsziele mit Erfolgstabellen kann ebenso, insbesondere in Bezug auf eine Erhöhung der Lernmotivation, sehr hilfreich sein.

14.4.3 Gezielte Bildungsimpulse

Oft fehlt es Kindern und Jugendlichen mit langjährigen problematischen Schulkarrieren an Bildungsinteresse. Die Kauai Längsschnittstudie (Werner, 1993) belegt aber, dass gerade bei Hochrisikokindern gerade die Motivation für Schule und Ausbildung mit ein Vorhersagefaktor für eine gelungene Entwicklung darstellt. Deswegen muss die schulische Förderung dieser jungen Menschen auch Schwerpunkte auf dem Wecken neuer Interessen sowie einer Erweiterung der Allgemeinbildung, dem Kennen lernen anderer Lebenseinstellungen und Lebensstile und der Vermittlung von Werten legen. Es sind gezielt ausgewählte Bildungsimpulse notwendig, z.B. über speziell ausgewählte Lesestoffe, Kassetten, Videos usw. Aber auch fächerübergreifende Angebote und Projekte und ergänzende Bildungsangebote wie z.B. Mountainbike-Touren, Ski-Langlauf, Klettern an der Kletterwand,

Teilnahme an Fußball- und Tischtennissportturnieren können bei diesen jungen Menschen einen ganz neuen Zugang zu Schule und Bildung unterstützen.

14.4.4 Einsatz spezieller Hilfen bei Teilleistungsstörungen

Kinder und Jugendliche, die unter schwerwiegenden Teilleistungsstörungen und/oder einem Aufmerksamkeitsdefizitsyndrom leiden, müssen lernen, ihre Beeinträchtigungen zu akzeptieren und im Idealfall auf andere Weise wettzumachen. Dies fällt dem Personenkreis, den wir hier darstellen, besonders schwer. Andererseits kann und muss durch entsprechende Fördermaßnahmen versucht werden, die kognitiven Beeinträchtigungen zu mildern. Nach einer speziellen Teilleistungsstörungsdiagnostik sollte natürlich auch eine spezifische Therapie erfolgen. Dies gilt insbesondere dann, wenn Lese-, Rechtschreib- und Rechenschwächen, aber auch Gedächtnisschwächen beobachtbar sind. Gelingt eine Verbesserung und eine Entlastung im Sinne einer Linderung, so unterstützt dies den Hilfeprozess und strahlt auch in den außerschulischen Alltag aus, wo sich der Jugendliche dann eben auch besser zurecht findet. Schulerfolg und Alltagsbewährung schaffen für den Schüler das Gefühl, etwas erreichen zu können. Beides kann eine Steigerung des Selbstwertgefühles zur Folge haben. Entsprechend müssen auch die pädagogisch-therapeutischen Maßnahmen mehrgleisig ansetzen. Sie sollten vor allen Dingen darauf abzielen, das Kind nicht immer wieder neu oder gar nur mit seinen Schwächen zu konfrontieren und so weitere Beschädigungen seines Selbstwertgefühls herbeizuführen, sondern seine vorhandenen Stärken zur Geltung kommen zu lassen. Psychotherapeutische Unterstützung kann zur Aufarbeitung vorausgegangener Misserfolge und Niederlagen, zur Erlangung einer größeren persönlichen Belastbarkeit und zur Wiederherstellung eines positiven Selbstbildes erforderlich sein.

14.4.5 Strukturgebender Betreuungsrahmen für Fördermaßnahmen und Hausaufgaben

Nicht nur für schulische Fördermaßnahmen, sondern auch für die Hausaufgabenbetreuung und für zielgerichtete und individuell angepasste Übungen bedarf es eines besonders strukturierten Betreuungsrahmens, in dem ein emotional entlastendes Lern- und Arbeitsklima entsteht und auch die Motivation zu planvollen Arbeitsschritten und Unlust überwindenden Anstrengungen wachsen kann. Attraktive Hilfsmittel, anschauliche Darstellungen und differenzierte didaktische Aufbereitung der Übungsstoffe sind notwendig, wenn Übungsvorschläge Annahme finden und Wirksamkeit erlangen sollen, vor allem dann, wenn begleitende Teilleistungsstörungen vorliegen. Auch computerunterstütztes Lernen und Üben kann sich hier sehr bewähren. Sind, wie häufig der Fall, die Funktionen des Arbeitsgedächtnisses beeinträchtigt, ist es hilfreich, mit externen Speichern zu arbeiten, die diese Schwäche kompensieren helfen.

Ein wichtiges Ziel besteht darin, dass die betroffenen Kinder mit unvermeidlichen Misserfolgen und konstitutionell bedingten Grenzen umgehen lernen. Personen, bei denen das Kind echtes und auch standhaftes Engagement wie auch fachliche Kompetenz erfährt, können am ehesten und glaubhaftesten solche Einsichten vermitteln. Deshalb bedarf es für dieses Arbeitsfeld persönlich und fachlich besonders qualifizierter MitarbeiterInnen.

14.4.6 Einige bewährte Therapie-, Übungs- und Lernhilfen sind z.B.

- Kieler Lese- und Rechtschreibaufbau (Dummer-Schmoch, 1993, 1999)
- Externe räumliche Strukturierungshilfen zur Erarbeitung von Fähigkeiten im pränumeralen und numeralen Bereich, z.B. mit einem Rechentablett nach Zapke & Bräuning (Milz, 1988; Milz & Stein, 1982)
- Therapieprogramm zur Körper- und Raumorientierung nach Zapke (Milz, 1988; Milz & Stein, 1982)
- Aufmerksamkeits- und Selbstinstruktionstraining z.B. nach Lauth & Schlottke (2002)
- Entspannungstechniken und Autogenes Training
- Neurolinguistisches Programmieren (NLP) im Rahmen eines Einzelförderungsangebots
- Psychomotorische Entwicklungsförderung und zahlreiche sportliche Aktivitäten

14.4.7 Computerunterstütztes Lernen – Computerspiele

Der Umgang mit Computern ist bei einer Reihe der Kinder und Jugendlichen in der Einrichtung inzwischen sehr »normal«. Sie lernen schneller als Erwachsene, sich unbefangen in der Computerwelt zu bewegen. Einige der jungen Menschen mit Persönlichkeitsentwicklungsstörungen haben, selbst wenn sie sich sonst schulisch schwer tun, oft hier ausgeprägte Stärken, sodass dieser Bereich immer auch daraufhin zu überprüfen ist.

Der pädagogische Nutzen von Lernprogrammen und auch Computerspielen steht außer Zweifel. Es sei denn, dass sich das Interesse einseitig auf die typischen »Baller«- und Kampfspiele konzentriert oder auf das, was sonst über CDs und Internet an Zweifelhaftem auf den Rechner oder ins Haus zu holen ist.

Über den Computer lassen sich Informationen und Lerninhalte – teils spielerisch teils multimedial – innerhalb kürzester Zeit aufbereiten und aufnehmen. Lern- und motivationspsychologische Erkenntnisse lassen sich dabei unterstützend einbeziehen. Im Hinblick auf eine zunehmende Computerisierung der Gesellschaft kann ohnehin davon ausgegangen werden, dass ein frühzeitiger Einstieg in den Umgang mit PCs und dem dazugehörigen Know-how, auch die Schul- und Berufschancen langfristig gesehen verbessert.

Optimal ist es, wenn den Kinder und Jugendlichen in jedem Klassenzimmer ein, besser noch zwei Rechner zur Verfügung stehen und ihnen dadurch, wie auch in der Freizeit verfügbare Geräte, ermöglicht wird, das Medium Computer zu nutzen und die Möglichkeit wahrzunehmen, durch gezieltes Üben bestimmte Schwächen (z.B. im Rechnen, Rechtschreiben, Konzentration, Gedächtnis, Ausdauer u.a.) leistungsgerecht aufzuarbeiten. Bewährt haben sich hier z.B. die Lernsoftware Budenberg (Schleisiek) und die Lern- und REHA-Software von Traeger (www.etverlag.de), die eine große Zahl an Schulfächern, aber auch Konzentrationsübungen und außerschulische Angebote, wie z.B. das Erlernen des Zehn-Finger-Schreibsystems anbieten. Dies alles geschieht eher spielerisch und die Belohnung für richtige Antworten erfolgt meist sofort und für die Schüler auf sehr ansprechende Art und Weise. Falsche Antworten werden nicht zugelassen und es kann jederzeit Hilfe angefordert werden. Auch können zum Teil Leistungsprotokolle ausgedruckt werden, die den Lernerfolg noch einmal am Ende einer Sitzung vor Augen führen.

Aber auch reguläre Textverarbeitungsprogramme können neue Zugangsmöglichkeiten schaffen. Ein Schüler, der sich z.B. mit den motorischen Schreibanforderungen und auch mit der Rechtschreibung schwer tut, lässt sich häufig nur dann zum Schreiben eines Aufsatzes bewegen, wenn er dies am PC tun kann. Denn dort ist die Bewegungsanstrengung eine andere – schließlich schreibt er ja auf einer Tastatur – und der Computer (nicht die danebenstehende Lehrperson) meldet Fehler in der Rechtschreibung sofort zurück.

Neben den vielfältigen pädagogischen Lernprogrammen stehen natürlich auch Computerspiele auf der Wunschliste der Kinder und Jugendlichen. Es gibt zweifellos Spiele, die Denk-Strategien fördern, Wissen und Lösungsmodelle transportieren und auch schöpferische Kraft freisetzen. Hier eignen sich zum Beispiel sog. Planspiele (z.B. Sim City, Civilization, Die Siedler), bei denen z.B. eine Stadt aufgebaut werden muss und denen die zur Verfügung stehenden Arbeitskräfte und Baumaterialien sinnvoll eingeteilt werden müssen, um dies zu erreichen. Aber auch andere, weniger anspruchsvolle Strategiespiele werden von den Kindern und Jugendlichen oft gerne angenommen.

Der Computer folgt den Befehlen der Kinder und Jugendlichen, sie kontrollieren ihn. Dies steigert das Selbstbewusstsein und das Vertrauen in die eigenen Fähigkeiten. Fehler, wie Erfolge werden ehrlich, sachlich und gerecht zurückgemeldet. Dabei können über den Zugang des Spielerischen auch sehr aufmerksamkeitsgestörte bzw. hyperaktive Kinder zu konzentriertem, ausdauerndem Arbeiten angeregt werden (Für ein wissenschaftlich evaluiertes Programm siehe TAIL – Bezug über www.stop-adhs.de – oder 2weistein (Cornelsen Verlag), siehe www.2weistein.de). Allerdings müssen oft tragfähiges Interesse und Motivation erst wachgerufen und entwickelt werden.

Für Kinder und Jugendliche mit und ohne Persönlichkeitsentwicklungsstörungen liegen Nutzen und Risiken aber immer auch nah beisammen. Einige Jugendliche entwickeln sich mit entsprechenden Anregungen, Anleitung und Übungsmöglichkeiten zu richtigen Computerexperten und verschaffen sich dadurch auch berufliche Chancen. Einige verlieren sich fast nur im Sabotieren von Rechnern. Auch der Schutz der Rechner sollte daher im Auge behalten werden.

14.4.8 Praktisches Lernen – Für manche ein Weg aus der Sackgasse

Die Schule für Erziehungshilfe hat immer öfter mit Jugendlichen zu tun, die mit einer so ausgeprägten Misserfolgsbilanz und so extremer Abneigung gegenüber herkömmlichen schulischen Anforderungen kommen, dass selbst die differenzierten Lernangebote einer Schule für Erziehungshilfe abgewehrt werden oder der Unterricht erheblich und fast zwanghaft durch Störungen sabotiert wird. Selbst Einzelunterricht und andere intensivpädagogische, therapeutische wie auch freizeitpädagogische Maßnahmen und Aktivitäten vermögen Demotivation, eine depressiv getönte Lernblockade und andere Abwehrhaltungen dieser Jugendlichen nicht ausreichend zu überwinden. Die sie betreuenden Erwachsenen müssen oft alle Energie aufbieten, um nicht durch einen Sog von Frust- und Ohnmachtsgefühlen erfasst und selbst entmutigt zu werden. Die Verfestigung dieser oft rundum verfahrenen Konstellation müsste unweigerlich die weitere Selbstwertentwicklung wie auch die schulische und psychosoziale Entwicklung in hohem Maße gefährden und auch die Aussichten für später ansetzende Berufsförderungsmaßnahmen verringern. Unter den in dieser Lage befindlichen und meist emotional mangelhaft belastbaren Jugendlichen sind bei der Ressourcenüberprüfung aber häufig praktische Fähigkeiten und tätigkeitsorientierte Interessen auszumachen, die bei einer üblichen Schul- und Alltagsstrukturierung nicht ausreichend aufgegriffen und zu Erfolgsbausteinen gemacht werden können. D.h. für diese praktischen Fähigkeiten und Interessen bedarf es noch einer anderen Möglichkeit der Herausforderung.

Die Jugendlichen mit Persönlichkeitsentwicklungsstörungen, verfügen zwar z.T. über überraschende praktischen Fähigkeiten, sind aber für herkömmliches schulisches Lernen schwer zu gewinnen und mangelhaft ausgestattet. Praktische Fähigkeiten sind meist noch nie in größerem Umfang aktiviert und als vollwertige Lerntätigkeit anerkannt worden. Der Rest der Hauptschulzeit soll aber nicht ein Leidensweg für Schüler und Lehrer werden. Die Gefahr ist groß, dass sie auch nach ihrer Schulzeit nur schwer zu motivieren und lernbereit zu machen wären, um über berufsbildende Sondermaßnahmen Ausbildungsfähigkeit oder Arbeitsfähigkeit zu erreichen. Manche sind u.U. bis zu diesem Zeitpunkt bereits in so vielfältige Probleme verstrickt oder auf Abwege geraten, dass die eingesetzten Fördermaßnahmen nur noch schwer greifen.

Wer mit 15 oder 16 Jahren seine praktischen Fähigkeiten noch nicht kennen gelernt und vor allem erprobt hat, läuft Gefahr, in seinem Selbstbewusstsein zurückzubleiben, seine eigenen Potenziale nicht zu kennen und sich den Zugang zu Ausbildung und Beruf zu erschweren, wenn nicht gar völlig zu verfehlen. Dies bedeutet, dass junge Menschen mit diesen Handicaps ab z.B. dem zwölften Lebensjahr nachhaltige Erfahrungen mit ihren praktischen bzw. praktisch-handwerklichen Fähigkeiten und Begabungen machen können sollten.

Fachliche Handlungskompetenz entwickelt sich vor allem dadurch, dass man Gelegenheit erhält, Fachwissen zur Bearbeitung und Lösung von Handlungsproblemen heranzuziehen und dementsprechend zu verarbeiten. Oft ist aber jungen Menschen zu wenig klar, warum sie sich diese Kenntnisse und Fertigkeiten aneignen sollen, da deren Zweck aus herkömmlichem Unterricht für sie nicht ersichtlich ist. Praktisches Lernen kann hier einen Ausweg eröffnen. Denn am Anfang des Praktischen Lernens steht die Tätigkeit, über die ein Einstieg in einen Lernprozess gelingen kann, bei dem der Jugendliche zum Erarbeiten fehlender Kenntnisse und Fertigkeiten motiviert wird. Praktisches Lernen erhält so einen »Tätigkeitsbezug« bzw. »Handlungsbezug«. Der Lernprozess wird umgekehrt, wodurch es zu einer Rückbesinnung auf eine ursprünglichere Form des Lernens – das Alltagslernen – kommen kann und auch etwas von deren unmittelbarer Motivationskraft wiedergewonnen werden soll.

Praktisches Lernen als Lernen auf der Basis von produktiver Tätigkeit in »lebensweltlichen Ernstsituationen» und Lernen auf der Basis der Erfahrung, etwas für sich und für das Umfeld Wichtiges bewirken oder herstellen zu können, kann dem Jugendlichen das Gefühl geben, nicht auf den (in diesen Fällen sehr unprofilierten) Schülerstatus reduziert zu sein.

Zusätzlich eröffnet der Zugang über Praktisches Lernen die Möglichkeit, ein neues Bewusstsein eigenen Könnens entwickeln zu können ebenso wie Vertrauen in die eigenen Grundfertigkeiten und die Befähigung durch eigenes Tätigsein etwas Nützliches bewirken zu können. Neugier, Motivation und Tätigkeitsdrang sollten sich dadurch ankurbeln und Teile des intellektuellen und persönlichen Entwicklungsprozesses nachholen lassen. Dieser Ansatz des Praktischen Lernens stellt auch eine der logischen Konsequenzen dar, die sich aus der Theorie der Schutzfaktoren und CURAS (computerunterstützte Ressourcen-Aktivierungs-System, siehe auch Kap. 12) ergeben. Denn Praktisches Lernen ermöglicht, den individuellen Entwicklungsprozess der Jugendlichen zu fördern und dabei an ihren Stärken und am Niveau des Lernenden anzusetzen. Der Ansatz kann deshalb auch als handlungsleitendes Prinzip für den Umgang mit schwer herkömmlich beschulbaren Jugendlichen und Schulverweigerern im schulpflichtigen Alter gelten.

Praktisches Lernen – Praktische Umsetzung und methodisches Vorgehen

Anstatt der Teilnahme am regulären Unterricht wird diesen Jugendlichen an mindestens 1½ Tagen in der Woche durch Technik-Lehrer, z.T. unterstützt durch Hausmeister oder andere Berufspraktiker, Zugang zu praktischen Tätigkeitsgebieten angeboten, die von ihrem Aufforderungscharakter, ihrer erlebnisbetonten oder sozialen Anerkennung versprechenden Ausrichtung her ihr Interesse finden. Die lebensweltlichen Tätigkeiten sollen von Nutzen sein oder verwendbare Produkte entstehen lassen. Die Situation soll nicht als »künstlich« erlebt werden. Ältere, d.h. Jugendliche ab 15 Jahren, können von hier aus zeitweise auch als BetriebspraktikantInnen in einem Betrieb mitwirken.

Das Projekt ermöglicht Einzelbetreuung und schrittweise Integration in Kleingruppenarbeit. Die Jugendlichen lernen den Umgang mit unterschiedlichen Materialien und Werkstoffen und den dazugehörigen Werkzeugen kennen. Neben Werkstatt-Tätigkeiten (in einer ausgelagerten bzw. angemieteten Werkstatt) stehen Aufgaben im Innenbereich (z.B. Maler- oder Schreinerarbeiten), im Außenbereich (in Gärten und Höfen z.B. Setzen von Randsteinen und Verlegen von Betonplatten oder Bau von Zäunen oder einer Pergola) im Wald (Aufarbeitung von Bruchholz) und in der Ortschaft (z.B. Bau und Aufstellung einer Wanderer-Informationstafel) auf dem Programm. Auch das Planen und Ausführen der Handlungsvorstellungen werden durch die Betreuungspersonen begleitet. Dadurch sollen neue Misserfolge aufgrund von Selbstüberschätzung bzw. Fehleinschätzung der eigenen Fähigkeiten verhindert werden.

Die Tätigkeiten sind unterschiedlich komplex und sollen immer mal wieder besonderes Interesse wachrufen. Die Planung und Erstellung eines Original-Schwarzwälder Holzbackofens war z.B. ein solches Projekt für die Älteren.

Nahziele und Fernziele

Zunächst geht es um die Weckung von Neugier und Freude am Tätigsein. Es sollen handwerkliche Basisfertigkeiten entwickelt werden, um zunächst kleinere und dann schwierigere Arbeitsaufgaben übernehmen und evtl. auch persönlich erwünschte Produkte herstellen zu können. Neben handwerklichem Geschick sollen weitere Anregungen für tätigkeitsbezogene Interessen gefunden werden. Parallel und in weiteren Schritten sollen die Jugendlichen erkennen, welche Kenntnisse und Fähigkeiten sie benötigen, um weiterführende Ziele anzustreben, wie sie z.B. für die Berufsorientierung und Berufswahl nötig sind. Über die Erfolgserlebnisse und die damit verbundenen selbstwertförderlichen Erfahrungen soll den Schülern auch klar werden, warum sie sich diese Kenntnisse und Fertigkeiten aneignen und was sie dafür auf längere Sicht an bislang vernachlässigtem Wissen und an Bildung benötigen. Persönliche Fernziele können über die tätigkeitsspezifische Kompetenz hinaus führen und systematisches Planen und Gliedern von Arbeitsaufgaben, die Aufteilung der Arbeit in einzelne Schritte und Abschnitte wie auch die Vorteile von Kooperation und Arbeitsteilung erstrebenswert erscheinen lassen. Hauptziel ist, Voraussetzungen für die berufliche und die soziale Eingliederung zu erwerben.

Ort/Räumlichkeiten/Ausstattung

Zu den Orten des Praktischen Lernens gehört eine Werkstatt, die sich außerhalb der Stammeinrichtung befindet. Diese ist von den Jugendlichen zusammen mit ihren Technik-Lehrern selbst ausgestattet worden und wird mit den »neuen« Jugendlichen kontinuierlich weiterentwickelt. Die Ausstattung besteht aus Arbeits- und technischen Mitteln (Werkzeuge, Werkbänke und Maschinen), aber auch Lernmitteln (fachbezogene Bücher, Taschenrechner, Computer, Tafel etc., die z.B. zum Ermitteln und Ausrechnen von benötigten Arbeitsmaterial notwendig sind), die auch die Brücke zur Aneignung praxisbezogenen Wissens bilden können. Vorhaben und Aufgaben können geplant, berechnet, skizziert und maßstäblich aufgerissen werden. Neben den Möglichkeiten zum Zimmern und Schreinern sind auch Voraussetzungen für Tätigkeiten wie einfaches Schmieden und Schweißen gegeben.

Die räumliche Trennung von der Stammeinrichtung erscheint für diejenigen Jugendlichen hilfreich, die anfällig für Ablenkungen oder Versuchungen jeder Art sind und die in der Einrichtung vorschnell zu regressivem Ausweichen tendieren oder die sich davor fürchten, dass sie ihr Verweigerer-Image verlieren, wenn sie beim Arbeiten gesehen werden. Sie vermittelt zudem das Gefühl, etwas anderes Fortgeschritteneres zu machen als Schule. Diese positive Attribuierung ist von großer Wichtigkeit.

Hauswirtschaftliches Tätigkeitsfeld – Kochen, Backen, Nähen

Zu dem ausführlicher beschriebenen handwerklichen Bereich kommt auch ein hauswirtschaftliches Tätigkeitsfeld (z.B. Kochen, Backen, Nähen) hinzu, das sich anhaltend großer Beliebtheit bei Jungen und Mädchen erfreut. Auch hier lassen sich immer wieder Anlässe finden, wo die erworbenen Fähigkeiten unter Beweis gestellt werden können. Vor allem lassen sich diese Fähigkeiten auch zu Hause nutzbar machen und sich sofort als willkommene Hilfeleistung einsetzen.

14.4.9 Weichenstellungen für die weitere Schul- und Berufswahl

Es gibt Eltern und natürlich auch Jugendliche, die alle Chancen verspielt glauben, wenn der Weg zu Realschul- oder Gymnasialabschluss (scheinbar) außer Reichweite geraten ist. Solcher Pessimismus ist nicht gerechtfertigt. Häufig ist ein eher rascher oder überhaupt ein nicht abgewerteter Schulabschluss auf Hauptschulniveau ein sinnvolles Zwischenziel. Die Möglichkeit, über eine Ausbildung in einem handwerklich-praktischen Beruf vor allem auch zu praktischen Erfolgen zu kommen, ist meist erfolgversprechender und selbstwertstabilisierender, als ein mühsames oder qualvolles und enttäuschungsreiches Verfehlen schulischer Wunschziele.

Bei der Differenziertheit des heutigen Schul- und Ausbildungssystems kann sich an den Hauptschulbildungsabschluss z.B. nach einer erfolgreichen praktisch-handwerklichen Ausbildung immer noch eine schulische oder berufliche Weiterbildung anschließen. Dies gelingt aber nur dann, wenn der Jugendliche gerade durch die Bewährung in einem praktischen Beruf zu mehr persönlicher Stabilität gelangt ist und zu realistischer Zukunftsplanung fähiger geworden ist.

14.4.10 Beratungsbegleitung

Junge Menschen mit komplexen Problemkonstellationen – auch eine Zeit lang noch ihre Eltern – stehen immer wieder vor Entscheidungen, die die Schul- oder Ausbildungslaufbahn, aber auch die gesamte Zukunftsplanung betreffen. Sie sollten deswegen noch für einen längeren Zeitraum Beratungsbegleitung erhalten, immer vorausgesetzt, dass sie diese anzunehmen bereit sind (Näheres hierzu siehe Kap. 18) Auch sollten die Lehrkräfte an regulären Schulen und Berufsschulen, die kaum Erfahrung mit diesen Störungsbildern oder den damit häufig auftretenden Teilleistungsschwächen haben, ein solches Angebot abrufen können, bevor sie sich resignierend zurückziehen. Kooperationspartner können dabei schulpsychologische Dienste oder der Psychologische Fachdienst der Agentur für Arbeit sein, wo entsprechende Eignungsuntersuchungen möglich und darauf gestützte Empfehlungen zu bekommen sind.

15 Lastenverteilung und überlegt gestaltete erzieherische Rahmenbedingungen erhalten Kräfte und Handlungsfähigkeit

15.1 Leidverminderung für die unmittelbar Beteiligten

Tägliche Belastungen, wie sie sich im Umgang mit schwerwiegenden Problemkonstellationen oft über Jahre hinziehen, bewirken bei den Eltern (aber natürlich auch beim Kind/Jugendlichen) Stress auf vielerlei Weise und auf verschiedenen Gebieten, z.B. durch die mühsame bis zermürbende Bewältigung der Alltagsanforderungen, Kämpfe um die Erledigung der Hausaufgaben, Erstreiten der Einhaltung von Regeln und Pflichten, Aushalten-Müssen, von erzieherischen Misserfolgen, von Abwertungen, Kränkungen oder Erniedrigungen, Kräfteverschleiß und schiefen Blicken von Nachbarn. Eltern und insbesondere Mütter müssen sich mit kritischen oder schuldzuweisenden Großeltern, Verwandten oder Bekannten auseinander setzen und erleben, dass sie dabei immer mehr in soziale Isolation geraten. Besser wäre es, wenn die Eltern und speziell auch die Mütter in ihrem familiären Nahraum Unterstützungsbereitschaft und Entlastung finden würden.

Aber auch professionelle Helfer, wie Erzieher, Lehrkräfte, Therapeuten oder Mitarbeiter der Allgemeinen Sozialen Dienste, brauchen bei den Kindern und Jugendlichen mit Persönlichkeitsentwicklungsstörungen regelmäßig Entlastung über ihr Team und die dabei mögliche gegenseitige Unterstützung. Sie müssen Gelegenheit erhalten, sich zwischenzeitlich aus spannungsgeladenen Situationen zurückzuziehen oder, wenn vorübergehende Distanz erforderlich ist, sich und sei es nur bei einzelnen Aktivitäten oder auf bestimmten Konfliktfeldern vertreten zu lassen. Deswegen ist auch innerhalb von Einrichtungen, Schulen oder Sozialen Diensten daran zu denken, dass im Umgang mit diesen Kindern/Jugendlichen eine Einzelkämpferrolle rasch in eine Überforderungssituation führen kann. Deshalb sind die zwangsläufig entstehenden Belastungen auf mehrere Schultern zu verteilen. Ziel muss immer sein, bei allen Beteiligten die Handlungsfähigkeit zu erhalten und zugleich die Voraussetzungen hierfür (z.B. die persönliche Belastbarkeit) sicherzustellen und es nicht zu Resignation kommen zu lassen.

Die Mitarbeiter in der Einrichtung benötigen deswegen auch regelmäßige Praxisbegleitung und Gelegenheit zur Supervision. Selbst gut ausgebildeten Fachkräften wird im Wirrwarr der wechselnden Erscheinungsformen und Auswirkungen von Persönlichkeitsentwicklungsstörungen und den wechselnden und stressigen Anforderungen, die dadurch an sie gestellt werden, die Sicht für die bestmögliche pädagogisch-therapeutische Vorgehensweise verstellt. Dies zeugt nicht etwa von einer professionellen Inkompetenz der Pädagogen, Therapeuten oder Lehrer. Bei diesen komplexen Problemkonstellationen ist dies vielmehr eine durchaus natürliche bzw. fast zwangsläufige Folge. Es muss Mitarbeitern daher vermittelt werden, dass man sich für ein Nicht-mehr-weiter-Wissen nicht schämen muss. Statt dessen sollte in der Einrichtung ein Klima bestehen, bei dem Fehler, Ablösungs- oder Entlastungsbedarf erlaubt sind und gemeinsam nach Lösungen gesucht wird.

15.2 Organisation von individuell angepassten Entlastungs- und Erholungsmöglichkeiten

Das »Rauskommen« aus dem stressigen Alltag – z.B. in Form von nur einem freien Nachmittag in der Woche, einer Urlaubswoche (ohne Kinder) oder einem Kuraufenthalt – helfen Eltern oder auch einem Elternteil zur unentbehrlichen »Verschnaufpause«. Niemand hat dies so nötig wie die Eltern dieser Kinder/Jugendlichen. Es ist deswegen auch leicht zu verstehen, dass sich manche Mutter durch stundenweise Berufstätigkeit ein solches »Rauskommen« zu ermöglichen versucht.

Am raschesten könnte die Organisation von Entlastungs- und Erholungsmöglichkeiten gelingen, wenn die Eltern selbst Kontakte zu unterstützungsbereiten Personen hätten. Nicht selten gibt es in der eigenen Verwandtschaft oder im Bekanntenkreis eine Person, die zum betroffenen Kind oder Jugendlichen einen erstaunlich »guten Draht« hat oder zu finden vermag. So jemand kann evtl. als Vermittler gewonnen werden. Oder der Jugendliche kann von dieser Person in einer Helferrolle von zu Hause »abgezogen« werden. Nicht immer finden sich aber z.B. rüstige Großeltern oder andere Verwandte und mit Nachbarn befindet man sich u.U. bereits in einem gespannten Verhältnis, weil die Konflikte ja nicht selten deutlich über die Wohnungsgrenze hinaus geraten sind. Was mit eigenen Verwandten oder Bekannten nicht gelingt, müsste eventuell über die Unterstützung des Allgemeinen Sozialen Dienstes oder z.B. über kirchliche oder ähnliche Institutionen organisierbar sein.

Auch die in Kap. 16 beschriebenen flexiblen Betreuungsstrategien können Entlastungsmöglichkeiten schaffen. So kann in besonders gelagerten Fällen beispielsweise auch eine Arbeitsteilung zwischen Familie und Jugendhilfeeinrichtung für alle Beteiligten Verschnaufpausen schaffen. Beide Seiten übernehmen dann jeweils einen Part und können sich gegenseitig stützen. Manche Kinder/Jugendliche halten außerdem bei hoher Sozialstressempfindlichkeit z.B. keine volle Woche und täglich 24 Stunden in einer Jugendhilfeeinrichtung durch. Hier kann es sinnvoll sein, einen externen Schlafplatz, z.B. in einer Familie, zu finden, um dem jungen Menschen zumindest abends den Rückzug in ein reizärmeres Umfeld zu ermöglichen und so auch die Mitarbeiter und andere Kinder/Jugendliche in der Einrichtung zu entlasten.

Ab einem entsprechenden Lebensalter kann auch an die Möglichkeit getrennten Wohnens gedacht werden. Bei Erhalt des persönlichen Kontakts ist man doch soweit auf Distanz, dass nichtlösbare Alltagskonflikte nachhaltig reduziert werden können. Man ermöglicht sich den Rückzug, um der (möglicherweise beiderseitigen) Stressempfindlichkeit Rechnung zu tragen und sich gegenseitig nicht überzustrapazieren. Wir haben auch schon Eltern vorgeschlagen, statt eine gemeinsame große Wohnung zwei einander gegenüberliegende kleinere Wohnungen anzumieten, um auf diese Weise eine Entzerrung der häuslichen Wohn- und Lebenssituation zu erreichen.

15.3 Ermittlung und Erprobung von Möglichkeiten für den Spannungsabbau und den Einsatz stimmungsregulierender Aktivitäten

Auch Aktivitäten, die das Kind oder der Jugendliche allein ergreifen kann, können für die anderen Familienmitglieder entlastend wirken und zur Entspannung einer Krisensituation beitragen. Dazu gilt es z.B. – die entsprechende Kooperationsbereitschaft vorausgesetzt – herauszufinden, wie der Jugendliche am ehesten Spannungen abzubauen vermag und/oder zu einer besseren Stimmung finden kann. Dem einen gelingt das mittels körperorientierter Aktivitäten wie sportlichem Radfahren, Inline-Skating, Tischtennis spielen oder Schwimmen oder indem er einen nahe gelegenen Bolzplatz aufsucht. Einem anderen hilft Pausieren mittels Rückzug zum Fernsehen oder aber mit einer Kassette oder CD, die sich bereits entsprechend bewährt hat. Kinder und Jugendliche mit Persönlichkeitsentwicklungsstörungen brauchen dazu oft einen kräftigen Anstoß oder zumindest eine klar geäußerte Erwartung, um sie zu aktivieren. Es gilt also, zusammen mit dem Kind/Jugendlichen auch für zu Hause eine Art »Deeskalationsanleitung für kritische Situationen« zu entwickeln. Die hierfür erforderliche Kooperationsbereitschaft muss dazu u.U. in der Einrichtung über psychoedukative Aktivitäten erzeugt werden. Hierzu gehören auch Erfahrungen, wie (im individuellen Fall) rechtzeitig Konflikte entschärft werden können. Entscheidungen, die dabei getroffen werden müssen, lassen sich mit festgefahrenen und entscheidungsschwerfälligen Jugendlichen meist nicht nur mit Geduld, sondern auch mit Nachdruck vorbereiten. Versuche mit der Brechstange führen dagegen oft zu nervenaufreibendem Clinch.

15.4 Anleitung zur Schaffung haltgebender häuslicher Rahmenbedingungen

Die Einrichtung kann Eltern Unterstützung geben, indem sie versucht, mit ihnen die erzieherischen Strukturen zu Hause bewusster aus- oder umzugestalten. Oft erfahren oder wissen Eltern nur, was sie erzieherisch verkehrt machen, aber zu wenig darüber, welche pädagogischen Strukturen z.B. notwendig sind oder auch verteidigt werden können bzw. müssen, damit ihre Erziehung überhaupt wirken kann. Für den Aufbau solcher strukturellen Rahmenbedingungen benötigen Eltern Unterstützung, Übung und immer wieder Ermutigung. Die Bedeutung von Strukturvorgaben wie z.B. eine gegliederte und mit zeitlichen Fixpunkten oder durch Aufgabenplanung und -Verteilung ausgestattete Tagesgestaltung, oder der richtige Umgang mit Festigkeit und Flexibilität sind deshalb Themen für Familiengespräche wie auch für das spezielle Elternseminar. Das bereits beschriebene Projekt »Kursbestimmung« kann ebenfalls dazu eingesetzt werden wie auch die aus dem CURAS-Modell entwickelten Förderaktivitäten, wenn sie im häuslichen Umfeld angewandt werden (Kap. 12). Dies ist für Beurlaubungsphasen besonders wichtig.

16 Flexible Betreuungsstrategien

Flexibles Handeln und Organisieren – d.h. das Bereitstellen von (nur) für den jeweiligen Einzelfall geschaffenen Settings, die erweiterte Handlungsspielräume ermöglichen – sind für die Arbeit mit Kindern/Jugendlichen mit Persönlichkeitsentwicklungsstörungen aus vielerlei Gründen von großer Bedeutung. Mehrere Praxisfälle, die in diesem Buch beschrieben werden, bedurften solcher Handlungsspielräume bzw. kleineren oder größeren Abweichungen vom Standard-Betreuungsprogramm im Sinne einer flexibleren Anpassung an die individuelle Problemlage des jungen Menschen und seiner Familie. Dies geschah jeweils, um die Betreffenden überhaupt mit einem Hilfeangebot erreichen zu können oder aber mit dem Ziel, die eigenen Ressourcen dieser Jugendlichen oder ihres unmittelbaren Umfelds besser nutzen bzw. einsetzen zu können.

16.1 Abwandlungen und Anpassungen von bewährten Betreuungsarrangements

Für Kinder/Jugendliche mit Persönlichkeitsentwicklungsstörungen müssen die Betreuungsarrangements häufig ganz individuell entwickelt werden und u.U. müssen auch ganz neue Settings entworfen werden, die über die bewährten Angebote hinausgehen oder bewährte Angebote neu kombinieren. Auch hier müssen kontinuierliche Risiko-Nutzen-Abwägungen erfolgen, die dann als Basis für eine schnelle Anpassung des Betreuungsarrangements dienen. In Abhängigkeit von der individuellen Problemlage, der familiären bzw. häuslichen oder lebensweltlichen Situation und deren Ressourcen oder Risiken sind flexible und vor allem auch schnell umsetzbare Anpassungen der Betreuungsform, des Betreuungsumfangs oder der Betreuungsschwerpunkte nützlich und notwendig.

Es kann sein, dass sich eine ambulante oder eine teilstationäre Betreuungsform als unzureichend oder ungeeignet erweist und eine stationäre Betreuung für einen bestimmten Zeitraum die geeigneteren Rahmenbedingungen schafft und mehr Erfolg verspricht. Eine stationäre Krisenintervention kann das Mittel der Wahl sein, um die Situation wieder unter Kontrolle zu bringen und die Selbstmanagement-Befähigung beim jungen Menschen und seinen Angehörigen wieder zum Funktionieren zu bringen. Eine solche Krisenintervention kann aber neben einer »Auszeit« für die Beteiligten auch einen Clearing-Charakter bekommen, indem sie mit einem diagnostischen Auftrag auch z.B. in Form der Evaluation einer bisher geltenden Diagnose verknüpft wird, eine individuelle Bestimmung und Gewichtung der Risiko- und Schutzfaktoren erfolgt und ein therapeutisches Konzept für eine anschließende ambulante oder aber eine andere Betreuungsform erstellt wird. Aber selbst wenn bei bestimmten Problemkonstellationen eine gut vorbereitete stationäre Betreuungsform eine erforderliche, umfassende und gute Betreuungslösung darstellt, heißt dies aber nicht, dass diese Betreuungsform für die gesamte Dauer des Hilfeprozesses die richtige sein muss.

Eine übersteigerte, sich in jeder Gruppierung zeigende Sozialstressempfindlichkeit, das Umgehen unnötiger, den Hilfeprozess behindernder Hürden, die Nutzungsmöglichkeit sonst nicht erschließbarer Ressourcen oder auch Phasen mit hohem oder niedrigem Funktionsniveau geben häufig flexiblen Anpassungen der Betreuungsform Sinn bzw. machen diese erforderlich. Häufig muss bei stationären Maßnahmen deswegen Krisenintervention als Baustein fest eingeplant werden. So kann es beispielsweise darum gehen, in einer Krisenzeit eine Zeit lang Stressverminderung z.B. durch Wochenendbeurlaubungen, die die Aufenthaltszeit unter anderen Kindern verringern und somit auch Stressentstehung oder -aufrechterhaltung zu reduzieren vermögen, praktizieren zu können. Längere gute Phasen von hohem Funktionsniveau beim jungen Menschen eignen sich z.B. dafür, verstärkt familiäre Konfliktthemen zu bearbeiten (z.B. durch vermehrte Familiengespräche). Eine schwere Krise kann aber auch einen vorübergehenden stationären Aufenthalt in einer kinder- und jugendpsychiatrischen Klinik erforderlich machen. Dies verschafft eine Entspannung der Situation und erleichtert das Abstandgewinnen. Auch eine teilstationäre Betreuungsform kann durch einen vorübergehenden Wechsel in die stationäre Betreuungsform einen entscheidenden Entwicklungsanstoß bekommen.

Andere Jugendliche benötigen eine Möglichkeit der *Realitätsprüfung* zu Hause, um ihre oft zu idealistischen Vorstellungen über eine Rückkehr in die Familie relativieren zu können. Sie sollten ihre Vorstellungen und ihre Belastbarkeit dann auch z.B. für zwei oder drei Wochen unter realistischen Bedingungen in Familie und heimatlicher Schule (inkl. Hausaufgabensituation) überprüfen können. Dabei haben nicht nur die Jugendlichen Gelegenheit, ihre inzwischen entwickelten Fähigkeiten unter Beweis zu stellen, auch die Eltern können ihre eigene Belastbarkeit und ihre zwischenzeitlich erworbene pädagogische Kompetenz unter Alltagsbedingungen prüfen. Verläuft eine solche Prüfungsphase in Familie und Schule positiv, dann kann der Entlassungszeitpunkt leichter bestimmt und auch ein eventueller ambulanter Hilfe- oder Unterstützungsbedarf für die Zeit nach dem (eventuell vorgezogenen) Entlassungszeitpunkt besser ermittelt werden. Auch kann eine stationäre Betreuungsform durch die Umwandlung in eine ambulante verkürzt werden. D.h. eine individuell gestaltete und bedarfsspezifische Nachbetreuung oder Anschlusshilfe kann die Absicherung eines stationär oder teilstationär betreuten und mit Risiken entlassenen jungen Menschen ermöglichen.

Nach einer stationären Betreuung und danach erfolgter bedarfsspezifischer ambulanter Begleitung kann es zwischenzeitlich ebenfalls zu schweren krisenhaften Zuspitzungen kommen. Wünschenswert wäre für manchen Jugendlichen mit einer Persönlichkeitsentwicklungsstörung auch die Möglichkeit, nach der Entlassung wieder in die Einrichtung zurückkehren zu können, falls er in eine Krise stürzt, aus der er auch mit der Hilfe von Eltern oder den gerade verfügbaren professionellen Helfern nicht herausfindet. Es sollte also gewissermaßen sein Platz (oder ein Platz) offen gehalten werden können, ohne dass daraus nachhaltig negative Konsequenzen für die finanzielle Situation der Einrichtung entstehen. Schon diese Möglichkeit als solche könnte das Risiko bei probeweisen Entlassungen vermindern und damit wiederum Handlungsspielräume erweitern, was sich durchaus auch zum Nutzen des Kostenträgers auswirken könnte. Denn eine solche Wiederaufnahme wäre eventuell nur noch für die Bewältigung der Krisensituation (also eventuell nur für vier oder sechs Wochen) nötig und ließe dazu auch noch auf eine gute Motiviertheit des Jugendlichen hoffen.

Um solche und ähnliche Möglichkeiten praktizieren zu können wären allerdings auch anpassungsfähigere Strukturen im Bereich des Finanzierungs- bzw. Entgeltsystems erforderlich. Nachteile ergeben sich am ehesten für die Institution, die solches anbietet. Denn Flexibilität erfordert einen hohen Organisations- und Koordinationsaufwand und kurzfristig einsetzbare personelle Ressourcen.

16.2 Praxisbeispiele für flexible Betreuungskonzepte

Die jeweilige Problematik wird nur soweit dargestellt, wie dies für die Begründung der Wahl der Betreuungsform erforderlich erscheint.

16.2.1 Stationäre Betreuung – Ambulante Hilfeform

Bei **Sebastian,** 14 J., hatte sich im Verlauf der stationären Betreuung eine hochgradige Sozialstressüberempfindlichkeit herausgestellt. Zur Problemkonstellation gehörte auch ein Aufmerksamkeitsdefizit-Hyperaktivitäts-Syndrom mit starken oppositionellen, gegenüber anderen Kindern auch aggressiven Zügen. In der Gemeinschaft mit anderen Kindern und Jugendlichen geriet Sebastian deshalb immer wieder in Gereiztheit und verbal-impulsives Agieren. Dysphorische Verstimmungen spielten bei Sebastian eine große Rolle. An manchen Tagen traten diese besonders ausgeprägt auf und machten sich schon früh morgens bemerkbar. Die Symptomkonstellation war in der Familiengeschichte auch schon bei anderen Personen deutlich ausgeprägt. Sebastian fügte, ohne dass er dies immer wollte, Kindern und Erwachsenen viele emotionale Verletzungen zu. Mit medikamentöser Unterstützung mittels Methylphenidat (Ritalin) wurde Sebastian kooperativer empfunden, gelangte dabei auch auf ein deutlich höheres Funktionsniveau. Die schulischen Anforderungen konnte er aber auch damit in einer Klasse mit anderen Jugendlichen nicht erfüllen, weil er ständig störte und auch aggressiv gefärbte Auseinandersetzungen mit anderen Schülern suchte.

In den zwei Jahren seines stationären Aufenthalts kam eine gute praktisch-handwerkliche Begabung zum Vorschein, die z.T. in unserer Außen-Werkstatt gefördert, aber auch in Form externer Betriebspraktika in Firmen erprobt werden konnte. Zu einigen Personen der Einrichtung kam ein Beziehungs- und Bindungsaufbau zustande, dessen Tragfähigkeit zur Zeit des Aufenthalts aber nicht wirklich eingeschätzt werden konnte. In Abstimmung mit den Eltern und Sebastian wurde ein neues Betreuungskonzept entwickelt. Eigentlich ging es um drei neue Konzepte, von denen Eltern und Sohn zusammen mit dem Allgemeinen Sozialen Dienst eines auswählen konnten.

Das ausgewählte neue Konzept sah vor, dass Sebastian aus der stationären Betreuungsform in eine ambulante wechselte und zwar bei Erhalt zweier bisheriger, jetzt in ambulanter Form für ihn tätig werdender Bezugspersonen. Die praktisch-handwerkliche Begabung wurde nun zu Hause für mehrwöchige Betriebspraktika halbtägig morgens genutzt und kombiniert mit der Teilnahme an einem Vorbereitungskurs zur Hauptschulprüfung an drei Abenden in der Woche mit jeweils ca. 3 bis 4 Unterrichtsstunden. Hausbesuche, moderierte Familiengespräche, Einzelgespräche, regelmäßige Telefonate mit Sebastian und den Eltern, Besuche von ihm in der Einrichtung, Abendschul- und Berufsberatungskontakte zeigten bald, dass Sebastian auf dieser ambulanten Schiene zurecht kam. Diese Kombination erwies sich auch in der Weise als erfolgreich, dass Sebastian mit 15 ½ Jahren den Hauptschulabschluss innerhalb von ca. zehn Monaten auf dem eingeschlagenen Weg schaffte. Die Empfindlichkeiten und die Dickköpfigkeit vor allem in Form von Besserwissen zu Hause zehrten zwar oft an den Nerven der Eltern. Da es aber auch gelungen war, die Wohnsituation dahingehend zu verändern, dass Sebastian ein von den Zimmern der Geschwister und den übrigen Räumen etwas abgesetzt und reizabgeschirmter liegendes Zimmer bekommen konnte, kam man doch zufriedenstellend miteinander zurecht. In dieser Zeit fand auch eine Eignungsuntersuchung beim Arbeitsamt und dann auch eine entsprechende weiterführende Beratung statt. Die weitere Planung, die u.a. über mehrere Familiengespräche zustande kam, sah vor, dass Sebastian zunächst über das Berufsvorbereitungsjahr den Weg in Richtung Baumaschinenführer einschlagen sollte, um sich später dann zum Berufskraftfahrer ausbilden zu lassen. Seine Talente als Baumaschinenführer hatte er bereits bei einem Verwandten mit einem entsprechenden Betrieb ausführlich getestet. Für die beiden Bezugspersonen aus der Einrichtung war besonders erfreulich, dass die Tragfähigkeit der während der stationären Betreuungsphase entstandenen Beziehung erst in der ambulanten Phase richtig erkennbar wurde. Ganz konkret war der Umgang miteinander jetzt störungsfreier und ergiebiger.

16.2.2 Individuelle und bedarfsspezifische Betreuungsform – Einbeziehung familiärer Ressourcen – Schonung der institutionellen Ressourcen

Für **Markus,** 9 Jahre alt, wurde eine individuell für ihn und seine Problemlage passende Betreuungsform konzipiert. Bei ihm waren über einen Zeitraum von ca. drei Jahren zunächst niederschwellige Hilfen, dann ein teilstationärer Aufenthalt in einer heilpädagogisch orientierten Jugendhilfeeinrichtung, zweimal unterbrochen durch mehrwöchige stationäre Aufenthalte in kinder- und jugendpsychiatrischen Kliniken, eingesetzt worden. Es kam dabei aber zu keiner nachhaltigen Veränderung seiner Problemkonstellation. D.h. der Junge war weder in eine auch kleine Kindergruppe noch in eine Kleinklasse integrierbar. Aber auch das Angebot von Einzelunterricht stieß bei ihm auf heftigen Widerstand mit allen erdenklichen Machtkämpfen. Auch unterstützende Medikationen führten zu keinem ausreichenden Erfolg. Für eine Aufnahme in eine stationäre Intensivgruppe fand sich kein freier Platz. Außerdem konnte die alleinerziehende Mutter einer solchen Lösung auch nicht zustimmen, weil sie u.a. auf dem Standpunkt stand, die schon sehr lang anhaltenden Probleme des Kindes seien noch nicht richtig diagnostisch erfasst und einem für sie begreifbaren Störungsbild zugeordnet. Insbesondere konnte sie nicht verstehen, dass die Probleme des Jungen zu Hause und sein Verhalten, das in der Jugendhilfeeinrichtung und in Klinikberichten geschildert wurde, nicht übereinstimmten.

Über die vorliegenden Gutachten und Berichte wie auch über das persönliche Kennenlernen des Kindes und seiner Mutter, die Anamnese des Jungen und die Familienanamnese, kamen wir anhand sehr deutlicher Hinweise zu dem Schluss, dass es sich bei Markus sehr wahrscheinlich um ein Kind mit einer Risiko-Problemkonstellation für eine Persönlichkeitsentwicklungsstörung handelt. Bei Gastbesuchen in der Einrichtung fanden sich neben massiven Defiziten vor allem im Sozialverhalten auch Ressourcen beim Jungen wie auch bei seiner Mutter, die in ein Hilfekonzept einbeziehbar erschienen. Davon auszugehen war allerdings, dass der Junge unter anderen Kindern zunächst so gut wie nicht lenkbar und somit auch kaum aushaltbar war. Aber auch die Einzelbetreuung stieß auf die aus der Vorgeschichte und den vorausgegangenen Betreuungsformen und den kinderpsychiatrischen Behandlungen bekannten Schwierigkeiten.

Das vor diesem Hintergrund entwickelte Hilfekonzept sah vor, dass die Mutter den Jungen für jeweils zwei Tage in der Woche (Mo/Di und Do/Fr) in die Einrichtung brachte. Von Montag auf Dienstag und Donnerstag auf Freitag übernachtete er auch hier. Die Arbeit in der Einrichtung begann mit einem sehr hohen Anteil an Einzelbetreuung und später eng angeleiteter Kleingruppenbetreuung. Es stellte sich nach einiger Zeit heraus, dass der teilweise auch sehr nette und aufgeweckte Junge in seinem äußerst anstrengenden Problemverhalten mit zahlreichen Symptomen eines Aufmerksamkeitsdefizit-/Hyperaktivitätssyndroms (ADHS), emotionaler Instabilität mit hoher Impulsivität und heftigen Wut- und Gewaltausbrüchen, keinerlei Schwäche oder Misserfolg zulassen oder eingestehen konnte und unter einer sehr hohen narzisstischen Kränkbarkeit litt. Sein Drang zum Selbstbestimmenwollen war so ausgeprägt und verfestigt, dass sich der Umgang mit ihm für die Mitarbeiter außerordentlich strapaziös darstellte. Die zu diesem Störungsbild gehörenden Störungen des Sozialverhaltens machten es nicht möglich, Markus ohne Begleitung unter Kinder zu lassen.

Durch das gefundene Betreuungsarrangement von vier Tagen und zwei Übernachtungen wurden die Ressourcen des sehr problembelasteten und (sozial)stressempfindlichen Jungen, aber auch die Ressourcen der Einrichtung und ihrer Mitarbeiter nicht überbeansprucht. Die Mutter wurde ausführlich über unsere Einschätzung der Problematik informiert und hatte diese ein Stück weit verstanden. Deshalb konnte sie dem Betreuungsangebot rasch zustimmen. Durch ihre Bring- und Abholfunktion konnten leicht Gespräche mit ihr vereinbart und ein videounterstütztes pädagogisches Training arrangiert werden. Dieses diente dazu, den erzieherischen Umgang mit dem Jungen zu Hause zu verbessern und den freien Tag zwischen den beiden Aufenthaltsblöcken (Mi) unter Einbeziehung diverser Hausaufgaben pädagogisch zu gestalten. Es soll nicht verschwiegen werden, dass der personelle und organisatorische Aufwand bei diesem Betreuungsarrangement sehr hoch war. Aber es fand sich keine für diesen Jungen passendere Hilfeform.

16.2.3 Individuelle und bedarfsspezifische Betreuungsform: fachlich eng begleitete Pflegefamilie – anschließend Einzelbetreuung (ISE)

Peter lernten wir mit knapp 13 Jahren, in einer depressiv-gereizten Stimmungslage und in einer sehr widerspenstigen Haltung kennen. Drei Jahre stationäre Betreuung in einer Jugendhilfe-Einrichtung ab etwa dem neunten Lebensjahr waren schon vorausgegangen. Der Versuch, wieder mit der Mutter zusammenzuleben, schlug gründlich fehl. Die erzieherische Situation war infolge dramatischer Auseinandersetzungen völlig verfahren und total eskaliert wie auch bereits mit starken dissozialen Problemen belastet. Auch die Schule war mit Peter überfordert und hatte aufgegeben. Er war zum Vorstellungszeitpunkt bereits seit ein paar Wochen in einer Notaufnahmeeinrichtung untergebracht, die aber keinen Wert darauf legte, ihn in eine ihrer Normalgruppen aufzunehmen. Niemand wusste, wie es weitergehen könnte. Die alleinerziehende Mutter war völlig erschöpft und hoffnungslos und konnte und wollte nicht mehr. Peter musste zuerst einmal motiviert werden, sich überhaupt auf etwas einzulassen. Auch er zeigte sich gekränkt, wenn er nur die Andeutung eines Hilfebedarfs wahrnahm. Er hatte angeblich keine Probleme, nur die anderen hatten welche. Auch nochmals in ein Heim zu gehen, war unter seiner Würde.

Es gelang, ihn für die Aufnahme in einer im nahen Ausland lebenden und pädagogisch erfahrenen, aber auch von unserer Seite intensiv beratenen Familie mit eigenen Kindern zu motivieren. Dies wurde dadurch erleichtert, dass er sich für seinen Vater zu interessieren begann, der im gleichen Land wie die Pflegefamilie lebte. Es bot sich an, das Erlernen der Landessprache des Vaters zum Hauptziel dieses Pflegefamilienaufenthaltes zu erklären. Das milderte die Kränkung, überhaupt von jemandem eine Hilfe annehmen zu sollen, erheblich. Der Aufenthalt in der Familie verlief mit Höhen und Tiefen, insgesamt aber doch positiv. Die Besuchsbegegnungen mit dem Vater führten zu einer starken Ernüchterung, was wir wegen der vorübergehend sehr überhöhten und zum Teil irrealen Erwartungen als durchaus wünschenswert ansahen. Das Verhältnis zur Mutter verbesserte sich in dieser Zeit aufgrund einer regen Zusammenarbeit (Gespräche u.a. über die fachlichen Zusammenhänge der Störungskonstellation und auch durch Beurlaubungen von Peter mit neuen positiven Erlebnissen) deutlich. Die Vorbereitung auf den Hauptschulabschluss fand über einen von uns angeleiteten deutschsprachigen Lehrer im Ausland statt und wurde über die entsprechende Prüfung in Deutschland bestanden. Danach drängte Peter in seine Lebenswelt bzw. in seine Heimatstadt zurück. Eine Ausbildung im geschützten Rahmen einer Jugendhilfeeinrichtung lehnte er ab.

Durch glückliche Umstände (auf die man manchmal sehr angewiesen ist) begünstigt, fanden sich nach einer betriebspraktischen Probewoche ein Ausbildungsplatz in einem handwerklichen Betrieb und dazu auch noch ein Zimmer im Betriebsgebäude. Die Problemkonstellation (narzisstisch geprägte Persönlichkeitsentwicklungsstörung mit erheblichen Störungen des Sozialverhaltens, Neigung zu depressiven Verstimmungen, hohe Stressempfindlichkeit) war bei diesem jungen Menschen inzwischen deutlich gemildert, die dissoziale Entwicklung gestoppt.

Peters Verhältnis zu der den Auslandsaufenthalt mitbetreuenden Bezugsperson in der Einrichtung hatte sich trotz eines lange Zeit spannungsvollen und ebenfalls über Höhen und Tiefen gehenden Verhältnisses soweit positiv entwickelt, dass er sich auf ein vorgeschlagenes ambulantes Stützungskonzept »an der langen Leine« einlassen konnte und mittlerweile bereits fast zwei Ausbildungsjahre hinter sich gebracht hat. Hauptschutzfaktoren: berufliche Einsatzfähigkeit und Stehvermögen am Arbeitsplatz, das eigene Erkennen der Wichtigkeit dieser Faktoren, das daraus resultierende Selbstbewusstsein, Akzeptanz durch den Betrieb, verbessertes Verhältnis zur Mutter bei getrenntem (!) Wohnen und wöchentlich einem persönlichen Zusammentreffen in der Wohnung der Mutter. Hinzu kamen eine weitgehende Distanzierung von früheren gefährdeten »Kumpanen« und Kontakt mit anderen weniger störungsanfälligen Jugendlichen. Das Verhältnis der Bezugsperson sowohl zum Jugendlichen wie zur (in der gleichen Stadt lebenden) getrennt lebenden Mutter, hat dabei Coaching-Charakter.

17 Die Arbeit mit Eltern und Familie

17.1 Familien von jungen Menschen mit Persönlichkeitsentwicklungsstörungen

Es wäre falsch davon auszugehen, dass Kinder/Jugendliche mit mangelhafter Problemeinsicht und Kooperationsproblemen auch Eltern mit gleichen Schwierigkeiten/Mängeln haben müssten. Genau so unberechtigt wäre es, bei den Eltern grundsätzlich erzieherische Inkompetenz oder Desinteresse zu vermuten. Fast immer nimmt mindestens ein Elternteil die Problemlage recht realistisch wahr, ahnt zumindest ihre Tragweite und hat sich bereits über einen langen Zeitraum um Hilfe bemüht. Wie bereits erwähnt, gibt es in den Familien häufig unauffällige Geschwisterkinder, die bisher eine ungestörte Entwicklung genommen haben, sich den Lebensanforderungen gewachsen zeigen und auch zufrieden stellend sozial integriert sind (Kap. 6).

Betrachtet man die Familienkonstellationen der Kinder, die unter Persönlichkeitsentwicklungsstörungen zu leiden haben, so ergibt sich ein breit gefächertes Spektrum. Es finden sich pädagogisch kompetente und psychisch stabile Eltern, die neben diesem Kind noch weitere psychisch gesunde Geschwisterkinder großziehen. Einige Familien kommen aus gehobenen gesellschaftlichen Schichten und sind sozial integriert. Andere leben in sozialen Brennpunkten, in denen die Lebensbedingungen für diese Kinder/Jugendlichen an sich schon als entwicklungsgefährdend anzusehen sind. In anderen Familien haben die Mütter oder Väter, teilweise nach traumatisierenden Erfahrungen, die Trennung vom anderen leiblichen Elternteil gewagt und engagiert fachliche Hilfe gesucht. Einige haben wieder einen Partner gefunden, der sich ebenfalls pädagogisch engagiert. Andere neue Lebenspartner zeigen sich pädagogisch eher zurückhaltend oder sind wenig erzieherisch engagiert. Bisweilen ist es für das Kind/den Jugendlichen auch überhaupt nicht mehr möglich, zu Vater oder Mutter zurückzukehren, weil diese selbst mit ähnlich komplexen Problemen zu kämpfen haben oder aber mit den Anforderungen, die ihr Kind an sie stellt, überfordert wären. Es lässt sich wohl nur eines mit Sicherheit sagen: *Persönlichkeitsentwicklungsstörungen kommen in allen (auch in den »besten«) Familien vor!*

17.2 Schwerpunkte der Arbeit mit den Eltern

17.2.1 Sind die Eltern wirklich an allem schuld?

Persönlichkeitsentwicklungsstörungen erregen viel Aufsehen und die Symptomatik der betroffenen Kinder/Jugendlichen bleibt natürlich Verwandten, Bekannten, Nachbarn oder auch den Eltern der Mitschüler nicht verborgen, sondern gibt zu allerhand Vermutungen und Theoriebildungen Anlass. Laienhafte Erklärungsversuche aus dem Umfeld, die oft darauf hinauslaufen, das Kind habe wahrscheinlich von seinen Eltern nicht genügend Zuwendung erhalten oder die Eltern hätten wahrscheinlich »alles falsch gemacht«, sind offensichtlich immer noch fast unvermeidlich, obwohl die Ursachen, wie an anderer Stelle (Kap. 6) geschildert, vielfältig und komplex sind. Es kann den Eltern auch passieren, dass ihnen die Suche nach einer stationären Hilfe als Versuch ausgelegt wird, ihr Kind »loshaben« zu wollen. Das sind natürlich Vereinfachungen oder Fehleinschätzungen, die der Realität meistens nicht gerecht werden. Es geht deshalb auch nicht an, die Eltern pauschal als die »Schuldigen« oder gar »die einzig Therapiebedürftigen» zu betrachten.

Manche Erziehungsfehler sind vermeidbar, andere fast unvermeidlich. Für viele ursächliche Anteile, wie erlittene Schicksalsschläge und andere belastende Lebensereignisse, genetische Dispositionen und neurobiologische Faktoren und auch gesellschaftliche Fehlentwicklungen, können Eltern nicht oder nur bedingt verantwortlich gemacht werden. Zeigen sich bei einem Kind Merkmale einer Persönlichkeitsentwicklungsstörung, so können Eltern schon früh fast zwangsläufig in große erzieherische Schwierigkeiten geraten, also auch, wenn sie versuchen, alles recht zu machen. Hier handelt es sich um Kinder/Jugendliche, die sich aufgrund ihrer sich oft frühzeitig manifestierenden psychischen Störungen nur sehr schwer erziehen lassen bzw. den Erziehenden diese Arbeit oft unendlich schwer machen. Selbst pädagogisch kompetente Eltern erzielen mit ihren Interventionen oft nicht die gewünschte Wirkung. In den Familien haben sich zudem über Jahre dysfunktionale Interaktions- und Erziehungsmuster und Problemverhaltensweisen verfestigt. Ab einem individuell verschiedenen Zeitpunkt sind dann die fortwährenden Konflikte und Spannungen nicht mehr erträglich. Die Nerven liegen blank und die Kräfte drohen auszugehen. Betroffene Eltern leiden häufig unter schweren Versagens- und Schuldgefühlen, auch weil sie solche entlastenden Ansichten viel zu selten zu hören bekommen. Viele sind deswegen und auch durch die Verunsicherungstaktiken ihrer Kinder enorm angreifbar und manchmal erpressbar geworden.

Trotzdem ist es natürlich richtig, dass die Eltern, das von ihnen gestaltete familiäre Umfeld und ihr Erziehungsstil sehr wichtige Faktoren in der Entwicklung jedes Kindes sind und daher bei der Entstehung von Problemen nicht unberücksichtigt bleiben können. Aber sogar wenn die Eltern eigenes Problemverhalten zeigen oder Unterlassungen selbst zu verantworten haben und man meint, sie deshalb verurteilen zu müssen, sollte man berücksichtigten, dass sie durch die erzieherischen Belastungen, denen sie über Jahre standzuhalten hatten, häufig – um mit dem Volksmund zu sprechen – »genug gestraft« und gedemütigt sind.

Bei den Eltern von Kindern/Jugendlichen mit komplexen Problemkonstellationen müssen Fachleute diese Aspekte unbedingt berücksichtigen. Es ist in Bezug auf die Eltern (auch Pflege- und Adoptiveltern seien hier eingeschlossen) nicht nur zu fragen: »Was mach(t)en die Eltern falsch?«, sondern auch: »Warum wirkt(e) die elterliche Erziehung (oder oftmals ja auch die der Einrichtung) nicht so, wie es wünschenswert und erforderlich gewesen wäre?« Dies liefert meist die wertvolleren Erkenntnisse und macht es leichter, Eltern als Kooperationspartner zu gewinnen und zu halten. »Erste Hilfe« für sie heißt dann vor allem: Verständnis zeigen, das Erlebte verständlich erklären, Entlastung schaffen, Stützung geben, Kräfte und Hoffnung wieder aufbauen helfen.

17.2.2 Verstehen Eltern eine mehrperspektivische Betrachtungsweise und die Konsequenzen?

Die Mehrzahl der Eltern dieser Kinder/Jugendlichen nimmt in der Regel eine differenzierte Betrachtungsweise, wie sie durch das Mehrperspektivisches Entwicklungsmodell psychischer Störungen widergespiegelt wird (siehe Kap. 6), mit Interesse auf und lässt sich auch für mehrdimensionale Hilfeüberlegungen gewinnen. Die meisten Eltern sind froh und erleichtert, wenn sie für ihre erzieherischen oder persönlichen Probleme Verständnis finden. Viele Eltern, wenn auch nicht alle, fühlen sich besonders dann verstanden und in der Lage, die hier aufgeführten Betrachtungsweisen und Erkenntnisse nachzuvollziehen, wenn man sich die Zeit nimmt – Zeit, sie nach ihrer oft langen Odyssee und mit ihrer oft schier unendlichen Geschichte von Schwierigkeiten in allen Lebensbereichen, von Schuldzuweisungen und Schuldgefühlen, von bitteren Erfahrungen des Sich-im-Stich-gelassen-Fühlens, von Enttäuschungen und Misserfolgen mit Geduld und Verständnis anzuhören und mit ihnen die Gesamtzusammenhänge zu erörtern. Nimmt man sich diese Zeit, so erlebt man bei Eltern, Adoptiv- oder Pflegeeltern große Erleichterung und daraus resultierend oft auch neue Motivation und Kooperationsbereitschaft für die Mitarbeit beim weiteren Hilfeprozess bis hin zu der bedarfsspezifischen Nachbetreuung. Damit ist noch nicht gesagt, dass auch für die Umsetzung dieser Erkenntnisse alle Voraussetzungen gegeben sind. Wie intensiv und erfolgreich ihre erzieherische Mitarbeit wird, hängt von vielen weiteren Faktoren ab.

Zunächst geht es fast immer um die nötige Entlastung von zermürbendem Dauerclinch, das Herausfinden aus Gefühlsblockaden, um die erweiterte Problemklärung und die Vermittlung eines differenzierten Problemverständnisses. Wenn sie sich verstanden und angenommen fühlen, werden die Eltern (manchmal nach einer gewissen Anlaufzeit) für Hilfestellungen verschiedenster, d.h. einfacher oder anspruchsvollerer Art, und für pädagogische Veränderungsversuche und dazu passende Strategien zugänglich. Mit Blick auf die weitere Zukunft, auf die es nun entscheidend ankommt, werden sie auch ermutigt, die häusliche Beziehungs- und Erziehungssituation auf mittel- und längerfristige Ziele hin zu überdenken, in ihrer Bedeutung für das Kind/den Jugendlichen besser zu verstehen und (mit fachlicher Unterstützung) in positiver Weise zu verändern. Aus den veränderten Sichtweisen lassen sich dann häufig neue, von den Eltern akzeptierte Handlungsansätze ableiten, die im günstigsten Fall eine Wende schaffen helfen oder aber zumindest eine deutliche Erleichterung der Problemlage herbeiführen können. Die Ermittlung der *Risikofaktoren* und der zu deren Ausgleich verfügbaren oder aktivierbaren *Schutzfaktoren* (siehe Kap. 12) kann dann zur Voraussetzung für neue Zielbestimmungen und konkretes therapeutisches und pädagogisches Handeln werden.

17.2.3 Vertrauen wecken und pflegen als wichtige Grundlagen der Kooperationsbereitschaft

Vor allem für die Kinder und Jugendlichen ist es entscheidend wichtig, dass möglichst beide Elternteile (auch wenn sie getrennt leben oder ein(e) neue(r) Lebensgefährte/in an ihre Stelle getreten ist) Vertrauen gewinnen zur betreuenden Institution und deren Mitarbeiter. Dies sind die sozialpädagogischen Fachkräfte, Lehrer und Therapeuten, die in verschiedenen Bereichen und in verschiedenen Rollen tätig sind. Vertrauen entsteht nicht von allein, sondern muss in mancherlei Weise geweckt und gepflegt werden. Wenn dieses Vertrauen entwickelt werden kann und tragfähig wird, können Eltern am ehesten ihre schwierigen Aufgaben, die ihnen zunächst jetzt während der Zusammenarbeit gestellt sind und dann manchmal auch für später bleiben, auf sich nehmen und im Rahmen ihrer Möglichkeiten bewältigen. Sie geben damit natürlich auch während des Aufenthalts dem Kind/Jugendlichen das Gefühl, dass sie hinter den Entscheidungen und Vorgehensweisen stehen, die – mit Ihrem Wissen und Wollen – in der Institution getroffen und durchgeführt werden. Für verunsicherte und eher auf Abwehr eingestellte Kinder/Jugendliche ist dies besonders wichtig!

Schon die Art und Weise wie die ersten Kontakte der Eltern mit der Einrichtung und deren Leitung oder Mitarbeiter verlaufen, trägt oft maßgeblich dazu bei, dass Vertrauen entstehen und Hoffnung auf Hilfe aufkommen kann. Die erste Begegnung mit Eltern und Kind/Jugendlichem, das Kennenlernen der Einrichtung, die Aufnahmevorbereitung und die Aufnahme selbst sind mitausschlaggebend, ob Eltern auch hier Gefühle des Versagt-Habens, des Bestraft-Werdens oder gar der Entmündigung erleben oder ob sie das Ganze als hoffnungsvolle Chance für ihr Kind und auch sich sehen können. Wie man den Eltern oder auch getrennt lebenden Elternteilen persönlich begegnet, wie man mit ihren Fragen oder Zweifeln, ihren Verdunkelungs- oder Verheimlichungs-Versuchen umgeht ist von großer Bedeutung. Es sollte deswegen auch versucht werden, Aufschluss über alles zu geben, was die Eltern interessiert oder beunruhigt, und die Einrichtung sollte sich nicht scheuen, darauf hinzuweisen, was dort erzieherisch relativ gut bewältigt werden kann und was nur schwer zu realisieren ist (z.B. Tischmanieren, ein »anständiger« Wortschatz usw.). Auch die aus Sicht der Einrichtung bedeutsamen Faktoren für Gelingen oder Misslingen einer Maßnahme sollten beim Namen genannt werden.

Nach der Aufnahme bzw. für die Zeit des Aufenthaltes sollte die erzieherische Verantwortung von den Eltern und den neuen Bezugspersonen in der Einrichtung gemeinsam getragen werden. Das Kind bleibt also auch während des Aufenthalts in der Jugendhilfeeinrichtung (Heim oder Tagesgruppe) im Normalfall fester Teil seiner Familie. Auch während eines stationären Aufenthalts wird der Kontakt zwischen dem Kind und seinen Angehörigen, so weit wie möglich und soweit keine Gefährdungen gegeben sind, aufrechterhalten. Die Kinder/Jugendlichen können, wenn dem keine besonderen pädagogischen oder therapeutischen Gründe entgegenstehen, das Kind es selbst wünscht und das Familienleben einigermaßen intakt ist, von Anfang an alle 14 Tage über das Wochenende und auch während eines Teils der Schulferien beurlaubt werden. Sie können diese Zeit mit ihren Angehörigen – oftmals von der Einrichtung vorbereitet oder angeleitet – zu Hause verbringen. Die Eltern behalten außerdem die Aufgaben, die nicht übertragbar bzw. auch zur

Wiedergewinnung pädagogischer Handlungsfähigkeit zu Hause erforderlich sind (z.B. Aufbau oder Erhalt pädagogischer Strukturen mit Regeln und Pflichten, Tagesplanung, Freizeitgestaltung). Gerade bei teilstationär betreuten Kinder/Jugendlichen ist es besonders wichtig, die Eltern für die Herstellung pädagogischer Strukturen oder deren Korrektur zu gewinnen, damit die therapeutischen und pädagogischen Impulse auch in entsprechende häusliche Rahmenbedingungen einmünden können.

17.2.4 Kooperationsbereite und begrenzt kooperationsfähige Eltern

Natürlich gibt es auch andere, d.h. negative Erfahrungen in der Arbeit mit Eltern. Sie entstehen vor allem mit solchen Eltern oder Familien, bei denen die komplexen Bedingungen für die Entstehung und Aufrechterhaltung der Störungskonstellation noch knäuelartig unentwirrbar in Erscheinung treten und zu einer geradezu fatalistisch anmutenden und kaum aufzubrechenden familiären Problemstruktur erhärtet sind. Diese Eltern oder Elternteile, die aus unterschiedlichsten Gründen überfordert sind, haben meist schon aufgegeben oder kämpfen als Anwalt ihres Kindes gegen Einsichten und deren unangenehme Konsequenzen, die sie als kränkend erleben. Manchmal lassen sich auch die Gräben zwischen getrennt lebenden Elternteilen nicht mehr überbrücken oder die Zusammenarbeit ist durch andere schwer auflösbare Problembelastungen erschwert.

Interessanterweise finden sich dysfunktionale Familienstrukturen häufig auch bei teilstationär betreuten Kindern, obwohl hier von der Indikation her betrachtet, tragfähigere und deutlich konflikt- und risikoärmere Voraussetzungen gegeben sein sollten. Die teilstationäre Betreuungsform bzw. die Tagesbetreuung ist bei diesen Familien offensichtlich zu der Hilfeform geworden, die der Familie aus ihrer desolaten Spannungssituation und der zum Teil verstellten Problemsicht heraus als äußerstes Zugeständnis abgerungen werden konnte. Sie dient dann u.U. als Zwischenstation, bis sich die Familie zu einem stationären Aufenthalt durchringen kann.

Insgesamt betrachtet lässt sich aber feststellen: die Eltern- und Familienarbeit scheitert in aller Regel selten daran, dass die Eltern sich dafür nicht interessieren, sondern eher daran, dass die personellen Ressourcen und verfügbaren zeitlichen Spielräume der Fachpersonen/-einrichtungen für die vorgefundenen komplexen Problemlagen und den daraus erwachsenden Hilfebedarf nicht ausreichen.

17.3 Beratungsgespräche

Unterschiedlich gestaltete Beratungsgespräche sind zentrale Bestandteile der Zusammenarbeit mit den Eltern. Sie müssen den Aufenthalt des Kindes/Jugendlichen begleiten und sind auch Ausdruck der bleibenden gemeinsamen Verantwortung für die Erziehung des Kindes. Solche Gespräche können mit Eltern allein oder mit der ganzen Familie, zu Hause oder in der Einrichtung stattfinden.

17.3.1 Eltern- oder Familiengespräche erfordern Einfühlungsvermögen und Fingerspitzengefühl

Um Eltern in Gesprächen für die engagierte Mitarbeit gewinnen zu können, ist oft ein sehr flexibles d.h. auch unkonventionelles Vorgehen notwendig, bei dem hinsichtlich des methodischen Vorgehens auch von Seiten der Einrichtung eine entsprechende Anpassungsfähigkeit statt starrer Reglements erforderlich und hilfreich sein kann. Dabei darf die individuelle Aufmerksamkeit nicht fehlen, u.a. auch weil die emotionale und Ich-Struktur der Eltern nicht selten den Strukturen ihrer Kinder ähneln. Man muss sich darüber im Klaren sein, durch welche Haltungen und Verhaltensweisen die Eltern die nötigen Signale erhalten, dass die Mitarbeiter der Einrichtung ihnen persönlich zugetan sind, dass sie echt und in ihrem Engagement glaubwürdig, als reale Personen für sie fassbar und durchschaubar sind – um nur einige Aspekte zu nennen. Auch äußere Gegebenheiten (z.B. die Zeit, die zur Verfügung steht, der äußere Rahmen, der für das Gespräch gewählt wird etc.) entscheiden mit darüber, ob die Eltern spüren, dass ihre Probleme und ihre Person wichtig und ernst genommen wird. *Besuche und Gespräche bei den Eltern zu Hause* können dabei nicht nur als Zeichen der Wertschätzung wirksam sein, sondern auch hinsichtlich der Erziehungssituation zu Hause sehr aufschlussreich sein. Und schließlich ist immer auch zu prüfen, ob Eltern (fach)sprachlich erreicht, mit bestimmten Aufgaben überfordert oder aber ihre psychische Belastbarkeit falsch eingeschätzt wird.

17.3.2 Bisherige Beratungs- und Therapieerfahrungen der Eltern berücksichtigen – Typische Fehler vermeiden

Nicht nur elterliche Erziehungsfehler, Fehleinschätzungen oder gar Unbelehrbarkeit haben Eltern und Kind/Jugendlichen in die Einrichtung geführt. Oft waren auch Fehleinschätzungen und Unzulänglichkeiten bisheriger Helfer beteiligt. Vielen Eltern ist es deshalb wichtig, schon bei den der Aufnahme vorausgehenden Besuchen und Gesprächen zunächst etwas von der besonderen Kompetenz der Einrichtung erkennen zu können, bevor sie Vertrauen gewinnen und Hoffnung schöpfen können. Dazu gehören auch die Bewertung der bisher vorliegenden fachlichen Berichte und therapeutischen Ergebnisse wie auch der Verlaufsberichte der Eltern und anderer länger mit dem Kind/Jugendlichen befassten Helfer. Zurückhaltung von Auskünften und Aussagen und stattdessen die Wiederholung oft gehörter Standardfragen machen diese Elterngruppe misstrauisch, ja lösen sogar Kränkungen aus.

Eine immer noch vorzufindende – und für manche Eltern ja auch durchaus sinnmachende – Idealvorstellung ist, dass man die Eltern selbst das richtige erzieherische Verhalten finden lässt, während sich der Berater selbst möglichst zurückhält. Wenn sie durchgängig erfolgt, ist diese nondirektive beraterische Grundhaltung bei der Arbeit mit Eltern von Kindern mit Persönlichkeitsentwicklungsstörungen unangebracht und zu wenig authentisch. Bei den Problemen, die sich diesen Eltern bei ihren Kindern stellen, wird man schnell als unglaubwürdig oder nicht willens erlebt, wenn man nicht auch eigene pädagogische Kompetenz in Form konkreter pädagogischer Aussagen sichtbar macht. Diese Eltern brauchen auch konkrete Hinweise darüber, wie die Einrichtung selbst pädagogisch vorgeht und was sich dort bewährt oder nicht bewährt hat. Man sollte sie auch mit Überlegungen und Vorschlägen unterstützen, wie sie komplizierte erzieherische Probleme zu Hause angehen könnten, ihnen aber auch nicht vorenthalten, dass man zeitweilig oder bei manchen Problemstellungen auch ratlos sein kann (was bei Persönlichkeitsentwicklungsstörungen ja häufig vorkommen kann). Manche Eltern brauchen natürlich sowohl die Chance als auch die Erwartung, erzieherische Verhaltensweisen auch selbst zu entwickeln und auszutesten. Sie sollen spüren, dass man ihnen dies zutraut.

Eltern haben im Übrigen auch keine so große Angst davor, etwas verständlich »doziert« zu bekommen. Und meist sind sie auch interessiert, pädagogisches Grundwissen und Mitteilungen darüber zu bekommen, welche pädagogischen Grundsätze und Erfahrungen die Fachleute für angemessen und auch für diese Kinder/Jugendlichen übernehmbar halten. Sie sollten erfahren, dass auch Fachleute bestimmte Probleme nahezu unlösbar erleben und deswegen nur dazu raten können, diese gar nicht erst entstehen zu lassen oder, z.B. wenn sich krisenhafte Zuspitzungen anzeigen, für rasches Krisenmanagement zu sorgen.

17.3.3 Vorrangige Gesprächsthemen (nicht nur) im Rahmen einer Jugendhilfemaßnahme

Schwierigkeiten, die es in der Zeit nach der Aufnahme geben kann, zeigen sich oft erst nach einigen Wochen, manchmal sogar Monaten nach einer Phase der ersten Begeisterung. Manche Probleme des Kindes/Jugendlichen werden z.B. erst in der Gemeinschaft offenbar. Eltern und Kind/Jugendlicher sollten nochmals darauf eingestellt werden, dass in der Realität der neuen Umgebung die Auseinandersetzung mit einem Teil der Problematik und deren Auswirkungen ernsthaft beginnt und auf dem Weg zu einer positiven Veränderung notwendigerweise in Kauf genommen werden muss.

Die Vorbereitung auf negative Berichte und Krisensituationen des Kindes/Jugendlichen und deren Bedeutung ist bedeutsam, damit keine unnötigen Sorgen oder gar Fehlentscheidungen entstehen. Möglicherweise aus der Angst heraus, bisherige Überlebensstrategien aufzugeben und sich neu orientieren zu müssen, kann beim Kind/Jugendlichen auch der Wunsch aufkommen, vorzeitig nach Hause zurückzukehren. Kurzfristig kann sich mancher Jugendliche dem Trugschluss hingeben, dort sei ja »alles viel besser« und die Probleme seien ja »eigentlich gar nicht so groß« gewesen.

Schuld- und Versagensgefühle der Eltern und der Umgang damit sind ein ganz wichtiges und oft viel Zeit in Anspruch nehmendes Thema. Sie sind oft schon früh entstanden und haben sich dann auf dem langen Weg bis in die Einrichtung immer mehr ausgeweitet. Sie sind nicht immer gleich zu erkennen, aber es ist wichtig, sie zu entdecken und dann den richtigen Umgang damit in die Wege zu leiten. Schuldgefühle behindern die Eltern auch häufig beim Finden einer adäquaten Einstellung zum Kind und zum Hilfeprozess. Die Eltern verhindern so oft notwendige pädagogische Forderungen an das Kind bzw. sie sind aus Schuld- oder Versagensgefühlen heraus häufig selbst nicht im Stande, berechtigte Aufforderungen mit Festigkeit zu stellen und stehen damit der Entwicklung des Kindes im Weg. Ein nicht gelingender Umgang mit Schuldgefühlen erzeugt u.U. ein falsches »Verständnis» für das Problemkind, das dann von allen Unbilden und Unlustgefühlen verschont oder über Verwöhnung therapiert werden soll. Entschuldigungen für das Problemverhalten werden in der Biografie oder im Umfeld, d.h. bei falschen Freunden, bei einem »unmöglichen« Lehrer usw. gesucht. Hier ist es Pflicht, die Eltern auch mit unangenehmen Realitäten und Notwendigkeiten zu konfrontieren und sie dazu zu bringen, sich mit dem hier und jetzt Notwendigen zu befassen. Nur so können sie die Eigenverantwortung bei ihrem Kind/Jugendlichen mobilisieren helfen, statt diesem die Probleme auf »bequeme« bzw. realitätswidrige Art aus dem Weg zu räumen.

Probleme, die durch den Hilfe- oder Therapieprozess ausgelöst werden, sollten die Eltern ebenfalls nicht unvorbereitet überraschen. In deren Gefolge kann das Kind die noch nicht voll ausgeräumten Zweifel am Sinn des Aufenthalts oder eben Schuldgefühle der Eltern neu entfachen oder mobilisieren. Auch die oft nach Aufnahme des Kindes/Jugendlichen zu Hause auftretenden familiendynamischen Auswirkungen oder die Aktualisierung bislang schlummernder anderer familiärer Konflikte oder Partner-Probleme einschließlich Aufgaben der Beziehungsklärung müssen u.U. zum Thema gemacht werden, damit der Hilfeprozess ungestört verlaufen kann.

Informationen, die Klarheit schaffen und Missverständnisse vermeiden helfen. Es wird allzu leicht vergessen, dass die Eltern über Abläufe in der Einrichtung, die Grundprinzipien für das pädagogisch-therapeutische Vorgehen und damit im Zusammenhang stehende Entscheidungen und vieles andere rechtzeitig Informationen brauchen. Dieser gedankliche und z.T. auch konkrete Einbezug darf nicht zu spät geschehen, sonst können die einrichtungsspezifischen Vorgehens- und Handlungsweisen mit dem Kind als Eigenmächtigkeit oder als persönliche Abwertung oder Ausklammerung der Eltern erlebt werden.

Die Entwicklung eines tieferen Verständnisses für die Ressourcen und Schwierigkeiten ihres Kindes und für die eigene Rolle dabei ist für die meisten Eltern(teile) von Bedeutung. Sowohl bei den Eltern als auch beim Kind/Jugendlichen muss versucht werden, eine veränderte bzw. versöhnlichere Sichtweise dem anderen gegenüber zu vermitteln, sodass ein Vertrauensverhältnis wieder angebahnt werden kann. Es geht für die Eltern auch darum, die Verhaltensweisen des Kindes/Jugendlichen aus verschiedenen Blickwinkeln zu bewerten, seine Schwächen und Stärken objektiver oder überhaupt zu sehen. Erzieherische Fehleinschätzungen und Fehlhaltungen sollten bewusst und zugänglich werden. Überängstlichkeit oder eine überstarke Bindung sind oft nur höchst mühsam zu überwinden. Grenzsetzungen, Standhaftigkeit bei erzieherischen Konflikten und konsequentes Handeln sind oft an ganz konkreten Beispielen zu verdeutlichen und zu üben. Dazu gehört auch die Anleitung beim Wahrnehmen und Unterscheiden, um die unterschiedlichen, d.h. oft auch die berechtigten und unberechtigten Bedürfnisse beim Kind besser zu erkennen. Auch müssen oft echte Bedrängnis und Hilfebedürftigkeit von vorgetäuschter Not und Machtspielen unterschieden werden.

Die Hinführung zu erzieherischen Grundeinsichten wie z.B. die Tatsache, nicht »Nein« sagen zu können, sich ausnutzen zu lassen, aus Schuldgefühlen erpressbar geworden zu sein und zu entsprechend falschem Verhalten zu neigen. Auch die Behinderung in der Wahrnehmung der erzieherischen Aufgaben durch unverarbeitete eigene Erziehungserfahrungen oder eine noch nicht gelungene Ablösung von den eigenen Eltern, ist in Gesprächen zu thematisieren. Manchmal ist die Bereitschaft zu wecken, die noch aus dem eigenen Familiensystem stammende Problembelastung über eine eigene psychotherapeutische Behandlung anzugehen. Manche Eltern sind von ihrer eigenen Persönlichkeit her nicht sofort oder nicht in ausreichendem Maße zu neuen pädagogischen Einsichten und Verhaltensweisen in der Lage (unflexible Denkmuster!). Sie brauchen deshalb oft auch Anleitung anhand konkreter Beispiele oder aber klar ausgesprochener Forderungen, damit sie ihre Aufgabe oder Rolle neu oder besser wahrzunehmen vermögen. Manchmal bedarf es (die Vertrauensbasis im Auge behaltend!) auch ganz energischer Klarstellungen und Regelungen, damit z.B. zart aufkeimende positive Entwicklungen beim Kind von Eltern(teilen) nicht durch Ungeduld, Ängstlichkeit, falsche Denkmuster oder aber schlicht durch die eigene Impulsivität gestört oder zerstört werden.

Mut machen bzw. Mut gemacht zu bekommen ist für viele Eltern bedeutsam, Mut z.B. zum Durchhalten und zum Vertrauen auf die eigenen Stärken. Genauso ist Hoffnung zu vermitteln, damit ausweglos erscheinende Situationen durchgestanden werden können. Oft ist geduldige Ermutigung und Bestätigung notwendig, damit z.B. eine Mutter sich aus Unterdrückung und Abhängigkeit von einem pädagogisch inkompetenten, aber sich permanent einmischenden Partner zu befreien wagt. Ermutigung zu Festigkeit und Standvermögen können notwendig sein, um einen verwöhnten Jugendlichen in die Pflicht und Verantwortung zu drängen. Übernahme von Verantwortung für die familiären Aufgaben ist nicht selten auch von Lebensgefährten zu verlangen, weil manches Problem nicht zu bewältigen ist, wenn Angehörige, von denen man dies erwarten kann, sich nicht aktivieren lassen und in Distanz verharren. Manchmal gilt es auch, Großeltern oder Onkel und Tante zumindest für eine Entlastungsrolle anzusprechen oder zu gewinnen.

Pädagogische Orientierungshilfen brauchen viele Eltern von Kindern/Jugendlichen mit Persönlichkeitsentwicklungsstörungen. Sie müssen dann aber auch immer wieder die Möglichkeit haben, anhand konkreter Fragestellungen ein ganz bestimmtes, individuell angepasstes Erziehungsverhalten einzuüben und Rückmeldungen einzuholen, ob sie auf dem richtigen Weg sind.

Pädagogische Situationen zu Hause, Tages-, Wochenend- und Freizeitplanung sind Themen, die immer wiederkehren. Es kann mit Eltern und Kind/Jugendlichem darum gehen, zu ganz konkreten gemeinsamen Überlegungen in Bezug auf Wochenend- oder Feriengestaltung zu kommen, weil hier ständig zermürbende Konflikte auftreten. Auch hier brauchen Kinder/Jugendliche und Eltern oft Anstöße und Anregungen, um Leere und passives Konsumverhalten (z.B. vor dem Fernseher) oder übertrieben lange Internetausflüge gemeinsam überwinden zu können und zu mehr Tagesstruktur, Ausgefülltheit und befriedigenderem Miteinander zu kommen. Dies kann helfen, sich weniger mit den Folgen von Planlosigkeit in Form von Unzufriedenheit und konfliktträchtiger Langeweile herumschlagen zu müssen.

Die Freizeitgestaltung daheim hat großes Gewicht. Hier soll ja der Jugendliche neu gewonnene Interessen einsetzen können und sich von falschen oder schädlichen Gewohnheiten befreien können. Dazu ist u.U. eine Neuorientierung im Freizeitverhalten der gesamten Familie erforderlich und auch entsprechend zu begründen. Es kann aber auch um die Frage gehen, an welchem Ort und mit welchen Mitteln sich zu Hause oder auch im näheren Umfeld eine praktische Beschäftigung im Zusammenhang mit einem neuen Hobby verwirklichen lässt.

Die Wohnung bzw. die Wohnverhältnisse der Familie können die Schärfe einer Persönlichkeitsentwicklungsstörung ganz erheblich beeinflussen. Damit stößt man auf die Frage, inwieweit überhaupt Spielräume für pädagogische Umstrukturierungen gegeben sind. Eltern sollten jedenfalls auf ungünstige d.h. z.B. konfliktförderliche oder konfliktverschärfende räumliche Gegebenheiten und Zusammenhänge aufmerksam gemacht werden und es sollten entsprechende Empfehlungen gegeben werden. Eine ausführlichere Diskussion dieser besonderen Thematik würde hier jedoch den Rahmen sprengen.

17.3.4 Kombination von Familien- und Umfeldarbeit

In Einzelfällen, in denen die Familie in fast allen Lebensbereichen als Ganzes belastet und an die Grenzen des Auszuhaltenden gekommen ist, wo also eine Art »Totalsanierung« erforderlich ist, muss zumindest vorübergehend eine umfassende Betreuung einer Familie geleistet werden, so wie dies in **Abb. 17.1** gezeigt wird:

Eine alleinerziehende Mutter und ihre zwei Söhnen, die schließlich beide in stationäre Betreuung aufgenommen werden mussten, waren in einer Art Notgemeinschaft eng aneinander gebunden. Die Ansprüche, die die beiden Jugendlichen gegenüber ihrer Mutter über Jahre durchgesetzt hatten und die die Mutter u.a. dazu brachten, ihre finanziellen Verhältnisse zu überziehen, um sich das Gefühl zu schaffen, dass es den beiden »an nichts fehlt« und sie »so wie alle anderen Kinder« ausgestattet sind, hatte die Familie in eine fatale Situation und komplexe Problemlage gebracht. Entsprechend zahlreich waren die in irgendeiner Weise involvierten Stationen, die z.T. zusammen mit der Mutter aufgesucht werden mussten, um Konflikte zu bereinigen, materielle Versorgung aufrechtzuerhalten und eine neue Entwicklung in Gang zu bringen. Da die Mutter zwischenzeitlich depressive Phasen hatte, die ihre Handlungsfähigkeit teilweise stark behinderten, musste sie selbst stark gestützt werden, um pädagogisch handlungsfähig zu bleiben und z.B. Termine wahrzunehmen. Das starke Vertrauen, das die Mutter der Einrichtung gegenüber entwickelt hatte, und ihre Aktivierungsbereitschaft konnten genutzt werden, um ein solches Projekt in Angriff zu nehmen.

17.4 Therapeutisch orientierte Gruppen für Mütter und Väter

Spezifische Schwierigkeiten und insofern weniger positive Erfahrungen mit gemischten Elterngruppen haben uns schon vor vielen Jahren bewogen, die therapeutisch orientierte Arbeit mit Gruppen nur für Mütter und seit einigen Jahren auch mit Gruppen nur für Väter zu entwickeln. Im Rahmen dieser Gruppenarbeit treffen sich Mütter oder Väter über einen längeren Zeitraum (z.B. ein Jahr und länger) und in regelmäßigen Abständen zu Gruppensitzungen.

17.4.1 Gruppentherapeutische Arbeit mit Müttern

Die Mütter tragen meistens – gerade auch in den Familien, die mit Problemen zu kämpfen haben – die Hauptlast der Erziehung und leiden oft auch am stärksten unter der entstandenen kräftezehrenden Erziehungssituation. Deswegen wurde für sie ein unterstützendes Angebot in Form von sog. Müttergruppen geschaffen.

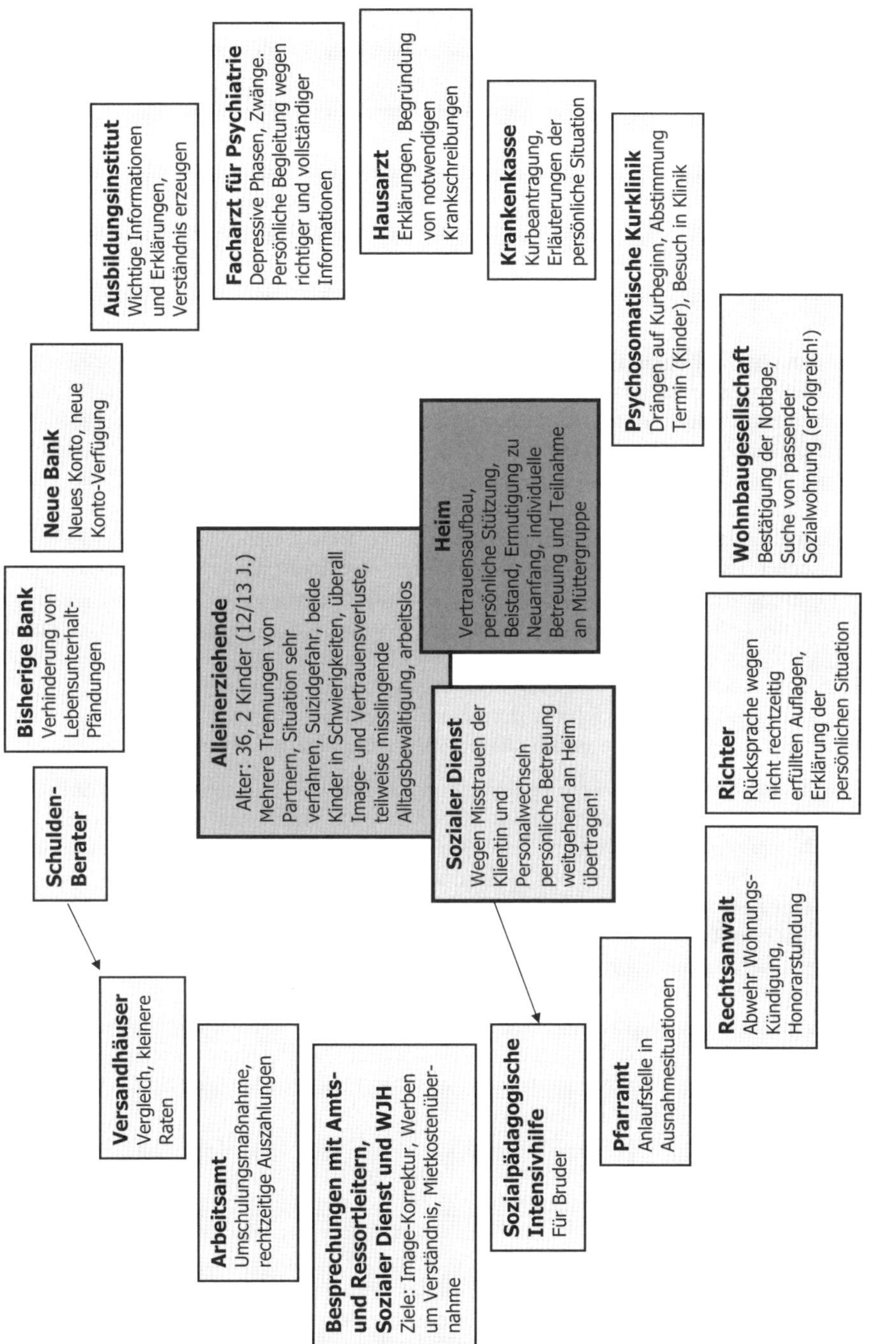

Abbildung 17.1 Fallbeispiel: Eltern- und Umfeld-Arbeit über einen Zeitraum von ca. einem Jahr vor der Wiederherstellung der eigenen Handlungsfähigkeit

In einer Müttergruppe treffen sich vier bis sechs Mütter mit zwei Gruppenleiterinnen in Abständen von ca. vier bis sechs Wochen. Solche Treffen erstrecken sich über drei Stunden und finden meist am Samstag- oder Sonntagnachmittag statt. Es wird auf eine persönliche Akzeptanz und Wertschätzung vermittelnde Atmosphäre geachtet. Das Treffen beginnt immer mit Kaffee und einem meist selbstgebackenen Kuchen. Im stationären Bereich haben manche Teilnehmerinnen z.T. bis zu zwei Stunden Fahrzeit hinter sich. Atmosphärisches und die oben beschriebene Grundhaltung erleichtert es, mit den Teilnehmerinnen pädagogische und auch damit zusammenhängende persönliche Probleme aufzugreifen und den Umgang damit oder passende Lösungen gemeinsam im Gespräch zu suchen oder auch unterstützt durch Rollenspiele zu erarbeiten.

Zu den regelmäßigen Themen der Gruppentreffen gehören z.B.

- Die Auseinandersetzung mit der Tatsache, sein Kind in »fremde Hände« gegeben zu haben und die Bewältigung der damit verbundenen Schuldgefühle
- Die »gute Mutter« – Was muss ich und will ich geben? Was brauche ich für mich?
- Allgemeine Erziehungsgrundsätze durchsprechen und in Rollenspielen aus verschiedenen Perspektiven (Eltern, Kind) durchspielen
- Lernen mit Grenzsetzungen umzugehen – Wie kann *ich* Grenzen setzen?
- Lernen mit Konflikten umzugehen – Konfliktmanagement
- Meine Familie, meine Wurzeln, mein Gewordensein – wie gehe ich im »Heute« damit um?
- Lernen, das Kind so zu sehen und anzunehmen »wie es ist«
- Seine ambivalenten Gefühle dem Kind gegenüber zulassen lernen
- In der Gruppe Stärke und Kraft holen für die eigene Lebenssituation

Durch die Auseinandersetzung mit unterschiedlichen pädagogischen Konfliktsituationen und mit neuen Erziehungsgrundsätzen, durch das Kennenlernen und Einüben neuer pädagogischer Strategien und Methoden (Rollentraining) und über die Wiederherstellung oder den Neuaufbau von Selbstbewusstsein und den Mut zu größerer persönlicher Unabhängigkeit kann bei den Müttern eine größere persönliche Stabilität und pädagogische Kompetenz wachsen. Der erlebbare Erfolg (also z.B. ein befriedigenderer, weniger konfliktgeladener Umgang mit dem Kind oder eine eigenständigere und selbstbewusstere Lebensführung) führt zu vermehrtem Selbstvertrauen und trägt oft sehr zur Überwindung der Schuldgefühle über das bisherige pädagogische Versagen bei. Das schafft wieder Grundlagen für persönliche Belastbarkeit, Klarheit in Bezug auf anstehende Lebensentscheidungen oder die Befreiung aus Gefühlsverstrickungen.

In der Gruppe erfahren die Mütter oft eindrucksvoll, dass auch bei anderen Eltern pädagogische und persönliche Probleme in ähnlicher, manchmal in noch gravierenderer Weise vorliegen und welche Überwindung es kostet, Hilfe in Anspruch zu nehmen oder sich zur Hilfebedürftigkeit zu bekennen. Und sie lernen dort auch, manche Probleme differenzierter und aus unterschiedlichen Blickwinkeln wahrzunehmen und zu gewichten. Hier finden sie leichter zu einer Entlastung von Schuldgefühlen und sehen sich ermutigt oder schließlich wieder fähig, neue Schritte zu versuchen oder neue Entscheidungen vorzubereiten.

17.4.2 Gruppentherapeutische Arbeit mit Vätern (Frohn, 2001)

In der gruppentherapeutischen Arbeit mit Vätern (Frohn, 1999, 2000) wird ihre Kompetenz und Verantwortung für die Kinder betont. Sie sollen sich in der Gruppe gegenseitig unterstützen und werden in ihren Ressourcen für die Kinder angesprochen und gefördert. Folgende Väter werden einbezogen:

- Väter aus Familien mit traditioneller Rollenteilung, in denen diese Teilung aber nicht mehr aufrechterhalten werden konnte
- Vätern aus neu zusammengesetzten Familien (Stiefväter in Patchwork-Familien)
- Väter aus Familien, die sich gerade trennen
- Väter mit und ohne Sorgerecht, die getrennt leben oder geschieden sind

Dabei erwies sich das Gruppenangebot für Väter bisher als besonders sinnvoll bei Familien mit traditioneller Rollenteilung, die aber wegen Erschöpfung, Überforderung und/oder psychischer Erkrankung der Mutter nicht mehr aufrechterhalten werden konnte und schließlich zur stationären Behandlung des Kindes/Jugendlichen führte, bei neu zusammengesetzten Familien, in denen die Position des Stiefvaters noch ungeklärt ist, bei getrennt lebenden bzw. geschiedenen Paaren mit und ohne Sorgerecht und bei Familien, in denen sich die Eltern gerade trennen.

Um die Väter in die Gruppe einzubeziehen, bedarf es in der Regel des Einverständnisses oder zumindest der Tolerierung durch die Mutter. Dies erweist sich in der Realität dieses Arbeitsfeldes, in dem alleinerziehende, getrennt lebende und hoch zerstrittene Elternteile stark vertreten sind, als ein hoher und schwer zu realisierender Anspruch. Das bei den Vätern mit der Trennung häufig gewachsene Interesse am Kind (Gonser & Helbrecht-Jordan, 1994) droht hinter den Kämpfen der noch nicht innerlich voneinander gelösten Partner teilweise zu verschwinden. Eine wichtige Voraussetzung für das Gelingen ist u.a., dass die Mütter bereit sind, dem Vater einen Platz und Wert einzuräumen, und dass der Vater nicht in seiner Kompetenz zu stark eingeschränkt ist (z.B. durch Alkoholismus).

Die therapeutische Gruppenarbeit mit Vätern hilft, die kommunikativen Fähigkeiten weiterzuentwickeln. Die Väter werden zudem bei einer Neudefinition ihrer Position in unterschiedlichen Familienkonstellationen, in ihrer Funktion als Vater, in ihrer Identität und bei der Weiterentwicklung ihrer erzieherischen Kompetenz unterstützt. Die Väter lernen, sich in das kindliche Erleben mehr einzufühlen und das Kind differenzierter wahrzunehmen. Auch über die Auseinandersetzung mit ihrer eigenen Herkunftsfamilie soll für sie kindliches Erleben wieder besser nachvollziehbar werden. Die Beschäftigung mit dem Beziehungs- und Erziehungsverhalten der eigenen Eltern soll dazu beitragen, sich ihres Erziehungs- und Beziehungsstils bewusster zu werden. Speziell die Bewusstmachung des Verhältnisses zum eigenen Vater soll ihnen Gelegenheit bieten, sich kritisch auseinander zu setzen mit ihrem bisherigen Vaterbild. Schließlich soll ihnen eine neue Definition ihrer väterlichen Funktion und Identität ermöglicht werden wie auch notwendige Einstellungs- und Verhaltensänderungen gefördert werden.

Der Gruppenansatz ist konfliktzentriert, d.h. ausgehend von Problemen und Konflikten, die die Teilnehmer selbst definieren, wird ein therapeutisches Bündnis aufgebaut. Um die Väter mit diesem geschlechtsspezifischen Ansatz zu erreichen, ist es wichtig, sie in ihrer schon vorhandenen Kompetenz anzusprechen. Das spezielle Angebot nur für Väter erlaubt ihnen, ähnlich wie dies in den Müttergruppen festzustellen ist, zunächst ein Gefühl der Entlastung erleben zu können. Die Ähnlichkeit der Probleme, aber auch die Krisen mit Irritationen, Entmutigung und aggressiven Zuspitzungen der anderen Väter zu erleben, hat entlastende Wirkung für die Teilnehmer. Das Gewicht der jeweils eigenen Probleme relativiert sich im Vergleich mit den anderen. Die Väter können aber auch von den Problembewältigungen anderer Teilnehmer profitieren. Sie lernen, differenzierter wahrzunehmen und können sich mit zunehmender Bewusstheit neue Zugangsmöglichkeiten gegenüber ihren Kindern und den Müttern bzw. ihren geschiedenen Frauen und Lebensgefährtinnen erschließen. Die Väter erhalten Gelegenheit in der Gruppe, sich in die Perspektive der Mütter zu versetzen. Ihre Fähigkeit, anderen zuzuhören, wird akzentuiert und gefördert.

17.5 Spezifische Elternseminare und Elternbildung

Problembelastungen der häuslichen Erziehungssituation sollten schon während des Aufenthalts des jungen Menschen in der Einrichtung erkannt und soweit wie möglich gemildert oder überwunden werden. Dies ist heute eine Standarderwartung an Jugendhilfeeinrichtungen. Bei manchen der betreuten Kinder/Jugendlichen, insbesondere bei solchen mit Persönlichkeitsentwicklungsstörungen, gelingt dies jedoch leider nur eingeschränkt. Das Risiko eines Rückfalls in alte Problemverhaltensmuster, mit dem junge Menschen mit lang anhaltenden Problembelastungen und deren Eltern nach Absetzen der Hilfe bzw. nach Entlassung aus der Institution rechnen müssen, ist – entgegen mancher gängiger Annahmen – nirgendwo höher als dort, wo diese Problemverhaltensmuster entstanden sind und sich über einen langen Zeitraum verfestigen und eskalieren konnten (Familie, bisherige Schule). Auch zu Hause, in der Schule und im weiteren Lebensumfeld sollte man erneut mit kritischen Situationen rechnen, die Eltern (und Lehrer) trotz gutem Willen und auch mit gut entwickelten pädagogischen Fähigkeiten nicht mehr allein bewältigen und aushalten können. Deshalb sollten Eltern (und ihre Helfer) auf solche Risiken vorbereitet werden. Es sollte alles daran gesetzt werden, die familiären, schulischen und Umfeldbedingungen sowohl klimatisch wie auch hinsichtlich pädagogischem Know-how und mittel- und langfristiger Strategien so optimal wie möglich zu gestalten.

Weil diese Fragen und Themen die allermeisten Eltern in gleicher oder zumindest ähnlicher Weise betreffen, können diese auch in einem institutionalisierten Elternseminar vermittelt werden. Ein solches Seminar klärt über Zusammenhänge bei komplexen Problemkonstellationen und deren pädagogische und therapeutische Konsequenzen auf, vermittelt in einfacher Form problemspezifisches Wissen und Kenntnisse zu den Störungskonstellationen, die für alle betroffenen Eltern in ähnlicher Weise Gültigkeit haben und somit nicht unbedingt individuell für jede Elternperson weitergegeben werden müssen. Dies wäre letztlich auch zeitlich gar nicht zu schaffen. Außerdem werden besonders für die Zeit nach der Rückkehr des Kindes/Jugendlichen in die Familie so konkret wie möglich pädagogische Schwerpunktthemen vermittelt. Dazu werden den Teilnehmern Notwendigkeiten und

Möglichkeiten aufgezeigt, wie die längerfristige Entwicklung abgesichert werden kann.

Hauptthemen sind
- Grundsätzliches zu den Aufgaben, Vorgehensweisen und Zielsetzungen der Einrichtung
- Störungsspezifisches Wissen z.B. über Persönlichkeitsentwicklungsstörungen und andere lang anhaltende psychische Störungen: Ursachen, Zusammenhänge und Folgerungen für die Erziehung solcher Kinder/Jugendlicher
- Schaffung Kräfte- und Handlungsspielräume erhaltender pädagogischer Strukturen im Alltag der Familie
- Vermittlung von pädagogischer Handlungssicherheit
- Anleitung zu störungsspezifischen erzieherischen Vorgehensweisen
- Kennenlernen und Einüben von Krisenmanagementtechniken
- Einsatz von Förderaktivitäten im Sinne des Risiko/Schutzfaktoren-Modells
- Stabilisierende Einflussnahmen auf die Familiendynamik
- Risiken und Chancen medikamentöser Unterstützung

Einzel- oder Familiengespräche ergänzen die Seminarveranstaltungen, damit das, was nicht im Rahmen eines Seminars vermittelbar ist bzw. an speziellen und individuellen Fragen anfällt, aufgegriffen werden kann.

17.6 Beurlaubungen und zu Hause verbrachte Ferien als Übungsfeld

Beurlaubungen und zu Hause verbrachte Ferien dienen u.a. dazu, den Kindern und Jugendlichen die Verbindung zu ihren Angehörigen als regelhaft und unantastbar erleben zu lassen und so jegliche Zweifel zu zerstreuen, dass die Einrichtung über sie sozusagen eine Verfügungsgewalt ausüben wollte. Voraussetzung für solche Beurlaubungen ist natürlich, dass auch das Kind und die Eltern diese wünschen und dass zu Hause keine Gefährdung für das Kind besteht.

Ferien zu Hause sind außerdem ein Test- und Übungsfeld, das Auskunft über Entwicklungsfortschritte des jungen Menschen gibt und den Eltern die Möglichkeit verschafft, neu gewonnene pädagogische Kompetenzen in der Praxis zu erproben. Beurlaubungen sind deswegen als Vorbereitungsphasen für die Zeit nach der Entlassung anzusehen. Bei Wochenendbeurlaubungen und in Ferienphasen können und sollen u.a. Erfahrungen mit der Strukturierung von Alltag und Freizeit gesammelt werden. Sowohl der Jugendliche wie auch die Eltern sollten erkennen können, wie belastbar sie bereits geworden sind und wie sie inzwischen Konflikte miteinander auszutragen und Krisenmanagement zu betreiben verstehen. Neben gemeinsamen Lernfortschritten sollten hier aber auch noch bestehende Schwachstellen offenkundig werden und erkennen lassen, was noch zu tun ansteht.

Erzieherisches Wissen und Übungshilfen, wie sie im Elternseminar vermittelt werden, sind daheim in der Realsituation einzusetzen oder anzuwenden. Dazu brauchen Eltern wie Kinder/Jugendliche meistens Vorschläge, Anleitung und oftmals auch konkrete Hilfsmittel. Oft wird zwar über die Notwendigkeit pädago-

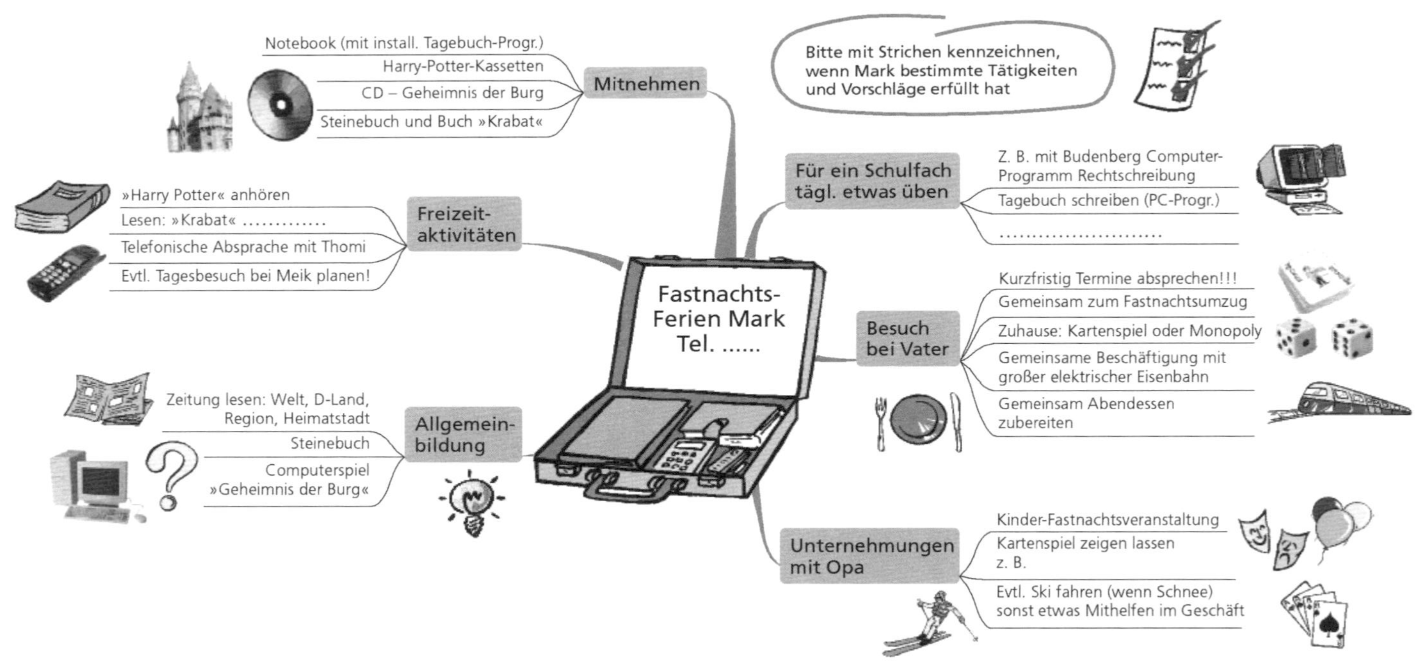

Abbildung 17.2 Ferienplan

gischer Strukturen gesprochen, aber es ist zu wenig darüber zu hören, wie diese heute konkret aussehen können, obwohl die meisten Eltern sich hierbei eher unerfahren zeigen. Insbesondere sollten auch die Leitlinien zum Umgang mit Konflikten (siehe Anhang) verfügbar und anwendbar sein.

Je näher das Aufenthaltsende in der Einrichtung heranrückt, aber natürlich nicht erst dann, ist von Bedeutung, welche Voraussetzungen z.B. für Freizeitaktivitäten zu Hause und in der näheren Umgebung vorzufinden sind. Gibt es Spielgefährten, Jugendliche mit gleichen Interessen oder Jugendtreffs in erreichbarer Nähe? Lassen sich Kontakte zu einem Verein (Fußballverein, Tischtennis-Club, Reitsportverein usw.) herstellen? Gibt es eine Jugendfeuerwehr und bestünde Interesse für diese? Solche Kontakte und das Einbringen von Stärken helfen in der Lebenswelt, »sichere Orte« zu finden und tragen maßgeblich zur Stabilisierung der Situation bei. Dies dient der Entlassungsvorbereitung.

Anhand eines Beispiels (siehe Abb. 17.2) soll erläutert werden, wie Ferienaufenthalte und Beurlaubungen gestaltet werden können bzw. welche Unterstützung Angehörige für diese brauchen:

Der 14-jährige **Mark**, Sohn einer allein erziehenden und psychisch stark angeschlagenen Mutter, erhält Vorschläge und Hilfsmittel für die etwa zehntägigen Fasnachtsferien, die er zu Hause verbringen wollte. Er bekommt dazu ein ihm aus der Hausaufgabensituation bekanntes Notebook, eine CD, Kassetten und ein Buch über Steine, das ihn sehr interessiert. Weitere Vorschläge zielen auf Unternehmungen mit dem noch sehr rüstigen und sportlichen Opa, der väterliche Rollenfunktionen zu übernehmen vermag. Für die Kontakte mit dem getrennt lebenden Vater wurden Anregungen zum gemeinsamen Kochen gegeben, das für den Vater eine beliebte Beschäftigung darstellt. Mark hat seine Kenntnisse in einer unserer Interessengruppen für Kochen und Backen erworben. Die Mutter hat die Aufgabe, an das Programm zu erinnern und zu jedem Zweig der Grafik strichlistenartig die Aktivitäten zu bestätigen.

Einige Ziele und Schritte bei der Arbeit mit Eltern

1. Entlastung der häuslichen Erziehungssituation, damit neue Kräfte gesammelt, eine neue Problemsicht gefunden und neue Chancen genutzt werden können
2. Vertrauensbildung auf mehreren Ebenen durch wertschätzende und authentische Haltung, Ernst nehmen und ehrliche fachliche Bewertung der erzieherischen Probleme
3. Finden der individuellen Zugangsebene und z.B. der sprachlichen Verständigungsebene, Rücksichtnahme auf seelische Verletzungen, Empfindlichkeiten und Ängste
4. Unterstützung bei der Überwindung von Versagens- und Schuldgefühlen, von Ratlosigkeit, Resignation und Angst
5. Hinführung zu neuen differenzierteren Wahrnehmungen, neuen Sichtweisen und neuen Einsichten in Bezug auf das Kind und sich selbst, die eigene Rolle und die Rollenverteilung in der Familie. Besonderheiten der familiären Problemlage
6. Kennenlernen/Überprüfung der Entwicklungsaufgaben des Kindes, die noch nicht erledigt wurden bzw. noch zu erledigen sind. Hindernisse, die dem entgegenstehen (z.B. Abwehrmechanismen). Erkennen der Chancen, die ergriffen und Ressourcen, die zu Bewältigungsfähigkeiten ausgebaut werden können
7. Konzept der Risiko- und Schutzfaktoren kennen lernen und die wichtigsten Schutzfaktoren individuell für Kind und Eltern einschätzen
8. Ermutigung mittels neu gewonnener Wahrnehmungs- und Sichtweisen, nach Bewusstwerden eigener Stärken und gewonnener innerer Sicherheit z.B. eine eigenständigere Rolle zu übernehmen, Beziehungen zu klären und sich aus Abhängigkeiten zu lösen
9. Motivierung zum Erwerb neuer pädagogischer Fähigkeiten und Einübung von besonders wichtigen pädagogischen Handlungsstrategien (Pädagogische Kompetenzerweiterung)
10. Einbeziehung von anderen Angehörigen (Geschwistern, Großeltern, anderer Verwandten) oder Bekannten oder einer externen Vertrauensperson zur zwischenzeitlichen Lastenverteilung
11. Anstöße zur Ressourcennutzung im Umfeld: Anschlussmöglichkeiten an Interessengruppe oder Verein, Übergabegespräche mit Schule am Heimatort bzw. deren Lehrkräften mit Informationen zu den besonderen Fähigkeiten und weiteren nutzbaren Begabungen wie auch den verbliebenen Schwächen. Bewährte Unterstützungsmethoden.
12. Abwägung von Unterstützungsmöglichkeiten in kritischen Situationen vor Ort

18 Bedarfsspezifische und lebensweltorientierte Nachbetreuung und Begleitung

Zu einer der Grundannahmen und Grunderfahrungen gehört, dass in vielen Fällen auch nach einer intensiv genutzten Betreuungsphase von einer »völligen Heilung« und einer dauerhaften psychischen Stabilität nicht sicher ausgegangen werden kann. Wer mit 13 oder 15 Jahren entlassen wird, hat auch wichtige Entwicklungsaufgaben der Adoleszenz noch vor sich. Deshalb und auch zur Sicherung erreichter Erfolge empfiehlt sich eine *bedarfsspezifische und lebensweltorientierte Nachbetreuung* oder *Begleitung*. Diese Empfehlung hat Gültigkeit für Persönlichkeitsentwicklungsstörungen und auch für viele andere Problemkonstellationen, die einen chronischen Charakter bekommen konnten und zugleich als tief greifend angesehen werden müssen oder die auch ein genetisches Risiko beinhalten.

Der Begriff *Nachbetreuung* mag manchem verwaschen und höchst unklar erscheinen. Hier soll ihm aber ein neuer Bedeutungsgehalt gegeben werden. Es geht nicht um die vage und unangebrachte Fortsetzung pädagogisch-therapeutischer Aktivitäten über den Entlassungszeitpunkt hinaus. Vielmehr muss in vielen Fällen mit komplexen Problemkonstellationen eine *bedarfsspezifische Nachbetreuung* als eine Art »*Begleitschutz*« (Fiedler, 2002) und Coaching installiert werden. Sie ist in jedem Fall klar zu begründen und in ihren Leistungen und hinsichtlich zeitlichem Rahmen zu beschreiben. Die Klientel, die dies braucht, ist häufig über den Entlassungszeitpunkt hinaus als psychisch nur begrenzt stabil und sozial kompetent und in erhöhtem Maße krisenanfällig anzusehen und kann leicht erneut in eine psychosoziale Notlage geraten.

In Absprache mit dem Jugendhilfeträger müssen die Institution und die bisherigen Bezugspersonen im Rahmen der Entlassungsvorbereitungen die besondere Aufgabe übernehmen, den jungen Menschen für eine nachgehende Begleitung zu motivieren. Die Form der Begleitung des jungen Menschen und seiner Familie ist dabei immer individuell zu konzipieren und zu vereinbaren. Im Folgenden sollen einige Aspekte aufgeführt werden, die bei einer bedarfsspezifischen Nachbetreuung zu beachten sind.

18.1 Stabilisierende Einflussnahmen auf die Familiendynamik

Es sollte alles versucht werden, um die Familiendynamik so stabil bzw. ausgeglichen wie möglich zu halten. Dies dient u.a. dazu, das Krisenpotenzial soweit wie möglich zu reduzieren und zu einer Verringerung der Stressoren im familiären Rahmen beizutragen. Das Kind oder der Jugendliche braucht nach der Entlassung Unterstützung, wenn es darum geht, sich in seiner neuen Umgebung zurechtzufinden. Ähnlich wie bei zu Hause verbrachten Ferien kann auch hier eine überlegte Alltagsstrukturierung hilfreich wirken, um zu verhindern, dass z.B. ein übermäßig stressempfindlicher junger Mensch überfordert wird oder den Versuchungen der neuen unstrukturierteren Situation erliegt. Wie eine solche Alltagsstrukturierung während der Nachbetreuungsphase aussehen kann wird in **Abb.18.1** noch einmal verdeutlicht.

Aber auch die Angehörigen brauchen Unterstützung. Möglicherweise existieren im Vorfeld der Entlassung bereits familiäre Stressfaktoren (Partnerprobleme, konträre Erziehungsauffassungen, Schulden etc.), die bislang von der Familie gerade noch zu bewältigen waren. Kehrt das Kind/der Jugendliche mit den verbliebenen Schwächen nach Hause zurück, gerät u.U. das familiäre Gleichgewicht so ins Wanken, dass eine Überforderungssituation entsteht. Diese familiären Stressfaktoren müssen deswegen auch nach der Entlassung weiterhin im Blick behalten werden. Auf der Basis des bisherigen Vertrauensverhältnisses sind Beratung (im Sinne eines Coachings), aber auch ganz praktische Hilfen (z.B. Umfeldarbeit, siehe Kap. 10) sinnvoll.

18.2 Unterstützung bei schwierigen Entscheidungsfindungen – Gesprächsmoderation

Es kann von Vorteil sein, wenn Familien für bestimmte Konfliktthemen eine Moderation für Familiengespräche in Anspruch nehmen. Die Bestimmung der Regelungen für das Zusammenleben im Alltag, die Aufgabenverteilung in der Familie oder die Überlegungen, die zu einer zu den Eigenheiten des Jugendlichen passenden Berufsvorbereitung oder Ausbildung führen, können sehr schwer fallen, haben aber Meilensteincharakter. Mediation und Überlegungsanstöße bieten hier Unterstützung.

18.3 Unterstützung beim familiären Konfliktmanagement zur Vermeidung neuer Verstrickungen

Von weiteren Konflikten oder krisenhaften Zuspitzungen muss u.U. noch auf Jahre hinaus ausgegangen werden. Anzeichen sind deshalb frühzeitig zu erkennen. Zum frühen Zeitpunkt sind in der Regel »die Rollläden noch nicht unten« und es besteht noch Zugänglichkeit und Kooperationsbereitschaft. Haben sich dagegen erst einmal wieder undurchdringliche bzw. verhärtete Fronten gebildet, stellen sich auch die Chancen für eine wirkungsvolle Krisenintervention entsprechend verschlechtert dar. Wie in solchen Fällen ein rechtzeitiges, gezieltes und bedarfsspezifisches

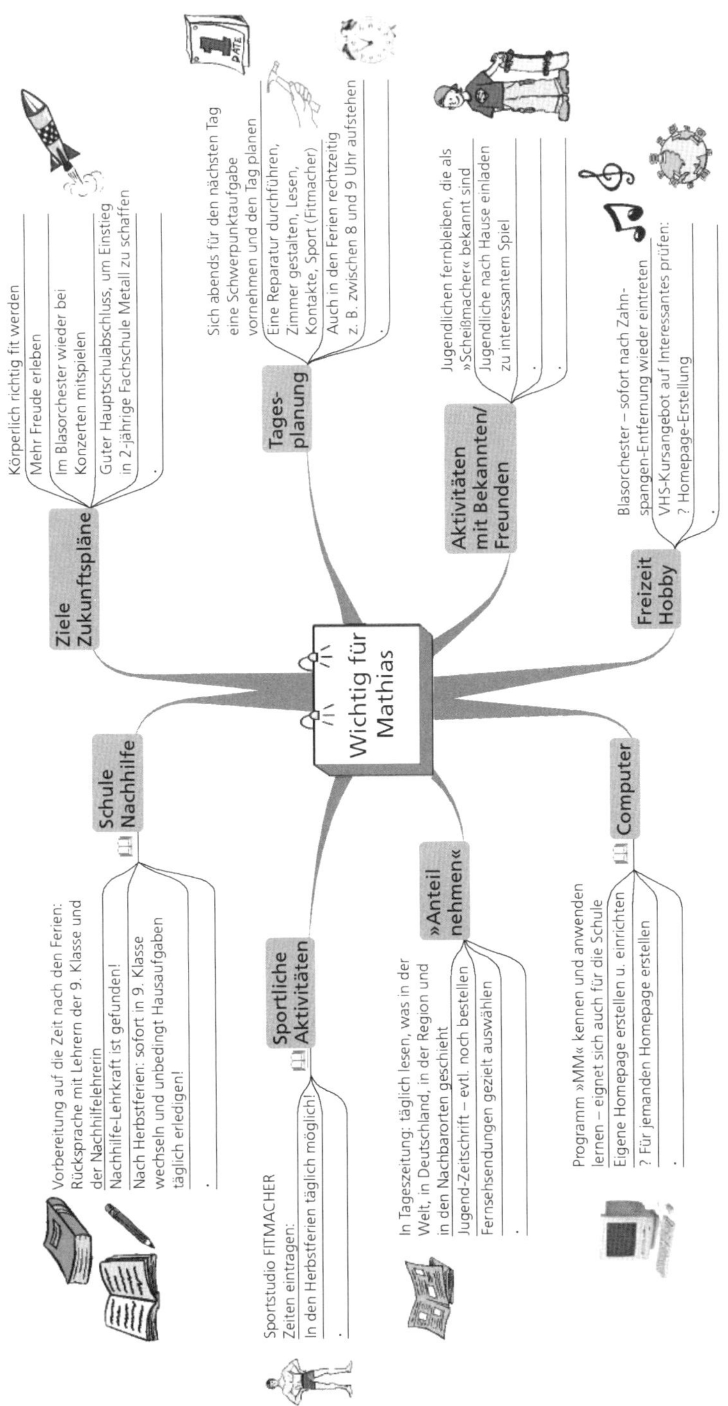

Abbildung 18.1 Alltagsstrukturierung

Krisenmanagement aussehen kann, soll etwas später noch näher erläutert werden (Kap. 19).

18.4 Lastenverteilung und Kooperationspartner nach der Entlassung

Wenn davon ausgegangen werden muss, dass eine erhöhte Problemanfälligkeit auch nach der Entlassung aus der Einrichtung weiterbestehen kann, sollte es als logisch betrachtet werden, schon im Rahmen der Entlassungsvorbereitung zu überdenken, wie eine erforderlich werdende Stützung oder Hilfestellung auf dem kürzesten Weg erfolgen kann. Dies geschähe dann, um Erreichtes zu bewahren und neue Krisensituationen zu verhindern oder rechtzeitig einzudämmen, ohne neue größere Risiken oder Schäden entstehen zu lassen. Die Helfer, die hierzu erforderlich sind, sollten aber auch von der Familie her mit entsprechendem Vertrauen ausgestattet sein. Außerdem kann es sich natürlich auch nach der Entlassung hilfreich erweisen, Eltern nach dem Prinzip der Lastenverteilung zu unterstützen (Kap. 15). Das Beste ist, wenn Kooperationspartner schon bei der Entlassung bekannt sind und auch bereits ein gegenseitiges Kennenlernen erfolgt ist. Wartezeiten von mehreren Wochen wären verhängnisvoll, weil zu schnell zu viel Porzellan zerschlagen ist. Diese Kooperationspartner haben u.a. die Aufgabe, eskalierende Krisensituationen so schnell wie möglich, d.h. z.B. innerhalb von zwei oder drei Tagen, mitzuentschärfen.

Einige Aspekte der Kooperation mit verschiedenen anderen Helfern sollen im Folgenden beleuchtet werden:

18.4.1 Vorbereitete Fachpersonen vor Ort in den Sozialen Diensten, in Beratungsstellen oder Praxen

Es kann nicht davon ausgegangen werden, dass alle Fachpersonen gleichermaßen mit den dargestellten Störungskonstellationen und den Besonderheiten dieser jungen Menschen oder ihrer Eltern vertraut oder auf sie vorbereitet sind. Das fällt auch den Eltern auf, wenn sie zuvor von der Einrichtung zu einer neuen Sichtweise der Problematik hingeführt wurden. Entsprechend richten sie Unterstützungserwartungen oft auch an die Einrichtung direkt. Ziel sollte es aber sein, in der Lebenswelt der Familie auch die Kooperationspartner zu finden. Es kann vorkommen, dass Fachpersonen sich scheuen oder sich überfordert fühlen, die Erfahrungen der Einrichtung mit dem Kind/Jugendlichen und seinen Problemen zu übernehmen. Damit es für Kind, Jugendlichen und Eltern nicht zu einem Neubeginn am Punkt Null kommt, ist es wichtig, sich über einige grundlegende Aspekte rechtzeitig auszutauschen. Wird für die Zeit nach dem Aufenthalt in der Einrichtung im Rahmen der Jugendhilfe der Einsatz eines Erziehungsbeistands oder einer Fachkraft aus dem Bereich der Familienhilfe erforderlich und vorgesehen, sollte der Jugendhilfeträger diesen Personen eine besondere Vorbereitung auf ihre Aufgabe im Zusammenhang mit komplexen Problemkonstellationen ermöglichen. Diese

Helfer laufen sonst Gefahr, mit solchen Kinder/Jugendlichen zu rasch in Sackgassen zu geraten und enttäuscht aufzugeben. Außerdem hat die Einrichtung oft wertvolle Erfahrungen mit dem Kind/Jugendlichen gemacht, die sehr spezifisch sind und für die Nachbetreuung sehr wertvoll sein können.

18.4.2 Organisation von Entlastung und Unterstützung durch Verwandte, Freunde, Nachbarn im Umfeld

An anderer Stelle wurde schon auf die Notwendigkeit der Vermeidung von Isolation der Eltern und der Unterstützung aus dem familiären Nahraum hingewiesen. Diese Unterstützung sollte nicht erst gesucht werden müssen, wenn – bildlich gesprochen – das Haus schon in hellen Flammen steht. Rüstige oder unterstützungswillige Großeltern und andere Verwandte, Freunde oder Bekannte (wenn es sie gibt) sollten für Unterstützungsaktionen gewonnen und entsprechend vorbereitet werden. Vielen Eltern wird dies nicht allein gelingen. Deshalb sollte eine solche zur Entlastung verfügbare Person im Zuge der Entlassungsvorbereitung noch von den Fachkräften der entlassenden Einrichtung vorbereitet werden können und sei es über eine schriftliche Informationsunterlage oder Anleitung. Die Unterstützung kann darin bestehen, dass z.B. den Eltern »Verschnaufpausen« verschiedenster Art ermöglicht werden, indem das Kind – für Jugendliche ist dies schwieriger – für ein paar Stunden pro Woche oder auch für ein paar Ferientage unter fremde Fittiche genommen wird. Auch der weitere Ausbau von Tagespflegestellen und deren Organisation durch Tagesmüttervereine könnte die Verfügbarkeit von Entlastungshilfen verbessern.

18.4.3 Spezielle Kontakte zur Schule – sie braucht oft konkrete Hilfe und Empfehlungen

Eine spezielle Beratung z.B. über die Äußerungsformen von Teilleistungsschwächen und deren Auswirkungen, über besondere Arbeitsmittel bei speziellen Lernproblemen, über die Gewichtung von Risiken wie auch die Auslotung schulischer Gestaltungsspielräume und Stressverringerung kann sich als sehr sinnvoll erweisen. Hinweise auf bestimmte pädagogische Handlungsansätze, die sich bereits bewährt haben, können in Frage kommen. Auch was sich aufgrund bisheriger Erfahrungen für dieses Kind als »unverträglich« herausgestellt hat, wäre weiterzugeben. Die Schulen haben hier außerdem die Möglichkeit, Unterstützung durch die sonderpädagogischen Dienste zu bekommen.

In einem Kooperationsmodell unserer Schule für Erziehungshilfe mit Grund- und Hauptschulen in unserer Region werden seit einigen Jahren spezielle Erfahrungen und Empfehlungen weitergegeben. Regelmäßig werden auch interessierte bzw. ratsuchende Lehrkräfte zu Informationstreffen eingeladen, ein Angebot, von dem reger Gebrauch gemacht wird.

18.4.4 Hausaufgabenhilfe je nach Problemlage extern organisieren

Hausaufgaben werden innerhalb der meisten Familien mit einem Kind/Jugendlichen schnell wieder zum Hauptkrisenherd und zur strapaziösen Dauerkonfliktquelle. Den eigenen Eltern gegenüber ist die Versuchung zumeist am größten, wieder vorschnell aufzugeben, sich hängen zu lassen, unfruchtbare Diskussionen zu führen, die Verantwortung abzugeben und allerlei Täuschungsversuche einzusetzen. Deshalb ist außerfamiliäre Hausaufgabenunterstützung dringend anzuraten. Findet sich hierfür eine andere Familie, die evtl. selbst auch noch ein Hausaufgabenkind hat, ist eher dazu zu raten als zu einer Hausaufgabenbetreuung in einer Institution, die Kinder in größeren Gruppen betreut, denn auch hier ist die Sozialstressempfindlichkeit dieser Kinder/Jugendlichen zu berücksichtigen.

18.4.5 Einbindung in Freizeitgruppen in der Lebenswelt

Langeweile und lustloses Herumhängen sind eine allgegenwärtige Gefahr, die in Unausgefülltheit, Unzufriedenheit und Verstimmungen hineinführen und emotionale Stabilität aufweichen. Meist müssen Eltern, Erziehungsbeistand oder Familienhelfer auch selbst aktiv werden, um geeignete Anschlussmöglichkeiten zu finden. Es macht nicht immer Sinn, vom Jugendlichen zu fordern, er solle sich um dies alles – der Eigenverantwortung wegen – selber kümmern. Wenn er dies kann, soll er es tun. Es lässt sich nicht voraussagen, welche Kinder/Jugendliche mit komplexen Problemkonstellationen bzw. mit den verbliebenen Schwächen unter den familiären und sonstigen Umständen zu dieser Eigenverantwortung fähig sind. Die inneren Widerstände, Selbstunsicherheit, niedrige Aktivierungsbereitschaft u.ä. stehen solchen Erwartungen u.U. entgegen und machen deutlich, dass man es mit einem jungen Menschen mit einer psychischen Behinderung zu tun hat. Man sollte sich deshalb nicht scheuen, sich selbst kundig zu machen, Hürden zu beseitigen und Schwellenängste überwinden zu helfen.

Nichtprofessionelle bzw. ehrenamtliche Helfer oder JugendgruppenleiterInnen müssen in ihren Möglichkeiten richtig eingeschätzt werden. Sie können manchmal, je nachdem welchen »Draht« sie zum Jugendlichen bekommen, eine bedeutsame Rolle bekommen. Sie dürfen aber nicht mit Erwartungen überfrachtet und in eine falsch verstandene Helferhaltung hineinmanövriert werden, zumal es sich gerade bei JugendgruppenleiterInnen oft um junge Erwachsene handelt, die ihre Leitertätigkeit ehrenamtlich neben Schul- oder beruflicher Ausbildung leisten und deren Kapazitäten oft auch begrenzt sind. Geraten sie mit dem Kind/Jugendlichen an Grenzen, geben sie zwar nicht unbedingt sofort auf (wobei dies auch geschehen kann), bauen aber evtl. auf eine neue »selbstgestrickte« Methode. Wenn diese über eine strukturlose, weiche oder übermäßig verständnisvolle Welle gesucht würde, laufen sie Gefahr, Schiffbruch zu erleiden und nicht zum gewünschten Ziel, z.B. zu mehr Selbstständigkeit und Eigenverantwortung beim Kind/Jugendlichen, zu kommen. Unter Umständen geraten sowohl die ehrenamtlichen Helfer als auch der junge Mensch in eine ungute Situation der Überforderung.

19 Krisenmanagement – Auf Krisen vorbereitet sein und mit ihnen leben lernen

Es ist davon auszugehen, dass es bei jungen Menschen mit komplexen Problemkonstellationen sowohl in der Einrichtung als auch nach einer (teil-)stationären Hilfemaßnahme immer wieder zu Krisensituationen kommen kann. Interpersonelle Konflikte können sich gefährlich aufschaukeln. Anforderungen, die sich kurzfristig stellen und sich vom Kind/Jugendlichen nicht richtig überschauen lassen, oder ungewohnte Probleme, deren Lösung Flexibilität verlangen würde, können zu einem unverhältnismäßigen Anstieg von Anspannung, Angst oder Aufregung führen und dann Auswirkungen in mehrere Lebensbereiche hinein haben.

19.1 Krisenmanagement heißt in erster Linie Krisenprävention

Die erfolgreichsten Krisenmanagement-Strategien sorgen dafür, dass Krisen gar nicht erst auftreten bzw. wirken ihnen bei ersten Anzeichen bereits entgegen. Dafür müssen aber im Vorfeld schon Vorkehrungen getroffen werden.

19.1.1 Vorbereitetsein auf wiederkehrende Krisen reduziert Angst und schafft Handlungsspielräume

Kinder und Jugendliche, die Eltern und andere Beteiligte sollten darauf vorbereitet sein, dass Krisen immer wieder auftreten können und sozusagen bei diesen jungen Menschen »dazu gehören«. Mit dieser Einstellung oder Erkenntnis sollten Eltern wie auch Erzieher und Lehrer vertraut gemacht werden. Sie muss auch immer wieder neu bewusst gemacht werden, weil dies gerade in Krisensituationen – sozusagen im »Eifer des Gefechts« – leicht aus den Augen zu verlieren ist. Es geht aber keinesfalls darum, sich angesichts dieser Gefahr und des oft zu geringen Problembewusstseins beim Kind/Jugendlichen dem Schicksal zu ergeben und resigniert die Hände in den Schoß fallen zu lassen. Vielmehr verhindert das Wissen um die Tücken dieser Störungskonstellationen letztlich ein weiteres Einschleifen problematischer Verhaltensweisen und deren Eskalation einschließlich der Gefahren, die hieraus resultieren. Die Beteiligten rechnen zwar mit Krisen, haben andererseits aber auch ein problemspezifischeres Verständnis für den jungen Menschen und können zuversichtlicher sein, dass diese Krisen wieder vorbeigehen oder sich zumindest eindämmen lassen.

19.1.2 Mit individuellen Krisenmanagementkonzepten auf Krisen vorbereitet sein

Es ist erforderlich, dass Beteiligte (und insbesondere Angehörige) auf kritische Situationen oder Krisengefahren so vorbereitet sind, dass sie im Fall einer drohenden Eskalation Strategien kennen, die die Situation zumindest entschärfen oder wieder handhabbarer machen helfen. Es ist gut, wenn es ein schon im Voraus erarbeitetes individuelles Krisenmanagement-Konzept gibt, wo solche Strategien parat liegen. Es verhindert Gefühle der Hilflosigkeit und gibt oder stärkt das Gefühl, handlungsfähig zu sein. Gerade für Eltern ist dies entscheidend, weil sie oft über Jahre hinweg unter der Hilflosigkeit gelitten haben und häufig inzwischen ähnlich »ausgebrannt« sind, wie Menschen die unter einem Burnout-Syndrom leiden.

Im Vorfeld einer Krise sind u.a. folgende Punkte zu überdenken und zu besprechen:

- Welche Person kann den Jugendlichen aktuell mit einem Krisengespräch am ehesten »erreichen«?
- Welches Betreuungssetting ist in der Krisensituation sinnvoll? (Einzel- und/oder Familiengespräche, zu Hause, in einer Praxis oder in einer schon vertrauten Institution usw.)
- Kann medikamentöse Unterstützung hilfreich sein? Was hat sich dabei bisher bewährt?
- Welche Maßnahmen können am ehesten eine Entlastung und eine Beruhigung der Situation herbeiführen?
- Gibt es einen Ort (bei Verwandten oder Freunden), wohin sich der Jugendliche evtl. für ein paar Tage für eine Auszeit zurückziehen/absetzen könnte?

19.1.3 Kriseninterventionen erfordern diagnostische Orientierungspunkte – Individuelle Hilfeerfahrungen mit dem jungen Menschen sind von Vorteil

Kriseninterventionen sollten sich auf eine genaue und individuelle diagnostische Abklärung und Einschätzung der hauptsächlichen Ursachen und Auslöser solcher Krisen stützen können. Ging eine stationäre Betreuung voraus, müssten hierzu differenzierte Erkenntnisse bereits vorliegen und genutzt werden können. Dies fällt nicht immer leicht, da nicht immer konkrete (externe) Auslöser benannt werden können, da z.B. auch neurobiologische Faktoren eine Rolle spielen können. Oft kann (z.B. auch vor der Entlassung aus der Einrichtung) zusammen mit den Eltern, Erziehern oder Therapeuten und (wenn die Problemeinsicht und die Kooperationsbereitschaft gegeben ist) mit dem Kind/Jugendlichen gemeinsam erarbeitet werden, welche Faktoren beispielsweise seine emotionale Verfassung am ehesten destabilisieren oder seine Belastbarkeit vermindern. Dazu gehört auch die genaue Ermittlung der individuellen Stressoren. Es lassen sich auch oft auf bisherigen Erfahrungen beruhende Möglichkeiten erkennen, die im individuellen Fall z.B. der Stressreduktion dienen können.

19.1.4 Rückgriff auf bereits Bewährtes mit individuellem Zuschnitt – Patentrezepte Fehlanzeige

Haben sich bestimmte Handlungskonzepte schon bewährt, erleichtert dies das Krisenmanagement sehr, jedoch müssen sie individuell auf den jeweiligen jungen Menschen zugeschnitten sein oder angepasst werden können. Aber auch für Kriseninterventionen gibt es keine Patentrezepte. Was beim einen wirkt, nützt beim anderen evtl. gar nichts oder wird einfach abgelehnt. Und was sich mit 16 Jahren als höchst wirksam erwies, kommt vielleicht mit 18 nicht mehr in Betracht. Körperliche Aktivität (z.B. Radfahren und andere sportliche Aktivitäten) kann sich z.B. für den einen Jugendlichen hervorragend eignen, um seine innere Anspannung zu reduzieren. Dann sollte er auch, wenn eine entsprechende Motivierung gelingt, den Schulweg möglichst mit dem Fahrrad zurücklegen. Einem anderen Jugendlichen hilft z.B. nach Rückkehr aus der Schule Fernsehen, um sich entspannen zu können. Damit wird wiederum deutlich, dass individuell zugeschnittene Unterstützung am ehesten Erfolg verspricht. Und selbst da kann es dementsprechend wieder einer Gratwanderung bedürfen zwischen Orientierung und Halt gebenden Familienregeln (ferngesehen wird nicht vor Erledigung der nachmittäglichen Hausaufgaben) und der Anpassung der Handlungsstrategie auf die individuelle Situation des jungen Menschen.

19.1.5 Pädagogische Strukturen können Krisen vermeiden und bewältigen helfen

Ein Schwerpunkt der Krisenprävention liegt u.a. darin, dass dem Kind/Jugendlichen förderliche strukturelle Rahmenbedingungen zur Verfügung gestellt werden, an die er sich gewöhnen kann. Risikobelastete Jugendliche benötigen Klarheit, Orientierung und Sicherheit in ihrem unmittelbaren Lebensfeld. Dazu gehören u.a. die Gestaltung und Gliederung des Tagesablaufs und dessen Regeln wie auch die Ausgewogenheit von festen Pflichten und verfügbaren Freiräumen. Der Alltagsablauf macht daneben Routinen und Rituale erforderlich, die seine Bewältigung erleichtern können. Zu viele Abweichungen von Regelabläufen, immer wieder neue Wahlmöglichkeiten und Entscheidungsnotwendigkeiten überfordern problembelastete junge Menschen und tragen oft dazu bei, dass sich kritische Situationen noch verschärfen. Verlässt der junge Mensch die Einrichtung, so sollten diese Bedingungen auch im häuslichen Umfeld geschaffen werden.

19.1.6 Positionierung einer Person mit Halte- oder Auffangfunktion

Risikobelastete junge Menschen müssen in jedem Falle mindestens eine Vertrauensperson haben, die eine Auffang- oder Haltefunktion ausüben kann. Dies kann selbstverständlich ein Elternteil, aber auch eine Tante oder ein Onkel sein. Es kann aber auch jede andere Person, die den jungen Menschen mit seinen Stärken und Schwächen kennt, bei ihm Autorität genießt und pädagogisches Standvermögen besitzt, in Frage kommen. Wenn eine solche Person zum Entlassungszeitpunkt noch nicht gefunden ist, sollte der Jugendliche unbedingt beim Finden einer solchen » Ankerstelle« unterstützt werden. Bis dahin muss evtl. vorübergehend eine in der therapeutischen Einrichtung gefundene Vertrauensperson sich noch verfügbar halten.

19.1.7 Auch die Jugendlichen selbst können sich auf Krisen vorbereiten

Gerade in der Vorbereitung des Jugendlichen auf Krisensituationen zeigt sich, wie weit die präventive und psychoedukative Arbeit im Vorfeld (z.B. in Form von Stresspräventionstraining) bereits Erfolge gebracht hat. Ganz individuell können z.B. mit einem kooperationsbereiten und problemeinsichtigen Jugendlichen folgende Fragen erarbeitet werden

- Wie spüre ich, dass ich unter Spannung gerate oder dass ich ausrasten könnte?
- Wann muss ich mich aus einer kritischen Situation zurückziehen oder bei einem Streitgespräch besser still sein?
- Welche Situationen oder welche Kumpels muss ich meiden?
- Welche körperlichen oder sportlichen Aktivitäten verhelfen mir zur psychischen Entspannung?
- Welche anderen Methoden wie Lesen, Fernsehen, Musik hören o.ä. schaffen mir Entlastung und Entspannung?
- Was könnte mich davon abhalten, solche Möglichkeiten zu nutzen?
- Wann brauche ich Unterstützung bei der Spannungsreduzierung durch mir bekannte psychologische oder körperorientierte Methoden oder aber durch Kontaktaufnahme mit einem Therapeuten oder Schlichter (MediatorIn)?
- Welche Vertrauenspersonen habe ich, von denen ich mich auch in Krisensituationen noch ansprechen lasse und auf die ich auch dann noch hören kann?

Der im Verlauf der therapeutisch-pädagogischen Betreuung bereits problembewusster und einsichtsorientierter, aber auch selbstbewusster gewordene Jugendliche kann lernen, sich selbst und seine Störungsdynamik besser einzuschätzen und einige seiner Schwächen zu akzeptieren, ohne dabei mutlos zu werden. Auch hier ist es wichtig, dass der Jugendliche bereits Strategien kennt oder geübt hat, die ihm aus einer schwierigen Situation heraushelfen können.

Gelingt es ihm auch noch, sich rechtzeitig an einen ihm bekannten oder vertrauten Helfer zu wenden, so stellt dies einen entscheidenden Schritt dar, sich trotz vorhandener Beeinträchtigungen im Leben zurechtzufinden. Es soll dabei nicht verkannt werden, dass Jugendliche im Alter zwischen ca. 13 und 17 Jahren sich höchst ungern als unterstützungs- oder hilfebedürftig sehen wollen. Die Fähigkeit, sich rechtzeitig an eine Vertrauensperson zu wenden oder sich auf einen bekannten professionellen Helfer einzulassen, ist deswegen als wichtiges Ziel auf dem Weg zu einem ausgereiften Problembewusstsein anzusehen. Dies kann je nach Alter auch erst ein oder zwei Jahre nach der Entlassung sein, wenn vorher keine Einsicht oder Motivation zu erreichen war.

19.1.8 Elternbildung – Selbsthilfegruppen für Eltern und junge Erwachsene

Es ist erstaunlich, dass es für die hier geschilderten Problemkonstellationen anscheinend so gut wie keine Selbsthilfegruppen für Eltern oder z.B. für betroffene junge Erwachsene (Borderline-Störungen ausgenommen) gibt. Für die Eltern, die die Unterstützung der Einrichtung gesucht haben, besteht jeweils schon im Hinblick auf die anstehende Entlassung des jungen Menschen aus der Institution die Notwendigkeit zur Vermittlung problembezogenen Wissens insbesondere auch zum Umgang mit Krisen. In einem spezifischen Elternbildungskonzept gilt es folgende Themen anzusprechen: Wie können Eltern ihre Kräfte erhalten oder stärken und sich vorbereiten, um Krisen zu überstehen oder kritische Situationen nicht zu Krisen werden zu lassen? Eltern sollten wahrnehmen können oder lernen, wann eine zunehmend schwieriger werdende Situation für sie nicht mehr zu bewältigen ist und sie externe Unterstützung benötigen.

Eltern sollten sich selbst genauso im Auge behalten wie ihr Sorgenkind. Auch sie können verständlicherweise durch Krisensituationen schwer unter Stress geraten und dabei ihre Besonnenheit oder ihr psychisches Standvermögen verlieren. Dies geschähe umso eher und in umso gefährlicherem Ausmaß, wenn sie nach der Entlassung beim Auftauchen einer schweren Krise ohne das entsprechende Wissen befürchten müssten, dass alle bisherigen Bemühungen umsonst waren und jetzt »alles von vorne losgeht«. Unter Umständen würden dann bei den Eltern ähnliche unkontrollierte und überzogene Gegenreaktionen ausgelöst, die die Situation (weiter) eskalieren ließen. Demnach sollten auch die Risikofaktoren und Bewältigungsfähigkeiten der Eltern in den Blickpunkt gerückt werden.

19.2 Und wenn die Krise eintritt?

Krisen treten tatsächlich zwar immer wieder auf, dennoch sind sie aber fast immer vorübergehender Natur und lassen sich meist zumindest eindämmen. Eine wichtige Voraussetzung ist allerdings, dass Eltern und professionelle Helfer bereit sind, solche kritischen Phasen anzunehmen und durchzuhalten oder dass sie sich rechtzeitig durch Helfer unterstützen lassen. Ähnliches gilt auch für Fachkräfte in einer Institution oder den Sozialen Diensten, für Lehrer und andere Beteiligte. Auch hier sollte immer wieder durch den fachlichen Austausch oder Praxisberatung und Supervision Unterstützung gegeben werden können.

19.2.1 Wiederkehrende Krisen nicht eskalieren lassen!

Wichtig ist, dass kritische oder konflikthafte Situationen nicht extrem eskalieren. Je rascher die Kontrolle über die Situation wiedergewonnen werden kann, umso besser ist dies. Zu verhindern sind vor allem kopfloses Handeln, überschießende Reaktionsketten oder ein Absturz in erneute Verzweiflung, Panik oder vorschnelle Totalresignation. Die rasche Entschärfung und Beruhigung der Problemlage mit

Unterstützung einer kompetenten Vertrauensperson ist eine wichtige Voraussetzung für vernunftorientiertes Handeln, das Zurückgreifenkönnen auf eigene Ressourcen und Problemlösungserfahrungen und auch für neuen Kompetenzerwerb. Dies gilt für das Kind/den Jugendlichen genauso wie für die Eltern und hat hohe Priorität.

19.2.2 Handlungsmöglichkeiten sind oft nicht optimal – Gratwanderungen sind häufig unumgänglich

Wer sich in Krisensituationen als Helfer engagiert, wird selbst dann, wenn er den jungen Menschen und seine Familie schon länger kennt, immer wieder in die Lage geraten, dass er sich hilflos fühlt und sich mindestens zunächst nicht vorstellen kann, auf welche Weise die vorgefundene Situation nachhaltig verändert werden könnte. Vielfach bleibt – wenn überhaupt – nur die Wahl zwischen mehreren, zumindest teilweise unbefriedigend erscheinenden pädagogischen Alternativen und das damit verbundene ungute Gefühl, etwas nicht ausreichend und schon gar nicht optimal machen zu können. Kinder/Jugendliche, vor allem solche, die immer noch durch unflexible Denkmuster eingeengt sind, nehmen dies natürlich wahr und verschärfen aus ihrer missmutigen Stimmung heraus nicht selten die Lage durch entsprechende Vorwürfe und Anschuldigungen. Dadurch darf man sich nicht beirren lassen.

Für den Umgang mit diesen Jugendlichen ist gerade in Krisensituationen sowohl eine freundliche und wertschätzende Grundhaltung der Erwachsenen gefordert, aber auch der Mut, Standpunkte mit Festigkeit zu vertreten und sich für Regeln und Grenzeneinhaltung einzusetzen. Grundprinzipien für das Zusammenleben und bewährte Abläufe sind einerseits unverzichtbar, müssen manchmal aber auch flexibel genug handhabbar sein, um sie, zumindest übergangsweise und individuell dosiert, an besondere Bedürfnisse des in einer Krisensituation befindlichen jungen Menschen anpassen zu können. Eltern, Erzieher und Lehrer sehen sich dabei immer wieder auf einer Gratwanderung zwischen der Einforderung von unverzichtbar erscheinenden Regeln, eigenem Helferideal und dem individuellen Nachgeben z.B. im Zuge von Strategien zur Stressreduktion. Eingesetzte Strategien benötigen oftmals einen ganz unkonventionellen und flexiblen Charakter und sollten – zeitlich begrenzt – eine Anpassung des bestehenden Regelgefüges zulassen. Es kann also darum gehen, einen für alle Beteiligten akzeptablen Mittelweg zu finden, bis die Problemsituation wieder ins Lot gekommen ist.

19.2.3 Kooperationspartner suchen und vorhandene Kooperationen aufrecht erhalten

Das Verhindern und Durchstehen von Krisen gelingt am ehesten dann, wenn alle Beteiligten kooperieren und an einem Strang ziehen. Das Kind/den Jugendlichen hat man in solchen Situationen als Kooperationspartner oft verloren. Schwerere Krisen sind zudem meist nicht allein von Angehörigenseite zu bewältigen, sondern erfordern die Zusammenarbeit mehrerer Beteiligter und u.U. Unterstützung durch Hilfen auf mehreren Ebenen. Deshalb wird am Beispiel der komplizierteren Krisenintervention besonders deutlich, dass die Problemlagen von jungen Menschen mit Persönlichkeitsentwicklungsstörungen oder entsprechenden Risikokonstellationen immer wieder ein hohes Maß an Kooperation zwischen den Eltern oder einer anderen Vertrauensperson, der Schule, dem Ausbildungsbetrieb oder einem für den Jugendlichen wichtigen Verein erforderlich machen. Dazu kann auch die Unterstützung einer Fachkraft des Sozialen Dienstes des Jugendamts mit Krisenmanagementerfahrung, eines Kinder- und Jugendpsychiaters oder eines Kinder- und Jugendlichenpsychotherapeuten in Praxis oder Klinik nötig werden. In besonders komplizierten oder verfahrenen Fällen ist auch an eine zeitlich begrenzte Krisenintervention in einer pädagogisch-therapeutischen Einrichtung zu denken. Wichtig dabei ist, dass unterstützend tätigwerdende Fachpersonen oder Institutionen ein spezifisches Wissen von den Störungsbildern und deren krisenhaften Abläufen besitzen und auf die bisherigen pädagogisch-therapeutischen Erfahrungen mit dem jungen Menschen auch evtl. in Form von Berichten zurückgreifen können.

19.2.4 Der Bezug zu einer respektierten und geschätzten Vertrauensperson ist von hohem Wert

Einen Ansprechpartner innerhalb oder außerhalb der Familie zu haben, dem der Jugendliche Vertrauen schenkt und von dem er sich in einer Krisensituation noch ansprechen und möglicherweise sogar überzeugen lässt, stellt einen der wichtigsten Schutzfaktoren für einen gelingenden weiteren Entwicklungsverlauf dar. Krisen können eine solche Schärfe annehmen, dass sie im Jugend- und auch Erwachsenenalter kaum vom Betroffenen allein zu bewältigen sind. Die Vertrauensperson hat in der Krisensituation auch die Funktion, den Jugendlichen beim Treffen von (neuen) Entscheidungen zu unterstützen, Fehlentscheidungen zu verhindern und ihn wieder auf den persönlich hilfreichen Weg zurückzuführen. Dazu kann es auch nötig sein, ihn in eine Klinik zu begleiten.

19.2.5 Reduzierung der Stressoren und Aktivierung von Bewältigungskompetenzen

In Krisenphasen muss die Stressempfindlichkeit der Kinder/Jugendlichen mit Persönlichkeitsentwicklungsstörungen, aber auch ihrer Angehörigen ganz besonders im Auge behalten werden. Die individuellen Stressfaktoren sollten, wenn auch manchmal nur vorübergehend, soweit wie möglich reduziert werden. Dies kann auch bedeuten, vorübergehend einmal auf ansonsten sinnvolle Maßnahmen (z.B. den Schulbesuch) zu verzichten, bis eine Stabilisierung eingetreten ist. Parallel zur Vermeidung und zur Reduktion von Stressoren und Problemverhaltensweisen muss aber immer auch Stressverminderung durch Aufbau oder Ausbau von Bewältigungskompetenzen erfolgen. Sportliche oder andere körperliche Aktivitäten, Ablenkung in Form von Interessenpflege u.v.a. sind auf ihre individuelle Brauchbarkeit zu überprüfen (siehe auch Kap. 12).

19.2.6 Medikamentöse Unterstützung, insbesondere wenn diese bereits erprobt ist und sich bewährt hat

Ein manchmal unverzichtbarer Ansatzpunkt in einer schon eskalierten Krisensituation ist in Kooperation mit einem Facharzt die Einbeziehung eventuell schon vorher erprobter und mit dem Jugendlichen abgesprochener Medikamente. Ist ein Medikament schon im Einsatz, kann der Arzt evtl. eine Dosierungsanpassung vornehmen. Da davon auszugehen ist, dass Krisen auch biologisch mitbedingt sein können, ist es nur konsequent, auch über diese Möglichkeit nachzudenken bzw. sie einzuplanen, vor allem wenn psychologische oder pädagogische Unterstützung offensichtlich nicht ausreichen und sich bereits neue Risiken auftun. Dies erfordert die enge Kooperation mit einem Kinder- und Jugendpsychiater. Auch nach der Entlassung aus der Institution sollte ein solches medizinisches »Auffangnetz« einsetzbar sein und in der Krisensituation über den vorher bereits besprochenen Weg aktiviert werden können. Wichtig ist in diesem Zusammenhang, dass es nicht – wie manchmal gedacht wird – darum geht, den Jugendlichen »ruhig zu stellen«, sondern darum, durch rechtzeitige medikamentöse Unterstützung Einfluss auf beteiligte biologische Komponenten nehmen zu können und dadurch eine weitere Eskalation zu verhindern sowie eine Beruhigung der Situation zu bewirken, die dann oft erst ausreichende Möglichkeiten für andere, d.h. z.B. sozialpädagogische oder psychologische Interventionsansätze, schafft.

19.2.7 Flexible Betreuungsstrategien ermöglichen notwendige Handlungsspielräume

Manchmal sind kritische Situationen und Abläufe nur durch sehr flexibles Handeln in den Griff zu bekommen. Dabei muss eventuell auch an eine vorübergehende Änderung der Betreuungsform nachgedacht werden. Beispielsweise kann bei einer sehr heftigen Krise mit Suizidtendenzen ein zeitlich beschränkter Aufenthalt in einer kinder- und jugendpsychiatrischen Klinik zumindest im Sinne einer psychiatrischen Krisenintervention notwendig werden. Oder es ergibt sich, dass ein Jugendlicher, der in stationärer Betreuung ist, vorübergehend teilstationär betreut wird, weil die Belastungen und Stressoren, denen er im Alltag der Jugendhilfeeinrichtung gerade ausgesetzt ist und die in der Gemeinschaftserziehung unvermeidbar sind, in der aktuellen Situation von ihm nicht ausgehalten werden. Es könnte aber auch sinnvoll sein, einen stationär betreuten Jugendlichen für vier Wochen probeweise nach Hause zu beurlauben, um ihm eine Art Realitätsprüfung zu ermöglichen und ihn im Praxisversuch zu der Erfahrung kommen zu lassen, dass seine überzogenen Größenvorstellungen (z.B. »Ich kann in jede normale Schule gehen, ich weiß gar nicht, wieso ich noch hier bin«) in der momentanen Situation unrealistisch sind. Eine solche Realitätsprüfung muss allerdings von der Einrichtung vorbereitet und begleitet werden und muss so erfolgen, dass keine altersgemäßen Anforderungen (wie z.B. Schulbesuch, Hausaufgabensituation o.ä.) vorenthalten werden. Bei den Betreuungspersonen, wie auch nach der Rückführung bei den für die spezifische Nachbetreuung zuständigen Personen ist viel Kreativität gefordert, um die Betreuungsform wenn notwendig oder sinnvoll den aktuellen Bedürfnissen der jungen Menschen anzupassen. Damit soll hier nochmals verdeutlicht werden, warum wir von einer individuellen und bedarfsspezifischen Nachbetreuung sprechen. Gleichfalls können sich Hilfepläne als zu unflexibel erweisen. Die zuständigen Fachkräfte der Sozialen Dienste und auch der Wirtschaftlichen Jugendhilfe müssen deshalb u.U. die Gelegenheit erhalten, neue fachliche Überlegungen kennen zu lernen, um gemeinsam mit den Hilfeerbringern die bestmögliche, aber auch die noch finanzierbare Lösung für den jungen Menschen und seine Familie zu finden.

20 Erfolge – Wie sie entstehen und erfasst werden können

20.1 Jeder Mensch möchte (und braucht) Erfolg

Man darf davon ausgehen, dass alle am Hilfeprozess Beteiligten – sicher aus unterschiedlichen Blickwinkeln oder aus einem jeweils unterschiedlichen Interesse heraus – Erfolg haben möchten.

Der junge Mensch, der meist eher diffus leidend, oft zunächst seine Probleme nicht so recht als seine eigenen Probleme wahrnehmen will, möchte im Allgemeinen, dass es ihm besser geht und er nicht mehr so viele Konflikte hat. Er möchte »nicht mehr soviel Stress« haben, d.h. sich nicht so oft über sich selbst oder andere (Jugendliche wie Erwachsene) ärgern müssen. Auch wenn er es nicht so sagt, möchte er nicht mehr soviel anecken, sondern mehr beachtet, geachtet und anerkannt sein, Freunde haben. Und er wäre wohl auch froh, in seiner Freizeit nicht mehr soviel Langeweile zu empfinden, sondern mehr Spannendes erleben zu können. Er sucht nach Erfahrungen und Erlebnissen, bei denen er seine Fähigkeiten unter Beweis stellen und sich bewusst werden kann, dass er etwas bewirken und seinem Können vertrauen kann. Er wäre sicher oft auch gern ein besserer Schüler und würde gerne zu einem Schulabschluss kommen.

Die Eltern möchten sich um die Entwicklung ihres Kindes nicht mehr so viele Sorgen machen müssen. Sie hoffen auf ein harmonischeres Zusammenleben in der Familie und möchten hoffnungsvoller in die Zukunft blicken. Die meisten wünschen sich auch, ihre Versagens- und Schuldgefühle zu bewältigen und das Erziehungsgeschehen wieder selbst lenken zu können.

Erzieher, Lehrer und Therapeuten brauchen ihre Erfolge, um berufliche und persönliche Selbstbestätigung zu erfahren, in ihrer beruflichen Tätigkeit Sinn zu finden und sich ihre Motivation und Ausdauer zu erhalten. Erfolge und Sinn schützen sie nämlich vor dem ärgsten Feind ihrer Profession, dem Burnout-Syndrom.

Die leistungserbringende Einrichtung möchte, dass ihre Arbeit am jungen Menschen und seinen Eltern möglichst nachhaltig positive Wirkungen hervorbringt und dass dem Jugendhilfeträger die Qualität und Effektivität der geleisteten Arbeit transparent geworden ist und für ihn auch hinsichtlich Kommunikation und Kooperation überzeugend war.

Der Jugendhilfe- und Kostenträger möchte, dass seine knappen finanziellen Mittel optimal und d.h. auch möglichst effektiv eingesetzt werden. Er hat den Auftrag benachteiligten jungen Menschen Entwicklungschancen zu verschaffen und ihm die gesellschaftliche Integration zu ermöglichen. Je besser und rascher dies gelingt und auch noch anhand entsprechender Indikatoren nachgewiesen werden kann, umso eher wird er vor seinen Gremien bestehen und Lob für effizienten Mitteleinsatz entgegennehmen dürfen.

20.2 Wie kann man Erfolg feststellen?

20.2.1 Gibt es in der Arbeit mit Persönlichkeitsentwicklungsstörungen einen Konsens in Bezug auf den gemeinsam angestrebten Erfolg?

Diese Frage verlangt insbesondere wegen der zahlreichen bekannten Einflüsse auf den Arbeitserfolg einer besonderen Beantwortung. Rauchfleisch (2000) gibt eine sehr treffende Einschätzung dieses Themas. Seine Äußerungen hierzu sind zwar aus der Sicht des Erwachsenentherapeuten erfolgt, sie sind aber genauso für die Therapeuten, Pädagogen oder Sozialpädagogen, die mit Kindern und Jugendlichen mit Persönlichkeitsentwicklungsstörungen arbeiten, zutreffend.

> »Derartige Behandlungen verlaufen von der ersten Kontaktnahme an im Spannungsfeld zwischen Resignation und Hoffnung, zwischen realitätsgerechter Wahrnehmung der Grenzen, welche Patient und Therapeut trotz aller Anstrengungen nicht überschreiten können und ebenso realitätsgerechter Wahrnehmung der dennoch bestehenden Entwicklungsmöglichkeiten. Diese im Grunde bei allen Behandlungen sich zeigende Spannung tritt in der Arbeit mit ›antisozialen‹ Persönlichkeiten besonders krass hervor. Aus diesem Grunde erscheint es mir besonders wichtig, dass wir uns als Therapeutinnen und Therapeuten schon vor Beginn der Behandlung darüber klar werden, welche Erwartungen wir an unsere Patienten richten und wie wir reagieren, wenn wir uns in diesen Erwartungen enttäuscht sehen. Wir haben es hier mit dem Problem des so genannten ›patient ideal‹ zu tun, das heißt mit der Frage, wie die Idealbilder, die wir – zumeist völlig unreflektiert – von unseren Patientinnen und Patienten in uns tragen, aussehen. Die wenigen Publikationen, die zu diesem für die Psychotherapieforschung interessanten Thema vorliegen (Adler, Rauchfleisch u. Müllejans 1996, Beres u. Arlow 1974, Kotin 1986, Loewald 1960, Ornstein u. Ornstein 1977), lassen erkennen, dass die Ätiologie- und Behandlungskonzepte sowie die Zielvorstellungen, von denen Patienten und Psychotherapeuten ausgehen, oft erheblich divergieren und dass sich sowohl zu ›hoch‹ wie zu ›tief‹ gesteckte Ziele nachteilig auf die Entwicklung der Patienten auswirken.
> Für die Arbeit mit Patientinnen und Patienten mit antisozialem Verhalten bedeutet dies, dass wir die gravierenden innerseelischen Konflikte, die Ich- und Über-Ich-strukturellen Störungen und die schwerwiegenden sozialen Folgeerscheinungen, unter denen sie leiden, in ihrer Bedeutung anerkennen und dass Stabilisierungen, die aus unserer Perspektive geringfügig erscheinen mögen, für die Patientinnen und Patienten selbst bereits wichtige Fortschritte bedeuten. ›Erfolg‹ oder ›Misserfolg‹ der Psychotherapie müssen wir bei ihnen also mit anderen Maßen messen als bei den üblichen Psychotherapiepatienten. Darin liegt eine Herausforderung an uns Professionelle, indem wir uns darauf besinnen müssen, dass das Ziel unserer Behandlungen mitunter nicht in einer wie auch immer gearteten ›Heilung‹ zu sehen ist, sondern dass wir die den Patienten und uns gesetzten Grenzen anerkennen müssen und dennoch psychotherapeutisch arbeiten können.« (Rauchfleisch, 2000, S. 391)

20.2.2 Welche Gesichtspunkte sollten bei der Erfolgsbewertung beachtet werden?

Die Bewertung der Erfolge bei der Arbeit mit Kindern/Jugendlichen mit komplexen Problemkonstellationen sollte bzw. kann nur in differenzierter Weise erfolgen. Die Erfolgsbeurteilung muss sich in jedem Fall immer an der Ausgangslage orientieren. Dabei spielen die jeweilige individuelle Problemkonstellation wie auch die vorhandenen und mobilisierbaren Ressourcen und Entwicklungspotenziale des jungen Menschen und schließlich auch dessen Aktivierungsbereitschaft eine gewichtige Rolle.

Es sollte bekannt sein, welche Faktoren für die Entstehung von Erfolg relevant sind oder nach welchen Kriterien Erfolge festgestellt und beurteilt werden können. Bei vielschichtigen und je nach Alter und Entstehungszeitpunkt unterschiedlich verfestigten Problemkomplexen, die in einem bestimmten Zeitraum, d.h. auch in einer bestimmten, mehr oder weniger sensiblen Lebens- oder Entwicklungsphase mit vorgegebenen personellen und finanziellen Aufwändungen therapeutisch und pädagogisch angegangen werden sollen, können keine Beurteilungs- oder Erfolgsmaßstäbe angesetzt werden, die für einfache Ursache-Wirkungszusammenhänge entwickelt wurden. Diese sind hier nicht gegeben, d.h. dass jeder Hilfeprozess von einer Vielzahl unterschiedlicher und auch unterschiedlich beeinflussbarer Faktoren mitbestimmt wird. Dennoch lassen sich für die pädagogisch-therapeutische Arbeit mit komplexen Problemkonstellationen Zielbereiche (wir nennen sie auch Schutzfaktorenbereiche) benennen, auf die mehr oder weniger erfolgreich hingearbeitet werden kann. Es können konkrete (Einzel)Ziele definiert werden, die für das systematische Handeln im Blickpunkt stehen und mehr oder weniger gut erreichbar sein werden. Jedes dabei erreichte Ziel vergrößert die Chancen des jungen Menschen, Verantwortung für sich und andere übernehmen und an der Gesellschaft teilhaben zu können.

Aber auch die Gründe für Erfolg oder Misserfolg müssen benennbar und transparent sein. Es muss konkret bestimmt werden, welche Voraussetzungen für die Qualität und den Erfolg des Hilfeprozesses und somit auch für die fachliche Leistungsfähigkeit der Einrichtung und ihrer Fachkräfte gegeben sein müssen. Sind sie erfüllt, darf davon ausgegangen werden, dass sich Erfolge mit größerer Wahrscheinlichkeit und schneller einstellen können. Bei Misserfolg muss die Einrichtung prüfen, ob oder wieweit sie selbst dafür verantwortlich sein könnte.

20.2.3 Schwierigkeiten beim Entstehen und Ermitteln von Erfolg

Bei hoch problem- und risikobelasteten Kindern/Jugendlichen haben alle Helfer sowohl die Auswirkungen der häufig langen Dauer der Problementwicklung, meistens eine verminderte Problemeinsicht und auch häufig die Ablehnung der eigenen Verantwortlichkeit für Entstehen oder Aufrechterhaltung der Probleme – um nur einige Einflussfaktoren zu nennen – gegen sich. Die jungen Menschen konnten zudem oft erst recht spät in eine therapeutische Einrichtung aufgenommen werden und viele Problemverhaltensweisen konnten sich tief einschleifen. Sie müssen deswegen oft in einem außerordentlich zähen und mühsamen Prozess angegangen werden. Man kann deshalb zunächst nicht erwarten, dass sich nachhaltige Erfolge schon nach kurzer Betreuungsdauer einstellen werden. Man braucht aber auch nicht davon auszugehen, dass sich alle erzielten Erfolge zum Entlassungszeitpunkt bereits in ihrer ganzen Wirkung erkennen lassen. Manches wird erst später erinnert und »verwertet.« Dies zeigen jedenfalls die Berichte von Ehemaligen, die uns manchmal erst nach z.B. 15 Jahren erreichen und in dieser Hinsicht oft sehr positiv überraschen (siehe auch Adam, 1995). Ein weiterer erschwerender Faktor beim Ermitteln von Erfolg ist im Wechsel des Funktionsniveaus zu sehen. Selbst nach wochen- oder monatelangen Phasen von höherem Funktionsniveau, in denen man das Gefühl hat man hätte schon viel erreicht, kann es zu einem ebenso langen Einbruch auf ein niedrigeres Funktionsniveau kommen, in denen viele Erfolge verloren scheinen.

Manchmal kommen aber auch für den jungen Menschen passende und erfolgreiche Hilfemaßnahmen an ihre Grenzen, z.B. hinsichtlich des Betreuungsumfangs, der sich dabei auftut, der persönlichen Belastbarkeit der Mitarbeiter, die den jungen Menschen zunächst einmal bis sich der Betreuungserfolg einstellt, auszuhalten haben, oder des auch organisatorisch leistbaren Aufwands, der erforderlich ist, um bei einem hohen Differenzierungs- und Individualisierungsgrad eine reibungslose interne Kooperation zustande zu bringen. Dies ist jedoch noch nicht als Anzeichen für Misserfolg zu werten, sondern damit ist in der Arbeit mit solchen Problemkomplexen einfach zu rechnen. Einrichtungen müssen jedoch rechtzeitig Maßnahmen ergreifen, um es nicht zu Hemmnissen oder Fehlentwicklungen in ihrem »Hoheitsbereich« kommen zu lassen. Käme es trotzdem dazu und zeigen sich auch beim jungen Menschen schwer überwindbare Hürden, dann ist dies transparent zu machen und gemeinsam abzuwägen, ob die Hilfe in anderer Form, mit anderen Gewichtungen oder in einem anderen Umfeld fortgeführt oder aber beendet werden soll.

20.2.4 Was ist Erfolg und aus welchen Elementen besteht er?

Der Gesamterfolg eines Hilfeprozesses ist nicht in einer festen Größe anzugeben. Denn dieser setzt sich eher aus *Erfolgsbausteinen* zusammen, die für die Bewährung im weiteren Leben von unterschiedlicher, aber nie ganz genau bewertbarem Gewicht sein können.

Erfolgsbausteine

- *Schaffung und Erhalt einer gelungenen Kooperation zwischen dem jungen Menschen, seiner Familie, den Mitarbeitern der Einrichtung und des Sozialen Dienstes und allen weiteren Beteiligten.* Ist die Bereitschaft zur Kooperation von einer Seite her unzureichend, so sind die notwendigen Voraussetzungen einer Betreuungsmaßnahme (z.B. bei der Bewältigung einer Krisensituation) nicht mehr gegeben und das Ergebnis bzw. der Erfolg bleibt meist unbefriedigend.
- *Stop der entstandenen Eskalation, Beendigung von Zermürbung und Verzweiflung, Verhinderung einer sich weiter ausdehnenden oder zuspitzenden Problementwicklung*

- *Verringerung der Risikofaktoren und Ausbau von Schutzfaktoren* sind eine ganz entscheidende Voraussetzung für Erfolgsbausteine. Aus dem anfänglichen Übergewicht der Risikofaktoren kann durch den zielstrebigen und ressourcenorientierten Aufbau von Schutzfaktoren (neue Bewältigungsfähigkeiten, Selbstwertzuwachs, Selbstvertrauen usw.) eine Vermehrung und langfristige Absicherung von Erfolgsbausteinen erwartet werden.
- *Fortschritte bei der Entwicklung einer realistischen Problemsicht* werden ebenso als Erfolgsbaustein gewertet werden können, weil sie Grundlage für die Kooperation mit den Eltern und – im Laufe der Zeit – immer mehr auch mit dem Jugendlichen sind.
- *Wissen um kritische Situationen und damit im Zusammenhang stehenden eigenen Empfindlichkeiten hilft Konflikte zu vermeiden.* Es vergrößert die Chance, Konfliktsituationen gelassener sehen zu können, sie eventuell meiden zu lernen, oder sich daraus rechtzeitig zurückzuziehen.
- *Erkennen- und Vermeidenkönnen von risikobehafteten und gefährdenden Situationen*
- *Verbesserung der Innenwahrnehmung* ermöglicht Gefühle, Stimmungen und Spannungen besser zu spüren und sie immer leichter in Worte zu fassen, statt zu agieren oder seine Anspannung in Wutausbrüchen zu entladen.
- *Erwerb und Ausbau sozialer Grundfertigkeiten, um Kontakt aufzunehmen, sich zuhören und miteinander etwas aushandeln zu können, Verbesserung der Konfliktfähigkeit*
- *Kennen lernen und Verinnerlichung sozialer Grundhaltungen und Wertüberzeugungen* (z.B. die Achtung jedes anderen Menschen)
- *Erreichte Korrektur eingeschliffener dysfunktionaler Kommunikationsmuster,* die die Interaktionen erschwert haben, stellt eine wichtige Grundlage für ein erweitertes, differenzierteres und konfliktreduzierendes soziales Handlungsrepertoire dar.
- *Verbesserung der Impulssteuerung und der Affektregulation und -modulation* ist für eine ganze Reihe von Kindern/Jugendlichen ein ganz zentrales Anliegen. Angepasstere Regulationsmuster können immer nur individuell gefunden werden. Mindestens müssen Möglichkeiten erprobt oder erlernt werden, diese Probleme zu mildern. Gelingt dies, ist ein besonders gewichtiger Erfolgsbaustein vorhanden.
- *Erlangte Fähigkeiten zum Stressabbau* dienen insbesondere für besonders stressempfindliche und leicht verletzliche Kinder/Jugendliche wichtige Voraussetzungen für mehr Ausgeglichenheit, Belastbarkeit und Konfliktvermeidung. Weiß der Jugendliche Stresssituationen zu meiden, gehört er bereits zu den Fortgeschrittenen.
- *Gelungene Weckung und Verankerung neuer Interessen* erweisen sich nutzbar zur Freizeitstrukturierung, Einbindung in einen Verein, Club oder andere Gruppierungen.
- *Ausbau lebenspraktischer Fähigkeiten*, die helfen, den Alltag zu planen, einen Haushalt zu organisieren, Anschaffungen einzuplanen, überlegt Einkäufe zu machen, einige Gerichte selbst zubereiten, die eigene Wäsche waschen zu können oder Kenntnisse und Erfahrungen zu erwerben zum Reinigen von Küche, Bad und Toilette u.v.a. Solche Kenntnisse helfen zu Hause Hilfsbereitschaft konkret werden zu lassen und dadurch Sympathien zurückzugewinnen. Auch von der eigenen Familie getrenntes Wohnen oder Betreutes Wohnen auf dem Weg zur Verselbstständigung lassen sich so leichter realisieren.
- *Gefundene Auswege aus einem schulisch desolaten Zustand – Erwerb eines Schulabschlusses, indem schulische Arbeitsfähigkeit und Motivation entwickelt und dadurch Lernerfolge möglich wurden und sich Wissenslücken schließen ließen.*
- *Entdeckung und Übung praktischer oder praktisch-handwerklicher Fähigkeiten*, indem Gelegenheiten gesucht oder genutzt werden, wo diese zum Einsatz kommen können

- *Gewinn von mehr Klarheit bezüglich realistischer Berufs- oder Lebensziele und die hierfür erforderlichen Voraussetzungen.* Gelingt es z.B. über Gespräche miteinander in die Zukunft vorauszudenken und dabei realistische Vorstellungen zu entwickeln, ist ein wichtiger Schritt vollzogen.
- *Angenommene und wirksame Unterstützung der Eltern bzw. der Familie bzw. die Schaffung von Kräfte- und Handlungsspielräumen* dürfen als wichtige Erfolgsbausteine nicht ungenannt bleiben.

Diese Zusammenstellung von Erfolgsbausteinen ist nicht vollständig. Es können auch individuell noch andere Kriterien hinzugezogen werden, allerdings sollten Erfolge an bestimmte Teilziele gekoppelt sein. Anhand der in Kapitel 12 vorgestellten CURAS-Einschätzung (**Abb. 12.1**), bei der halbjährlich eine Einschätzung der Risiko- und Schutzfaktoren durch ein fachbereichsübergreifendes Team vorgenommen wird, lassen sich solche Erfolge übrigens auch nachweisen bzw. für alle Beteiligten sichtbar machen.

Nebenbei sei noch erwähnt, dass bei Erwachsenen mit Borderline-Persönlichkeitsstörungen hinsichtlich der Erfolgseinschätzung noch ein weiterer Aspekt hinzugezogen wird. In Kliniken wird beispielsweise dann von Erfolg gesprochen, wenn sich die Anzahl der Aufenthaltstage in der Klinik auf das Jahr gesehen reduzieren lässt. Konkret heißt das, dass dann von Therapiefortschritt gesprochen wird, wenn beispielsweise eine Borderline-Patientin nur noch einmal statt vorher dreimal im Jahr stationär zu einer Krisenintervention aufgenommen werden muss. Analog könnte bei Kindern und Jugendlichen mit Persönlichkeitsentwicklungsstörungen die Reduzierung der Krisenhäufigkeit ein Merkmal für Erfolg darstellen.

20.3 Wie erfolgreich sind (teil-)stationäre Jugendhilfemaßnahmen?

20.3.1 Untersuchungen zum Erfolg

Über die Erfolge von Erziehungshilfe im Heim bzw. über die Frage, ob sich diese »lohnt«, liegen inzwischen eine ganze Reihe von Ergebnissen katamnestischer Untersuchungen aus den letzten 20 Jahren vor. Von den neueren seien die *JULE-Studie (*Bundesministerium für Familie, Frauen, Senioren und Jugend, 1998) und die *Jugendhilfe-Effekte-Studie* (Schmidt, 2000) genannt. In diesen Studien zeigt sich, dass die Hilfen zur Erziehung stationärer, teilstationärer und ambulanter Art längst nicht so schlecht abschneiden, wie lange Zeit gemeint wurde oder vielleicht noch immer gemeint wird. Entscheidend ist dabei, dass die persönliche Situation des jungen Menschen (gemeint sind hier natürlich nicht Säuglinge oder Kleinkinder!) zum Zeitpunkt vor oder bei Beginn der Hilfe mit der persönlichen Situation am Ende der Hilfemaßnahme und evtl. auch noch die spätere Lebensbewährung miteinander verglichen werden. Nur ein solcher Vergleich, der bei den Ausgangsbedingungen ansetzt, kann etwas Gesichertes zur Wirkung (teil)stationärer Hilfen erbringen. Vielfach gelingt – vor allem bei älteren Kindern und Jugendlichen – die spätere Lebensbewährung auch dann, wenn eine entscheidende Veränderung der familiären Situation nicht gelungen ist. Die Aussage »wenn sich die Familie (= Herkunftsfamilie) nicht ändert, ist alles umsonst« ist deshalb nicht haltbar. Die Absicherung eines Kindes in einer Familie, d.h. z.B. auch in einer Pflege- oder einer Patenfamilie, verringert aber die Risiken und erhöht die Chance späterer Lebensbewährung.

In einer eigenen katamnestischen Erhebung an 70 Ehemaligen im Alter zwischen 18 und ca. 45 Jahren (Adam, 1995; Adam, Henn, König & Stöckle, 1995) ließ sich feststellen, dass diese aus der Rückschau nicht nur den Aufenthalt als hilfreich bejahten, sondern im Nachhinein auch die verfolgten Erziehungsziele als sehr wichtig für ihr weiteres Leben ansehen konnten, egal ob es sich um Ordnungsprinzipien, Interessenweckung und -pflege, das Erlernen von Bewältigungsstrategien und von Konfliktlösungsmodellen oder die Gemeinschaftserlebnisse bei Feiern und Festen handelte.

Kritisch anzumerken bleibt jedoch, dass es sich bei den untersuchten Kindern und Jugendlichen in keiner der Studien ausschließlich um Kinder/Jugendliche mit Persönlichkeitsentwicklungsstörungen handelte, sodass die Befunde nur bedingt übertragbar sind.

20.3.2 Grenzen des Erfolgs – Zusammenhänge mit der Leistungsfähigkeit der Einrichtung

Entwicklungsfortschritte bzw. Erfolge können sich gerade bei Kindern/Jugendlichen mit Persönlichkeitsentwicklungsstörungen aber auch in Grenzen halten. Dann stellt sich die Frage, ob dies nicht auch an der Struktur und den fachlichen Kompetenzen der pädagogisch-therapeutischen Einrichtung liegen könnte. D.h. die Einrichtung muss sich auch anhand der Kriterien zur Beurteilung der Struktur- und Prozess-Qualität ausweisen, dass sie die Voraussetzungen besitzt, um auch mit komplexen Problemstellungen erfolgreich umgehen zu können.

Bei der Bewertung der Leistungsfähigkeit in der Arbeit mit Personen, die durch eine Persönlichkeitsentwicklungsstörung belastet sind, ist z.B. zu prüfen,

- Ob bei den mit dem Jugendlichen befassten Fachkräften eine mehrdimensionale Problem- und Therapiesicht vorhanden ist. Dies lässt sich z.B. daran erkennen, ob sich die Fachkräfte in ihren Fallreflexionen auf psychologische Konzepte beziehen (können) oder ob sie nur alltagssprachlich kommunizieren
- Ob bedarfsspezifische Hilfeansätze entwickelt werden können und flexibel einsetzbar sind
- Ob die Einrichtung mit den personellen und finanziellen Möglichkeiten ausgestattet ist, um aufwändige und intensive störungsspezifische Hilfeprozesse zu gestalten
- Wie lange die Einrichtung mit ihren Mitarbeitern spezielle Hilfeprozesse handlungsfähig durchzustehen vermag oder im konkreten individuellen Fall durchgestanden hat
- Welche (kleinen) Fortschritte die Einrichtung und ihre Mitarbeiter trotz widriger Umstände erreicht und welche Ansatzpunkte, Schutzfaktoren bzw. Ressourcen sie für die Zukunft des jungen Menschen entwickelt und mitaufgebaut hat
- Welche Vorschläge und Ansatzpunkte die Einrichtung für die weitere Begleitung/Nachbetreuung des jungen Menschen zur Verfügung stellen kann

- Ob oder wie es gelungen ist, den jungen Menschen und seine Familie auf die nächste Krise vorzubereiten
- Ob die Kooperation zwischen allen Beteiligten (auch in schwierigen Zeiten) aufrecht erhalten werden konnte und gefördert wurde

20.4 Erfolge und ihre Kosten

Die komplexen Probleme junger Menschen mit hohen Risikobelastungen und ihrer Familien machen in den Einrichtungen eine ausreichende Zahl von professionellen Mitarbeitern mit hoher fachlicher Qualifikation, Praxiserfahrung und viel persönlichem Standvermögen erforderlich. Zudem lassen sich eine Reihe von besonders tief eingeschliffenen Problemen nur langsam verändern und diese Veränderungen müssen – vor allem wenn sie für diesen jungen Menschen von besonderer Wichtigkeit sind – regelrecht »einmassiert« werden. Vor allem dadurch sind die hohen Kosten (teil)stationärer Einrichtungen, die den heutigen fachlichen Standards entsprechen, bedingt.

Aus akuten Sparzwängen der öffentlichen Kostenträger resultieren dann auch meist die Forderungen nach »gestuften« Hilfeangeboten bzw. neuen Ideen der Hilfegestaltung und mehr Transparenz in Bezug auf den erforderlichen Zeitaufwand der Hilfemaßnahmen bzw. auf tatsächlich nötige bzw. erbrachte Leistungen. Diese Forderungen stellen eine Herausforderung dar, der sich die Einrichtungen der Jugendhilfe gewachsen zeigen müssen. Fachlich gesehen bergen »gestufte« Vorgehensweisen in der Form von undifferenzierten Sparkonzepten aber große Gefahren. Es ist zu berücksichtigen, dass dieses Vorgehen bei Kindern und Jugendlichen mit Persönlichkeitsentwicklungsstörungen langfristig noch höhere Kosten erzeugen kann. Denn wenn nicht frühzeitig wirksam interveniert wird, verfestigen sich ihre Probleme so, dass sie zu einem späteren Zeitpunkt viel kostenaufwändigere Hilfekonzepte notwendig machen. Kosten, die bei diesen jungen Menschen im Kindes- und Jugendalter »eingespart« werden, können mit hoher Vorhersagegenauigkeit die Inanspruchnahme anderer Töpfe (Sozialhilfe, Arbeitslosenhilfe, Justizvollzug) zur Folge haben – ganz abgesehen von den dabei ablaufenden menschlichen Tragödien.

21 Bedeutung und Besonderheiten der Kooperation aller Beteiligten

Hilfemaßnahmen können bei Kindern und Jugendlichen mit Persönlichkeitsentwicklungsstörungen nur dann gelingen, wenn alle Beteiligten eng kooperieren. Dazu gehört u.a. gegenseitiges Grundvertrauen und die Bereitschaft, zeitnah zu kommunizieren, intensiv zusammenzuarbeiten und insbesondere auch schwierige Phasen gemeinsam durchzustehen. Schrapper (2001) hat in einem Beitrag zu den »besonders Schwierigen« der Jugendhilfe (und dazu gehören mit Sicherheit auch Kinder/Jugendliche mit Persönlichkeitsentwicklungsstörungen) aber auch darauf hingewiesen, dass sich allzu oft die Zusammenarbeit gerade in den Fällen besonders schwierig gestaltet, wo die Zusammenarbeit und Vernetzung für den Erfolg besonders entscheidend wäre. Dies erstaunt kaum, wenn man sich bewusst macht, welchen Belastungsproben die Zusammenarbeit ausgesetzt sein kann und welche besonderen Anforderungen sich in dem Zusammenhang für die am Hilfeprozess Beteiligten ergeben.

Die folgenden Aspekte spiegeln etwas von dem Kontext wider, in dem man sich mit dieser Klientel und deren Störungsbildern im Bereich der Zusammenarbeit zwischen Einrichtung und den Auftraggebern (Jugendhilfe-Trägern, Eltern) bewegt. Es soll damit deutlich gemacht werden, wie wichtig und doch auch gefährdet die Zusammenarbeit und speziell eine regelmäßige und zeitnahe Kommunikation sind, und welche Gefahren den Beteiligten dabei in die Quere kommen können. Aufgezeigt werden soll außerdem, wie leicht auch Helfer irritiert werden und ins Zweifeln kommen können.

21.1 Einige der gemeinsam durchzustehenden Belastungsproben

Bei Persönlichkeitsentwicklungsstörungen muss man fortwährend mit typischen Störungen des Hilfeprozesses und der Kooperation rechnen. Verantwortungsverleugnung oder -zurückweisung, Projektion von eigenen Affekten auf andere, Lobpreisungen oder Abwertungen von Institutionen und beteiligten Personen (Idealisierung oder Verdammung), verzerrte oder verkürzte Wahrnehmungen und entsprechenden Fehlinterpretationen, u.ä. sind nur einige Eigenarten der Kinder/Jugendlichen, aber manchmal auch deren Eltern, die die Kooperation häufig behindern oder ins Wanken geraten lassen. Auch dramatisch vorgebrachte Vorwürfe (z.B. wegen verspäteter Unterstützung) und Anklagen stehen nicht selten ganz plötzlich im Raum. So kann in der Einrichtung z.B. das Anfassen eines Jugendlichen am Arm, um zwischen zwei Kontrahenten einen Abstand herzustellen, zur versuchten Körperverletzung oder aber, was noch grotesker ist, zum Auslöser eines Tobsuchtsanfalls werden und blitzartig zum Vorwurf an den Erzieher führen, dass *er* der unverschämte Aggressor sei. Manchmal schaffen es solche Jugendlichen auch, ein sehr entstelltes und negativ eingefärbtes Bild an Eltern oder Außenstehende recht glaubwürdig weiterzugeben und den Eindruck zu vermitteln, sie seien die »einzig Normalen« unter sonst »lauter Verrückten«.

Spannungen können auch entstehen aufgrund von Missverständnissen und Fehleinschätzungen von Personen und Situationen, die sich dann in nicht immer ausgesprochene Schuldzuweisungen verwandeln (z.B. im Sinne von »Die machen das eben nicht richtig«, »Ich weiß gar nicht, wieso er eigentlich immer als so schwierig geschildert wird« oder »Wenn er das behauptet, dann wird da schon was dran sein«).

Dies liegt u.a. auch daran, dass die jungen Menschen aufgrund der Widersprüchlichkeit ihrer Symptome je nach Situation von verschiedenen Personen unterschiedlich erlebt werden. Obendrein sind diese Kinder/Jugendlichen aufgrund des Abwehrmechanismus der Spaltung und ihrer verzerrten Wahrnehmung versucht, die Erziehungspersonen in ein paar Gute und sonst nur Böse einzustufen. Sie können aber auch die gleiche Person nach einem positiven Erlebnis als die Allerbeste und nach einer leichten Kritik als die Allerschlimmste und Hässlichste bezeichnen. Es kann auch vorkommen, dass die Jugendhilfeträger und Leistungserbringer sich von einem Jugendlichen oder von unkooperativen Eltern an der Nase herum geführt oder aber in anderer verletzender und demütigender Weise behandelt fühlen. Da liegt es nahe, dass sich vorübergehend Gefühle der Hilflosigkeit mit Ärger und Wut vermischen.

21.2 Was ist für die Kooperation bei Kindern und Jugendlichen zu beachten?

21.2.1 Die Erhaltung der Kooperation und der Handlungsfähigkeit hat oberste Priorität

Ein In-Frage-Stellen der Kooperation (z.B. aufgrund der entstandenen schädlichen Auswirkungen von Belastungsproben) sollte auf jeden Fall verhindert werden. Grundvoraussetzung dafür ist u.a. die gemeinsame Vertrauensbasis aller Beteiligten, die auch dann nicht durch gegenseitige Schuldzuweisungen erschüttert werden sollte, wenn z.B. etwas nicht wunschgemäß verlaufen ist oder Situationen unterschiedlich wahrgenommen bzw. gewichtet werden. Jeder sollte dem jeweils anderen einen Vertrauensvorschuss gewähren und ihm abnehmen, dass er in bester Absicht gehandelt hat.

Die Erhaltung der Handlungsfähigkeit sollte als wichtige gemeinsame Aufgabe angesehen werden. Diese Kinder und Jugendlichen können alle, d.h. auch erfahrene Beteiligte vorübergehend handlungsunfähig und hilflos machen! Speziell in Krisensituationen ist meist in besonders hohem Maße Flexibilität, Einfallsreichtum und Handlungswagnis der beteiligten Erwachsenen erforderlich. Dies ist u.U. wiederum mit neuen Risiken und evtl. vorübergehend auch mit zusätzlichen Kosten verbunden, die von allen Beteiligten mitausgehalten und mitgetragen werden müssen. Nicht selten ist dann auch einiges an Selbstüberwindung erforderlich, um die Handlungsfähigkeit zurückzugewinnen.

21.2.2 Gemeinsame Verstehens- und Beurteilungsbasis – Transparente und fachlich begründete Darstellungsweise

Der öffentliche Jugendhilfeträger ist zusammen mit den Eltern der Auftraggeber und Hauptkostenträger einer Jugendhilfemaßnahme. Seine Behandlungs- und Erziehungsaufträge und die entsprechenden Leistungsvereinbarungen können für Kinder/Jugendliche mit Persönlichkeitsentwicklungsstörungen am ehesten auf der Grundlage einer gemeinsamen fachlichen Verstehens- und Beurteilungsbasis und einer von Offenheit und Transparenz getragenen Kooperation zu bestmöglichen Ergebnissen führen. Dazu gehört auch eine Offenlegung darüber, mit welcher Problemkonstellation man es zu tun haben glaubt. Verdichten sich im Laufe der Behandlungszeit bzw. des Hilfeprozesses oder im Zuge einer diagnostischen Evaluation die Hinweise, dass man es mit einer Persönlichkeitsentwicklungsstörung zu tun hat, haben Eltern und Auftraggeber bzw. Kostenträger auch ein Recht auf frühzeitige Information. Aufgabe einer Einrichtung ist es, den Eltern und dem Jugendhilfeträger darzustellen und durchschaubar zu machen, wie man zu dieser Feststellung gekommen ist und was sie im individuellen Fall bedeutet bzw. mit welchen Konsequenzen alle Beteiligten zu rechnen haben. Eine vertrauensvolle Zusammenarbeit wird dann am ehesten gelingen, wenn auch weitgehendes fachliches Einvernehmen hinsichtlich der Art und der Komplexität der Problemstellung und hinsichtlich der erforderlichen Intensität der pädagogisch-therapeutischen Handlungsansätze gegeben ist. Entsprechend sollten auch die Hilfeerwartungen der Beteiligten realistisch sein und weitgehend übereinstimmen. Trotz Widersprüchlichkeiten, oftmals fehlender Logik und anderen Undurchsichtigkeiten muss man sich – wenn auch möglicherweise nur für eine begrenzte Zeit – manchmal auf eine vorläufige Einschätzung und Bewertung einer Problematik oder auf Arbeitshypothesen einigen, damit nicht fundamentale Entscheidungs- oder Handlungsnotwendigkeiten unterbleiben und womöglich bei allen eine große Verunsicherung erzeugt.

21.2.3 Alle müssen sich darüber im Klaren sein, dass es keine optimalen Lösungen gibt

Wiederholt haben wir darauf verwiesen, dass Hilfen individuell gestaltet werden müssen. Gerade für die Kooperation ist wichtig, dass sich alle Beteiligten darüber im Klaren sind, dass es in aller Regel nirgendwo die optimale Lösung gibt! Gerade wenn die Situation eintritt, dass die Ideen ausgehen und sich immer noch nichts Zufriedenstellendes aufgetan hat, darf man sich aber auch immer mal wieder bewusst werden: Es gibt oft (vielleicht auch nur für eine begrenzte Phase) nur den »Weg des kleineren Übels!« Trotzdem muss dieser Weg gegangen werden. Um die Zukunftsperspektiven sollten sich alle Beteiligten auf jeden Fall intensiv Gedanken machen. Manchmal zeigt sich jedoch gerade hier, welche Illusionen immer noch nicht überwunden, wie Erwartungen in unerreichbare Höhen reichen oder wie immer noch verbliebene Problembelastungen die Auswahl der Möglichkeiten einengen.

21.3 Hilfemaßnahmen bei Persönlichkeitsentwicklungsstörungen im Kontext knapper finanzieller Ressourcen

21.3.1 Frühzeitige intensive Hilfemaßnahmen vermindern Folgekosten

Gerade heute bestehen leider bis weit in den sozialpolitischen Raum hinein manchmal recht unrealistische Vorstellungen darüber, wie und wie schnell pädagogisch-therapeutische Interventionen ihr Ziel erreichen können. Kurze Betreuungszeiträume schonen ohne Zweifel die finanziellen Ressourcen der Jugendhilfeträger und der Eltern und diese Ressourcen sind sicherlich auch schonungsbedürftig. Bei Persönlichkeitsentwicklungsstörungen lassen sich aber oft auch mit den richtigen Fachleuten, guten methodischen Konzepten und mit zielorientierten und qualitätsbewussten Arbeitsweisen keine schnellen und zugleich nachhaltigen Erfolge herstellen. Die pädagogisch-therapeutische Arbeit mit diesen Problemkonstellationen wird sich also möglicherweise länger hinziehen und der Hilfeprozess könnte möglicherweise – in Abhängigkeit von einer Reihe von Faktoren – nicht mit einem glänzenden Erfolg abzuschließen sein.

Jugendlicher und Eltern müssen zudem häufig auch noch nach dem Aufenthalt fachlich begleitet werden. Dies kann sich als notwendig erweisen, damit der weitere Entwicklungsprozess des jungen Menschen längerfristig dem Ziel einer möglichst großen Eigenverantwortung und Teilhabe an der Gesellschaft (vergl. § 35 a SGB VIII und SGB IX) nahe kommt, auch wenn einige Problembelastungen über den Entlassungszeitpunkt hinaus fortbestehen. Dass solche Entwicklungsverläufe dadurch u.U. auch noch weiter an den finanziellen Ressourcen der Jugendhilfeträger und der Eltern zehren, mag man fiskalisch zunächst als Übel ansehen. Langfristig betrachtet werden dadurch in vielen Fällen zum einen die bereits vorgenommene Investition gesichert und zum anderen Langzeit-Kostenaufwand aus anderen Töpfen gespart.

21.3.2 Ist ein möglichst langer Aufenthalt in einer Jugendhilfeeinrichtung *die* Lösung?

Diese Frage ist mit nein zu beantworten. Wenn es zum Aufenthalt in einer therapeutisch orientierten Einrichtung eine abzuwägende Alternative gibt oder sich eine solche entwickeln lässt, ist diese für den individuellen Fall zu prüfen. Eine wirksame pädagogische Schulung lernbereiter und belastbarer Angehöriger (das sind natürlich nicht alle) verbunden mit einer bedarfsspezifischen Nachbetreuung, enger Kooperation mit der Schule am Wohnort oder einem Berufsbildungswerk könnte z.B. zu einer Alternative hinführen. Wird sie – schon z.B. wegen der bei einem längeren Aufenthalt in einer Einrichtung anstehenden Regressionsgefahr (= Rückzug auf ein früheres, anstrengungsloseres Entwicklungsniveau) – nach ernsthafter Prüfung für angemessen und handhabbar gehalten, sollte sie auch genutzt oder zumindest für einen Probelauf vorgesehen werden.

Andererseits beweisen zahlreiche Beispiele, dass manchmal aufgrund besonderer Umstände ein längerer stationärer Aufenthalt unvermeidlich ist. Führt dieser dann auch zum Erfolg, können sicherlich alle zufrieden sein. Leider lässt sich dies aber nicht sicher voraussagen.

22 Überlegungen zur Prävention

Persönlichkeitsentwicklungsstörungen bilden eine Gruppe von Störungsbildern, die meistens schon in der früheren Kindheit ihren Anfang nehmen bzw. die sich anhand konkreter Indikatoren und Verhaltensmuster bereits in einem frühen Entwicklungsstadium erkennen lassen. Das Thema Prävention drängt sich damit geradezu auf, kann hier aber nur »angedacht« werden. D.h. es sind differenzierte Überlegungen anzustellen, wie auf solche Entwicklungen bereits zu einem frühen Zeitpunkt Einfluss genommen werden kann, bevor sich die Problematik in alle Lebensbereiche hinein ausgedehnt und verfestigt hat.

In den letzten Jahren sind zunehmend Initiativen angestoßen und konkrete Präventionsprojekte eingeleitet worden. In unserem Landkreis wurde z.B. das Konzept „Frühe Hilfen im Ortenaukreis" entwickelt. Dieses Vorhaben richtet sich an alle Eltern mit Kindern von 0 bis 3 Jahren einschließlich werdender Eltern. Im Besonderen sollen vor allem auch bekannte Risikogruppen wie psychisch kranke oder suchtkranke Eltern, jugendliche Eltern sowie Eltern mit mehrfachen Belastungen und eingeschränkter Erziehungskompetenz früher und besser erreicht werden. Das Konzept verfolgt einen konsequent präventiven Grundansatz mit einem niedrigschwellig und flächendeckend vorgehaltenen Basisangebot im Sinne einer verlässlichen Grundstruktur an Versorgung, Vernetzung, Früherkennung und geeigneten Hilfen, insbesondere auch in zugehender Form. Früherkennung und geeignete Hilfen sollen weitestmöglich an bestehende Strukturen und Institutionen mit einem hohen Akzeptanzgrad und der Möglichkeit einer weiterführenden und nachhaltigen Hilfegestaltung angebunden sein.

22.1 Vorboten frühzeitig erkennen – Eltern nicht nur warnen, sondern auch die Kooperation mit Fachleuten einleiten

Wenn sich Vorboten komplexer Problemkonstellationen und ihre Tendenz zur Chronifizierung feststellen lassen und sich diese den üblichen, zunächst meist niederschwellig erfolgenden therapeutischen und pädagogischen Zugangsweisen zu widersetzen scheinen und zu immer mehr Funktionsbeeinträchtigungen in der Familie, im Kindergarten oder in der Grundschule führen, kann – wenn andere ursächlich in Frage kommenden Faktoren ausgeschlossen werden konnten – durch eine spezielle diagnostische Abklärung und Gewichtung der gewonnenen Hinweise das gegebene Risiko für die Entstehung einer Persönlichkeitsentwicklungsstörung eingeschätzt werden. Damit sich die daraus erwachsende Gefährdung nicht ungehindert fortsetzt, ist die Entwicklung der Persönlichkeit dieses jungen Menschen und insbes. seiner für die gesellschaftliche Integration erforderliche soziale Kompetenz im Laufe der weiteren Verlaufsgeschichte sehr aufmerksam zu verfolgen und bei Bedarf durch planvolles und zielgerichtetes therapeutisches und pädagogisches Handeln zu schützen. Handlungskonzepte sollten dabei mehrdimensional ausgerichtet sein.

Für eine differentialdiagnostische Abklärung und Einschätzung des speziellen Hilfebedarfs wäre ein Netz von fachlich qualifizierten psychologischen und kinder-/jugendpsychiatrischen oder kinderärztlichen Praxen, Sozialen Diensten und eventuell Frühberatungsstellen erforderlich. Immer noch stoßen Eltern eher durch Zufall oder nach langer Zeit des Suchens und Experimentierens auf eine fachkundige Beratung.

Bestätigt sich das Risiko einer komplexen Problemkonstellation, müssen die Eltern die nötigen Informationen hierzu erhalten. Es genügt allerdings nicht, sie vor den Risiken zu warnen. Sie brauchen zugleich auch die Benennung von Fachpersonen mit spezifischen Kompetenzen aus den o.g. Bereichen. Die Kooperation mit den Eltern oder der Eltern mit den entsprechenden Fachleuten ist u.U. durch entsprechende Überzeugungsarbeit herzustellen oder zu unterstützen.

22.2 Frühe therapeutische und pädagogische Handlungsansätze verbessern Chancen

Wurden die ersten deutlichen Anzeichen und die damit verbundene Tragweite zu einem früheren Zeitpunkt erkannt und die Entscheidungen für angemessenere, d.h. störungsspezifische Betreuungsangebote getroffen, beseht u.E. eine hohe Wahrscheinlichkeit, dass dadurch sich teufelskreisartig auf verschiedenen Ebenen und in mehrere Lebensbereichen hinein ausbreitenden Problemauswüchsen und Problemverhärtungen im Kindergarten- oder Grundschulalter besser aufzuhalten und einzudämmen sind wie im späteren Schulalter oder im jugendlichen Alter. Dennoch sind natürlich therapeutische und pädagogische Eingriffe in jedem Alter möglich und absolut notwendig werden.

Je nach Situation wird zur mehrperspektivischen diagnostischen Abklärung, zur Ermittlung der therapeutisch nutzbaren Ressourcen und zur Therapieeinleitung auch die stationäre Aufnahme des Kindes in eine kinder- und jugendpsychiatrische Klinik erforderlich und nützlich sein. Sie sollte auch einer längerfristigen Behandlung in einer therapeutisch orientierten Einrichtung der Jugendhilfe vorausgehen. Werden Art und Schwere der Problematik erst zu einem späteren Zeitpunkt, beispielsweise während der Betreuungsphase in einer Einrichtung, wahrgenommen, kann auch ein klinisch orientiertes Fachteam einer spezialisierten Einrichtung der Jugendhilfe die Risikokonstellation diagnostisch identifizieren und Eltern, Sozialen Dienst des Jugendamts (als Leistungs- und Kostenträger) und eventuell andere Beteiligte darüber aufklären und Beratungsunterstützung geben. So kann – zwar möglicherweise spät, aber zumindest zügig – klar werden, was mit welcher Priorität zu tun ist. Sowohl präventive wie auch sich daran anschließende pädagogische und therapeutische Maßnahmen sind von Anfang an individuell auf die Problemsituation abzustimmen.

22.3 Risiken beim Einsatz niederschwelliger Hilfen beachten

Ist die Problematik mit ihren Besonderheiten erkannt, wäre ein langes und unter Umständen erfolgloses Experimentieren mit niederschwelligen bzw. nicht ausreichend störungsspezifisch und mehrdimensional einsetzbaren Hilfeangeboten der falsche, d.h. der zu vermeidende Weg. Denn ist erst einmal die therapeutische und pädagogische »Handhabbarkeit« dieser Störungskonstellationen beeinträchtigt oder gar verloren gegangen, sind die pädagogisch-therapeutischen Aufgaben um ein mehrfaches schwieriger zu lösen und auch als prognostisch ungünstiger anzusehen. Wenn bei diesen Problemkonstellationen – wie dies gängiger Praxis entspricht – zunächst niederschwellige Hilfeformen eingesetzt werden, so sollte ihre Wirkung und ihr Erfolg kontinuierlich überprüft werden, um ggf. das Hilfekonzept schnell der aktuellen Situation anpassen zu können.

22.4 Psychosoziales Frühwarnsystem

Es ist darüber nachzudenken, wie Möglichkeiten der Früherkennung verbessert und institutionalisiert werden können. Auch für den Personenkreis mit den von uns geschilderten Risikobelastungen sollte es eine entsprechend frühe Risikofeststellung und -einschätzung geben, wie sie in anderen Bereichen bereits besteht bzw. ganz ähnlich gefordert wird (z.B. Frölich, Döpfner, Biegert & Lehmkuhl (2002) bei AD(H)S oder Schmidt (1998) bei Störungen des Sozialverhaltens). Auf welchem Weg die Ermittlung und Einschätzung der Auffälligkeiten erfolgen kann wäre zu diskutieren. Möglicherweise könnten bereits im Kindergarten oder bei den Einschulungsuntersuchungen entsprechende Hinweise gesammelt und den Eltern gezielte Hinweise gegeben werden. Dabei ist daran zu denken, dass nach Schmidt (1998) nur ca. 10 % der Eltern aggressiv-dissozial auffälliger Kinder ihre Familie für hilfebedürftig halten, d.h. diese Familien werden Unterstützungsangebote mit aufsuchendem Charakter gar nicht erst in Anspruch nehmen.

Zusammenfassung und Fazit

Die Arbeitshypothese dieses Buches war, dass auch bei Kindern und Jugendlichen multiple[1] und komplexe[2] psychosoziale Problemkonstellationen auftreten können, die – wenn nicht frühzeitig erkannt und problemspezifisch behandelt – ein hohes Risiko für die Ausprägung einer Persönlichkeitsstörung im Erwachsenenalter (beschrieben in DSM-IV und ICD-10) bergen. Diese Kinder und Jugendlichen zeigen Merkmale, die denen von Persönlichkeitsstörungen im Erwachsenenalter gleichen. Allerdings müssen diese Merkmale von der teilweise wissenschaftlich besser erforschten Erwachsenenebene auf die Kind-/Jugendlichenebene übersetzt werden, um ihre Bedeutung zu verstehen und sie entsprechend interpretieren zu können. Wir haben diese komplexen Problemkonstellationen mit ihren vielfältigen, wechselhaften und z.T. widersprüchlichen Symptomen und dysfunktionalen Interaktionsstilen deswegen und um dem Entwicklungsaspekt von Persönlichkeit besser Rechnung zu tragen als *Persönlichkeitsentwicklungsstörungen* definiert. Aus den Erfahrungen unserer Einrichtung lässt sich berichten, dass eine ganze Reihe von Kindern und Jugendlichen bereits im Alter von 8–16 Jahren diese komplexen Risiko- bzw. Problemkonstellationen aufweisen.

Diese Problemkonstellationen erzeugen lang anhaltendes, tief greifendes und dysfunktionales Problemverhalten in mehreren Lebensbereichen und führen zu starken Beeinträchtigungen in sozialen, schulischen und beruflichen Funktionsbereichen. Sie lösen in erhöhtem Maße Leid aus, insbesondere weil die betroffenen Erwachsenen und die jungen Menschen dazu neigen, ihre Probleme zu verleugnen bzw. deren Ursachen hartnäckig ihren Mitmenschen oder widrigen äußeren Umständen zuzuschreiben. Ihre Bewältigungsfähigkeiten und Problemlösefertigkeiten (Copingfunktionen) sind in der Regel zu wenig ausgebildet, während die sog. unreifen und rigiden Abwehrmechanismen (Verleugnung, Realitätsausblendung, Spaltung und Abwertung, Idealisierung, Allmachts- und Ohnmachtsgefühle, die sich im Widerstreit miteinander befinden) übergewichtig eingesetzt werden.

Für betroffene junge Menschen, die keine ausreichende oder eine zu wenig wirksame Hilfe erfahren oder die sich für die Annahme der Hilfe nicht gewinnen lassen, besteht eine erhöhte Gefahr, dass sie in eine anhaltende psychosoziale Not geraten oder die gesellschaftlichen Normen verletzen – zumal dies durch entsprechende gesellschaftliche Umstände wie die erschwerte Orientierung an haltgebenden Werten und Normen, unkenntlich gewordene Grenzen und die magische Anziehungskraft von Verführungen und Versuchungen verschiedenster Art begüns-

1 mit vielfältiger Symptomatik auftretende
2 vielschichtige

tigt wird. Das schließt nicht aus, dass es betroffene Menschen auch verstehen, ihre persönlichen Eigenheiten so zu kultivieren, dass sie große gesellschaftliche Anerkennung finden können.

In den internationalen Klassifikationssystemen für psychische Störungen (ICD-10 und DSM-IV) sind Persönlichkeitsstörungen von Erwachsenen anhand empirisch ermittelter Merkmale und Verhaltensmuster beschrieben. Sie zeigen sich vor allem in persönlichkeitsbedingten komplexen Störungen des zwischenmenschlichen Beziehungsverhaltens. Es gibt fließende Übergänge von noch im Normalbereich liegenden problematischen Persönlichkeitszügen und den als pathologisch anzusehenden Problemkonstellationen. Zu beachten ist auch, dass die beschriebenen Störungsbilder nach den Grundannahmen von ICD-10 und DSM-IV, auch wenn sie in getrennten Kategorien gefasst sind, keine absoluten Grenzen aufweisen, durch die sich Störungen von der Normalität trennen lassen. Deswegen genügt für eine Einstufung, wenn nur ein Teil der Kriterien aus der jeweiligen Kriterienliste zutrifft. Unergiebig ist es hingegen, nach der *reinen Form* dieser Störungsbilder zu suchen und dabei die z.B. in der Verlaufsgeschichte sichtbar werdende Existenz der über Jahre verfolgbaren Störungsgrundmuster aus den Augen zu verlieren bzw. zu übersehen. Für den wissenschaftlich orientierten Diagnostiker, der sich nach einer sauberen und trennscharfen Diagnose sehnt, mag das irritierend sein, für den Praktiker entspricht dies jedoch der alltäglichen Realität.

In den Klassifikationssystemen wird empfohlen, die Diagnose Persönlichkeitsstörung erst im frühen Erwachsenenalter zu vergeben, auch um das Risiko einer Etikettierung und Stigmatisierung zu umgehen. Dennoch ist es in den Klassifikationssystemen in Ausnahmefällen möglich, Persönlichkeitsstörungen bereits in der Kindheit oder Jugend zu diagnostizieren, und zwar dann, wenn die geforderte Mindestzahl der Kriterien der jeweiligen Persönlichkeitsstörung bereits voll erfüllt, die unangepassten Persönlichkeitszüge tief greifend und andauernd und nicht auf eine bestimmte Entwicklungsphase begrenzt sind.

Wir halten den Standpunkt »Diagnose erst im Erwachsenenalter« für dringend diskussionsbedürftig und eine Reihe von Autoren ist inzwischen ebenfalls unserer Ansicht. Wir sind uns sicher, dass die Problemkonstellationen und die dazugehörigen Störungsmuster bei Kindern und Jugendlichen schon da und feststellbar sind. Sie können viel früher in ihren Grundmustern identifiziert werden, nämlich bald nachdem die Entstehungsursachen ihre ersten Folgen beim Kind, in der Familie, in Kindergarten oder Grundschule zeigen. Wir betrachten die Stigmatisierungsgefahr, die aus einer jahrelang ausufernden und leidvollen Problemverhaltensgeschichte mit ständigen sozialen Kollisionen resultiert, als viel gravierender und vor allem verhängnisvoller als eine unter Fachleuten als Arbeitshypothese benutzte Diagnosebezeichnung *Persönlichkeitsentwicklungsstörung*. Denn diese hätte in erster Linie die Funktion, dringenden wie auch speziellen Hilfebedarf zu signalisieren. Im Übrigen würde ja schon die Feststellung eines Risikos für die Ausprägung einer Persönlichkeitsstörung genügen, um einen intensiveren und mehrdimensionalen Hilfebedarf zu begründen. Selbst wenn bei (jüngeren) Kindern zunächst nur von einem erhöhten Risiko ausgegangen werden kann, gilt es auch unter präventiven Aspekten, festgestellte Störungsmerkmale und Störungsstrukturen mit größter Aufmerksamkeit zu verfolgen. Je früher die Gefahr erkannt wird, umso eher kann der weitere Verlauf mit therapeutischen und pädagogischen Gegenmaßnahmen beeinflusst bzw. mit Aussicht auf Erfolg zumindest gemildert werden.

Vier Persönlichkeitsentwicklungsstörungen haben wir aus dem Spektrum der Persönlichkeitsstörungen bei Erwachsenen beispielhaft herausgegriffen, bei denen wir uns sicher sind, dass sie bzw. ihre Vorläufer bei Kindern und Jugendlichen auftreten. Es sind *Emotional instabile bzw. Borderline-Persönlichkeitsentwicklungsstörungen*, schwere *Störungen des Sozialverhaltens* als Vorformen von *Antisozialen (dissozialen) Persönlichkeitsstörungen, Narzisstische Persönlichkeitsentwicklungsstörungen* und *Schizoide Persönlichkeitsentwicklungsstörungen.* Wir gehen davon aus, dass wir es häufig mit *Mischformen* dieser Störungstypen zu tun haben oder dass eine Person auch mehrere Persönlichkeitsentwicklungsstörungen haben kann, wobei eine meist die dominierende Rolle hat.

Die jeweilige Erscheinungsweise einer Persönlichkeitsentwicklungsstörung hängt von einer Reihe von Faktoren ab wie Alter, Temperament, Lebensgeschichte und Lebensereignisse, Strukturniveau und Bildungsniveau der Persönlichkeit und nicht zuletzt von zahlreichen komorbid (begleitend) auftretenden Störungen (z.B. AD(H)S, Ess-Störungen, Schlafstörungen, Teilleistungsschwächen und noch anderen individuellen »Beimischungen«). Als zusätzlich irritierend wird oft erlebt, dass sich Kinder und Jugendliche mit ihren kognitiven Funktionen, ihren sozialen Kompetenzen als auch in ihrer emotionalen Verfassung zeitweise auf einem höheren und dann wieder auf einem niedrigeren Funktionsniveau bewegen und damit manchmal fast der Eindruck entsteht, sie bestünden aus zwei Personen.

Die Vielfältigkeit und (scheinbare) Widersprüchlichkeit der Symptomatik der Störungsbilder erschwert zweifellos die Diagnose bzw. die Beurteilung des Hilfebedarfs und kann so letztlich auch zur Verschleppung geeigneter Hilfen führen. Auch noch nach jahrelang höchst problematischer Verlaufsgeschichte und deutlich erkennbaren Risiken unterbleiben die richtigen diagnostischen Schlüsse. Vorliegende Diagnosen werden nicht evaluiert und – was verhängnisvoller ist – es kommt nicht zu den entsprechenden therapeutischen und pädagogischen Hilfeentscheidungen. Gerade im Zusammenhang mit den nicht leicht diagnostizierbaren Persönlichkeitsentwicklungsstörungen ist deshalb nach Resch (1998) darauf hinzuweisen, dass Diagnostik ein prozessuales Geschehen ist, das durch wiederholtes Hypothesengenerieren und Hypothesenprüfen gekennzeichnet ist und immer Beziehungs- und Beurteilungsaspekte in dynamischer Wechselwirkung beinhalten muss. Dies gilt im Übrigen auch für den Hilfeverlauf, bei dem Hilfen immer wieder evaluiert und ggf. verändert werden müssen.

Die Persönlichkeitseigenarten oder Persönlichkeitszüge, auf die man bei Menschen mit Persönlichkeitsstörungen oder Persönlichkeitsentwicklungsstörungen trifft, sind keineswegs nur bei einem bestimmten, besonders problembelasteten Personenkreis, sondern grundsätzlich bei allen Menschen anzutreffen. Nur ihr Auftreten in einer ganz bestimmten Konstellation, die starke Ausprägung ihrer Unflexibilität und ihrer Dysfunktionalität, ihre lange Dauer und die daraus entstandenen funktionellen Beeinträchtigungen wie auch das starke subjektive Leiden und das Leiden anderer Betroffener wie z.B. der Angehörigen stellen das Besondere dar. Für die

Annahme sowohl einer Persönlichkeitsstörung als auch einer Persönlichkeitsentwicklungsstörung dürfen nie nur einzelne Merkmale herangezogen und interpretiert werden. Es ist vielmehr immer das Gesamtbild, die gesamte Problemkonstellation einschließlich ihrer vielfältigen Ursachen, ihrer Symptom- und Strukturmerkmale und ihrer Auswirkungen in einem entsprechenden zeitlichen Kontinuum zu bewerten und zu gewichten.

Persönlichkeitsentwicklungsstörungen verursachen typische Belastungen bei den jungen Menschen selbst, bei den Eltern und auch bei professionellen Helfern (Lehrer, Sozialpädagogen und Therapeuten etc.). Die Eltern z.B. kommen oft zermürbt und am Ende ihrer Kräfte zu uns. Sie haben davor mit ihren Kindern meistens unterschiedlichste Beratungs- und Therapieangebote in Anspruch genommen und auf nachhaltigen Erfolg vergeblich gewartet. Auch die hinzugezogenen professionellen Helfer erleben sich nicht selten – und für uns sehr gut nachvollziehbar – zeitweilig entsprechend hilflos. Aus einer solchen Situation heraus sollte nicht vorschnell davon ausgegangen werden, dass für die Fehlentwicklungen bzw. für deren Hartnäckigkeit und zeitweilig geringe Beeinflussbarkeit nur die Eltern verantwortlich sein könnten. Es hat sich gezeigt, dass die Problemkonstellationen dieser jungen Menschen wesentlich komplexer betrachtet werden müssen und dass lineare Ursache-Wirkungszusammenhänge den meist komplizierten Ursachenverkettungen und -verschachtelungen nicht einmal annähernd gerecht werden können. Man sollte deshalb nicht nur fragen: »Was machen die Eltern falsch?» oder »Was haben die Eltern falsch gemacht?«. Es sollte auch gefragt oder überlegt werden, warum elterliche, vorschulische und schulische Erziehungsbemühungen nicht genug bewirkt haben. Denn es geht hier um Kinder und Jugendliche, bei deren erschwerter Erziehung man manchmal schon früh fast nichts recht machen kann oder bei denen man zumindest zeitweise Fehler machen muss. Betroffene Eltern kommen häufig mit schweren Versagens- und Schuldgefühlen, für deren Aufarbeitung viel Zeit benötigt wird. Auch die Versagensgefühle und Selbstzweifel, die beim Umgang mit Persönlichkeitsentwicklungsstörungen bei Erziehern, Sozialpädagogen, Sozialarbeitern, Lehrern oder Therapeuten entstehen und von den jungen Menschen auch über ihre dysfunktionalen Handlungsstrategien geschürt werden, treten meistens störungsbedingt auf und resultieren nicht etwa nur aus eigenen fachlichen und persönlichen Unzulänglichkeiten.

Als multifaktorielle Ursachen finden sich – wie in unserem *Mehrperspektivischen Entwicklungsmodell psychischer Störungen* dargestellt – neben einem Bündel typischer Problembelastungen in der Lebensgeschichte und kritischen Lebensereignissen, familiären Stressfaktoren und zwischenmenschlichen Konfliktsituationen auch Temperamentsfaktoren und neurobiologische Faktoren, die sich alle miteinander in einem ständigen komplexen Wechselspiel befinden. Häufig finden sich auch deutliche genetische Hinweise aus der Familiengeschichte. Immer unüberschaubarer und multimedialer werdende Lebensumwelten sind als Ursachen ebenso maßgeblich beteiligt. Sehr häufig ist eine psychische Vulnerabilität und eine Stressüberempfindlichkeit sowie eine bedrohlich erhöhte Anzahl verschiedener Risikofaktoren zu finden.

Entwickeln und verfestigen sich oder eskalieren die beschriebenen Störungsbilder und die dazugehörigen Störungsmuster zu lange, d.h. z.B. schon vom Vorschulalter an mehr oder weniger ungehindert (oder unwirksam gehindert), besteht die Gefahr, dass sie irgendwann – insbesondere in wiederholt auftretenden Krisensituationen – therapeutisch und pädagogisch immer schwerer handhabbar werden. Im Extremfall, d.h. in eskalierten Krisensituationen, muss dann mit einem kaum noch kalkulierbaren und pädagogisch-therapeutisch schwer zugänglichen Problemverhalten gerechnet werden. Zugespitzte Krisensituationen sind sich (unabhängig davon aus welcher der vier von uns beschriebenen Problemkonstellationen sie hervorgegangen sind) sehr ähnlich, insbesondere was ihre leidvollen Auswirkungen für den jeweiligen jungen Menschen selbst wie auch die Angehörigen betrifft. Wir nehmen häufig Kinder und Jugendliche in unsere pädagogisch-therapeutische Einrichtung auf, die vor der Aufnahme an diesem Punkt angelangt sind. Entsprechend schwierig ist dann die Arbeit mit diesen hochproblembelasteten jungen Menschen und entsprechend hoch ist auch der Kräfteeinsatz der Mitarbeiter, die sich dieser Aufgabe stellen, um bei diesen jungen Menschen die Einsicht für den Hilfebedarf und die Bereitschaft zur Hilfeannahme und zu Verhaltensänderungen herbeizuführen.

Junge Menschen mit bereits ausgeprägten und verfestigten Störungsbildern benötigen umfassende und intensive bzw. mehrdimensional angelegte Hilfe. Diese muss lebensbereichsübergreifend sein, auf mehreren Ebenen, über verschiedene Zugangswege und Handlungsmodelle und mittels gezielt zu schaffender Lernsituationen und vielfältiger Erlebnisaktivierung ansetzen. Sie verlangt aber auch Zeit, immer wieder neue Ideen und auch Mut zu unkonventionellen Vorgehensweisen. Eine zu lange Zurückhaltung hinsichtlich der psychopathologischen Zuordnung und entsprechend hinsichtlich einem störungsspezifischen Hilfekonzept kann fatale Folgen haben: nicht zuletzt viel tief gehendes und lang anhaltendes Leid für den jungen Menschen, die Angehörigen, die Lehrkräfte in der Schule und andere hilfeleistende Personen und letztlich aber auch für die Gesellschaft als Ganzes. Werden auch bei diesen Problemkonstellationen – wie dies gängiger Praxis entspricht – zunächst niederschwellige Hilfeformen eingesetzt, ist dies nur zu verantworten, wenn diese unter streng kontrollierten Bedingungen immer wieder auf Wirkung und Erfolg überprüft werden. Im Allgemeinen sind hier frühzeitiger als bei leichteren bzw. weniger komplexen psychischen Störungen oder Erziehungsproblemen intensivere und umfassendere Hilfeformen angezeigt.

Das *Mehrdimensionale Hilfekonzept* als problemspezifischer, flexibel variierbarer und individuell anpassbarer Hilfeansatz wurde auf der Basis seit Jahren bewährter praktischer Arbeitsansätze und auch mit Blick auf die sich aus unseren Arbeitshypothesen und Erfahrungen ergebenden und zu diskutierenden idealtypischen Entwicklungsrichtungen dargestellt. Es gibt für diese Störungsbilder noch kein wissenschaftlich gesichertes Therapiekonzept und auch erst recht keine Patentlösungen. Für jeden betroffenen jungen Menschen muss ein individuelles therapeutisch-pädagogisches Konzept erstellt werden, das vielfältige, z.T. bewusst attraktiv gestaltete Komponenten bündelt, aber auch kontinuierliche Anforderungen, pädagogische Strukturgebung und Verantwortungszumutungen enthält. Dieses besteht aus mehreren pädagogisch-therapeutischen Bausteinen, die in ein passendes individuelles und störungsspezifisches Hilfekonzept integriert werden müssen. Zu solchen Bausteinen gehören z.B. die Schaffung strukturierender Rahmenbedingungen, das Aufspüren und Ausbauen von Ressourcen, die Verbesserung des Sozialverhaltens, das Erlernen von Stressmanagement-Techniken, das Schaffen positiver innerer Bilder, etc. Auch eine medikamentöse Unterstützung kann sich als sinnvoll erweisen, beispielsweise zur Verbesserung der Zugänglichkeit des jungen Menschen und seiner gestörten Aufmerksamkeit wie auch zur Unterstützung seiner Affektkontrolle in Krisensituationen. Unter den Rahmenbedingungen einer stationären oder teilstationären Einrichtung mit Schule bestehen für die diagnostische Bewertung und die Behandlung von Persönlichkeitsentwicklungsstörungen günstige Voraussetzungen, weil das Kind/der Jugendliche hier, wie es bei diesen Problemkonstellationen wichtig ist, in verschiedenen Lebensbereichen erlebbar und gezielter integrativ förderbar ist.

Der Lebensbereich Schule ist für das Mehrdimensionale Hilfekonzept von großer Bedeutung. Denn die Schule ist maßgeblich für die Förderung der Ich-Funktionen (wahrnehmen, bewerten, steuern, planen, urteilen, entscheiden, Gefühle in Worte fassen etc.) sowie für die Entwicklung eines stabilen Selbstwertgefühls mitverantwortlich. Daneben bilden Wissen, Interessen, kognitive Orientierung, Aktivierungsbereitschaft und Arbeitshaltung Voraussetzungen dafür, als Erwachsener am gesellschaftlichen Leben teilnehmen zu können und ein Gefühl von Verantwortung gegenüber dem eigenen Leben, der eigenen Familie und der Gesellschaft zu entwickeln. Auf der Suche nach nutzbaren Ressourcen kann gerade auch die Schule für Erziehungshilfe durch ihr Spektrum spezifischer Methoden, ihre pädagogischen Gestaltungsspielräume und z.B. einer hohen Gewichtung des Praktischen Lernens (insbes. praktisch handwerkliche Fähigkeiten im Zusammenhang mit konkreten lebensweltlich verankerten und alltagsnahen Aufgaben) für misserfolgsgeprägte junge Menschen Wesentliches zu einer neuen Perspektive für die berufliche und gesellschaftliche Eingliederung beitragen.

Die Einbindung der Eltern bzw. der Familien ist grundsätzlich Bestandteil des Mehrdimensionalen Hilfekonzepts. Art und Intensität sind von den individuellen Voraussetzungen abhängig. Parallel zur Förderung des Kindes/Jugendlichen benötigen Eltern neben Entlastung von Schuld- und Versagensgefühlen auch Ermutigung, sich neue pädagogische Kompetenzen, insbesondere Fähigkeiten zum Konfliktmanagement, anzueignen. Als sehr nützlich erweist sich auch die konkrete Anleitung zur Schaffung neuer haltgebender pädagogischer Strukturen zu Hause. In Beurlaubungsphasen kann solches zu Hause erprobt werden. Neben Gesprächen mit den Eltern und auch der Familie bilden therapeutisch orientierte Gruppen für Mütter und Väter eine wichtige Rolle. In einer Reihe von Fällen sind systemische Familientherapeuten miteinbezogen. Für die Zeit, wo das Kind/der Jugendliche wieder zu Hause ist, sollten Eltern auch die eigene Belastbarkeit zuverlässiger einschätzen können und regelmäßig auf Entlastungsmöglichkeiten für sich zurückgreifen können. Ein spezielles *Elternseminar* kann in einfacher Form problemspezifisches Wissen vermitteln, über fachliche Zusammenhänge und pädagogische und therapeutische Konsequenzen aufklären, so auch der Vorbereitung von Entlassungen dienen und mit den Teilnehmern Möglichkeiten, wie die weitere Entwicklung abgesichert werden kann, erarbeiten.

Realistische Problemsicht und Akzeptanz des Hilfebedarfs fehlen den Kindern/Jugendlichen mit Persönlichkeitsentwicklungsstörungen oft zunächst. D.h. die jungen Menschen wie auch erwachsene Klienten sträuben sich oft gegen die Einsicht, selbst für ihre Probleme mitverantwortlich zu sein und zeigen dementsprechend wenig Bereitschaft, Hilfe anzunehmen oder eigene Einstellungs- und Verhaltensänderungen als notwendig zu betrachten. Wir gehen davon aus, dass ein junger Mensch mit einer Persönlichkeitsentwicklungsstörung eine z.T. ganz eigene Weltsicht und eine Reihe von schwer abzulegenden Ängsten hat. Es sind Ängste vor sichtbar werdenden Schwächen, vor Verunsicherung, vor Kränkung des schwachen Selbstwertgefühls wie auch vor dem mit Verhaltensänderungen evtl. verbundenen Verlust von bisherigen Überlebensstrategien. Damit ist er zunächst eigentlich kaum prädestiniert für innovative und anstrengende Veränderungsprozesse. Starre Abwehrhaltungen, unflexible Denkmuster, affektiv durchsetzte Blockadehaltungen und Schwächen der Impulsregulation können auf den ersten Blick viel versprechende Behandlungsideen und -konzepte schnell an ihre Grenzen stoßen lassen. Dennoch gilt es, die sich auftuenden Hürden zu Schwerpunkten der einzel- und gruppentherapeutischen wie auch der pädagogischen Arbeit zu machen. Für die Kooperationsbereitschaft als eine der Hauptgrundlagen für einen erfolgreichen Hilfeprozess müssen die meisten dieser jungen Menschen von vertrauenswürdig erlebbaren Erziehern, Therapeuten und Lehrern richtiggehend gewonnen werden. Die Bereitschaft, Hilfe anzunehmen, und die erforderlichen Erfolge entstehen aber unter diesen Umständen häufig nur langsam und in kleinen Schritten. So können Hilfeprozesse oft trotz aufwändiger und mit viel Ausdauer geleisteten Bemühungen bei diesen jungen Menschen nicht zu schnellen Erfolgen geführt werden. Noch länger dauert die Herstellung von psychischer Stabilität und anhaltende Symptomfreiheit. Geradezu typisch für die Komplexität dieser Problemkonstellationen ist aber, dass selbst bei einer Vielzahl von Behandlungs- und Fördermöglichkeiten immer wieder zwischen nicht-optimal erscheinenden Handlungsansätzen ausgewählt werden muss.

Erfolge von stationärer und teilstationärer Hilfe sind zunächst in der Beendigung der Problemeskalation und in der mit dieser häufig verbundenen Not im Sinne von Zermürbung, Verzweiflung und Leid, im Stopp der Fehlentwicklung sowie in der Erarbeitung einer realistischen Problemsicht mit den Kindern/Jugendlichen und den Eltern zu sehen. Letztlich entstehen *Erfolgsbausteine* – also nicht *der* Erfolg – auch ganz entscheidend aus der Verringerung der *Risikofaktoren* bzw. ihres anfänglichen Übergewichts und durch den zielstrebigen und ressourcenorientierten Aufbau und Ausbau von *Schutzfaktoren* (gesunderhaltenden Faktoren). So entwickeln sich z.B. neue Bewältigungsfähigkeiten, neue Interessen, Selbstwertzuwachs und Selbstvertrauen, größere soziale Kompetenz, mehr Belastbarkeit und erste Vorstellungen über lohnende Lebensziele. Ein Schulabschluss auf welchem Niveau auch immer, praktische Arbeitsfähigkeit und eine bessere Orientierung an den gesellschaftlichen Normen und Wertvorstellungen führen zu einer Chancenverbesserung und dann auch zu mehr Verantwortung für und Teilhabe an der Gesellschaft.

Die beteiligten Fachkräfte in der Einrichtung benötigen Rückhalt und Stützung im Team, regelmäßige Praxisbegleitung und Gelegenheit zur Supervision. Selbst gut ausgebildete und erfahrene Fachkräfte fühlen sich im Wirrwarr der wechselnden Erscheinungsformen und der zermürbenden Auswirkungen von Persönlichkeitsentwicklungsstörungen und der stressigen Anforderungen, die dadurch an sie gestellt werden, bis an die Grenzen belastet, sodass ihnen dann auch die Sicht für die beste pädagogisch-therapeutische Vorgehensweise vorübergehend verstellt wird. Dies zeugt nicht etwa von einer professionellen Inkompetenz der Pädagogen, Therapeuten oder Lehrer. Bei diesen komplexen Problemkonstellationen ist solche Irritierung vielmehr eine durchaus natürliche bzw. fast zwangsläufige Folge. Es muss Mitarbeitern daher vermittelt werden, dass man sich für ein Nicht-mehr-weiter-Wissen nicht schämen muss. Statt dessen sollte in der Einrichtung ein Klima bestehen, bei dem Fehler und Ablösungs- oder Entlastungsbedarf erlaubt sind und gemeinsam nach Wegen und Lösungen gesucht wird. Nicht umsonst hat Linehan (1996, 1996a) in ihrem Borderline-Therapiekonzept die Betreuung der Therapeuten zu einem ihrer vier Therapiebausteine erklärt.

Die Problematik von Persönlichkeitsentwicklungsstörungen spielt sich immer auf mehreren Schauplätzen ab und es sind immer mehrere Baustellen zu bedienen, um das körperlich-seelische Befinden des jungen Menschen auf einem Niveau ausreichender Bewältigungskompetenz und Konfliktbelastbarkeit zu halten. Komplexe Probleme wie sie bei diesen Kindern/Jugendlichen zu lösen sind, können deshalb nicht von einer Person, sei sie Psychologe, Psychotherapeut oder Facharzt, Sozialpädagoge oder Lehrer allein bewältigt werden. Statt dessen müssen Fachkräfte (Sozialpädagogen, Lehrkräfte, Psychologen, Familientherapeuten, Fachärzte, AD(H)S-Spezialisten und je nach Bedarf auch Berufsberater oder Schuldenberater für die Eltern) in allen Lebensbereichen der Kinder/Jugendlichen präsent sein und ihre unterschiedlichen Kompetenzen in gut koordinierter Teamarbeit und methodenintegrativ zusammenführen. Sie stützen sich gegenseitig und geben sich Rückhalt auf diesem komplizierten Arbeitsfeld, allerdings um den Preis, dass der Abstimmungsbedarf und der dafür erforderliche Zeitaufwand sehr hoch ist. Den Fachkräften der Kommunalen Sozialen Dienste mit ihrem gesetzlichen Auftrag obliegt die Aufgabe, die nötigen Hilfeprozesse zu planen und einzuleiten, auch mit dem Blick auf Qualitätsaspekte zu begleiten und zu unterstützen wie auch deren Finanzierung sicher zu stellen.

Die Zusammenarbeit zwischen Jugendhilfeträger und pädagogisch-therapeutischer Einrichtung oder anderen professionellen Helfern ist von besonderer Bedeutung. Der Zwang, knapper gewordene finanzielle Mittel der Jugendhilfeträger effektiver einzusetzen, ist nur ein Aspekt. Er bedingt – wie auch allgemein gefordert wird – dass Jugendhilfeträger (Leistungsträger) und Leistungserbringer (Einrichtung und evtl. Spezialisten) noch ziel- und effizienzorientierter zusammenarbeiten. Dies setzt aber auch voraus, dass besondere psychosoziale Risikobelastungen und die dazugehörigen erzieherischen Probleme frühzeitig identifiziert sowie Störungsverläufe und die Wirksamkeit eingesetzter Hilfen aufmerksam verfolgt werden müssen. Die Kooperationspartner haben sich deshalb fachlich sehr differenziert mit der Vielschichtigkeit spezieller individueller Problemlagen und auch deren Wechselwirkungen mit gesellschaftlichen Einflüssen mehrperspektivisch bzw. unter verschiedenen fachlichen Blickwinkeln auseinander zu setzen und sich darüber miteinander abzustimmen. Die fachliche Abstimmung hierüber sollte zum jeweils individuell zu bestimmenden Mehrdimensionalen Hilfekonzept und zur Feststellung von dessen günstigstem Einsatzzeitpunkt führen. Die Kooperationspartner sollten sich dazu auch gegenseitig transparent und plausibel machen, von welchen Erkenntnissen ausgehend sie welche Hilfeleistungen benötigen oder wünschen bzw. am wirksamsten einsetzen können, und welche finanziellen Rahmenbedingungen dabei zu beachten sind. Dies entspräche auch einer bei diesen Risikokonstellationen notwendigen präventiv orientierten und ökonomisch ausgerichteten Zusammenarbeit. Weiter zu beachten ist, dass die kooperierenden Akteure gerade in Krisenzeiten vom Leidaspekt und vom ausgeprägten Stresscharakter dieser Störungsbilder nicht verschont bleiben und dass dies auch bei gut organisierter Zusammenarbeit zu harten Belastungsproben führen kann.

Bei komplexen Problemkonstellationen kann nicht immer von völliger »*Heilung*« ausgegangen werden. Mit der Entlassung aus der stationären oder teilstationären Einrichtung mit 13, 14 oder 16 Jahren sind oft nicht alle Probleme gelöst und es ist noch keine völlige »Ausheilung« erfolgt. Es kann deswegen weiter die Gefahr bestehen, dass die Ziele Eigenverantwortlichkeit und Integration in die Gesellschaft verfehlt werden. Deshalb bedarf für diese jungen Menschen die Zeit nach der Entlassung aus einer Jugendhilfeeinrichtung ganz spezieller, langfristig orientierter Absicherungs- und Unterstützungsstrategien im Sinne einer *bedarfspezifischen und lebensweltorientierten Nachbetreuung* bzw. *Begleitung*, für die natürlich die Jugendlichen, die Familie und die Jugendhilfeträger erst einmal überzeugt und gewonnen werden müssen. Diese Begleitung (z.B. in der Art von Coaching) muss nicht unbedingt hohe Kosten verursachen. Aber sie muss auf die unzureichende Flexibilität und die anderen Besonderheiten der Wahrnehmungs-, Lern- und Erlebensweisen dieser jungen Menschen abgestimmt sein und sich auf ein gewisses Maß an Kooperationsbereitschaft bei den Jugendlichen und den Eltern oder aber einer anderen respektierten Vertrauensperson stützen können. Das geht nur, wenn gerade bei Jugendlichen in einer autonomiebeanspruchenden, aber auch verletzlichen Entwicklungsphase entsprechende Vereinbarungen vor der Entlassung unaufdringlich und überzeugend angebahnt werden.

Die Risiken nach Auslaufen der spezifischen Hilfe bzw. nach Entlassung aus der pädagogisch-therapeutischen Einrichtung bestehen darin, dass durch akute kränkende Erlebnisse, Misserfolge oder neue Anpassungsanforderungen wieder ein Rückfall in alte Problemverhaltensmuster erfolgt. Entgegen vieler gängiger Annahmen ist dieses Risiko nirgendwo höher als dort, wo diese Problemmuster entstanden sind und sich über einen langen Zeitraum verfestigen oder immer wieder eskalieren konnten (Familie, bisherige Schule). D.h. also: Man muss auch zu Hause, in der Schule und im weiteren Lebensumfeld mit erneuten kritischen Situationen bzw. auch ausgesprochenen Krisen rechnen. Eltern und Lehrer vermögen diese trotz gutem Willen und auch mit normalerweise gut funktionierenden pädagogischen Fähigkeiten oft nicht allein zu bewältigen und auszuhalten. Deshalb ist zweierlei nötig: Einmal sollten Eltern und ihre Helfer – weil sie solche Risiken zu befürchten haben – alles daran setzen, die familiären, schulischen und weiteren Umfeldbedingungen sowohl klimatisch wie auch hinsichtlich pädagogischem Know-how und mittel- und langfristiger Strategien so optimal wie möglich gestalten. Das ist natürlich leicht gesagt und wird in vielen Fällen sehr schwer fallen. Zum zweiten sollten Eltern den Kontakt zu ihren Helfern, denen sie vertrauen und die den jungen Menschen und seine Eigenarten bereits über eigene Erfahrungen mit ihm kennen, aufrechterhalten. Nur dann wird rasch, und nicht erst wenn wieder eine zugespitzte Eskalation eingetreten ist, geeignete Unterstützung wieder verfügbar sein. Geht dies tatsächlich schnell und professionell, lassen sich z.B. durch ein spezielles Krisenmanagement Kosten für teure neue Maßnahmen verhindern. In die Arbeit mit den Eltern müssen die vorgenannten Themen schon während des Aufenthalts des Kindes/Jugendlichen in der Einrichtung einbezogen werden.

Präventive Aspekte sollten größere Beachtung finden. Wenn Kinder z.B. schon mit neun Jahren wegen ihres unflexiblen Gebarens, ihrer auffallend unzulänglichen Affektregulation und geringer sozialer Kompetenz erzieherisch nur schwer lenkbar sind, sollten diese unter präventiven Aspekten eine besondere fachliche Aufmerksamkeit erfahren. Sie werden sich möglicherweise im weiteren Entwicklungsverlauf z.B. sechs Jahre später als Jugendliche mit größer gewordenen Funktionsbeeinträchtigungen mit einem speziellen Hilfeangebot nicht leichter tun. Denn ihre Entwicklungsaufgaben (u.a. Identitäts- und Autonomiefindung, die Beziehung zum anderen Geschlecht, Berufsvorbereitung) sind nun ebenfalls eher noch schwieriger geworden. Sie werden schon infolge der Problemverfestigung eher noch mehr dazu neigen, die nötige Problemeinsicht zu verweigern und u.U. mit noch mehr Vehemenz die Ursachen ihrer Probleme anderen oder den Umständen anzulasten. Das Erreichen von Kooperations- und Veränderungsbereitschaft, der Erwerb von Bewältigungs- und Problemlösefähigkeiten und der zunehmende Verzicht auf infantile und rigide Abwehrmechanismen stehen dann unter einem enorm angewachsenen Zeitdruck.

Warum macht das Konzept der Persönlichkeitsentwicklungsstörungen Sinn? Auf durchschaubare Probleme kann man sich einstellen. Erzieher und Therapeuten können so eher vor Resignation geschützt und leidgeprüfte Eltern oder Lehrer vor Verzweiflung oder Zermürbung bewahrt werden. Auch Versagens- und Schuldgefühle werden bei diesen Erziehungspersonen gemildert. Dies sind wichtige Voraussetzungen für die Aktivierung neuer Motivation und Bereitschaft, sich auf einen mehrdimensionalen Hilfeansatz einzulassen und dafür auch die Geduld und Ausdauer aufzubringen. Für Jugendliche und ihre Eltern, die meist über Jahre mit relativ geringem Erfolg mehrere Helfer-Stationen durchwanderten und Beratungs- und Therapiefehlschläge zu verkraften hatten, kann so neue Hoffnung entstehen, Wege aus der Problemverstrickung zu finden und auf der Grundlage neuer Einsichten eine Zukunftsperspektive zu gewinnen. Außerdem können Störungsbilder, die als Vorboten von Persönlichkeitsstörungen anzusehen sind, früher als bisher üblich erkannt und auch – was sehr wesentlich ist – entsprechend problemspezifisch behandelt werden.

Die Auffassung, dass sich Persönlichkeitsstörungen des Erwachsenenalters bereits als Persönlichkeitsentwicklungsstörungen im Kindes- und Jugendalter ankündigen, verstehen wir als Arbeitshypothese, die den Beteiligten (Eltern, Therapeuten, (Sozial-)Pädagogen, Jugendhilfeträgern, Ärzte etc.) eine angemessenere Verstehensgrundlage und eine problemspezifischere therapeutische und erzieherische Handlungsgrundlage ermöglicht. Wertvolle Erkenntnisse zu komplexen Problemkonstellationen finden sich sicherlich auch im Rahmen anderer Theoriemodelle (z.B. bei Theorien zu AD(H)S oder reaktiven Bindungsstörungen), jedoch hat sich das Konzept der Persönlichkeitsentwicklungsstörungen für uns in der Praxis am besten bewährt.

Die hier dargestellten Erkenntnisse betrachten wir als notwendige Ergänzung anderer Erklärungsmodelle und Konzepte (Bindungsforschung, Trauma- und Resilienzforschung, systemische Familientherapie etc.). Wir haben auf die ausführlichere Darstellung anderer theoretischer Positionen, Forschungsansätze und therapeutischer Aspekte weitgehend verzichtet, um uns vor allem auf die Themen oder Hilfeaspekte konzentrieren zu können, die für unsere Praxis wichtig sind und die sonst eher zu wenig aufgegriffen werden. In der Praxis muss sich gerade beim Umgang mit Persönlichkeitsentwicklungsstörungen Professionalität auch darin zeigen, dass sich ergänzende Konzepte verfügbar und einsetzbar sind.

Wir glauben auch nicht, dass es *eine* speziell für Persönlichkeitsentwicklungsstörungen *optimal geeignete* Therapiemethode gibt. Vielmehr ist davon auszugehen, dass jeder Therapeut, der sich im Rahmen eines mehrdimensionalen oder multiprofessionell und multimodal organisierten Behandlungskonzepts engagiert, bereit sein muss, seine Methode an die Besonderheiten der beschriebenen Problemkonstellationen anzupassen und sich als Mitglied eines eng kooperierenden Behandlungsteams verstehen muss, um einen möglichst wirkungsvollen Beitrag zu einem positiven Entwicklungsprozess leisten zu können.

Auf diesem Arbeitsfeld ist noch einiges an Forschung und Erfahrungsaustausch nötig. Dies ist sicher gerade im Hinblick auf die vielgesichtige und schwer fassbare Symptomatik von Persönlichkeitsentwicklungsstörungen und ihre komorbiden (begleitenden) Störungen nicht verwunderlich. Möglicherweise wird es auch noch sehr lange dauern, bis die Wissenschaft mit ihren empirischen Methoden auf diesem Problemfeld genügend Sicherheit gefunden hat, um zu einer einheitlichen Einschätzung und Beurteilung zu kommen. Insofern würde es uns nicht wundern, wenn es zu dieser Thematik auf längere Sicht keine einheitliche akademische Lehrmeinung gäbe.

In der Praxis können wir nicht darauf warten, bis alle Themen und alle noch bestehenden Fragen und Zweifel ausdiskutiert sind. Die Kinder und Jugendlichen mit ihren Problemkonstellationen und deren Auswirkungen sind da, und ihre Zahl nimmt – zumindest in unserer Einrichtung – zu. Dies hängt u.a. damit zusammen, dass der Weg von der Feststellung der Problematik über die vielen Stationen, bei denen Hilfe gesucht (aber auch aufgeschoben oder abgebrochen) wird, bis zum In-Gang-Kommen einer problemspezifischen und entsprechend intensiven Hilfe im Sinne unseres mehrdimensionalen Hilfekonzepts häufig viel zu lang dauert. Dies hat zur Folge, dass durch die Verfestigung der Problemkonstellationen die notwendigen pädagogisch-therapeutischen Betreuungszeiten länger werden und zugleich die Erfolgsaussichten abnehmen bzw. der Erfolg mit einem immer höheren, letztlich aber auch immer an Grenzen stoßenden Aufwand erkämpft werden muss. Hinzu kommt, dass gerade bei als chronifiziert angesehenen psychischen Störungen bzw. bei deren erzieherischen Folgen oder bei Zweifeln hinsichtlich dem Vorliegen eines typischen psychiatrischen Krankheitsbildes Eltern und Jugendhilfeträgern von kinder- und jugendpsychiatrische Kliniken häufig die Inanspruchnahme teilstationärer oder stationärer Hilfen in einer fachlich entsprechend ausgestatteten Jugendhilfeeinrichtung empfohlen wird.

Anhang

Fallbeispiele

Emotional-instabile Persönlichkeitsstörung

Impulsiver Typus

Fallbeispiel für einen Jugendlichen mit Emotional-instabiler Persönlichkeitsentwicklungsstörung vom Impulsiven Typus

David, 13 Jahre alt, zeigte vor der Aufnahme in eine unserer Tagesgruppen massive Verhaltensauffälligkeiten. Er war aggressiv, nässte nachts ein, ließ sich von der Mutter kaum lenken und setzte seinem jüngeren Bruder stark zu. Davids Problemverhalten eskalierte so, dass er in der Familie nicht mehr ausgehalten werden konnte. Im Bericht über die zugespitzte Situation hieß es, dass David sich ständig mit seinem Bruder stritt, davonlief und stundenlang nicht mehr auffindbar war, kein »Nein« von der Mutter ertragen konnte, biss und kratzte, seine Mutter bei Wutausbrüchen trat und in extreme Wutanfälle geriet, wobei er Türen eintrat und Türrahmen aus der Verankerung riss. Er hätte seiner Mutter auch gedroht, er würde sie nachts mit dem Messer »abstechen«.

In dieser zugespitzten Situation wurde David zur Krisenintervention in einer Kinderklinik stationär aufgenommen. Vorrangige Intention war, damit die häusliche Situation sofort zu entlasten und aus der entstandenen »Sackgasse« daheim herauszufinden. Die Mutter wusste keinen Ausweg mehr, hatte große Angst vor aggressiven Übergriffen durch David und musste selbst vor unüberlegten Handlungen geschützt werden. Es stellte sich heraus, dass es Schwierigkeiten bereits in Kindergarten und Vorschule wegen aggressiven Verhaltens gegeben hatte. In der 1. Klasse der Grundschule wäre David schon »nicht mehr tragbar« gewesen, weil er andere Kinder bespuckte, trat, kratzte und biss, und auch die Lehrerin getreten hätte. Daneben hätte er jede Mitarbeit verweigert und z.B. die Arbeitsblätter zerrissen.

Hinsichtlich der familiären Situation ergab sich, dass es schwerwiegende frühkindliche Gewalterfahrungen gab, die sowohl David wie auch seine Mutter erlitten hatten. Über einen längeren Zeitraum hatte es familiäre Spannungen gegeben. Sie endeten mit der Trennung und Scheidung der Eltern. Später heiratete die Mutter wieder. Die Erziehungsfunktionen blieben aber überwiegend bei der Mutter.

Ursprüngliche MAS-Diagnose laut eines kinder- und jugendpsychiatrischen Gutachtens

- Reaktive Bindungsstörung mit Enthemmung (ICD 10, F 94.2): starke Fixierung auf die Mutter; Neigung zu regressiven Verhaltensweisen (kleinkindhafte Handlungen, Daumen lutschen, schmusen, toben)
- Niedrige Intelligenz (Lernbehinderung): Schwierigkeiten, Handlungen in Ursache-Wirkungsprinzipien wahrzunehmen
- Überforderte familiäre Situation
- Deutliche und übergreifende Schwierigkeiten in drei von vier Bereichen (Beziehungen zu Familienangehörigen, Bewältigung von sozialen Situationen, Schulische Anpassung)

Betreuungsverlauf in unserer Einrichtung

David akzeptierte einen Großteil der Regeln und Anforderungen und zeigte in vielen Bereichen angepasste und angemessene Verhaltensweisen. Die Spielfähigkeit mit anderen Kindern entwickelte sich weiter. Er konnte sich besser auf die Bedürfnisse anderer einstellen und beteiligte sich häufiger positiv an Gruppenaktivitäten. Insbesondere innerhalb strukturierter Gruppenangebote zeigten sich immer weniger Konflikte. Er war oft hilfsbereit und übernahm Verantwortung. Auch kümmerte er sich häufig verlässlich um Jüngere. Inzwischen spielte er auch gerne Fußball.

Anpassungsschwierigkeiten zeigten sich jedoch weiterhin deutlich bei neuen Anforderungen und in neuen Situationen. David geriet dann rasch unter große Spannung und griff auf unzweckmäßige bzw. starre Denkmuster zurück, von denen er nicht abzubringen war. Es kam dann zu Verweigerungen und Drohungen gegenüber Kindern und Erwachsenen. In Konfliktsituationen trat oft spannungsvolles und erregtes Agieren auf. Er wich insbesondere neuen Anforderungen lieber aus, ließ sich bzgl. seiner Leistungsfähigkeit schnell verunsichern und fühlte sich rasch überfordert und gereizt. Hinderte man David, den »bequemen Weg« einzuschlagen, drohte er z.T. offen mit »Ausrasten«; d.h. es konnte dann zu schweren Wutausbrüchen kommen, die von wüsten Drohungen begleitet waren (»Ich ramm' dir ein Messer in den Bauch« – ein Erklärungsmodell für solche Ausraster findet sich in Kap. 6). David konnte emotionale Befindlichkeiten dann auch nicht mehr ausreichend spüren und benennen, sodass man oft nur hinterher in entsprechendem zeitlichen Abstand die Konfliktsituation mit ihm durchgehen konnte.

David war zudem enorm sozialstressempfindlich. D.h. unter Kindern und Jugendlichen kam er – insbesondere an »schlechten Tagen« – schnell an Belastbarkeitsgrenzen. Die Gefahr von Impulsdurchbrüchen und zerstörerischen Aktivitäten musste gut im Auge behalten werden. David konnte frühere Konflikte oder Auseinandersetzungen auch nicht vergessen (Löschungsresistenz bei einer Vielzahl an Erinnerungen).

Seine Bindungsfähigkeit war schwer einzuschätzen. David schien Beziehungen eher für die Befriedigung von Bedürfnissen nach körperlicher Nähe, Erhalt von Belohnungen und Vergünstigungen einzusetzen. David hatte Bedürfnisse nach Macht und Kontrolle. Er suchte Aufmerksamkeit wie auch Halt und die Erfahrung von Verlässlichkeit. Dabei testete er Grenzen und wollte andere dominieren. Das

Gefühl für eine angemessene Distanz war nicht sicher vorhanden und Nähewünsche brachen impulsiv durch.

Bei David zeigten sich immer wieder wechselnde Phasen von höherem und niedrigerem Funktionsniveau. Gute Phasen, in denen Entwicklungsfortschritte sichtbar wurden und er hier und zu Hause relativ gut zurechtkam. Sie wurden aber immer wieder durch Zeiten größerer emotionaler Instabilität unterbrochen, in denen Empfindlichkeit und Gereiztheit in massivere Konflikte ausarteten.

Wir gingen bei David schließlich nach längerem Betreuungsverlauf von einem chronifizierten Störungsbild (im Sinne einer Emotional-instabilen Persönlichkeitsentwicklungsstörung – Impulsiver Typus) aus. Zu seinem Persönlichkeitsbild gehörte neben der nicht altersentsprechenden Selbststeuerungsfähigkeit und einem geringen Selbstwertgefühl ein starkes aggressives Potenzial. Da Davids Frustrationstoleranz ebenfalls eher gering war, konnten sich Konflikte leicht entzünden und einen schwer berechenbaren Charakter annehmen.

Die Zugänglichkeit für therapeutische und pädagogische Interventionen war wechselhaft bzw. insgesamt zu gering, um rasch nachhaltige Erfolge zu ermöglichen. Das Einsichtsvermögen war begrenzt. Es zeigten sich rasche Stimmungswechsel, starke Verwendung von infantilen Abwehrmechanismen (z.B. Verleugnung, Spaltungsphänomene, Abwertung der Bezugs- und Erziehungspersonen usw.), Aufmerksamkeits- und Konzentrationsstörungen und wechselhaftes Lern- und Arbeitsverhalten. Es war klar, er würde in einer Normalschulklasse zu wenig Aufmerksamkeit erhalten können.

Auch nach vier Jahren in der Betreuung einer pädagogisch-therapeutischen Einrichtung zeigten die sozialpädagogischen und heilpädagogisch-therapeutischen Maßnahmen hinsichtlich einer langfristigen Veränderung der psychischen Strukturen oder Störungsmuster einen nur langsamen und zu wenig umfassenden Erfolg, sodass davon ausgegangen werden musste, dass die Gefahr einer seelischen Behinderung (§ 35a SGB VIII) weiterhin gegeben war.

Zu einer dissozialen Fehlentwicklung war es nicht gekommen.

Borderline-Typus

Fallbeispiel für eine Jugendliche mit lebenslang andauernder Emotional-instabiler Persönlichkeitsentwicklungsstörung vom Borderline-Typus (von Kleinkindzeit bis 32. Lebensjahr)

Vorgeschichte und Erscheinungsbild der Problemkonstellation

Patrizia wurde im Alter von 13 Jahren in unserer Einrichtung stationär aufgenommen. Der Heimaufnahme ging eine ca. einjährige stationäre Behandlung mit zweimaliger Unterbrechung in einer kinder- und jugendpsychiatrischen Klinik voraus. Anlass für die Behandlung waren ein Suizidversuch, massive Schulängste mit Verweigerung des Schulbesuchs, Ängste, von Mitschülern bedroht und geschlagen zu werden, sowie eine ausgeprägte Selbstwertproblematik mit depressiver Symptomatik. Aufgrund dieser psychischen Störungen sowie einer drohenden dissozialen Entwicklung (Schuleschwänzen, Diebstähle u.ä.) und der Tatsache, dass die Mutter diese Probleme erzieherisch nicht mehr handhaben konnte, hielt die Klinik eine Unterbringung in einem heilpädagogischen Heim mit psychotherapeutischer Behandlungsmöglichkeit für erforderlich.

Eine wichtige Rolle bei Patrizias psychischen Störungen spielte eine mangelnde Konstanz in der Mutter-Kind-Beziehung schon während der ersten zwei Lebensjahre. Die Mutter hatte sich schon vor der Geburt vom Kindesvater getrennt. Es gab mehrfache Wechsel der Betreuungspersonen (Mutter, Oma, Großtante, Kinderklinik und dreimal mehrwöchige Heimaufenthalte), die auch teilweise mit Personensorge-Wechsel verbunden waren. Zusammenseinwollen und Auseinandergehen wiederholten sich in der Familie mehrfach. Außerdem erlebte Patrizia auch zahlreiche heftige Auseinandersetzungen zwischen Mutter und anderen Personen im familiären Umfeld. Die Mutter konnte Patrizia aufgrund ihrer instabilen persönlichen Verhältnisse und den Folgen der eigenen konfliktreich verlaufenen Kindheit und Jugend nicht die notwendige Geborgenheit und Sicherheit geben.

Im zwölften Lebensjahr wurde Patrizia zunächst noch als fröhlich und ausgeglichen mit gutem schulischen Stand und innigem Verhältnis zu Mutter und Schwester geschildert. Wenige Wochen später kam es zu einem Suizidversuch nach Streit mit der »besten Freundin« und einer erneuten Veränderung der häuslichen Situation. Patrizia kam in eine kinder- und jugendpsychiatrische Klinik. Nach zunächst gutem Verlauf wollte sie hier plötzlich entlassen werden. Daraufhin wechselten sich mehrere Phasen von Klinikaufenthalten, Aufenthalten zuhause und auch missglückten Schulversuchen. Mit 13 Jahren kam Patrizia, dann in unsere Einrichtung. Die Diagnose lautete zu diesem Zeitpunkt: *Schwere Selbstwertproblematik mit vorwiegend depressiver Symptomatik, wahrscheinlich infolge der frühkindlichen Deprivation.* Ein knappes Jahr später diagnostizierte die Klinik: *Pubertätskrise, schwere Selbstwertproblematik, Schulphobie.*

Verlauf des Aufenthalts in der Einrichtung

Patrizia verbrachte zwei Jahre durchgängig in der Einrichtung. Hier zeigte sich die Vielfalt der Symptomatik und auch die Komplexität des Störungsbildes in vollem Umfang:

Bei Patrizia wechselten die Stimmungslagen häufig. Diese pendelten immer wieder zwischen Euphorie, Anhänglichkeit und Aufgeregtheit, Depressivität und Hoffnungslosigkeit, Hassgefühlen und Rachebedürfnissen hin und her. Die Stimmungsschwankungen und Gefühlsausschläge waren teilweise wohl auch pubertätsbegünstigt, in ihrem extremen Ausmaß jedoch durch Patrizias psychische Störung bedingt. Patrizia schwankte auch zwischen dem Wunsch, als erwachsen zu gelten, und ihren stark kindlichen Bedürfnissen.

Sie litt unter Reizoffenheit, großer Empfindlichkeit (vor allem gegenüber Kritik, Lenkungsversuchen und Regeleinforderungen) und Ruhelosigkeit wie auch unter dem Gefühl, nicht alleine sein zu können (»Ich habe da einfach Angst«). Depressive Verstimmungen mit Gefühlen der Leere und Sinnlosigkeit plagten sie häufig. Unzählige Male geriet sie unter größte Anspannung.

Patrizias Selbstwertgefühl war eng an Leistungen gekoppelt und deshalb sehr brüchig. Die Frustrationstoleranz war ausgesprochen niedrig, was sich u.a. in hysterisch erscheinenden Reaktionen auch schon auf kleine Angriffe von Seiten der Mitschüler äußerte. Erwartete Abläufe, die nicht ihren Vorstellungen oder ihrem Willen entsprachen, brachten sie auf. Patrizia litt unter Angst vor der Schule und Versagensängsten allgemein, welche sich manchmal durchaus in Zittern des ganzen Körpers äußern konnten. Ihre schulischen Leistungen waren uneinheitlich und sehr stark von persönlichen Grundstimmungen und der persönlichen Beziehung zur jeweiligen Lehrkraft abhängig. Zwischenzeitlich tauchten immer wieder Größen- und Allmachtsfantasien auf, bei denen ihr die Realität aus dem Blickfeld geriet, wenn sie abgehobene Pläne bekannt gab oder schwer erfüllbare Bedingungen für die Rückkehr auf eine öffentliche Schule stellte.

Patrizias zwischenmenschliche Beziehungen gestalteten sich teilweise sehr schwierig. Ihrer jüngeren Schwester gegenüber empfand sie eine große Rivalität. Patrizia war es sehr wichtig, im Mittelpunkt des Interesses zu stehen und anhaltend Beachtung zu finden. Wenn dieses Bedürfnis nicht erfüllbar war, bestand der Einruck, dass Patrizia irgendwas inszenierte, um wieder entsprechend beachtet zu werden. Patrizia war überempfindlich, fühlte sich schnell zu wenig beachtet oder abgelehnt und reagierte darauf sehr gekränkt. Äußerungen, in denen andere noch keine Kritik zu erkennen vermögen, wurden von ihr schon als Angriff oder Kränkung empfunden. Sie brauchte immer wieder die Versicherung, gemocht zu werden. Konnte sich die Erzieherin, zu der sie eine besonders intensive Beziehung hatte, nicht sofort mit ihr beschäftigen, weil sie gerade in einem Gespräch mit einem anderen Kind war, fühlte sich Patrizia abgelehnt, zog sich zurück und geriet in eine depressive Stimmungslage. Es bestand ein großes Bedürfnis nach körperlicher Nähe, genauso aber auch nach Unabhängigkeit und Distanz.

Im Umgang mit den Erwachsenen gab sich Patrizia häufig altklug und zweifelte deren Eigenständigkeit an; Anweisungen könnten ihrer Ansicht nach nur von »Vorgesetzten« (Chef) kommen. Sie hatte große Angst vor Fremdbestimmung oder davor, das von anderen gegen ihren eigenen Willen (das schwache Selbst) entschieden wurde oder dass sie klein und machtlos gemacht werden sollte. Sie übte viel Kritik an Regeln und Vorgehensweisen und versuchte auch andere zu oppositionellem Verhalten zu überreden. Am Anfang des Aufenthalts idealisierte sie die Klinik, aus der sie kam, und gab den MitarbeiterInnen unserer Einrichtung zu verstehen, dass sie am liebsten wieder in die Klinik zurückkehren würde.

Immer wieder war Patrizia versucht, die Erwachsenen in »Gute« und »Böse« zu »spalten«. Neben der Idealisierung und Entwertung von anderen Menschen erlebte sie sich aber auch selbst gespalten, indem sie sich einmal selbst bewunderte und sich kurz darauf völlig entwertete bzw. minderwertig fühlte. Ähnlich wurden auch Situationen, Vorhaben oder Pläne usw. nur nach schwarz oder weiß kategorisiert.

Patrizia hatte oft Schwierigkeiten, sich von anderen Jugendlichen ausreichend abzugrenzen und ließ sich deshalb leicht zu beeinflussen. Daraus entstandenes Problemverhalten löste aber auch Schuldgefühle aus. Immer wieder sprach Patrizia Drohungen aus, sich umbringen zu wollen. Um sich aus ihrer extremen Anspannung zu befreien, fügte sie sich mehrfach Selbstverletzungen, auch mit suizidalem Charakter, zu. In ihrem 14. Lebensjahr folgten mehrere Suizidversuche innerhalb kürzester Zeit.

Patrizias Stärken – Veränderungen während des Aufenthalts

Als Ressourcen erwiesen sich Patrizias gute intellektuelle Ausstattung, Hilfsbereitschaft und der Wille, sich – z.B. als Klassensprecherin – für andere einzusetzen und auf Problemverhalten aufmerksam zu machen sowie ihr gekonnter Umgang mit jüngeren Kindern. Auch verteidigte sie des öfteren Erwachsene gegen ungerechte Angriffe von Kindern. Ihr enormer Gerechtigkeitssinn war allerdings einmal hilfreich, ein anderes Mal auch sehr unflexibel.

Nach Fehlverhalten bemühte sie sich häufig selbst um Wiedergutmachung und Bereinigung der Angelegenheit. Sie verfügte über Reflexionsbereitschaft und Introspektionsfähigkeit. Auch sprachlich wusste sie sich gut auszudrücken. Wenn sie nicht unter Anspannung stand, hatte sie gute Umgangsformen und wurde als sehr sympathisch erlebt. Nach dem Wechsel in die öffentliche Schule fand sie einen sehr erfahrenen Lehrer, mit dem sie gut zurechtkam und der ihr half, konflikthafte Stimmungstiefs durchzustehen und zu einem guten Hauptschulabschluss zu kommen.

Im weiteren Verlauf ihres Aufenthaltes entwickelte Patrizia reges Interesse an Handarbeiten, Hauswirtschaft und an sportlichen Aktivitäten sowie bei unterschiedlichen Projekten. Positive Veränderungen zeigten sich im Laufe ihres Aufenthalts in der Einrichtung in mehreren Bereichen. So konnte sie ihr Misstrauen gegenüber Erwachsenen zumindest teilweise abbauen und ihre negative Einstellung der Einrichtung gegenüber durch eine wesentlich positivere ersetzen. Sie lernte die in der Einrichtung gebotenen Möglichkeiten (z.B. im Freizeitbereich) mehr und mehr anzunehmen und zu nutzen. Darüber hinaus trat Patrizia zunehmend in eine erste intensive Auseinandersetzung mit ihrer Lebensgeschichte und dem Verhältnis zu ihrer Mutter ein. Aussöhnungsgedanken ließ sie allerdings zunächst nicht zu, sondern schien noch ganz auf Auflehnung zu setzen.

Patrizias Mutter

Patrizias Mutter wollte eigentlich eine besonders gute Mutter sein, ohne jedoch für diese Rolle vorbereitet zu sein. Sie überforderte Patrizia auch dadurch, dass sie sie zeitweilig als Ersatzpartner einsetzte. Ähnlich wie bei ihrer Tochter wechselten auch ihre Stimmungen, ohne dass sie oder jemand anderer Gründe dafür benennen konnte. Sie war nur bedingt belastbar, hatte immer wieder mit Schuldgefühlen zu kämpfen und tat sich auch schwer dabei, Patrizias Ablösungsversuche zu verkraften. Zeitweilig versuchte sie, ihre eigenen Unzulänglichkeiten und Probleme im Alkohol zu ertränken. Nur sehr schwer war sie zu überreden, auch selbst professionelle Hilfe anzunehmen.

Patrizias weitere Lebensgeschichte

Nach dem Hauptschulabschluss fühlte sich Patrizia persönlich so gekräftigt, dass sie den Versuch machte, sich bei ihrer Mutter daheim eine Perspektive zu schaffen. Deshalb drängte sie auf Entlassung und kehrte dann auch wenig später zu ihrer Mutter zurück. Voller (falscher) Hoffnungen ging Patrizia fort und kehrte nach kurzer Zeit abgemagert, kettenrauchend und medikamentenabhängig in die Einrichtung zurück. Nach Überwindung dieser Krise folgte dann für ca. fünf Monate ein Betriebspraktikum. In der Zeit konnte Patrizia auch hinsichtlich einer beruflichen Perspektive ihre Stärken nutzen und Qualitäten erkennbar machen: Vertrauenswürdigkeit, Ehrlichkeit, Pünktlichkeit, Genauigkeit, Konversationsfitness, Umgangsformen, ansprechendes Äußeres und persönliche Ziele. Sie erhielt ein sehr gutes Zeugnis.

Das Suchen und Fragen nach ihren Perspektiven und die Sehnsucht nach familiärer Geborgenheit beschäftigte sie weiterhin. Patrizia war andererseits aber auch über das Betreuungsangebot der Einrichtung mit doch überwiegend jüngeren Kindern hinausgewachsen. Mit einigen MitarbeiterInnen der Einrichtung kam sie mittlerweile sehr gut zurecht, sodass schließlich die Idee entstand, Patrizia in einer Mitarbeiterfamilie weiterzubetreuen (Diese Familie werden wir im Folgenden *»Patenfamilie« bzw. »Pateneltern«* nennen). Angesichts der bevorstehenden Geburt des ersten Kindes in der Patenfamilie, zeigte sich bei Patrizia allerdings auch Angst, dass sie mit Neid und Zurücksetzung angesichts nicht zurechtkommen würde. Trotzdem wollte sie ihren Neustart versuchen. Mit der Sicherheit, dass sie die Einrichtung, einige wichtige Bezugspersonen und auch ihre bisherige Therapeutin weiter im Rücken hatte und sich diese auch im Notfall weiterhin engagieren würde, wagte Patrizia den Schritt in die neue Umgebung und kam dann dort auch gut zurecht.

Nach langen Erörterungen beruflicher Perspektiven besuchte Patrizia eine zweijährige Berufsfachschule und schaffte dann planmäßig einen sehr guten Abschluss. In diesen beiden Schuljahren galt es, den Spagat zwischen emotionaler Absicherung in einer (von ihr immer gewünschten) Patenfamilie und der gleichzeitigen entwicklungsnotwendigen langsamen Abnabelung samt den damit verbundenen Reibungen zu schaffen. Patrizia gelang es, in ihrer Schule Fuß zu fassen, einen (lange haltenden) Freundeskreis aufzubauen. Mit einigen Personen (meist Lehrerinnen) kam sie nur sehr schlecht zurecht, mit manchen Lehrern sehr gut.

Auch in der Patenfamilie traten belastende Situation auf. Patrizia gelang es aber meist, sich zu stabilisieren. Natürlich gab es Rückfälle, in denen Patrizia das Geschaffte nicht gelten lassen konnte, voller Neid und Misstrauen sich und ihren Bezugspersonen zusetzte. Bei Patrizia wurden in dieser Zeit aber auch weitere Stärken deutlich: Ihre Zielstrebigkeit, sich aus dem »Sumpf ihrer Vergangenheit« herauszuarbeiten und ihr ausgeprägtes Organisationstalent. Daneben geriet die englische Sprache immer deutlicher in den Mittelpunkt ihres Interesses.

Ein Bedürfnis nach Bildung, nach gehobenen bürgerlichen Lebensbedingungen aber auch der ganz persönliche Wunsch, aus sich eine Frau nach dem Vorbild ihrer Therapeutin zu machen, war wohl das Motiv, sich zu Beginn des 18. Lebensjahres so schnell als möglich in ein einjähriges Berufskolleg, für sie ein Bildungscrashkurs, zu begeben – Warnungen und Ermunterungen in Richtung beschaulicherem Bildungstempo in den Wind schlagend. Patrizia kam dann auch mit den »unpädagogischen« Bedingungen und dem starken Leistungsdruck nur schlecht zurecht. Sie musste abbrechen und erlebte das als entwürdigende Niederlage.

Das löste bei Patrizia eine Krise aus, die sich so zuspitzte (Wutausbrüche und Ausraster, Selbstverletzungen, starke Suizidgefährdung), dass die Aufnahme in eine psychiatrische Klinik für einige Wochen notwendig wurde. Hier wurde die Diagnose *Borderline-Störung* gestellt. Im Anschluss erfolgte eine mehrmonatige therapeutisch orientierte Rehamaßnahme ebenfalls in einer Klinik in der Region.

Hier reifte auch Patrizias Wunsch nach wohnräumlicher Selbstständigkeit und Unabhängigkeit von patenelterlicher (wenn auch fürsorglicher) Aufsicht heran. Patrizia wagte bald den Versuch, allein zu wohnen und zog in eine Ein-Zimmer-Wohnung in der gleichen Stadt. Sie begann die Sprachausbildung zur Fremdsprachenkorrespondentin in Englisch und schloss diese Ausbildung mit gutem Erfolg ab. Mit einem Sprachaufenthalt in England verbesserte sie ihre Sprachpraxis und auch ihr weiteres Interesse an englischer Sprache und Kultur verstärkte sich. Ein Aupair-Aufenthalt, bei dem Patrizia ihr Geschick im Umgang mit »verzogenen« und verwöhnten Kindern unter Beweis stellte, führte nochmals zu einem deutlichen Reifesprung. Sie fühlte sich zwar durch diese Kinder genervt, erspürte aber auch feinfühlig die Erziehungsmängel und das dafür verantwortliche Unvermögen der

Eltern. In dieser Zeit nahm Patrizia Abstand von ihrem bisherigen Fernziel, einmal im therapeutischen Bereich arbeiten zu wollen.

Zielstrebigkeit, Durchhaltevermögen, organisatorische Begabungen und ihr überdurchschnittliches Reflexionsvermögen führten Patrizia schließlich dazu, den Vorschlägen der Patenfamilie nachzugeben und sich im kaufmännischen und Verwaltungsbereich beruflich zu orientieren. Patrizia lebte während der dreijährigen Berufsausbildung ab ihrem 19. Lebensjahr wieder in ihrer Patenfamilie und im Zusammenleben gab es die üblichen Höhen und Tiefen. Während dieser Ausbildungszeit war Patrizia zwar nicht ständig, doch immer wieder in ambulanter therapeutischer oder auch kurzzeitiger stationärer psychiatrischer Behandlung. Sie lernte langsam, sich auf die Störungen ihrer Persönlichkeit einzustellen. Ihr Streben nach Kontrolle und Kompetenz ermöglichten ihr mit der Zeit auch einen eher sicheren und selbstbewussteren Umgang mit ihren persönlichen Nöten: Patrizia bemühte sich, kritische Zuspitzungen schon im Vorfeld zu erkennen, ließ sich hierin anleiten und versuchte, sich Hilfe selbst zu organisieren. Sie verbrachte z.B. auch noch viele Jahre später gelegentlich ein Wochenende in einer psychiatrischen Klinik, um einen längeren, für die Berufsausübung eventuell schädlichen Klinik-Aufenthalt zu vermeiden.

Patrizia entwickelte sich zu einer recht selbstständigen jungen Frau, ihr Freundeskreis war stabil, sie fühlte sich der Patenfamilie verbunden, schloss die Ausbildung mit gutem Ergebnis ab. Patrizia engagierte sich immer wieder nachhaltig im sozialen Bereich, begleitete Bedürftige auf Ämtergängen, organisierte Betreuungsformen für Kinder allein erziehender Flüchtlingsfrauen. Daneben bildete sie sich weiter über Sprachreisen nach England, Irland und Heilpraktiker- und Computer-Kurse etc. Sie richtete sich wohnlich ein, erweiterte ihre handwerklichen Fähigkeiten, trieb Sport, pflegte auch über größere Distanzen hinweg ihre Freundschaften.

Trotzdem erlitt Patrizia in den nächsten Jahren immer wieder gravierende Einbrüche und geriet in schwere Krisen, welche immer wieder auch z.T. mit längeren Aufenthalten in einer psychiatrischen Klinik verbunden waren. Beruflich musste sich Patrizia mehrmals – häufig auch aufgrund äußerer unglücklicher Umstände – umorientieren, was ihr aber immer gelang. Beziehungen zu Männern gestalteten sich teilweise sehr schwierig und krisenhaft. Eine Zeit lang hatte Patrizia jegliches Interesse an Männern verloren.

Enttäuschungen über ihre leibliche Familie führten dazu, dass Patrizia nicht nur ihre Patenfamilie zu ihren Eltern erklärte, sondern auch eine betagte Schwester ihrer Großmutter zur Oma umbenannte. So hat Patrizia sich ihre eigenen Verwandtschaftsbeziehungen geschaffen. Mehrfach suchte sie im Lauf ihrer Entwicklungsgeschichte wieder Zuflucht bei ihrer Patentfamilie oder zog vorübergehend dort ein, bevor es ihr gelang, gänzlich auf eigenen Beinen zu stehen. Patrizia hat bis heute regelmäßig zumindest wöchentlich telefonischen Kontakt zur Patenfamilie und die erarbeiteten Bindungen an ihre »Pateneltern« werden in Belastungssituationen immer wieder benötigt. So werden mit ihnen z.B. krisenhafte Zuspitzungen immer noch in langen nächtlichen Telefonaten beackert.

Nach und nach ergab sich ab dem 29. Lebensjahr eine bis heute andauernde Entspannung: Patrizia kann mittlerweile sehr sicher mit sich ankündigenden Tiefs umgehen, kann sich (wie auch schon die Jahre zuvor) kurzfristig Hilfe holen, weitgehend ohne das Gefühl des Ausgeliefertseins, sondern eher mit dem Gefühl persönlicher Kompetenz. Entscheidend für die Entspannung ist aber auch, dass die wichtigen Lebensentscheidungen gefällt zu sein scheinen und die damit verbundenen Unsicherheitsstressoren keine dominierende oder anhaltende Rolle mehr spielen. So lernte Patrizia auch einen Mann kennen, der sich als bereit und fähig erwies, Patrizias Problematik einzusehen und auszuhalten. Diese Beziehung erwies sich als so stabil, dass Patrizia und ihr Freund in ihrem 31.Lebensjahr heirateten. Anfangs der Ehe wurde die Diskussion über mögliche Kinder geführt. Bis heute sind die beiden der Ansicht, dass es besser ist unter diesen (genetischen und persönlichen) Voraussetzungen keine Kinder zu haben. Sie und ihr Mann leben in gesicherten wirtschaftlichen Verhältnissen in einem Vorort. Bis heute pflegt Patrizia regelmäßigen Kontakt zu ihren »Eltern«.

Psychotherapeutische Behandlung bei Patrizia – Schilderung ihrer Therapeutin

Zentrale Störungsmerkmale und Auswirkungen in der psychotherapeutischen Arbeit

Nach dem Aufenthalt in der kinder- und jugendpsychiatrischen Klinik wurde mit Patrizia die psychotherapeutische Arbeit in unserer Einrichtung aufgenommen. Zu Beginn der Therapie kamen über längere Zeit überwiegend heftige Klagen und Beschwerden, dass sie hier sein musste. In der Klinik sei alles besser, dort wolle sie deshalb so rasch wie möglich wieder hin. Hier sei man eingeengt, könne nicht in die Stadt, wenn man will, müsse sich in einer Gruppe beschäftigen, ohne wegbleiben zu können, wenn man keine Lust dazu habe usw. Patrizia meinte schließlich sogar, sie würde am liebsten über Jahre in der Klinik bleiben und es sei ihr egal, ob sie da überhaupt noch herauskommen würde. Dort würde sie sich jedenfalls wohl fühlen. Die Klinik wurde idealisiert und die reale Umgebung abgewertet.

Über lange Zeit herrschte Misstrauen vor, ein langes Prüfen und Austesten, ob man sie nicht wieder wegschickt. Projektive Identifikation erschwerte die Therapie: Eigene Abbruchswünsche, die eigenen aggressiven Persönlichkeitsanteile der Jugendlichen wurden in die Therapeutin projiziert und dann bei ihr verzerrt wahrgenommen. Patrizia identifizierte sich damit und wehrte das Beziehungsangebot ab. Was in ihr vorging, wäre so zu verstehen: »Sie wollen mich ja nicht, dann weise ich Sie zurück, bevor Sie mich zurückweisen«.

Die Phase des mühsamen Beziehungsaufbaus wurde dadurch möglich, dass die Therapeutin standhaft an dem Beziehungsangebot festhielt, sich zur Verfügung stellte für Projektionen und geschützten Raum gab, damit Patrizia ihre Wünsche, Impulse, Gedanken und Gefühle ausdrücken konnte, Verständnis für sie zeigte, aber auch eine Korrektur der verzerrten Wahrnehmungen vornahm. Patrizia musste sich über lange Zeit immer wieder vergewissern, dass die Therapeutin für sie da und verfügbar war. Patrizia stellte hohe Ansprüche bezüglich der Zuwendung und Aufmerksamkeit (es schien ihr fast nie ausreichend zu sein, sodass man auch von einer Gier nach Aufmerksamkeit sprechen könnte).

Die Belastbarkeit der Therapeutin wurde während des ganzen Therapieverlaufes auf das äußerste in Anspruch genommen und geprüft nach dem Motto: Hält die zu mir, auch wenn ich unerträglich bin, mich unmöglich verhalte? Es brauchte eine lange Phase des Prüfens der Belastbarkeit der Therapeutin z.B. auch durch sofortige Verfügbarkeit in Krisensituationen, das Aushalten von Suiziddrohungen und selbstverletzendem Verhalten. Einmal wurde die Therapeutin idealisiert (aus der Notwendigkeit heraus, sich aus seelisch existenziellen Gründen mindestens die Verbindung zu einer Person zu erhalten, also als narzisstischer Spiegel), während es im pädagogischen Alltag mit den Bezugspersonen wegen kleinster Frustrationen durch Begrenzungen oder aber nicht ausreichender Beachtung zu erheblichen Konflikten kam.

Patrizia besaß auch wenig seelische Flexibilität. Nach Konflikten oder bei starken inneren Spannungen kam es wiederholt zu Selbstverletzungen z.B. in Form von Schneiden im Bereich der Pulsadern, Zufügen von Schnittverletzungen am Hals u.a. Dies schien bei Patrizia immer wieder beruhigende Wirkung zu haben (zur beruhigenden und antipsychotischen Wirkung von selbstverletzendem Verhalten siehe Sachsse, 2000). Hinzu kamen starke Spaltungstendenzen. Der oder diejenigen, die Begrenzungen vornahmen oder Frustrationen auslösten waren die Bösen, die Verfolgenden – die anderen, z.B. zeitweilig auch die Therapeutin, waren die Guten. Beide Anteile in ein und derselben Person zu erleben war ihr nicht möglich, d.h. die Integration verschiedener Persönlichkeitsaspekte in einer Person gelang nicht. Die Abwehrmechanismen der Idealisierung und Entwertung bestimmten über lange Zeit das Verhältnis zu den Bezugspersonen und konnten jeweils ins Gegenteil kippen, je nachdem ob Patrizia von der Person Zuwendung und Zustimmung oder Frustration erfuhr. Die böse Person wurde dann auch massiv bekämpft und als eine extreme Gefahr erlebt. Enttäuschung und Wut erreichten extreme Heftigkeit bis hin zu Fremd- oder Selbsttötungsdrohungen (»Der/die andere oder ich müssen vernichtet werden!«) und Handlungen. Die Kränkbarkeit war extrem und erforderte im Umgang ein Höchstmaß an Behutsamkeit und Sensibilität. Eine dauernde Gratwanderung zwischen Zuwendung und dosierter Frustration war notwendig und hohe Flexibilität der Therapeutin. Lange Zeit mussten hier von Bezugspersonen Hilfs-Ich-Funktionen übernommen werden. Der damit möglich gewordene Nachreifungsprozess brauchte viel Zeit und konnte nicht durch methodische Kniffe beschleunigt werden. Frühkindliche Wünsche nach symbiotischer Verbindung bis hin zu Adoptionswünschen kamen zum Ausdruck. Gleichzeitig inszenierte Patrizia durch ihre extremen Problemverhaltensweisen das, was sie am meisten befürchtete: Zurückweisung, Ablehnung oder Vernachlässigung, wie sie es seit ihrer frühen Kindheit durch ihre Angehörigen erlebt hatte. Dessen musste man sich immer wieder bewusst werden, um sich nicht von ihr abzuwenden. Ihre Sehnsucht nach Geborgenheit und Zugehörigkeit wurde immer wieder von sehr heftigen Hass- und Racheimpulsen überlagert Nach erlebter Zurückweisung oder Frustration kam es z.B. zu aggressiven Drohungen, z.B. Tötungsankündigungen, oder Handlungen wie z.B. Telefonkabel-Durchschneiden.

Durch den Mechanismus der Projektiven Identifizierung wurden in der Übertragungssituation bei der Therapeutin einerseits besondere Besorgnis und Fürsorgewünsche spürbar, aber auch Angst, Insuffizienzgefühle und Wünsche, mehr Distanz herzustellen. Nach ca. zwei Jahren stellte sich eine Stabilisierung ein und der Wunsch nach Entlassung zur Mutter, gekoppelt mit Patrizias Hoffnung, doch noch positive Erfahrungen mit ihr zu machen. Die Enttäuschung dieser Wünsche führte zu erheblichen inneren Spannungen und Erschütterungen, die Patrizia mit Medikamenten zu beseitigen versuchte. Dies führte dann auch schnell zu einer Abhängigkeit. Sie bat schließlich selbst um eine Wiederaufnahme in unserer Einrichtung. Die ersten Wochen erforderten unter einer engen Betreuung einen Entzug mit den typischen Auswirkungen. Auch hier war der persönliche Einsatz und eine hohe Belastbarkeit der pädagogischen Bezugspersonen erforderlich.

Antisoziale Persönlichkeitsentwicklungsstörung

Fallbeispiel für einen Jugendlichen mit hohem Risiko für die Entwicklung einer Antisozialen Persönlichkeitsstörung

Andreas, 15 Jahre alt, war bereits im frühen Kindesalter auffällig gewesen. Bereits im Kindergarten wurde eine Art Fresssucht beschrieben. Außerdem wurde er durch Sachzerstörung und tätliche Aggressivität gegen andere Kinder auffällig. In der Grundschule eskalierten die Aggressionen gegenüber Kindern der Nachbarschaft bereits derart, dass er ständige Beaufsichtigung brauchte und nur in Begleitung das

Haus verlassen durfte. Er montierte Fensterklinken ab, versperrte Haustüren, beschädigte absichtlich Dinge zu Hause. Beispielsweise durchschnitt er Kabel einer elektrischen Heizung, versteckte eine eingeschaltete Lampe unter dem Kopfkissen und gefährdete damit sich und andere.

Andreas war das jüngste von vier Kindern und hatte noch drei ältere Brüder. Sein Vater kam bei einem Arbeitsunfall ums Leben, als Andreas fünf Jahre alt war. Er erfuhr davon zwei bis drei Monate später auf Nachfrage und reagierte »sehr nüchtern«. Die Verhaltensauffälligkeiten steigerten sich mit dem Tod des Vaters deutlich, seine Mutter war aber auch mit der Erziehungssituation völlig überfordert.

Bereits in der zweiten Klasse hatte Andreas einen Schulwechsel auf die Förderschule hinter sich, da keine Schule für Erziehungshilfe für ihn zu finden war. Aber auch dort eskalierten seine Gewaltausbrüche gegen Mitschüler. Er hatte Mitschüler gewürgt, sehr brutal geschlagen oder deren Eigentum beschädigt. Man hatte ihn fast täglich von Gewaltakten zurückhalten müssen, was schließlich zu einem Schulausschluss führte.

Nach mehreren Stationen, u.a. in einer kinder- und jugendpsychiatrischen Klinik und einer anderen Jugendhilfeeinrichtung, wurde Andreas schließlich bei uns teilstationär aufgenommen. Auch hier konnte Andreas Regeln nicht einhalten. Tägliche Konfliktsituationen mit Mitschülern durch verbale und tätliche Aggressionen und Provokationen waren die Regel. Er nahm anderen Gegenstände weg oder zerstörte Dinge. Er stellte anderen Kindern ein Bein, rieb sie mit Spucke ein, urinierte einige Male ins Klassenzimmer, zog sich die Hose herunter und brachte Messer mit in die Schule. Wiederholt erfand er Geschichten vom Wochenende, die er nicht erlebt hatte. In der Schule waren Mitarbeit, Ausdauer und Konzentrationsfähigkeit ganz von seiner »Tagesform« abhängig. Andreas war leicht ablenkbar, konnte jedoch mit gezielter Ansprache und Bestätigung seine Arbeiten fertig stellen.

Über mehrere Monate hinweg häuften sich vermehrt Verweigerungen unserer pädagogisch-therapeutischen Angebote und Diebstähle. Als er beispielsweise bei einem Fußballspiel auf vier Bälle aufpassen sollte, fehlte nach dem Spiel einer. Außerdem kam er immer wieder zu Geld und anderen Gegenständen und behauptete er habe sich das verdient oder von jemandem bekommen. Dabei zeigte Andreas hin und wieder vorgegebene, nie aber echte Reue. Es schien ihm oft gar nicht klar zu sein, wieso er damit aneckte und andere darin ein Problem sahen.

Andreas hatte seiner Oma (die er eigentlich gerne hat) bei einem Besuch eine größere Summe Geld aus dem Portemonnaie geklaut. Beim Hilfeplangespräch kommt dieser Vorfall zur Sprache:

Bezugsperson: »Warum hast du das Geld genommen?«

Andreas: »Weiß nicht, ich wollte mir halt was kaufen.«

Bezugsperson: »Du hast aber doch deine Oma sehr gerne. Tut es dir leid, was du gemacht hast?«

Andreas macht ein betroffenes Gesicht, senkt seinen Kopf und spricht mit gebrochener Stimme: »Ja, es tut mir leid!«

Bezugsperson: »Tut es Dir wirklich leid?«

Andreas: »Nein!« – lacht bzw. grinst!

Hin und wieder verteilte er auch Geld an andere und fühlte sich dabei als der große Gönner. Sobald man ihn aus den Augen ließ, stellte er etwas an, wurde in seinem Verhalten zunehmend aggressiver und »bulliger« in seinem Auftreten. Andreas zündelte mehrfach, auch im nahegelegenen Wald oder in der Nähe von Gebäuden in der Innenstadt. Er bewarf Kinder mit Steinen, verfehlte und traf dabei ein Autodach. Als er zur Rede gestellt wurde, lachte er: »Ist doch nicht schlimm, kann man ausbeulen lassen«. Andreas trat einem anderen Jungen in der Pause so in den Bauch, dass dieser minutenlang auf dem Boden lag und über Atemnot klagte. Andreas gab als Erklärung, dass er am Vortag Ärger mit ihm hatte. Deshalb schlug er ohne Vorwarnung auf ihn ein. Als es in der Hofpause einen Konflikt zwischen ihm und anderen Kindern gab, begann Andreas heftigst zu weinen und behauptete, eine Mitschülerin haben ihn getreten. Er zeigte eine schwellende Prellung am Schienbein. Das Mädchen habe ihn als Dicker bezeichnet und dann getreten. Im Einzelgespräch mit einer Erzieherin gestand Andreas später, dass die Verletzung durch ein Ausrutschen gegen das Eisengestell eines Anhängers passiert war.

Zusammen mit einem Mädchen lief er zudem häufig weg und äußerte mehrfach den Wunsch, nicht mehr nach Hause zu wollen.

Irgendwann fing Andreas an, Geschmack an Mopeds, Motorrädern und Motorrollern zu finden, die nun zum Schwerpunkt seiner Diebstähle wurden. Es gab Phasen, da stahl er fast täglich einen motorisiertes Zweirad und nutzte dies auch für Spritztouren ohne ausreichende Sicherheitsausrüstung (z.B. Helm o.ä.). Eines Morgens ging er statt zur Bushaltestelle zu einem Schopf, stahl dort ein Mofa und fuhr damit herum. Nachdem er es wieder wahllos irgendwo abgestellt hatte, ging er nach Hause und behauptete er hätte den Bus verpasst. Als die Polizei ihn in der Einrichtung aufsucht, äußert er sich nicht. Auf Nachfragen eines Erziehers, wo das Mofa jetzt sei und warum er das Mofa entwendet habe, gab er an: »Weil das Mofa schon immer dort steht und niemand damit gefahren ist, hab ich gemeint, ich könnte es nehmen. Ich wollte das Mofa behalten und einen anderen Rahmen einbauen.«

Ähnliche Situationen häuften sich, wobei sich Andreas auch nicht durch die Polizei beeindrucken ließ. Andreas fehlte die Einsicht in Normen und Werte und auch das Einfühlungsvermögen für andere Menschen. Immer wieder gab er »verrückte« Erklärungen zu seinen Fehlverhaltensweisen und Regelübertretungen. Beispielsweise gab er an, dass er weggelaufen sei und ein (anderes) Moped geklaut habe, weil er in der Tagesgruppe Geschirrabwaschdienst machen sollte.

Als Andreas ein Betriebspraktikum machte, ergab sich folgende Situation: Andreas erschien am Montag zum Praktikum, am Dienstag meldete er sich telefonisch ab, da sein Fahrrad kaputt sei. Am Mittwoch und Donnerstag war er da. Am Donnerstag stahl er einem Kollegen Geld. Am Freitag, als er deswegen zur Rede gestellt werden sollte, fehlte er unentschuldigt. Am Montag tauchte er wieder auf, leugnete, das Geld gestohlen zu haben. Noch am gleichen Tag stahl er das Handy eines anderen Kollegen, welches per Anruf aber in Andreas' Rucksack lokalisiert werden konnte. Er gab dies dann auch zu: »Ich mache das halt so«.

Als Andreas' Gesamtsituation immer unhaltbarer wurde und für uns der Eindruck entstand, Andreas könnte so von unserem Betreuungsangebot und von der Therapie nicht profitieren, wurde über andere Betreuungsmöglichkeiten nachgedacht. Andreas wurde in der Folge in einer Familie in einer sehr abgelegenen und damit reizarmen Region in Südfrankreich untergebracht und von ihr individuell betreut. Die Familie ist sehr erfahren und hat schon mehrfach Jugendliche für einen begrenzten Zeitraum aufgenommen und erfolgreich zu ihrer Entwicklung beigetragen. Wir hofften, dass sich Andreas' Situation dort entschärfen und stabilisieren würde, auch aufgrund der geringeren Anzahl an Versuchungen in der ländlichen Gegend und des klar strukturierten pädagogischen Umfeldes innerhalb der Familie, die sich schwerpunktmäßig auf ihn konzentrieren konnte. Aber die Regelübertretungen nahmen auch dort kein Ende, sodass Andreas die sonst sehr strapazierfähigen Nerven der betreuenden Familie deutlich überbeanspruchte.

Andreas stahl dort teilweise acht bis zehn mal innerhalb einer Woche. Er klaute u.a. ein Handy der Tochter der ihn betreuenden Familie und warf die Vertragskarte weg, ohne sie wieder finden zu können. Auch dort gelang es ihm ein 750 ccm Motorrad zu stehlen und mehrere Kilometer damit wegzufahren. Außerdem stahl er u.a. Lebensmittel, Geld, und auch mehrfach Unterwäsche von weiblichen Familienmitgliedern und Besuchern aus der Waschmaschine und aus Schränken. So wurde die Situation auch dort nicht mehr tragbar und Andreas kehrte nach Deutschland in ein individuelles Betreuungsangebot zurück.

Fallbeispiel für eine Jugendliche mit hohem Risiko für die Entwicklung einer Antisozialen Persönlichkeitsstörung

Peggy wurde im Alter von einem Jahr nach schwerer Traumatisierung und Vernachlässigung, die auch durch körperliche Spuren sichtbar waren, in einem psychisch offensichtlich schwer geschädigten Zustand von einer Pflegefamilie aufgenommen. Peggy zeigte schon früh Auffälligkeiten, hatte dann bereits im Grundschulalter trotz durchschnittlicher intellektueller Fähigkeiten verschiedene Schulwechsel hinter sich und in ihrer Pflegefamilie wurden zunehmend Zeichen der Überforderung, auch in Form von Hilferufen bei verschiedenen Beratungsstellen, sichtbar. Von der Pflegefamilie aus wurde viel unternommen, damit Peggy auch über die Familie hinaus Hilfe bekam und um Peggys Entwicklung in eine positive Richtung zu lenken. Die Erziehung gestaltete sich über den gesamten Zeitraum, über den Peggy in Pflege war, unter erschwerten Bedingungen. In den jüngeren Jahren und auch noch bei einem eineinhalbjährigen Versuch in der Realschule gab es, sicher auch bedingt durch die gute intellektuelle Ausstattung des Kindes und die familiäre Unterstützung, Phasen mit relativ hohem »Funktionsniveau«, d.h. Peggy konnte in dieser Zeit z.B. in der Schule recht gute Leistungen zeigen. Da die Pflegefamilie Peggy wie ein eigenes zweites Kind aufgenommen hatte und dementsprechend hohe Erwartungen an sich selbst stellte, dramatisierte sich die Situation durch eine Mischung von Versagensgefühlen, schweren Selbstvorwürfen und Zermürbung insbesondere der Pflege-Mutter. Im Alter von zwölf Jahren wurde Peggy im Anschluss an eine andere stationäre Jugendhilfemaßnahme bei uns in der Tagesgruppe aufgenommen, um die erzieherischen Ressourcen in der Pflegefamilie ausreichend nutzen zu können, und sie besuchte auch die angegliederte Schule für Erziehungshilfe.

Um in die Einrichtung zu kommen, musste Peggy eine Strecke mit dem Zug zurücklegen. Der Weg vom Elternhaus bis in unsere Einrichtung bereitete ihr bald große Schwierigkeiten. Unterwegs begegneten Peggy immer wieder Ablenkungen und Versuchungen, denen sie nur schwer widerstehen konnte und die für sie immer wieder Anlass waren, zu streunen. Bei diesen »Ausflügen« kam es immer wieder zu schwerwiegenden Vorfällen. Sie sprach von sich aus fremde Personen an oder nahm Angebote zum Zeitvertreib oder Geschenke von fremden Jugendlichen und Erwachsenen an oder ging beispielsweise mit fremden Männern mit und ließ sich von ihnen Geschenke machen. Dabei schien sie ähnlich problembehaftete Jugendliche und Erwachsene fast magisch anzuziehen. Fast täglich musste damit gerechnet werden, dass Peggy morgens nicht auf direktem Wege hierher fand oder sich unerlaubt aus Schule oder Tagesgruppe entfernte. Dabei legte sie zum Teil auch große Strecken zurück und wurde z.B. in einer 60 km entfernten Stadt aufgegriffen.

Problemverhaltensweisen traten vor allem auch im Umgang mit anderen Kindern auf, die sie z.B. zum Streunen (»Abhauen«) und anderen Regelverletzungen mitzog. Wenn sich Peggy absetzte, geschah dies so gut wie nie allein. Dabei neigte Peggy auch dazu, sich selbst und andere zu gefährden, indem sie z.B. am Bahnhof über die Gleise sprang und andere (labile) Kinder zum Mitmachen gewann oder Hölzer auf die Bahngleise legte. Ein anderes Mal kletterte Peggy trotz Verbot mit zwei anderen Mädchen oberhalb eines Wasserfalls herum. Die beiden anderen Mädchen berichteten im Anschluss an die Klettertour schockiert, dass Peggy ihnen oben angedroht hatte, sie den Wasserfall runterzustoßen.

An einem Tag ging Peggy nach Ende der Tagesbetreuung nicht nach Hause und blieb auch zusammen mit einem anderen Jugendlichen, den sie überreden konnte, über Nacht weg. In dieser Nacht kam es gleich zu zwei gefährlichen Brandstiftungen, bei denen jedes Mal die Feuerwehr ausrücken musste. In einem Treppenhaus setzten die Jugendlichen u.a. einen Rollstuhl in Brand, wobei Peggy vermutlich die Drahtzieherin war. Die Bewohner des Hauses gerieten in Panik, das Haus musste geräumt werden und es entstand dabei ein erheblicher Sachschaden. Am nächsten Morgen stellten sich beide der Polizei, bekannten sich allerdings zunächst nicht dazu, an den Bränden beteiligt zu sein oder etwas darüber zu wissen. Später prahlten sie aber vor anderen Kindern und zeigten sich auch in Gesprächen mit Erwachsenen wenig einsichtig und schuldbewusst. Auch in unserer Einrichtung hatte Peggy vorher schon mehrere Male Ähnliches versucht, z.B. in dem sie eine Plastikflasche auf einer Herdplatte zum Schmelzen bringen wollte u.ä.

Peggy konnte sich alleine nur sehr schlecht unter Kontrolle halten. Immer wieder kam es zu verschiedenartigsten Diebstählen, sowohl in Geschäften, als auch in der Form, dass sie in der Stadt z.B. Passanten die Handtasche entriss. Sie bedrohte, erpresste oder tyrannisierte auch immer wieder Kinder in der Einrichtung und auch auf der Straße, sodass irgendwann mehrere Anzeigen bei der Polizei vorlagen.

Peggys emotionale Befindlichkeit war labil bis sprunghaft wechselnd, manchmal »flach«. Immer wieder gab es depressiv wirkende Verstimmungen, wo sie dann auch blass, antriebsarm und gelangweilt wirkte. Über kurze Phasen konnte sie sich »wohl und gut« fühlen. Ihre Stimmung konnte dann aber ganz plötzlich umschlagen. Sie verstand an sie gerichtete Worte und erlebte Situationen immer wieder falsch, bestand aber mit Vehemenz auf der Richtigkeit ihrer Wahrnehmungen oder Interpretationen.

Im Umgang mit Erwachsenen vergriff sich Peggy manchmal sehr im Ton und gab sich dann frech und unverschämt. Sie beschimpfte Mitarbeiter z.B. mit »Sie schwule Sau....« oder (ver)wünschte einer schwangeren Mitarbeiterin (»Hoffentlich bekommt die eine Missgeburt, die kann ich nicht leiden.«) Andererseits konnte Peggy auch nett und aufgeschlossen wirken und erschien dann gut angepasst, freundlich und ausgeglichen. Waren Weglaufimpulse wirksam, handelte Peggy hingegen kopflos, getrieben und fiel aus jeder Verantwortlichkeit.

Peggy war extrem abhängig von der Anwesenheit einer bestimmten Bezugsperson und ließ sich nur durch diese führen bzw. durch sie etwas sagen. War diese nicht anwesend, ignorierte sie Anweisungen der anderen Betreuungspersonen, lehnte sich gegen diese auf oder nahm diese Situationen zum Anlass, erneut »abzuhauen«. Immer wieder versuchte sie, verschiedene Bezugspersonen und auch die Eltern gegeneinander auszuspielen. Auch in der Schule war Peggy extrem abhängig von einer bestimmten Lehrperson. Nur in ihrer Anwesenheit konnte sie sich auf die Unterrichtssituation einlassen. Während der Pausen war ein besonders geschützter Rahmen notwendig, damit es nicht zu Konflikten mit Gleichaltrigen oder zur unerlaubten Entfernung aus der Einrichtung kam.

Pädagogisch-therapeutische Anknüpfungspunkte und Stärken waren bei Peggy durchaus erkennbar. Sie ließ sich im geschützten Rahmen gut und sinnvoll beschäftigen und hatte feinmotorische und gestalterische Begabungen. Sie knüpfte dabei Kontakte zum jeweiligen Erwachsenen, der dann aber seinerseits die Verbindung aktiv aufrecht erhalten musste.

Peggy zeigte außerdem eine gute intellektuelle Begabung und verfügte über Ressourcen, die aber fast nur in einem Einzelsetting aktivierbar waren. Peggy zeigte bei uns auch reges Interesse für den hauswirtschaftlichen Bereich (z.B. Kochen und Backen) und konnte sich dabei gut einbringen. Weitere Interessensgebiete waren z.B. das Reiten, Schwimmen, der kreative Bereich und typische Mädchenthemen, wie z.B. Schminken und Kleidung. In diesen Bereichen tat Peggy auch gern etwas für andere oder die Allgemeinheit. Peggy ließ sich zwischenzeitlich für verschiedene weitere sportliche Aktivitäten oder Puzzle und Brettspiele gewinnen und verfügte darüber hinaus auch über musische Fähigkeiten.

Typischer weiterer Verlauf nach Nichtbefolgung von Empfehlungen

Teilstationäre Betreuung – Empfehlung einer stationären Intensivbetreuung

Es stellte sich bei unserer diagnostischen Nachuntersuchung heraus, dass es sich bei Peggy um ein hochrisikobelastetes Mädchen handelte, bei dem neben einer sehr ausgeprägten Störung des Sozialverhaltens in einem fortgeschrittenen und verfestigten Zustand an der Grenze zu einer Antisozialen Persönlichkeitsentwicklungsstörung mit Borderline-Persönlichkeitsorganisation ausgegangen werden musste. Peggy war immer weniger bereit, Normen und Grenzen zu achten und wurde auf der täglichen Hin- und Rückfahrt von der Pflegefamilie in die Tagesgruppe durch so viele Verführungen und Versuchungen zu unterschiedlichem Problemverhalten verleitet, dass sich die dissoziale Komponente immer stärker durchsetzte und sich eine rasch fortschreitende Eskalation weder durch pädagogische (Einzel- und methodisch strukturierte Kleingruppenbetreuung) noch therapeutische Interventionen (Psychotherapie zweimal pro Woche durch eine analytische Kinder- und Jugendlichen-Psychotherapeutin) aufhalten ließ. Es bestand erhöhte Gefahr von Fremdschädigung und schließlich auch Selbstschädigung. Auch ihre Pflegefamilie drohte an das Ende ihrer Kräfte zu geraten.

Wir versuchten, dem Mädchen und vor allem seinen Pflegeltern verständlich zu machen, dass die augenblickliche Betreuungsform für das eskalierende Störungsbild nicht passte und schlugen die vorübergehende Aufnahme in einer stationären Einrichtung für Mädchen mit Erziehungsgruppen und geschlossenen Intensivgruppen, also einem gestuften bzw. kombinierbaren Betreuungskonzept, vor. Diese Einrichtung wäre auch für die Pflegefamilie zur Aufrechterhaltung eines regelmäßigen Kontakts gut erreichbar gewesen.

Es gelang zunächst nicht, die Pflegeeltern von der Gefährlichkeit der eingetretenen Entwicklung und der Notwendigkeit einer speziellen stationären Hilfeform zu überzeugen. Da wir für die dissozial eskalierende Situation die Verantwortung nicht mehr übernehmen konnten, kam es unter Darstellung der fachlichen Gründe und unserer fachlichen Empfehlungen auch gegenüber dem Jugendhilfeträger zur Entlassung nach Hause. Daraufhin betreute die Pflegefamilie Peggy (ohne Schulbesuch, was u.E. vorübergehend richtig war) recht intensiv selbst. Wir setzten den telefonischen Kontakt mit den Pflegeeltern fort, die ihrerseits erneut eine kinder- und jugendpsychiatrische Klinik in der Hoffnung auf ein genehmeres Clearingergebnis einschaltete. In der Klinik führte die Problematik rasch wieder zu Grenzüberschreitungen, impulsivem Weglaufen u.ä., sodass es zu einer vorzeitigen Entlassung kam. Während der Schulferien wurde Peggy zur Entlastung der Pflegefamilie kurzzeitig stationär in einer Kleineinrichtung untergebracht. Hier ereignete sich eine gefährliche, aber nicht ganz aufzuklärende Tätlichkeit gegenüber einem jüngeren Mädchen, das aus dem oberen Stockwerk in den Garten stürzte und sich schwer verletzte. Der Verdacht stand im Raum, dass Peggy an diesem Vorfall beteiligt war. Peggy kam daraufhin wieder in eine kinder- und jugendpsychiatrische Klinik. Weitere Station war danach wieder eine stationäre Jugendhilfeeinrichtung, allerdings in großer Entfernung von zu Hause. Hier kam es nach kurzer Zeit neben den typischen anderen Problemen auch zu suizidalen Handlungen, die erneut eine Einweisung in wieder eine andere kinder- und jugendpsychiatrische Klinik zur Folge hatten. Bald darauf musste man sich erneut nach einer weiteren Jugendhilfe-Einrichtung umsehen. D.h. innerhalb eines knappen Jahres war Peggy damit an fünf verschiedenen Orten.

Narzisstische Persönlichkeitsentwicklungsstörung

Fallbeispiel für einen Jugendlichen mit Narzisstischer Persönlichkeitsentwicklungsstörung

Sven, 15 Jahre, wuchs die ersten beiden Lebensjahre in seiner Herkunftsfamilie in einem problembelasteten Umfeld auf. Die leibliche Mutter war psychisch krank und der Vater erzieherisch eher uninteressiert und unsensibel. Sven wurde nur unzureichend versorgt, war emotional vernachlässigt und litt unter einer erheblichen Entwicklungsverzögerung ein. Bereits mit zwei Jahren wurde er heilpädagogisch untersucht und als stark ablenkbares, unruhiges und nervöses Kind beschrieben. Schon damals hatte Sven kein Gefahrenbewusstsein und zeigte eine nahezu halsbrecherische Geschicklichkeit mit großem Gleichgewichtsvermögen auf steilen Treppen, hohen Stühlen oder einem großen Schaukelpferd. Der Junge machte beim Ausprobieren vieles kaputt, schüttete Lebensmittel aus und warf Gegenstände um. Wenn neue oder fremde Personen ins Zimmer kamen, klammerte er sich fast äffchenartig an bekannte Personen an und zeigte sich scheu und ängstlich.

Bald darauf wurde Sven »in schlechtem psychischen und körperliche Zustand« einer heilpädagogischen Pflegefamilie mit zwei eigenen, normal entwickelten Kindern übergeben, die es mit Sven von Anfang an nicht leicht hatte. Im Alter von 3 Jahren erkrankte Sven zudem an einer Hirnhautentzündung. Auch im Kindergarten wurden gravierende Problemverhalten deutlich. Sven befolgte keine Anweisungen und unterdrückte, ärgerte und attackierte andere Kinder so massiv, dass er schließlich dort ausgeschlossen werden musste. Svens Pflegeeltern versuchten, sein Verhalten durch verschiedenste Maßnahmen (u.a. auch mit professioneller Hilfe) zu beeinflussen. Als die Einschulung anstand, musste Sven von Beginn an in einer Schule für Erziehungshilfe beschult werden.

Aber auch da stieß man bald an Grenzen. Immer häufiger war Sven nur noch bereit am Unterrichtsgeschehen teilzunehmen, wenn er gerade Lust hatte, oder ein Thema ihn gerade besonders interessierte. Ansonsten wollte er mit der Schule eigentlich nichts mehr zu tun haben, was sich in unentschuldigtem Fernbleiben vom Unterricht ausdrückte: »Auf diese Schule gehe ich nicht mehr, da werde ich von meinen Freunden ausgelacht. Das ist eine Schule für Blöde und Behinderte, aber nicht für mich. Ich käme vielleicht noch morgens, aber auf keinen Fall am Nachmittag. Ich besuche höchstens noch das Gymnasium, aber eigentlich brauche ich die Schule überhaupt nicht, wozu auch!«

Dieses »Sich Verweigern«, gekoppelt mit massiven Störungen des Unterrichts, übte zwangsläufig einen negativen Einfluss auf die Klasse aus, so dass, besonders bei den Fachlehrern, ein Unterrichten teilweise kaum noch möglich war. Die Störungen bestanden z.B. aus Blödeleien, den »Kasper spielen«, Witze reißen, den Platz verlassen, die Aufmerksamkeit der Mitschüler durch Grimassenschneiden auf sich lenken, etc. Auseinandersetzungen mit Lehrern versuchte Sven mit verbalen Strategien zu bewältigen, die aber zunehmend als solche durchschaut wurden. Das Ausnützen von Freiräumen für seinen persönlichen Vorteil, begleitet von Lügen, wurden seine hauptsächlichen Handlungsstrategien. Insgesamt war Sven nur noch bereit das zu tun, wozu er Lust hatte, was ihm wichtig erschien. Dieser Sonderstatus, den er für sich in Anspruch nahm und seine Geringschätzung gegenüber den Mitschülern, führte zu sich häufenden Konflikten, bis hin zur Ablehnung seiner Person. Sven isolierte sich selbst.

Versuche erzieherisch auf ihn Einfluss zu nehmen, sowohl über viele Gespräche, als auch über Konsequenzen, waren kaum mehr möglich. Sein Verhältnis insbesondere zur Pflegemutter wurde zunehmend schwieriger. Sven erzählte häufig von Mordplänen. In Gesprächen waren bezüglich seiner Freizeit und Familie folgende Äußerungen zu hören: «Nachts haue ich ab, wenn ich das möchte, daran kann mich keiner hindern! Heute nacht habe ich mit Freunden wieder Automaten geknackt und Mercedessterne organisiert, die lassen sich gut verkaufen. Einen Beruf brauche ich nicht, ich warte bis meine Eltern verrecken, dann übernehme ich das Haus. Eines Tages bringe ich sie um, Pläne dazu habe ich schon entwickelt.« Die in Gesprächen gezeigte Einsicht und Versprechungen, sein Verhalten zu ändern (z.B. nicht mehr zu »schwänzen« oder zu klauen, Regeln einzuhalten und Anweisungen zu befolgen), konnte Sven nicht durchhalten.

Sven besuchte nach Ausschluss aus der Schule für Erziehungshilfe für 1½ Jahre keine Schule mehr. Die Situation in der Pflegefamilie war hochangespannt. Eine Mischung aus »Es muss endlich was geschehen« und Hilflosigkeit. Nach zehn höchst problematischen und dramatischen Jahren in der (professionellen) Pflegefamilie kam es zu immer massiveren Auseinandersetzungen wie z.B. Bedrohung und Verletzung der Pflegemutter und dann auch zur Trennung der Pflegeeltern. Der Pflegevater nahm schließlich die weitere Erziehung allein wahr, eine Zeit lang mit Unterstützung durch Bekannte.

Es erfolgten mehrere Anläufe, Sven wegen der großen Probleme in der Pflegefamilie, die an der Grenze ihrer Leidensfähigkeit angekommen war, stationär in unserer Einrichtung aufnehmen zu lassen bzw. ihn zumindest einmal hier vorzustellen. Dies scheiterte allerdings zunächst an Svens Unwillen. Er empfand so etwas als Demütigung und unter seiner Würde, »in so ein Heim abgeschoben« zu werden. Bei einem Besuch in der Einrichtung ließ er verbal immer wieder Desinteresse, Abneigung und das Bedürfnis nach einem raschen Ende des Besuchs erkennen.

Sven zeigte deutlich, dass er sich von allen gedrängt fühlte. Er ließ so gut wie nicht mit sich reden und wies auch Vermittlungsbesuche und Begründungen des Pflegevaters zurück. Teilweise hielt er sich demonstrativ die Ohren zu. Als die Idee aufkam unsere Schule eventuell als Externer zu besuchen, wies er diese zurück, weil die Zugfahrt zu lang sei und er zu früh aufstehen müsse. Vorwurfsvoll beklagte er, schon bisher zu lange in einer für ihn ungeeigneten Schule gewesen zu sein.

Eine gefährliche Problemeskalation ließ es dann doch zur Aufnahme in unserer Einrichtung kommen. Sven war inzwischen 14 Jahre alt. Einige Wochen nach dem etwas missglückten Vorstellungsbesuch stand Sven mit seinem Pflegevater plötzlich in unserem Haus. Die Situation zu Hause hatte sich zugespitzt. Sven hatte aus der Wohnung der Pflegeeltern heraus mit einem Kleinkalibergewehr in die Fenster von Nachbarhäusern geschossen. Dies löste große Aufregung und einen Polizeieinsatz aus. Daraufhin sah sich der Pflegevater am Ende seiner erzieherischen Möglichkeiten und auch persönlich an seinen Grenzen angelangt.

Svens narzisstische Persönlichkeitsentwicklungsstörung zeigte sich bei uns immer deutlicher: Sven musste immer im Mittelpunkt stehen und benötigte immer eine hervorgehobene Stellung bzw. Sonderrolle. Sven hatte hohe Ansprüche an sich selbst und kannte andererseits offenbar seine Schwächen. Anspruch und Wirklichkeit, Selbstbild und Wunschbild klafften stark auseinander, Allmachtsgefühle und Versagensgefühle wechselten sich ab. Er überspielte Unsicherheiten mit Großspurigkeit und/oder abwertenden bzw. ablehnenden Sprüchen (»Wenn ich Ihnen das sage, dann ist es so, was andere dazu meinen, können Sie vergessen!») Die Gleichaltrigen durchschauten sein großspuriges Auftreten, nahmen ihm dies aber auch nicht krumm. Seine hauptsächlichen Abwehrformen waren Verleugnung, Projektion und Spaltung in »gut« und »böse«.

Sven war nur bedingt gruppenfähig und mied Gruppensituationen, in denen Anforderungen an ihn gestellt wurden. Er kehrte ein extremes Autonomiebedürfnis nach außen und wollte über alle Regeln und Abläufe diskutieren. Sven hatte Angst vor Intimität und vor allem vor Bloßstellung seiner Schwächen.

Immer wieder zeigte er eine sehr geringe Frustrationstoleranz, war schnell entmutigt bzw. ließ sich auf viele Angebote erst gar nicht ein. Er hebelte mit Sinn für Komik und schauspielerischem Talent pädagogische Maßnahmen aus und beanspruchte »Narrenfreiheit« (»Ich hab Ihnen gleich gesagt, wie hier meine Betreuung aussieht, entscheide letztendlich immer noch ich. Da können Sie, der Herr A. und der Herr B. vom Jugendamt, sich auf den Kopf stellen«). Um mit ihm »klar zu kommen«, waren immer wieder Sonderbedingungen nötig, was ihn manchmal selbst unzufrieden zu stimmen schien (da es »nicht normal« mit ihm lief).

Sven zeigte deutliche »Anlaufschwächen« und »giftige« Verstimmtheit, die in Aggression münden konnte bzw. aggressiv ausagiert wurde. Er verhielt sich ablehnend, widerspenstig und angriffslustig. Zum Teil resultierte dies auch aus Unausgeschlafenheit, da Sven sich nicht an einen normalen Tag-Nacht-Rhythmus hielt. In bestimmten Konfliktsituationen konnte er außer sich geraten und schien dann »zu allem fähig« zu sein.

Trotzdem zeigte Sven auch weiche und bedürftige Seiten und suchte Zuspruch und Bestätigung bei den Erwachsenen. Zwischendurch konnte er auch Freude und Spass haben und sehr witzig sein. Sven zeigte deutliche Stärken im handwerklichen, sportlichen und musischen Bereich. Auch beherrschte er Umgangsformen und konnte, wenn er wollte, angemessenes Verhalten zeigen.

Im Laufe der Zeit spitzte sich Svens Situation aber immer mehr zu. Er war dauerverstimmt, nicht mehr kooperativ und verweigerte jeglichen Gruppen- und Einzelunterricht (»Der Herr X kann doch nicht bestimmen, was ich zu lernen brauche«) und »ich gehe auch nicht zur Ferienunternehmung im Hochgebirge mit.« Er baute ein neues Feindbild auf. Die Einrichtung hatte nun diese Rolle einzunehmen. Sein Ziel war es, »hier weg« zu kommen. Er drängte darauf, mehr Zeit bei seiner Pflegefamilie zu verbringen, wobei er diese stark idealisierte. Sven konnte in der Einrichtung irgendwann keine altersentsprechenden Anforderungen mehr durchzuhalten und konnte sein brüchiges Selbstbild offenbar nur noch durch massive Abwertung der Mitarbeiter und der Einrichtung aufrechterhalten. Immer wieder äußerte er resignativ die Befürchtung, »nicht normal« und »ein Psychopath« zu sein.

Als klar wurde, dass nach einem anderen Betreuungsarrangement gesucht werden musste, standen Svens narzisstische Züge ebenfalls im Weg. Er war hin- und hergerissen zwischen der Vorstellung, ohne jegliche Hilfestellung auszukommen, und der Erkenntnis, dass es für ihn einer sehr individuellen Betreuungsform bedürfe (er sei schließlich etwas ganz Besonderes und in der Einrichtung gar nicht am richtigen Platz). Sven zeigte sich nicht bereit, sich mit seiner eigenen Lebensgeschichte oder – ebenso wichtig – mit der Zeit nach dem Hauptschulabschluss zu befassen. Man sollte von ihm nicht mehr erwarten, als den »jetzt eben zunächst einmal notwendigen Schritt«. (Als es in einem Hilfeplangespräch um seine Zukunft geht, äußerte er beispielsweise, dass er professioneller Inliner-Fahrer werden und den Weltmeistertitel erwerben wolle. Außerdem würde er in einer größeren Stadt einen Inliner-Geschäft eröffnen. Als ihn der Mitarbeiter des Sozialen Dienstes darauf hinweisen wollte, dass so etwas viel Geld koste, nannte er ihm als Beispiel einen Laden mit 30 qm, von dem er den Mietpreis kannte. Sven war völlig entrüstet. »Ich werde doch keine so kleine Klitsche eröffnen. Das muss ein richtig großer Laden sein. Mindestens so groß wie die Turnhalle in ...«)

Sven in einer Einzeltherapiesituation (Notizen des Therapeuten)

Nach ca. 20 min. Einzeltherapie zum Thema »realistische Zukunftsplanung« stand Sven auf und sagte: »Das Gelaber brauch ich mir nicht länger anhören. Sie sind sowieso unfähig. Ihr Psychiater blickt es doch nicht. Jetzt gehe ich, das ist meine Einzelstunde, ich kann selbst bestimmen, ich kann gehen, wann ich will!«

Ich antwortete in Hoffnung einer Erlösung: »Natürlich kannst Du das selber bestimmen. Es steht Dir frei zu gehen!« Sven war offensichtlich etwas irritiert, weil es ihm nicht gelang, das Schlachtfeld zu wechseln: »Sie haben doch keine Ahnung. Auch der Herr P. (Erzieher in der Einrichtung) hat gemeint, dass Sie das nicht richtig machen! Ich geh' jetzt wirklich und dann werden Sie schon sehen .....«

Ich sagte: »Du entscheidest, wie lange Du hier bleibst ...« (Gegenübertragungsempfindung: Hoffentlich geht er auch wirklich!) Sven ging zur Tür, öffnete sie, ging hinaus und begann die Türe zu schließen. Kurz vor Einrasten des Schlosses steckte er seinen Kopf noch einmal ins Zimmer und sagte mit ruhiger und kompetenter Stimme: »Denken Sie mal drüber nach!«

Ich saß allein im Zimmer und fühlte mich irgendwie wie Gewinner und Verlierer zugleich. Ich war frei und erlöst und doch irgendwie gefangen.

Sven redete die kommenden drei Wochen, wenn er mir begegnete, kein Wort mit mir. Er wendete sich demonstrativ sehr höflich anderen Mitarbeitern zu. Meinen Blicken und Ansprachen entzog er sich scheinbar bewusst kränkend. Ich begann kurz zu zweifeln: Ein »richtig guter« Therapeut hätte die Situation vielleicht besser gemeistert. Sven wollte wohl nur erspüren, ob unsere Beziehung noch intakt war, ob ich ihm auch in einer heftigen Diskussion noch zugewandt war. Ein »richtig guter« Therapeut hätte das vielleicht erspüren können, hätte ihm gesagt, dass er gerne noch mit ihm weiterreden wolle, usw.

Aber irgendwie war ich froh, dass ich kein »richtig guter« Therapeut war. »Richtig gute« Therapeuten müssen möglicherweise »richtig viel« aushalten.

Nach den drei Wochen kam Sven wieder in die Therapiestunde. Sein erstes Thema der Stunde: » Wo war'n wir steh'n geblieben!?«

Fallbeispiel für einen Jugendlichen mit Narzisstischer Persönlichkeitsentwicklungsstörung

Patrick, 15 Jahre, war ein eher weinerliches und unzufriedenes Kleinkind gewesen. Er konnte kaum ertragen, dass seine Mutter sich jemand anderem zuwendete, z.B. wenn sie mit jemand anderem sprach. Auch im Kindergarten und in der Grundschulzeit zeigte Patrick Auffälligkeiten. Schon mit neun Jahren war er so aufmüpfig und renitent, dass seine allein erziehende Mutter an ihre Grenzen kam. Patrick zündelte und ging mit einer Vielzahl an Dingen (Fahrrad, Füller, Spielzeug) zerstörerisch um. Mit etwa zwölf Jahren zerkratzte und zerschnitt er bewusst Möbel und Tapeten innerhalb der Wohnung, entwendete mehrfach große Geldbeträge aus der Handtasche der Mutter und wurde auch mehrfach wegen Fahrraddiebstählen oder kleineren Einbrüchen polizeilich auffällig. Seine Mutter hatte ihrem Sohn gegenüber jegliches Vertrauen verloren. Aus Angst um ihre Wertsachen, ließ sie ein besonderes Schloss in ihre Schlafzimmertür einbauen. Patrick schaffte es schon mit zwölf Jahren, seine Mutter so massiv unter Druck zu setzen, dass sie ihm nahezu ohnmächtig gegenüber stand.

Patrick hatte große Schwierigkeiten, sich oder seiner Mutter sein Fehlverhalten einzugestehen. Er reagierte schon bei leisesten kritischen Äußerungen zutiefst beleidigt, fühlte sich sofort angegriffen oder diskutierte so lange und so unerbittlich, bis er in seinen Augen als »Gewinner« hervorging. Patrick lebte auch in der Schule sehr nach dem Lustprinzip, besuchte den Unterricht nur stundenweise, kam und ging, wann es ihm gefiel, und hielt sich in keinster Weise an Regeln. Er störte den Unterricht massiv, wollte ganz demonstrativ Macht ausleben und ständig im Mittelpunkt stehen. Angesichts der Hausaufgaben entbrannten immer wieder heftigste Auseinandersetzungen mit seiner Mutter, denn Patrick wusste alles besser und verfügte nur über geringe Frustrationstoleranz.

Schon vor Beginn der Betreuung durch unsere Einrichtung wurde durch sein ganzes Gebaren deutlich, dass sich Patrick mit seinen inzwischen 13 Jahren nur für ein individuelles Betreuungssetting gewinnen ließ. Obwohl sich bei Patrick auch deutlich dissoziale und depressive Tendenzen und eine enorme Stressempfindlichkeit bemerkbar machten, wurde offensichtlich, dass seine Schwierigkeiten, ihren Kern u.a. in einem ausgeprägten Narzissmus hatten. In Patricks Augen hatten die meisten Probleme so gut wie immer »die anderen«. Er konnte seine Probleme oder seine Anteile an diesen nur sehr begrenzt erkennen bzw. wollte sie allenfalls als Folgen der Probleme anderer angesehen haben. Seine Problematik war deshalb, auch aufgrund der verweigerten Problemeinsicht, jahrelang fast nicht bzw. zumindest nicht »herkömmlich« angehbar gewesen. Eine Kontaktaufnahme mit einem jugendpsychiatrischen Facharzt oder einer Klinik lehnte Patrick beispielsweise brüsk oder auch höhnisch ab, weil so etwas für ihn »überhaupt nicht nötig« sei. Schon einen solchen Gedanken empfand er als Kränkung.

Seine narzisstischen Tendenzen stellten bei der Hilfeplanung und -gestaltung immer wieder ein großes Hindernis dar. Der Weg aus einer völlig verfahrenen Situation gelang bei ihm nicht über ein in seinen Augen »normales« Hilfeangebot. Das Wort »Hilfe« durfte schon gar nicht benutzt werden, denn Hilfe braucht (in seinen Augen) nur ein Schwacher. Ein »Hilfe«-Angebot konnte von ihm nur angenommen werden, wenn es gelang, es so zu gestalten, dass es ein besonderes und sich vom Standardangebot abhebendes war. Eventuelle Verbindungen zum Standardangebot mussten so gering wie möglich sein. Beispielsweise konnten Vorschläge zur Unterstützung einer normalen schulischen Eingliederung von ihm nicht akzeptiert werden. Hingegen konnte er den Vorschlag annehmen, statt dessen einen Vorbereitungskurs zum Hauptschulabschluss an der Volkshochschule zu machen, denn er beinhaltete einen nur zwei- oder dreimal wöchentlich stattfindenden Abendunterricht zu je drei Unterrichtsstunden. Auf diesem Weg – also mit so wenig Aufwand – den Hauptschulabschluss zu machen, war akzeptabel, denn dies bedeutete für ihn eine Sonderbehandlung und damit eine Möglichkeit, das Selbstwertgefühl anzuheben. Immer wieder zeigte er in diesem Zusammenhang auch Angst und vehemente Gegenwehr gegen jede Art des echten oder des befürchteten Versuchs, dass jemand über ihn bestimmen könnte.

Das Bedürfnis nach einer Sonderbehandlung zeigte sich aber auch in anderen Situationen. Gespräche und Telefonate führte Patrick nur direkt mit der »Zielperson« (sprich dem Chef). War der Leiter der Einrichtung telefonisch nicht zu erreichen, so rief er im 5-Minuten-Rhythmus an und lehnte es ab, dass jemand anderer eine Nachricht an ihn ausrichtete. Denn niemand wurde von ihm als Nachrichtenvermittler o.ä. akzeptiert. War Patrick für einige Tage in der Einrichtung, so spiegelten sich seine Bedürfnisse nach spezieller Behandlung sogar beim Wäschewaschen wieder. Die eigene Wäsche durfte nur er selbst waschen. Da ihm aber für die Bedienung der Waschmaschine die Kenntnis fehlte, konnte er schließlich zustimmen, dass eine ganz bestimmte Person diesen Auftrag für ihn bzw. für seine Wäsche durchführen durfte. Solche und auch ähnliche Situationen waren immer auch gekoppelt mit einer enormen Inflexibilität. Bei anhaltenden körperlichen Beschwerden durfte beispielsweise kein Arzt hinzugezogen werden – darauf bestand Patrick mit Vehemenz. Er versteifte sich zudem auf eine extrem enge Auswahl von Nahrungsmitteln. Er ernährte sich fast ausschließlich nur noch von Pommes-Frites und Chicken McNuggets. Dabei überging er jegliches ernährungswissenschaftliche Argument. Das wenige andere, das er wollte, musste aber auch noch bestimmte (mütterliche) Zubereitungsregeln erfüllen. Gelang das nicht, hungerte er. Ebenso konzentrierte sich Patrick auf ein eingeengtes Spektrum hinsichtlich seiner Kleidungswünsche. Selbst bei der im Trendbereich liegenden Kleidung wurde von ihm nochmals eine enge Unterauswahl getroffen, die auch nur in ein oder zwei Geschäften zu bekommen war. Andere Kleidung zog er nicht an und war auch nicht bereit, sich diese zu kaufen, selbst wenn das von ihm Gewünschte bei weitem sein Budget überstieg.

Wünsche hatten für Patrick offensichtlich Selbsterhöhungscharakter. Sie bezogen sich meist auf neueste, teuerste oder technisch aufwändigste und im persönlichen Umfeld prestigefördernde Produkte und mussten unbedingt realisiert werden (»Was ich mal im Kopf habe, krieg ich nicht mehr raus«). So bestand er z.B. darauf, als Ersatz für sein verloren gegangenes Handy ein neues mit einer gerade neu eingeführten Spitzentechnik zu kaufen, obwohl zu dem Zeitpunkt seine Kommunikationspartner noch nicht in der Lage waren, über diese Technik mit ihm zu kommunizieren. Seine finanziellen Möglichkeiten reichten ihm obendrein nicht aus, um sich dieses Wunschprodukt zu leisten. Darauf angesprochen rechtfertigte er diesen Wunsch mit Aussprüchen wie: »Das geht Sie gar nichts an, was ich für ein Handy brauche«. Für solche Wünsche wurde von Patrick nicht nur alles auf eine Karte gesetzt, sondern zeitweilig auch der Realitätsbezug außer Kraft gesetzt, was sich z.B. in den folgenden Äußerungen wiederspiegelte: »Strecken Sie mir den kompletten Lohn von zwei Monaten vor, damit ich mir das neue Handy kaufen kann. Ich brauche (Patrick wohnt allein und muss sich selbst versorgen) in den nächsten zwei Monaten kein Geld für Essen, Kleidung usw. Ich gebe eh nie Geld aus fürs Essen.« Oder ein andermal: »Ich brauche in jedem Fall eine große Wohnung, egal was sie an Miete kostet. Ich verzichte auf andere Ausgaben z.B. auf mein (teures und vielgenutztes) Handy – ich brauche kein Handy mehr.«

Die Ablehnung solcher Forderungen und Wünsche mit Selbsterhöhungscharakter löste heftige Emotionen aus, zu denen auch extreme Wut, heftige Bedrohungen, Beschimpfungen oder Anklagen gehörten. Nicht selten wertete er Personen, die mit der Wunschversagung (Gegenargumente, Sicherung des Realitätsbezugs) zu tun hatten, total, das heißt auf sehr kränkende Weise ab. Er konnte aber auch – als Folge solcher Situationen – in extreme und auch länger andauernde Krisen hineingeraten, bei denen die Betreuung wiederholt auf des Messers Schneide stand.

Wenn sich bei Patrick eine negative Stimmungslage eingestellt hatte, was sehr leicht geschah, fand er nur sehr schwer wieder aus ihr heraus und wirkte äußerst renitent, überheblich und verletzend. Dies konnte die Kooperationsbereitschaft seiner Mitmenschen erheblich beeinträchtigen und auch völlig zerschlagen. In schlechter, d.h. durch stark depressiv eingefärbte Verstimmungen gekennzeichneter Verfassung kam es dann häufig auch zu schwerwiegenden Regelverletzungen wie z.B. unerlaubtes Wegbleiben bis spät in die Nacht oder aber auch über mehrere Nächte. Fand solches Verhalten Kritik, stellte er diese als Ausdruck von Borniertheit dar und gestand dem anderen kein Recht zu, eine Abstimmung seiner Rechte und Normen mit den seinen vorzunehmen. Auch dass sich andere um ihn sorgten, hielt er ebenfalls für absolut unnötig.

Patrick war im zwischenmenschlichen Bereich als sehr selbstbezogen anzusehen und nicht willens, sich den Erwartungen und Bedürfnissen anderer anzupassen. Die Ansichten anderer wurden von ihm häufig völlig abgelehnt und ihr Anspruch auf Beachtung verleugnet. Patrick wusste meist entweder alles besser oder die Sache ging ihn nichts an bzw. war für ihn ohnehin nicht interessant. Er konnte nur in geringem Umfang Mitgefühl oder Einfühlungsvermögen aufbringen und seine oft unangemessenen, für ihn aber enorm wichtig erscheinenden Wünsche gewannen immer wieder die Oberhand über ihn. Deshalb merkte er nur begrenzt, wie er andere verletzte und zurückwies. Versuche, mit ihm durch Gespräche Konflikte zu bereinigen oder differierende Ansichten zu einem Kompromiss zusammenzuführen, schlugen fast immer fehl, was Patrick meist nichts auszumachen schien. So erzeugte er auch bei gutwilligen Personen Sprachlosigkeit oder aber auch Ärger und Leid. Vor allem waren seine auf einer paradoxen individuellen Logik basierenden Argumentationen oft nur schwer zu ertragen (z.B. konnte er einen Gesprächswunsch abtun mit Bemerkungen wie: »Weihnachten ist Weihnachten. Da führe ich keine Gespräche, das ist doch klar« oder »Wenn ein Gespräch vorbei ist, ist es vorbei. Danach fängt dann das normale Leben wieder an.«)

Patricks Beziehungsfähigkeit war sehr eingeschränkt und hatte mehr einen funktionalen Charakter, d.h. das Zugehen auf Erwachsene war oft durch Wünsche oder Forderungen bestimmt oder an diese gekoppelt. Patrick kannte auch die »Überlebensnischen« unserer Gesellschaft und deren teilweise Inkonsequenz und Hilflosigkeit Menschen gegenüber, die die Freiheit missbrauchen oder ihre Ansprüche überziehen. Immer wieder fand Patrick Personen, die ihn unterstützten (ihn z.B. bei sich übernachten ließen), weil er diese hinsichtlich der bei ihm gegebenen Realitäten hinter's Licht führte (und beispielsweise behauptete, seine Mutter würde ihn so schlecht behandeln, dass sie ihn schließlich auch »hinausgeworfen« habe). Stellte man sich ihm dennoch in den Weg, dann reagierte er z.B. mit »gut, dann verreck ich halt auf der Straße« oder er wies auf die Verpflichtungen hin, die Erwachsene ihm gegenüber hatten: »Sie müssen mich um 23.19 Uhr abholen, denn wenn mir was passieren würde, wären Sie dran.« oder »Sie können ja Ihren pädagogischen Auftrag gar nicht zurückgeben.«

Außerdem durften Schwächen nicht sichtbar werden und bereits kleinste Kränkungen führten immer wieder zu sofortigen impulsiven Attacken. Coolness verschaffte ihm zur Aufrechterhaltung seines Selbstbildes immer eine brauchbare Fassade. Auch Selbst(un)wertgefühle blieben damit ausgeblendet. Er neigte zur Selbstüberschätzung, zu Allmachtsvorstellungen oder zu fantastischen Gedankengängen, z.B. indem er durch einen vermeintlich in der Zukunft eintretenden Lottogewinn auf alle eigenen Anstrengungen glaubte, verzichten zu können, oder Aussprüche zum besten gab wie: »Ich erreiche alles, was ich will, auch so, ohne zu lernen!«. Andererseits kippte er dann wieder in depressive Stimmungslagen, die Sorge aufkommen ließen, dass er auf eine suizidale Schiene geraten könnte. In solchen Phasen konnte er sich beharrlich weigern, über Zukunftspläne nachzudenken, weil er ja »morgen von einem Auto überfahren werden könnte« und dann damit umsonst in die Zukunft gedacht hätte.

Auffällig war außerdem immer wieder, dass Patrick über moralische Bewertungsmaßstäbe verfügte und diese auch verinnerlicht hatte. Wenn er dies zugeben konnte, konnte er oft genau sagen, dass Fehlhandlungen nicht angemessen waren, selbst wenn er dies dann als bedeutungslos abtat. Seine antisozialen Tendenzen konnten also kaum aus fehlenden, sondern eher wohl aus fehlerhaften Norm- und Wertvorstellungen rühren. Im Gegenteil – Patrick zeigte oft einen ausgesprochenen Gerechtigkeitssinn, selbst wenn dies zu seinem Nachteil war. Als ein Erwachsener einmal nach einem Spiel den gewonnenen Spielgewinn von Patrick nicht einforderte, reagierte er mit großem Unverständnis: »Wissen Sie, ein Spiel ist ein Spiel, und einer gewinnt und einer verliert. Er muss doch den Gewinn annehmen, wenn ich verloren habe.« Umgekehrt forderte er ebenfalls beharrlich Gerechtigkeit, wenn er – nach seiner eigens entwickelten Logik – in seinen Augen ungerecht behandelt worden war.

Patrick verfügte aber auch über einige Fähigkeiten, die in der weiteren Entwicklung genutzt, ausgebaut und vertieft werden konnten. War er motiviert und ausgeglichen, zeigte sich immer wieder, dass sein intellektuelles Niveau mindestens durchschnittlich war. Dies ermöglichte ihm dann auch, sein Umfeld z.B. durch das Finden eines Ausbildungsplatzes und einer Wohnung innerhalb weniger Tage zu verblüffen – vorher hatte er großspurig behauptet: »Ich beweise es Ihnen. Ich such mir eine Stelle und eine Wohnung«, was ihm zu dem Zeitpunkt niemand so richtig glauben wollte. Dennoch ließ man sich auf das Experiment ein, auch um seine Behauptungen einer Realitätsprüfung unterziehen zu können.

Patricks Stressempfindlichkeit während einer Krisensituation (geschildert von seiner Betreuungsperson im Rahmen eines individuellen Betreuungssettings)

Patrick traf sich mit mir in einem Fast-Food-Restaurant – der einzige Platz, an dem er sich mit mir auf ein Gespräch einlassen konnte. Als ich ihn darauf ansprach, dass ich von einem Angehörigen gehörte hätte, es gehe ihm derzeit nicht gut, begann er zunächst von Schwierigkeiten in der Schule zu sprechen. Er meinte, dass er die vor einem $^3/_4$ Jahr begonnene Ausbildung nicht schaffe, da die Noten zu schlecht seien und er »nichts blicke«. Was bezeichnender wäre: er meinte, alles was von Lehrern gemacht oder erzählt werde, seien letztlich Dinge, die ihn nicht interessieren würden. Ob z.B. Bakterien in seinem Lebensmittelbetrieb eine Rolle spielten, ginge ihn nichts an, er würde die Waren auf seine Art verpacken.

Den Betrieb und die Arbeitszeiten erlebte er derzeit ebenfalls als »voll stressig« und fühlte sich auch deswegen total aggressiv. In der Firma wären morgens weniger Leute da und er müsste alles selbst vorrichten, weil niemand anderes dafür da wäre. Er wollte zudem auf keinen Fall das Ausbildungsjahr ein zweites Mal machen. Eher würde er sofort aufhören. Er war sich sicher, dass er sofort was Neues fände und zwar auch in einem anderen Beruf oder Job. Bedenken, die ich äußerte, wollte er nicht anerkennen. Er hätte schließlich im letzten September bewiesen, dass er innerhalb von zwei Tagen einen Job bekommen würde. Patrick behauptete, er hätte seit September des Vorjahres nur eine Woche Urlaub gehabt. Tatsächlich hatte er aber bereits zweimal und insgesamt über einen längeren Zeitraum frei gehabt.

Der Glaube, dass die allermeisten Personen heutzutage nichts arbeiten würden und trotzdem ihr Geld bekommen würden, ließen ihn seine eigene Arbeit in Frage stellen. Er berichtete von Problemen mit einem anderen Jugendlichen in der Bäckerei, der ihn ständig nerven würde, weil er nichts könnte und ständig faul wäre. Daraus glaubte er das Recht ableiten zu können, diesen fertig zu machen: »Alle im Betrieb hassen ihn sowieso.« Er sagte, er sei sich sicher, dass es in der nächsten Zeit zwischen ihm und dem gehassten jungen Kollegen nicht mehr nur Stress geben würde, sondern auch Prügel zum Einsatz kämen und dass über kurz oder lang einer von ihnen beiden aus dem Geschäft ausscheiden müsste.

Das Wort »Stress« und »gestresst« führte Patrick ständig im Mund (z.B. bei einigen Fliegen, die uns im Restaurant umschwirrten, wobei ich sie selbst kaum wahrgenommen hatte). Auch Leute, denen er in der Stadt begegnete, »stressten« ihn – schon allein deswegen, weil sie sich um 11 Uhr in der Stadt aufhielten oder letztlich nur, weil sie ihn »dumm anschauten«. Als eine ältere Frau während unseres Gesprächs kurz zu uns rüber schaute, ärgerte er sich darüber, dass diese uns wahrscheinlich beobachtete. Als ich meinen Eindruck rückmeldete, Patrick würde sich oft oder zu sehr beobachtet fühlen, bestätigte er, er habe »so einen kleinen Verfolgungswahn«. In den Sommer-Tagen zuvor hatte er wegen der Wärme nachts nicht schlafen können. Nachts stand er mehrfach auf, um durch Duschen das Hitzegefühl loszuwerden. Außerdem war vor zwei Wochen sein Gürtel gerissen, den er erst vor ca. zwei Monaten gekauft hatte. Er trug seit dem zwei abgerissene Schnürsenkel um den Bauch – ein weiterer Beweis, dass alles »beschissen« sei.

Patrick berichtete, dass er sich den Tag über viele Besucher in sein Zimmer eingeladen hatte, mit denen er sich in unterhaltsamer Gesellschaft befunden hätte. Aber wenn diese weg seien, dann sei alles wieder »voll Scheiße«. (In der Vergangenheit hatten Patrick gerade diese Besucher irgendwann so »gestresst«, dass die Situation eher eskalierte als sich entspannte.)

Die Stimmung, die er im Moment hatte, hätte er bereits schon seit Beginn diesen Jahres und jetzt würde er dies nur, weil ihm das nun immer mehr »stinken« würde, erst so richtig auch zum Ausdruck bringen. Ich versuchte Patrick vorsichtig zu vermitteln, dass bei ihm, nachdem er alles total »beschissen« empfände und alles nur schwarz sähe, möglicherweise ein depressives Tief entstanden wäre. Dieses wollte er jedoch nicht gelten lassen, widersprach allerdings nicht mit Vehemenz. Keinesfalls würde er ein Medikament einnehmen. Statt dessen hätte er letztlich alles selbst im Griff. Er versicherte auch, er würde sich »nichts mehr gefallen lassen.«

Zwischendurch lobte ich Patrick für sein Durchhalten bei der Arbeit und Ausbildung seit nunmehr fast neun Monaten. Ich wollte ihm damit auch andeuten, dass er diesen wirklichen Erfolg nicht gefährden sollte, indem er vielleicht zu unüberlegt abbräche und sich zu sicher wäre, dass er sofort wieder etwas finden würde. Er monierte sofort ärgerlich, dass ich und andere ihm schon letztes Jahr im September nicht geglaubt hätten, dass er auf Anhieb einen Job finden und diesen auch durchhalten könnte.

Schizoide Persönlichkeitsentwicklungsstörung

Fallbeispiel für einen Jugendlichen mit schizoider Persönlichkeitsentwicklungsstörung

Für **Jürgen**, 15 Jahre, lag uns schon über ein Jahr eine Anfrage mit ausführlichen Unterlagen vor, von der wir lange nicht recht wussten, ob man unsere Hilfe wollte oder nicht. Aus den vorliegenden Berichten war zu ersehen, dass eine komplexe psychische Störungskonstellation gegeben war und dazu auch eine jahrelange pädagogische Begleitproblematik bzw. zuletzt auch eine völlig verfahrene familiäre Erziehungssituation. Die Probleme begannen mit der Geburt und setzten sich mit vielen Auffälligkeiten in der Kleinkinderzeit, im Kindergartenalter und in die Grundschulzeit hinein fort. Zahlreiche diagnostische Klärungsversuche ambulanter und stationärer Art durch Fachkräfte verschiedener Professionen zeigten immer wieder andere Ausschnitte des Störungsbildes (neurologische Störung, Bindungsstörung, Störung des Sozialverhaltens, ADHS, Teilleistungsstörungen, Verdacht auf Hochbegabtenproblematik). Störungen des Sozialverhaltens verschärften sich trotz verschiedener Interventionsversuche in den letzten Jahren immer mehr und führten auch zu immer mehr Funktionseinschränkungen. Zuletzt unterblieb nach immer größeren Konflikten der Schulbesuch, auch zu Hause nahmen z.T. recht dramatische familiäre Auseinandersetzungen zu. Vor allem bestand schließlich so gut wie keine Kooperationsbereitschaft mehr, um über Problemlösungsstrategien o.ä. miteinander reden zu können. Die Reihe ambulanter, teilstationärer und stationärer Interventionen in kinder- und jugendpsychiatrischen Kliniken, Internat, lerntherapeutischer Praxis, Tagesbetreuung in einer Einrichtung der Jugendhilfe usw. hatte dies – einschließlich des Scheiterns auf der Realschule, die soziale Teilisolierung, die Flucht in (leichtere) Drogen und den Beginn einer dissozialen Entwicklung – nicht verhindern können. Schließlich trieb die Entwicklung von Jürgens persönlicher Situation zusammen mit der konfliktreichen, aber zugleich verfahrenen familiären Erziehungslage auf eine Eskalation zu, die zu einer richterlichen Zwangs-Einweisung in eine jugendpsychiatrische Klinik führte.

Abriss der Verlaufsgeschichte

Nach einer geplanten Schwangerschaft ohne Komplikationen wurde Jürgen mit Zange und Saugglocke fünf Wochen vor Termin geboren. Während des Geburtsvorgangs erhielt seine Mutter eine nicht unerhebliche Menge Medikamente.

Bereits im Säuglingsalter und danach zeigte Jürgen deutliche Auffälligkeiten. Er konnte von Anfang an nicht trinken und musste mühsam und in kleinen Schritten gefüttert werden. Ca. zwei Jahre lang war er ein »Schreikind», d.h. er war überempfindlich, erregbar, unruhig und schwer lenkbar. Ruhig war er nur in seiner eigenen familiären Umgebung. Mit einem halben Jahr wurden zerebrale Bewegungsstörungen diagnostiziert. Es gab Störungen bei der Bewegungskoordination, die dann auch in Regie einer Kinderklinik entsprechend behandelt wurde. In einer Krabbelgruppe und im Kindergarten war Jürgen kaum zu integrieren und konnte grundsätzlich nicht mit anderen gemeinsam etwas machen. Jürgen beanspruchte immer eine Sonderrolle und machte nie das, wozu Erwachsene ihn anzuregen versuchten. Er ließ sich nicht in gemeinsame Aktivitäten einbeziehen. Auch konnte er andere Kinder beim gemeinsamen Spiel oder zum Ausgang nicht an der Hand fassen. Es ließ sich kein Gemeinschaftsbezug herstellen. Wurde er gedrängt, reagierte er aggressiv.

In den Vorschuljahren war Jürgen sehr wissbegierig und wollte sehr viel vorgelesen bekommen. Seiner Mutter gegenüber zeigte er sich sehr zärtlichkeitsbedürftig, schien sie aber auch oft fast zu »erdrücken«.

Es schien, dass Jürgen »ungezogen« leben wollte. Ähnlich »unsozial« kam er mit sieben Jahren in die Schule, wollte auch dort immer alles anders machen als die anderen. Bereits nach einigen Schulwochen kam ein Anruf, das Kind sollte abgeholt werden, da es nicht zu unterrichten wäre. Jürgen machte nie das, was verlangt wurde, und wurde zudem aggressiv, wenn Lehrkräfte ihn drängten. Wurde er angefasst, so ließ ihn dies explodieren. Oft hatte er T-Shirts mit einem Bleistift durchbohrt und durch ähnliche Aktivitäten offensichtlich Anspannung abgeleitet. Er wollte eigentlich schon morgens nicht in die Schule, sodass es permanent morgendlicher Kämpfe bedurfte, bis er aus dem Haus war. Das Lernen mit der Mutter akzeptierte er. In der Schule wurde er durch seine Art als störend erlebt und wurde deshalb oft allein an einen Tisch gesetzt. Irgendwann wollte kein Kind mehr neben ihm sitzen. Normalerweise ging Jürgen Streit aus dem Weg. Auf dem Schulhof war er immer eher alleine und suchte eine Ecke für sich. Verhaltensexplosionen gingen immer ansteigende Spannungen voraus, dann kam es sozusagen zum Überkochen. Immer mehr wurde er als Außenseiter gehänselt.

Jürgen lehnte von anderen Personen Zuwendung ab und zeigte sich außerhalb der Schule immer scheu. Selbstständig in ein Geschäft zu gehen bzw. fremde Menschen nach etwas zu fragen war bis zum Jugendalter noch schwierig (»Gehst Du mit mir mit?«). Ab der dritten oder vierten Klasse äußerte er auch, er hätte das Gefühl, er wäre anders als andere.

Jürgen zeigte insbesondere beim Lesen und Schreiben Schwierigkeiten, bzw. bei allem, was auf's Papier zu bringen war. Das störte und belastete ihn bzw. brachte ihn in Stress. Verbales Wissen dagegen hatte er reichlich zur Verfügung. Über seine Schulerfahrungen konnte er nie sprechen.

In der vierten Klasse kam Jürgen in eine neue Klasse und bekam einen neuen Lehrer. Dieser verstand es, mit Jürgen erstmals besser umzugehen. Von ihm ließ er sich sogar behutsam in den Arm nehmen, davor hatte ihn das immer eher zum

Ausflippen gebracht, wobei er seine Sachen durch die Gegend warf. Zur gleichen Zeit erkrankte ein Elternteil schwer und es kam bald darauf zur Trennung der Eltern.

Jürgen kehrte mit fast elf Jahren zusammen mit seiner Mutter zur fünften Klasse an den ursprünglichen Wohnort zurück. Zuvor erfolgte eine Untersuchung in einer Schulberatungsstelle. In der neuen Schule ging es für eine Weile gut. Es gab positive Berichte, dann »brach schlagartig alles zusammen«. Dieses Schema wiederholte sich mehrfach auf gleiche Weise. Mit zwölf Jahren fand eine Untersuchung in einer anderen Kinderklinik statt. Dabei wurden die Diagnosen Hochbegabung, Legasthenie, ADHS, Emotionale Störung mit einer Empfehlung zur Sozialpädagogischen Familienhilfe oder einer Unterbringung im Internat gestellt. Das Jugendamt wurde wegen Gewährung von Hilfe zur Erziehung eingeschaltet. Mit ca. zwölfeinhalb Jahren erfolgte ein Wechsel in ein Internat. Gleichzeitig wurde Jürgen im Rahmen einer ambulanten Kurzzeitverhaltenstherapie therapeutisch behandelt.

Auch im Internat war der Anfang gut, dann gab es – wiederum nach einigen Wochen – viele Probleme mit Mitbewohnern. Nach schweren Auseinandersetzungen während eines Schullandheimaufenthaltes, der für Jürgen eine Tortur gewesen sein muss, erfolgte eine ambulante Untersuchung in einer kinder- und jugendpsychiatrischen Klinik (13 Jahre; 1 Monat). Jürgen war im Internat zudem in merkwürdige dissozial gefärbte Probleme miteinbezogen bzw. war das Opfer solcher Attacken. Aus Angst wollte er ab der sechste Klasse nicht mehr im Internat bleiben (13 Jahre; 3 Monate).

Danach ging er einige Wochen nicht in die Schule, bis eine Aufnahme in eine Tagesgruppe erfolgte (13 Jahre; 6 Monate). Die Schule hatte eine vollstationäre Jugendhilfemaßnahme angeregt, aber weil Jürgen in der Tagesgruppe für einige Wochen eine gute Entwicklung zeigte, wurde er nicht vollstationär aufgenommen. Während der Betreuungsphase in der Jugendhilfeeinrichtung ging er dann auch vom Ende der sechsten Klasse bis Mitte siebten Klasse in eine Realschule. Jürgen machte aber auch hier wiederum nicht, was verlangt wurde, stritt sich auch bezüglich verwendeter Hilfsmittel und opponierte viel gegen die Anforderungen und Regeln. Außerdem klagte er immer wieder darüber, dass alle »doof« wären, alle gegen ihn wären, und ihn keiner leiden könnte. Darüber hatte er immer schon geklagt. Er war nie auf einem Kindergeburtstag eingeladen gewesen und zu seinen eigenen Geburtstagen wurden zwar Kinder eingeladen, der Ablauf dieser Tage war für ihn aber eher Stress und eine Tortur gewesen. Auffallend war auch, dass er kaum Kontakte zu den nicht weit entfernt wohnenden Verwandten pflegte. Er mochte sich nicht in deren Wohnung begeben, weil er sich da aus unerfindlichen Gründen nicht gut fühlte.

Als Jürgen dann die siebte Klasse wiederholen musste, tauchten somatische Beschwerden auf, insbesondere Bauchweh und Kopfschmerzen. Er weigerte sich schließlich auch, wegen der immer wieder benötigten Atteste zum Arzt zu gehen und ging schließlich auch nicht mehr zum Unterricht (14 Jahre; 3 Monate). Nach der schulischen und auch familiären Eskalation brach auch die Tages-Betreuung durch die Jugendhilfeeinrichtung ab. Mit 14 Jahre, 4 Monaten wurde Jürgen erstmals in unserer Einrichtung mit Ziel einer stationären Aufnahme vorgestellt. Jürgen lehnte ab.

Im Verlauf der weiteren Monate äußerte Jürgen immer wieder Suiziddrohungen und Überlegungen zu Methoden des Umbringens (z.B. vom Hochhaus springen und ähnliches). Auch bevor die Situation eskalierte und er in die Klinik eingewiesen wurde, äußerte er konkrete Suiziddrohungen. Immer wieder zerstörte Jürgen Gegenstände und beschädigte dabei seine eigenen Kleider, Kissen usw. Auch Sachen der Mutter wurden kaputt gemacht. Mittlerweile hatte er sich auch verwahrlosen lassen, trug wochenlang die gleiche Kleidung und duschte sich nicht.

Diagnosen in der Vorgeschichte

- Störung des Sozialverhaltens und der Emotionen (F92.8) mit krisenhafter Eigen- und Fremdgefährdung
- Hochbegabung: dies wurde später relativiert, zum Zeitpunkt der Aufnahme bei uns ausgeschlossen
- Legasthenie, wurde später nicht bestätigt
- Aufmerksamkeitsdefizitsyndrom, wurde später nicht bestätigt
- Störung mit Zügen eines Asperger-Syndroms (schizoide Störung des Kindesalters), später durch eine weitere Untersuchung nicht bestätigt

Eskalation und Klinikzwangseinweisung

Jürgen wurde notfallmäßig in eine Klinik eingewiesen, nachdem er zuvor seine Mutter im Rahmen einer heftigen Auseinandersetzung geschlagen und mit dem Messer bedroht hatte, sich anschließend im Zimmer verbarrikadierte, mit Suizid drohte und Möbel demolierte. Jürgen musste mithilfe der Feuerwehr und der Polizei aus dem Zimmer befreit werden, wobei er immer wieder drohte, sich die Kehle durchzuschneiden, während er gleichzeitig heftigen Hass auf seine Mutter äußerte. In Begleitung der Polizei und Rettungssanitätern kam Jürgen schließlich relativ ruhig in die psychiatrische Klinik.

Auslöser des Konflikts war, dass Jürgen »in Ruhe fernsehen« wollte und die Mutter aus dem Zimmer schicken wollte. Nachdem diese nicht ging, eskalierte der Streit. Jürgens Mutter bestätigte später seine Schilderung. Jürgen würde ihr immer wieder Vorschriften machen, sie aus dem Zimmer verweisen, sie bedrohen, entwerten und absichtlich die Wohnung ruinieren. Nachts müsste sie sich im Schlafzimmer einschließen, da sie Angst vor ihm hätte.

Angaben des Jugendlichen (mit 15 J.) zu seinem Befinden und zu seiner Lebenssituation

Im Aufnahmegespräch in der Klinik war Jürgen »offen, auskunftsbereit und gut orientiert.« Er gab an, regelmäßig Alkohol und THC zu konsumieren und mehrere Messer zu besitzen. Er beschrieb sich als angespannt, unterschwellig aggressiv und behauptete, seine Suiziddrohungen und Morddrohungen gegen die Mutter wären von ihm bewusst als Provokation geäußert worden. Er hätte jedoch immer wieder Suizidgedanken, sein Leben wäre wertlos, er hätte keinerlei Perspektive und würde ihn einer umbringen, so könnte dies eventuell eine Erlösung sein. Er glaubte jedoch nicht, dass er es schaffen würde, selbst Hand an sich zu legen. Allerdings hätte er sich im Internet über verschiedene Möglichkeiten informiert, Suizid zu begehen, und außerdem würde er regelmäßig mit anderen über dieses Thema chatten.

Seine Mutter wäre stur und würde ihn nur nerven. Sie hätte ihn immer wieder geschlagen. Er meinte, dass seine Mutter verrückt wäre und eigentlich an seiner Stelle in die Psychiatrie müsste. Seit einem halben Jahr besuchte er keine Schule

(Realschule) mehr. Er glaubte, Probleme mit dem Lernen und dem Gedächtnis zu haben. In seiner Freizeit beschäftigte er sich überwiegend mit Computerspielen und Chatten im Internet. Wichtig wäre ihm körperliche Fitness und er betriebe Krafttraining, u.a. auch, um in Auseinandersetzungen andere niedermachen zu können. Perspektivisch äußerte Jürgen den Wunsch, in der Schule besser zu sein, die Schule nicht mehr schwänzen zu müssen, keine Drogen mehr zu nehmen und ein anderes Leben zu führen. Gleichzeitig betonte er, er wäre nicht in der Lage, Mitmenschen zu ertragen, am wenigsten Gleichaltrige. Dies wäre der Grund, weshalb er weder die Schule besuchen noch in der Klinik verbleiben könnte. Gedacht hätte er an einen Haupt- oder Realschulabschluss per Fernkurs. Er könnte sich aber auch vorstellen, ohne Schulabschluss einer ungelernten Tätigkeit in der Computerbranche nachzugehen. Bei seinem momentanen Leben würde er kaputt gehen. Er hätte schon diverse Kontakte zu Psychologen gehabt. Dies hätte kaum etwas gebracht, überhaupt könnte ihm niemand mehr helfen. Als er ein Jahr lang im Internat gewesen war, hätten ihn dort auch alle angenervt. Er sähe seine Zukunft auf der Straße, denn sein Leben käme ihm ohnehin wertlos vor. Er hätte das Gefühl, dass ihn jeder los haben wollte und er nirgends einen Platz hätte. Mit seiner Mutter wollte er keinen Kontakt mehr, er lehnte sie ab und wollte sie am liebsten tot sehen.

Fallbeispiel für einen Jugendlichen mit schizoider Persönlichkeitsentwicklungsstörung

Jakob, ein 14-jähriger Realschüler aus einem intakten und gebildeten Elternhaus, der schon über viele Jahre auffällig war, wurde nach einem Suizidversuch, wegen dissozialer Gefährdung und nach einem vorangegangenen Aufenthalt in einer jugendpsychiatrischen Klinik, in unserer Einrichtung stationär aufgenommen. Man war im Vorfeld zunächst davon ausgegangen, es handele sich bei Jakob um eine in Form und Inhalten typische pubertäre Krise mit schweren (auch infolge von Ausuferungen des Konsums leichter Drogen) für die Eltern kaum erträglichen Zuspitzungen und dem Bedürfnis aus der Familie zu flüchten. In der Distanz zur Familie, mit Geduld, Standhaftigkeit und strukturierten Erziehungsbedingungen bei starker Zuwendung, zunächst schulischer Einzelbetreuung und psychotherapeutischer Unterstützung sollte Jakob wieder Tritt fassen können. Nach einer Eingewöhnungszeit schien Jakob sich langsam wieder zu wandeln zu einem interessierteren und etwas lebensfreudigeren Jungen. Auf einer Sommerfreizeit wie auch z.B. bei Wanderungen zeigte sich Jakob durchaus auch mal etwas ausgelassen und fröhlich.

Allerdings waren bald auch sein Hang zu Skurrilem, zu Eigenbrötelei und vielen Heimlichtuereien zu bemerken. So bestand er z.B. darauf, schon aus Prinzip beim Kochen und Backen keine Rezepte zu verwenden, und zog nur Kleidung aus früheren Jahrzehnten an. Dabei trug er tagelang ein rotes Damenstrickmützchen oder er trug Kinderschnuller um den Hals. Einmal holte er ein altes Damenrad vom Sperrmüll und versetzte es in einen zwar funktionstüchtigen aber künstlichen Gammelzustand, während er ein ihm zur Verfügung gestelltes neues Mountainbike ablehnte. In Krisenzeiten machte Jakob die Nacht zum Tag, aß tagsüber nichts, dafür nur nachts oder aber er versteifte sich darauf, sich nur von Süßigkeiten zu ernähren. Eine Zeit lang fand er alles, was dreckig war, schön, weigerte sich, sich zu waschen und stellte damit die allgemein üblichen hygienischen Maßstäbe auf den Kopf. Diese Besonderheiten waren nur schwer auszuhalten, sodass er vorübergehend ein Einzelzimmer bekam. Graffiti-Sprayen an Gebäuden und Zügen (auch an ICE-Strecken) war bzw. wurde anfänglich sein einziger Lebensinhalt bzw. sein Lebenstraum, wobei er mehrfach von der Polizei aufgegriffen wurde. Jakob zeigte dabei wenig Verständnis und Einsichtigkeit: »Sprayen, das ist Leben, wer mich also am Sprayen hindert, wie diese ›blöden Bahnbullen‹, der hindert mich an meiner freien Entfaltung. Sprayen ist aber auch Kultur: wer mich hindert, gehört zu den Erwachsenen, die für Kultur zu dumm sind. Man sollte auch mal über seinen Horizont hinausdenken.« Es kam auch vor, dass er zusammen mit einem »Kumpel« in der Mittagszeit im Randbereich des Bahnhofsgeländes tätig war und dabei einfahrende Züge zu unvorhergesehenen Bremsmanövern zwang und deshalb die Bahnpolizei tätig werden musste.

Jakob besuchte nach einer längeren Schulpause wieder die Realschule. Die Lehrer zeigten, entsprechend auf ihn vorbereitet, im Allgemeinen Verständnis für ihn und bemühten sich, die Unregelmäßigkeiten und die Merkwürdigkeiten seines Sozialverhaltens zu ertragen. Jakob spielte bisweilen den Klassenclown, äußerte provokante und skurrile Ansichten, war oft unpünktlich oder fehlte. Er galt als »nicht eigentlich in die Klasse integriert«. Man bemühte sich, die Türen für ihn offen zu halten und ihm langfristig zumindest mit dem Abschluss der 10. Klasse den Mittleren Bildungsabschluss zu ermöglichen. Vor allem eine Lehrkraft bemühte sich sehr darum, Jakob in sozialer Hinsicht zu fördern, seine teilweise bizarren Interessen zu akzeptieren und ihn vor anders denkenden Kollegen etwas in Schutz zu nehmen. Als »eigenwilliger Außenseiter« sollte er eine echte Chance erhalten.

Langsam begann er, sein Interessensspektrum etwas zu erweitern, z.B. in dem er das Lesen anfing. Eigentlich hätte man froh sein müssen, dass Jakob sich zu öffnen schien und anfing, sich für Literatur zu interessieren und Fragen zu stellen. Doch bald war ersichtlich: Jakob suchte letztlich die Bestätigung des eigenen destruktiven Gedankengutes. Insofern war für ihn z.B. auch seine Affinität zu kafkaesker Literatur kennzeichnend, die ganz im Zuge eines fehlerhaft interpretierten Existenzialismus die Sinnlosigkeit und die Last des Lebens nicht nur als Lebensgefühl darstellt, sondern auch mit der daraus sich ergebenden Unerträglichkeit des Daseins den Konsum von Drogen als Alternative zum Suizid rechtfertigt.

Gerade auch in diesem Zusammenhang entwickelte Jakob eine bemerkenswerte rechthaberische Beharrlichkeit, die weit schwerer erträglich erschien als die auch vorhandenen reibungssuchenden pubertären Erscheinungen. So begannen maßlos und missionarisch wortgewandte Überheblichkeiten zu wuchern, ohne augenscheinlich die geringsten Skrupel, andere in ihren Rechten zu verletzen. Beispielsweise fing er an, Verwaltungsmitarbeiter Testfragen zu ihren intellektuellen Fähigkeiten zu unterziehen, in dem er z.B. fragte, ob sie als Mitarbeiter vom Büro auch wüssten, was das Wort »symbiotisch« bedeute. Ein anderes Mal urteilte er in seiner Überheblichkeit über einen Ehemaligen, der zu Besuch gekommen war – beschimpfte ihn als »Schönling« und »Idiot«, bevor er überhaupt wusste, wer dieser war. Auch seine Eltern blieben von seinen anmaßenden Urteilen nicht verschont: »Sie sind stur, ich bin stur, wir kommen nicht auf einen Nenner, immer kommen sie und wollen ›was Gemeinsames‹ machen, ne Radtour oder sowas. Sie wollen einfach nicht einsehen, dass das keinen Spass macht. Ich werde in eine Ecke getrieben, ich will raus, aber auch das darf ich nicht. Das macht mich fertig, ich hasse sie. Die sind total unflexibel, Spießer.« Anhaltendes Verhalten dieser Art musste auf Dauer die Beziehung stark belasten und versöhnliche Bemühungen irgendwann verunmöglichen. »Ich will nichts von Ihnen, ich will nichts von meinen Eltern, die sollen mich alle nur in Ruhe lassen». Jakobs Verhältnis zu seinen Eltern war ambivalent und Schwankungen unterworfen. Mal spannungsreich und reibungsintensiv bis destruktiv, mal entspannter und sogar bereit zu gemeinsamen Unternehmungen. Natürlich bemerkte er auch selber die Doppelbödigkeit seiner neuen Grundsätze, die er selbst nicht im Stand war einzuhalten.

Die Suche nach Klärung komplexer Begriffe wie Wahrheit, Wirklichkeit etc. betrieb er fanatisch und gönnte sich dabei keine Ruhe. Einerseits suchte er zwar Ruhe und Pause, fand diese aber nicht, sondern fühlte sich gehetzt, verfolgt und von gesellschaftlichen Zwängen in Verhältnisse gepresst, für die er seine Eltern und uns verantwortlich machte. Er fühlte sich als Opfer und ordnete seinen Ideen seine persönlichen Beziehungen unter. Gerade die, die sich für Jakob engagierten, wurden für ihn zum Feindbild.

In Gesprächen setzte er seine Intelligenz und sprachliche Versiertheit vor allem dazu ein, sprachlich Konfliktstoff zu erzeugen. Dabei ging er gesprächsstrategisch sehr geschickt vor, versuchte Fallen zu stellen, auszuspielen und zu tricksen. Konfrontierte man ihn mit den Reaktionen, die seine Handlungen bei anderen auslösen, so bekam man Antworten wie: »Ich weiß nicht! Das ist mir auch egal!«

Ganz deutlich zeigten sich bei Jakob auch Mechanismen der Spaltung und Verleugnung im Sinne von Ausblendungen. Immer wieder waren manche Personen u.a. die Eltern und wir als Einrichtung alle »blöd«, andere hingegen ganz »toll«. Als seine Eltern mit ihm zufällig auf seine im Vorfeld eingetretenen Schwierigkeiten in seiner alten Schule zu sprechen kamen, hatte es den Anschein, dass Jakob komplett vergessen hatte, was dort vorgefallen war.

Jakob verlor schließlich den Boden unter den Füßen und damit auch die Verbindung zu den Anforderungen des Alltags. Er verstrickte sich in seiner skurrilen und zerstörerischen Gedankenwelt, litt unter Spannungszuständen, Schlaflosigkeit und depressiver Unruhe. Er war auch immer weniger dazu bereit, die Notwendigkeit alltäglicher Abläufe (aufstehen, waschen, zur Schule gehen, nach der Schule rechtzeitig zum Mittagessen erscheinen, Hausaufgaben erledigen, sich evtl. in ein Freizeitprogramm einzugliedern, Minimalkontakt zu Jugendlichen und Erwachsenen halten) zu akzeptieren. Er steigerte sich Schritt für Schritt in eine Lebensauffassung hinein, die in ihrer bizarren Zuspitzung schlicht nicht mehr nachvollziehbar war und die auch wegen seiner Minderjährigkeit nicht akzeptiert werden konnte. Für Jakob war irgendwann nichts mehr selbstverständlich. Jede Handlung des Alltags konnte bei ihm wieder zum Diskussionsgegenstand werden. Dabei fühlte sich Jakob viel älter als er war. Seine Empfindlichkeit und Verletzbarkeit hinderten ihn aber daran, sich selbst zu motivieren und seine geistigen Reserven sinnvoll einzusetzen. Jakob fühlte sich erfahren, kompetent und leidend, gab sich als Weltverbesserer. Dass er schnell begriff, Inhalte vollständig erfassen und detailgenau aber auch strukturiert wiedergeben konnte, schien nun wieder alles verschwunden, zugedeckt, vermauert. Gespräche mit ihm, früher zum Teil eine Bereicherung, wurden jetzt wieder belastend und zeigten Jakobs übersteigerte Verletzbarkeit. Er fing an, sich noch mehr abzuschotten und viele Kontaktversuche als Einmischung in seine persönliche Sphäre zu erleben. Dabei schien er oft verzweifelt und unter größter Anspannung. Immer mehr zeigten sich jetzt existenzielle Identitätskrisen, die den Kontakt vollends behinderten und seine Wahrnehmung stark einschränkten. Die Qualitäten seines Selbsterlebens schienen völlig zusammengebrochen zu sein, sodass Jakob seine Umwelt bedrohlich erlebte und in seinem Hang zur Krassheit möglichst immer noch »eins draufsetzte«. In seiner Sturheit und seinem Eifer ging er bis an die Zerstörung seiner familiären Bindungen. Trotz, Verletztheit und elitärer Omnipotenzgefühle ergänzten sich mit der Sucht am Leiden zu einer zerstörerischen Mischung. Bei all dem war Jakob manchmal, aber wirklich nur manchmal, auch ein kleiner schutzbedürftiger Junge, der kompromisslos Geborgenheit und Anerkennung suchte, dabei aber seine eigenen Grundsätze verletzen musste.

Jakob fuhr inzwischen wieder zu Wochenendbeurlaubungen nach Hause. Seine Eltern bemühten sich, die familiären Abläufe für Jakob konfliktarm zu gestalten und den Kontakt zu ihm sehr zurückhaltend zu pflegen. Vor allem zur Schwester und zum Opa hatte er Bezug.

Im Laufe der Zeit verdichteten sich Vermutungen, dass Jakob dazu neigte, sich selber zu verletzen. Auffallend war zunächst nur, dass er eigentlich nie leichter bekleidet zu sehen war. Dass Jakob sich tatsächlich selbst verletzte, wurde öffentlich, als er sich tief an den Unterarmen schnitt und im Krankenhaus behandelt werden musste. Sich zu schneiden und sich selbst willentlich Schmerzen zuzufügen, erlöste ihn offenbar etwas aus seinem inneren Spannungsfeld. Selbstverletzungen an seinem ganzen Körper waren wohl auch der Versuch, sich mehr zu spüren und seine psychische Anspannung loszuwerden.

Jakob begann, sich zu entpflichten bzw. Verantwortung für sich strikt von sich zu weisen. Er sah in dieser Phase auch körperlich angegriffen aus, weigerte sich oft zu essen, begann sich um die Augen herum dunkel zu schminken, schnitt sich selber eine Irokesenfrisur zurecht und versuchte sich zu piercen. Die Selbstverletzungen hielten an und verstärkten sich noch. Jakob schnitt und zerkratzte sich Arme und Beine, hatte blutige Fingerknöchel. Nach einer relativ konfliktfreien und ausgeglicheneren Ferienphase verschärfte sich Jakobs Zustand beinahe schlagartig ohne erkennbaren äußeren Anlass: er schnitt wieder an seinem ganzen Körper herum, glaubte sich nur noch durch ein in einer psychiatrischen Behandlung kennen gelerntes Mädchen verstanden zu fühlen. Er lief von Zuhause weg und tauchte einige Tage unter, litt schließlich aber selber zunehmend darunter und bat eine Erzieherin um Hilfe. Daraufhin kam es zu einer Aufnahme in einer Kinder- und Jugendpsychiatrischen Klinik. Jakob nahm diese Entscheidung mit großer Erleichterung auf und ließ sich bereitwillig aufnehmen. Er bekundete deutlich, dass er jetzt froh sei, in der Klinik zu sein.

Als man ihm ärztlicherseits zu verstehen gab, dass er sich nicht mehr schwarz schminken solle, gab er in typischer Weise zur Antwort: »Wenn ich mich nicht mehr schwarz schminken darf, werde ich mich halt blau bemalen. Ich habe niemand gebeten, mit mir auszukommen. Was ich in meiner Freizeit oder sonst treibe, geht niemand was an, auch dann nicht, wenn ich klaue. Wenn ich klaue, ist das eine Frage zwischen mir und der Polizei.« Im weiteren Verlauf des Gespräches fuhr er fort: »Ich will weiter wie bisher in die Schule gehen. Wenn ich kein Zeugnis bekomme und dort z.B. wegen der Augenschminke nicht akzeptiert werde, ist das Sache der Schule und der anderen Verklemmten. Das hat mit mir nichts zu tun.« Nun kippte auch das Verhältnis zu den Eltern wieder völlig und Jakob beschuldigte vor allem einen Elternteil, ihm den Ausgang zu verweigern und beschimpfte ihn extrem. Auch bei Besuchen in der Klinik durch Mitarbeiter unserer Einrichtung gab sich Jakob kompromisslos, sah sich als Opfer, beschuldigte Eltern, Institutionen, die ganze Gesellschaft.

Der Aufenthalt in der Klinik ging nach Abklingen der Suizidgefahr rasch zu Ende, wiederholte sich aber bald darauf noch zweimal, ohne dass ein therapeutischer Durchbruch gelang.

Konfliktmanagement

Ein kleiner Leitfaden zur pädagogischen Problembewältigung und Ich-Stützung

Die folgenden **Empfehlungen für kritische Erziehungssituationen** und zur Vermeidung oder Begrenzung unkontrollierter Affektausbrüche sind sowohl für Eltern wie für Erzieher bestimmt, die ihre erzieherische Kompetenz erweitern wollen. Sie können auch als Thema für ein Elternseminar genutzt werden. Alle Vorschläge und Anregungen sind an das Alter, Temperament und die individuelle Biografie des jungen Menschen anzupassen.

Ein paar grundsätzliche Gedanken zur Persönlichkeitsbildung

Um anpassungsfähig, selbstbeherrscht und selbstbewusst, konfliktfähig und belastbar zu werden, müssen Kinder eine innere Struktur (man sagt auch eine Ich-Struktur) **entwickeln können.** Eine tragfähige und stabile Persönlichkeitsstruktur bildet sich u.a. aus dem Erleben, sich sicher fühlen zu können, als Kind bzw. Person anerkannt zu sein, aus dem Erleben eigenen Könnens, aus zahlreichen Erlebnissen der Bewährung, aus Erfahrungen der Selbstüberwindung bzw. gelungener Affektregulation, aus geglückten Verzichtleistungen und durchgestandenen Belastungsproben, aus der Bewältigung von Aufgaben, aus dem Selbst-Fertigwerden mit Problemen und Schwierigkeiten.

Anpassungsfähigkeit, Selbstbeherrschtheit und Konfliktfähigkeit entstehen *nicht* dadurch, dass die Erzieher oder die Eltern dem Kind jeden (auch ungebührlichen) Wunsch erfüllen (evtl. weil »die anderen das auch haben«), die Probleme des Kindes lösen, ihm überall die Wege ebnen und es vor jeder Bekümmernis und jedem Risiko verschonen wollen. Damit ein Kind seine eigenen Fähigkeiten kennen, einsetzen und üben lernt, aber auch seine Fähigkeit, Wünsche aufzuschieben entwickelt oder auf Forderungen auch mal verzichten lernt und die Erfahrung macht, dass es für alles Grenzen gibt, müssen Eltern und Erzieher auch »**Nein**« sagen und Entscheidungen verteidigen können – und zwar fest und standhaft, selbst wenn das Kind alle Register zu ziehen versucht vom Betteln bis zum Drohen. Unvermeidlichen Konflikten dürfen Eltern nicht aus dem Weg gehen, sondern wie auch die Kinder mit Worten streiten können.

Pädagogische Grundeinstellungen, mit denen Konflikte vermieden, entschärft oder gemildert werden können

- **Die Grundeinstellung den Kindern/Jugendlichen gegenüber sollte von Achtung und Ernst nehmen, von Freundlichkeit und Wertschätzung bestimmt sein.** Das bedeutet aber nicht, dass man Kindern nicht auch erregt seine Betroffenheit oder seinen Ärger mitteilen dürfte, dass man sachlich und fest eine Anordnung klar und manchmal auch unüberhörbar laut treffen dürfte.

- Wo immer es möglich ist, empfiehlt es sich, **Meinungen und Urteile des Kindes/Jugendlichen einzuholen**, bevor es/er dies selbst einfordert oder moniert. Die Jugendlichen, wo möglich, **an der eigenen Entscheidungsfindung und den Schwierigkeiten dabei teilhaben lassen.** Beides sollte immer wieder transparent gemacht werden.
- Nicht jede Anordnung kann vom Erzieher in der aktuellen Situation, in der sie erforderlich ist, begründet werden, aber **alles was gefordert wird, sollte begründbar sein.** Die Begründung kann man evtl. für nachher in Aussicht stellen und sie dann auch geben, aber natürlich nicht jeden Tag neu!
- Sich nicht scheuen, eine nachträglich **als falsch erkannte Anordnung oder Forderung wieder zurückzunehmen** und den Kindern den Grund dafür nennen. Also auch eigene Fehler oder Irrtümer zugeben!
- Wenn durch Aggression oder Gewalt Unrecht geschehen ist, muss dieses **trotz allem beim Namen genannt werden.** Aber aus unserer Sprache und aus unserem Verhalten und Vorgehen müssen zugleich grundsätzliche Wertschätzung des jungen Menschen und auch Versöhnungsbereitschaft zu ersehen sein.
- Für Eltern und Erzieher bedeutet dies wohl in erster Linie, eine Abwertung des jungen Menschen zu unterlassen, die Aufrechterhaltung oder Wiederherstellung einer versöhnlichen Atmosphäre und von Gesprächsbereitschaft, die es wieder ermöglichen, aufeinander zuzugehen, den Konflikt zu klären usw. Nicht der Rachegedanken, sondern das beispielgebende Verhalten des Erziehers ermöglicht dabei letztlich den Ausstieg aus der unseligen Eskalation von Aggression und Frustration.

Konflikte lösen, vermeiden, begrenzen und entschärfen durch überlegtes pädagogisches Handeln

- **Hat man Pflichten oder die Einhaltung von Regeln einzufordern**, sollte gelten: Regeln, Pflichten und Alltagsanforderungen müssen akzeptiert werden, weil – was durchsichtig werden sollte – die Situation dies so erfordert und nicht, weil wir (Erwachsenen) es wollen. Hier kommt es sehr auf die Formulierung und die Art und Weise an, wie man die Forderungen/Regeln verpackt! Z.B. »Bitte die Fenster zumachen – Wärme geht unnötig verloren.«
- **In kritischen Situationen: Kleine Probleme oder Fehler, die vorübergehend vielleicht tatsächlich nicht so wichtig sind**, um der Konfliktbegrenzung willen zwischenzeitlich übersehen (z.B. Fenster selbst schließen, statt das Schließen durch den Jugendlichen zu erzwingen).
- **Rechtzeitiges Herausgehen oder Wegschicken** aus einer pädagogisch (voraussichtlich) nicht länger beherrschbaren Situation (Nicht immer möglich und richtig, hängt auch vom Jugendlichen und der besonderen Situation ab). »Ich glaube, im Moment macht es keinen Sinn, sich gegenseitig weiter Vorwürfe zu machen«, »Denken wir beide eine halbe Stunde darüber nach, dann sprechen wir wieder miteinander.»
- **Wenn wir Regelverletzung, aggressives Störverhalten feststellen und kritisieren müssen**, mehr sachliche Feststellungen treffen oder Ich-Botschaften senden (sie sagen etwas darüber aus, wie es mir in der Situation geht), das **Kind auch in**

diesem Fall nicht persönlich abwerten, nicht bloßstellen, nicht auch noch auf seine alten Fehler und Schwächen, usw. – zumal vor anderen – hinweisen!

- **Zur Beendigung von Fehlverhaltensweisen kann man ein gestuftes Vorgehen** (Tausch & Tausch, 1970) **praktizieren.** Aber: mit dem Schlusspunkt bzw. mit der nötigen Grenzsetzung nicht zu lange warten! Mehrfache Ankündigung einer Grenzsetzung, ohne sie eintreten zu lassen, entwertet sie!

Bei Provokationen besteht immer die Gefahr, dass man zu schnell aufläuft bzw. regelrecht in sie hineinläuft.

- **Viele Provokationen sind dadurch leichter zu verkraften, dass man sie gar nicht ernsthaft annimmt**, sondern darauf unerwartet z.B. heiter, witzig, schlagfertig reagiert und dadurch die Situation entspannt.
- **Die Aussicht auf Publikumswirkung macht Lust auf Provokation.** Forderungen, Vorwürfe oder Fehlerbesprechung vor einer aufgedrehten versammelten Klasse gehen deshalb meistens schief. Die Kinder erhalten hier die sehr publikumswirksame Möglichkeit, dem Erwachsenen zu zeigen, dass sie ihm entweder nicht zuzuhören brauchen oder aber seinen Vorschlägen nicht nachkommen müssen. Damit stellen sie ihn bloß.

In spannungsgeladenen Situationen sich selbst und seine Gefühle und Verhaltensweisen beobachten und kontrollieren, sich aber auch in die Gefühlslage des Aggressors hineinzuversetzen versuchen

- Machen wir uns bewusst: Widerstand leistende, aggressive oder in Form von Gleichgültigkeit provozierende junge Menschen lösen bei uns – in individuell unterschiedlich heftiger Weise – immer auch **Frustration und Gegenaggression** aus.
- Wenn wir es mit Widerstand und Aggression zu tun haben, neigen wir deshalb auch zu oft und zu schnell, ohne dass wir es merken, zur **Logik der Vergeltung.** Dies ist zwar durchaus verständlich, aber auch aus vielen Gründen gefährlich.
- **Auf den Ton der eigenen Stimme und auf Formulierungen achten!** Wenn man bei Kindern und Jugendlichen etwas durchsetzen will oder wenn man sich gekränkt fühlt, wird die Stimme schnell fordernd, schneidend, formal. Das reizt zum Widerspruch und zur Widersetzlichkeit. Deshalb auch nicht stehend predigen! Auch Aussagen wie: »Mit mir könnt ihr das nicht machen!« fordern geradezu zu einer Machtprobe heraus. (Mögliche Reaktion: »Das wollen wir doch mal sehen!«)
- **Ein eigener verbaler Ausraster** (kein Ausraster in Form körperlicher Gegengewalt) kann vorkommen. Jugendliche dürfen/müssen ihre Erzieher oder Eltern auch mal in der Schwäche oder in der Erschöpfung erleben! Eigenes verbales Ausrasten darf aber nicht zur Dauerhaltung werden.
- **Vorsicht auch mit zu sehr bestimmenden und selbstbezogenen Aussagen wie:** »Ich meine aber«, »Nach meiner Ansicht«, »Ich halte es für angebracht«, »Und ich sage dir jetzt«, »Ich bin überhaupt nicht gewillt«. Hier können z.T. zu deutliche Unfehlbarkeits-, Machtansprüche- und Willensbekundungen des Erwachsenen herausgehört werden, die nach Bevormundung riechen. Z.T. wer-

den damit auch riskante Anordnungen eingeleitet, die auf Kinder/Jugendliche provozierende Wirkung haben.

- **Sich nicht in Machtkämpfe oder auf Wortschlachten einlassen!** Aber solange man ruhig bleiben kann, sollte man sich auch nicht scheuen, den eigenen Standpunkt sachlich klar und fest zu vertreten (ohne in Rechthaberei zu verfallen!).
- **Jugendliche zwischen 13 und 17 Jahren** haben von sich aus in ihrem Autonomiebestreben, bzw. in ihrem Autonomieanspruch häufig nicht die Möglichkeit, nachzugeben, da sie fürchten, ihr Gesicht zu verlieren, was für sie sehr schwer verkraftbar wäre. Man kann ihnen eine Nacht Zeit geben zum Überlegen (evtl. auch eigenes Überlegenwollen signalisieren!), aber die Frist zum Überlegen nicht zu lang wählen und sie dann auch einhalten!

Besonders konfliktträchtige pädagogische Situationen handhaben lernen

- **Bei der Einforderung unbeliebter Pflichten oder Anforderungen sich selbst mit einbeziehen,** also (wenn möglich) nicht zuschauend dabeistehen, sondern selbst mit aktiv werden.
- **Kinder in Belastungssituationen oder in Konflikten mit anderen nicht überfordern** mit z.B. »Sucht Ihr jetzt mal zusammen die Lösung«, »Das ist euer Problem«. Ist die Lösung wirklich einfach genug? Wie schwierig ist das Problem wirklich? Übersteigt es die Fähigkeiten des Kindes?
- **Wenn es die Situation zulässt, versuchen, problematische Konfliktsituationen gemeinsam mit den Kindern zu lösen.** D.h. Meinungen anhören, einzelne zu Wort kommen lassen, Vorschläge wiederholen und noch mal begründen und wenigstens auf einzelne Lösungsvorschläge der Kinder eingehen oder dies in Aussicht stellen. Programmwechsel oder Vorhaben vorankündigen, z.B. »Morgen nach dem Frühstück wollen wir …«
- **Programmwechsel, das Beenden-Müssen von Spiel oder anderen Aktivitäten vorankündigen.** Beispiele: »In zehn Minuten machen wir Schluss«, »Wir müssen heute Abend noch …«
- **Vor einer Anordnung oder Androhung (wenn noch Zeit ist) sich fragen: Kann ich das, was ich ankündige oder verlange, auch wirklich selbst durchsetzen,** wenn die Kinder meinem Verlangen nicht ohne weiteres nachkommen oder meine Ankündigung nicht ernst nehmen? Ein Missverhältnis zwischen dem, was man verlangt oder anordnet und dem, was man wirklich durchsetzen kann, wird von den Kindern schnell und fast instinktiv durchschaut und dann auch entsprechend »vorgeführt«.
- **Bei Forderungen, die man stellen will, sollte man sich prüfen, ob diese aus der Situation heraus erforderlich und dadurch auch begründbar sind.** Fällt es schwer, eine Forderung (sich selbst gegenüber) zu begründen, so sollte diese noch einmal kritisch darauf hin betrachtet werden, ob sie gerechtfertigt ist. Es kann aber auch vorkommen, dass eine Situation aus der Perspektive des Erziehenden eine Forderung notwendig macht, z.B. wenn dringend etwas erledigt werden muss und deswegen die Hilfe des Jugendlichen benötigt wird. Auch dann kann die Forderung natürlich gerechtfertigt sein.

- **Ruhe, Klarheit, sachliche Feststellungen** des Erwachsenen lassen vielen Jugendlichen auch selbst wieder Ruhe und inneren Halt finden und helfen, eine Eskalation zu vermeiden oder zu entschärfen.
- **In der Erregung ist meist keine wirkliche Klärung von Konfliktsituationen möglich**; insbesondere kann sie dann nicht erzwungen werden. Zumal weil die Fähigkeit zur Informationsverarbeitung in solchen Situationen stark eingeschränkt ist.
- **In der Wut kommt es zu Wahrnehmungs- und Lernblockaden.** Sie können vernünftiges Wahrnehmen und Denken weitgehend einschränken oder verhindern.
- **In solchen Situationen auch nicht auf sofortiger Klärung beharren**, sondern evtl. aus der Situation »herausgehen«, bzw. auch zeitlich etwas Abstand gewinnen, sich selbst ruhig und sachlich werden lassen und im Nachhinein die Klärung suchen. Evtl. kann das Kind zwischenzeitlich einem/einer KollegIn anvertraut werden.

Die Bedeutung von Strukturvorgaben – Richtiges Umgehen mit Festigkeit und Flexibilität

- **Insbesondere für bekannt kritische Situationen: schon vorher Regeln oder Strukturen vorgeben** oder ins Gedächtnis zurückrufen, Rahmen abstecken!
- **Rechtzeitiges Intervenieren, bevor das Fehlverhalten nicht mehr zu bremsen ist.** Logische Folgen anwenden oder natürliche Folgen eintreten lassen. Bei »schwachen« Kindern/Jugendlichen oft nicht durchführbar, sondern neue Konflikte oder eine Fehlverhaltenskette auslösend!
- Strukturgeben kann manchmal auch heißen, **Entscheidungsmöglichkeiten notfalls einschränken** trotz evtl. gegenteiligem Erziehungsideal. Sich entscheiden kann eine zu schwierige Aufgabe sein.
- **In bestimmten Situationen ist mit Entschiedenheit und/oder Bestimmtheit** dem Kind/Jugendlichen gegenüber darauf zu bestehen, mit einem als unerträglich empfundenen Verhalten aufzuhören, zu gehorchen bzw. einer Aufforderung oder Regelung nachzukommen. Wenn der Erziehende hier unsicher zögert, ohne klar ausgesprochene Erwartung weggeht oder Überredungsversuche unter Angabe von Gründen, die eigentlich schon längst bekannt sind, unternimmt, hat er seine Autorität meist verspielt.
- **Festigkeit ist wichtig, aber z.B. unflexible Festigkeit in Form von Starrheit führt zu nichts anderem als Widerstand** oder z.B. in Form von zu beharrlichem Stehenbleiben zum falschen Zeitpunkt und am unrichtigen Platz (z.B. vor Publikum), in der falschen Situation (z.B. vor der Schlafzimmertür im Landschulheim bis Ruhe ist). Auch wenn der Erwachsene neben dem Geschehen stehen bleibt, bis etwas aufgehoben oder aufgeräumt ist, fordert dies **Machtkämpfe** heraus, die Jugendliche meist für sich entscheiden werden, es sei denn der Erwachsene greift zu zweifelhaften, meist unüberlegten autoritären Methoden und gerät dadurch wieder auf verlorenen Posten.
- D.h. trotz der Aufgaben und Zeiten, die stark durch Aufsichtsfunktionen geprägt sind, sollte man alles daran setzen, **nicht zur reinen Aufsichtsperson zu werden oder als solche zu erscheinen**. Das kann heißen, sich ansprechen lassen oder ein andermal bedeutungsvoll schweigen.

- **Pädagogischer Einfallsreichtum, Absprachen unter den Erwachsenen und an Organisation sind notwendig,** um die Kinder spüren zu lassen, dass man trotz der Regeln, die es einzuhalten gibt, oder trotz der (Aufsichts-)Funktionen, die man wahrzunehmen hat, Zeit hat, sich für ihre individuellen Anliegen zu interessieren.
- **Den nächsten Tag planen: Pflichten, Aufgaben, Freizeitinteressen, -aktivitäten** (z.B. im Rahmen einer Wochenendgestaltung), gemeinsame Vorhaben ankündigen und dazugehörende Informationen miteinander austauschen/besprechen.
- **Grenzen für Wünsche, aber auch die eigenen Belastbarkeitsgrenzen, rechtzeitig deutlich machen.**
- **Bettgehzeiten für verschiedene Altersstufen** regeln (Ausnahmen, die es geben kann z.B. für ein bestimmte Fernsehsendung).
- **Morgendliche Aufstehzeit,** Zeit für gemeinsames Frühstück usw. am Vorabend absprechen.
- **Auch die Planung für den nächsten Tag** ist für viele Kinder/Jugendliche sehr hilfreich.

Literatur

Abrams, R. (2000). Persönlichkeitsstörungen im Alter: Zusammenhänge zwischen Cluster-B-Störungen und Depression. In: O. Kernberg; B. Dulz & U. Sachsse (Hrsg.): *Handbuch der Borderline-Störungen*. Stuttgart, New York: Schattauer, S. 803–810.

Adam, M. (1995). *Stationäre Erziehungshilfe im Heim im Urteil von ehemaligen Heimkindern.* Unveröffentlichte Diplomarbeit, Albert-Ludwigs-Universität Freiburg.

Adam, M.; Henn, R.; König, W. & Stöckle, D. (1995). Heimaufenthalt im Rückblick – »lohnt« sich Erziehungshilfe im Heim? Ergebnisse einer Befragung von »Ehemaligen« im Kontext praxisbezogener Aspekte. *Jugendwohl*, 1, 19–29.

Amft, H.; Gerspach, M. & Mattner, D. (2002). *Kinder mit gestörter Aufmerksamkeit.* Stuttgart: Kohlhammer.

Andrulonis, P.; Glueck, B.; Stroebel, C.; Vogel, N.; Shapiro, A. & Aldridge, D. (1980). Organic brain dysfunction and the borderline syndrome. *Psychiatric Clinics of North America*, 4, 47–66.

Arbeitsgemeinschaft der Wissenschaftlichen Medizinischen Fachgesellschaften (AWMF) (2008). Leitlinien der Deutschen Gesellschaft für Psychiatrie, Psychotherapie und Nervenheilkunde (DGPPN), Deutsche Gesellschaft für Psychosomatische Medizin und Ärztliche Psychotherapie (DGPM), Deutsches Kollegium für Psychosomatische Medizin (DKPM), Deutsche Gesellschaft für Psychologie (DGPs), Fachgruppe Klinische Psychologie und Psychotherapie, Deutsche Gesellschaft für Kinder- und Jugendpsychiatrie und -psychotherapie (DGKJP). *Leitlinien zu Persönlichkeitsstörungen.* AWMF-Leitlinien-Register Nr. 038/015, Entwicklungsstufe 2 +IDA. http://leitlinien.net (4.8.2008).

Auchter, T. & Strauss, L. (1999). *Kleines Wörterbuch der Psychoanalyse.* Göttingen: Vandenhoeck & Ruprecht.

Baumeister, R. (2001). Gewalttätig aus Größenwahn. *Spektrum der Wissenschaft*, 70–75.

Beck, A. & Freeman, A. (1995). *Kognitive Therapie der Persönlichkeitsstörungen.* Weinheim: Psychologie Verlags Union.

Berking, M. (2008). *Training emotionaler Kompetenzen. TEK – Schritt für Schritt.* Heidelberg: Springer.

Berner, W.; Benninghoven, C.; Genau, M. & Lehmkuhl, G. (1998). Persönlichkeitsstörungen bei Jugendlichen: Empirische Untersuchung einer Feldstichprobe mit dem »Inventar zur Erfassung von Persönlichkeitsmerkmalen und Störungen« (IPMS). *Persönlichkeitsstörungen*, 2, 191–200.

Bernstein, D.; Cohen, P.; Velez, N.; Schwab-Stone, M.; Siever, L. & Shinsato, L. (1993). Prevalence and stability of the DSM-III personality disorders in a community-based survey of adolescents. *American Journal of Psychiatry*, 150, 1237–1243.

Bion, W. R. (1990). *Lernen durch Erfahrung.* Frankfurt/M.: Suhrkamp.

Böhme, K. (2000). Forensisch-psychiatrische Aspekte bei Borderline-Störungen. In: O. Kernberg; B. Dulz & U. Sachsse (Hrsg.). *Handbuch der Borderline-Störungen.* Stuttgart, New York: Schattauer, S. 195–205.

Bohus, M. (2002). *Borderline-Störung.* Göttingen, Bern, Toronto, Seattle: Hogrefe.

Bohus, M. & Unckel, C. (2000). Selbstbeschädigung – Krisenintervention bei Patienten mit Borderline-Persönlichkeitsstörung. In: T. Bronisch; M. Bohus; M. Dose; L. Reddemann &

C. Unckel (Hrsg.). *Krisenintervention bei Persönlichkeitsstörungen*. Stuttgart: Pfeiffer bei Klett-Cotta.

Bohus, M. & Schmahl, C. (2001). Therapeutische Prinzipien der Dialektisch-Behavioralen Therapie für Borderline-Störungen. *Persönlichkeitsstörungen*, 5, S91–S102 (Sonderband).

Brickenkamp, R. (2002). *Aufmerksamkeits-Belastungs-Test (d2)*. Göttingen, Bern: Hogrefe.

Bueb, B. (2006). *Lob der Disziplin: Eine Streitschrift*. Berlin: List.

Bundesministerium für Familie, Frauen, Senioren und Jugend (1998). *Leistungen und Grenzen von Heimerziehung: Ergebnisse einer Evaluationsstudie stationärer und teilstationärer Erziehungshilfen – Forschungsprojekt Jule*. Stuttgart: Kohlhammer.

Bürgin, D. & Meng, H. (2000). Gibt es Borderline-Störungen bei Kindern und Jugendlichen? In: O. Kernberg; B. Dulz & U. Sachsse (Hrsg.). *Handbuch der Borderline-Störungen*. Stuttgart, New York: Schattauer, S. 755–770.

Bürgin, D.; Resch, F. & Schulte-Markwort, M. (Hrsg.) (2003). *Operationalisierte Psychoanalytische Diagnostik im Kindes- und Jugendalter. Grundlagen und Manual*. Bern, Göttigen, Toronto, Seattle: Hans Huber.

Buss, A. & Plomin, R. (1984). *Temperament: Early Developing Personality Traits*. Hillsdale, N.J.: Erlbaum.

Caspi, A. (2000). The child is father of the man: personality continues from childhood to adulthood. *Journal of Personality and Social Psychology*, 78, 158–172.

Cierpka, M. (Hrsg.) (2001). *FAUSTLOS. Ein Curriculum zur Prävention von aggressivem und gewaltbereitem Verhalten bei Kindern der Klasse 1 bis 3*. Göttingen: Hogrefe.

Cierpka, M. & Reich, G. (2000). Familientherapie bei Patienten mit Borderline-Persönlichkeitsstörungen. In: O. Kernberg, B. Dulz & U. Sachsse (Hrsg.). Handbuch der Borderline-Störung. Stuttgart, New York: Schattauer, 613–624.

Cloninger, C. (1987). A systematic method for clinical description and classification of personality variants. *Archives of General Psychiatry*, 44, 573–588.

Deegener, G.; Dietel, B.; Hamster, W.; Koch, C.; Mathaei, R.; Nödl, H.; Rückert, N.; Stephani, U. & Wolf, E. (1997). *Tübinger Luria-Christensen Neuropsychologische Untersuchungsreihe für Kinder (TÜKI)*. Göttingen, Bern: Hogrefe.

Deutsche Gesellschaft für Kinder- und Jugendpsychiatrie und Psychotherapie (Hrsg.) (2000). *Leitlinien zur Diagnostik und Therapie von psychischen Störungen im Säuglings-, Kindes- und Jugendalter*. Köln: Deutscher Ärzte Verlag.

Diepold, B. (1995). Borderline-Entwicklungsstörungen bei Kindern. *Praxis der Kinderpsychologie und Kinderpsychiatrie*, 44, 270–279.

Diepold, B. (1994). Borderline-Kinder: Zwischenergebnisse einer empirischen Untersuchung. *Beiträge zur analytischen Kinder- und Jugendlichenpsychotherapie*, 81, 5–41.

Diepold, B. (1994a). *Borderline-Entwicklungsstörungen bei Kindern*. Dissertation Universität Bremen.

Dilling, H.; Mombour, W.; Schmidt, M. & Schulte-Markwort, E. (Hrsg.) (1994). *Internationale Klassifikation psychischer Störungen: ICD-10, Kapitel V (F)*. Bern, Göttingen, Toronto, Seattle: Huber.

Dilling, H.; Mombour, W.; Schmidt, M. & Schulte-Markwort, E. (Hrsg.) (1994a). *Internationale Klassifikation psychischer Störungen: ICD-10, Kapitel V (F). Forschungskriterien*. Bern, Göttingen, Toronto, Seattle: Huber.

Döpfner, M. & Lehmkuhl, G. (2002). ADHS von der Kindheit bis zum Erwachsenenalter – Einführung in den Themenschwerpunkt. *Kindheit und Entwicklung*, 11, 67–72.

Döpfner, M. & Lehmkuhl, G. (2002a). Evidenzbasierte Therapie von Kindern und Jugendlichen mit Aufmerksamkeitsdefizit-/Hyperaktivitätsstörung (ADHS). *Praxis der Kinderpsychologie und Kinderpsychiatrie*, 51, 419–440.

Döpfner, M.; Schürmann, S. & Lehmkuhl, G. (2000). *Wackelpeter und Trotzkopf*. Weinheim: Beltz.

Döpfner, M.; Schürmann, S. & Frölich, J. (2007). *Therapieprogramm für Kinder mit hyperkinetischem und oppositionellem Problemverhalten THOP.* Weinheim: Psychologie Verlags Union.

Dorsch, F.; Häcker, H. & Stapf, K.-H. (1992). *Dorsch Psychologisches Wörterbuch.* Bern, Stuttgart, Toronto: Hans Huber.

Dulz, B. & Jensen, M. (2000). Aspekte einer Traumaätiologie der Borderline-Persönlichkeitsstörung: psychoanalytisch-psychodynamische Überlegungen und empirische Daten. In: O. Kernberg; B. Dulz & U. Sachsse (Hrsg.): *Handbuch der Borderline-Störung.* Stuttgart, New York: Schattauer.

Dulz, B.; Schreyer, D. & Nadolny, A. (2000). Stationäre Psychotherapie: von haltender Funktion, technischer Neutralität und persönlicher Sympathie. In: O. Kernberg, B. Dulz & U. Sachsse (Hrsg.). *Handbuch der Borderline-Störung.* Stuttgart, New York: Schattauer, S. 483–504.

Dummer-Schmoch, L. (1999). *Kieler Leseaufbau.* Kiel: Veris-Verlag.

Dummer-Schmoch, L. (1993). *Kieler Rechtschreibaufbau.* Kiel: Veris-Verlag.

Eckardt, J. (2005). *Kinder und Trauma: Was Kinder brauchen, die einen Unfall, einen Todesfall, eine Katastrophe, Trennung, Missbrauch oder Mobbing erlebt haben.* Göttingen: Vandenhoeck & Ruprecht.

Eilers, C. (2002). *Borderline-Persönlichkeitsentwicklungsstörungen bei Kindern und Jugendlichen – Entwicklung und Validierung einer Diagnosecheckliste.* Unveröffentlichte Diplomarbeit, Universität Koblenz – Landau, Abt. Landau.

Fiedler, P. (2003). *Persönlichkeit: Übergänge von der Normalität zur Störung.* Vortrag der Universitätsklinik Freiburg, Abteilung für Psychiatrie und Psychotherapie (19.02.2003).

Fiedler, P. (2002). Zur Psychopathologie der Persönlichkeitsentwicklung – Von der Pathogenese zur Salutogenese in der Persönlickeitsforschung. *Persönlichkeitsstörungen*, 3, 141–154.

Fiedler, P. (2001). *Persönlichkeitsstörungen.* Weinheim: Psychologie Verlags Union.

Fiedler, P. (1999). Differentielle Indikation und differentielle Psychotherapie bei Persönlichkeitsstörungen. In: H. Saß & S. Herpertz: *Psychotherapie von Persönlichkeitsstörungen.* Beiträge zu einem schulenübergreifenden Vorgehen. Stuttgart, New York: Thieme.

Fischer, G. & Riedesser, P. (1998). *Lehrbuch der Psychotraumatologie.* München, Basel: Reinhardt.

Flosdorf, P. & Rieder, H. (1967). *Sport und Spiel in Gruppe und Heim.* Freiburg: Lambertus.

Franke, U. (1990). Theraplay – eine direktive kommunikative Spieltherapie. *Praxis der Kinderpsychologie und Kinderpsychiatrie*, 39, 12–17.

Föhlich, J.; Döpfner, M.; Biegert, H. & Lehmkuhl, G. (2002). Praxis des pädagogischen Umgangs von Lehrern mit hyperkinetisch-aufmerksamkeitsgestörten Kindern im Schulunterricht. *Praxis der Kinderpsychologie und Kinderpsychiatrie*, 51, 494–506.

Frohn, A. (2001). Verantwortliche Väter. In: Deutsche Psychologen Akademie (Hrsg.). *Psychologie am Puls der Zeit. Beiträge zum Psychologentag 2001/21. Kongress für angewandte Psychologie des BDP in Bonn.* Bonn: Deutscher Psychologen-Verlag.

Frohn, A. (2000). Verantwortliche Väter. *Zeitschrift für Politische Psychologie*, 2 + 3, 225–234.

Frohn, A. (1999). Verantwortliche Väter. In: G. Krampen, H. Zayer, W. Schönpflug & G. Richardt (Hrsg.). *Beiträge zur angewandten Psychologie – Zukunft Mensch – Die Republik im Umbruch Beiträge zum Psychologentag 1999. Kongress für angewandte Psychologie des BDP in Bonn.* Bonn: Deutscher Psychologen-Verlag.

Goleman, D. (1997). *Emotionale Intelligenz.* München: DTV.

Golombek, H.; Marton, P.; Stein, B. & Korenblum, M. (1986). Personality dysfunction and behavioral disturbances in early adolescence. *Journal of the American Academy of Child Psychiatry*, 25, 697–703.

Gonser, U. & Helbrecht-Jordan, I. (1994) *»...Vater sein dagegen sehr!« – Wege zur erweiterten Familienorientierung von Männern.* Bielefeld: kleine.

Göppel, R. (1999). Bildung als Chance. In: G. Opp; M. Fingerle & A. Freytag (Hrsg.): *Was Kinder stärkt – Erziehung zwischen Resilienz und Risiko*. München, Basel: Ernst Reinhardt, S. 170–190.

Götze, P. (2000). Suizidalität der Borderline-Patienten. In: O. Kernberg; B. Dulz & U. Sachsse (Hrsg.): *Handbuch der Borderline-Störungen*. Stuttgart, New York: Schattauer, S. 281–292.

Graichen, J. (1983). Verschwinden Teilfunktionsschwächen? *Zeitschrift für Kinder- und Jugendpsychiatrie*, 11, 355–362.

Graichen, J. (1992). Die Steuerung des Verhaltens aus neuropsychologischer Sicht. In: Landesgruppe Bayern (Hrsg.), *Sprache – Verhalten – Lernen*. Rimpar: edition von freisleben.

Graichen, J. (1993). Die Steuerung des Verhaltens aus neuropsychologischer Sicht. In: Deutsche Gesellschaft für Sprachheilpädagogik, Landesgruppe Bayern (Hrsg.), *Sprache–Verhalten–Lernen* (S. 335–414). Rimpar: edition von freisleben.

Grawe, K. (1998). *Psychologische Therapie*. Göttingen: Hogrefe.

Günder, R. (1989). *Aufgabenfelder der Heimerziehung*. Frankfurt/M.: Eigenverlag des Deutschen Vereins für öffentliche und private Fürsorge.

Haar, R. (1985) Die therapeutische Beziehung in der analytischen Kinder- u. Jugendlichenpsychotherapie. *Praxis der Kinderpsychologie und Kinderpsychiatrie*, 34, 303–309.

Hampel, P.; Petermann, F. & Dickow, B (2001). *Stressverarbeitungsfragebogen von Janke und Erdmann angepasst für Kinder und Jugendliche (SVF-KJ)*. Göttingen, Bern: Hogrefe.

Hensel, T. & Landolt, M. (2007). *Traumatherapie bei Kindern und Jugendlichen*. Göttingen: Hogrefe.

Herpertz, S. (2001). *Impulsivität und Persönlichkeit*. Zum Problem der Impulskontrollstörungen. Stuttgart: Kohlhammer.

Herpertz, S. (1999). Schulenübergreifende Psychotherapie bei der Borderline-Persönlichkeitsstörung. In: H. Saß & S. Herpertz (Hrsg.). *Psychotherapie von Persönlichkeitsstörungen*. Beiträge zu einem schulenübergreifenden Vorgehen. Stuttgart, New York: Thieme.

Hofmann, R. (2002). *Bindungsgestörte Kinder und Jugendliche mit einer Borderline-Störung*. Stuttgart: Klett-Cotta.

Hofmann, R. (Hrsg.) (2000). *Schriftreihe Forschungsdokumentation zur klinischen Entwicklungspsychologie im Kindes- und Jugendalter – Diagnostik der Borderline-Störung*. Universität Leipzig.

Hofmann, R. (Hrsg.) (2000a). *Schriftreihe Forschungsdokumentation zur klinischen Entwicklungspsychologie im Kindes- und Jugendalter – Weitere Untersuchungen zur Diagnostik der Borderline-Störungen im Kindes- und Jugendalter*. Universität Leipzig.

Hofmann, R. (1999). *Konzept der Move-Jugendhilfe*. Internet: http://www.move-jugendhilfe.de/Konzept_1999.pdf (Zugriff: 29.08.2002).

Jerschke, S.; Meixner, K.; Richter, H. & Bohus, M. (1998). Zur Behandlungsgeschichte und Versorgungssituation von Patientinnen mit Borderline-Persönlichkeitsstörung in der Bundesrepublik Deutschland. *Fortschritte der Neurologie-Psychiatrie*, 66, 545–552.

Jugert, G.; Rehder, A.; Notz, P. & Petermann, F. (2007). *FIT FOR LIFE. Module und Arbeitsblätter zum Training sozialer Kompetenz für Jugendliche*. Weinheim: Juventa.

Jugert, G.; Rehder, A.; Notz, P. & Petermann, F. (2007). *Soziale Kompetenz für Jugendliche. Grundlagen, Training & Fortbildung*. Weinheim: Juventa.

Julius, H. & Götze, H. (1998). Die Förderung adaptiver Ressourcen bei Risikokindern. Erste Ergebnisse aus einem Attribuierungstraining. *Sonderpädagogik*, 28, 26–39.

Kapfhammer, H. P. (2001). Trauma und Dissoziation – eine neurobiologische Perspektive. *Persönlichkeitsstörungen*, 5, S4–S27 (Sonderband 2001).

Karutz, H. & Lasogga, F. (2008). *Kinder in Notfällen: Psychische erste Hilfe und Nachsorge*. Edewecht: Stumpf & Kossendey.

Katz-Bernstein, N. (1996). Das Konzept des »Safe Place« – ein Beitrag zur Praxeologie Integrativer Therapie. In: B. Metzmacher; H. G. Petzold & H. Zaepfel (Hrsg.). *Praxis der*

Integrativen Kindertherapie – Integrative Kindertherapie in Theorie und Praxis – Band 2. Paderborn: Jungfermann, S. 111–141.

Keat, D. B. (1990). Child Multimodal Therapy. Norwood, N.J: Ablex Publishing Corporation.

Kernberg, O. (2001). Die narzisstische Persönlichkeit und ihre Beziehung zu antisozialem Verhalten und zu Perversionen. *Persönlichkeitsstörungen*, 5, 137–171.

Kernberg, O. (2000). Borderline-Persönlichkeitsorganisation und Klassifikation der Persönlichkeitsstörungen. In: O. Kernberg, B. Dulz & U. Sachsse (Hrsg.). *Handbuch der Borderline-Störung.* Stuttgart, New York: Schattauer, S. 45–74.

Kernberg, O. (1993). *Psychodynamische Therapie bei Borderline-Patienten.* Bern, Göttingen, Toronto, Seattle: Hans Huber.

Kernberg, O. (1978). *Borderline-Störungen und pathologischer Narzissmus.* Frankfurt/M.: Suhrkamp.

Kernberg, P.; Weiner, A. & Bardenstein, K. (2001). *Persönlichkeitsstörungen bei Kindern und Jugendlichen.* Stuttgart: Klett-Cotta.

Kestenbaum, C. (1983). Borderline children at risk for major psychiatric disorders in adult life. In: K. Robson (Hrsg.). *The Borderline Child.* New York: McGraw-Hill, S. 49–82.

Kiphard, E. J. (1986). *Mototherapie – Teil I.* Dortmund: Modernes Lernen.

Kiphard, E. J. (1986a). *Mototherapie – Teil II.* Dortmund: Modernes Lernen.

Kind, J. (2000). Zur Entwicklung psychoanalytischer Borderline-Konzepte seit Freud. In O. Kernberg; B. Dulz & U. Sachsse (Hrsg.). *Handbuch der Borderline-Störungen.* Stuttgart, New York: Schattauer, S. 27–44.

Klein-Heßling, J. & Lohaus, A. (2000). *Stresspräventionstraining für Kinder im Grundschulalter.* Göttingen: Hogrefe.

Klüwer, R. (2000). Fokus, Fokaltherapie. In: W. Mertens & B. Waldvogel (Hrsg.): *Handbuch psychoanalytischer Grundbegriffe.* Stuttgart: Kohlhammer, S. 202–205.

Kohlberg, L. (1996). Die Psychologie der Moralentwicklung. Frankfurt/M.: Suhrkamp.

Krischer, M.; Sevecke, * HYPERLINK „http://www.psycontent.com/content/?Author=Kathrin+Sevecke“ K.; Döpfner, M. & Lehmkuhl, G. (2006). Persönlichkeitsstörungsmerkmale im Kindes- und Jugendalter: Konzepte, methodische Ansätze und empirische Ergebnisse. *Zeitschrift für Kinder- und Jugendpsychiatrie und Psychotherapie*, * HYPERLINK „https://commerce.metapress.com/content/k5r0396ulq65/“ 34 (2), 87–100.

Kuhlmann, M. & Dürrwächter, U. (1997). *Ideenolympiade – ein Spiel zur sozialen Kompetenz für Kinder und Jugendliche.* Reutlingen: Ursula Riedel.

Kunert, H. J.; Herpertz, S. & Saß, H. (2000). Frontale Dysfunktionen als ätiologische Faktoren bei der Borderline- und Antisozialen Persönlichkeitsstörung? Neuropsychologische Befunde. *Persönlichkeitsstörungen*, 4, 210–221.

Lachauer, R. (1992). *Der Fokus in der Psychotherapie. Fokalsätze und ihre Anwendung in Kurztherapie und anderen Formen analytischer Psychotherapie.* Stuttgart: pfeiffer bei Klett-Cotta.

Lachauer, R. (1986). Entstehung und Funktion des Fokus in der stationären Psychotherapie, *Praxis der Psychotherapie und Psychosomatik*, 31, 197–207.

Lambach, R. (1988). Widersprüche der Heimerziehung. *Materialien der internationalen Gesellschaft für Heimerziehung*, 1/2, 13–14.

Lauth, G.; Schlottke, P. & Naumann, K. (2001). *Ratlose Kinder, ratlose Eltern. Hilfen bei Überaktivität und Aufmerksamkeitsstörungen.* München: DTV.

Lauth, G. & Schlottke, P. (2002). *Training mit aufmerksamkeitsgestörten Kindern.* Diagnostik und Therapie. Materialien für die psychotherapeutische Praxis. Weinheim: Psychologie Verlags Union.

Lewinson, P.; Rohde, P.; Seeley, J. & Klein, D. (1997). Axis II psychopathology as a function of Axis I disorders in childhood and adolescence. *Journal of the American Academy of Child and Adolescent Psychiatry*, 36, 1752–1759.

Linehan, M. (1996). *Dialektisch-Behaviorale Therapie der Borderline-Persönlichkeitsstörung.* München: CIP-Medien.

Linehan, M. (1996a). *Trainingsmanual zur Dialektisch-Behavioralen Therapie der Borderline-Persönlichkeitsstörung.* München: CIP-Medien.

Lofgren, D.; Bemporad, J.; King, J.; Lindem, K. & O'Driscoll, G. (1991). A prospective follow-up study of so-called Borderline children. *American Journal of Psychiatry*, 11, 1541–1547).

Loranger, A.; Sartorius, N.; Andreoli, A.; Berger, P. & Buchheim, P. et al. (1994). The international personality disorder examination. The World Health Organization/Alcohol, Drug Abuse, and Mental Health Administration international pilot study of personality disorders. *Archive of General Psychiatry*, 51, 215–224.

Lösel, F. & Bender, D. (1996). *Kongressbericht DGPs 1996. Risiko- und Schutzfaktoren in der Entwicklungspsychopathologie: zur Kontroverse um patho- versus salutogenetische Modelle.* Universität Erlangen-Nürnberg, Institut für Psychologie.

Lude, W.; Adam, G. & Adam, A. (1990). Integratives pädagogisch-therapeutisches Vorgehen in der stationären gruppentherapeutischen Arbeit mit verhaltensauffälligen Jugendlichen. *Praxis der Kinderpsychologie und Kinderpsychiatrie*, 39, 293–300.

Lude, W.; Adam, A. & Stöckle, D. (1994). Erfahrungen mit integrativer pädagogisch-therapeutischer Gruppenarbeit mit verhaltensauffälligen Jugendlichen im stationären Bereich. *Unsere Jugend*, 46, 438–446.

Meyer-Probst, B. & Reis, O. (1999). Von der Geburt bis 25: Rostocker Längsschnittstudie (ROLS). *Kindheit und Entwicklung*, 8, 59–68.

Miller, A.; Rathus, J. & Linehan, M. (2007). *Dialectical Behavior Therapy with Suicidal Adolescents.* New York: Guilford Press.

Miller, Y.; Kuschel, A. & Hahlweg, K. (2002). Frühprävention von externalisierenden Störungen – Grundprinzipien und elternzentrierte Ansätze zur Prävention von expansiven kindlichen Verhaltensstörungen. *Praxis der Kinderpsychologie und Kinderpsychiatrie*, 51, 441–453.

Milz, I. (2006). *Neuropsychologie für Pädagogen. Neuropädagogik für die Schule.* Dortmund: Verlag Modernes Leben.

Milz, I. (1988). *Sprechen, Lesen, Schreiben – Teilleistungsstörungen im Bereich der gesprochenen und geschriebenen Spra*che. Heidelberg: Edition Schindle.

Milz, I. & Steil, H. (1982). *Teilleistungsschwächen bei Kindern und Jugendlichen.* Frankfurt: Haag/Herchen.

Möhlenkamp, G. (1999). Stressinduzierte Lernblockaden: Eine Hypothese zur Entwicklungspsychologie von Persönlichkeitsstörungen. *Verhaltenstherapie und psychosoziale Praxis*, 31, 415–421.

Müller, A. (2003). „Spiel-Sport". Ein Konzept heilpädagogischer Beziehungsgestaltung innerhalb der stationären Jugendhilfe. In P. Flosdorf (Hrsg.), *Therapeutische Heimerziehung: Entwicklungen, Konzepte, Methoden und ihre Evaluation* (Europäische Studien zur Jugendhilfe; Band 5) (S. 505–536). Mainz: Institut für Kinder- und Jugendhilfe.

Neuhaus, C. (2001). *Hyperaktive Jugendliche und ihre Probleme.* Berlin: Urania.

Neuhaus, C. & Scheible, W. (2002*). Das hyperaktive Kind und seine Probleme.* Berlin: Urania.

Oerter, R. (1987) Jugendalter. In: R. Oerter & L. Montada (Hrsg.). *Entwicklungspsychologie.* München/Weinheim.

Opp, G.; Fingerle, M. & Freytag, A. (1999). Erziehung zwischen Risiko und Resilienz: Neue Perspektiven für die heilpädagogische Forschung und Praxis. In: G. Opp, M. Fingerle & A. Freytag (Hrsg.). *Was Kinder stärkt.* München, Basel: Ernst Reinhardt.

Opp, G. & Fingerle, M. (2007). *Was Kinder stärkt. Erziehung zwischen Risiko und Resilienz.* München: Reinhardt.

Perry, B.; Pollard, R.; Blakley, T.; Baker, W. & Vigilante, D. (1995). Childhood trauma, the neurobiology of adaptation and ›use-dependent‹ development of the brain: how »states« become »traits«. *Infant Mental Health Journal*, 16(4), 271–291.

Petermann, F. (1985). *Psychologie des Vertrauens.* Salzburg: Otto Müller.

Petermann, F. & Petermann, U. (2008). *Hamburg-Wechsler-Intelligenztest für Kinder IV (HAWIK IV).* Göttingen, Bern: Hogrefe.

Petzold, G. H. (1996). *Integrative Bewegungs- und Leibtherapie. Ein ganzheitlicher Weg leibbezogener Psychotherapie. Band 1 und 2.* Paderborn: Junfermann.

Petzold, H. (1988). »Multiple Stimulierung« und »Erlebnisaktivierung«. In: H. G. Petzold & M. Stöckler (Hrsg.). *Aktivierung und Lebenshilfen für alte Menschen. Aufgaben und Möglichkeiten des Helfers.* Integrative Therapie Beiheft 13. Paderborn: Junfermann, S. 65–86.

Petzold, H.; Goffin, J. & Oudhof, J. (1997). Protektive Faktoren und Prozesse – die »positive« Perspektive in der longitudinalen, »klinischen Entwicklungspsychologie« und ihre Umsetzung in die Praxis der Integrativen Therapie. In: H. Petzold (Hrsg.). *Frühe Schädigungen – späte Folgen? Psychotherapie und Babyforschung Band 1.* Paderborn: Junfermann, S. 345–497.

Petzold, H. & Schuch (1991). Der Krankheitsbegriff im Entwurf der Integrativen Therapie. In A. Pritz & H. Petzold (Hrsg.). *Der Krankheitsbegriff in der modernen Psychotherapie.* Paderborn: Junfermann, S. 371–486.

Petzold, H.; van Beek, Y. & van der Hoek (1995). Grundlagen und Grundmuster, »intimer emotionaler Kommunikation und Interaktion« – »Intuitive Parenting« und »Sensitive Caregiving« von der Säuglingszeit über die Lebensspanne. In: H. Petzold (Hrsg.): *Die Kraft liebevoller Blicke. Psychotherapie & Babyforschung, Band 2.* Paderborn: Junfermann, S. 491–645.

Pitschel-Walz, G.; Kutschke, B.; Seemann, U.; Görnitz, A.; Bäuml, J. & Kissling, W. (1999). Psychoedukation bei depressiven Patienten und deren Angehörigen – Ergebnisse einer Pilotstudie. *Neurologische Psychiatrie*, 67, Sonderheft 1.

Porges, S. (2003). *Neurozeption – die drei Regelkreise des Autonomen Nervensystems.* http://www.stephenporges.info/index.php?option=com_content&task=view&id=16&Itemid=99 (6.8.2008).

Porges, S. (2005). *Polyvagal-Theorie: Die drei neuralen Kreisläufe als Regulatoren für unser reaktives Verhalten.* http://www.stephenporges.info/index.php?option=com_content&task=view&id=15&Itemid=99 (6.8.2008).

Price, B.; Daffner, K.; Stowe, R. & Mesulam, M. (1990). The comportmental learning disabilities of early frontal lobe damage. *Brain*, 1383–1393.

Quinton, D. & Rutter, M. (1988). *Parenting Breakdown.* The Making and Breaking of Intergeneral Links. Adershot.

Rauchfleisch, U. (2000). Antisoziales Verhalten und Delinquenz. In: O. Kernberg, B. Dulz & U. Sachsse (Hrsg.). *Handbuch der Borderline-Störung.* Stuttgart, New York: Schattauer, S. 381–391.

Rauchfleisch, U. (1996). *Menschen in psychosozialer Not.* Göttingen: Vandenhoeck & Ruprecht.

Rauchfleisch, U. (1981). *Dissozial.* Göttingen: Vandenhoeck & Ruprecht.

Redl, F. & Winemann, D. (1984). *Kinder, die hassen – Auflösung und Zusammenbruch der Selbstkontrolle.* München: Piper.

Remschmidt, H.; Schmidt, M. & Poustka, F. (2001). *Multiaxiales Klassifikationsschema für psychische Störungen des Kindes- und Jugendalters nach ICD-10 der WHO.* Bern, Göttingen, Toronto, Seattle: Hans Huber.

Resch, F. (1999). *Entwicklungspsychopathologie des Kindes- und Jugendalters.* Weinheim: Psychologie Verlags Union.

Rey, J.; Morris-Yates, A.; Singh, M.; Andrews, G. & Stewart, G. (1995). Continuities between psychiatric disorders in adolescents and personality disorders in young adults. *American Journal of Psychiatry*, 152, 895–900.

Rohde-Dachser, C. (1997). *Das Borderline-Syndrom.* Bern: Hans Huber.

Rothenberger, A. & Hüther, G. (1997). Die Bedeutung von psychosozialem Stress im Kindesalter für die strukturelle und funktionelle Hirnreifung: neurobiologische Grundlagen der Entwicklungspsychopathologie. *Praxis der Kinderpsychologie und Kinderpsychiatrie*, 46, 623–644.

Ruiz-Sancho, A. & Gunderson, J. (2000). Familien von Patienten mit Borderline-Persönlichkeitsstörungen: ein Literaturüberblick. In: O. Kernberg; B. Dulz & U. Sachsse (Hrsg.): *Handbuch der Borderline-Störung*. Stuttgart, New York: Schattauer, S. 771–792.

Sachsse, U. (2000). Selbstverletzendes Verhalten – somatopsychosomatische Schnittstelle der Borderline-Persönlichkeitsstörung. In: O. Kernberg, B. Dulz & U. Sachsse (Hrsg.). *Handbuch der Borderline-Störung*. Stuttgart, New York: Schattauer, S. 347–370.

Salbach-Andrae, H.; Bürger, A.; Klinkowski, N.; Lenz, K.; Pfeiffer, E.; Fydrich, T. & Lehmkuhl, U. (2008). Diagnostik von Persönlichkeitsstörungen im Jugendalter nach SKID-II. *Zeitschrift für Kinder- und Jugendpsychiatrie und Psychotherapie*, http://www.psycontent.com/content/g17l007254g8/?p=1a2f337e8ece40d693aca85bcf646046&pi=0 36 (2), 117–125.

Saß, H. (2001). Gewaltkriminalität und Persönlichkeitsstörungen. *Persönlichkeitsstörungen*, 5, S40–S52 (Sonderband).

Saß, H. & Jünemann, K. (2000). Klassifikation und Ätiopathogenese von Persönlichkeitsstörungen. In: G. Nissen (Hrsg.). *Persönlichkeitsstörungen*: Ursachen – Erkennung – Behandlung. Stuttgart: Kohlhammer, S. 9–27.

Saß, H.; Wittchen, H.-U. & Zaudig, M. (1996). *Diagnostisches und statistisches Manual psychischer Störungen DSM-IV*. Göttingen, Bern, Toronto, Seattle: Hogrefe.

Scheithauer, H. & Petermann, F. (2000). Therapieabbrüche von aggressiven und dissozialen Kindern. *Kindheit und Entwicklung*, 9, 14–19.

Schepank, H. (1996). *Zwillingsschicksale*. Gesundheit und psychische Erkrankung bei 100 Zwillingen im Verlauf von drei Jahrzehnten. Stuttgart: Enke.

Schleisiek, G. *Budenberg-Programme*. Köln: Budenberg Software Vertrieb.

Schmid, M.; Schmeck, K. & Petermann, F. (2008). Persönlichkeitsstörungen im Kindes- und Jugendalter? *Kindheit und Entwicklung*, 17 (3), 190–202.

Schmeck, K. (2001). Temperament und Charakter – Grundlagen zum Verständnis von Persönlichkeitsstörungen. *Persönlichkeitsstörungen*, 5, 13–19.

Schmidt, M. (2000). *Neues für die Jugendhilfe? Ergebnisse der Jugendhilfe-Effekte-Studie*. Freiburg: Deutscher Caritasverband.

Schmidt, M. (2000a). Verdeckt der Streit um die »geschlossene Unterbringung« ein zentrales Problem von Kinder- und Jugendpsychiatrie und Jugendhilfe? In: Verband katholischer Einrichtungen und Dienste der Erziehungshilfen e. V. (Hrsg.). *Freiheit und Eingrenzung bei intensivpädagogischen/therapeutischen Erziehungshilfen*. Freiburg: Lambertus.

Schmidt, M. H. (1998). Dissoziales und aggressives Verhalten: Handlungskonzepte und Wissenslücken der Kinder- und Jugendpsychiatrie und Jugendhilfe. *Jugendwohl*, 79, 402–411.

Schmitz, B. (1999). Kognitive Verhaltenstherapie bei Patienten mit Persönlichkeitsstörungen: Behandlungsansätze und Psychoedukation. In: H. Saß & S. Herpertz (Hrsg.). *Psychotherapie von Persönlichkeitsstörungen*. Stuttgart, New York: Thieme.

Schrapper, C. (2001). Was tun mit den »Schwierigen«? Erklärungs- und Handlungsansätze der Kinder- und Jugendhilfe im Umgang mit den »schwierigen« Kindern und Jugendlichen. *AFET*, 2, 27–36.

Schwenkmezger, P.; Hodapp, V. & Spielberger, C. D. (1992). *State-Trait-Ärgerausdrucks-Inventar (STAXI)*. Göttingen, Bern: Hogrefe.

Seitz, W. & Rausche, A. (2002). *Persönlichkeitsfragebogen für Kinder zwischen 9 und 14 Jahren (PFK 9-14)*. Göttingen, Bern: Hogrefe.

Spiel, W. & Spiel, G. (1987). *Kompendium der Kinder- und Jugendneuropsychiatrie*. München, Basel: Ernst Reinhardt.

Spitzer, M. (2001). Die gemessene Reue. *Fokus*, 13, 37–38.

Sponsel, R. (2002). *Borderline und AD-H-D. Erste Ergebnisse GIPT – AD-H-D-Test – Analyse für Jugendliche und Erwachsene*. Internet Publikation für Allgemeine und Integrative Psychotherapie IP-GIPT. Internet: http://www.sgipt.org/gipt/hypak/test/borderl0.htm (Zugriff: 5.9.2009).

Sponsel, R. (2002a). *Probleme der Differentialdiagnose und Komorbidität aus Sicht der Allgemeinen und Integrativen Psychotherapie*. Internet Publikation für Allgemeine und Integrative Psychotherapie IP-GIPT. Internet: http://www.sgipt.org/doceval/difdiag0.htm (Zugriff: 5.9.2009).

Stein, A. (1998). *Sozialtherapeutisches Rollenspiel – Erfahrungen mit einer Methode der psychosozialen Behandlung im Rahmen der Sozialarbeit/Sozialpädagogik*. Neuwied: Luchterhand.

Streeck-Fischer, A. (2000). Borderlinestörung im Kindes- und Jugendalter – ein hilfreiches Konzept? Diagnostik und Therapie von neurotischen Entwicklungsstörungen. *Psychotherapeut*, 45, 356–365.

Streek-Fischer, A. (2000a). Jugendliche mit Grenzenstörungen – Selbst- und fremddestruktives Verhalten in stationärer Psychotherapie. *Praxis der Kinderpsychologie und Kinderpsychiatrie*, 49, 497–510.

Tausch, R. & Tausch, A.-M. (1970). *Erziehungspsychologie*. Göttingen: Hogrefe.

Thiersch, H. (1988). Jugendhilfe und Heimerziehung im Wandel. *Materialien zur Heimerziehung der Internationalen Gesellschaft für Heimerziehung*, 1/2, 1–9.

Thomas, A. & Chess, S. (1980). *Temperament und Entwicklung*. Stuttgart: Enke.

Traeger, E. *Lern- und REHA-Software*. Lotte: Eugen Traeger.

Uhl, S. (1994). Erziehung für die Welt von morgen. Das Erziehungsziel Lebenstüchtigkeit und was die Eltern auch in einer wertunsicheren Zeit zu seiner Verwirklichung beitragen können. *Info VPK*, 35–70.

Uhl, S. (1993). Sind die alten Tugenden passé? Erziehung zwischen Freiheit und Bindung. In: Katholische Elternschaft Deutschlands (Hrsg.). *Erziehung und gesellschaftlicher Wanden – Woran sollen sich Elternhaus und Schule orientieren? Schriftenreihe der KED – Heft 23*, S. 21–35.

UK National Workplace Bullying Advice Line (2002). *Narcissistic Personality Disorder and the Serial Bully*. Internet: http://www.bullyonline.org/workbully/npd.htm (Zugriff: 28.08.2009).

Utz, H. (2006). Zur Aktualität der Neurowissenschaften: zwischen Machbarkeitsglaube, gediegener Aufklärung und der Fundierung bewährter heilpädagogischer Prinzipien. Eine Zwischenbilanz über den Nutzen neurowissenschaftlicher Erkenntnisse für die Heilpädagogik. *heilpädagogik.de*, 3, 3–9 (Teil 1) bzw. *heilpädagogik.de*, 4 , 3–11 (Teil 2).

Vaknin, S. (2001). *Malignant Self Love: Narcissism Revisited*. Skopje: Bato & Divajn.

Weidner, J. (2001). *Konfrontative Pädagogik*. Godesberg: Forum Verlag.

Weidner, J. (2001a). Anti-Aggressivitätstraining für Gewalttäter. *Ein deliktspezifisches Behandlungsangebot im Jugendstrafvollzug*. Godesberg: Forum Verlag.

Wender, P. (2002). *Aufmerksamkeits- und Aktivitätsstörungen bei Kindern, Jugendlichen und Erwachsenen*. Stuttgart: Kohlhammer.

Wenning, K. (1990). Borderline children: a closer look at diagnosis and treatment. *American Journal of Orthopsychiatry*, 60, 225–32.

Werner, E. E. (1993). Risk, resilience, and recovery: perspectives from the Kauai Longitudinal Study. *Development and Psychopathology*, 5, 503–515.

Winnicott, D. W. (1984). *Reifungsprozesse und fördernde Umwelt*. Frankfurt/M.: Fischer.

Winnicott, D. W. (1989). *Vom Spiel zur Kreativität*. Stuttgart: Klett-Cotta.

Winterhoff, M. (2008). *Warum unsere Kinder Tyrannen werden. Oder: Die Abschaffung der Kindheit*. Gütersloh: Gütersloher Verlagshaus.

Wolff, S. & Chick, J. (1981). Schizoid personality in childhood: A controlled follow-up study. *Annual Progress in Child Psychiatry and Child Development*, 550–580.

Wöller, W. (2006). *Trauma und Persönlichkeitsstörungen: Psychodynamisch-integrative Therapie*. Stuttgart: Schattauer.

Zoccolillo, M.; Pickles, A.; Quinton, D. & Rutter, M. (1992). The outcome of childhood conduct disorder: the implication for defining adult personality disorder. *Psychological Medicine*, 22, 971–986.

Register

A

B

C

D

E

F

G

H

I

J

K

L

M

N

O

P

R

S

T

U

V

W

Z

2009. 199 Seiten mit 10 Abb. und 9 Tab. Kart.
€ 34,–
ISBN 978-3-17-018646-0

Bernhard Strauß/Helmut Kirchmann/Barbara Schwark/Andrea Thomas

Bindung, Sexualität und Persönlichkeitsentwicklung

Dieses Buch verbindet drei verschiedene theoretische Felder: die Bindungstheorie, klinische Theorien der sexuellen Entwicklung und die interpersonale Theorie der Persönlichkeit und Persönlichkeitsentwicklung. Neben einer Einführung in diese Theorien werden anhand von zwei Falldarstellungen Möglichkeiten der unterschiedlichen Betrachtungsweisen demonstriert. Speziell im Zusammenhang mit sexuellen Störungen, die immer auch Beziehungsdimensionen betreffen, sind interpersonale und bindungstheoretische Ansätze sinnvoll. Das Buch soll Anstöße geben, die Sexualität aus einem anderen Blickwinkel zu betrachten und zu verstehen.

Prof. Dr. Bernhard M. Strauß ist Professor für Medizinische Psychologie und Psychotherapie sowie Direktor des Instituts für Psychosoziale Medizin und Psychotherapie am Universitätsklinikum der Friedrich-Schiller-Universität Jena. Dipl. Psych. **Helmut Kirchmann** und Dipl. Psych. **Andrea Thomas** sind wissenschaftliche Mitarbeiter(innen) des Instituts. Dipl. Psych. **Barbara Schwark** war lange Jahre am Institut tätig und ist nun Psychologische Psychotherapeutin in eigener Praxis.

W. Kohlhammer GmbH · 70549 Stuttgart
Tel. 0711/7863 - 7280 · Fax 0711/7863 - 8430